世紀心理學叢書

東華書局

願爲兩岸心理科學發展盡點心力

―――世紀心理學叢書總序―――

　　五年前一個虛幻的夢想，五年後竟然成爲具體的事實；此一由海峽兩岸合作出版一套心理學叢書以促進兩岸心理科學發展的心願，如今竟然得以初步實現。當此叢書問世之際，除與參與其事的朋友們分享辛苦耕耘終獲成果的喜悅之外，在回憶五年來所思所歷的一切時，我個人更是多著一份感激心情。

　　本於一九八九年三月，應聯合國文教組織世界師範教育協會之邀，決定出席該年度七月十七至二十二日在北京舉行的世界年會，後因故年會延期並易地舉辦而未曾成行。迨於次年六月，復應北京師範大學之邀，我與內子周慧強教授，專程赴北京與上海濟南等地訪問。在此訪問期間，除會晤多位心理學界學者先進之外，也參觀了多所著名學術機構的心理學藏書及研究教學設備。綜合訪問期間所聞所見，有兩件事令我感觸深刻：其一，當時的心理學界，經過了撥亂反正，終於跨越了禁忌，衝出了谷底，但仍處於劫後餘生的局面。在各大學從事心理科學研究與教學的學者們，雖仍舊過著清苦的生活，然卻在摧殘殆盡的心理科學廢墟上，孜孜不息地奮力重建。他們在專業精神上所表現的學術衷誠與歷史使命感，令人感佩不已。其二，當時心理科學的書籍資料甚爲貧乏，高水平學術性著作之取得尤爲不易；因而教師缺乏新資訊，學生難以求得新知識。在學術困境中，一心爲心理科學發展竭盡心力的學者先生們，無不深具無力感與無奈感。特別是有些畢生努力，研究有成的著名心理學家，他們多年來的心血結晶若無法得以著述保存，勢將大不利於學術文化的薪火相傳。

返台後，心中感觸久久不得或釋。反覆思考，終於萌生如下心願：何不結合兩岸人力物力資源，由兩岸學者執筆撰寫，兩岸出版家投資合作，出版一套包括心理科學領域中各科新知且具學術水平的叢書。如此一方面可使大陸著名心理學家的心血結晶得以流傳，促使中國心理科學在承先啟後的路上繼續發展，另方面經由繁簡兩種字體印刷，在海峽兩岸同步發行，以便雙邊心理學界人士閱讀，而利於學術文化之交流。

顯然，此一心願近似癡人說夢；僅在一岸本已推行不易，事關兩岸必將更形困難。在計畫尚未具體化之前，我曾假訪問之便與大陸出版社負責人提及兩岸合作出版的可能。當時得到的回應是，原則可行，但先決條件是台灣方面須先向大陸出版社投資。在此情形下，只得將大陸方面合作出版事宜暫且擱置，而全心思考如何解決兩個先決問題。問題之一是如何取得台灣方面出版社的信任與支持。按初步構想，整套叢書所涵蓋的範圍，計畫包括現代心理科學領域內理論、應用、方法等各種科目。在叢書的內容與形式上力求臻於學術水平，符合國際體例，不採普通教科用書形式。在市場取向的現實情況下，一般出版社往往對純學術性書籍素缺意願，全套叢書所需百萬美元以上的投資，誰人肯做不賺錢的生意？另一問題是如何邀請大陸學者參與撰寫。按我的構想，台灣出版事業發達，也較易引進新的資訊。將來本叢書的使用對象將以大陸爲主，是以叢書的作者原則也以大陸學者爲優先考慮。問題是大陸的著名心理學者分散各地，他們在不同的生活環境與工作條件之下，是否對此計畫具有共識而樂於參與？

對第一個問題的解決，我必須感謝多年好友台灣東華書局負責人卓鑫淼先生。卓先生對叢書細節及經濟效益並未深切考量，只就學術價值與朋友道義的角度，欣然同意全力支持。至於尋求大陸合作出版對象一事，迨至叢書撰寫工作開始後，始由北京師範大學教授林崇德先生與杭州大學教授朱祖祥先生介紹浙江教育出版社社長曹成章先生。經聯繫後，曹先生幾乎與卓先生持同樣態度，僅憑促進中國心理科學發展和加強兩岸學術交流之理念，迅即慨允合作。這兩位出版界先進所表現的重視文化事業而不計投資報酬的出版家風範，令人敬佩之至。

至於邀請大陸作者執筆撰寫一事，正式開始是我與內子一九九一年清明節第二次北京之行。提及此事之開始，我必須感謝北京師範大學教授章志光先生。章教授在四十多年前曾在台灣師範大學求學，是高我兩屆的學長。由章教授推荐北京師範大學教授張必隱先生負責聯繫，邀請了中國科學院、北京大學及北京師範大學多位心理學界知名教授晤談；初步研議兩岸合作出版叢書之事的應行性與可行性。令人鼓舞的是，與會學者咸認此事非僅為學術界創舉，對將來全中國心理科學的發展意義深遠，而且對我所提高水平學術著作的理念，皆表贊同。當時我所提的理念，係指高水平的心理學著作應具備五個條件：(1) 在撰寫體例上必須符合心理學國際通用規範；(2) 在組織架構上必須涵蓋所屬學科最新的理論和方法；(3) 在資料選取上必須注重其權威性和時近性，且須翔實註明其來源；(4) 在撰寫取向上必須兼顧學理和實用；(5) 在內容的廣度、深度、新度三方面必須超越到目前為止國內已出版的所有同科目專書。至於執筆撰寫工作，與會學者均表示願排除困難，全力以赴。此事開始後，復承張必隱教授、林崇德教授、吉林大學車文博教授暨西南師範大學黃希庭教授等諸位先生費心多方聯繫，我與內子九次往返大陸，分赴各地著名學府訪問講學之外特專誠拜訪知名學者，邀請參與爲叢書撰稿。惟在此期間，一則因行程匆促，聯繫困難，二則因叢書學科所限，以致尚有多位傑出學者未能訪晤周遍，深有遺珠之憾。但願將來叢書範圍擴大時，能邀請更多學者參與。

心理科學是西方的產物，自十九世紀脫離哲學成爲一門獨立科學以來，其目的在採用科學方法研究人性並發揚人性中的優良品質，俾爲人類社會創造福祉。中國的傳統文化中，雖也蘊涵著豐富的哲學心理學思想，惟惜未能隨時代演變轉化爲現代的科學心理學理念；而二十世紀初西方心理學傳入中國之後，卻又未能受到應有的重視。在西方，包括心理學在內的社會及行爲科學是伴隨著自然科學一起發展的。從近代西方現代化發展過程的整體看，自然科學的亮麗花果，事實上是在社會及行爲科學思想的土壤中成長茁壯的；先由社會及行爲科學的發展提升了人的素質，使人的潛能與智慧得以發揮，而後才創造了現代的科學文明。回顧百餘年來中國現代化的過程，非但自始即狹隘地將"西學"之理念囿於自然科學；而且在科學教育之發展上也僅祇但求科學知識之"爲用"，從未強調科學精神之培養。因此，對自然科學發展具有滋養作用的社會科學，始終未能受到應有的重視。從清末新學制以後的近百年間，雖然心理學中若干有關科目被列入師範院校課程，且在大學中成立系所，而心理學的知識既未在國民生活中產生積極影響，心理學的功能更未在社會建設及經濟發展中發揮催化作用。國家能否現代化，人口素質因素重於物質條件。中國徒有眾多人口而欠缺優越素質，未能形成現代化動力，卻已構成社會沈重負擔。近年來兩岸不斷喊出同一口號，謂廿一世紀是中國人的世紀。中國人能否做為未來世界文化的領導者，則端視中國人能否培養出具有優秀素質的下一代而定。

現代的心理科學已不再純屬虛玄學理的探討，而已發展到了理論、方法、實踐三者統合的地步。在國家現代化過程中，諸如教育建設中的培育優良師資與改進學校教學、社會建設中的改良社會風氣與建立社會秩序、經濟建設中的推行科學管理與增進生產效率、政治建設中的配合民意施政與提升行政績效、生活建設中的培養良好習慣與增進身心健康等，在在均與人口素質具有密切關係，而且也都是現代心理科學中各個不同專業學科研究的主題。基於此義，本叢書的出版除促進兩岸學術交流的近程目的之外，更希望達到兩個遠程目的：其一是促進中國心理科學教育的發展，從而提升心理科學研究的水平，並普及心理科學的知識。其二是推廣心理學的應用研究，期能在中國現代化的過程中，發揮其提升人口素質進而助益各方面建設的功能。

出版前幾經研議，最後決定以《世紀心理學叢書》作為本叢書之名稱，用以表示其跨世紀的特殊意義。值茲叢書發行問世之際，特此謹向兩位出版社負責人、全體作者、對叢書工作曾直接或間接提供協助的人士以及台灣東華書局編審部工作同仁等，敬表謝忱。叢書之編輯印製雖力求完美，然出版之後，疏漏缺失之處仍恐難以避免，至祈學者先進不吝賜教，以匡正之。

張春興 謹識
一九九六年五月於台灣師範大學

世紀心理學叢書目錄

主編　張春興
台灣師範大學教授

心理學原理
張春興
台灣師範大學教授

中國心理學史
燕國材
上海師範大學教授

西方心理學史
車文博
吉林大學教授

精神分析心理學
沈德燦
北京大學教授

行為主義心理學
張厚粲
北京師範大學教授

人本主義心理學
車文博
吉林大學教授

認知心理學
彭聃齡
北京師範大學教授
張必隱
北京師範大學教授

發展心理學
林崇德
北京師範大學教授

人格心理學
黃希庭
西南師範大學教授

社會心理學
時蓉華
華東師範大學教授

教育心理學
張春興
台灣師範大學教授

輔導與諮商心理學
鄔佩麗
台灣師範大學教授

體育運動心理學
馬啟偉
北京體育大學教授
張力為
北京體育大學教授

犯罪心理學
羅大華
中國政法大學教授
何為民
中央司法警官學院教授

工業心理學
朱祖祥
浙江大學教授

消費者心理學
徐達光
輔仁大學教授

實驗心理學
楊治良
華東師範大學教授

心理測量學
張厚粲
北京師範大學教授
龔耀先
湖南醫科大學教授

心理與教育研究法
董奇
北京師範大學教授
申繼亮
北京師範大學教授

心理測量學

張厚粲
北京師範大學教授

龔耀先
湖南中南大學教授

東華書局

自　序

人們在生活中認識自己、瞭解他人，彼此關心、合作，是維持共同生存、促進社會發展的重要條件。心理測量作爲一種瞭解人們內心的方法與技術，對描述、記錄和解釋個體差異有著重要的作用。心理測量學的發展有著悠久的歷史，早在遠古時代，中國教育領域就有了測量的思想並且被官方用於選拔人才，通過不斷實踐，逐步形成了考試制度，被世界公認爲是心理測驗的開端。然而科學的心理測量學直到 20 世紀初期，隨著西方科學技術的發展和社會實踐的需要才得以形成。1905 年法國心理學家比奈和西蒙二人編製的第一個兒童智力測驗——比奈兒童智力量表，標誌著科學、實用的心理測量學的開始。自那以後，心理測量學得到迅猛發展。如今，無論在測量理論、測驗方法以及測驗編製技術等方面，都取得了很大成就，並且已經有大量標準化心理測驗問世，它們被廣泛應用到教育、衛生、軍事、管理、人力資源、人際交往等領域，隨著社會經濟的發展，在人們的生活和工作中所起的作用不斷擴大。

縱觀心理測量理論的發展，大約可以將心理測量學劃分爲兩個階段。20 世紀 50 年代之前稱爲經典測驗理論階段；50 年代之後，除了經典測驗理論之外，又出現了以項目反應理論、概化理論等為代表的現代測量理論，因而形成了多種理論並存的新階段。尤其是 20 世紀末期電腦技術的迅猛發展與推廣應用，更是給心理測量學開闢了廣闊的新天地。然而，經典測驗理論在心理測驗發展歷程中有著特殊的地位，它既是歷史上的第一個測驗理論，也是測驗的最一般、最基本的理論，直到目前仍具有很強的生命力。現代的測驗理論大多是在經典測驗理論的研究基礎上，針對它在某個方面存在的不足發展起來的。如項目反應理論，就是為了克服經典測驗理論中被試能力參數、題目參數等指標對樣本依賴性大而發展起來的；概化理論則是為把經典測驗理論的信度研究加以細化而得到發展。以新的測驗理論為基礎，運用現代化的統計技術，對測驗的信度、效度、常模等重要理論問題都賦予了更新的內涵，在專案等值，測驗偏差等問題的理解上也有了新的發展。

另一方面，測驗理論的發展也促進了測驗的廣泛應用，並提出了一些新問題，如標準參照測驗的編製、題庫建立、電腦化自適應測驗、項目功能差異分析等，都還需要深入研究和探討。目前世界上已有很多高質量、標準化的各類測驗被發展和應用在各個領域，如何正確地理解和掌握它們，繼而結合中國的社會文化背景，科學地推廣應用，是廣大心理測驗工作者的重要職責。然而，如何重視不同國家的文化差異，開發適合國情、結合實際、具有中國特色的標準化心理測驗也絕對不可忽視。

面對心理測量領域如此迅速的發展，將心理測量的全貌和新貌較全面地介紹給廣大的心理學愛好者和教育以及各個實踐領域關心和使用心理測驗的同好者，是寫此書的初衷。然而，其發展過程並不順利。張春興先生以促進大陸和臺灣的心理學發展為己任，從 20 世紀 90 年代開始邀集兩岸心理學者合作撰寫《世紀心理學叢書》，對於推動中國的心理學發展功不可沒。原定我和龔耀先先生合著的這本《心理測量學》是早就應該出版的，但由於我自身任務繁雜、工作拖拉，以及龔先生因健康問題中途退出，故而一再推延，幾近流產，若無張春興先生的耐心敦促，本書是很難完成的。因此本書最終能夠完成出版，首先要感謝臺灣師範大學教授張春興先生與東華書局前董事長卓鑫淼先生為兩岸文化學術交流所作的貢獻；也要感謝東華書局董事長卓劉慶弟女士為宏偉計畫的堅持與支援。另外，東華書局的編輯們在體例、圖表等諸多方面的細緻工作，使我深受教益與感動，也是本書成功出版的重要保證。在長年累月的撰寫過程中，我的眾多學生們在搜集資料、查閱文獻、編排整理等方面以接力的方式不斷地給予我大力支持與幫助，謹在此一併表示由衷的感謝。

　　囿於學識和精力的有限，書中難免存在一些不妥之處，懇請讀者們不吝指正。

張厚粲　龔耀先　謹識

2009 年 2 月於北京

目　　次

世紀心理學叢書總序 …………………………………………… iii
世紀心理學叢書目錄 …………………………………………… viii
自　　序 ………………………………………………………… xiii
目　　次 ………………………………………………………… xvii

第一編　心理測量學導論

第一章　心理測量學概述

第一節　心理測量學的概述 …………………………………… 5
第二節　心理測驗的分類 ……………………………………… 14
第三節　心理測驗的功能 ……………………………………… 23
第四節　正確使用心理測驗 …………………………………… 26
本章摘要 ………………………………………………………… 29
建議參考資料 …………………………………………………… 31

第二章　心理測量學的歷史發展

第一節　心理測量學的歷史背景 ……………………………… 35
第二節　心理測量學的成長與發展 …………………………… 42
第三節　我國古代的心理測量思想與考試制度 ……………… 51
本章摘要 ………………………………………………………… 60
建議參考資料 …………………………………………………… 62

第三章　統計學基礎

第一節　次數分布 ……………………………………………… 65

第二節　集中趨勢的度量 ⋯⋯⋯⋯⋯⋯⋯⋯⋯⋯⋯⋯⋯⋯⋯⋯ 69
第三節　離散趨勢的度量 ⋯⋯⋯⋯⋯⋯⋯⋯⋯⋯⋯⋯⋯⋯⋯⋯ 76
第四節　相關分析 ⋯⋯⋯⋯⋯⋯⋯⋯⋯⋯⋯⋯⋯⋯⋯⋯⋯⋯⋯ 83
第五節　廻歸分析和因素分析 ⋯⋯⋯⋯⋯⋯⋯⋯⋯⋯⋯⋯⋯⋯ 93
本章摘要 ⋯⋯⋯⋯⋯⋯⋯⋯⋯⋯⋯⋯⋯⋯⋯⋯⋯⋯⋯⋯⋯⋯ 101
建議參考資料 ⋯⋯⋯⋯⋯⋯⋯⋯⋯⋯⋯⋯⋯⋯⋯⋯⋯⋯⋯⋯ 102

第二編　心理測量學的基本原理

第四章　心理測量學的理論依據

第一節　經典測驗理論 ⋯⋯⋯⋯⋯⋯⋯⋯⋯⋯⋯⋯⋯⋯⋯⋯⋯ 109
第二節　概化理論 ⋯⋯⋯⋯⋯⋯⋯⋯⋯⋯⋯⋯⋯⋯⋯⋯⋯⋯⋯ 115
第三節　項目反應理論 ⋯⋯⋯⋯⋯⋯⋯⋯⋯⋯⋯⋯⋯⋯⋯⋯⋯ 121
本章摘要 ⋯⋯⋯⋯⋯⋯⋯⋯⋯⋯⋯⋯⋯⋯⋯⋯⋯⋯⋯⋯⋯⋯ 126
建議參考資料 ⋯⋯⋯⋯⋯⋯⋯⋯⋯⋯⋯⋯⋯⋯⋯⋯⋯⋯⋯⋯ 128

第五章　測驗編製

第一節　測驗的初步編製 ⋯⋯⋯⋯⋯⋯⋯⋯⋯⋯⋯⋯⋯⋯⋯⋯ 131
第二節　項目分析 ⋯⋯⋯⋯⋯⋯⋯⋯⋯⋯⋯⋯⋯⋯⋯⋯⋯⋯⋯ 142
第三節　測驗合成與標準化 ⋯⋯⋯⋯⋯⋯⋯⋯⋯⋯⋯⋯⋯⋯⋯ 156
第四節　測驗的鑒定與手冊編寫 ⋯⋯⋯⋯⋯⋯⋯⋯⋯⋯⋯⋯⋯ 162
本章摘要 ⋯⋯⋯⋯⋯⋯⋯⋯⋯⋯⋯⋯⋯⋯⋯⋯⋯⋯⋯⋯⋯⋯ 165
建議參考資料 ⋯⋯⋯⋯⋯⋯⋯⋯⋯⋯⋯⋯⋯⋯⋯⋯⋯⋯⋯⋯ 166

第六章　測驗的信度

第一節　信度的概念與估計 ⋯⋯⋯⋯⋯⋯⋯⋯⋯⋯⋯⋯⋯⋯⋯ 171
第二節　信度係數的應用 ⋯⋯⋯⋯⋯⋯⋯⋯⋯⋯⋯⋯⋯⋯⋯⋯ 190
第三節　影響信度的因素 ⋯⋯⋯⋯⋯⋯⋯⋯⋯⋯⋯⋯⋯⋯⋯⋯ 196
第四節　特殊的信度問題 ⋯⋯⋯⋯⋯⋯⋯⋯⋯⋯⋯⋯⋯⋯⋯⋯ 201

本章摘要 …………………………………………………… 204
建議參考資料 ……………………………………………… 205

第七章　測驗的效度

第一節　效度的概念 ……………………………………… 209
第二節　內容效度 ………………………………………… 212
第三節　效標關聯效度 …………………………………… 217
第四節　構想效度 ………………………………………… 231
第五節　統一的效度概念 ………………………………… 237
本章摘要 …………………………………………………… 246
建議參考資料 ……………………………………………… 247

第八章　常模與測驗分數解釋

第一節　測驗分數與常模的關係 ………………………… 251
第二節　常模參照測驗的分數解釋 ……………………… 256
第三節　標準參照測驗的分數解釋 ……………………… 269
第四節　測驗分數的解釋與應用 ………………………… 277
本章摘要 …………………………………………………… 281
建議參考資料 ……………………………………………… 282

第三編　標準化測驗

第九章　智力測驗

第一節　智力測驗概述 …………………………………… 289
第二節　個體智力測驗 …………………………………… 298
第三節　團體智力測驗 …………………………………… 313
第四節　特殊群體用的智力測驗 ………………………… 318
本章摘要 …………………………………………………… 329
建議參考資料 ……………………………………………… 331

第十章　性向測驗

第一節　性向測驗概述 ……………………………………… 335
第二節　常見的性向測驗 …………………………………… 343
本章摘要 …………………………………………………… 362
建議參考資料 ……………………………………………… 364

第十一章　成就測驗

第一節　成就測驗概述 ……………………………………… 367
第二節　標準化成就測驗與教師自編測驗 ………………… 373
第三節　韋克斯勒個人成就測驗（第二版） ……………… 378
第四節　伍德考克・詹森個人成就測驗（修訂版） ……… 386
本章摘要 …………………………………………………… 389
建議參考資料 ……………………………………………… 391

第十二章　人格測驗

第一節　人格測驗概述 ……………………………………… 395
第二節　現代常用的人格量表 ……………………………… 402
第三節　投射性人格測驗 …………………………………… 419
本章摘要 …………………………………………………… 429
建議參考資料 ……………………………………………… 431

第十三章　興趣、態度、價值觀測驗

第一節　興趣測驗 …………………………………………… 435
第二節　態度測驗 …………………………………………… 451
第三節　價值觀測驗 ………………………………………… 459
本章摘要 …………………………………………………… 464
建議參考資料 ……………………………………………… 466

第十四章　神經心理測驗

　　第一節　神經心理測驗概述 ………………………………… 469
　　第二節　單一神經心理測驗 ………………………………… 471
　　第三節　成套神經心理測驗 ………………………………… 482
　　第四節　霍-里成套神經心理測驗的聯用測驗 …………… 496
　　本章摘要 …………………………………………………… 500
　　建議參考資料 ……………………………………………… 502

參考文獻 ………………………………………………………… 503

索　　引

　　㈠漢英對照 ……………………………………………… 515
　　㈡英漢對照 ……………………………………………… 530

第 一 編

心理測量學導論

人們生活在社會中,需要共同協作以保證生存,並邁向美好的明天,能夠彼此溝通相互交往是達到這一目的的前提。如何能夠對人們的心理及其活動規律有所認識,一般最常使用的方法是"察言觀色",即通過觀察一個人的外部表情或行動,推斷出他的內心活動,使人際交往圓融。想要做到這一點,須依賴觀察者豐富的知識經驗。儘管這種方法人人都在應用,但是對同一個人或事物觀察後的認識結果往往大相逕庭,例如,對安樂死的看法、對同性戀的看法均見仁見知。這是因為,在掌握有關規律性的知識以前,推斷是將觀察結果與自己的生活體驗相對照,亦即通過思維比較來完成的。但人們彼此之間的生活經驗與思維方式有很大差異,對同一種行為表現的推斷結果,總是帶有個人主觀的認知,既難於準確,也不會完全相同,因此,如何客觀地瞭解人們的內心活動與個性特點,以便更好地促進相互溝通和社會交往就成為心理學研究的重要課題。在這種情況下,心理學家們便借助於對心理活動規律的深化瞭解,以及利用科學化的客觀測量技術,嘗試著將二者加以結合,一方面編製出一些能夠引發必要的行為反應的心理測驗作為工具,另一方面設計了一些科學的、能夠通過外部行為反應間接地對內部心理狀態進行量化分析和解釋的方法技術。通過實踐應用逐步積累經驗,將有效又科學地瞭解個人心理特徵的方法技術,結合理論基礎,構成心理學的一個獨立分支,稱為**心理測量學** (psychometrics)。

回顧遠古西周時代,無論是學校育才,還是朝廷選拔官員,都已經具有一定的評鑑標準,考試內容主要有"禮、樂、射、御、書、數"統稱為"六藝"。2500 年前孔子將人的智力分為上、中、下三個類別,認為它們是天生不變的，有"惟上智與下愚不移"之說，同時他對三千弟子們的人格特徵也作了細緻分析。一百年後，孟子更總結出測量學界的至理名言："權，然後知輕重；度，然後知長短；物皆然，心為甚"。至於測驗方法，從西元5世紀時，就已經有"七巧板"、"九連環"、"華容道"等世界上最早的操作性測驗。言語測驗中常用的填充法在唐代科舉考試中已經出現，問答法和對偶法在唐宋時期也已盛行，如中國特有的"對對聯"就是根據漢字特徵進行的一種聯想、類比測驗。這一切都說明世界上最早的心理測評開始於中國。18世紀後期歐洲工業革命成功後，法、英和美國也都相繼建立了自己的文官考試制度。19世紀末，隨著社會經濟與科學技術的迅猛發展，科學的心理測驗才依據需要產生，並且如雨後春筍般地迅速發展起來。

中國的心理測驗於20世紀初由西方引入，成立中國測驗學會、創建會刊、組織學術交流、學校開設心理測驗課程、編譯出版測驗和教學用書，形成了20世紀30年代中國心理測驗的繁榮時期。但是好景不常，抗日戰爭減慢了發展速度，緊接著社會政治變遷，使心理測驗受到沉重打擊、甚至全部停頓，直到70年代後期才得以恢復。此後二十多年，在外部環境不斷改善和有志於測驗的學者們共同努力下，心理測驗在中國很快恢復發展，目前正在向加強科學性、廣泛為實踐服務的方向邁進。

心理測量學的應用範圍異常廣泛，在"以人為本"的精神指導下，從教育部門開始，已經擴展到軍事、管理、司法、人力資源、社會交往等各個領域，無論是升學、擇業、安置、或職務提升等，實施或接受心理測驗都已成為不可或缺的重要環節。本書的編寫目的在於使讀者科學地理解心理測量的基本原理，瞭解各種類型的心理測驗，掌握測驗編製、施測以及資料處理的基本方法和技術，為進一步推動心理測驗的應用並促進其發展奠定基礎。深入瞭解心理測量學的基本原理和尚存問題，將前人留下的寶貴知識和豐富經驗、與現代的科學技術手段相結合，才能使心理測量工作的質量不斷提高。我們衷心期望實用性極強的心理測量學在社會生活中發揮更大的作用。

本書第一編心理測量學導論，共包括三章：第一章，概述什麼是心理測量學，闡明幾個相關的基本概念，討論心理測量的意義、作用，以及在使用中應該注意的事項；第二章，介紹心理測量學的歷史發展；第三章，簡要闡述在心理測驗工作中必備的統計學基礎知識。

第一章

心理測量學概述

本章內容細目

第一節 心理測量學的概述
一、心理測量學的定義 5
二、心理測量的基本概念 5
　㈠ 測　量
　㈡ 測　驗
　㈢ 量　表
　㈣ 評估與評價
三、心理測量的特性 12

第二節 心理測驗的分類
一、依據測驗目標分類 14
　㈠ 能力測驗
　㈡ 人格測驗
二、依據受試人數分類 16
　㈠ 個別測驗
　㈡ 團體測驗
三、依據測驗材料分類 17
　㈠ 文字測驗
　㈡ 非文字測驗
四、依據評分方式分類 18
　㈠ 客觀性測驗
　㈡ 主觀性測驗
五、依據測驗結果的解釋分類 20
　㈠ 常模參照測驗
　㈡ 標準參照測驗
六、依據回答測驗題目的時限分類 21
　㈠ 速度測驗
　㈡ 難度測驗

第三節 心理測驗的功能
一、教育工作方面 23
二、人事工作方面 24
　㈠ 選　拔
　㈡ 安　置
　㈢ 分　類
三、臨床心理方面 25

第四節 正確使用心理測驗
一、針對測驗目的選擇測驗 26
二、嚴格控制測驗實施過程 26
三、按標準記分並合理解釋結果 27
四、力行測驗內容的保密 28
五、恪守道德準則與製作標準 28

本章摘要

建議參考資料

心理測量是對人進行瞭解的一種方法與技術，中國自古以來就注意對人的觀察。例如，孔子曾說"視其所以，觀其所由，察其所安，人焉廋哉！人焉廋哉！"(論語・為政)，就是要通過個人的外顯行為瞭解其內在心理；又如中國古代考試中的六藝——禮、樂、射、御、書、術，也是針對個別心理活動或心理特質進行行為測量，以瞭解心理現象，作為朝廷舉才的依據。然而，測量結果完全根據主考官的喜好評定，既沒有統一公正的評定標準，也沒有放之四海皆準的科學工具，失之主觀，因此長期未能得到很好的發展。對心理進行科學有效的測量，不過是近一個世紀的事情。20 世紀初期，根據當時普及教育的需要，法國心理學家比奈 (Alfred Binet, 1857～1911) 和醫生西蒙 (Theodore Simon, 1873～1961)，於 1905 年率先編製出全世界第一個智力測驗——**比奈-西蒙量表**，以鑒別智力高低。在應用上取得顯著成效以後便蓬勃發展。至今，無論在測量理論、測驗方法和測驗編製技術方面，都獲得了很大的成果。這些測量方面的成果被應用到人際交往、工作選擇、興趣探討等各個方面，與我們的現實生活聯繫密切。

　　有關測量、測驗、量表、評估等心理測量學的專業術語對我們似乎都不陌生，提起這些辭彙，很多人心目中都有一些或模糊或具體的定義。但是在心理測量學中，這些術語如何定義，又如何區分呢？又如智力測驗、人格測驗、客觀性測驗、速度測驗等這些名稱，大家已經耳熟能詳。那麼這些測驗有什麼相同和不同之處？它們具有什麼功能，使用時應當注意什麼？作為對上述問題的回答，本章首先討論心理測量學的基本概念及特點，接著再介紹心理測量實際操作的方法和工具，心理測驗的分類與功能，最後還要提醒讀者如何正確使用心理測驗。希望讀者在學習本章之後，能對以下各點獲得明確的認識。

1. 什麼是心理測量學？它的實質是什麼。
2. 心理測量學中幾個重要的概念。
3. 心理測量學的特點與作用。
4. 如何對心理測驗進行分類？各種類型測驗的主要功能。
5. 如何正確的使用心理測驗。

第一節 心理測量學的概述

欲探討造成人類行為不同的原因,必須有系統地觀察個人心理特質,在檢核個人心理特質之前,我們必須先詳盡地描述這些特質。心理測量的目的就在於完成這種描述工作。所謂**心理測量**(mental measurement) 是泛指用科學的方法與工具,以量化的數值來描繪個人表現的或所擁有的某些特質。例如,以智力測驗鑑別個人的智力高低;以人格測驗歸屬個體的人格類型,以瞭解個體間性格上的差異。完成心理測量的歷程就是心理測量學。以下將概述心理測量學這一門學科。

一、心理測量學的定義

心理測量學(或**心理計量學**) (psychometrics) 是屬心理學的分支學科,是運用統計學的理論與方法,以測量心理變數為中心課題的一門學科。其內容相當廣泛,包括探討心理測量的理論基礎、編製心理測驗的科學方法、和以測驗為工具對人的內部心理活動和個性特質進行測量、研究、分析的一門專門學科。這些內容大部分與我們的生活密切聯繫。例如,評價張三是一位工作努力、深具潛力的有為青年。這個評價相當主觀且有些混淆不清,因為"工作努力"、"深具潛力"、"有為"均難以界定,若改從智力、態度、能力等心理變數方面進行測驗,根據測驗結果加以評定 (如 1 代表低劣……5 代表優秀),測量結果張三的態度為 5、智力為 4、能力為 5,這樣對於張三的瞭解就會比較清楚而且客觀。

總之,心理測量學是對人的心理進行量化研究。它不僅揭示心理活動的一般規律,並且對於深入瞭解人們之間的個別差異提供科學依據。

二、心理測量的基本概念

在心理測量中,測量一詞和測驗、量表、評估、評價有密切關係,有時常交互使用,這些術語如何定義?又如何區分?在具體地分析研究心理測量學的特點和作用之前,我們有必要先對這些基本概念有個明確的認識。

(一) 測　量

測量 (measurement) 指根據一定法則對事物進行數量化描述,而非文字化描述的過程。例如,將學生分為聰明的、高的、學業優秀的,這是用文字描述特質;應用測量方法,則可能是智商 120,學業平均成績 90 分,身高 170 公分。一般說來,事物及其屬性是我們所要測量的對象或目標;法則代表測量所依據的規則和方法,即為了鑒別事物及其屬性必須具有的某種依據或指導原則;測量的結果用數位加以表示,數位是代表數量的記號。測量中用數位來代表事物屬性的量,是因為數位系統具高度的邏輯性特點,這主要表現在以下幾方面:(1) 數有區分性,即一個數可以區別於另一個數,這樣以不同數代表的事物或屬性便明確不相同;(2) 數有等級性或序列性(1<2<3),因而我們可以用不同數來標示事物或屬性的等級;(3) 數具有等差性,兩個相鄰數之間差異的絕對值相等;(4) 數還具有可加性,兩個數之和必然得到另一個獨特的數。數位系統的這種邏輯性正是我們對事物及其屬性進行數量化描述的基礎。

客觀事物的屬性多種多樣,測量方法也各不相同,依據測量的對象,測量可以分為物理測量與心理測量兩大類。

1. 物理測量 (physical measurement)　是對事物及其屬性進行直接而客觀的測量。例如大小、長短、顏色、輕重等等是一般事物的物理屬性,雖然測量時使用的工具和方法不同,但它們都具直觀性,可以進行直接而客觀的測量。物理測量所遵循的法則是物理學中已成定論的定律或公理,並且這些原理具有可操作性,人們可以根據其操作定義製成比較理想的量具,如直接測量用的米尺、磅秤,和間接測量用的溫度計、血壓計等。這類測量比較客觀和公正,基本上不受觀察者的主觀判斷影響,因而被人們毫無懷疑地認同和接受。

2. 心理測量 (mental measurement)　泛指運用各種測量量表,對個體或團體就某方面特質實施測量,從而達到心理研究量化目的的一切活動,所以心理測量相當複雜。心理測量的對象為一個人的心理因素,例如**智力**、性格、動機、興趣等；一方面，是抽象的，其存在於內心深處且不具有直觀性，不能被人的感官直接認識到，不能直接測量，同時這些心理因素也沒有可操作的定義，有著明顯的主觀性特點。對它們進行瞭解和測量就只能是間接的，即通過它的行為表現去推論，再做出數量化的解釋。另一方面，影響心理特性的因素複雜多樣，心理活動與行為表現之間並不具有一一對應的固定關係，一種心理特性可以有多種表現形式，一種行為表現也可能由多種心理因素引起。因此，對心理進行測量的過程就需要特定的方法技術來進行。這些原則與方法技術，以及所使用的測量工具，就構成了心理測量學的主要內容。

(二) 測 驗

"測驗"一詞在心理學中有廣狹兩個含義，它們與兩個彼此相關，但不完全相等的英文字"test"和"testing"相對應。狹義的**測驗** (test)，指以瞭解人的心理或行為特點為目的、獲取有效資料的一種測量工具。它是由一組精心設計的測試**項目** (或**題目**) (item) 組成，其作用在於有計畫地引出受試者的一組行為反應。通過對這組行為反應，即所取得的**行為樣本** (behavior sample) 進行觀察分析，測驗者就可以對受試者的內在心理活動加以推論和做出解釋，例如常用的智力測驗、教育測驗、人格測驗、青年性格測驗等；按此義，測驗實為心理測驗的簡稱。廣義的**測驗** (或**施測**) (testing)，指以瞭解人的心理或行為特點為目的的一項行為活動。其內容包括從選用或編製某種測量工具開始，經過實施心理測量的方法和技術，直到得出測量結果的全部測驗工作過程。例如，選用韋氏兒童智力量表 (見第九章) 對某兒童進行一次智力測驗，計算出他從測驗結果得到的實測分數，再加以轉化，最後評定他的智商為 105，智力屬於中等水平。從這個意義上講，我們說測驗與觀察、實驗都是心理學的研究方法。由於心理活動具有內隱性和複雜性，為了作到準確有效的測量，實現確切瞭解的目的，良好的測量工具是必要前提。為此，如何獲得一個良好、有效的測量工具就構成了我們學習的主要內容。當然，即使有了良好的工具，若不明白其原理，使用不當，也得不到良好的效果。因此，對測驗的選用、實施、以及對其結果的解釋，都必須從理論和實踐的角度加以探討。總之，測驗一詞的兩個含義緊密聯繫，並且是常常混用的。

目前公認較為完善的測驗定義是美國心理測量學家阿娜斯塔西 (Anne Anastasi, 1908～2001) 提出的,她認為心理測驗實質上是對行為樣本作客觀和標準化的測量。在理解該定義時,需要注意以下三個方面:

1. 測驗內容包括一個行為樣本。每一種心理特質都會在行為上有眾多的表現方式,一次測驗只能採取其中一個小部分,稱為**樣本** (sample)。正如醫生為病人驗血,只取其極少量的血液作樣本一樣。樣本是整體的代表,但它不等於整體。因此在從樣本得到的結果推斷總體結論時,還需要嚴格的統計技術。

2. 標準化是一切測量的基本要求,對心理測驗來說,尤其重要。測驗的標準化指該測驗的編製、實施、記分以及解釋等程序都相一致。對標準化樣本的抽取和對不同受試者反應的觀察分析都是在統一的規定條件下進行的,只有這樣才可以使測驗過程中任何行為表現上的差異,都歸諸於受試者本身所具有的心理特點和不同受試者之間的個別差異,而不是由測驗目的以外的任何其他條件所造成的。

3. 一個典型的測驗工作,要包括對行為的推論和預測,它們甚至比直接觀察到的行為更重要。例如,在進行投射性測驗 (見第十二章) 時,測驗材料本身是比較模糊的,任憑受試者主觀地進行反應而沒有標準答案,其結果只靠測驗者依據自己的專業性知識經驗去分析。例如做羅夏墨漬測驗 (見第十二章) 時,測驗者對受試者從內容模糊的圖片上看到了什麼並不感興趣,他們更關心的是受試者所報告的內容能給病理學上的推論和預測提供什麼資料。當然,這種推論和預測也必須按照心理測量學原理以統一的標準化方式進行。

總體來說,無論把測驗看作是測量工具,或測量工作,測驗與測量兩概念總聯繫在一起。心理測驗就是一種標準化的、以人的心理和行為作為對象進行科學測量的方法和技術。它包括編製和選用標準化的測量工具,進行標準化的施測活動,以及對資料的整理並做出解釋等部分。這些是構成心理測量學的主要範疇。

(三) 量　表

量表(scale) 這個詞的本義就是一種測量工具，在心理學中"量表"與狹義的"測驗"(test) 兩個詞時常混用。作為心理測量工具，其特點在於它以文字的形式表現，並且其測量對象是內在的、抽象的、具有主觀性特點的心理因素。

舉凡智力、興趣、性向、態度、人格等各類心理測驗，都是由一系列的項目所構成；按程式施測，按規定記分，將個體的反應予以量化，從而比較在某些行為上的差異。以下介紹量表的要素與種類。

1. 量表的要素　測量是把一件事物加以量化的操作。良好的測量工具一般具備兩個要素：參照點和良好的單位系統。拿一把簡單的尺子觀察一下，可以看到尺子上的刻度有一個"零"刻度線，還有一系列距離相等的刻度。實際上，"零"和"等距的刻度"就是測量的參照點和單位，它們是任何測量都不可缺少的兩個要素，無論是物理測量還是心理測量都不例外。

(1) **參照點** (reference point)：指進行任何測量都必須有的一個計算數量的定點，以此定點為標準而作判斷或取捨。依據不同的參照點對同一事物進行測量，將得到不同的結果。

參照點有兩種：一種是**絕對零點** (absolute zero)，如對長度、重量的測量，都以零為起點，意即沒有一點長度、沒有一點重量為起點；另一種是人為約定的相對零點或稱**約定零點** (relative zero)，例如對溫度的測量，由於參照點不同而有攝氏與華氏之分。例如，今天北京的天氣預報說最高溫度是 30 度，那是用攝氏標準計算的，若改用華氏標準就要說是 86 度了。原因在於華氏溫度計以攝氏的 32 度作零點，參照點提高很多，所以兩個數值相差很遠。由此可見，如果兩個測驗的參照點不統一，對同一件事物的測量，相差很大是不能直接比較的。絕對零點是理想的參照點，其測量結果可以進行倍數計算，如兩尺的長度等於兩個一尺。但是心理測量與物理測量不同，心理測量沒有絕對零點，雖然人的能力有高低不同，但我們不能說誰的能力等於零。因此，心理特質或水平只能採用人為約定的相對零點進行測量，而不能作倍數計算。例如，假設張生的數學測驗成績是 40 分，李生的成績是 80 分，我們不能說李生的數學能力水平是張生的一倍。

(2) **單位** (unit)：是測量的基本要求，沒有單位，數量的大小就無法表示，那麼數量化的分析與研究也就無法進行。根據測量的事物屬性不同，會有不同的單位，即使是測量同一事物屬性，也可以使用不同的單位。如長度可以用米或尺為單位，重量可以用千克、斤、磅、等為單位。華氏溫度計的單位比攝氏溫度單位小很多，華氏 1 度只等於攝氏的 5/9 度，所以，參照點與測量單位都不同的兩種溫度計，測量結果必然不同。理想的單位必須具有等值性，即相臨兩個單位點之間的距離總是相等的。一般來說，心理測量的單位不夠完善，它通常用分 (分數，score) 作為單位，而分與分之間的等值性經常得不到保證。例如在某項考試中，一道難題和一道容易題同樣得 5 分，這兩個 5 分顯然是不等值的；又如，在語文考試中得 80 分，在數學考試中也得 80 分，雖然二者都是 80 分，但實際上二者意義不同，很可能第一個 80 分在班級中處於中等水平，而第二個 80 分在班級中則是名列前茅。由於這種測量單位的不理想狀態，使得顯示測量結果的量表具有不同的種類。

2. 量表的種類 量表是研究心理問題的重要工具。量表的性質、形式與內容結構等因研究目的而異。依據定量表的參照點和單位的不同，量表可以劃分從初級到高級、從模糊到精確的四種量表，它們依次排列是：名稱量表、次序量表、等距量表和比率量表。下面分別加以說明：

(1) **名稱量表** (或**名義量表**) (nominal scale)：是測量中水平最低、最簡單的一種量表。它只是用數位作為事物或其屬性的表示符號，但沒有任何數量意義；它只能區分事物，不能進行運算比較。名稱量表具有作標記和分類兩種功能，如郵遞區號、學生學號等都是作為一定的人或事物的標記；而用"1"代表男性，"0"代表女性，則是行使了分類功能。名稱量表中的量數是不連續的，由離散的若干個點組成。

(2) **次序量表** (或**序級量表**) (ordinal scale)：不僅用數位代表類別，同時也指明不同類別的大小等級或具有某種屬性的程度。例如，運動員的比賽名次、工資級別等，這裏的數位包含有大小關係，但由於沒有相等單位和參照點，所以它們只能起到排序功能，而不能進行邏輯運算。

(3) **等距量表** (interval scale)：具有相等單位和人定參照點，其數值不僅具有區分性、等級性、還具有等距性。可以這樣認為，等距量表上表現出相等的數量差異能夠解釋為測量到相等的特性。例如，用溫度計測量溫度，

50℃ 和 20℃，與 200℃ 和 170℃ 所差的 30℃ 的意義是相同的。在心理測量中，只有具有等值性分數的量表才屬於等距量表。等距量表上的分數可以進行加減運算，而且可以加、減、乘、除同一個常數而不改變原來數值之間的關係。這種線性變換可以將一個等距量表上所得到的分數轉換到另一個量表中去，這樣就可以對幾個不同單位的測量值進行比較了。

(4) **比率量表** (或**等比量表**) (ratio scale)：是最高水準也是最精確的一種測量量表。它既有等價的單位，又有絕對零點，因此其數值不僅具有區分性、等級性和等距性，並且可以進行乘除運算，即我們不僅可以知道事物及屬性之間的差別大小，也可以知道其比例關係。例如，對長度和重量的測量就是比率量表水平的測量。在心理測量中，由於極難找到絕對零點，所以幾乎不可能達到比率量表水平。

(四) 評估與評價

評估 (assessment)，所指的是依據一定目的，通過一系列手段，對一個人的行為和心理做全面和系統的描述。是心理測量學中出現較晚、含義更廣泛，而且使用頻率日益提高的一個概念，如工作績效評估。

心理評估 (psychological assessment) 指的是以解決某一問題為目的，運用觀察法、訪談法、測驗法等多種手段，對一個人或某一事物做出全面描述、記錄和解釋的全過程。在進行實際的心理評估時，通常是把評估對象置於一個類比的工作情境中，要求他在規定的時間內完成一系列的模擬性實際工作，並將多種方法加以結合，讓他接受有針對性的心理測驗，問卷調查，或參與訪談等等。最後由評估人員觀察被評估者在模擬情境中的行為表現，綜合各方面的資料，做出總的結論。評估的結果是綜合性的，心理測驗包括在心理評估之中。心理評估總是指向某個問題或需要的，是一個複雜的決策過程。評估方法可以對一個人單獨進行，也可以對小組工作進行，評估的結果可以是定量的，也可以是定性的。

隨著社會的進步，評估已經被廣泛地應用於人們的日常生活中。評估作為一種研究方法在管理心理學、醫學、教育、人力資源、軍事司法等部門尤其有用，已經成為一種常用的評定績效和選拔的方法。比如我們常說教育評估，它就是一種系統地去尋找並搜集資料，對評估對象做預測性、估計性的評定，以便協助教育決策者從若干種可行的策略中擇一而行的過程。教育評估的一個重要目的就是為教育決策提供重要依據，教育行政部門要根據教育評估的結果，及時調整教育決策。心理評估在臨床方面的應用稱**臨床評估** (clinical assessment)。臨床評估指的是當心理醫生在確定診斷、製訂治療方案時，以及向來訪者或病人提出忠告或建議等，都需要在心理評估之後才能進行。

評價 (或評鑒) (evaluation) 泛指對每種事物的價值予以評定的歷程。是另一個與評估近似，但又有少許區別的測量學概念，它主要應用於教育領域。對學生的學習進行評價是把對學生的測驗結果、日常觀察以及報告等資料加以綜合，按照一定標準做出總的判斷的過程。評價是個綜合性的名詞，其結果需要由數量的說明、質量的描述和價值判斷三個部分組成，價值判斷是評價的主要特性。

當評估和評價的對象中含有人的因素時，心理測量必然占有重要地位。它有助於更全面地收集資料，是成功地進行評估和評價過程中一個很重要的環節。反過來講，各種評估和評價也是心理測驗應用的一個重要領域。

總之，心理測量學作為心理學中一門相對獨立的分支學科，它包括心理測量的基本原理、方法和心理測驗的編製及其應用。以對心理和行為進行數量化研究為特點，具有很大的綜合性。

三、心理測量的特性

心理測量的性質與測量的一般定義相符，是依據一定的法則應用心理測驗作為工具，對事物進行數量化描述。然而，由於心理測量的對象、目標、依據的法則都十分複雜，影響因素多種多樣，因此，心理測量也就具有許多自身的特點，需要特別地加以說明和注意。

1. 心理測量的對象是心理特質，而不是客觀事物 心理測量中作為研究對象的心理屬性，稱**心理特質** (mental trait)，它們是使一個人恆常表現同一反應的心理特點，如學習動機強，記憶力好，推理能力佳或情緒穩定等等。例如，一個人無論在成功、失敗、受到表揚、或遭人侮辱時，都能處之泰然、正常地待人接物、繼續工作，我們就認為他具有情緒穩定性的心理特質，或者說他的人格特點具有情緒穩定性特徵。由此可以看出，心理特質是建立在對人類大量類似行為進行觀察的基礎上，是抽象的，而不是有實體、可觸摸的客觀事物。

2. 對心理特質的測量是間接的　心理特質本身是抽象的，僅能間接測量可觀察到的行為，或根據在測驗上的行為表現而推論之。例如，為了測量記憶能力，我們只能採用不同的方法，依賴一些外部指標去解釋，如先請受試者學習一組單詞，經過一段時間後，再檢驗受試者能夠回憶出其中多少單詞，據以推論受試者的記憶能力。我們無法看見某人就直接察覺其記憶能力的強或弱。

3. 心理測量的誤差，依靠統計技術的輔助　心理測量是從對一個行為樣本的觀察中獲得的資料，經過整理後，再去推論並得出結論。這有限的觀察資料又是在特定時間、地點條件下獲得的，引起誤差的因素多種多樣。

心理測量出現誤差主要來自以下三方面的原因：與主體有關的：疲勞、焦慮、疾病、動機等；與情境有關的：環境氛圍、人際關係、聲光條件等；與測驗工具有關的：內容抽樣、測驗形式、語言表達、指導語等等，都是常見的誤差來源。

總之，只憑一次測驗結果並不能準確地反映出所要測量的心理特質。這一點，在學習和掌握心理測量學之初，就必須加以明確。一般情況下，心理測驗中推論的作用是根據觀察到的部分行為加以分析，並在此基礎上根據概率原理估計該行為總體的一些特點。在這個推論過程中，統計技術起著非常重要的作用。

4. 心理測量工具的適用性與社會文化背景有關　人的心理在不同文化、教育和社會環境中有很大差異，如果把一個測驗應用於目標群體之外的個人或團體，那麼使用其原有的常模來進行評定就很不恰當，對結果做出的判斷必定是既不客觀、又不公正的。由於社會因素的影響，甚至在同一個社會文化團體中，不同性別或不同年齡的受試者，對同一個測驗的反應也不一致。因此，我們在選用測驗工具時，除審查測驗本身的質量外，還需要考慮它的適用性特徵；尤其是在引進外國心理測驗時，絕不能夠直接搬用，必須先進行修訂。除了對某些測驗項目作必要的修改外，還需要制定適合於該國受試者團體的全國性或地區性常模，只有這樣才能夠保證心理測驗的客觀性與公正性，在教育領域和社會生活中發揮它的最大效能。

第二節　心理測驗的分類

心理測驗 (psychological test) 也稱**心理測量** (mental measurement) 是泛指運用各種測量量表，對個體或團體某方面特質實行測量，從而達到心理研究量化的一切活動。基於此義，凡心理研究中，使用智力測驗、人格測驗等工具來評鑒人的心理功能者，均屬心理測驗。心理測驗的主要特點是標準化，無論測驗量表的製作、實施、記分方法及解釋都有一定程式和嚴格的要求，不同於一般的考試。

隨著心理學的蓬勃發展，心理測驗的應用日益廣泛，目前已經擴展到教育、醫療、司法、工商管理、和行政部門等諸多領域。在過去的幾十年裡，已經問世的心理測驗不下數千種，經常使用的也有數百種。下面我們依據不同的標準，對測驗進行分類。這些分類有些反映了測驗間的本質差異，有些只反映了測驗形式的異同，但對於我們進一步理解心理測驗，正確選擇和恰當地使用測驗，都是有所裨益的。

一、依據測驗目標分類

由於測驗的目標不同，所欲測量的行為可以有多種不同類型。概括起來可以分為一個人的最高行為和典型行為兩大類。所謂**最高行爲** (或**最佳表現**) (maximum performance) 是個人的最佳反應或最大成就。以最高行為作目標的測驗統稱能力測驗，測驗結果有數量大小的差異，一般情況下，測驗分數越高，社會稱許性越強。所謂**典型行爲** (或**典型表現**) (typical performance) 是個人在正常情況下慣於表現的行為。以典型行為作目標的測驗稱人格測驗，其測驗結果基本上並無好壞之分，作用在於區分每個人的個性特徵，受試者可以用它瞭解自己，揚長補短、更好地全面成長；對社會則有利於因材施教和量才使用，促進社會發展。

(一) 能力測驗

能力測驗 (ability test) 是一個概括性名詞，這類測驗主要以應答的速度和正確性作為指標判定結果。一般是分數越高或正確答案越多，表明能力越強，成就越大。由於對能力的認定與實施目的不同，實際使用時，傳統上又進一步將這類測驗分為智力測驗、性向測驗和成就測驗。

1. 智力測驗 (intelligence test) 心理測驗最早開始於為篩選學習困難兒童而編的智力測驗，但由於在理論上至今仍然未能給智力下一個公認的明確定義，因而智力測驗的目標範圍始終在爭議之中。就目前通用的智力測驗而言，注重的是表現在各種活動中穩定的一般認知能力，如言語能力、數學能力、記憶能力、空間知覺、推理能力等等。通用的智力測驗，如比奈西蒙量表、韋氏兒童智力量表等，這些都可視為對個體的基本能力素質的考察(詳見第九章)。

2. 性向測驗 (或能力傾向測驗) (aptitude test) 性向測驗泛指用以測量潛在能力的測驗。其目的在發現個體的潛在能力，深入瞭解其長處和發展傾向。潛在能力是指個體未來發展的可能性，即在給予一定的學習機會時可能達到的水平，而不是個體現在已經具有的能力。性向測驗又可以分為以下三類；至於詳細的分類請見本書第十章。

(1) **一般性向測驗**：測量一個人在語文、數學、空間知覺等多方面的潛能，也可用以預測一個人在哪種能力上更有潛力。

(2) **特殊性向測驗**：為特殊目的使用。偏重測量一個人在某一特定方面的潛在能力水平，如音樂性向測驗、數學性向測驗。

(3) **多元性向測驗**：根據特定目的把幾種性向測驗合併使用，用以測量多方面的潛在能力，這樣的測驗就稱為多元性向測驗。

3. 成就測驗 (achievement test) 成就測驗主要考察受試者在學習和訓練後所掌握的知識和技能水平，由於它已被廣泛地應用於教育工作中，因此，有時也就被稱為**教育測驗** (educational test)。考試是每個人從孩童時代起就不斷經歷著的成就測驗。根據不同的標準，成就測驗還可以有更為細緻的分類，例如，根據使用測驗的教學階段不同，可以分為總結性測驗與形成性測驗兩類；更為詳細的分類參見本書第十一章。

(1) **總結性測驗** (summative test)：在一個階段的教學結束時，如在學期或課程結束時，需採用總結性測驗考察學生是否已經達到教學目標，並對學生的學習成績進行評定。這類測驗根據教學目標確定內容，試題範圍應該是教學目標所要求內容的一個代表性樣本，具有全面性和綜合性特點。

(2) **形成性測驗** (formative test)：指在教學過程中進行，目的是獲得及時的反饋與評價，其作用可以幫助學生和教師將注意力集中於知識和技能的掌握上，為改進教與學提供必要的資訊。對形成性測驗來說，測驗是整個教學進程中的一個組成部分，而不是教學過程的終點。

(二) 人格測驗

人格測驗(或個性測驗，人格調查表) (personality inventory) 用以測量和評估在性格和氣質等方面的個別差異。這類測驗大多以問卷調查的方式進行，然後通過對結果的統計處理，從大量的調查資料中分析出各種人格特質及其構成。如通用的 **十六種人格因素問卷** (Sixteen Personality Factor Questionnaire，簡稱 **16PF**)，和**明尼蘇達多相人格調查表** (Minnesota Multiphasic Personality Inventory，簡稱 MMPI) 等都是如此，我們將在第十二章中對之作詳細的說明。除上述問卷式的評定量表外，也有一些無規定答案的投射性人格測驗。它們是讓受試者對無明確意義的刺激物，如墨漬圖，自由地加以聯想，有訓練的主試者就可以從他不自覺地投射於其中的、隱蔽的心理特徵分析揭露出來。

此外，在人格測驗中，還有一些僅以某一方面的人格特點，如興趣、態度、價值觀、動機等為對象的測驗，這些測驗涉及內容很廣，方法也多種多樣，有些更具有明顯的社會評價，因此可以單獨歸類，對此我們將在第十三章中加以討論。

二、依據受試人數分類

任何測驗都可以由**主試者** (expeimenter) 向一個人單獨施測，也可以同時施測於一組人。施測對象或接受測驗者稱為**受試者** (或**受測者**) (testee)。根據受試者的人數，測驗可以劃分為個別測驗和團體測驗。

(一) 個別測驗

個別測驗 (individual test) 指在同一時間內主試者只對一個受試者進行施測的測驗。例如，比奈西蒙量表、韋氏兒童智力量表等大多數兒童智力測驗都屬於個別測驗 (見第九章)。由於這種測驗內容比較複雜，個別施測可以使主試者集中精力地充分觀察與控制受試者的情緒、行動等，從而更好地激發受試者的正確動機，爭取與受試者合作愉快，以保證測驗結果的可靠性。個別施測對於某些特殊對象，如幼兒、智力障礙兒童等尤為必要。但是，它耗費的時間和精力較多，測驗程序比較複雜，並且主試者必須進行嚴格的訓練後方能勝任。因此顯得不夠經濟，不可能在短時間內獲得大量資料。

(二) 團體測驗

團體測驗 (group test) 與個別測驗相反，能夠在同一時間內由一位主試者對多名受試者進行施測，如一般的教育測驗，各種人格量表，以及團體智力測驗等都是集體進行的。團體施測與個別施測相比，顯然可以節省大量人力，物力與時間，並且可以在短時間內收集大量資訊。近年來，許多測驗都實現電腦化，在刺激呈現方面，除上述優點外，主試者的作用降低，既可以對他們減少一些嚴格的專業訓練，同時還避免了由不同主試者所引起的影響因素。不過，團體測驗的缺點正好與個別測驗的優勢相對應：缺少主試者對每一位受試者的認真觀察和及時指引，測量誤差不易控制 (詳見第九章)。

三、依據測驗材料分類

測驗材料可以由各種不同的方式呈現，例如數位、文字、圖形，或各種實物都可用以組成題目進行測驗，測驗呈現的方式不同，受試者的作答方式也不一樣。根據這一點，心理測驗可以分為文字測驗和非文字測驗。

(一) 文字測驗

文字測驗 (verbal test) 的題目以文字材料組成並呈現，要求受試者用文字或語言的方式作答。文字測驗的編製和實施比較簡便，在時間上和經濟上都比較節省，而且較易於測量人類高層次的心理功能。但是，這類測驗容易受社會文化背景的影響，在跨文化比較研究中應用比較困難；同時，不同的文化程度會影響測驗結果，對於那些在語言文字方面有困難的人和幼小兒童則完全不適用。

(二) 非文字測驗

測驗項目或題目不以文字形式出現，受試者也不以語言或文字方式作答的測驗稱為**非文字測驗**(nonverbal test)。非文字測驗的說明部分是由主試口頭敍述，測驗題目多屬對圖畫、工具、模型、實物等的辨認或操作。由於測驗材料的特殊性，這類測驗不易受文化因素的影響，可用於廣大文化水平較低者，如學前兒童、文盲等，並且適合於進行跨文化研究。第一次世界大戰時美國為士兵編製的非文字測驗取得了重要成績，也是最早的團體測驗。那些以操作性活動做反應的，可稱為**操作測驗**(或**作業測驗**)(performance test)。操作性測驗一般只適用於個別施測，比較費時費力，且對測驗結果的評分易受主觀因素的影響，很難達到嚴格的標準化水平。

由於一個人在認知領域的知識並不能代表其在操作領域的技能，因此一般的智力測驗同時包含兩類題目，並將兩部分測驗先分別計分，然後再結合起來作一個總體解釋，效果較好，如韋氏兒童智力量表。

四、依據評分方式分類

測驗的題目可以具有多種形式，從應答方式與評分標準的角度來看，總的分為兩大類：一類是客觀性題目，它要求受試者的應答與固定的答案相匹配；另一類是主觀性題目，受試者可以自由應答，沒有固定的答案和相應的計分標準。根據測驗的題目類型，心理和教育測驗可以分為客觀性測驗與主觀性測驗，這一差異在教育測驗中表現得最為明顯。

(一) 客觀性測驗

由客觀性題目構成、計分客觀公正的測驗稱**客觀性測驗**(objective test)。客觀性題目的題型包括**是非題**(yes-no type item)、**選擇題**(或**選答題**)(multiple choice item)、**填充題**(completion item) 等，這些題型的題目答案簡要、明確，又有事先制定的評分標準，計分過程直接、簡單，不受評分者主觀因素的影響，甚至可以由機器操作，使評分容易，其結果較客觀可信。同時，由於客觀題的回答方式省時，這類測驗在同一時間內可以包含大量的題目，內容覆蓋面寬，容易獲得有代表性的行為樣本。用它來考查學生的成績，結果更符合實際。但良好的客觀題對編題技巧要求較高，需要依據科學的測量學原理和符合嚴格的審核步驟。大量的前期工作是實施客觀性測驗的重要特徵。此外，受試者在回答選擇題時，或許帶有一定的猜測因素，不過經過計算，其影響是微不足道的。

客觀性測驗通常較適用於測查一般的知識掌握和認知能力，而對於那種評價、創造力等高層次能力則較難做出精確的測量。

（二） 主觀性測驗

主觀性測驗(subjective test) 是由論述題或評價題等構成的測驗。**論述性題目** (essay type question) 也稱**自由應答題** (free response question)，如作文，它們沒有標準答案，主要靠主試者憑個人的知識經驗去計分。主觀性測驗的優點在於可以考查受試者的發散思維、組織能力和表達能力等高級認知發展水平。**發散思維**(或**擴散性思維**) (divergent thinking) 是解決問題時的一種思維方式，不囿於單一答案而多方向地思考、從而找出多種答案為特徵，是創造活動的基礎；**組織能力** (organizational ability) 則是將分散的知識經驗按照既定目標加以組合，為實現論述等高水準活動所必需；同時從思維到語言以表達自己意見的**表達能力** (exposition ability)，也是人際溝通的重要條件。然而，應用主觀性測驗時受試者的答案人各不同，試題本身的正確答案也不是唯一的，因此，即使有嚴格的評分標準，但每個評分者對此標準的理解與掌握程度、評分的時間安排，以及評分者本人身體與精神狀態的變化等因素，都會對評分結果有直接影響，從而使評分有失偏頗，不可避免地會增加評分誤差。此外，由於論述題的作答和評閱均要花費較多的時間和精力，所以一次測驗的內容不可能大量取樣。因此，使用主觀性試題必然題量少，無法涉及或覆蓋學科的全部內容，考查結果會帶有偶然性，用它來評價學生學習成就顯然不夠恰當。這些是主觀性測驗的主要缺點。

但是，這類測驗適用於考察客觀性測驗難以涉及的高層次的能力，因此又是全面考察受試者能力不可或缺的工具之一。目前，教育測量實踐中將客觀性試題與主觀性試題相結合，共同組成一份測驗的作法乃是從經驗中總結得出的最佳選擇。

五、依據測驗結果的解釋分類

受試者完成測驗之後，根據他對全部題目的作答情況首先計算出一個總分，稱**原始分數** (raw score)。只看原始分數，我們是無法對受試者的能力水平或個性特點做出估計的，例如，一個學生告訴家長他的測驗成績得到 95 分，家長依照慣例以為 100 分是滿分，於是給予獎勵，但實際上滿分是 150 分，他的成績還遠不夠標準。我們要想對測驗結果做出合理的解釋，可以採取兩種辦法，一是必須把他的得分與他所屬團體中其他人的分數進行比較，明確他在團體中的相對位置；二是把他的得分與某一個既定的標準相比較，看其是否滿足了我們的要求，達到了標準。依據對測驗結果的解釋方法不同，心理測驗可以分為常模參照測驗和標準參照測驗兩種。

（一） 常模參照測驗

能力測驗，多數人格測驗和部分成就測驗均屬於常模參照測驗。對這類測驗的結果解釋，一般以常模為參照，求出一個分數在團體中的相對位置。所謂**常模** (norm)，是一個標準化樣本的次數分布，其作用是給同類測驗的評分作標準。在使用上通常把它加以簡化，只用一個能夠代表該團體的量數作常模，即使用該常模團體得分的平均數來表示。在常模參照測驗中，測驗目標所注重的不是受試者的原始分數，或某方面心理特質的絕對水平，而是該受試者在標準化團體中所處的相對位置。通過將原始分數與常模作比較，可以得到個體成績與團體的平均成績之間的差異，從而對個體水平做出客觀的相對評價。上例中，如果全班的平均成績，即常模是 110 分，則該生的 95 分就屬於低下了。其相對的地位一般通過統計處理用百分等級表示（具體作法將在第三章中介紹）。在傳統的智力測驗中，將人的平均智商定為 100，或者說 90 與 110 之間，那麼習慣的解釋是低於平均值的智商 70～90 可謂愚蠢，70 以下可謂**弱智**（或**智能不足**）(mental retardation)；而高於平均智商的，110 以上可謂良好，120 以上可謂優秀或聰慧，140 以上則可稱**天才** (genius) 或**資賦優異**（或**超常**）(gifted) 了。

常模參照測驗強調個體成績與常模的比較，注重個體在團體中的相對位置，在大規模的評選工作中，如高考、招聘等活動中有重要意義。但它不能反映出個體在所測特質上的絕對水平；因此，實踐中還需要有另外一種形式的測驗。

(二) 標準參照測驗

標準參照測驗與常模參照測驗的主要區別，在於它關心的是受試者成績的絕對水平。測驗的解釋為受試者是否已經達到某一特定的標準，並以"達標－未達標"，"合格-不合格"等方式來報告，而很少關注個體在相應受試者團體中的相對位置和個別差異等問題。

標準參照測驗主要用於教育和培訓等應用領域，其合格標準依照教學和訓練的內容而定。編製這類測驗時，關鍵是首先要明確測驗的內容範圍，然後再確定受試者在此範圍內必須掌握的程度和標準。只要達到這一標準，便認為受試者成績合格。例如，從小學開始，每一年級的結業考試，只要達到及格線，不論分數高低，一律准予升級或畢業。有些標準參照測驗關心的是受試者的某種能力或能力傾向的水平，以規定的目標行為作為評價標準，一般的資格證書考試或評審工作都屬於這一類。例如，在汽車駕駛執照的考試中，測驗者關心的是受試者是否已經能夠勝任駕駛員工作；而在飛行員選拔測驗中，測驗者關心的則是受試者經過培訓是否能夠承擔飛行員的工作負荷等等。"是否達到了標準，能夠勝任預期的工作"，是應用標準參照測驗進行考核的目標，至於在合格者群體內部，彼此之間的關係如何並不重要。對於標準參照測驗來說，在編製時確定的評定標準必須客觀、公正才能有效地實現測驗的規定目標。

六、依據回答測驗題目的時限分類

在能力測驗中，除前述的各種分類以外，依據測驗者在答題的速度和正確性兩個判定標準中強調哪一個，對受試者回答題目的要求不同，還可以分為速度測驗與難度測驗兩種。

(一) 速度測驗

速度測驗 (speed test) 關注的是回答題目的速度，要求受試者在一定的時間內儘快地作答，完成題目越多越好。其目的在於考察受試者在測驗任務上的反應速度。速度測驗一般由比較容易的題目組成，不需要深入思考，只是題量大而時間限制非常嚴格，一般情況下基本能完成總題量的 75%，幾乎沒有受試者能夠在允許的時間內完成全部題目。這類測驗以受試者在規定時間裡答對的題目數量來區分優劣，常用於測查需要純熟掌握的基礎知識。

(二) 難度測驗

難度測驗 (power test) 關注的是答題的正確性，測驗的目的是受試者的最高能力水平。要求受試者認真思考，準確地回答問題。測驗的構成比較複雜，題目從易到難排列，一般能正確回答 75%，最難的題目幾乎沒有一個受試者能夠解決。這類測驗可以沒有時間限制或限制得非常寬鬆，所以全體受試者不會因時間限制而感到遺憾。它旨在測量受試者的知識能力和解題技巧，即解決問題的最高能力水平，以完成的數量和準確性為計分標準。各類學科競賽所用的測驗大多屬難度測驗。

綜上所述，心理測驗種類繁多，從不同角度可以有不同的分類方法。在以後各章節中我們還要對各類測驗分別詳述。但這裡必須明確，測驗的這些分類之間並非相互排斥，而是彼此交叉的。對測驗加以分類，只是為了便於學習和加深理解。例如，比較通用的瑞文推理測驗 (見第八章)，既是智力測驗，又同時是非文字測驗、團體測驗、難度測驗和常模參照測驗；高校入學考試既是一種成就測驗，又同時是文字測驗、團體測驗、難度測驗和常模參照測驗。

最後還須說明，為保證測驗的質量，一個作為測量工具的心理測驗應該是：(1) 由受過專門訓練的編製者初步編成後，先放到測驗應用群體的一個有代表性的樣本中試用，經過對結果的分析，題目篩選，肯定了測驗的可靠性和準確性之後，才算編製完成，成為一個所謂的標準化測驗；(2) 按照固定的方式施測和計分，才能保證心理測驗的最大效能。測驗編製的標準化過程相當複雜，是本書的一個重點，我們將在第五章中作詳細的討論。然而，在實踐中，尤其是教育領域裡，一些教師們所用的課堂測驗大多是非標準化的，在一定的範圍內，作為檢驗教學效果、更好地瞭解學生學習情況的一種手段，也有很好的實用價值。

第三節　心理測驗的功能

　　心理測驗的基本功能是通過測量發現一個人的心理特徵，或者說是通過測量瞭解一個人在不同場合下反應活動的特點，從而發現人們之間的個別差異。最早心理測驗的出現，是因為要確定出弱智兒童，以利於普及教育工作的實施。直到現在，分辨出弱智兒童和超常兒童並分別給以特殊的培養和教育，仍然是某些測驗的重要應用領域。今天，心理測驗已經在多個領域發揮作用，臨床上考查情緒障礙和犯罪行為，教育上檢查學習和教學效果，工業管理中的人員安置與選拔，都體現著心理測驗的重要功能。心理測驗在基礎研究中所起作用也不容忽視。無論是差異心理學、教育心理學還是認知心理學，心理學的各個分支都常用測驗作為收集資料的重要手段。下面，我們對測驗的各方面功能作進一步的闡述。

一、教育工作方面

　　教育的目的是培養學生德、智、體全面發展，造就具有健全的人格、掌握必要科學知識的新一代。由於每個人的遺傳素質和生活環境不同，為了提高教育、教學效果，實行因材施教，使每個人的**潛能** (potentiality) (指個人未來可能發展的潛在能力) 都能得到充分發揮，心理學就成為一切教育工作者的必要知識，心理測驗更是不可或缺的方法和手段。

　　在教學工作中，測驗是檢查教學效果的主要手段和方法。教育測驗的形式多樣，成就測驗用於檢查學生對知識的掌握水平、學習中的困難和問題，一方面有助於改進教學方法，提高教學質量；另一方面也可以檢查教學目標的完成情況、教師的水平和教材的適用性等等。

　　除學術性的成就測驗外，各種人格測驗，智力測驗，和非認知性的情意測驗 (如態度測驗，價值觀測驗等) 有助於全面瞭解學生，掌握他的興趣愛好、性格特點，對於實施因材施教，更有效地給以幫助和指導，使每個人都能很好地適應環境，打好知識基礎，揚長避短、身心健康地茁壯成長有著極為重要的教育意義。

二、人事工作方面

隨著社會的發展，科學技術的進步，為增進人類幸福，人的因素的重要性日益受到關注。有關人事工作的各個部門，對心理學的需求近年來發展迅速，為心理測驗開闢了重要的服務領域。其應用主要包括以下三個方面：

（一）選　拔

在多種企業組織機構和行政部門中，**人才選拔**（personnel selection）都是經常面臨的問題。組織者關心的是如何選出具有最大成功可能性的應聘者，如果只借助檔案材料和組織者的主觀經驗與直覺，選擇不僅有失偏頗，而且時間上也常常是不允許的。現代大多數的做法是採用心理測驗考察個體在組織者所關心的心理特質和行為表現上的差異，然後將測驗結果與其他考查資料相結合，做出最後的決策。利用心理測驗可以幫助組織機構更全面、快速、有效地發現人才，極大地提高了人事決策的效率與準確程度。

依據測驗結果進行選拔基本上是作二分法的決策，即接受和拒絕。其基本假設是測驗得分高者以後在實際上更成功，並以此劃分界線。但這種劃分的結果，可能會產生兩種錯誤決策——錯誤接受和錯誤拒絕。因此，單獨利用測驗進行決策並非百分之百的準確，它只提供重要的參考，再結合其他方法共同來決定是很有必要的。

（二）安　置

安置（placement）指的是在職業輔導或人事訓練上將學有專長的人分派在適當的工作崗位上。安置工作一方面要使成員能夠最好地實現他的理想，發揮他的潛能，同時組織也能更好地利用成員的能力和天資，以優異的成績完成工作任務。一些全面的大型測驗可能對選拔有用，而對安置則不必要。對安置工作最理想的是一個測驗既能給出該人在某一種情況下容易成功，又能指出他在某一種情況下不會成功的可能性。這樣才得以把個體安置在對雙方都有利的條件下，遠離那些阻礙個體發展的環境，從而做到人盡其才，實現良好的人職匹配。

(三) 分 類

當決策是要把一個人分派到不同範疇、職務、項目之一時，**分類** (categorization) 的概念比選拔和安置更符和實際。研究指出安置和分類的區別在於：在安置決策中，各種處理方案是序列的，即縱向排列的，它們指向同一個總目標；決策主要考慮的是該人適合於哪一級水平；但分類時，對一個人的各種處理方案不按次序排列，而是著重從性質上考慮，例如，錄取一個大學生後，他選讀哪個系或專業並無所謂高低之別，而只是性質、方向不同，屬於分類問題。

三、臨床心理方面

心理諮詢 (psychological counseling) 和**心理輔導** (psychological guidance) 兩種活動都是**臨床心理學** (clinical psychology) (以心理異常者為研究對象，並實際從事心理疾病的診斷、治療以及預防等工作) 的重要內容，即運用心理學知識對於人如何適應生活，和在不同職業或工作崗位上如何獲得成功提供幫助。在這兩種活動中，首先需要心理測驗發揮診斷的功能。**診斷性測驗** (diagnostic test) 指利用各種心理測驗去評估一個人在心理上存在的問題、需要、或期望，也可以發現其優缺點，以便幫助他改善總的精神狀態。診斷測驗並不限於對心理疾病者的使用，在教學上要瞭解學生的學習困難所在，作為補救教學的依據，也常採用診斷測驗做為學習輔導的工具。

總而言之，測驗的功能在各行各業的評估與評價中都有體現。測驗作為認識、瞭解，和辨別人們內心活動的重要方法，在社會生活的各個方面都不可或缺。我們清楚地看到，近年來隨著社會的進步，定量的評估和評價活動多方面興起，人的因素普遍受到重視，心理測驗的功能日益得到社會確認，它的效能在現實生活中肯定還會不斷地發展。

第四節　正確使用心理測驗

心理測驗是心理學進行科學研究的重要方法之一。它產生之後，幾經波折，但由於技術上的長足發展與提高，已廣泛地應用於社會的各個方面，並取得了良好的社會效益。當前心理測驗在實踐中日益受到重視，說明社會上人們對其客觀性和科學性的認同程度逐漸提高。但是作為測量工具的心理測驗，即使它本身的標準化程度再高，客觀性再強，也不能保證無論什麼人無論如何使用，都可以得到科學的結果和帶來良好的社會效益。如果測驗被濫用，不只會對受試者造成傷害，還會使測驗本身的科學性受到懷疑和批判。因此，有了良好的測驗工具，還必須注意如何正確地使用，從而使它的功能得到充分的發揮。一般來說，正確使用測驗必須做到以下幾個方面：

一、針對測驗目的選擇測驗

每次進行測驗都有其特殊的目的和適用範圍。當我們需要對受試者的某個方面進行測量時，首先必須明確我們想要測什麼，我們想要得到哪些方面的資訊，然後再去慎重選擇合適的測驗。而在選擇測驗過程中，不能僅僅依據測驗的名稱、形式或作者等表面特徵來選擇，必須瞭解測驗的質量是否符合要求，它的難度、信度和效度指標如何，是否在被試年齡、測驗目標與功能等方面適合於將要受測的個人或團體。只有經過嚴格審查而選定的測驗才可能為測驗使用者提供所需要的可靠的資料，否則測驗結果將是無效的，甚至有時候會導致使用者得出錯誤的結論。

二、嚴格控制測驗實施過程

心理測驗實施的過程中的影響因素很多，需要考慮的問題範圍也很廣，所以在測驗實施過程中必須嚴格加以控制；以下將討論特別影響測驗使用的兩個問題。

1. 主試的資格問題　一個從未受過心理測量專業訓練者、甚至不具備普通心理學基本知識的人，應該沒有資格使用心理測驗。作為主試，如果根本不懂什麼是標準化，什麼是信度、效度等，那麼我們便不可能奢望他在使用測驗時能保證測驗實施、記分、結果解釋等一系列過程的標準化，因此測驗使用的效果乃至後果可想而知。在國外，心理學碩士以上的人才被認為有資格使用心理測驗，並且**美國心理學會**要求測驗的發行者把他們的出售限制在那些教育和經驗水平能夠勝任合理使用測驗者的範圍之內。事實上，美國的一些測驗公司也的確在這樣執行。在中國，這方面尚未達到嚴格的水平，但是已經開始注意這一問題。中國心理學會心理測量專業委員會在 1994 年已經有相應的條例公布。

2. 應嚴格控制測驗實施過程的誤差　一個合格的主試，應該能夠認識到嚴格遵守測驗規定要求的必要性。主試應該嚴格按測驗手冊中規定的步驟進行工作，盡可能使所有受試者在相同的條件下接受測驗，並且對受試者在測驗實施過程中的反應和行為認真觀察和控制，並作詳細的記錄。同時，必須注意培養和建立測驗過程中主、受試之間的協調關係，儘量使受試者保持對測驗的興趣和動機，以平靜的心態完成測驗，避免意外情況的出現。

三、按標準記分並合理解釋結果

　　標準化的測驗應該有統一的評分標準，評閱者應嚴格按此標準評分，尤其是主觀題的評分，應儘量避免個人好惡等主觀因素的影響，使測驗結果客觀公正。不正確的或不準確的評分會使測驗結果失去價值；將這樣的結果應用到實際決策中，必然造成不良後果。

　　拿到了一個有效的測驗結果，如何對它做出合理的解釋也是一個重要問題。倘若解釋不當，那麼為得到這一結果所付出的一切努力便前功盡棄。合格的主試應該結合以下三方面因素對測驗結果做解釋：(1) 瞭解測驗的所用屬性；(2) 瞭解受試者的履歷，如文化程度、職業、年齡、性別等；(3) 必須結合測驗過程的實際情況，例如，是否有干擾、受試者情緒如何，以及受測時間地點等。測驗結果的解釋還涉及到常模問題，由於常模是某一標準化樣本在一定時空中實現的平均成績，因而樣本、時間，或地域不同，常模便會不同。隨著時間的變化，社會有了相當的發展，時間過久的常模便可能不再適用，而應建立新的常模。因此，如果不分時間、地點、人群的亂用測驗，那麼即便原本是一個優秀的測驗工具，也會因其結果解釋的不當而造成不良影響。

四、力行測驗內容的保密

正如考試的題目不能隨便洩露一樣，對於測驗的內容也要加以保護，不能隨便散播。舉例來說，視力表本是一種標準的視力測量工具，在日常生活中普遍使用，也很容易得到，結果有些人先努力記住了表中內容之後再去進行測試，當然視力"正常"。顯然，這樣的結果毫無意義。同理，如果某一心理測驗的具體內容在社會上廣泛傳播，大家對它都很熟悉，那麼這一測驗的價值實際上便不復存在。因此，作為心理測驗工作者，必須注意測驗內容的保密，使其有效性能長久保持。然而，對測驗具體內容的保護，並不意味著讓人們對心理測驗一無所知。相反地，我們應該盡可能廣泛地對受試者、有關專業人員及一般公眾介紹關於測驗的知識，介紹包括測驗的技術要求和特點、測驗的功能用途等等，從而促進人們對測驗的認同，增強心理測驗的生命力。

五、恪守道德準則與製作標準

一定的道德準則可以在一定程度上控制專業的測驗者和出版商合乎道德地使用測驗。各國心理學會都有為實施測驗和提供其他服務而制定的道德準則。這些道德準則的主要目的在強調要考慮受試者或患者的利益和保護測試工具不被濫用的重要性。內容包括有關施測、標準化、信度、效度、分數解釋等各方面的問題。在評價和診斷方面，心理學家的道德標準和行為準則都強調評價和診斷只能由受過訓練的、有施測能力的人在專業化的情境下用恰當的測驗進行。同時也規定在設計上要應用科學程式，選擇適合於特定人群的測驗和技術，公正地說明測驗結果，小心地使用測驗分數和加以說明，以及最後要清楚且謹慎地解釋測驗結果。如果這個測驗的結果是有價值的，還必須注意測驗的保密性。

於 1985 年，美國的三個專業性組織：**美國教育研究會** (American

Educational Research Association，簡稱 AERA)，**美國心理學會** (American Psychological Association，簡稱 APA)，和**全美教育測量學會** (National Council on Measurement in Education，簡稱 NCME) 聯合制定了《教育與心理測試標準》(Standards for Educational and Psychological Testing, 1985) 一書。1999 年又經過修訂，它以提高測驗應用的質量為目的，制定了很多具體的標準，內容包括以下三個方面：(1) 測驗製作、評估和存檔規範；(2) 保證測驗的公平性準則；(3) 具體的測驗應用規則。中國心理學會於 1992 年曾制定了心理學工作者的道德準則和心理測驗的制定標準兩個條例，內容與國際上的標準基本相符，但遺憾的是缺乏法律保障，執行得不夠嚴格。我們深信，所有新一代的測驗工作者都能端正態度，科學地看待測驗，遵守職業道德，共同努力使心理測驗工作取得更加積極的社會效益，不斷地向前健康發展。

本 章 摘 要

1. **心理測驗**可以有兩個含義：狹義的心理測驗指在心理測量中所使用的工具。廣義的心理測驗指使用測驗進行測量的全過程，即通過抽取一個標準化的行為樣本，用客觀化的系統程式對之加以觀察、記分和解釋，最後對某種心理現象給以描述的完整過程。

2. **測量**是指根據一定法則對事物進行數量化的描述。**心理測量**的測量對象存在於內心深處，具有主觀性特點，不能直接測量，同時其影響因素複雜，與行為表現不具有一一對應的固定關係，因此對心理進行測量，需要特定的方法技術來進行，於是就構成**心理測量學**。心理測量使用的工具稱為**心理測驗**。

3. 心理測量的主要特點包括以下幾個方面：(1) 測量的對象是心理特質，而不是客觀事物；(2) 對心理特質的測量是間接的；(3) 心理測量具有誤差；(4) 心理測驗的實施與文化背景有關；(5) 測驗中觀察到的是當前的行為，未來行為有待推測。
4. 量表的作用在於將測驗所得原始分與一定的理論分佈相聯繫去作解釋。在心理測量中體現測量規則的數量化連續體叫做**量表**。依據製定量表的**參照點**和**單位**不同，可以將量表分為**稱名量表**、**次序量表**、**等距量表**和**比率量表**。
5. 心理測驗的主要功能是瞭解人的心理特點，和彼此之間的心理差異，在教育、醫療、人事管理、心理輔導與諮詢方面都有重要作用。
6. 心理測驗豐富多樣，根據不同的標準，可以對測驗進行不同的分類。依據測驗目標分類，可以有**能力測驗**，包括**智力測驗**和**性向測驗**、**成就測驗**以及**人格測驗**。
7. 依據測驗材料可將測驗分為**文字測驗**和**非文字測驗**。前者項目以文字材料構成，要求受試者用文字或語言作答；後者測驗材料由圖畫、工具、模型、儀器、實物等組成，除以語言形式回答外，受試者進行操作是其重要的反應方式。
8. 依據受測人數可以將測驗分為**個別測驗**和**團體測驗**。前者一次測驗中由一名主試者只面對一個受試者進行；後者是一名主試者在同一時間內對多名受試者進行集體測量。
9. 依據對測驗回答的時限，可以將測驗分為**速度測驗**和**難度測驗**。前者考察受試者在測驗任務上的反應速度；後者測量受試者的解題技巧與解決難題的最高水準。
10. 依據評分方法分類，可以將測驗分為客觀性測驗和主觀性測驗。**客觀性測驗**由是非題、選擇題、填充題等客觀性試題構成，計分客觀公正；**主觀性測驗**由論述性題目如作文等主觀性題目構成，評分的主觀性較強。
11. 依據解釋測驗結果時的參照點分類，可以將測驗分為常模參照測驗和標準參照測驗。**常模參照測驗**對結果的解釋一般以**常模**為參照，注重的是受試者在團體中的相對位置；**標準參照測驗**關心的是受試者是否已經達到了某一特定標準，反映了個體在所測特質上的絕對水平。
12. 為了使心理測驗取得更好的社會效益，主試者應受過專門訓練；工作中必須注意測驗的選擇、實施的標準化、和對結果的合理解釋；同時還要嚴格遵守職業道德，對測驗結果及其內容加以保密。

建議參考資料

1. 王文中、陳承德 (譯，2008)：心理測驗。台北市：雙葉書廊。
2. 金　瑜 (2005)：心理測量。上海市：華東師範大學出版社。
3. 姚　萍 (譯，2001)：了解心理測驗過程。北京市：北京大學出版社。
4. 荊其誠 (1990)：簡明心理學百科全書。長沙市：湖南教育出版社。
5. 張春興 (2004)：心理學原理。台北市：東華書局 (繁體字版)。杭州市：浙江教育出版社 (簡體字版)。
6. Aiken, L. R. (2005). *Psychological testing and assessment* (12th ed.). Boston: Allyn & Bacon.
7. Anastasi, A., & Susana, U. (1997). *Psychological testing* (7th ed.). NJ: Prentice Hall.
8. Kaplan, R. M., & Saccuzzo, D. P. (2008). *Psychological testing: Principles, applications, and issues* (7th ed.). Belmont: Wadsworth.
9. Kazdin, A. E. (Ed.). (2000). *Encyclopedia of Psychology*, Vol. 1. APA: Oxford University Press.
10. Mcintire, S. A., & Miller, L. A. (2006). *Foundations of psychological testing: A practical approach* (2nd ed.). Newbury Park, CA: Sage.

第二章

心理測量學的歷史發展

本章內容細目

第一節 心理測量學的歷史背景
一、濫觴於個別差異與早期實驗心理學 35
　(一) 個別差異的研究
　(二) 早期實驗心理學的影響
二、心理測量學的先驅 37
　(一) 高爾頓
　(二) 卡特爾
三、心理測量的開創──比奈-西蒙量表 40

第二節 心理測量學的成長與發展
一、成長時期的蓬勃發展 42
　(一) 能力測驗
　(二) 非文字測驗
　(三) 團體測驗
　(四) 教育測驗
　(五) 人格測驗
　(六) 統計方法
二、臻於成熟的現代發展 47

　(一) 心理測驗的進一步完善
　(二) 人格測驗的盛行與反測驗運動
　(三) 當今測驗理論的發展與應用

第三節 我國古代的心理測量思想與考試制度
一、中國古代的心理測量思想 51
　(一) 遠古時代的孔孟諸子
　(二) 三國時期劉劭的思想
二、中國古代的心理與教育測量方法 54
　(一) 中國古代的考試與考試制度
　(二) 以語文甄用人才
　(三) 早期心理測驗的出現

本章摘要

建議參考資料

任何學科的形成與發展都與社會演變與特定的歷史條件密不可分，心理測量學也不例外。18 世紀末至 19 世紀初，歐洲因工業革命成功，法國首先於 1791 年參照我國科舉考試制度與方法，建立了自己的文官考試制度，不久，該制度在英國和美國也都相繼建立。文官考試制度的建立為授官任職確定了準繩，打破了封建的門第、世襲等限制，拓寬了資產階級進入政府的通道。考試制度與方法的確立也為科學的測量學發展奠定了基礎。

法國醫生伊太 (Jean Itard, 1774~1838) 是第一位採用科學方法研究低能者。他的學生沈幹 (Edward Seguin, 1812~1880) 用生理訓練法進行試驗，於 1837 年創辦了第一所教育智力落後兒童的學校，其後又在 1864 年出版《白癡：用心理學方法來診斷與治療》一書，介紹以感覺辨別力和運動控制方面訓練智力落後兒童的方法，其中一些方法至今仍在使用。

至 19 世紀，由於西方社會倡行人道主義，歐美各國開設護理精神病人的特別醫院，為確定病人入院的標準，及區分精神病患和智力落後者的客觀方法；同時工業革命導致社會分工的日益精細化，因而需要對各種專門人才進行訓練與就業指導；各級學校招收學生也需要建立一定的標準與程序，這些都是促使測驗發展的重要因素。在這種情況下，隨著 20 世紀社會經濟與科學技術的迅猛發展，各種能力測驗便依據需要如雨後春筍般地應運而生。

中國的心理測驗於 20 世紀初由西方引入，伊始發展良好，成立中國測驗學會、創建會刊並召開年會、進行學術交流、學校中開設心理測驗課程、編製出版測驗和教學用書，形成 30 年代中國心理測驗的繁榮時期。但是好景不常，從抗日戰爭開始，發展速度減慢，緊接著社會政治變遷，使心理測驗受到重大衝擊、完全停止發展，直到 70 年代後期才得以恢復。此後二十多年，在外部環境改善和有志於測驗的學者們努力下，中國的心理測驗又很快地發展起來，目前正在向加強科學性、廣泛為實踐服務的方向大踏步邁進。

本章主要討論的問題是：

1. 心理測量學是在什麼樣的歷史背景下產生的。
2. 心理測量學成長與發展的歷程。
3. 中國古代的心理測量學思想與考試制度為心理測量學奠定了基礎。

第一節　心理測量學的歷史背景

要想深入地認識事物，不僅要瞭解它的現狀，更要追本溯源，才能掌握其內部變化規律，從而預測其發展趨勢。下面我們將先介紹心理測量學作為一門獨立學科是如何興起的。

一、濫觴於個別差異與早期實驗心理學

在 19 世紀的歐洲，科學技術的發展帶動了經濟高速發展，經濟的高速發展又對科學起了推動作用。這時期不僅自然科學取得長足的進步，心理學也開始嶄露頭角，其中，對個別差異的研究直接帶動了心理測量學的發展。

（一）　個別差異的研究

世界萬物千差萬別，沒有兩片完全相同的樹葉、兩粒完全相同的沙子，一言以蔽之，沒有兩個完全相同的事物存在。只有認識了不同事物的個性以及它們之間的關係，才能夠更深刻地揭示一類事物的共性及其本質。心理學中以探討人與人之間的個別差異為目標的分支學科，稱為**差異心理學** (differential psychology)。

個體在成長過程中，因受遺傳與環境因素影響，使不同個體在身心特徵上各不相同，此一現象稱為**個別差異** (或**個體差異**) (individual difference)。有關人類心理個別差異的研究起始於天文學上著名的"人差方程式"的發現。早在 1795 年，英國格林威治天文臺的天文學家馬斯基林 (N. Maskelyne, 1752～1811)，發現他的助手觀察星體通過子午線的時間總是比自己晚 0.8 秒，於是就認為助手工作不認真而將其辭退。20 年後，這種兩個人同時進行天文觀測而所得結果卻不一致的現象再次重演，引起了另一位德國天文學家貝賽爾 (Fredrich W. Bessel, 1784～1846) 的注意。經過研究他發現，人與人之間在觀測和記錄星體運行的時間上確實存在著一種恆定的誤差，這種個體反應時間上的差異，用一個公式來表示就稱為**人差方程式** (personal equation)，即 B－A＝C (B 與 A 分別代表不同個體的反應速度，C 是個常數)。天文學上這一發現在當時並未引起心理學家的重視，直到 19 世紀末期，隨著以探討心理現象和物理刺激（如物之重量與光之強度等）之間關係為目標的**心理物理學** (psychophysics) 的發展，人們才真正開始對心理現象進行定量研究 (註 2-1)。

(二) 早期實驗心理學的影響

在 19 世紀末期，實驗心理學剛剛從哲學中脫離出來成為一門獨立學科時，它的特點是強調科學實驗。1879 年實驗心理學的鼻祖馮特 (Wilhelm Wundt, 1832～1920) 在德國萊比錫創立第一個心理實驗室，他繼承了生理心理學家韋伯 (Ernst Heinrich Weber, 1795～1878) 和費希納 (Gustav Theodor Fechner, 1801～1887) 等人的研究路線，把感覺、知覺等初級心理過程作為對象來探討人們行為的一般規律。由於他們注意的焦點是一般性質和規律、而非特殊性問題，使得存在於個體間的個別差異不是被忽略、就是被視為難以避免的誤差。在這種情況下，個體的行為可能與眾不同這個事實的存在，使得心理活動規律的普遍應用受到了一定限制。也正是由於這種影響，人們開始認識到，依據心理學規律解釋人的行為，只可能達到接近準確而不是絕對準確。

早期的德國實驗心理學家們不考慮個別差異，但他們的工作對心理測驗的發展卻有一定的促進作用。一方面，他們注重研究視、聽等感覺過程的課題，在第一批心理測驗的性質上有所反映，表現為這個時期的很多測驗項目都側重於感、知覺的特點；另一方面，實驗心理學研究必須重視對觀察條件的控制，例如在**反應時** (reaction time，簡稱 RT) (從刺激呈現到個體表現出反應的一段時間) 實驗中，指導語可以影響被試者的反應速度；視覺實驗中背景的顏色變化會影響對同一刺激物產生不同的視覺效果等等，這些都使得研究者們相信實驗條件必須一致，應該達到標準化 (見第五章) 的要求。這種對標準化程式的要求，至今仍是心理測驗的重要特徵。

註 2-1：**定量研究** (或**量的研究**) (quantitative study) 是指心理學的一種研究取向，而非特定的某種研究方法。其特點是儘管研究的對象是心理現象中屬於質的問題 (如人的智力)，心理學家總是企圖將之予以量化 (如智商為 120)，來表示個別差異的程度。

二、心理測量學的先驅

在心理測量學的發展史上，有許多心理學家竭盡心智，其中，英國生物學家和心理學家高爾頓（見圖 2-1）和美國心理學家卡特爾（見圖 2-2）在心理測量運動的早期都做了大量的開創性工作，為科學心理測量學的誕生奠定了堅實的基礎。

（一） 高爾頓

英國學者高爾頓（見圖 2-1）在科學發展史上是一位偉大的天才。他受其表兄達爾文關於物種起源思想和新心理學興起的影響，對個別差異的研究產生了興趣。他從事多方面研究並取得優異成績。他是優生學的創始人，並在遺傳學、統計學、心理學等學科領域中都有重要貢獻。曾編製多種感覺性與運動性測驗，並且首先提出一般能力和特殊能力之分。

高爾頓從遺傳的觀點調查親屬、家系、孿生子及不同種族的血緣關係，以研究遺傳因素與身心特徵的關係。1869 年高爾頓出版了《遺傳的天才》一書，提出人的智慧是由遺傳得來的，並且假設人類的智慧分布形式是中央凸起、逐漸對稱地向兩端下降的**正態分布**（或**常態分配**）(normal distribu-

圖 2-1 高爾頓
(Francis Galton, 1822～1911) 英國學者，差異心理學之父、心理測量學的著名先驅者之一。他在遺傳學，心理學研究方法、統計和心理測量學上都有突出成就。

tion)，它們的差異是可以測量的。在研究中，高爾頓首先採用統計學中的常態律，並發明了統計的相關法。1883 年，高爾頓出版了《人類才能及其發展的研究》一書，開創科學的個體心理學與心理測量的先河。並且在這本著作中，高爾頓首先提出**測驗** (testing) 和**心理測量** (psychological measurement) 這兩個重要的術語。高爾頓認為，通過個別差異的研究，可以對教育上施教與社會上選才兩方面做出明智的選擇。

然而，要測量的對象數量極大，並且要從全國人口取樣，必須在方法中運用儀器，使測量容易且快速地進行，同時又減少誤差。為達到這個目的，高爾頓曾發明了多種心理測驗儀器。如高爾頓曾創造了一種口笛，稱**高爾頓笛** (Galton whistle)，用以測定頻率最高、但仍可聽得見的聲音；創製了一個有不同距離刻度的**高爾頓尺** (Galton ruler)，用以檢驗人們對視覺範圍的估計能力；他還設計了一個圓盤，用來測試人們對垂直線的視覺判斷能力。此外，高爾頓也曾發明了許多其他專用儀器，用來測量人的肌肉感覺、反應時間、視覺敏感度，和嗅覺與觸覺的辨別力等。

在 1884 年，高爾頓在倫敦的博物館內創設"人類學測量實驗室"。實驗室內置有各種儀器，人們只需付三個便士，就可以測量，並且由儀器將測量結果記錄如身高、體重、呼吸力、拉力、壓力、手擊速率、聽力、視力、色覺等個人資料在卡片上。在該實驗室開辦的六年內，共記載有測量 9,337 人的資料。

高爾頓試圖通過生理的、感覺的和知覺的材料求出人的特性和能力的統計量，對個體的心理特徵加以區分。他曾報告了兩個驚人的發現：與正常人相比，盲人並不具備更強的觸覺和聽覺敏感性；科學家的視覺表像比非科學家更差。儘管現在看來，他的許多結論並不正確，但他根據這些資料提出的相關（見第三章）概念，卻在心理測量的結果分析中起重要作用。後來他的學生皮爾遜（見第三章）在此基礎上完成了計算相關的公式。高爾頓致力於研究人類個別差異的思想與方法，為心理測量學的研究工作奠定了基礎。因此，通常認為，高爾頓是**差異心理學**的創始人。

(二) 卡特爾

卡特爾（見圖 2-2）畢業於美國拉斐特學院，後來到德國從師於馮特。1887 年在英國劍橋大學任講師時，認識了高爾頓，共同討論個別差異研究的方法問題。1888 至 1891 年,回美國任賓西法尼亞大學的心理學教授,在那裡創建了美國第一個實驗室,1891 年轉入哥倫比亞大學,又創立一個實驗室,並主持該實驗室達二十年之久。

圖 2-2 卡特爾 (James McKeen Cattell, 1860~1944) 是美國心理學家,畢生從事心理測驗與個別差異的研究工作。曾在歐洲學習,受高爾頓的影響。為把測驗引入美國作了很大努力,推動了整個應用心理學領域的發展。

卡特爾提出:

心理學者不立足於實驗與測量上,絕不能如自然科學之準確。要獲得精確的測量,當應用一系列心理測驗,並對大量的人進行測量。測量的科學價值在於它能夠使我們發現心理過程的恆常不變性,它們的相互依存,以及在不同條件下的變化。除此之外,受測者也會發現,測驗不僅是有趣的,而且在訓練、生活方式、疾病徵兆等方面也是大有裨益的。"如果我們規定一個通用的標準,使在異時、異地得出的結果可以比較和綜合,則測驗的科學和實驗價值都可以增加不少。"(Cattell, 1890, pp 373~380)

在心理測驗發展史上,卡特爾之所以具有顯赫地位,主要是因為他在個別差異及心理測量學上的突出貢獻。卡特爾極力主張測驗的程式與方法應有統一規定,並要有常模,即有一個固定的參照標準,以資比較。所有這些都是測量學上的重要觀念。在萊比錫大學學習期間,他將新興的實驗心理學與剛剛興起的測驗運動結合起來，不顧馮特的反對，完成了題為〈反應時的個別差異〉的博士論文，從此奠定其個別差異研究的實驗基礎。1890 年，卡特爾發表了著名的〈心理測驗與測量〉一文。文中，他提出必須先行發展用以測量個體的心理測驗，然後根據心理測驗結果，才能瞭解人在不同環境下心理適應的情形，從而分析瞭解其個別差異。卡特爾不僅正式使用了"心理測驗"(psychological test) 這一術語，而且描述了他在自己的實驗室中編製的五十個測驗，包括肌肉力量、動作速度、痛感受性、視聽敏度、重量辨別力、反應時間、記憶力以及類似的一些項目。在卡特爾看來，這些測驗都與人們的高級心理活動有關，或與人們的神經活動有關。譬如，壓力測驗是測量人們的意志控制力和情緒激動性的；最低痛點的測量可作神經系統的診斷等。卡特爾的心理測驗研究因法國比奈的智力測驗而式微，但他開風氣之先的貢獻，卻是被心理學界肯定的。

三、心理測量的開創——比奈-西蒙量表

比奈 (見圖 2-3) 是發明智力測驗的第一人，是當時法國最偉大的心理學家，被譽為現代智力測驗之父。他於 1857 年生於法國尼斯市，起初學習

圖 2-3 比 奈
(Alfred Binet, 1857～1911)
法國心理學家，他強調判斷、理解、推理等高級心理過程在智力成分中的作用，與助手合作編製和發表了世界上第一個智力測驗——比奈-西蒙智力量表，用以對兒童智力進行診斷和鑒別。

法律，繼而改學醫學，後來又致力於實驗心理學的研究。

在 1866 年，比奈發表第一本著作《推理心理學》，為他對"比較高級的心理過程"進行畢生研究作了準備。1889 年，他建立了法國第一所心理實驗室，並於 1891 年，出版了〈個性的變化〉一書。隨後，對著名的計算能手、棋手和盲棋手進行了廣泛的研究。1898 年，比奈發表了〈個性心理學中的測量〉一文，提到許多測驗，如畫四方形，比較線段的長短、記憶數字、詞句重組、回答含有道德判斷的問題、瞭解抽象文章的意義、折紙等，多編入他的智力量表裡。在這篇文章中，他還提出心理測量的根本原理在於將個人的行為與他人的行為進行比較，並加以歸類，這是近代測驗理論的基本思想。1903 年，比奈的另一本著作《智力的實驗研究》問世。在這本著作中，他認為，智力這一概念是廣義的，包含一切高級心理過程，並且表現在推理、判斷以及運用舊經驗解決新問題的行為上。在比奈對智力的長期研究中，它認為高爾頓和卡特爾早期所採用的以感覺為基礎去測量智力的取向，是不適當的。他主張要測量智力必須從認知能力著手，而認知能力應包括記憶、意象、注意、理解、審美、情操、意志力以及空間判斷等高級心理歷程。從測量感覺到測量認知能力，是智力測驗發展中的一大突破。

比奈主張用測驗的方法辨別有心理缺陷的兒童。經過他與醫生西蒙 (Theodore Simon, 1873～1961) 的精心合作研究，於 1905 年發表了題為〈診斷異常心理兒童智力的新方法〉的著名論文。在這篇論文中，比奈介紹了世界上第一個標準化的智力測驗，即**比奈-西蒙量表** (見第九章)。

智力測驗的種類為數眾多，但其基本原理和主要方法大多是由比奈奠定的。在心理測量工作方面，比奈的貢獻永垂青史。因此，美國心理學家賓特納 (Rodolf Pintner, 1884～1942) 曾經指出，假若我們在心理學史上，稱馮特為實驗心理學的鼻祖，那我們就不得不稱比奈為心理智力測量的鼻祖。

比奈-西蒙量表問世之後，立即引起世界各國心理學及教育學界的高度重視。1911 年修訂版在法國出版後，各種語言版本的比奈－西蒙智力量表紛紛湧現。尤其是 1916 年，美國斯坦福大學推孟 (Lewis Madison Terman, 1877～1956) 教授修訂的斯坦福-比奈量表在美國推廣使用後，大大地促進了智力測驗的發展。由推孟提出的智商 (見第九章) 這一概念，也連同智力測驗一起為全世界所熟悉。同時，各式各樣的智力測驗、性向測驗、特殊能力測驗、教育測驗、人格測驗等也應運而生，呈現出一派欣欣向榮、蓬勃發展的新氣象。由此，心理測驗已經不再是智力測驗的同義詞，智力測驗也不再是心理測驗的唯一代表。在近一個世紀的發展中，心理測驗被公認為是一門獨立的學科，無論是在理論、技術上，還是在測驗的編製方法、應用範圍上都取得了長足的發展。

第二節　心理測量學的成長與發展

心理測量學的誕生，可以用標準化智力測驗的出現為標誌，從歐洲開始很快受到重視，得到了一定的發展。然而心理測量學的真正蓬勃發展，還是在心理測驗被引進到美國之後。在這近一百年的發展過程中，根據其主要特點，可以分為兩個階段加以說明。

一、成長時期的蓬勃發展

自 20 世紀初智力測驗從歐洲傳入美國後，至 40 年代中期，心理測驗在美國得到很大發展，一般稱之為心理測驗的成長時期。在這個時期裡，世界上發生了兩次世界大戰，心理測驗作為一種特殊工具，它的應用價值從軍隊中開始，很快受到普遍的肯定。測驗編製朝著大規模、標準化以及適合應用的方向發展，各種為特定目的而編製的測驗紛紛出籠。相對而言，這個時期在測量理論的探索方面較為薄弱。下面我們將以各種不同類型測驗的出現次序為依據，逐一地加以說明成長時期的發展概況。

(一)　能力測驗

能力測驗泛指為測量能力所採用的各種測驗工具，包括智力測驗（見第九章）、性向測驗（見第十章）和成就測驗（見第十一章）。由於能力與成人的工作表現和兒童的學業成績息息相關，人們很早就對能力異常關注，在各種心理測驗中，能力測驗發展得最早，到目前為止它也最為成熟。

1. 斯坦福-比奈量表　比奈-西蒙量表在法國出版後,最早是由戈達德 (Henry Herbert Goddard, 1866～1957) 介紹到美國的,他於 1910 年依據比奈-西蒙量表修訂出一個量表。該量表發表之後,引起美國心理學家一定的重視,但沒有被推廣。1916 年,斯坦福大學的推孟又加以修訂再次發表,名之為斯坦福-比奈量表 (見第九章)。推孟的修訂版對比奈的原量表有很大改進,除對原有題進行修訂、並增加一些新題目外,還把常模樣本增加到 1000 人。推孟同時還規定了測驗編製的標準化程式,從而降低了測量誤差,增加了量表的可靠性。此外,推孟又將測驗的適用範圍放寬,擴大了對高年齡組兒童的測量,這些都更加保證了斯坦福-比奈量表成為此後數十年內應用最廣泛的標準智力測量工具。

2. 各種能力測驗的崛起　早在第一次世界大戰前,一些特殊能力 (如音樂、美術、機械等) 測驗已經在實際應用中得到發展。主要有:美國心理學家西肖爾 (Carl E. Seashore, 1866～1949) 致力於聲音心理學的研究 (註 2-2),1915 年編製了第一套音樂能力測驗;瑟斯頓 (Louis Leon Thurstone, 1887～1955) 1918 年根據**節奏感** (rhythm sensation) (即指個體對節奏性刺激物的自動反應) 編製了**節奏測驗** (Rhythm test);和用於職業能力研究而編製的,**斯騰貴斯特機械能力測驗** (Stenquist test of mechanical ability) 等。

(二) 非文字測驗

比奈-西蒙量表中的測驗項目多以文字的形式表現,測驗的實施及被試的回答,除對學齡前兒童用口述外,也大多採用文字形式。這種情況從理論上講,測驗在對智力的界定上偏重於言語能力,只看重智力表現的一個方面,不能有效地測量智力的全部;另一方面在實踐上,言語測驗不能適用於文盲和語言發展有障礙者,從而大大限制了它的使用範圍。**非文字測驗** (non-verbal test) 是以不用文字表述,而採用圖形、工具、模型之類可以具體操作的實物來表現其內容的,由於不以很好掌握語言文字為先決條件,它就可以彌補文字測驗的不足在更大的範圍中加以推廣應用。

第一個正式的、並在臨床上使用的非文字操作量表是**賓特納-派特森操作**

註 2-2:**聲音心理學** (或**心理聲學**) (psychoacoustics) 是結合生理學與心理學兩方面的知識,專門研究聲音與生理和心理間關係的一門學科。

測查量表 (Pintner-Paterson scale of performance test)，由美國心理學家賓特納（見 41 頁）和派特森 (Donald G. Paterson, 1892～1961) 於 1917 年編製。該量表由十五個分測驗組成，其中包括八個形式板與木製謎板測驗，五個拼擺圖形或人形測驗，一個柯努克斯設計的模式臨摹測驗 (1911 年後當作數位-符號替換測驗)，及一個侏儒測驗。所有測驗都經過重新修訂並提供四種常模，包括年齡量表、點量表、心理年齡量表和各年齡組的百分等級量表，由於可以從四個方面進行比較和提供解釋，而擴大了使用範圍。此外，還有 1920 年柯荷 (Samuel Calmin Kohs, 1890～1984) 編製的**柯荷積木設計測驗** (Kohs Block Design Test)；1926 年古德依納夫 (Florence L. Goodenough, 1886～1959) 編製的**古氏畫人測驗** (Goodenough Drawing-a-Man Test)；和 1938 年英國心理學家瑞文出版的瑞文推理測驗（見第九章）等等，都很受歡迎，其中古氏畫人測驗和瑞文推理測驗由於既節約又有效，至今仍被廣泛地應用。

(三) 團體測驗

團體測驗 (group test) 指以一個團體中所有的人為實施對象的測驗，此種測驗可在同一時間內由一個人主持向多數受試者施測，時間上、人力上都比較經濟。

在第一次世界大戰期間 (1914～1918)，為了適應戰爭的需要，美國特別設立招兵委員會，由當時的心理學會負責對官兵進行測驗選拔並執行兵種分派。由於軍隊士兵多達百萬人，個別測驗不能完成此項重任，不得不編製軍隊團體測驗，實現了測驗的客觀記分，從而保證了測驗的大規模應用，該測驗稱**陸軍甲種測驗** (Army Alpha Test)；後來為了更好地適用於文字水平極低的士兵，又編製了非文字的**陸軍乙種測驗** (Army Beta Test)。1918 年，第一次世界大戰結束，該測驗的效果未能充分利用，然而它對心理測驗起了重要的宣傳作用，使智力測驗的概念在民間廣為流傳，並且增強了人們對團體測驗的信心，給整個心理測驗的發展帶來了廣泛而深遠的影響。

(四) 教育測驗

各種教育成果的測驗都可以視為**教育測驗** (educational Test)。教育測驗和智力測驗所要測量的東西雖然不同，但它們所依據的原理卻是相同的。

在心理學家們致力於發展、開發智力測驗的同時，傳統的學校考試也正進行著一場大的變革。教育學家、心理學家賴斯 (Joseph Mayer Rice, 1857～1934) 1897 年首先系統地報導了他對 33,000 名學校兒童實施拼寫 50 個單詞的成就測量結果，1902～1903 年，賴斯又發表了算術測驗和語文測驗。賴斯的卓越工作引起了卡特爾的學生桑代克 (Edward Lee Thorndike, 1874～1949) 的極大興趣。桑代克於 1904 年出版了《心理與社會測量導論》一書，該書是第一部系統地介紹測驗編製的基本原理與統計方法的專著。1908 年，桑代克發表了**書法量表** (handwriting scale)。這是第一個書法量表，在教育測量領域產生了很大的影響。因此，人們將桑代克譽為教育測驗運動的泰斗，或教育測量學之父。1908 年，桑代克的學生斯通 (Cliff Winfield Stone, 1874～1958) 編製了算術測驗，並改進了測驗的計分方法。以後又有英文作文量表 (Hillegas, 1911) 和其他各種教育測驗的不斷問世，如 1922 年的斯坦福成就測驗 (見第十一章) 等都給學校教育工作留下了良好的印象。

自 1917 年以後，美國的教育測驗事業已有很大的發展。以前的測驗，其範圍大致限於小學科目，而後，適用於中等以上學校各科的教育測驗也都有了發展。另外，一些專門的教育測驗機構也在一些國家出現。如**美國教育考試服務中心** (或**美國教育測驗服務社**) (Educational Testing Service，簡稱 ETS) 於 1947 年成立。它是目前世界上規模最龐大的測驗編製與研究機構，由 2000 多名心理學家、教育學家和各方面的學科專家組成，實施各種教育與心理測驗的研製、開發，和大規模的推廣應用工作。

(五) 人格測驗

為瞭解個體之間人格上的差異，從測量個體的人格特質以至歸屬其人格類型，所採用的一切測量手段都可以視為**人格測驗** (personality test)。心理測驗發展的另一個廣闊領域是人的個性範疇，涉及人際關係、品性、動機、興趣愛好、情感適應、態度及人格等特點。首先提倡用科學方法測量人類品格的是高爾頓 (見圖 2-1)。他在 1884 年發表的〈品格測量〉一文中指出："構成我們行為的品格，是一種明確的東西，所以應該加以測量"。他還擬定了一個評定品格的量表，可以說是現代人格測量的初步嘗試。

人格測驗的先驅是克雷培林 (Emil Kraeplin, 1856～1926)。他最早使用自由聯想測驗來診斷精神病人，並倡導在臨床心理中應用測驗。美國心理學家伍德沃斯 (Robert Sessions Woodworth, 1869～1962) 最早創立了現代人格問卷 (或自陳量表) 的原型，1917 年，伍德沃斯編製的個人資料調查表 (Woodworth personal data sheet) 被用於測量第一次世界大戰時美國士兵對軍隊生活的適應情況，尤其是士兵情緒的穩定性和有無異常，其目的是用於軍隊的人員安置。但由於它是採用比奈量表的方式編製的結構性人格量表，過分地依賴表面效度，即以表面上看起來測驗題目與測驗目的是否一致來確定測驗是否有效，因此當時並未成功。該測驗以後又經過修訂，使用於學校學生的情緒診斷 (Mathews, 1923)。用於測量情緒狀態的還有普萊西等 (S. L. Pressey & L. W. Pressey, 1919) 發表的 **X-O 測驗** (或**叉圈測驗**) (X-O test)。從 30 年代末到 40 年代，投射性的人格測驗大為流行。主要有：最早的羅夏測驗 (見第十二章)、它是投射性測驗，和 1938 年在美國哈佛大學創製的主題統覺測驗 (見第十二章)。

在態度測驗方面，哈特編製了社會態度測驗 (Hart, 1923)；瓦生發表了公正測驗 (Watson, 1925)；1925 年，瑟斯頓在〈心理物理分析〉一文中，提出配對比較量法，是以科學方法來測量態度。與此同時，興趣測驗也廣泛地受到重視。1928 年，斯特朗出版職業興趣量表 (見第十三章)。1930 年，瑟斯頓也編製了以他的名字命名的興趣量表——瑟斯頓人格量表。1934 年，美國心理學家庫德 (G. Fredric Kuder, 1903～2000) 發表了庫德職業興趣調查表 (見第十三章)。

(六) 統計方法

心理測驗的結果是以統計意義為基礎的，故而數理統計方法的發展必然影響著測量學的發展。比奈測驗之所以成功，主要是由於找到了客觀地測量智力的途徑，提出智力年齡 (MA) 和實足年齡 (CA) 兩個可供操作的測量單位，和以二者之比表示智商的計算公式。但是，如何在理論上說明其測量是否可靠和有效呢？由於實足年齡是一個自然增長的變數，又如何說明智力年齡的實際發展呢？這就引出了如下問題：

1. 信度和效度 關於第一個問題，即測驗的信度 (或稱可靠性見第六章) 和測驗的效度 (或稱正確性見第七章) 問題。信度和效度標誌著測驗質量,是任何一個測量都必須解決的基本問題。1907 年,德國心理學家可魯格 (Felix Krueger, 1874～1948) 和英國心理學家斯皮爾曼 (Charles Edward Spearman, 1863～1945) 正式提出信度概念,意指一個測驗多次測量結果的一致性程度。1910 年,又提出了計算分半信度的矯正公式,1937 年以後,又有計算信度的 K-R20 公式和 K-R21 公式相繼提出 (參見第六章)。

效度表示一個測驗所測得的結果是否出自它事前所設定的測驗目標,測驗結果與測驗目標相一致的程度指標叫做效度。例如,用英文的物理試卷測試中國學生,其結果不只反映學生的物理知識水平,同時也受學生英語水平的影響,以它作為物理知識測驗,其效度就很低。最初人們經常將信度與效度二者相混看,認為只要多次測驗結果相一致,就表示該測驗很有效、或稱效度高,直到 1931 年,瑟斯頓發表了〈測驗的信度和效度〉論文以後,才使人們對效度有了正確的認識,將二者明確地區分開來。

2. **因素分析** 因素分析 (見第三章) 是一種統計技術。最早由英國心理學家斯皮爾曼分別在 1904、1927 年設計了現代因素分析的程式。因素分析的主要目的是,在使用幾個測驗後,分析出所有測驗共同測到幾個共同因素,憑藉著共同因素的發現,可以確定觀念的結構成分。在心理測驗中,常用因素分析來檢驗測驗的結構效度 (見第七章)。80 年代以來,因素分析在理論上和方法上都不斷得到創新,時至今日業已成為心理學家從事統計科學的重要技術。因素分析法的盛行,不但推進了能力測驗的發展,還進一步促進了人格理論與人格測驗的發展 (見第十二章)。

綜上所述,心理測量學在最初的 60 年裡,從開始產生到成長壯大,並取得各方面的進步,總的來說具有如下幾方面的發展特點:(1) 先是以解剖生理特徵為依據,強調生理功能的測量,而後轉向對心智活動的測量;(2) 由測量簡單的感知能力,逐步發展到測量複雜的認知能力;(3) 由籠統的單一數量化評定個體間差異,轉變為用多個量數評定,並兼顧到個體間差異與個體內差異。

二、臻於成熟的現代發展

美國心理學家瑟斯頓於 1935 年,以芝加哥大學為中心成立**心理測量學**

會 (Psychometrika Society)，並出版了專業性期刊《心理測量》，這些都標誌著心理測量學已發展成熟，從青年期轉入了成年期。此後的進一步完善與發展主要表現在以下幾個方面：

(一) 心理測驗的進一步完善

於 20 世紀 40 年代團體智力測驗已經在各級教育工作中廣泛地應用，許多大學都有它的教學與研究。但是這時期的測驗把智力看作單一特質。他們的一般看法是：智力反映一個人的抽象思維能力，在學校學習和適應複雜的社會生活方面所具有的**天生能力** (innate capacity)，它可以用斯皮爾曼等所提出的方法技術進行科學的測量，然後用智商 (IQ) 加以表示。

這時，由瑟斯頓提出的兩項新技術對心理測驗的發展產生重要影響。首先是**多因素分析** (multiple-factor analysis) 的數學技術，他清楚地指出智力不是一個單一的特質；其次，他改進了心理測驗的統計理論，引出了編製測驗和研究其測量特性的新方法。據瞭解，很多因素性成套測驗的原型都出自瑟斯頓本人的**基本心理能力測驗** (Primary Mental Abilities Test，簡稱 PMAT)。該測驗於 1938 年出版，使用多因素分析法得出心理能力至少包含七種獨立因素。在 1946～1958 年間又出版幾個為不同年齡使用的版本，其重要性在於第一次使人們認識到存在著不同的心理因素，但也必須指出，它們並未經過很好的改進與標準化。隨著因素分析理論的發展，多項能力傾向測驗，如機械理解測驗等在第二次世界大戰 (1939～1945) 後開始出現，這種內容比較複雜的成套測驗為分析個人心理品質的內部結構提供了適當的工具。到 50 年代以後，吉爾福特 (見第八章) 在這個方向上對智力結構作了大量研究。

早期智力測驗，把智力看作單一特質，這時已向多元分析形式發展。主要代表是美國心理學家韋克斯勒 (David Wechsler, 1896～1981) 所編製的韋氏兒童智力量表、韋氏成人智力量表和韋氏學前兒童智力量表 (三量表詳見第九章)，是當今全世界應用最廣的智力測驗。韋克斯勒是繼法國比奈之後對智力測驗貢獻最大者，他在測驗中大膽而卓有成效地拋棄了智力年齡這個測量單位，用離差智商 (見第九章) 新概念取代用心理年齡與實足年齡之比來計算的比率智商 (見第九章) 概念，從而使多年來困擾人們的個體智商如何隨年齡而變的問題迎刃而解。

(二) 人格測驗的盛行與反測驗運動

儘管用投射性測驗研究人格特徵在 20 世紀 40 年代非常流行,然而它的解釋依賴於經驗,缺乏心理測量學的質量標準,以至很多心理學家對其可靠性表示懷疑,因此,投射性測驗始終沒有被普遍地接受。1940 年,哈什維 (Starke Rosecrans Hathaway, 1903~1984) 與麥金利 (J. Charnley McKinley, 1891~1950) 編製的結構性的明尼蘇達多項人格調查表 (見第十二章) 問世,給人格測驗帶來了新氣象。它強調對於測驗結果的意義確定需要實驗資料,因此也刺激了大量的研究工作。1957 年,又有屬於同一類型的加利福尼亞人格調查表出版。到 1945 年,卡特爾 (Raymond Bernard Cattell, 1905~1998) 運用因素分析方法發展了一系列人格測驗,其中包括十六項人格因素問卷 (見第十二章),該測驗至今已有五次修訂版,被認為是結構最好和應用最廣的人格測驗之一。

從 50 年代後期到 60 年代初,美國總統,尤其是 1963 年甘迺迪 (又譯甘乃迪) (John Fitzgerold Kennedy, 1917~1963) 提出要重視心理健康之後,心理測驗在臨床應用和社會實踐各個方面都蓬勃發展。這時在臨床、教育、諮詢、工業等領域的心理學家都加強了與測驗的密切聯繫。

當測驗結果被用於重要決策時,必定會受到嚴格的考核。反測驗運動的第一個跡象出自人格測驗,人們認為這些測驗的使用侵犯了個人隱私,對行為沒有預測力或預測力較差,甚至有暗示不道德的行為之嫌。例如,1959 年,休斯頓教育委員會被迫焚燒某些態度量表和其他的一些問卷和測驗,原因是休斯頓的家長團體提出強烈抗議,認為測驗要求孩子回答人格測驗中某些與性、宗教和道德有關的項目構成了人格上的冒犯。後來,美國人權運動興起,工業心理學中人員選拔和教育測驗等方面也相繼受到了有關人權問題的批評。雖然這些事件最終並沒有終止這些測驗的使用,但卻促使心理學家和其他評估專家意識到了這些工具的局限性,並注意到了心理評估的倫理問題 (Lovell, 1965;Messick, 1965)。經過測驗工作者在一段時間較深入的反思與改進後,為時不久,心理測驗在理論和實踐上又繼續向前發展。

(三) 當今測驗理論的發展與應用

電腦是 20 世紀中期以後最重要的科技發展。電腦的應用使得測驗工作的全過程,包括測驗編製、施測、計分和結果解釋等各個環節都得以高速度地進行,並因此節省了大量時間、人力和物力。因此,到 80 年代後期,大多數測驗都全部或部分地實現了電腦化。然而,在心理測驗電腦化的過程中也還有一些問題尚未解決。例如,通過電腦進行施測的整個過程中缺少對受試者行為的觀察,結果只產生定量的記錄而缺乏對情緒、動機等方面的記錄與分析,這些都還值得考慮。不過,除節省時間、人力和物力外,利用電腦的最大優勢在於開發更複雜的測驗,進一步提高施測、計分和結果解釋的方法,使心理測驗在理論和實踐上都得到更快更好地發展。

使用高速度的電腦大幅地提高了數學運算能力,從 60 年代開始,一系列的數學模型被用於測驗理論的探討,最重要的成就是在理論上提出了項目反應理論 (或題目反應理論,見第四章)。項目反應理論的最重要特點是先對測驗中的每一道題目 (或一個項目) 進行分析,確定其必要的參數,然後在解釋測驗結果時,就不需要與別人作比較,只從你自己能夠完成的題目就可以做解釋了。例如,在能力測驗的情況下,就不需要與別人相比,說你比團體的平均高多少,或你在團體中的百分等級,只要有你剛剛能夠正確完成的那道題目的難度參數,就足以說明你的能力水平了。

電腦化的另一個重要貢獻是在項目反應理論的基礎上,為在實踐中創建新型的測驗方法,即**電腦化適性測驗** (見第八章) 提供了條件。所謂適性測驗就是首先依據項目反應理論確定出每道題目的特徵參數,然後在實踐中就可以依照每個被試不同的身心特點、能力水平與具體題目特徵,選用對他最適合的測驗題目去施測,由於這些題目與被試的水平相適應,每一道題目測量的結果都能夠提供最大的信息量。用這種方法,一次測驗並不需要有很多題目便可以確定出被試的真實水平。在適性測驗中,題目的選取是非常複雜且重要的環節,靠人工難於實現,只能由電腦來完成。正是這個原因使電腦化適性測驗的出現與項目反應理論的形成相距了很長的時間。電腦化適性測驗進行的方式簡便,解釋時又不依賴於樣本,與紙筆測驗相比具有極大的優越性,是現代測驗的發展方向。關於電腦化適性測驗的具體分析,在後面的章節還要涉及。

現代測驗理論的發展,除項目反應理論外,還有克倫巴赫 (Lee J. Cronbach, 1916~2001) 於 70 年代初提出的概化理論。概化理論關注的是當一個測驗在編製時,目標是指向一個特定的行為領域,而具體工作則只測量該領域中的一個行為樣本。如何能夠使結果推廣到最大範圍的行為上，這就成了概化理論的核心問題。這種新思路促使人們對影響測驗信度的多種來源加以探討，發展了對測驗信度的研究，因此可以將概化理論視為信度理論的發展（參見第四章）。

總結以上幾點，我們看到西方心理測驗在 20 世紀後半期，一方面不斷改進方法，擴展應用領域，另一方面隨著電腦與統計技術的發展，在測驗理論上也逐步加深。目前，心理測量學成為一門在人類交往中具有重要意義、具備理論基礎和實用價值的學科正在茁壯成長。

第三節　我國古代的心理測量思想與考試制度

心理測量在我國有著悠久的歷史。儘管一般將比奈與西蒙於 1905 年編製的兒童智力量表作為現代科學心理測驗的開端，然而，我國古代的思想家們早就對人性的差異感興趣，建立了考試制度並提出一些測驗方法。舉凡談到心理與教育測量的起源時，中外學者都承認中國是心理與教育測量的故鄉（Dubois, 1970），大多數《心理測量年表》都從這裡開始。下面我們從古代的心理測量思想和測驗方法兩方面加以闡述。

一、中國古代的心理測量思想

(一) 遠古時代的孔孟諸子

孔子（見圖 2-4）早在 2500 多年前，就曾經根據自己對三千名弟子的觀察，評定他們的能力差異和性格特徵，提出："中人以上可以語上也；中人以下不可以語上也"（論語‧雍也）和"惟上智與下愚不移"（論語‧陽貨）。這就是說，孔子根據某種尺度將人的智力分為上、中、下三個類別，並認為它們是天生不變的。儘管孔子將人按智力分中人、中人以上、中人以下的做

圖 2-4 孔 子
(Confucius, 551~479 B.C.)
名丘，字仲尼，魯國人。中國春秋末期偉大的思想家和教育家，儒家學派的創始人。

法過於粗略，其解釋和教育意義也都有待商榷，但他的分類實際上相當於測量學中的命名量表和次序量表。同時，孔子對弟子們的不同人格特徵也作了細緻分析，例如："柴也愚（笨拙），參也魯（遲鈍），師也辟（偏激），由也喭（魯莽）"（論語・先進），為因材施教準備了前提。

孟子（Mencius, 372~289B.C.）對齊宣王說："權，然後知輕重；度，然後知長短；物皆然，心為甚"（孟子・梁惠王）。在孟子看來，心與物都具有可以測量的特性。這種思想是比 20 世紀西方測量學者的著名論斷"凡物之存在必有其數量"（Thorndike, 1918）和"凡有數量的東西都可以測量"（McCall, 1922）更加完美的表述，而且遠在兩千多年前就已提出，益加令人欽佩。

(二) 三國時期劉劭的思想

西元三世紀時，廣平人 (今河北邯鄲) 劉劭，繼承了東漢末年品評人物之餘風，同時適應於魏制"九品中正"量才授官的實際需要，試圖從人的外部表現如體貌、言語、行為等方面的一些特徵尋找考核、鑒定人的才能和性情的方法與途徑。約在西元 245 年，劉劭著有《人物志》一書，該書不足兩萬字，但所論述的內容十分豐富，它總結了前人關於考核、鑒定人事的理論與實踐，也汲取了當時學者的成就，集各家之大成，詳盡闡釋了人物的才能、性情及其測量。1937 年，美國東方學社出版了英譯本，書名為《人類能力之研究》(Shrock, 1937)。劉劭將人的才能分為三類，稱為"三材"或"三度"，即兼德 (清節家)，兼材 (法家) 和偏材 (術家)。其次，以"三度"為標準，連同三材在內，把才能分為八種類型：即兼德、兼材、偏材、三材兼備 (國體)、三材皆微 (器能)、清節之流 (臧否)、法家之流 (伎俩)、術家之流 (智意)。並且指出：凡此八材，皆以三材為本。由此看來，劉劭對於才能的劃分與剖析在本質上與現代測量學中的因素分析原理具有異曲同工之妙。

劉劭還相信人的才能與性情可以透過其外部表現而予以鑒別。他將人的外部表現概括地分為神、精、筋、骨、氣、色、儀、容、言九個方面，稱之為"九徵"，這也可以作為九個因素或特質來加以理解。其原文如下：

性之所盡，九質之徵也。然則平陂之質在於神；明暗之實在於精；勇怯之勢在於筋；強弱之植在於骨；躁靜之決在於氣；慘懌之情在於色；衰正之形在於儀；態度之動在於容；緩急之狀在於言。
(人物志九徵第一)

對於才能的鑒定劉劭認為有兩大困難：一是"難知之難"，二是"知之無由得效之難"。所謂"難知之難"是指人的才能表現在許多方面，人們通常只是根據自己的偏好去觀察和鑒定，觀察到的只是人物的一個方面，而不全面。所謂"知之無由得效之難"有兩方面的含義：一方面指對於某個確有才能的人，"已雖知之，無由得薦"。即人們有時儘管已經認識到了有才能的人，但由於某種原因卻不能將他舉薦出來，使他的才能無法得到發揮；另方面，人們的行為變化多端，常常表裡不一，或似是而非，這也給才能鑒定帶來困難。劉劭關於才性鑒定困難的論述實質上已指出了心理測量的信度和效度問題。

由於才性鑒定存在"兩難",因而常常會產生誤差或謬誤。劉劭在《效難第十一》篇中指出"無由得薦"的原因,並把那些可能導致的錯誤歸為七類,統稱為"七謬"。即:

> 一曰察譽,有偏頗之謬;二曰接物,有愛惡之惑;三曰度心,有大小之誤;四曰品質,有早晚之疑;五曰變類,有同體之嫌;六曰論材,有申壓之詭;七曰觀奇,有二尤之失。(人物志·七謬第十)

七謬之中,每一條都會給才性鑒定帶來負面影響,如第一條指由測量之前的偏見產生謬誤,第三條指計量之誤,第六條指人才任用與提拔之誤,即應用問題。由此可見,劉劭已經認識到測量中存在著各種誤差。為了避免謬誤,作到公正、準確、客觀的測量,劉劭在才性鑒定方面,提出一套系統、完整的鑒定方法,即所謂"八觀"和"五視",用以"觀其感變以審常度"作為心理觀察的基本規律。其意是在心理觀察與測量中所得到的只是一定條件下的行為樣例,它不是行為的全部,但在變化的情景之下,人們又總會表現出一定的恆常行為。因此,測量應注重恆常的總體表現。另外,由於"眾人之察不能盡備","必待居止然後識之"。所謂"居止"指相對穩定,也就是說,應當注意觀察穩定條件下的行為,也要觀察變化條件下的表現,即把"觀其感變"與"視其居止"結合起來,如此才能全面地了解一個人。這些都與現代科學的心理學思想相當吻合。

總之,在我國古代,從春秋戰國到三國時期,心理與教育測量的思想就有提出,到劉劭時已經發展成為較完整的思想體系。

二、中國古代的心理與教育測量方法

心理與教育測量方法在我國由來已久。在古代,心理與教育測量最早以"考""試"形式出現。後來又發展出科舉制度,延續到 20 世紀初期,對我國的文化發展產生了重要影響。

(一) 中國古代的考試與考試制度

遠在西周時代 (約 1066～770B.C.)，我國就已經有不同的考試出現。在當時，無論學校育才，還是政府選拔官員，都有一定的標準用以評判優劣。據記載：比年入學，中年考校，七年小成，九年大成 (學記)。學校通過對士子的"考校"，將優秀者逐級上報，直至"獻賢能之書于王"。這是鄉學的考試。中央"國學"中的貴族子弟同樣也要通過"考校"以分出高低級別。所選出來的"賢"者、"能"者，可授以官職；同時，官員的拔擢、升格也要通過考查，即"因其才而用之"(禮記・王制)。當時的考試內容主要是所謂的"六藝"，即禮、樂、射、御、書、數。

兩漢時 (202B.C.～220A.D.) 考試制度正式建立，稱作"察舉制"，是一種承前繼後的任官制度。所謂"察舉"，是察其賢能，舉以授官。漢高祖十一年 (196 B.C.) 下的求賢詔，是實行"察舉制"的第一份官方公文。其後，文帝二年 (178 B.C.) 又下詔舉"賢良方正，直言極諫者"。由此而產生"對策"、"射策"等考試方法。在兩漢時代，無論是在京師的太學，還是在地方的郡國學裡，都設有各種考試科目。

到隋朝 (西元 581～618) 創立了進士科，正式建立了科舉考試制度。科舉考試在唐朝得到進一步發展與完善。唐開元二十四年，建立了特定的負責考試的機構，即貢院，由禮部侍郎主持，負責命題、評分、舉薦等工作。通過各級考試 (如鄉試、會試、殿試等) 選拔人才，並對通過各級考試的人員授予一定的學位稱號 (如秀才、舉人、進士等)。從此在人類文明史上，揭開了正式以考試測量方法選拔人才的帷幕。科舉考試在我國一直延續到清朝末年，1905 年才被廢除。

我國的科舉考制度及方法在招賢育才，鼓勵青少年奮發學習，保證國家的統一，傳播儒家思想等方面，都做出重要貢獻。直到 16 世紀以後，我國的科舉考試制度與方法開始傳入西方，英 (1833)、法 (1791) 等國才相繼建立了相應的文官考試制度。因而，世人公認，中國是考試的故鄉。中國的考試在對人類文明所做貢獻上，可以與聞名於世的四大發明相媲美。孫中山先生曾經講道，考試制度在英國實行最早，美國實行不過二、三十年，現在各國的考試制度，差不多都是學英國的。窮本極源，英國的考試制度，原來是從我們中國學過去的。所以中國的考試制度，就是世界上最古最好的制度。

(二) 以語文甄用人才

考試制度建立以後，考試內容和考試方法就成為主要考慮的問題。當時儒家思想占統治地位，在學而優則仕的思想指引下，強調讀聖賢書，背誦四書五經、吟詩作賦成為各級考試的主要內容，受試者的語言文字水平受到高度重視。

1. 強調語言的重要性　語言是人類交流思想的重要手段，鑒定心理主要應通過語言和辭彙來進行。早在西漢時代的文學家、哲學家及語言學家揚雄 (58B.C.～18A.D.) 就曾提出：

言，心聲也；書，心畫也。聲畫形，君子小人見矣；聲畫者，君子小人之所以動情乎。(法言・問神篇)

不約則其指不詳，不要則其應不博，不渾則其事不散，不沈則其意不見。以文以見乎質，辭以睹乎情，觀其施辭，則其心之所欲見矣。(太玄・瑩)

劉劭在其《人物志》一書中講道：

夫人厚貌深情，將欲求之，必觀其辭旨，察其應贊。觀其辭旨猶聽音之善醜；察其應贊猶視其智之能否也。故觀辭察應足以互識別。(人物志・八觀)

這句話說明，在當時主要是通過辭以應答法（即"應贊"）為手段觀察人的心理，尤其是人的智力。三國時的著名思想家與軍事家諸葛亮 (181～234) 也曾將問答法作為心理鑒定的重要手段。諸葛亮在其《心書》中指出：

夫知人之性，莫（莫，最也）難察焉。美惡既殊，情貌不一，有溫良而為詐者，有外恭而內欺者，有外勇而內怯者，有盡力而不忠者。然知人之道有七焉：間（間，亂也）之以是非，以觀其志；窮之以辭辯，以觀其變；咨之以計謀，而觀其識；告之以禍難，以觀其勇；醉之以酒，而觀其性；臨之以利，而觀其廉；期（期，約定）之以事，而觀其信。(心書)

諸葛亮用於智力及個性品質的鑒定的七種方法中，後三種屬於設置情境法，即利用情境誘導出所要觀察的行為品質。美國人哈特肖恩和梅設計的《品德教育檢查測驗》(Hartshorne & May, 1930) 其內容包括誠實、義務感、自控能力等，就是採用了"臨之以利"、"期之以事"的技巧。

根據上述解釋，在某種意義上可以說，現代測量學只不過是將古代的各種測量方法加以改進，使之更加客觀、更加標準化、和更易於實施罷了。

2. 語文測試的方式 在現行的能力測驗中，以詞為內容的問答法有多種變式。在我國唐代科舉考試中有一種叫做"試帖"，或稱"帖經試士"的方法。即取所學過的一段經書掩蓋其兩端，而在中間留一空行，讓學生去裁紙為帖，可以帖三個四個或五個字，隨時增損以求通暢 (通考·選舉考) 這與現代我們常用的填空測驗，非常相似。它也顯示出在我國唐代就已經開始有了填空測驗的嘗試。

問答法的另一個變式是對偶法，也在唐、宋時代盛行。中國特有的"對對聯"，就是根據漢字所特有的單元化特徵和龐大的同義、近義、反義詞族進行的一種聯想、類比測驗。如"路遙知馬力，日久見人心。" "獨腳戲，比目魚"(魯迅)，"上浮下沉由他去，大進小出任我來" 等等。

(三) 早期心理測驗的出現

世界上最早的嬰兒心理測驗也出自我國古代民間。西元 6 世紀末，南朝顏之推在《顏氏家訓》中記載了南方"周歲試兒"，也稱"抓周"的方法：

> 江南風俗，兒生一期 (指一周歲)，爲制新衣，盥浴裝飾。男則用弓矢紙筆，女則刀尺縅縷，並加飲食之物及珍寶玩具，置之兒前，觀其所發意、所取以驗貪廉、智愚，名之爲試兒。(風操篇)

這種方法正是針對嬰兒期感覺-運動發展的特點，用近似標準化的實物作刺激材料，通過觀察嬰兒的反應解釋兒童的興趣愛好，並由之推測他的未來前途。雖然這種對未來的推測得不到證實，然而，說明當時人們已經認識到心理特點與行為有一定關係，其測試方法可謂是世界上最早的嬰兒心理測驗。直到 1925 年和 1930 年美國心理學家格塞爾 (Arnold Lucius Gesell, 1880～1961) 和奧地利的布勒 (Charlotte Bühler, 1893～1974) 才在實驗條件下記錄嬰兒動作和順應行為的發展，編出嬰兒發展測驗。

在我國古代也曾出現過各種特殊能力測驗，如《文心雕龍》的作者劉勰（約 465～532 年）對注意力測驗的發展很有貢獻。他曾用兩個故事來說明分心對注意力的影響，即傳說戰國時代的弈秋是個好棋手，黃帝時代的隸首精於算術，二人的技術均達到神工妙力的水平。然而，有一天，弈秋下棋時，在棋局將圍未圍之際，有人吹笙路過，他傾心聽曲，一心二用，以至最後落敗；同樣，隸首在運算時，有雁飛過，他舉箭欲射，在弓將拉滿的時候，即使問他最簡單的算術題，他也答不上來。劉勰認為這說明，並非弈秋的棋下的差，也並非隸首的計算能力不好，實際上是他們當時沒有專心致志而已。為此，劉勰設計了一個實驗，證實一心不可二用的道理。即"使左手畫方，右手畫圓，令一時俱成，而不可得"，並從而得出"由心不兩用，則手不並運也"的結論。這是世界上最早的分心測驗，直到 19 世紀，西方才開始發展這種注意力測驗。

再有，我國古人發明的"七巧板"、"九鏈環"、"華容道"等則是世界上最早的非文字操作測驗。"七巧板"源於宋朝流行的"燕几圖"。所謂燕几，是指用於宴會，可以拼湊成各種圖形的几桌。後來，由桌變板以便於攜帶與娛樂。七巧板又稱益智圖，它由大小、形狀不同的七塊幾何圖形板組成，它們可用來組合構成千百種生物、實物、文字等圖樣（見圖 2-5）。七巧

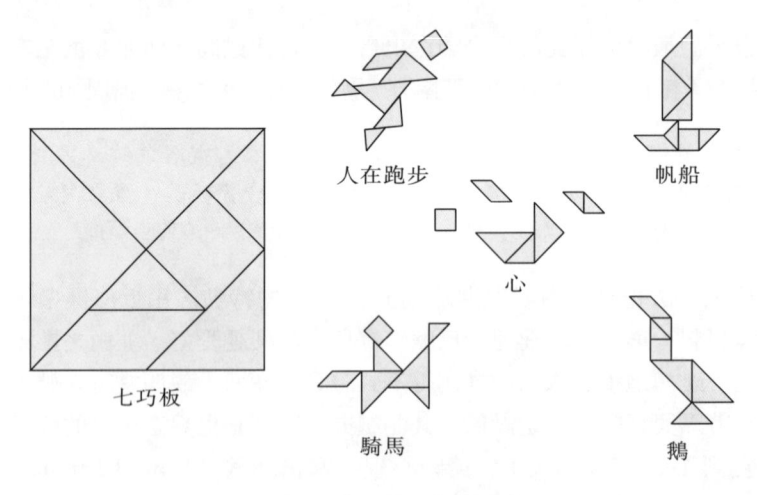

圖 2-5　七巧板及其變化圖
(資料來源：林傳鼎，1985)

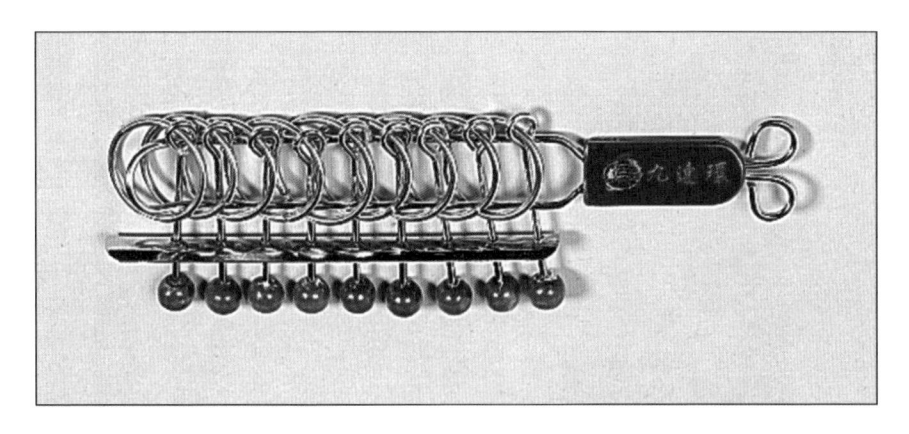

第二章 心理測量學的歷史發展 **59**

圖 2-6 九連環

板的操作，不僅需要知覺組織能力和空間想像能力，而且通過圖形間的分解與結合，可以有助於兒童認識整體與部分的關係，發展形象認知能力與發散思維能力。清代童葉庚將七巧板增加為十五塊，合起來成為一方，散開排列則可以組成各種文字、事物等圖形，名之為"益智圖"，並著有《益智圖》一書。益智圖這一名稱也意味著能力可以通過訓練增進提高，能力作為一種動態過程是可以變化的。劉湛恩於 20 年代在美國芝加哥大學所作博士論文〈中國人用的非文字智力測驗〉(Liu, 1922)，把七巧板、九連環（見圖 2-6）介紹到西方。在世界範圍內，目前使用最廣泛的韋氏兒童智力測驗中的拼圖能力分測驗與七巧板的功能有異曲同工之妙，只是韋氏測驗中的拼圖是按圖操作，思維活動中不具有顯示兒童發散思維能力的功能。七巧板與類似的五巧板等近年來已經發展成為紙筆測驗，可用於團體施測，使用方便且計分準確；也被當作兒童智力開發的玩具，用於訓練兒童智力發展，在世界上相當廣泛地流傳著。

與七巧板、九連環相仿，取材自我國古代著名歷史故事《三國演義》的華容道，它由十個大小、形狀不同的小塊組成，其中包括一個大方塊，代表曹操；四個相等的長方形塊，分別代表趙雲、張飛、馬超和黃忠四員蜀將；一個較大的長方形塊，代表關羽；四個小方塊，代表士兵。"華容道"的操作規則是：每次移動一塊或二塊，直至將曹操放至出口。華容道是一個高級的測量工具，它不僅測量知覺、記憶、思維、想像等能力，也測量人的計畫

圖 2-7　華容道的圖形

性、洞察力、預見能力與監控等一系列高級控制能力。另外，華容道可設置多種情境，其操作更強調動態過程，有利於分析被試的策略選擇與變化。因此，可以用於全面地分析、診斷一個人的認知能力。

本 章 摘 要

1. 於 19 世紀末期，**個別差異**的研究帶動了心理測量學的發展。英國學者高爾頓最早提出人類智慧是常態分布，其差異可以測量，並製造了各種專用實驗儀器進行測量，被認為是**差異心理學**的創始人。
2. 在 18 世紀末歐洲工業革命成功後，法國和英國先後學習我國古代考試制度，建立文官考試制度，歐美其他國家也相繼效仿，為科學的心理與教育測量學的產生奠定基礎。

3. 西方社會科技迅猛發展，分工日益精細，以及對智力低下者進行研究的需要，促使 19 世紀各種能力測驗應運而生，為心理測量學的誕生準備了條件。
4. 美國心理學家卡特爾將新興的實驗心理學與初起的測驗運動相結合，奠定個別差異研究的實驗基礎。他認為，心理學者若不立足於實驗與測量上，絕不能有自然科學的準確；主張測驗的程式與方法應有統一規定，並要有常模用作比較。他被譽為**心理測量學**的先驅。
5. 從 18 世紀末到 1905 年的一段時間裡，心理測量學主要處於實驗室階段。此時，所編製的測驗與使用的設備，既用於個別差異的測量，也用於一般心理學原理的實驗研究，個別差異研究與實驗室工作緊密結合，研究的主要內容為人的智能。
6. 法國學者比奈提出，心理測量的根本原理在於將人的行為與他人的行為進行比較，並加以歸類。比奈認為**智力**是極其複雜的能力，不能靠簡單的方法測量。1905 年與西蒙完成世界上第一個智力量表──**比奈-西蒙量表**。
7. 推孟於 1916 年修訂比奈量表到美國推廣使用，稱為**斯坦福比奈智力量表**。此後，多種測驗應運而生，心理測量學取得長足發展，到 40 年代已經成為一門成熟的科學。
8. 到 20 世紀後半期，西方心理測驗繼續發展，一方面不斷改進方法，擴展應用領域；另一方面隨著電腦統計技術的發展，在測量理論上也逐步加深。
9. 我國古代是心理測驗的發祥地。孔子、孟子均提出心理測驗思想。三國時期劉劭著《人物志》一書，描述了世界上關於心理測量最早且比較完整的思想體系。
10. 我國古代心理與教育測量最早的內容，主要為"六藝"。兩漢時，考試制度建立，稱察舉制；隋大業年間確立"科舉"考試制度，一直延用至清朝末年。孫中山稱中國的考試制度是世界上最古最好的制度。
11. 測驗內容自古以語文為主。揚雄稱言為心聲，書為心畫；劉劭認為要觀其辭旨，察其應贊。語文測驗的主要方法為"帖經"、"對對聯"；我國的"七巧板"、"九連環"、"華容道"等，則是世界上最早的非文字操作測驗。

建議參考資料

1. 林傳鼎 (1985)：智力開發的心理學問題。北京市：知識出版社。
2. 張厚粲 (主譯) (2002)：國際心理學手冊 (上、下冊)。上海市：華東師範大學出版社。
3. 張厚粲 (2000)：中國的心理測量學——發展、問題與展望。見陳烜之、梁覺 (主編)：邁進中的華人心理學。香港：中文大學出版社。
4. 葛樹人 (2006)：心理測驗學。台北市：桂冠圖書股份有限公司。
5. 潘菽、高覺敷 (主編) (1983)：中國古代心理學思想研究。南昌市：江西人民出版社。
6. Aiken, L. R. (2005). *Psychological testing and assessment* (12th ed.). Boston: Allyn & Bacon.
7. Cronbach, L. J. (1990). *Essentials of psychological testing* (5th ed.). New York: Harper Collins Publisher.
8. Gregory, R. J. (2008). *Psychological testing: History, principles, and Applications* (5th ed.). Boston: Allyn & Bacon.
9. Murphy, K. R., & Davidshofer, C. O. (1998). *Psychological testing: Principles & applications* (4th ed.). New Jersey: Prentice-Hall.
10. Thorndike, R. M. (2004). *Measurement and evaluation in psychology and education* (7th ed.). New Jersey: Prentice-Hall.

第三章

統計學基礎

本章內容細目

第一節　次數分布
一、次數分布表　65
二、次數分布圖　67

第二節　集中趨勢的度量
一、集中趨勢的概念　69
二、常用的集中量數　70
　(一) 算術平均數
　(二) 加權平均數
　(三) 中　數
　(四) 眾　數
三、平均數、中數、眾數之間的關係　75

第三節　離散趨勢的度量
一、離散趨勢的概念　76
二、常用的差異量數　77
　(一) 全　距
　(二) 標準差和方差
　(三) 四分差
　(四) 平均差
三、Z 分數　81

第四節　相關分析
一、相關的概念　83
二、相關分布圖　84
三、積差相關　85
四、等級相關　87
　(一) 斯皮爾曼等級相關
　(二) 肯德爾和諧係數
五、點二列相關　90
六、二列相關　91

第五節　廻歸分析與因素分析
一、廻歸分析　93
　(一) 廻歸方程
　(二) 廻歸方程的顯著性檢驗
二、因素分析　97
　(一) 制定相關矩陣
　(二) 分解相關矩陣因素
　(三) 因素軸的旋轉
　(四) 對旋轉後的因素作解釋

本章摘要

建議參考資料

測量是指根據某種法則賦予事物及其屬性一定數值的過程。在心理測量中，這一過程嚴格地遵循標準化的要求，測驗的內容、施測的過程和評分都要有固定的標準，遵循固定的程序，這樣才能保證測驗結果的公正與客觀。心理測量的標準化和客觀化的程度固然是越高越好，但是，在實際情況中我們無法達到完全的標準化和絕對的客觀化。在測量過程中總有一些偶然的、不可控制的因素會影響測量結果，使得在相同條件下觀測到的結果會在一定範圍內發生變化，這種情況在物理測量中就很難避免，在複雜的心理和教育測量中也同樣如此。因為人的心理活動受到多種因素的影響，不僅不同的人對於同一刺激會做出不同的反應，即使同一個體在不同條件下對於同一刺激所做的反應也可能有所不同。這種繁複情況使測量資料的變異性更加明顯，波動範圍也更大。就某一次測量而言，其結果受隨機誤差影響的數值是不能預先確定的，因此稱所測的特質為一種**變數** (或**變項**) (variable)。當把多次測量的結果或多個被試的反應綜合起來考慮，就會發現，這些資料的變異並不是雜亂無章的，隨著測驗次數的增加，這些變異很大的資料總會呈現出一定的規律性。通過大量的觀測，便可以揭示出這一規律性。

　　心理測量的結果呈現出的是具有隨機性質的資料，這些資料表面上看來是雜亂無章、毫無規律的，必須對之加以整理，才可能發現測驗帶給我們的資訊所包含的意義；欲做出科學的結論，這就需要統計處理的參與。統計的作用，就在於對資料進行分析，發現資料的變化規律，揭示變數與變數之間的關係。統計學在心理測量工作中的作用，就是以有效及有用的手段來描述並說明測驗資料。特別是在新測驗的開發工作中，要想使開發的測驗具備良好的性能，達到各項預期的指標也必須運用統計。因此，一切測驗工作者必須具備統計學知識。統計學是一門獨立的數理學科，需要專門的學習。但為了有助於理解本書的內容，本章將主要介紹下列統計學的基本概念：

1. 如何對收集到的資料進行初步整理。
2. 什麼是集中趨勢和離散趨勢的度量。
3. 什麼是相關分析，相關分析有哪些類型。
4. 如何進行迴歸分析。
5. 什麼是因素分析，如何進行因素分析。

第一節　次數分布

心理和教育測驗得到的結果，表面上看起來可能只是一組雜亂的資料，必須經過初步整理構成一個次數分布的整體後，才可以運用各種統計方法作進一步的處理。**次數分布** (或次數分配) (frequency distribution) 是摘述資料中各變數出現次數的統計結果。將零散的資料用統計方法，以簡潔清晰的圖表顯示整體資料的性質，從而獲得概括的瞭解。次數分布是描述統計的第一步工作，也是一切統計計算的基礎。**描述統計** (descriptive statistics) 就是對所搜集的資料進行整理、列表、圖示、計算綜合指標，找出資料的分布特徵，用以反映研究對象的內容和實質。其作用在於把凌亂的資料簡縮成清晰而易於瞭解的形式，以便從中提取有用的資訊，進而對不同的總體進行初步的比較。將次數分布的結果做成統計圖表，就是接下來要介紹的次數分布表與次數分布圖。

一、次數分布表

對一組被試實施任何一個測驗，都能得到一組測驗分數。以學科考試為例，由於每個人的測驗成績除了主要由其知識、能力決定外，同時還受到諸如測驗難度、命題偏差、考生身心狀況、測試環境等因素的影響，因而每個人的分數作為一個隨機變數其值並不固定，而是在一定範圍內波動。換句話說，變數的取值有變異性。例如，在某次有 60 人參加的語文考試中，得到成績如下：

70.0	74.0	69.0	87.5	89.0	75.0	96.0	91.0	83.0	71.0
83.5	86.0	81.0	82.0	80.0	80.0	82.5	87.0	83.0	66.5
78.0	87.0	71.0	66.0	72.0	73.0	93.0	76.0	80.5	79.0
82.0	86.0	74.0	65.0	84.5	86.0	80.0	90.0	84.0	75.0
70.5	80.0	75.0	62.0	82.0	84.0	75.0	80.0	79.0	94.0
81.0	86.0	79.0	75.0	76.5	73.0	80.0	78.0	78.0	89.0

以上所列這 60 個語文成績分數顯得雜亂無章，實在看不出其中有什麼規律。對它的最初步整理，首先就是考慮次數分布，繪製次數分布表。製作次數分布表的具體做法的步驟如下：先把一組大小不同的資料劃出等距的分組區間（稱為組距），然後將資料按其數值大小列入各個分組相應的組別內，便可出現一個有規律的表，這種經過分數歸類的統計表就稱之為**次數分布表**(frequency table)。

瞭解一組資料的分布情況，可以先將它們按大小排序，並列出每個資料出現的次數（或頻數）。如果資料較多，為了顯示清楚最好將資料分組，繪製次數分布表。具體作法以上述 60 個語文考試分數為例加以說明：首先要找出該組資料中的最大數和最小數，在本例中它們分別是 96 和 62，然後考慮將 96－62＝34 這段**全距** (range)（指最大數與最小數之間的差距）分成幾段（組）來登記資料。分組數目一般以 10～20 組為宜，因此可以考慮以 3 作**組距** (interval)（每一組的間距），從 60（或 62）開始分成 13 個組來統計次數，列成次數分布表如下：

表 3-1　六十名學生語文成績次數分布表

分組	組中值	次數	累加次數	百分比 (%)	累加百分比 (%)
60－	61.5	1	1	1.67	1.67
63－	64.5	1	2	1.67	3.34
66－	67.5	2	4	3.33	6.67
69－	70.5	5	9	8.33	15.00
72－	73.5	5	14	8.33	23.33
75－	76.5	7	21	11.67	35.00
78－	79.5	13	34	21.67	56.67
81－	82.5	9	43	15.00	71.67
84－	85.5	7	50	11.67	83.34
87－	88.5	5	55	8.33	91.67
90－	91.5	2	57	3.33	95.00
93－	94.5	2	59	3.33	98.33
96－	97.5	1	60	1.67	100

二、次數分布圖

資料的次數分布除了使用表格外,也可以使用圖畫的方式來表達,即稱為**次數分布圖** (frequency graph)。常用的圖示法有直方圖和次數多邊形圖。圖 3-1 為依據表 3-1 次數分布表繪製的直方圖。

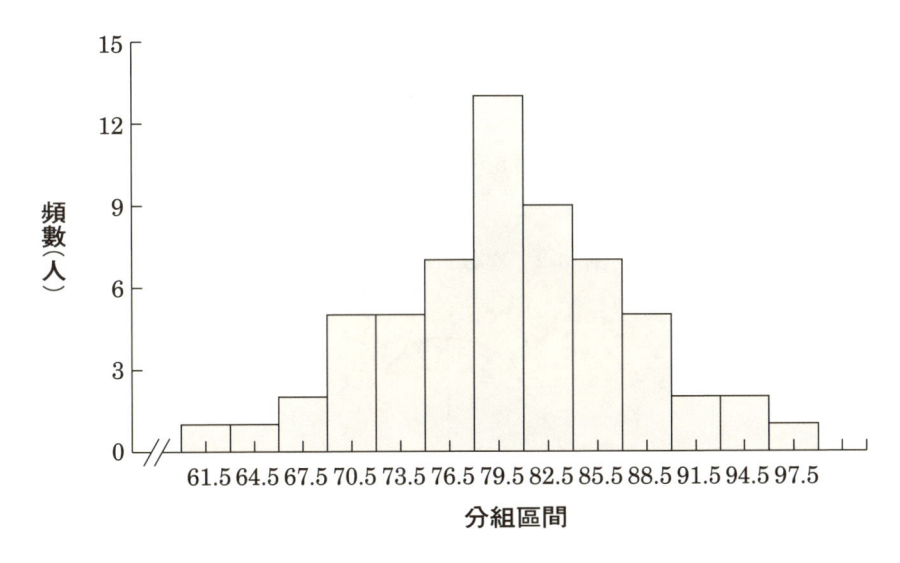

圖 3-1 六十人語文成績次數分布直方圖

直方圖 (histogram) 適合用於連續性隨機變數的資料。它的橫坐標是各分組區間,標出各個組限,縱坐標是各組次數。以組距為底,以次數為高畫矩形,各矩形之間不留空隙,即成直方圖。直方圖清楚、直觀,還能提供次數分布是否對稱,是峻峭還是低平等多種資訊,在實踐中被廣泛應用。

次數分布圖也可以用一組線段相連接而構成。每組的組中值及各組次數在坐標軸上構成一個點,若干個這種點的聯結構成了**次數分布多邊形圖** (frequency polygon),如圖 3-2。雖然圖 3-2 不是一條平滑曲線,但是它近似一條對稱的**鐘形曲線** (bell-shaped curve),中間一組次數最多,兩側逐漸減少。如果增加總次數,次數多邊形變得更加對稱和平滑,便會接近於一條可以用數學方程表示的**正態曲線**(或**常態曲線**) (normal curve) (見圖 3-3)。

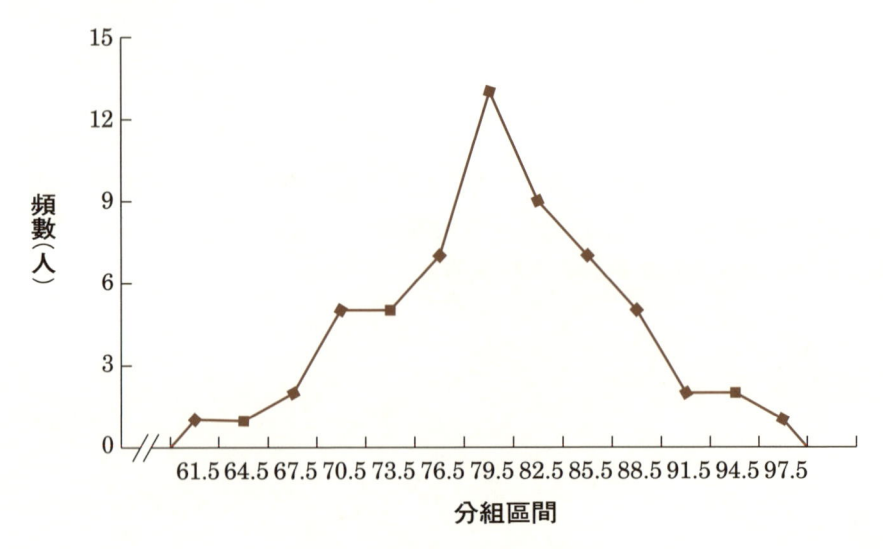

圖 3-2 次數分布多邊形圖

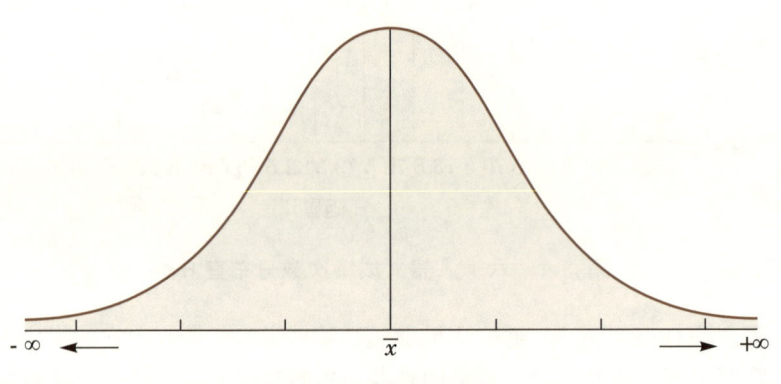

圖 3-3 正態曲線圖

在心理和教育測驗中，非常重要的**統計推論** (statistical inference) 大多建立在資料是正態分布的假設基礎上。然而，應該明確並不是所有測驗的次數分布都是對稱的，曲線常有一定的**偏斜度**(或**偏態**) (skewness)。一般來說，通過考察測驗分數的次數分布圖可以知道測驗題目相對的難易情況，例如，被試人數在高分少低分多的**正偏態** (positive skewed) 分布，常表示測驗太難，而低分少高分多的**負偏態** (negative skewed)，則表示測驗過於容易 (見圖 3-4)。

正偏態　　　　　　　　　　負偏態

圖 3-4　偏斜的次數分布圖

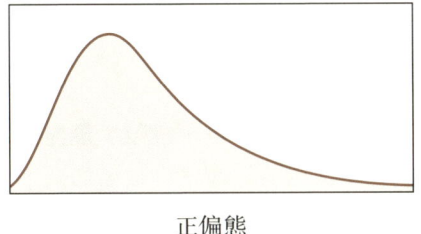

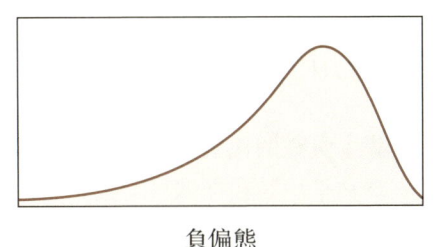

第二節　集中趨勢的度量

通過次數分布表和次數分布圖，可以直接觀察到一組資料的分布特點，大致看出此一團體某一特性的概約趨勢。例如，每個分數段的人數、人數集中於哪些分數段等等。由於次數分布表和次數分布圖不是以測驗或考試的原始分數表現，而是歸組表示，因此它無法描述代表這批資料特點的精確統計值。要精確地描述一組資料的特點，需要考察資料的集中趨勢和離散趨勢。本節先討論集中趨勢，下一節再討論離散趨勢。

一、集中趨勢的概念

在次數分布表中，多數資料分布趨於中間位置，形成所謂的**集中趨勢**(central tendency)。也就是說資料的分布向平均數集中，離平均數越近，表示這些資料越集中，亦即團體中的成員程度愈整齊。代表此一集中趨勢的量數即為**集中量數** (measures of central tendency)，它反映隨機變數取值的規律性，可以用某個代表值來表示。

二、常用的集中量數

集中量數的代表值有多種，可以是算術平均數、中數、眾數、幾何平均數、調和平均數和加權平均數。這裡我們只對常用的算術平均數、加權平均數、中數和眾數加以介紹。

(一) 算術平均數

將所有資料的總和除以資料的個數所得數值，即為**算術平均數** (arithmetic mean)，簡稱**平均數** (或**均數**) (mean)。通常以 M 或 $\bar{X}$ 為代表符號。算術平均數的計算公式為：

$$\bar{X} = M_X = \frac{\sum_{i=1}^{N} X_i}{N} = \frac{X_1 + X_2 + X_3 + \cdots + X_N}{N} \quad \text{〔公式 3-1〕}$$

N：資料個數
i：資料序號

對於前面表 3-1 提到的 60 個學生的語文考試成績，其平均分數為

$$\bar{X} = \frac{\sum_{i=1}^{N} X_i}{N} = \frac{70.0 + 74.0 + \cdots + 89.0}{60} \approx 79.6$$

當原始資料轉換為次數分布表後，計算平均數可用下列公式：

$$\bar{X} = \frac{\sum_{i=1}^{k} f_i X_{ci}}{N} \quad \text{〔公式 3-2〕}$$

k：組數
f_i：第 i 組的資料個數
X_{ci}：第 i 組的組中值
N：各組人數的累加和數，即總人數

對於表 3-1，要計算平均數，需要先根據分組區間(分數段)求得各組的組中值。理論上，組中值是精確組下限加上組間距的一半，但對於分組區間的計算，在連續數量的情況下可以有不同的演算法，如分組界限為 60，63，66……，其各組的精確分界限可以定為 59.5，62.5，65.5，……或 59.99，62.99，65.99……。這裡我們按後一種方法求出各組的組中值為 61.5，64.5，67.5，……97.5 (結果見表 3-1)。此時算術平均數為：

$$\bar{X} = \frac{\sum_{i=1}^{k} f_i X_{ci}}{N} = \frac{(61.5 \times 1 + 64.5 \times 1 + \cdots + 97.5 \times 1)}{60} = 80.05$$

比較由公式 3-1 和公式 3-2 得到的結果，兩者略有出入。這是由於次數分布表在簡化資料的同時也引入了誤差的緣故。

算術平均數是一個非常好的集中量數，它反應靈敏，觀測資料中任何一個數值的細微變化都能反應出來；確定嚴密，其計算有確定的公式；簡單明瞭，概念容易理解，計算也很簡單；符合代數方法進一步演算；較不受抽樣變動的影響。

當然，平均數也具有一些缺點：易受極端資料的影響，反應靈敏的平均數，若資料中出現過大或過小的資料，必然受到影響；計算平均數要求每個資料都要加入，若出現模糊不清的資料，就無法計算平均數；而且，凡是不同質的資料不能計算平均數。所謂同質資料是指使用同一個觀測方法，採用相同的觀測標準，能反映某一問題的同一方面特質的資料。如果使用不同質的資料計算平均數，則該平均數不能作為這一組資料的代表值。不僅如此，有時反而會掩蓋事物的本來面貌。

總的說來，如果一組資料是比較準確、可靠又同質，而且需要每一個資料都加入計算，同時還要作進一步代數運算時，這時用算術平均數來表示其集中趨勢比較合適。如果一組資料中出現兩極端的數目，或有一些資料不清楚，資料不同質時，就不宜用算術平均數。

(二) 加權平均數

當一批資料由不同的部分構成，每一部分在整體中有不同的重要性時，計算平均數就要進行加權，即為**加權平均數** (weighted mean)。求加權平均數的公式是：

$$M_W = \frac{\sum_{i=1}^{K} W_i X_i}{\sum_{i=1}^{K} W_i} = \frac{W_1 X_1 + W_2 X_2 + W_3 X_3 + \cdots\cdots + W_K X_K}{W_1 + W_2 + W_3 + \cdots\cdots + W_K} \quad \text{〔公式 3-3〕}$$

M_W：加權平均數
K：構成整體的部分數
W_i：第 i 部分的權重

若將某一部分的權數除以各部分的權數之和，即當權數轉變為相對權數時，可以更直接地反映某一部分在整體中的相對重要性，通常稱為比重用 w_i 表示。此時，公式 3-3 可簡化為

$$M_W = \sum_{i=1}^{K} w_i X_i = w_1 K_1 + w_2 K_2 + w_3 K_3 + \cdots\cdots + w_K K_K \quad \text{〔公式 3-4〕}$$

例 1：某區四所學校對五年級學生進行智力測驗，各個學校受測人數與平均智商列表如下，問這四所學校五年級學生的平均智商是多少？

學校	甲	乙	丙	丁
人數	50	46	37	67
平均 (IQ)	112	105	96	98

解：由於各校受測人數不同，求總平均智商須採用加權平均數。依據公式 3-4：

$$M_W = \frac{\sum_{i=1}^{K} W_i X_i}{\sum_{i=1}^{K} W_i} = \frac{112 \times 50 + 105 \times 46 + 96 \times 37 + 98 \times 67}{50 + 46 + 37 + 67} = 102.74$$

即四所學校五年級學生的平均智商為 102.74。

例 2：大學某專業試行招生改革。為了體現學科對知識結構的特殊要求，改革以往按各科分數總和錄取的方式，對各科分數賦以不同的權重 (見下表)。設有三位考生報考了該專業，若該專業加權後的錄取線為平均 78 分，問這三位考生是否都能被錄取？

學科 權重	語文 0.25	數學 0.25	物理 0.10	化學 0.10	外語 0.15	政治 0.15	總分 1.00	算術 平均數	加權 平均數
考生 A	64	70	85	90	78	84	471	78.50	75.30
考生 B	87	88	72	62	74	88	471	78.50	81.45
考生 C	89	85	70	60	76	81	461	76.83	80.05

解：據公式 3-4 計算

$M_A = 64 \times 0.25 + 70 \times 0.25 + 85 \times 0.10 + 90 \times 0.10 + 78 \times 0.15 + 84 \times 0.15 = 75.30$

$M_B = 87 \times 0.25 + 88 \times 0.25 + 72 \times 0.10 + 62 \times 0.10 + 74 \times 0.15 + 88 \times 0.15 = 81.45$

$M_C = 89 \times 0.25 + 85 \times 0.25 + 70 \times 0.10 + 60 \times 0.10 + 76 \times 0.15 + 81 \times 0.15 = 80.05$

若按三位考生的原始分數平均 (分別為 78.50，78.50 和 76.83)，則達到該專業的錄取線者為 A 和 B，但依據他們的加權平均分，則考生 B 和 C 能被該專業錄取。這裡，考生 A 儘管其原始分總和高於考生 C，但其知識基礎不符合該專業對知識結構的要求，因而不能被錄取。

(三) 中　數

中數 (或中位數) (median，簡稱 Md)，指一組資料中按照大小順序排列，在序位上居於中間位置的那一個數。如 8，3，7，4，5，這幾個數的中數是 5，因為該五個資料按大小排列 5 居中。當總數是偶數時，則是以最中間的兩個數的平均數作為中數。當一組資料中具有極端數值時，中數比平均數更具有代表性。

在一個次數分布中，如果要計算中數，其計算方法則比較複雜，需要應用下列公式：

$$Md = L_b + \frac{N/2 - F_b}{f_{Md}} \cdot i \qquad 〔公式\ 3\text{-}5〕$$

L_b：中數所在分組區間的精確組下限

F_b：由最小數開始達到中數所在組以下的累加次數

f_{Md}：中數所在組的資料次數

i　：組間距

如果用表 3-1 的次數分布計算中數，則 $N/2=60/2=30$，$N/2$ 所在的分組區間為 78～81，從"累加次數"一欄中可以找到中數所在組下限以下的累加次數 $F_b=21$，從"次數"欄中可以找到中數所在組次數 $f_{Md}=13$，代入公式計算中數：

$$Md=78+\frac{30-21}{13}\times 3=80.08$$

對於這同一組資料，假若將公式作如下修改，利用相反方向的累加次數和精確的組上限計算，也可以得到相同的結果。

$$Md=L_a-\frac{N/2-F_a}{f_{Md}}\times i \qquad 〔公式\ 3\text{-}6〕$$

L_a：中數所在分組區間的精確組上限

F_a：該組以上各組的累加次數

請讀者自行應用公式驗算表 3-1 的中數。

中數計算簡單，容易理解，但是反應不夠靈敏，兩極端資料變化，對中數不會產生影響；計算中數時，不是每個資料都加入計算，受抽樣的影響較大，不如平均數穩定；中數乘以總數與資料的總和不相等（只有少數情況，如中數與平均數相等時例外）；中數也無法進行進一步的代數運算。因此，通常中數不被普遍應用；但在一些特殊情況下，中數的應用得到重視，如：當一組觀測結果中出現極端資料時；當次數分布的兩端資料或個別資料不清楚時；當需要快速估計一組資料的代表值時。

(四) 眾 數

眾數 (mode，簡稱 Mo) 是指在一組資料中出現頻率最高的那個數的數值。例如，有一組資料為 2、5、6、5、7、5、8，則其眾數為 5，因為 5 在資料中出現的次數最多。眾數的最大優越性在於容易求得。

和中數相似，眾數也不是一個優良的集中量數，應用也不廣泛，但在下述情況下也常應用：需要快速而粗略的尋求一組資料的代表值時；當一組資料出現不同質的情況下；當粗略估計次數分布的形態時，有時用平均數與眾數之差，作為次數分布是否偏態的指標。

三、平均數、中數、眾數之間的關係

在正態分布中，中數及眾數與平均數的數值相等。因此在數軸上三點重合。在正偏態分布為 $M > Md > Mo$，在負偏態分布則為 $M < Md < Mo$。

一般偏態情況下，Md 離平均數較近，而距眾數較遠，皮爾遜研究其經驗關係為：M 與 Md 的距離，占 M 與 Mo 之間的 1/3，而 Md 與 Mo 占 2/3，即 $(M-Md)/(M-Mo)=1/3$，因此推出：$Mo=3Md-2M$。

在一組資料中，只有總數乘以平均數與各資料的總和相等；只有平均數與各資料之差的總和為零。因此，也只有各變數與平均數之差的平方和為最小。即每個資料與任一常數包括中數或眾數之差的平方和都大於每個資料與平均數之差的平方和。這一點也決定了平均數是較中數和眾數都應用廣泛的一個集中量數。

平均數、中數和眾數作為集中量數，各自描述的典型情況圖示如下：

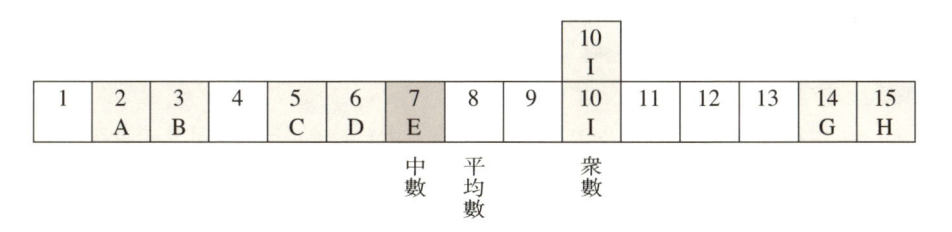

圖 3-5　平均數、中數、眾數關係示意圖
（註：圖中的每一方格表示一個相同單位的資料）

圖中為一均勻刻度的數軸，上面有 1 至 15 的刻度。資料 A、B、C、D、E、F、G、H、I 各占一格，那麼在數軸上，平均數為一個平均點，是數軸的重心。它使數軸保持平衡，即支點兩側的力矩是相等的。中數只使其

兩側的資料個數相等。本例中 7 的兩側各包含 4 個數 (紅色方格)。眾數是指次數出現最多的，即重量最大的那個資料。本例中為 10，因為只有它在資料系列中出現兩次。

第三節　離散趨勢的度量

　　心理和教育方面的實驗以及測驗中所獲得的資料，大都具有隨機變數的性質。對於這些隨機變數的描述，僅有集中趨勢的度量是不夠的。集中量數只描述資料的集中趨勢和典型情況，不能說明一組資料的全貌。資料除了典型情況之外，還有變異性的特點。對資料的變異性，即對離散趨勢度量的統計量稱為差異量數。

一、離散趨勢的概念

　　隨機變數資料除了集中性的特點外，還有離散性的特點，如團體中各資料自高到低分散得很廣，不會集中在某一點附近，表示程度參差不齊個別差異很大，此種情形就稱為**離散趨勢** (variation tendency)。度量離散趨勢的統計量稱為**差異量數**(或**變異量數**) (measures of variation)，包括全距、標準差，方差、平均差和四分差。

　　集中程度相同而離散程度不同的群體，由於次數分布不同，在實踐中意義也不一樣。設想同一年級的 A、B 兩個班，數學成績的平均數都是 80，但 A 班的最高分是 90，最低分為 60，而 B 班的最高分為 100，最低分為 30，可想而知 B 班的教學成績的離散程度要大於 A 班。

　　一般說來，集中量數對一組資料的代表性要受差異量數的制約。差異量數小，集中量數的代表性就好；反之，差異量數大，集中量數的代表性就差些。圖 3-6 表示三個平均數相同，離散程度不同的次數分布。從圖中可知，C 圖的離散程度最小，而 A 圖的離散程度最大。

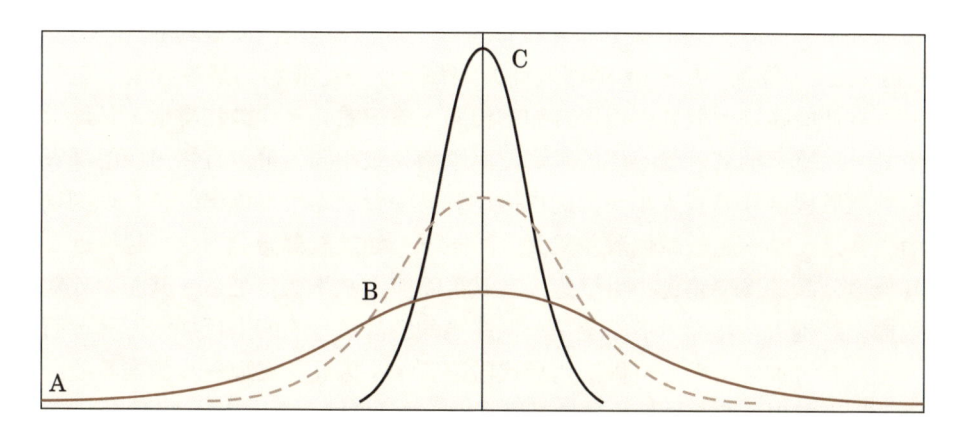

圖 3-6 平均數相同，離散程度不同的曲線

二、常用的差異量數

度量離散趨勢的差異量數有許多，下面我們介紹幾種計算簡便、應用廣泛的差異量數。

（一）全　距

全距 (range) 即一組資料的最大值與最小值之差，因此也稱**極差** (polar difference)，是表示離散程度最簡陋的一種方式。隨機變數 X 的全距（一般均取絕對值）可寫作：

$$R_X = X_{max} - X_{min} \qquad 〔公式\ 3\text{-}7〕$$

X_{max}：X 變數的最大值　　　　X_{min}：X 變數的最小值

上面解釋差異量數時提到的兩個數學成績平均為 80 分的班，A 班的全距 $R_A = 90 - 60 = 30$，B 班的全距 $R_B = 100 - 30 = 70$。

（二）標準差和方差

為反映一組資料整體的離散程度，或一個資料的偏差大小，最常用的統計量是**標準差** (standard deviation，簡稱 SD, S)，它常和算術平均數一起用來表示一組資料的次數分布。標準差的平方稱為**方差**(或**變異數**，均方)(variance，簡稱 V, S^2)。標準差和方差都反映一組資料的離散程度，本質上沒有什麼區別，但其應用場合卻不相同。標準差和平均數相聯繫，是最常用的一對重要的統計量，由於其單位與原始分數相同，可以直接用於解釋資料的離散程度和偏差大小，因此在描述統計中廣泛應用。標準差在心理測驗中經常是反映一組被試個體差異大小的指標，如被試群體能力水平越接近，其能力分數的標準差越小；反之，被試群體能力水平相差越遠，其能力分數的標準差越大。然而，標準差是一個終極的統計量，不能進行加減運算，而方差具有可加性特點，可以應用於代數運算中；因此，在進一步的推論統計中，主要應用方差。本章作為統計學基礎知識，對方差不作深入探討。

在數學計算方法上，離均差平方和的均值為方差，標準差是方差的平方根。公式為：

$$V = \frac{1}{N}\sum_{i=1}^{N} x_i^2 = \frac{1}{N}\sum_{i=1}^{N}(X_i - \overline{X})^2 \qquad 〔公式\ 3\text{-}8〕$$

$$S = \sqrt{V} = \sqrt{\frac{1}{N}\sum_{i=1}^{N}(X_i - \overline{X})^2} \qquad 〔公式\ 3\text{-}9〕$$

V：方差　　　　　　$\overline{X}$：平均數
S：標準差　　　　　N：資料個數之總數
X_i：個別分數

例 3：求前述 60 名學生語文成績的方差和標準差 (資料見本章第一節)。

解：60 名學生的語文成績原始分已知，平均成績在算術平均數部分也已算出，$\overline{X} = 79.6$，故每個考生與平均成績的離均差也為已知，即有

$$X_1 = 70.0 - 79.6 = -9.6，$$
$$X_2 = 74.0 - 79.6 = -5.6，$$
$$X_3 = 69.0 - 79.6 = -10.6，\cdots\cdots$$

依據公式計算：

方差：$V = \dfrac{1}{N} \sum_{i=1}^{N} x_i^2 = \dfrac{1}{N} \sum_{i=1}^{N} (X_i - \overline{X})^2$

$= \dfrac{1}{60} \sum_{i=1}^{60} [(-9.6)^2 + (-5.6)^2 + (-10.6)^2 + \cdots + 9.4^2] \approx 53.31$

標準差：

$S = \sqrt{V} = \sqrt{\dfrac{1}{N} \sum_{i=1}^{N} x_i^2} = \sqrt{\dfrac{1}{N} \sum_{i=1}^{N} (X_i - \overline{X})^2} = \sqrt{53.31} \approx 7.30$

若依據次數分布表的資料，公式需略作變更，即以組中值 X_{ci} 代替 x_i，以為第 i 組的次數。得出：

$$V = S^2 = \dfrac{\sum_{i=1}^{k} f_i (X_{ci} - \overline{X})^2}{\sum_{i=1}^{k} f_i} = \dfrac{1}{N} \sum_{i=1}^{k} f_i x_i^2 \qquad 〔公式\ 3\text{-}10〕$$

X_{ci}：各分組區間的組中值　　　i：組距
f　：各組區間的次數

當資料以次數分布形式呈現時，方差的計算還可採用公式 3-11：

$$S^2 = V = \left[\dfrac{\Sigma f d^2}{N} - \left(\dfrac{\Sigma f d}{N} \right)^2 \right] \times i \qquad 〔公式\ 3\text{-}11〕$$

$$d = \dfrac{X_c - AM}{i}$$

AM：估計平均數　　　　　　N：總次數
X_c　：各分組區間的組中值　　i：組距
f　：各組區間的次數

應該指出，依據分組資料求得的方差和標準差，與依據原始資料求得的值會略有差異，原因在於分組資料在分組時引入了誤差。讀者可以自己對之進行驗算。

(三) 四分差

將全部資料按大小順序排列後，再將之分為四等分，每個分點上的分數即為**四分位數** (quartile)。如下圖中假設第一個四分位數是 Q_1，第三個四分位數是 Q_3，**四分差** (quartile deviation) 就是 Q_1 至 Q_3 間距離的二分之一，以 Q 表示。故 Q 不是一個點，而是一段距離，這段距離越長，表示團體中各成員程度參差不齊。

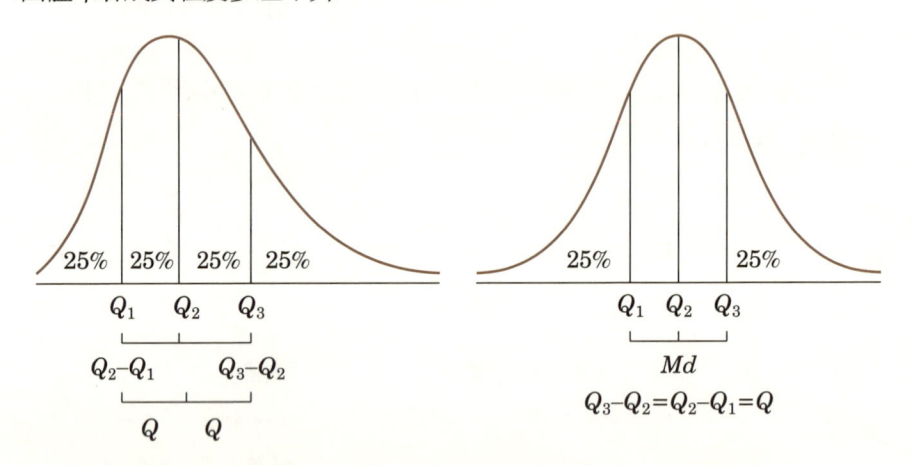

圖 3-7 四分差 Q 四分位數 Q_1、Q_2 和 Q_3 之間的關係

四分差的計算公式為：

$$Q=\frac{Q_3-Q_1}{2} \quad \text{〔公式 3-12〕}$$

在分組資料中，

$$Q_1=L_b+\left(\frac{N/4-F_b}{f_{Q_1}}\right)\cdot i \quad \text{〔公式 3-13〕}$$

$$Q_3=L_b+\left(\frac{3N/4-F_b}{f_{Q_3}}\right)\cdot i$$

L_b：該四分點所在組的精確下限　　　　i：為組距

f_{Q1} 和 f_{Q3}：該四分點所在組的次數　　N：資料個數
F_b：該四分點所在組以下的累加次數

四分差通常與中數聯繫起來共同應用，它不符合代數方法運算，反應不夠靈敏，故應用不多；但在兩端資料不清楚時，可以計算四分差，其他差異量數卻難以計算。

(四) 平均差

平均差 (average deviation，簡稱 AD)，是以集中量數中的平均數為標準，將全部資料中每一資料值與一標準相比較，所得差之絕對值。其計算公式為：

$$AD = \frac{\Sigma|X-\overline{X}|}{N} = \frac{\Sigma|x|}{N} \qquad 〔公式\ 3\text{-}14〕$$

AD：平均差　　　　　　$\overline{X}$：平均數
X　：每一量數　　　　　N：數據個數之總數

平均差是指每個原始資料與平均數距離的平均，因此在計算時，要取 X 的絕對值。用平均差來度量資料的離散程度，是一個很好的差異量數，它具有類似標準差的優點，但平均差的計算要取絕對值，否則不利於代數方法運算；而且它還不具備標準差數學上的優越性，故在進一步的統計分析中難以應用。因而其使用並不廣泛。

三、Z 分數

Z 分數 (Z score) 也稱**標準分數** (standard score)，是以標準差為單位的統計量數。其作用在於表明一個數值在總體中所處的位置。計算公式為

$$z = \frac{X_i - \overline{X}}{S} \qquad 〔公式\ 3\text{-}15〕$$

X_i：變數的第 i 個觀察值

$\overline{X}$：該變數的算術平均數

S：該變數的標準差

在被試接受了一項測驗後，單從其原始分數很難估量被試的能力水平，要準確地表明其在同組被試中的相對位置，應該採用標準分數。將個人在測驗上所得原始分數，用標準差做單位來表示，從而觀察該原始分數是在平均數之上或之下幾個標準差，藉以了解個人在困難中所居位置的高低。平均數的 z 值等於 0，z 值為正值表明高於平均數，z 值為負值表明低於平均數。

例 4：已知甲、乙兩位考生參加某項考試，他們各科成績和全體考生的平均成績及其標準差見下表。問兩個人誰考得更好？誰的哪一科最強？

考試科目	原始分數		全體考生		標準分數	
	考生甲	考生乙	平均分	標準差	考生甲	考生乙
專業知識一	79	75	74	10	0.50	0.10
專業知識二	51	55	50	4	0.25	1.25
能力測試	72	69	67	9	0.56	0.22
總　　計	202	199			1.31	1.57

解：從原始分數總和看，考生甲的成績優於考生乙，但由於三個考試科目的難度不同，計分標準不同，造成分數的分布就不一樣，因此每科目的分值是不同的。用原始分數並不能真正反映考生的實際水平。應該採用標準分數來對兩位考生進行比較才能得知他們在團體中的相對地位。

分別計算各科的標準分數後可以看出，在三科成績中，考生甲能力測試考得最好 (z＝0.56)，考生乙專業知識二考得最好 (z＝1.25)，將各科目成績綜合，考生乙比考生甲更好一些 (z 值 1.57＞1.31)。但是在這種情況下要如何錄取，主要根據主考單位的需要作決策。

第四節　相關分析

集中量數和差異量數描述的是某個變數的一組觀察值的特徵，但各變數間還有相互聯繫、相互影響的一面，即相關關係。統計中用於描述不同變數之間相互關係的一種方法稱為**相關分析** (correlation analysis)。

一、相關的概念

相關分析方法在測驗材料的分析中應用廣泛。**相關** (correlation) 是指兩組資料之間的共變關係，如智力測驗分數與學科成績分數之間相互關聯的情形。其數量和方向由一個數字指標表示，稱為**相關係數** (correlation coefficient，簡稱 r)。它用於表示兩列變數間相關程度。

依據兩個變數取值增減變化的對應關係，相關有三種形態：

1. 正相關 (positive correlation)　即 X 變數增大，Y 變數也同時增大；反之，X 變數減小，Y 變數也減小。

2. 負相關 (negative correlation)　即 X 變數增大，Y 變數卻減小；反之，X 變數減小，Y 變數則增大。

3. 零相關 (zero correlation)　即 X 變數的增減變化與 Y 變數的增減沒有對應關係。

相關係數 r 的取值範圍為 -1.00 至 $+1.00$。當 $r>0$ 時表示 X、Y 兩組資料之間有正相關，當 $r<0$ 時表示負相關，$r=0$ 則表示零相關。$r=1.00$ 時為完全相關。

相關方法在心理測驗的資料分析中最主要的用途在於預測。當兩個變數之間的相關越接近於 1 時，預測的準確性越高。但應該指出，變數之間的相關關係不等於因果關係。因為 X、Y 之間有相關，可能出於以下三種情況：X 是因、Y 是果；Y 是因、X 是果；或 X 和 Y 同為第三個變數的因或果。因此，若實驗證明 X、Y 相關成立，簡單地就認為 X 和 Y 之間存在因果關係是不恰當的。

二、相關分布圖

以 X、Y 為坐標軸，在圖上標出每一對 X、Y 的點，即可得到**相關分布圖**(或相關圖) (correlation diagram)，亦稱**散點圖**(或**分布圖**) (scattergram)。兩變數間的相關關係，可在相關分布圖中獲得瞭解，如圖 3-8。

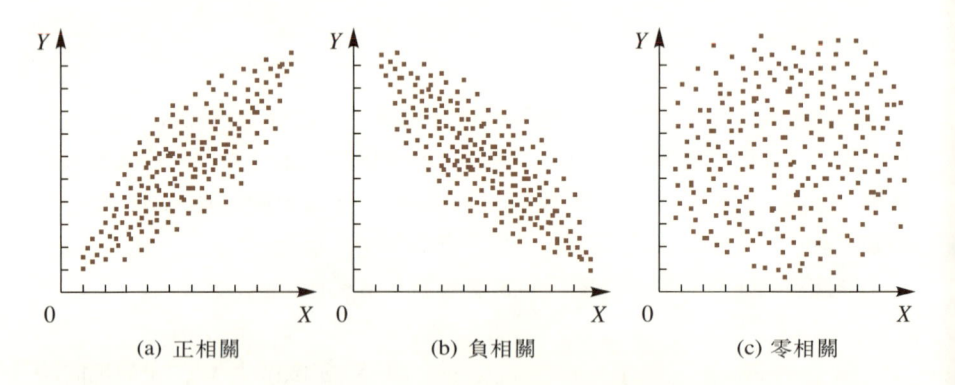

(a) 正相關　　(b) 負相關　　(c) 零相關

圖 3-8　不同線性相關關係的散點圖

圖上散點 (即一對 X、Y 取值) 的分布情形表示了兩個變數之間的相關形態。當散點分布形態呈橢圓形時，|r|＞0 橢圓的長軸取直線 Y＝X 方向，表示正相關；長軸取 Y＝－X 方向，表示負相關。橢圓長軸越長，短軸越短，相關越高，在極端情況下，|r|＝1，即散點形態呈一條直線。散點圖呈正圓形時，r＝0。

兩列數值的相關形態除上述正負、大小等不同外，還有直線相關與曲線相關之分。**直線相關** (linear correlation) 是指兩變數之間的共變關係構成的廻歸線成為一條直線，構成直線相關的兩個變數 X 和 Y 各自變化時，其增 (減) 的單位彼此對等。一般而言，能力、人格等心理測驗分數的相關大部分呈直線相關。**曲線相關** (curvilinear correlation) 是指兩變數之間的共變關係構成的廻歸線不成為一條直線，構成曲線相關的兩個變數 X 和 Y

各自變化時，其增 (減) 的單位彼此不對等。曲線相關所呈現的資料通常不甚明顯，但值得研究。如動機強度與工作表現之間的關係，公司職員智力測驗分數與留在原職位上的時間長短等就常出現曲線相關。

判斷兩列變數之間的相關是否成直線式，可作相關分析散點圖進行初步分析。如果所有散點分布呈橢圓形，則說明兩變數之間是呈直線關係 (見圖 3-9，a、b、c)。如果散點呈彎月形 (不論彎曲大小或方向)，說明兩變數之間呈非線形關係 (如圖 3-9，d)。

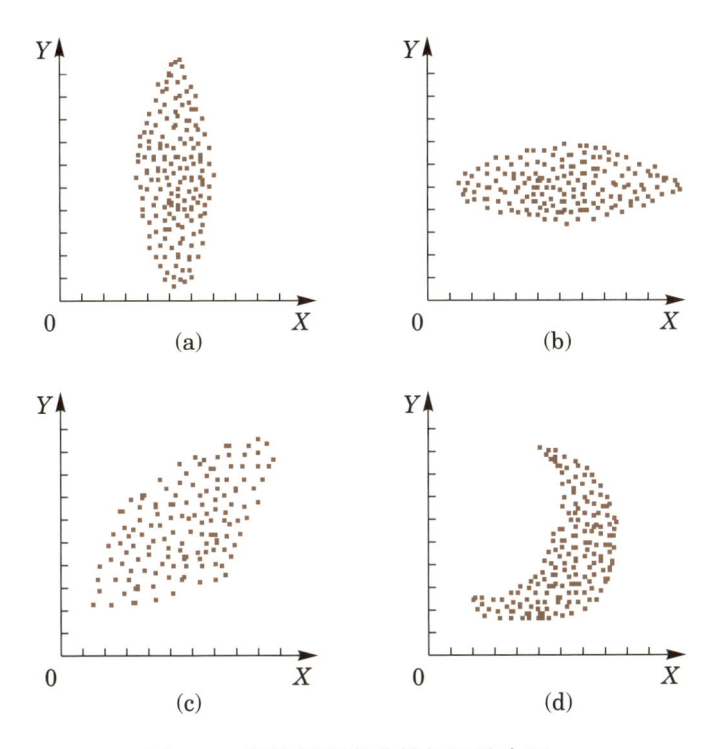

圖 3-9　直線相關與曲線相關分布圖

三、積差相關

積差相關 (product-moment correlation) 是對兩個變數間線性相關的度量，由英國統計學家皮爾遜 (Karl Pearson, 1857～1936) 所提出，故而也稱**皮爾遜積差相關** (Pearson product-moment correlation)。根據積差相關法求得的相關係數，稱為**積差相關係數** (product-moment correlation coefficient)。積差相關係數用 r_{XY} 或 r 表示。當 X 和 Y 變數均為正態分布的測量資料時，計算相關用下列公式：

$$r_{XY}=\frac{\Sigma Z_X Z_Y}{N}=\frac{\Sigma xy}{NS_X S_Y}=\frac{\Sigma xy}{\sqrt{\Sigma x^2 \cdot \Sigma y^2}} \qquad \text{〔公式 3-16〕}$$

N：樣本大小

S_X、S_Y：兩變數的標準差

x、y：兩變數各觀察值的離均差 $(x_i=X-\overline{X}, y_i=Y-\overline{Y})$

$Z_X Z_Y$：對應兩變數各觀察值的標準分數

例 5：有 15 名學生接受閱讀測驗和數學應用題測驗，其成績如表 3-2。試問兩項測驗成績的相關程度為何？

表 3-2　積差相關係數計算示例

序號	測驗 X	測驗 Y	$x=X-\overline{X}$	$y=Y-\overline{Y}$	x^2	y^2	xy
1	31	32	−1.4	−6.73	1.96	45.2929	9.422
2	23	8	−9.4	−30.73	88.36	944.3329	288.862
3	40	69	7.6	30.27	57.76	916.2729	230.052
4	19	21	−13.4	−17.73	179.56	314.3529	237.582
5	60	66	27.6	27.27	761.76	743.6529	752.652
6	15	41	−17.4	2.27	302.76	5.1529	−39.498
7	46	57	13.6	18.27	184.96	333.7929	248.472
8	26	7	−6.4	−31.73	40.96	1006.7929	203.072
9	32	57	−0.4	18.27	0.16	333.7929	−7.308
10	30	37	−2.4	−1.73	5.76	2.9929	4.152
11	58	68	25.6	29.27	655.36	856.7329	749.312
12	28	27	−4.4	−11.73	19.36	137.5929	51.612
13	22	41	−10.4	2.27	108.16	5.1529	−23.608
14	23	20	−9.4	−18.73	88.36	350.8129	176.062
15	33	30	0.6	−8.73	0.36	76.2129	−5.238
總和	486	581	0	0.05	2495.60	6072.9335	2875.600
平均數	32.4	38.73					

解：依據公式 3-16

$$r_{xy} = \frac{\Sigma xy}{\sqrt{\Sigma x^2 \cdot \Sigma y^2}} = 0.74$$

即兩項測驗成績的相關係數為 0.74。

四、等級相關

有時搜集到的資料不是等距或等比的測量資料，只是具有等級順序的資料，或者雖屬等距或等比資料，但其總體分布不是正態，這時不能計算積差相關，只能計算等級相關。**等級相關** (rank correlation) 即兩個變數均按等級排列時，必須用等級相關來分析兩變數間的相關情形。例如，有兩位老師評審十個學生的作文，評審標準按等級排列 (或將分數按高低化為等級)。如此，每一學生就有兩個等級，兩等級間可能相等，也可能有差距，差距愈小，表示兩位評審的標準越一致，亦即相關程度越高。等級相關由於對變數的總體分布不作要求，因而屬非參數的相關方法。

心理測驗中常用的等級相關方法有斯皮爾曼等級相關和肯德爾和諧係數兩種。

（一） 斯皮爾曼等級相關

斯皮爾曼等級相關 (Spearman rank correlation) 適用於兩列等級變數的資料。當等距或等比資料為非正態時，可以先進行等級排列後再計算斯皮爾曼等級相關。斯皮爾曼等級相關公式為：

$$r_R = 1 - \frac{6\Sigma D^2}{N(N^2-1)} \qquad \text{〔公式 3-17〕}$$

N：資料對數
D：對偶等級之差

例 6：假設一批被試進行 A、B 兩項測驗，其成績如表 3-3。

表 3-3　斯皮爾曼等級相關係數計算示例

被試	1	2	3	4	5	6	7	8	9
測驗 A	200	147	189	172	153	162	139	154	153
測驗 B	181	106	151	162	109	138	147	112	120
R_A	1	8	2	3	5	4	9	6	7
R_B	1	9	3	2	8	5	4	7	6
D	0	-1	-1	1	-3	-1	5	-1	1
D^2	0	1	1	1	9	1	25	1	1

解：代入公式 3-17：

$$r_R = 1 - \frac{6\Sigma D^2}{N(N^2-1)} = 1 - \frac{6 \times (0+1+1+\cdots+25+\cdots+1)}{9 \times (9^2-1)}$$

$$= 1 - \frac{6 \times 40}{9 \times 80} = 1 - \frac{1}{3} \approx 0.67$$

即 A、B 兩項測試的相關係數為 0.67。

當資料出現相同等級時，斯皮爾曼等級相關需要使用矯正公式。有興趣的讀者可參閱有關專著，此處不再贅述。

(二) 肯德爾和諧係數

肯德爾和諧係數 (Kendall coefficient of concordance)，是評分者在三人以上時，為驗證其評審觀點是否一致的統計方法。當有 N 件事物（如作文等），由多名評定者給予等級評定時，或者一個評價者先後對 N 個評價對象進行多次等級評定時，所得資料應計算肯德爾和諧係數，以說明它們之間的相關。公式為：

$$W = \frac{\Sigma R_i^2 - \frac{(\Sigma R_i)^2}{N}}{\frac{1}{12} K^2 N(N^2-1)} \quad \text{〔公式 3-18〕}$$

N：被評定對象的數目
K：評定的人數或次數
R_i：每一個被評對象被評 k 次所得等級之和

例 7：在某項技能比賽中，由七位評委對五位表演者的操作進行評分，按分數從高到低對表演者排列名次，結果如表 3-4。問七名評委的評分一致性如何？這次評定是否有效？

表 3-4　肯德爾和諧係數計算示例

表演者 $N=5$	\multicolumn{7}{c	}{評　委 ($K=7$)}	R_i	R_i^2
	1	2	3	4	5	6	7		
1	5	4	4	5	5	3	3	29	841
2	2	1	1	3	2	2	1	12	144
3	1	2	2	1	3	1	2	12	144
4	4	5	5	4	4	5	5	32	1024
5	3	3	4	2	1	4	4	21	441

解：依據公式 3-18，代入公式

$\Sigma R_i = 106$，$\Sigma R_i^2 = 2594$

$$W = \frac{\Sigma R_i^2 - \frac{(\Sigma R_i)^2}{N}}{\frac{1}{12} K^2 N(N^2-1)} = \frac{2594 - \frac{106^2}{5}}{\frac{1}{12} \times 7^2 \times 5 \times (5^2-1)} \approx 0.708$$

結果表明，七名評委的評分一致性很高 ($W=0.708$)，評定的結果有效。

　　肯德爾和諧係數在心理測驗中的典型應用是衡量評分者信度。應予說明的是，肯德爾和諧係數值介於 0 與 1 之間，不能直接表示相關方向，如有必要，相關的方向可直接從實際資料作出判斷。此外，若有相同等級出現也同樣需要修正。

五、點二列相關

當在兩列求相關的變數中,一列變數為等距或等比的測量資料,另一列為按事物性質二分的稱名變數 (如性別、生死、是否等),或者呈雙峰分布的稱名變數 (如按識字量劃分的文盲與非文盲) 的資料時,都需要計算**點二列相關** (或點二系列相關) (point-biserial correlation)。例如在心理和教育測驗中,對由是非題組成的測驗,在評價其內部一致性時就應用點二列相關作分析。點二列相關的公式為:

$$r_{pb}=\frac{\overline{X}_p-\overline{X}_q}{S_t}\times\sqrt{pq} \qquad 〔公式\ 3\text{-}19〕$$

S_t :全部測量資料的標準差
$\overline{X}_p$:與一個二分變數值對應的測量資料的平均數
p :此二分變數值所占的比例
$\overline{X}_q$:與另一個二分變數值對應的測量資料的平均數
q :為其所占的比例,$q=1-p$

例 8:設一測驗由 100 道是非題組成,每題選對得1分。今有24人的總成績和第 30 題的選答情況如下 (見表 3-5),問第 30 題與總分的相關為何?

解:第 30 題與總分的相關為:

$$r_{pb}=\frac{\overline{X}_p-\overline{X}_q}{S_t}\cdot\sqrt{pq}=\frac{65.50-32.58}{20.94}\cdot\sqrt{0.5\times 0.5}\approx 0.79$$

即由此可見,第 30 題與總分的相關較高。

表 3-5　點二列相關係數計算示例

考生	總分	第 30 題選答情況	
1	31	錯	24 名考生總分平均數：
2	23	錯	$\bar{X}_t = 49.04$
3	40	錯	24 名考生總分的標準差：
4	49	錯	$S_t = 20.94$
5	60	對	
6	15	錯	答對第 30 題學生比例：
7	46	錯	$p = 12/24 = 0.5$
8	86	對	答錯第 30 題學生比例：
9	32	錯	$q = 12/24 = 0.5$
10	30	錯	答對學生的總分平均數：
11	58	對	$\bar{X}_p = 65.50$
12	28	錯	答錯學生的總分平均數：
13	62	對	$\bar{X}_q = 32.58$
14	43	錯	
15	33	錯	
16	32	對	
17	78	對	
18	69	對	
19	66	對	
20	21	錯	
21	87	對	
22	70	對	
23	63	對	
24	55	對	

六、二列相關

二列正態分布的變數，一列變數為等距或等比資料，另一列變數被人為地依據一定標準劃分為兩類（如及格不及格、是否達標、個子高矮、健康與不健康等），對這種資料求相關要使用**二列相關** (biserial correlation)，計算公式為：

$$r_T = \frac{\overline{X}_p - \overline{X}_q}{S_t} \cdot \frac{pq}{y} \qquad \text{〔公式 3-20〕}$$

或

$$r_b = \frac{\overline{X}_p - \overline{X}_t}{S_t} \cdot \frac{p}{y} \qquad \text{〔公式 3-21〕}$$

式中 S_t、$\overline{X}_t$、$\overline{X}_p$、$\overline{X}_q$、p、q、t 的意義與點二列相關公式相同，y 為正態分布中與 p 對應的正態曲線高度 (查正態分布表可得)。

例 9：設有一個測驗的分數分布呈正態，其中最後一道問答題滿分為 20 分，經檢驗表明該問答題的成績分布也為正態。若規定該題成績得 12 分以上者為通過，12 分以下為不通過。試問該題目的區分度如何？(資料分布見表 3-6)

表 3-6　二列相關係數計算示例

測驗總分		問答題成績		計算 $\overline{X}_p$		計算 S_t 和 $\overline{X}_t$		計算 $\overline{X}_q$
X 分組	f_t	f_p	f_q	D				
90—	2	2		4	8	8	32	0
80—	3	3		3	9	9	27	0
70—	8	5	3	2	10	16	32	6
60—	11	9	2	1	9	11	11	2
50—	16	11	5	0	0	0	0	0
40—	25	10	15	−1	−10	−25	25	−15
30—	11	3	8	−2	−6	−22	44	−16
20—	4	1	3	−3	−3	−12	36	−9
10—	2		2	−4		−8	32	−8
0—	2		2	−5		−10	50	−10

解：依據公式

$\overline{X}_p = 58.36$，$\overline{X}_t = 50.5$，$S_t = 18.13$

又　$p=44÷84=0.52$，查表得知 $y=0.3984$

代入公式 3-21：

$$r_b=\frac{58.36-50.67}{18.13}\times\frac{0.52}{0.3984}=0.56$$

即該問答題與總成績的相關為 0.56。

第五節　廻歸分析與因素分析

前面講到相關係數是變數之間關係密切程度的指標，當我們不僅需要分析變數之間關係的密切程度，還需要對變數之間數量關係的可能形式進行考察，並用一個數學模型來表示時，相關分析是不夠的，還必須進行廻歸分析或因素分析。

一、廻歸分析

廻歸分析 (regression analysis) 是確定變數之間的數學模型。具體地說就是確定**因變量**(或**依變項**) (dependent variable) 與**自變量**(或**自變項**) (independent variable) 之間的關係形式，以便根據一個變數的取值或變化去預測或估計另一個變數的取值或變化。例如，根據學生高中成績預測其大學成績。本章只介紹**簡單一元線性廻歸** (simple linear regression) 的基本知識及其應用。

（一）　廻歸方程

設已知 15 名學生在閱讀測驗和辭彙測驗中所得的兩項成績(見表 3-7)，要想明確兩項測驗成績之間的關係，進行廻歸分析，首先要作兩項成績相關的散點分布圖。一般情況下，圖上的散點分布可以顯示出 X 與 Y 之間的相關方向與程度大小。但對應一個 X 值，並非只有一個 Y 值，而是可能有多個 Y 值。為了反映 X、Y 之間的這種關係形態，可用一條擬合直線來近似地予以代表，這條擬合直線即為廻歸直線，表示這一廻歸直線的方程稱為**廻歸方程** (regression equation)。

$$\hat{Y}=a+bX \qquad \text{〔公式 3-22〕}$$

$\hat{Y}$：與 X 對應的 Y 變數的估計值
a：直線在 Y 軸上的截距
b：廻歸係數

廻歸係數 (regression coefficient) 表示當 X 變化一個單位時，Y 將變化 b 個單位。根據最小二乘法原理，求解廻歸方程，可經由以下兩個公式得到解答：

$$a=\overline{Y}-b\overline{X} \qquad \text{〔公式 3-23〕}$$

$$b=\frac{\Sigma[(X-\overline{X})(Y-\overline{Y})]}{\Sigma(X-\overline{X})^2} \qquad \text{〔公式 3-24〕}$$

根據數學推算，我們可以得到兩變數之間的廻歸係數與相關係數具有如下固定的對應關係：

$$b_{y,x}=r\frac{S_Y}{S_X} \qquad \text{〔公式 3-25〕}$$

式中 S_X、S_Y 分別為引數和因變數的標準差。

例 10：試確定表 3-7 兩項測驗的廻歸方程。若有一名學生的辭彙測驗成績為 38 分，但因病未能參加閱讀測驗，試運用廻歸分析的方法估計該生可能的閱讀測驗成績。

表 3-7　十五名學生的閱讀測驗和辭彙測驗成績及其廻歸方程的計算

學生	辭彙測驗成績	閱讀測驗成績	$X-\bar{X}$	$Y-\bar{Y}$	$(X-\bar{X})(Y-\bar{Y})$
1	31	32	−2	−8	16
2	23	18	−10	−22	220
3	46	69	13	29	377
4	19	21	−14	−19	266
5	60	66	27	26	702
6	18	41	−15	1	−15
7	46	57	13	17	221
8	26	17	−7	−23	161
9	32	57	−1	17	−17
10	30	37	−3	−3	9
11	58	68	25	28	700
12	28	27	−5	−13	65
13	22	41	−11	1	−11
14	23	20	−10	−20	200
15	33	30	0	−10	0
Σ	495	600			2984

解：由表中數據可得：

$$\bar{X}=\frac{\Sigma X}{N}=\frac{495}{15}=33 \qquad \bar{Y}=\frac{\Sigma Y}{N}=\frac{600}{15}=40$$

$$\Sigma(X-\bar{X})^2=(-2)^2+(-10)^2+\cdots+0^2=2522$$
$$\Sigma[(X-\bar{X})(Y-\bar{Y})]=[(-2)\times(-8)]+[(-10)\times(-12)]+\cdots+[0\times(-10)]=2984$$

代入公式 3-20 和 3-21 可得方程：

$$a=\bar{Y}-b\bar{X}=40-33b$$

$$b=\frac{\Sigma[(X-\bar{X})(Y-\bar{Y})]}{\Sigma(X-\bar{X})^2}=\frac{2894}{2522}\approx 1.15$$

解得 $a=2.13$，$b=1.15$，廻歸方程為 $\hat{Y}=2.13+1.15X$

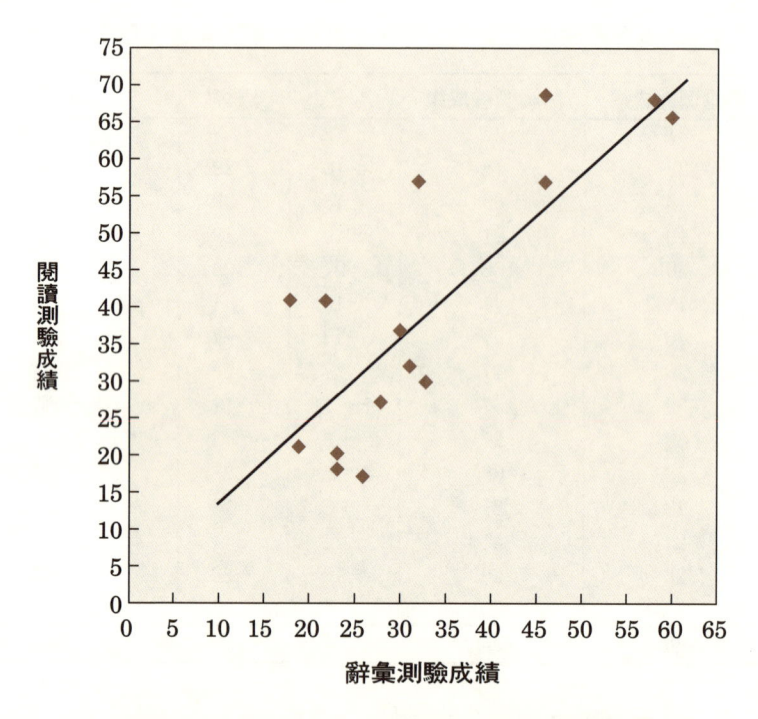

圖 3-10　根據表 3-7 繪製的散點圖與廻歸直線

辭彙測驗成績為 38 分的學生，其閱讀測驗成績預計為：

$$\hat{Y}=2.13+1.15\times 38=45.83$$

(二) 廻歸方程的顯著性檢驗

必須指出，廻歸方程所表示的線性關係是否顯著，如同相關係數是否顯著一樣，需要進行**顯著性檢驗**(或**顯著性考驗**) (test of significance)，當廻歸係數表示的線性關係顯著時，才能根據引數的取值估計因變數的取值。廻歸直線與資料的擬合程度也可以從散點圖得到直觀印象：擬合得好，則資料點的分布呈直線形態；若擬合不好，則資料點很分散，不呈直線形態。當 b =0 時，所有的 Y 值均相等，X、Y 兩變數之間無相關關係 (見圖 3-11)。

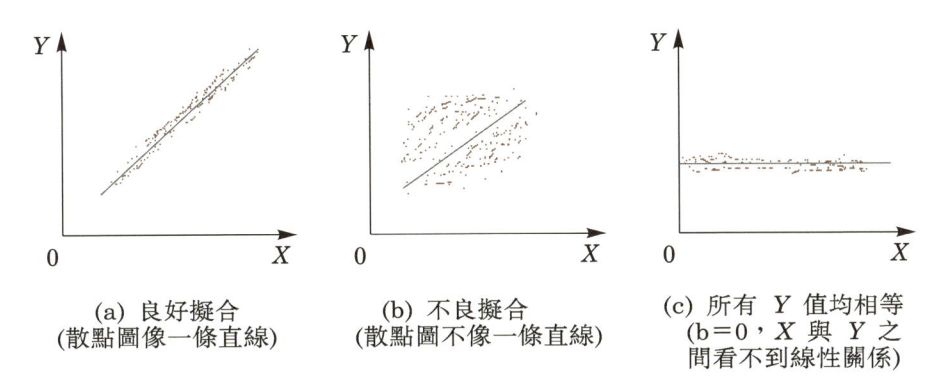

(a) 良好擬合
(散點圖像一條直線)

(b) 不良擬合
(散點圖不像一條直線)

(c) 所有 Y 值均相等
($b=0$，X 與 Y 之間看不到線性關係)

圖 3-11　Y 觀察值與廻歸直線間的散點圖

二、因素分析

因素分析 (factor analysis) 是處理多變數資料的一種統計方法，它可以揭示多變數之間的關係，其主要目的是從若干個可觀測的變數中概括和推論出少數的"因素"，用最少的"因素"來概括和解釋最大量的觀測事實，從而建立起最簡潔、最基本的概念系統，揭示出事物之間最本質的聯繫。在心理測驗領域因素分析主要用於從一組不同測驗的得分中找出能夠解釋它們之間變異的少數幾個主要因素。從測驗分數中抽取這些因素可以通過幾種不同程序來進行，但無論用的是何種程式，它們的理論基礎都是同一個理論。該理論認為一個測驗的可觀察到的總變異總方差 (S_{obs}^2) 等於下列三方面變異的總和。

$$S_{obs}^2 = S_{com}^2 + S_{spe}^2 + S_{err}^2 \qquad 〔公式\ 3\text{-}26〕$$

S_{com}^2：共同因素變異，即該測驗與其他測驗所共有的變異
S_{spe}^2：特異因素變異，即該測驗本身所特有的變異
S_{err}^2：誤差變異，測驗產生的誤差的總和

此公式中測驗的**真變異** (true variance) 被劃分成共同因素變異與特異因素變異兩個部分：共同因素變異在總變異中所占的比例稱為測驗的**共同度**

(communality)，特異因素變異在總變異中所占的比例稱為測驗的**特異度** (specificity)。這個共同度是由因素分析結果中得到的。由於一組測驗分數中的**信度** (reliability)，即可靠性指的是它們的總變異中真變異所占比例，結合公式 3-26，可以知道：信度＝共同度＋特異度。為此，如果已知一個測驗的信度和共同度，就可以通過相減得到它的特異度。接著對韋氏智力量表的測查結果作因素分析為實例，對因素分析的方法與意義進行解釋。

（一）制定相關矩陣

對一定數量的被試在一組測驗上的得分進行因素分析，首先是要計算出所有測驗彼此間的相關，並把它們繪製成一張**矩陣表** (matrix)。表 3-8 是九組被試（$N=1880$ 人）在韋氏智力量表十一個分測驗上的平均相關結果。請注意該矩陣是對稱矩陣，即上三角和下三角的元素相同。此外，在矩陣的左上角至右下角的對角線上沒有給定的數值。

表 3-8　韋氏智力量表各分測驗平均相關矩陣

分測驗	1	2	3	4	5	6	7	8	9	10	11
常識											
數字廣度	0.46										
辭彙	0.81	0.52									
算術	0.61	0.56	0.63								
理解	0.68	0.45	0.74	0.57							
類同	0.66	0.45	0.72	0.56	0.68						
填圖	0.52	0.37	0.55	0.48	0.52	0.54					
圖片排列	0.50	0.37	0.51	0.46	0.48	0.50	0.51				
積木	0.50	0.43	0.52	0.56	0.48	0.51	0.54	0.47			
物體拼湊	0.39	0.33	0.41	0.42	0.40	0.43	0.52	0.40	0.63		
解碼	0.44	0.42	0.47	0.45	0.44	0.46	0.42	0.39	0.37	0.38	

究竟在矩陣對角線上應該給一個什麼數值——是用測驗的信度，共同度的估計值或全部得 1.00——要依據所採取的具體因素分析程式來確定。不同的因素分析程式所採用的方法也不盡相同。如**矩心法**（或**形心法**）(centroid method)（從相關矩陣中把適當數目的共同因素抽取出來的方法）中選用的

是共同度的估計值；而**主軸法** (principal axis method) 中，把對角線上的值都定為 1.00。對角線的取值影響著最後抽取出的因素的數目，以及相應的因素負荷。

(二) 分解相關矩陣因素

因素分析中，具體的計算，如因素的抽取主要通過計算器來完成。通過因素分析運算程式所得到的第一個直接結果就是一個原始的 (未旋轉) 因素矩陣。如表 3-9 中 A、B、C 三列，它顯示通過因素分析後變數的數目或心理維度的數目減少了，從韋氏智力量表的十一個分測驗中共抽取三個共同因素。因素矩陣各縱列上小於 1 的各個數值即是十一個分測驗在各個因素上的負荷。例如，"常識"分測驗在因素 A 上的負荷為 0.82，而在因素 B、C 上的負荷僅為 －0.31 和 －0.14。各個因素負荷是各具體分測驗與各因素的相關。給定分測驗在某個因素上的負荷的平方即是這個因素能夠解釋該分測驗總變異的比率。因此 (0.82)＝0.67，它意味著因素 A 解釋了"常識"分測驗分數總變異的 67%。但 (－0.31)＝0.10，即 B 因素可解釋常識分測驗分數變異的 10%；同理 (－0.14)＝0.02，即在常識測驗中，有 2% 的變異可由因素 C 來解釋。

表 3-9 原始的和旋轉的因素矩陣

分測驗	原始因素矩陣			旋轉後的因素矩陣			共同度
	A	B	C	A′	B′	C′	
常識	0.82	－0.31	－0.14	0.81	0.21	0.29	0.7843
數字廣度	0.65	－0.11	0.59	0.27	0.11	0.83	0.7739
辭彙	0.86	－0.31	－0.10	0.82	0.22	0.34	0.8364
算術	0.78	－0.08	0.24	0.49	0.28	0.59	0.6666
理解	0.80	－0.28	－0.16	0.79	0.23	0.26	0.7446
類同	0.81	－0.19	－0.16	0.75	0.30	0.25	0.7150
填圖	0.73	0.25	－0.26	0.48	0.64	0.11	0.6521
圖片排列	0.68	0.10	－0.22	0.51	0.49	0.13	0.5171
積木	0.74	0.42	0.06	0.26	0.72	0.38	0.7304
物體拼湊	0.64	0.60	－0.08	0.14	0.85	0.19	0.7782
解碼	0.64	0.13	0.36	0.23	0.37	0.61	0.5619

表中任意兩個分測驗相應因素負荷乘積之和是這兩個分測驗的相關的估計值。例如，數字廣度 (digit span) 分測驗與常識 (information) 分測驗之間相關用原始因素矩陣中的負荷來估計，即為 (0.86)×(0.65)+(−0.31)×(−0.11)+(−0.14)×(0.59)=0.48。這個數值 (0.48) 是實際相關係數 0.46 (見表 3-8) 的一個非常近似的估計。

(三) 因素軸的旋轉

因素軸的旋轉 (rotation of factor axes) 簡稱**轉軸** (rotation)，轉軸的目的在於找出新的參照軸，使得進行因素分析的各變數向量在新軸上的投影的差異量數變為最大，使共同因素所含的真正意義顯現出來。所以對原始因素矩陣進行因素軸的旋轉可以增加正向因素負荷的數目。旋轉後得到的是一個更為簡化的因素負荷表，因此更有利於對因素進行解釋。依據具體的旋轉方法不同，可以得到不同的因素。用**正交旋轉** (或**正交轉軸法**) (orthogonal rotation) 是當研究者在進行共同因素的轉軸時，如假定因素之間彼此獨立無關，軸與軸之間始終維持 90 度的關係時採用的轉軸法，用此法得到的是不相關的因素。用**斜交旋轉** (或**斜交轉軸法**) (oblique rotation) 是當研究者在進行共同因素的轉軸時，如假定因素之間並非獨立無關，軸與軸之間不再維持直角關係時所採用的轉軸法，用此法可得到相關的因素。這裡只介紹通常採用較多的正交旋轉方法。表 3-9 中給出了對原始因素矩陣進行正交旋轉後所得到的三個因素 (A′、B′、C′)。它們彼此之間無相關。

(四) 對旋轉後的因素作解釋

在完成了因素分解和旋轉的全部計算以後，就可以考查各個測驗在每個因素上負荷高低的模式了。負荷越高，表明該因素在給定測驗上越重要。如表 3-9 中所示，常識 (information)，辭彙 (vocabulary)，理解 (comprehension)，類同 (similarities) 四個分測驗在因素 A′ 上的負荷均超過 .70，因為這些都是言語分測驗，因此，因素 A′ 可以命名為言語因素。可以看到其他幾個分測驗在因素 A′ 上也有一定的負荷，因此這個因素實際上接近於一般的認知因素 (g)。填圖 (picture completion)，圖片排列 (picture arrangement)，積木 (block design) 和物體拼湊 (object assembly) 四個分測驗在因素 B′ 上有著相當的因素負荷，考慮到包含在這四個分測驗中的任務性質，因素 B′ 可以命名為空間知覺因素 (spatial-perceptual factor) 或空間想像因素 (spatial imagery factor)。此外，數字廣度 (digit span)，算術 (arithmetic) 和數位記號 (digit symbol) 三個分測驗都涉及到數字，並在因素 C′ 上有著相當高的負荷。因此，因素 C′ 最好命名為數字運用因素 (numerical facility)。

表 3-9 的最後一欄包括了十一個分測驗的共同度，其值等於給定分測驗的旋轉因素負荷的平方和。例如，常識分測驗的共同度是 (0.81)＋(0.21)＋(0.29)＝0.78。因此可以說：常識分測驗得分的變異中，由 A′、B′、C′ 三個因素解釋了 78%，其餘的 22% (1－78%) 則應該由該測驗的特異因素和測量誤差所解釋。

總之，在相關的基礎上，一方面可進行迴歸分析，使一個變數的數值可以通過另一個變數去預測；另一方面還可以進行因素分析，將大量相關資料中的影響因素減少數目，並對其中的主要影響因素做出解釋。由此可見，隨著統計技術的發展，對測驗資料的分析和解釋也越發細緻和深入。不斷提高統計學的知識和技術，是作好心理測驗工作的重要保證。

本 章 摘 要

1. 統計學對測驗結果的資料處理以及測驗的開發和應用都十分重要，是一切測驗工作者都必須掌握的基礎知識。
2. **次數分布表**和**直方圖**、**次數多邊形圖**等統計圖表，可以使隨機變數資料的規律性得到簡潔、直觀的反映。
3. **集中量數**反映一組資料的有代表性的取值，常用的統計量主要是算術平均數，中數，眾數和加權平均數。
4. **算術平均數**的值等於各資料之和除以次數；在次數分布表中，需應用公式計算。**加權平均數**是有效地反映各部分在整體中的相對重要性的統計量數。**中數**指位於一組資料中間的數。當總數為偶數時，需計算中間兩個數的平均數。**眾數**指在一組資料中出現頻率最高的那個數的數值。
5. **差異量數**反映一組資料的離散程度。集中量數和差異量數相結合才能全面反映一組資料的分布情況。度量資料的**離散趨勢**主要用標準差；方差是標準差的平方，由於它具有可加性，在推論統計中廣泛應用。
6. **全距**指一組資料中最大數與最小數之差，它可用於粗略地估計一組資料的離散程度。**四分差**指在一個次數分布中，中間 50% 的次數分布的全距之半，也就是上四分點與下四分點之差的一半；**平均差**是指每個原始數位與平均數距離的平均。
7. **標準分數**適用於衡量一個分數在同一組測驗分數中的相對位置。與標準差大小有關。
8. 變數之間取值伴隨的變化關係稱為**相關**，可以表現為**正相關、負相關**或**零相關**。其相關程度的數量描述採用相關係數表示，直觀描述採用**相關布散布圖**表達。
9. **積差相關**最適合描述兩個正態分布的比率變數之間的相關程度。
10. 描述兩列等級變數資料的相關程度採用**斯皮爾曼等級相關**，多列等級變數的相關可用**肯德爾和諧係數**。
11. 描述一列等距或等比資料，另一列為二分數據的相關時，採用**點二列相關或二列相關**。
12. **廻歸方程**是用於描述變數之間的具體關係形式，**廻歸係數**是變數之間關係密切程度的數量指標；應用廻歸方程可從一個變數預測另一個變數的取值。
13. **因素分析**用以確定資料變化所依賴的因素。這一過程須通過制定相關矩陣、分析相關矩陣因素、因素軸的旋轉、旋轉後因素的解釋來得以實現。

建議參考資料

1. 國家教育委員會學生管理司（主編，1985）：標準化考試簡介。北京市：高等教育出版社。

2. 張厚粲、徐建平 (2004)：現代心理與教育統計學。北京市：北京師範大學出版社。

3. 馮師顏 (1964)：誤差理論與實驗資料處理。北京市：科學出版社。

4. 葉佩華等 (1982)：教育統計學。北京市：人民教育出版社。

5. 鄭惟厚 (2007)：你不能不懂的統計常識。台北市：天下文化。

6. 鄭德如 (1984)：廻歸分析和相關分析。上海市：上海人民出版社。

7. Aiken, L. R., (2005). *Psychological testing and assessment* (12th ed.). Boston: Allyn & Bacon.

8. Hogan, T. P. (2006). *Psychological testing: A practical introduction.* New York: Wiley.

9. Lind, D. A., Mason, R. D., & Marchal, W. G. (2002). *Statistical techniques in business and economics* (11th ed.). New York: McGraw-Hill.

10. McLaughlin, J. A. (2002). *Understanding statistics in the behavioral sciences.* Belmont: Wadsworth.

第二編

心理測量學的基本原理

　　心理測量以人的心理為對象，而人的心理產生於內在，具有主觀性和內隱性特點，只能通過它的某些外部表現間接地加以認識。心理與行為究竟有什麼關係，不同的心理特質和不同的心理發展水平在行為表現上如何區分，這些都需要有一定的理論來加以解釋，因此測量理論是心理測驗工作開展的前提。任何心理測驗從編製到實施，再通過資料分析到最後的結果解釋，整個過程都是在一定的理論指導下進行的。心理測驗從 20 世紀初期開始，在經典測驗理論指導下進行工作取得了很大成績。隨著科學技術的發展，尤其是認知心理學理論和統計學技術的提高，到中期以後在測量理論方面也發生很大變化，出現一些不同的現代測量理論，它們在很大程度上彌補了經典測量理論的不足，促進心理測驗工作更進一步的提高。

　　第二編共包括五章，其內容由第四章至第八章分別介紹心理測量學的基本原理。

　　第四章較為詳細地介紹經典測驗理論，項目反應理論，和概化理論三種測驗理論的基本原理和重要特點。自 20 世紀 30 年代開始經典測驗理論已被測驗工作者接受。自 50 年開始，又有一些新的研究方法被提出。這些新方法以現代統計理論為基礎，同時也受電腦的迅猛發展所影響，逐漸形成兩類現代測驗理論——概化理論和項目反應理論。它們試圖解決經典測量理論存在的對受試者樣本依賴問題：使能力的估計依賴於項目；通過對項目的各種參數估計達到測量的目的。本章將著重對這兩個理論的性質和意義加以介紹，而對其主要的研究方法則只做簡要的說明。

　　測驗的種類繁多、性質和用途各異、編製的具體過程並不相同，但由於測驗的基本原理一致，仍可以總結出一套通用的編製程式。第五章將以一般情況下測驗編製的過程為脈絡，較詳細地介紹測驗編製的方法、程式和相關原則，並且對其進行施測過程中的應注意事項和如何編寫測驗指導手冊加以較詳細的說明。以掌握每一個環節應注意事項。

　　在針對某種心理特質編製或使用某種心理測驗時，我們最關心的就是確定這一測驗所得結果是否可靠。可靠的測驗是能夠全面真實地反映所測心理特質的情況與水平。然而，由於心理測驗是一種對心理特質的間接測量，許多直接或間接因素都將影響測驗的可靠性。因此需要對這種可靠性，即測驗的信度進行考察。第六章將對測驗信度作全面分析，分別介紹信度的定義、五種信度的估計方法、信度係數的應用、影響信度的因素等問題。

　　保證測驗質量的另一個指標，是要確定測驗是否測量到了作為目標的某種心理特質。只有真正測到了所定的目標特質，測驗才是有效的。效度是評判測驗結果有效性的依據，只有效度達到一定的高水準，才可以承認這一測驗是高質量的。一個測驗可以有各種不同的效度，並且可以發展。這取決於設計該測驗的特定目的、目標人群、施測的條件，以及判斷效度的方法。第七章將詳細介紹測驗效度的種類與發展，以及主要的效度估計方法。

　　實施測驗以後，對測驗結果的記分、分析等均與測驗結果的解釋有直接關係。依據對分數解釋的方法不同，測驗可以分為常模參照測驗與標準參照測驗（目標參照測驗）兩大類。在常模參照測驗中，是將每個人的分數與常模進行比較而做出解釋的，常模實質上是一個標準化樣本的測驗結果，它的功能體現在測驗的原始分向量表分的轉化過程中。原始的測驗分數需要經過一定的轉化加工，成為量表分時才能被解釋、即被賦予實際的意義。解釋轉化出來的分數又同時存在著不同的方法，並且需要考慮該測驗的目的和使用的意圖。這些將是第八章討論的具體內容。

第四章

心理測量學的理論依據

本章內容細目

第一節 經典測驗理論
一、真分數與測量誤差 109
　　(一) 什麼是真分數
　　(二) 測量誤差及其分類和來源
二、真分數模型 113
三、對經典測驗理論的評價 114
　　(一) 優　點
　　(二) 局限性

第二節 概化理論
一、概化理論概述 116
　　(一) 概化理論的基本觀點
　　(二) 概化理論的特點
二、概化理論的研究方法 118
　　(一) 概化研究

　　(二) 決策研究
三、概化理論的應用 120
四、對概化理論的評價 120

第三節 項目反應理論
一、項目反應理論的產生 121
二、項目反應理論與項目特徵曲線 122
三、項目反應理論的特點與應用 124
四、對項目反應理論的評價 126

本章摘要

建議參考資料

隨著心理測量學的發展，心理測驗工作也不斷地得到豐富與完善。由於人的心理特質具有主觀性和內隱性的特點，因此不能對其進行直接測量，只能通過行為表現獲得有關資料，再依據一定的理論對這些資料加以解釋，以了解個人表現或擁有某種特質的程度。解釋測驗結果時所依據的理論稱為測驗理論。心理測驗理論有不同的種類，其中研究最多、應用最廣、長時間占統治地位的是**經典測驗理論**。

自 20 世紀 30 年代開始經典測驗理論已被測驗工作者接受，在 50 年代以前，所有測驗的編製都以經典測驗理論為基礎，甚至在現代測驗理論出現以後，直到目前，經典測驗理論仍不失為心理與教育測驗領域中應用最廣的測驗理論。

經典測驗理論以隨機抽樣理論為基礎，解釋受試者在心理測驗的**實得分數**與**真分數**之間的關係。**隨機抽樣理論** (random sampling theory) 主張由**樣本** (sample) 推論到**總體** (population)，即由多次測驗所得結果的平均值推論出不受具體條件影響的真分數；或者依據一組受試者的實得分數，向具有相同屬性的對象總體進行推論。可以試想這種推論的結果必定帶有一定的**誤差**，於是如何估計和減小誤差，便成為經典測驗理論研究的中心課題。

到了 70 年代以後，在分析和控制誤差的基礎上進一步發展，產生了**概化理論**。可以說概化理論就是將經典測驗理論中，具有重要意義的信度問題進行深入研究和擴展，從而構成**現代測驗理論** (modern testing theory)。

另一種測驗理論是**項目反應理論**。它的理論特點是從題目出發，認為只要瞭解一位受試者在一組試題上的具體反應情況，就可以從理論上直接估計出他的真實分數，並不需要由樣本進行**推論** (inference) (指不根據直接觀察的事實，而是以已有的判斷為依據去從事另一新的判斷)。對於經典測量理論中存在的一些問題；例如，對信度的估計精度不高、誤差指標籠統單一、對樣本依賴性大等問題，項目反應理論都給予較好的解決。

本章內容主要是介紹心理測量學所依據的理論，希望讀者研讀本章後對下列問題有概括的認識。

1. 經典測驗理論的主要內容和評價。
2. 概化理論的主要內容、應用和評價。
3. 項目反應理論的主要內容和應用。

第一節　經典測驗理論

經典測驗理論是最早的心理測驗理論，1950 年美國學者古力克森 (Harold O. Gulliksen, 1903～1984) 出版《心理測驗的理論》一書，標誌著經典測驗理論的成熟。此後數十年，很多測驗都以該理論作為各種心理測驗的理論基礎，至今仍被廣泛使用。大多數心理測驗依據**經典測驗理論** (classical test theory，簡稱 CTT) 建立其資料之間的實證關係，即測驗結果所得到的實得分數與所欲測量的心理特質的真實水平 (即真分數) 間的關係，並認為實得分數與真分數之間的誤差越小，測驗的結果越可靠。因此，經典測驗理論也稱為**真分數理論** (true score theory)。

一、真分數與測量誤差

想要瞭解十歲兒童的智力究竟有多高，在沒有任何依據的情況下無法肯定。用智力測驗所測得的智商也只能視為理論智力的參考。然而智商無法涵蓋個人智力的全部，即測得的智商與真實智力二者之間一定存有誤差。因此，根據經典測驗理論，受試者在測驗上所獲得的是**實得分數** (或**觀測分數**) (observed score)，包括真分數與誤差在內。以下將介紹真分數與測量誤差的具體含義。

(一)　什麼是真分數

若同一個測驗，讓同一個人重復做很多次，每次測得的分數都會不同，因為影響因素太多。例如，受試者因身體不適，則所得分數較低，或施測環境安靜沒有干擾，則所得分數較高。這些分數高低的變化情形是任意的、隨機的變動，並未呈現有系統的增減現象。所以，在理論上，這種誤差之值出現為偶然，時大時小無法估計，但其值通常甚小、且正負誤差出現的概率相當，常呈常態分布，故多次施測後，可以使其間的差異變動相互抵消而使誤差趨近於零。所以，將多次測驗的實得分數加以平均後即得到該特質的真相全貌，在心理測量學上稱之為**真分數**(或**真實分數**) (true score)，它是指在進行心理測驗時，受試者在該測驗欲測的特質上所具有的真實水平。理想中我們假設真分數與欲測特質的真實情況之間沒有誤差，而事實上這只是一種假設，絕對的真分數是無法獲得的。因為同一個測驗對同一個人無論施測多少次，它都無法涵蓋特質的全貌，就像照片與本人間總存在著差距。因此，經典測驗理論提出一個簡單的數學模型，即一個人在某一測驗上獲得的實得分數等於他的真分數與誤差之和。這個模型稍後再詳細介紹。

(二) 測量誤差及其分類和來源

用同一個測驗向同一個受試者進行兩次或多次施測，各次結果之間常常是不一致的，這種不一致現象表明測驗結果在發生變異。從測量學的角度來看出現變異的原因，就是要考慮測量中出現了測量誤差。以下將概述什麼是測量誤差及其分類和來源。

1. 什麼是測量誤差 測量誤差 (error of measurement) 是由於測量工具 (如心理測驗) 的效度不足，或施測方法有誤，致使對個體某特質所測到的分數與真分數之間產生了差距。例如，假設我們使用某個標準化的智力測驗在月初和月末對某班學生兩次施測，所得到的結果將出現很大差異。我們知道在一個月的期限內，人的智力不可能發生很大變化，這時就需要考慮是否出現了測量誤差的問題。若是全班的分數都高了 (或低了) 許多，那麼應該在測驗的條件方面尋找問題來源；如果是某一個人的分數在名次排列上出現了極大的變化，這時我們就會考慮是否由於他的個人因素引起了測量誤差。測量誤差的大小和方向可以因各種原因而變，誤差的方向可以是正的，也可以是負的。**正誤差** (positive error) 表現為測驗結果比實際水平偏高；反之，**負誤差** (negative error) 則為測驗分數與真實水平相比偏低。總之，測量誤差指的是那些與測驗目的無關的因素對測驗結果所造成的影響。

2. 誤差的分類 導致測驗結果產生變異的誤差有多種，測量學上一般將它們分為兩大類：系統誤差和非系統性的隨機誤差。

隨機誤差 (random error) 指那種與測量目的無關、偶然性因素引起、而又不易控制的誤差。隨機誤差的存在會導致測量結果產生一些不穩定的、難於預測的變化。如前面所提到的，受試者的身心狀況、具體測驗情境、施測條件或測驗本身的內容和形式等多種原因,都有可能引起隨機誤差。隨機誤差是造成測驗結果與實際水平的差異,或者說測驗的實得分數與真分數不相符合,導致每次測驗結果不一致的主要原因;隨機誤差的影響越大,測驗的信度就越低,故而它也是在測驗的信度研究,即可靠性研究中所關注的焦點。因此,經典測驗理論又稱為**經典信度理論** (classical reliability theory)。信度是測驗的一個重要質量標準,後面將單列第六章詳細討論。

系統誤差與隨機誤差不同,**系統誤差** (systematic error) 是指經常性的或重復性的及有定向的差異現象,它永遠系統性地偏向一邊,因此這種誤差也稱為**常誤**(或**穩定誤差**) (constant error)。例如一個新編的測驗,不論在什麼情況下施測,其結果總是比公認的標準化測驗高 10 分。這 10 分之差就是它的系統誤差。系統誤差也是由於與測量目的無關的因素引起。例如,學習、訓練、遺忘等。雖然系統誤差在每一次測量中保持一致、具有穩定性特徵,對測量結果的一致性也沒有影響,但系統誤差的存在會嚴重地損害測量的準確性,使測驗結果並不完全符合測驗目標,此即測驗的效度問題。不準確的測驗結果肯定無效,所以效度更是良好測驗的重要質量標準。將單列第七章對效度作詳細討論。

3. 誤差的來源 為了保證幾次測驗結果的一致性,必須儘量減小測量誤差,提高測驗信度,下面首先需要對測量誤差的來源進行探討。關於測量誤差的來源,一般可以分為以下三個方面進行論述。

(1) **測驗本身造成的誤差**:測量結果不穩定經常與測驗所包含的題目樣本有關。當我們使用同一個測驗的幾種不同形式或不同版本時,這種影響特別明顯。為了使同一測驗的幾個版本完全等同,編製測驗時就應該注意力求使每一個題目都在內容上和難度上與其他版本上的相應題目相匹配,且測驗分數的分布情況也應該相似。這些要求看起來簡單,但在實踐中要做到完全等同則很難,只有對每一道題目的內容和彼此間的差異都進行過非常仔細的鑽研後才可能完成。

由題目取樣所引起的誤差在測驗的單一形式中也可能出現。當測驗是用於測量某一種單獨特質時,考慮到這種誤差顯得特別重要。如果一份測驗想要測量某一個單一特質,這個測驗上的每一個題目都應該只測量這一特質而不是其他的特質。但是由於多種原因很多題目並不是單純地測量某一特質,尤其是用於不同的受試者時,由於他們對不同的題目有不同的偏愛,從而感到難度不等。因此，在一個測驗中對於所包含的特定問題的選擇也是構成誤差的一個可能來源。

此外在實施測驗過程中，許多情境因素都會影響受試者的反應結果。舉凡題目用詞模稜兩可、對作答要求講述不清、時間過短使受試者倉促作答、題目較難引起受試者猜測等情況，都有可能導致成績的不穩定，從而對結果有重要影響。測試過程中發生意外干擾事件，例如突然斷電、班上有人作弊等也都會對受試者造成一些影響，從而使測驗結果產生波動。主試（即施測者）和受試者之間在性別、個性、種族等方面的關係也都會對受試者的得分產生影響。通常所謂**主試者效應**（或**實驗者效應**）（experimenter effect），指主試的年齡、性別、外表、言談舉止、表情動作、個人觀念或態度行為等會對測驗結果產生影響，這也是不可忽視的誤差來源之一。

(2) **評分和記分的方式差異**：測驗結果的評分和記分方式是否恰當，對測驗信度有重要影響。無論是分數評定或等級評定的過程，都可能對測驗結果造成偏差。例如評分不客觀，或計算、登記分數時出差錯是常見的誤差。尤其是主觀題的評分標準很難把握，加之評分者偏好不同，從而使得評分者之間的評分標準差異很大。在人格測驗中，不同主試對於**投射性測驗**，如**羅夏墨蹟測驗、主題統覺測驗**）等結果的解釋常常各持己見。此外，當同一個評分者評閱大量試卷時，也會因疲勞、情緒變化、卷面整潔程度、個人偏好以及對學生的成見等因素而導致評分標準不完全統一。研究結果指出，在不同的時間、地點、條件下進行評定，其所得結果常常會出現差異。因此，給評分者提供良好的工作條件，對於穩定評分標準具有重要意義。

(3) **受試者的個人生理和心理特徵**：受試者的生理和心理特點是產生誤差的一大來源。首先，個體的一般穩定性特徵與個體的一般能力水平有關。一個人在做過大量的測驗後，學習掌握到的一般考試技巧或理解指導語的能力，對保持測量結果穩定有重要意義。它明顯地影響多次測驗結果之間的一致性。我們完全可以預料，與能力水平低或無考試經驗的人相比，在知識水平相等的條件下，能力水平高或考試技巧純熟的人可以更穩定地獲得較好成績。大多數心理和教育測驗非常注重個人的這些特點，認為它們是測驗穩定性的重要源泉。

其次，測驗結果的穩定性與項目取樣有關。由於不同個體在特定形式的測驗項目上的知識技巧不同，有些人熟悉某些形式的項目，或掌握某些特定知識,而另一些人則熟悉另外一種形式的項目和掌握不同的知識。因此,如果測驗項目過少或取樣缺乏代表性時,測驗結果與個體真實水平間的差異就會加大,而且每次不等。此外,也有些人對某種特定類型的項目有獨立於測驗內容的相對穩定的反應方式,例如對待是非題,總傾向於回答"是";對待選擇題,總傾向於選擇"A",等等。這也會給測驗結果帶來不確定性。

此外,個體暫時的心理和生理特徵,即在接受測驗的特定時間內的生理和心理狀態對測量結果也有影響。個體在生病或疲倦狀況下答題,效果顯然不會理想;個體的應試動機將通過其作答的態度、注意力、持久性、反應速度影響到測驗成績。實驗證明,個體受測時適度的焦慮會提高興奮性,增強注意力,加快反應速度,因而能對測驗成績產生積極影響;而過高或過低的焦慮水平則會使工作能力降低,注意力分散,結果導致測驗成績低於正常水平。總之,測驗焦慮、應試動機、情緒狀態、測驗時間及難度等因素都會對測驗結果產生影響。此外,施測情境中的溫度、光線、雜訊、通風等客觀條件通過個體的心理反應,也會引起暫時性效應,造成測驗結果的不穩定。

二、真分數模型

凡測量都要求準確,希望在測量中儘量減小誤差。心理學家在編製心理測驗時的最大願望也就是要減小測量的誤差,從而可以提高測驗分數的可靠性。真分數是一個與測量誤差相對應的概念。由於測量誤差的客觀存在,測量結果不可能得到完全沒有誤差的真值,而只能獲得包含測量誤差在內的實得分數。因此,真分數只是一個理論構想,實際測得的分數則是真分數與誤差之和。經典測驗理論假定,實得分數與真分數之間是一種線性關係,二者之差是一個測量誤差,從而形成了真分數理論的數學模型:

$$X = T + E \qquad 〔公式\ 4\text{-}1〕$$

X:實得分數,T:真分數,E:測量誤差

真分數理論的數學模型有三條基本假設:(1) 在所討論的問題範圍內,反映個體某種心理特質水平的真分數不變;(2) 實得分數被假定等於真分數和誤差分數之和,即假定實得分數與真分數之間是線性關係,而不是其他關

係；(3) 測量誤差是隨機的，並服從均值為零的正態分布，這就是說測量誤差與真分數二者之間相互獨立，各種不同來源的測量誤差之間以及測量誤差與其他變數之間都是相互獨立的。

真分數模型是構成經典測驗理論的基礎。經典測驗理論的核心議題是在編製和施測心理測驗時，務必在各個環節上通過各種方法和技術儘量減小測量誤差，如計算測驗的難度、區分度、等值等（見第五章），以提高測驗的可靠性與準確性。

三、對經典測驗理論的評價

經典測驗理論將測驗結果歸納出一個簡單的數學模型，幫助我們合理的解釋並了解測驗分數的意義。以下將綜論這個理論的優點和局限性，使讀者在應用時，能取長補短，靈活運用。

（一）優 點

經典測驗理論以真分數模型為其理論框架，使用少量的定義，並依據**弱假設**(或**弱勢假設**)(weak assumption) 形成。弱假設的"弱"並不意味著錯誤，是指不嚴格、或者不要求資料分布的形態，因此使用範圍較廣。早自 20 世紀 30 年代開始，經典測驗就被測驗工作者接受，所採用的公式簡單明瞭、計算簡潔、淺顯易懂，適用於絕大多數的心理與教育測驗。因此，在 50 年代以前，所有測驗的編製都以經典測驗理論為基礎，甚至在現代測驗理論出現以後，直到目前，它仍然不失為心理與教育測驗領域中應用最廣的測驗理論。

（二）局限性

隨著社會的進步和科學技術的發展，在大量使用中，經典測驗理論的不足之處也逐漸顯現出來，其主要局限可以歸納為以下幾個方面。

1. 採用的指標依賴於受試者樣本 經典測驗理論所採用的各項指標——信度、效度、項目難度、區分度等等，都嚴重地依賴於受試者樣本。這些指標的估計，都會因接受測驗的對象不同而不同。例如，同一個項目，施測於能力水平高的被試樣本,將有較低的難度估計值;若受試者樣本的能力水平較低,則會有較高的難度估計值。因此,對於心理特質不同的受試者樣本,即使對於同一份測驗也很難獲得一致的信度、難度、區分度等指標。在這種條件下,從不同受試者樣本得出的各個項目之間,很難進行令人滿意的比較或轉換。以高等學校入學考試為例,儘管在 1997 年和 1998 年的數學試卷中都有一道通過率為 60% 的題目,但這兩道題目的難度是否相等卻很難判斷,因為它們的難度是通過兩個不同的受試者樣本群體獲得的,所以就無法對這兩道題的難度進行直接比較。

2. 能力的估計依賴於項目樣本 經典測驗理論對受試者的能力估計是以受試者在一組測試項目上的分數為依據。這導致了有意義的比較只局限在相同測驗的前後兩次施測結果間,或平行的測驗複本間。我們並不能說在不同測驗中得相同分數的兩個人,誰的水平較高;同理,如果測驗的項目不同,即使同一名受試者在同一個心理品質上進行兩次測驗,我們既不可能獲得兩個完全相同的分數,也無法依據測驗分數確切地說明差異出現的原因。

3. 各種參數估計都只能事後進行 依據經典測驗理論編製測驗,在測驗實施以前,無法預測受試者在整個測驗和某一個具體項目上的表現。因此,研究者事前無法完全有效地對測驗的信度、效度、難度和區分度等參數進行計算和控制。一切統計上的計算、處理和討論都是在測驗實施之後才能進行的,在某種程度上就使得測驗的編製多少帶有一定的盲目性。

研究者們為了彌補經典測驗理論上述缺點,轉向尋求理論與方法上更為嚴謹的現代測驗理論,於是有了概化理論和項目反應理論的誕生。不過,由於經典測驗理論的方法簡單易行,至今它仍然很受歡迎並且被廣泛應用。

第二節　概化理論

上一節講到凡是測量都存在誤差,例如,分別用兩部機器來測量同一人的身高,甲測得 171 公分,乙測得 170.5 公分,物理學的測量方法已經相當科學和準確,但仍然避免不了測量誤差。對於心理和教育測驗來說,由於其測量對象的內隱性和方法間接性的特點,測量的精確度自然遠不如物理測量。然而,在實踐中,人們總是期望測量誤差越小越好,至少必須達到人們的應用要求。為此,測量誤差的估計和控制便成為心理測量學家永恆的研究主題。經過幾十年的發展,經典測驗理論已形成一套相對完整的真分數理論體系,指出為了使測驗的實得分數接近真分數,主要途徑是在測驗編製時減小誤差。自 50 年代開始,在對經典測驗理論的不滿日益增長的情況下,又有一些新的研究方法被提出。這些新方法以現代統計理論為基礎,同時也受先進的高速度電腦的發展所影響。下面將介紹的概化理論可以說就是將經典測驗理論中具有重要意義的信度問題,進行深入的研究和擴展,從而構成的一個現代測驗理論。本節將著重對概化理論的性質和意義加以介紹,而對其主要的研究方法則只做簡要的說明。

一、概化理論概述

在心理和教育測驗中,出現誤差是不可避免的,並且產生的原因多種多樣。比如,同一名受試者先後兩次接受同一個領域的測驗,無論是算術成就測驗或空間能力測驗,其分數都不會完全相同。在第一節誤差的來源中已有詳細的介紹。

經典測驗理論中雖然講到了隨機誤差可能由多種原因造成,但信度係數只提供一個籠統的資料,我們無法得知誤差究竟來自哪些誤差源、各誤差源所產生的誤差變異大小各為多少,因此在編製或修改測驗時也就難於改正。此外,由於經典測驗理論更多地是在測驗編製完成後才對其誤差進行估計,我們並不能根據應用目的對誤差進行積極主動的控制。在這種情況下,一些學者將統計學中的**方差分析** (註 4-1) 與經典測驗理論中的信度計算相結合,形成了概化理論。

註 4-1:**方差分析** (或**變異數分析**) (analysis of variance,簡稱 ANOVA) 是採用數組受試者從事比較研究時,各種結果間的差異程度,究竟是因實驗處理不同所致,抑或來自概率上的誤差,採用方差分析即可獲得解答。

(一) 概化理論的基本觀點

概化理論 (generalizability theory，簡稱 GT)，是一個關於行為測量的可信賴度的統計學理論。例如，某生在字詞測驗中的實得分數是 16 分，測驗的主要目的並非在於他所得到的 16 分，而是希望從這個分數推論到他的真分數；亦即，測驗結果並不關心該生在測驗中究竟認識幾個字，而是希望瞭解該生在整個字詞群體中的識字能力是多少，這就是所謂的測驗分數的**概化性** (或概括性) (generalizability)，也就是分數能夠推論的範圍。由於每次實施測驗的具體條件總有些不同，因此各次測驗的實得分數之間必然存在一定的誤差，從經典測驗理論知道測量誤差的大小可以影響測驗的可靠性。一般情況下，如果差異不大，則這種情況是可以忽略不計的。但是當測驗的誤差較大時，以實得分數為依據所作推論的可信賴度就明顯減小，而且測量誤差越大，測驗得分的可信賴度就越小。**可信賴度** (dependability) 指的就是以一個人在一次測量中獲得的實得分數，推廣應用到該生在所有可能條件下獲得的平均分數時，推論或概括化的準確性程度。

概化理論的基本觀點形成於 20 世紀 60 年代。不過，早在 20 世紀 30、40 年代，就有人探討用方差分析技術來研究信度問題了，但正式提出這一理論並加以詳細解釋的是克倫巴赫 (Lee J. Cronbach, 1916～2001) 等人。他們在 1972 年出版的《行為測量的可靠性》一書，標誌著概化理論的誕生。其後有布潤南 (Brennan, 1983)、謝文森和維布 (Shavelson, & Webb, 1991) 等人於 80 年代和 90 年代初對有關概化理論的研究框架和新進展，繼續進行了分析和介紹。

(二) 概化理論的特點

概化理論的主要特點在於它把研究的範圍界定為一個**可接受的觀測域** (universe of admissible observation)，而把每一次的實際測量結果看作是該領域內的一個隨機樣本。它指出測驗的根本目的並不是為了獲得特定條件下的測驗結果，而是要由此來推論在更廣泛的條件下可能獲得的測量結果。因此，概化理論的中心問題是"我可以由此推廣的條件範圍有多大？"或者"在哪種條件下我將得到與此相類似的或不同的結果？"。概化理論是通過系統地分析實得的觀測分數和多種誤差來源來研究這些問題的。以小學生的算術測驗為例，假如研究者想要瞭解學生的加法計算能力，他可以通過一個 20 道題的課堂測驗來考查學生對 20 以內加法的掌握情況。而 20 以內的加法算題總共有 20×20＝400 個，因此研究者所真正關心的，並不是學生在這組 20 個題目上的作答情況，而是要借此來估計和評價學生掌握全部 20 以內加法計算的能力，即對那 400 個題目總體的掌握情況。這種以特定條件下的測量結果為依據去推論總體水平時，誤差是如何產生的，怎樣可以減小誤差，乃是概化理論所關心的主要問題。在上述算術例題中，我們只討論了題目選擇這個因素對總體估計會產生影響，在概化理論中就稱題目選擇是該測驗所涉及的一個**層面** (facet) 或**測量面** (measurement facet)。但對於該算術測驗的可接受的觀測域來講，影響它的因素並不僅限於題目選擇這一個方面，其他如評分者、施測條件等因素也都可以影響結果，成為該測驗所涉及的層面。在可接受的觀測域中所包括的測量層面越多，其誤差估計過程就越複雜。但其基本思想在**多層面** (multi-facet) (多個影響因素) 與**單層面** (uni-facet) (只有一個影響因素) 的情境下是一致的。

概化理論對於測驗的編製、施測過程中的誤差控制、測驗的評價等提出了一整套新的方法。在經典測驗理論中，測量變異數被分成真變異數和誤差變異數兩部分，**真變異數** (true variance) 指個體之間的真實變異。不同個體在同一測驗分數上的高低，確能代表個體特質者，即稱為真變異數；**誤差變異數** (error variance) 乃是由於取樣、測量以及其他足以降低信度之因素所造成的變異。以公式表示即：$S_x^2 = S_T^2 + S_e^2$ (見公式 6-1)。而概化理論則通過使用實驗設計和應用方差分析的統計學技術，能進一步把誤差變異分解為多個成分，每一個成分對應於一個特定的誤差來源。通過這種分析就可以指出，該測驗分數在向超出它現有研究條件的更大範圍推廣時的概括化能力，同時也使我們可以根據實踐的需要，有針對性地採取多種誤差控制的措施，更加有效地提高測量的信度。因此，我們說概化理論是經典測驗理論的發展與擴充。

二、概化理論的研究方法

概化理論是經典測驗理論的發展，它把對測量過程的研究進一步區分為實測時的概化研究和做決策時的決策研究兩部分。以下將分別概述之。

（一） 概化研究

當研究者試圖測量被試的某種特質或能力時，將首先考慮在測量的過程中有哪些因素會影響被試的測量結果。這就是**概化研究**(或**概括度研究**) (generalizability study) 簡稱 **G 研究** (G study)。一般情況下影響的因素有多種，例如教育測驗中的"題目選擇"、"測驗方式"和"評分者"等等。在概化研究中所涉及到的各個影響因素，則被稱為研究的層面，比如"題目選擇"、"測驗方式"等就是不同的測量面。研究者在一次研究中，其所選擇並加以考查的各個因素和條件就構成了該研究的可接受的觀測域。概化研究的目的是要定量地估出測量目標的方差以及各個測量面所產生的測量誤差方差，也就是採用方差分析的方法分解觀察資料總體的方差。概化理論把資料總方差分解成三類方差：第一類是測量目標主效應方差；第二類是測量面的主效應方差；第三類是各種交互效應方差，它包括測量目標與測量面的交互效應方差和測量面與測量面之間的交互效應方差。

在概化研究階段，首先進行測驗設計。在測驗設計時要確定測量目標、選擇測量面、確定各測量面的水平並明確觀察全域。然後進行測驗方法的設計。接下來根據測量設計收集樣本資料，最後對資料進行方差分析，獲得測量目標個體差異的期望均方、各測量面的不同水平間差異的期望均方以及各測量面對測量目標的交互干擾程度的期望均方。通過概化研究得到的各種效應的期望均方的估計，為後續的決策研究提供基礎資料。嚴格地說概化研究只是測驗編製過程中的準備性研究，相當於傳統方法中的預測及量化分析。

（二） 決策研究

決策研究 (decision study) 簡稱 **D 研究** (D study) 是概化理論中真正的測量過程。它的目的是利用概化研究的結果資料，在原來測驗設計的可推論全域內，分析比較各種可能的測驗方案，並根據分析結果，結合可能的實施條件選擇有效控制誤差、提高信度、最為可行的實際測驗方案。所謂各種可能的測驗方案就是在原設計方案採集的資料範圍內，通過固定某一個或某幾個測量的面、改變測量面的水平、改變測量資料的採集方法等辦法來改變原來的測量情境關係，從而形成的新的不同測量情境關係。

通過這個階段的研究可以獲得不同測量情境下測量的精度指標，一個是衡量常模參照性測驗的質量,稱**概化係數**(或**概括度係數**) (generalizability coefficient),另一個是衡量標準參照性測驗的質量,稱為**可信賴度指數** (indexes of dependability),它們分別記為 ρ 和 ϕ。它們與經典測驗理論中信度係數不同、但又同樣是測量精確度指標。對於同一次測量的資料,研究者可以在多種測量情境下對測驗分數作推論和解釋,並分別得到不同的測量精度指標,從而把概化研究階段的結果推廣到新的不同的情境關係中。這是概化理論最具特色的部分。

三、概化理論的應用

概化理論在誕生早期並沒有得到迅速的推廣,直到 20 世紀 80 年代後期才逐步發展起來,但隨著概化理論內涵更加豐富,其應用的情景也更為複雜。在各種誤差研究中,不僅是對評分誤差,同時對於各種測驗情境的信度研究和標準參照測驗界定分數的誤差研究,概化理論都得到廣泛的應用。概化理論不僅可用於研究測驗誤差來源,而且可以用於準確評估各種測驗情境下測量結果的信度,為改進測驗設計、提高測驗質量提供依據。

目前在國內概化理論主要應用於心理測評、教育考試、人事選拔、員工績效考核和社會調查統計等方面。隨著概化理論的不斷推廣,它作為一種可設計、評估和改善測驗過程的、可靠的、綜合性的方法正描繪著現代測量理論的新圖景。

四、對概化理論的評價

概化理論利用方差分析的統計方法將誤差加以分解,使測驗編製者對測驗信度的主要影響因素有了進一步的理解,明確一個統一的信度值是出自各個不同測驗面的誤差總和,如果能夠有目的地分別對它們加以控制和改進,就可以更加有效地增強信度、提高測驗的質量。依據概化理論解決信度問題的新思路和新方法,明確目標加強實驗設計,對實踐領域中測驗誤差的來源進行估計,對於進一步擴大測驗的應用範圍也具有重要意義。

概化理論雖然有許多獨特的優點,但也存在著一些問題。在利用概化理論分析測量誤差時,倘若測量面過多,不僅會有施測的困難,而且在模型設計和數據處理上也會出現困難。計算中甚至可能會出現某些分量估計值為負數的情況。另外，概化理論是隨機抽樣誤差分析模型，其分析基礎是樣本資料。為保證研究結果的可靠性，不僅要保證樣本資料的代表性，並且必須對施測條件進行一定的有效控制。

第三節　項目反應理論

項目反應理論從 20 世紀 50 年代就開始了其漫長且堅實的發展歷程。但是直到 20 世紀 70 年代初期，隨著電腦科學的發展和普及，項目反應理論才獲得迅猛的發展，無論是基礎理論與方法的研究、解決重大測驗問題的應用，還是編製更合用的電腦程式，都取得了巨大的新成果。項目反應理論已成為心理測量學中一個新的現代化測驗理論的研究領域。目前，項目反應理論在理論探索、參數估計以及實際應用等方面都取得了很大進展，如電腦化自適性測驗 (見第八章) 的編製就是它在實際應用中的突出成果。

在現代化大生產和社會生活迅速發展的推動下，人們對客觀、準確、高效地評估人的心理特質和各種成就水平的要求日益強烈。在社會實踐的這些新要求面前，依靠經典測驗理論開展測驗工作顯露出了它固有的局限和難以超越的困境：一方面表現在依據真分數理論所求得的資料依賴於樣本，並且測驗的各種質量指標都是在測驗編成並實施以後，經過資料分析才能得到，很難事前控制；另一方面，為了相同目的，對不同被試者使用同一個測驗，例如考試時，全班同學不論成績好壞，接受同樣的一份試卷，在評定測量內容上各題目所起的作用並不相等，時間上也不經濟，從而迫使心理測量學家們去尋求新的突破。

一、項目反應理論的產生

項目反應理論 (或**題目反應理論**) (item response theory，簡稱 IRT)，

它作為一個測驗理論被廣泛接受，是從 1980 年美國學者洛德 (Fredric M. Lord, 1912～2000) 的經典著作《應用項目反應理論解決實際的測驗問題》一書的發表才正式開始的。在 70 年代以前，由於其數學模型比較複雜，參數估計過程非常繁複，所以很難得到推廣。直到 70 年代以後，隨著電腦的普及，項目反應理論才逐漸引起了人們的興趣和重視，其應用研究也才得到迅速發展。到 20 世紀末期，項目反應理論已逐漸成為熱門的測驗理論，並被看作是現代測驗理論的主要代表。

二、項目反應理論與項目特徵曲線

項目反應理論依據潛在特質理論發展了多種數學模型。**潛在特質理論** (latent trait theory) 認為受試者在測驗上的表現，可以用他的能力或某種心理特質來解釋，而受試者的能力或心理特質不能夠直接觀察或測量，只能通過對測驗結果的解釋間接地做出推論。由於心理特質具有不可觀察性，故稱為潛在特質。並且測驗表現與潛在特質之間的關係可以通過數學模型來描述。項目特徵曲線就是描述受試者在測驗上的表現與其潛在特質之間函數關係的數學模型。

項目特徵曲線（或題目特徵曲線）(item characteristic curve，簡稱 ICC) 顯示受試者在項目上的正確反應率與其能力值（或潛在特質）之間的函數關係，其數學表現形式是一條迴歸曲線，有斜率和截距。它能揭示受試者內在能力水平和作答反應之間的關係，同時能說明項目的性能和質量，並且把正確反應率與受試者的能力水平和項目質量二者聯繫起來。

項目特徵曲線顯示某個項目答對概率與該測量特質的函數關係，可以有幾種不同形式。用圖表示，縱坐標表示答對機率，橫坐標表示所測量的能力水平。如圖 4-1 中，a 線是一條缺乏區分度的不良的項目特徵曲線，它顯示的是不論能力高低，在該項目上通過率差別不大；b 線是一般的項目特徵曲線，呈常態肩形模式。它顯示的是一個項目的答對率隨能力水平值提高而逐漸單調上升的曲線（見圖 4-1）。

項目反應理論有不同的模型，它們之間的差異就在於其函數運算式不同和所涉及的參數個數不同。測驗的編者可以依據他所研究的問題和所收集的資料來選擇適當的模型。當前，一般選用的具體形式都是非線性函數，常用

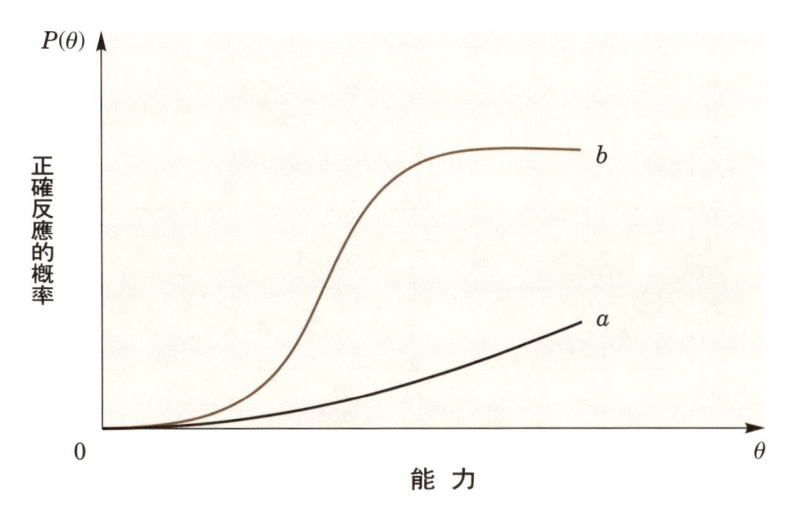

圖 4-1　不同形式的項目特徵曲線

的有：**三參數模型** (three-parameter model)、**雙參數模型** (two-parameter model) 和**單參數模型** (porameter model)，也稱**拉什模型** (Rasch model)。三參數模型用來標定項目質量的參數有難度、區分度和猜測度參數。下面介紹三參數項目特徵曲線圖與**邏輯斯蒂模型** (Logistic model) 的函數運算式。

　　項目特徵曲線，是一條項目答對概率隨能力水平值提高而逐漸單調上升的點對稱曲線。首先，曲線的對稱點是曲線的拐點，它在能力橫軸上的取值是 b (通過率為 50% 的能力水平，表示項目難度)，這是曲線的位置參數，拐點位置越向右移，說明項目越難，即要在項目上取得 50% 正確率，所需特質水平更高，因此，b 可以代表難度參數，從圖 4-2 中可以看出，項目 2 和項目 3 具有相同的難度，而項目 1 則較為容易；其次，過拐點作曲線的切線，當切線斜率增大時，曲線變得更陡峭，這時該項目區分受試者水平的能力越強。反之，當切線斜率減小時，曲線變得越平緩，項目區分受試者水平的能力減弱；因此，拐點切線斜率代表的 a 值，就可以作為項目的區分度參數；如圖 4-2 中，項目 1 和項目 2 具有相同的區分度，而項目 3 的區分度值較小，其曲線上升較慢；再次，曲線下尾端漸近線在縱軸上的高度 c (猜測度)，顯示能力水平很低的受試者可能答對項目的概率。在多項選擇題中，即使能力水平很低的受試者，其得出正確反應的概率也會大於 0。圖 4-2 中項目 3 說明了這一點，其漸近線低端遠在零之上。

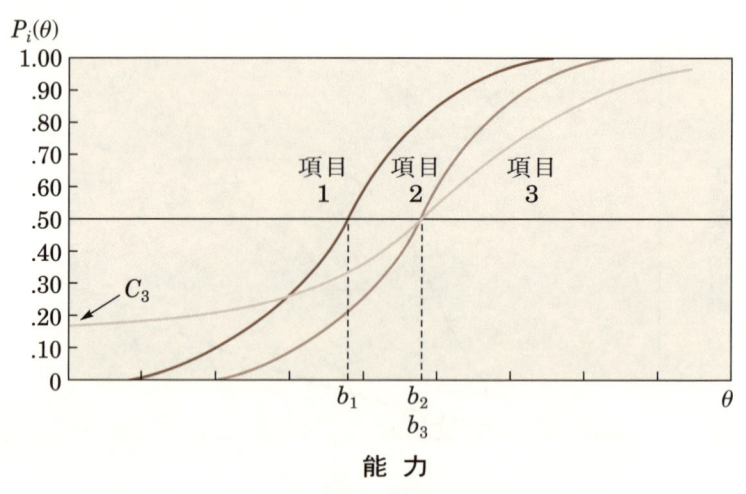

図 4-2 三參數邏輯斯蒂模型的項目特徵曲線

在雙參數模型中，由於認為猜測度數量很小可不予考慮，所用的參數只是難度、區分度；在單參數模型中則更簡化，只用難度一個參數來刻畫項目質量。

三參數邏輯斯蒂模型的函數運算式如下：

$$P_i(\theta) = c_i + \frac{1-c_i}{1+e^{-Da_i(\theta-b_i)}}$$ 〔公式 4-2〕

θ：受試者能力水平　　a：項目特性的區分度參數
b：項目特性難度參數　　c：項目特性猜測度參數

各種**項目反應模型** (item response model) 都是對類似的經驗曲線做出描述和逼近，並且對模型與資料的擬合程度要求較高。因此，項目反應理論的分析方法，其工作量遠遠大於採用經典測驗理論。

三、項目反應理論的特點與應用

項目反應理論的特點是它的各種常用模型都是建立在單維性、局部獨立性和測驗不受作答時間影響的前提假設上的。所謂**單維性** (uni-dimensionality) 是假設作為測量對象的一個項目或測驗中的各個項目所測量的是同一種能力或潛在特質，這種單一能力或潛在特質包含在全部測驗項目中，能用一個數學變數加以說明和解釋；**局部獨立性** (local independability) 是指受試者在測驗項目上的反應只受他自身的能力水平以及項目的某些性質的影響，而不受他人或他自身在其他項目上的反應的影響；測驗不受作答時間影響是指當受試者不能回答測驗項目時，是因為他的能力有限，而不是由於沒有時間作答。

項目反應理論與經典測驗理論相比，具有明顯的**優點**，根據項目反應理論編製測驗，既可事先控制參數水平，提高質量，又能使用方便，擴大應用範圍。其特點主要表現在：

1. 項目參數與特質參數均不依賴於樣本，即在一個大的受試者總體中，項目的**參數估計**不依賴於所使用的受試者樣本的能力分布；同樣，個體的特質參數（能力）估計亦不依賴於所使用的項目或測驗樣本，又與集體成績或他人的水平無關，即項目參數與受試者能力參數具有不變性。

2. 項目的難度參數和受試者被測特質水平即能力參數的值，都被定義在同一個度量的尺度系統上。根據這一性質，參數間不同的標刻尺度就可以進行嚴格的線性轉換，從而給進行測驗**等值** (equating)，即為來自不同測驗的結果可以相互比較創造了有利條件。同時，經過等值產生具有固定參數的大量題目，又使**題庫** (item bank)（將格式相似功能雷同的題目大量匯集儲存備用）建設成為可能。

3. 項目反應理論提出了一個十分有用的新概念，即**資訊函數** (information function)。它是經典測驗理論中所沒有的、一個關於項目質量的、包含難度和區分度等各個方面作用的、統一的綜合指標。資訊函數用於單個項目時，稱**項目資訊函數** (item information function，簡稱 IIF)，能具體指明質量特定的各個項目對不同能力水平的受試者能提供多大的信息量，和測驗對受試者能力水平估計的測量誤差有多大，從而提出測驗編製的新的指導原則，如選用項目難度與受試者的潛在特質水平相匹配的原則、按項目信息量來挑選項目原則。由於資訊函數具有可加性，還可以用項目資訊函數之和來表示**測驗資訊函數** (test information function，簡稱 TIF)。測驗資訊函數在編製心理與教育測驗時是一個非常有用的指標。它提供的信息量越大，對受試者能力值的估計誤差就越小。資訊函數從嶄新的角度解決了測驗信度問題。

在上述項目反應理論諸多特點和優點的基礎上,**電腦化自適應測驗**(簡稱 CAT) (見第八章) 得以形成和發展。近年來項目反應理論發展迅速、應用日益廣泛。隨著測驗發展的實踐需要,在理論方面,多級評分模型、多維特質模型、潛在分類模型等的研究也有了相應的發展。

四、對項目反應理論的評價

項目反應理論在具有上述優點的同時,也存在一定的局限性。如項目反應理論的模型建立在較強的假設基礎上,即對資料的要求條件相當嚴格,在資料對模型的擬合度上要求嚴格。因此它只適用於大樣本的資料分析,使它的應用受到限制。也正因為如此,項目反應理論所適用的心理測驗實際資料是有限的。另外,項目反應理論在測驗的效度研究領域內並沒有提出新的方法、而且目前多維模型、多級與連續資料記分模型的研究還比較薄弱等,這也對項目反應理論的應用均造成了一定的局限。

本 章 摘 要

1. **經典測驗理論**是最早的心理測驗理論,美國學者古力克森在 1950 年出版《心理測驗的理論》一書,標誌著經典測驗理論的成熟。
2. 經典測驗理論體系主要由三部分構成:真分數理論、測驗信度理論、測驗效度理論,並提出一系列方法與技術,如題目分析技術、測驗編製技術、測驗標準化技術等。
3. 從測量學來說,影響測驗結果的因素來自兩個方面。一方面是受試者在測驗所欲測的特質上的真實水平或真實變化,另一方面是不可避免的測量誤差。
4. **測量誤差**指的是與測驗目的無關的因素對測驗結果所帶來的影響,有**系**

統誤差和**隨機誤差**之分。系統誤差具有穩定性，它不影響測驗的信度；隨機誤差不可預測，導致測量結果發生不穩定的變化，對測驗信度有重要影響。
5. 測量誤差主要來源於測驗本身的特徵、施測條件等情境因素、以及受試者的身體和心理特徵等方面。
6. **真分數**指的是在進行心理測驗時，受試者在該測驗所欲測的特質方面的真實水平。真分數是一個理論上的概念，測驗得到的**實得分數**總是包含**誤差**的。
7. 真分數理論是經典測量理論的基礎，其數學模型是：實得分數＝真分數＋測量誤差。
8. **信度**指測驗的可靠性，用以衡量測量結果的穩定程度。
9. **效度**指測驗的準確性、有效性，用以衡量一個測驗實際能測出其所欲測的心理特質的程度。
10. 參數依賴於樣本，以及測驗的質量標準無法預先控制等是經典測驗理論的局限性。
11. **概化理論**的基本觀點形成於 20 世紀 60 年代，它採用**方差分析**技術來分析導致測量誤差的不同來源。
12. 概化理論的主要任務是區分出誤差的各種來源，並把誤差的方差分解成各個相應的方差分量，為控制和減少測量誤差提供依據。
13. 概化理論提出了測驗情境關係概念。測驗情境關係包括測量目標、測量側面和測量側面的不同水平。任何測驗都是在一定的測驗情境關係下進行的。
14. 概化理論給出了兩個有關測驗精度的指標：一個是衡量常模參照性測驗質量的**概化係數**；另一個是衡量目標參照性測驗質量的**可信賴度指數**。
15. 概化理論將其研究過程分為兩部分：**概化研究**和**決策研究**。概化研究的目的是要定量估出測量目標的方差以及各個測量側面所產生的測量誤差方差。決策研究目的在於研究對特定情境中所得的結論可做多大範圍的推廣。
16. **項目反應理論**從 50 年代開始建立，隨著模型與方法在數學上的逐步發展和完善以及相應電腦程式的開發，70 年代以後才獲得迅猛發展。項目反應理論常用的數學模型有三種：**單參數模型**、**雙參數模型**、**三參數模**

型。人們可以根據實際測驗需要加以選擇和應用。
17. 項目反應理論與經典測驗理論相比，有如下幾個優點：(1) 項目參數與特質參數不變性；(2) 項目難度與被試能力定義在同一度量系統上；(3) 定義了項目和測驗**資訊函數**；(4) 提出了全新的測驗編製指導原則。
18. 項目反應理論的參數不變性的特點，使項目與測驗**等值**轉換關係能夠保證，為建立大型**題庫**提供了良好的條件。
19. **項目資訊函數**可以為不同能力水平的被試提供不同的估計誤差；根據其可加性能計算出測驗資訊函數，在測驗編製中發揮重要作用。

建議參考資料

1. 余嘉元 (1992)：項目反應理論及其應用。南京市：江蘇教育出版社。
2. 芝祜順 (1991)：項目反應理論：基礎與應用。東京市：東京大學出版社。
3. 楊志明、張雷 (2002)：測評的概化理論及其應用。北京市：教育科學出版社。
4. 葛樹人 (2006)：心理測量學。台北市：桂冠圖書股份有限公司。
5. 漆書青、戴海琦 (1992)：項目反應理論及其應用研究。南昌市：江西高校出版社。
6. Ayala, R. J. (2008). *The theory and practice of Item response theory*. New York: Guilford.
7. Baker, F. B., & Seock-Ho, Him (2004). *Item response theory: Parameter estimation techniques* (2nd ed.). New York: Marcel Dekker.
8. Brennan, R. L. (2001). *Generalizability theory*. New York: Springer-Verlag.
9. Cohen, R. J., & Swerdlik, M. E. (2005). *Psychological testing and assessment* (6th ed.). NY: McGraw-Hill.
10. Norman, F., Robert, J. M., & Isaac, I. B. (1993). *Test theory for a new generation of tests*. Hillsdale, NJ: Erlbaum.

第五章

測驗編製

本章內容細目

第一節　測驗的初步編製
一、測驗的總體規劃　131
　　㈠ 明確測驗目標
　　㈡ 明確適用對象
　　㈢ 明確測驗採取的形式
二、測驗的具體編製計畫　132
　　㈠ 教育目標分類
　　㈡ 雙向細目表
三、測驗項目的編製　136
　　㈠ 相關資料的收集
　　㈡ 測驗項目的選擇
　　㈢ 具體項目的編寫
四、試　測　141
　　㈠ 試測樣本的選擇
　　㈡ 施測程式的控制
　　㈢ 施測時間的控制
　　㈣ 記錄反應

第二節　項目分析
一、項目分析的功能　142
二、測驗項目的定性分析　143
三、常模參照測驗的定量分析　144
　　㈠ 難度分析
　　㈡ 區分度分析
　　㈢ 難度與區分度的關係
四、標準參照測驗的定量分析　150
　　㈠ 項目區分度分析
　　㈡ 項目靈敏度分析
五、項目偏差與項目功能差異　152

㈠ 測驗偏差與項目偏差
㈡ 項目偏差與項目功能差異
㈢ 項目功能差異的性質
㈣ 項目功能差異的檢測方法

第三節　測驗合成與標準化
一、測驗合成　156
　　㈠ 測驗項目的選擇
　　㈡ 測驗項目的編排
　　㈢ 測驗複本的編寫
二、測驗標準化　159
　　㈠ 測驗材料的標準化
　　㈡ 測驗實施的標準化

第四節　測驗的鑒定與手冊編寫
一、測驗的鑒定　162
　　㈠ 信　度
　　㈡ 效　度
二、測驗手冊的編寫　163
　　㈠ 測驗的背景
　　㈡ 測驗的標準化資料
　　㈢ 測驗的基本特徵
　　㈣ 測驗實施的一般原則
　　㈤ 測驗的內容、施測和記分
　　㈥ 測驗結果的解釋與技術報告

本章摘要

建議參考資料

心理測驗，是心理和教育工作者進行科學研究的重要手段，其實質是根據個體的外顯行為表現進而對其內在心理特質進行客觀的和標準化的測量。心理學家使用心理測驗作為工具對人的內在心理特質進行測量，與物理學家使用磅秤、尺規測量人體的重量、高度有相同之處，然而由於心理特質不能直接觀察，測量是間接進行的，為了保證對心理特質測量的精確性，必須採用可靠而有效的測驗。明確心理測驗的基本概念和基本原理，選擇有利於工作中使用的合適測驗，是獲得精確測量資料的基本保證。進一步講，為了加深認識，提高實踐活動水平，促進測驗工作的發展，學習測驗的編製過程，瞭解其科學的編製程式和相關原則，掌握每一個環節的注意事項，對於測驗工具的使用者或測驗研究者來說，也同樣是非常必要的。編製出更多更好、符合實際需要的心理測驗，對於促進心理測量學的發展具有更為深遠的重要意義。

　　心理和教育研究中測驗的種類繁多，編製測驗所花費的時間和精力也不等。如編寫一份檢查教學用的學科試卷，或評定技術職稱的成就測驗，比較容易完成；而編製一個研究用的人格測驗與能力測驗，就需要費很大精力與時間。從明確測驗的目的、對象、製定計畫，到編製題目、合成測驗進行試測，在很大程度上依靠編製者的知識經驗，有時還需要借助專家評審。對試測結果進行項目分析，分析每一道題目的難度和區分度，考查題目的質量標準，是測驗編製中不可忽視的重要環節。除測驗的編製過程需要標準化地進行外，對其施測過程如何標準化地進行給以指導，寫出一份清晰適用的指導手冊，也是良好的心理測驗能否正確發揮作用的有力保證。儘管測驗的種類繁多、性質和用途各異、編製的具體過程並不相同，但由於測驗的基本原理一致，仍可以總結出一套通用的編製程式。本章以一般情況下測驗編製的過程為脈絡，較詳細地介紹測驗編製的方法程式和相關原則，並且對其在施測過程中應注意的事項和如何編寫測驗的指導手冊加以詳細的說明。

　　本章要解決的問題：

1. 如何對測驗進行編製，測驗的初步組成有哪些步驟。
2. 試測及項目分析如何進行，測驗的合成與測驗複本的編寫。
3. 如何在測驗編製與施測過程中進行標準化。
4. 編寫測驗手冊的意義，及其需要涵蓋的內容。

第一節　測驗的初步編製

測驗的科學性是有效測量的前提。心理測驗工作者不只需要學習測驗的基本原理，以便正確地選擇和使用測驗，還需要掌握編製測驗的基本技能。只有完全理解和掌握了標準化測驗的編製技術，才可能對已有測驗做出恰當的評估，並根據實踐需要發展出新的測驗。

一、測驗的總體規劃

(一) 明確測驗目標

編製一個測驗首先要仔細考慮它的特定目標。測驗有很多不同功能，服務的範圍很廣，編製測驗前首先要明確具體目標、涉及的變數與整體構想，為設想的內容列出大綱。例如，為什麼要編測驗？測量心理的哪個方面？所要編製的測驗是用來做什麼的？是評估個人的人格特點、學習潛能，還是檢驗他掌握的知識技能？是用於人員選拔或提升，還是用於瞭解和描述評估受試者的心理特徵。測驗的使用目的和範圍不同，採用的測驗類型不同，編製測驗項目時的取材範圍，項目的表現形式及難度也相應地不一樣。例如，同屬教育領域中常用的成就測驗和人格測驗，由於測驗目標不同，在測驗項目的取材範圍，項目的形式以及難度的取捨上，有著顯著的差別。

在明確了測驗的目標後，還需要根據一定的理論賦予它可操作的定義。然後才可能按照這個可操作的定義組織編寫測驗項目，組成測驗。例如，編製智力測驗時，韋克斯勒 (見第二章) 依據他的理論，認為一個人的智力表現在行動有目的、思維合理和適應環境等方面，將智力分為言語智力和操作智力兩大類，所編製的韋氏智力量表就由言語智力和操作能力兩部分項目組成；同理，假若要編製的是人事選拔測驗，就要先做**工作分析(職務分析)** (task analysis)，即通過對該項工作或職務的具體分析，確定出完成該項工作所需要的那些最重要的典型行為，對它們分別加以描述並找出其中具有代表性的行為樣本，作為編製測驗的依據。

(二) 明確適用對象

測驗的適用對象也需要在編製測驗前加以明確。這一般是根據年齡、性別、受教育程度、經濟狀況及文化背景等指標來確定。由於不同的人群具有不同的特徵，因此只有明確測驗的適用對象，選擇相應的測驗項目才能夠有針對性。例如，韋克斯勒智力測驗在同一個智力理論的基礎上，依據年齡差異就編製了適用於成人、兒童、和幼兒的三種不同測驗；同理，為了使測驗能夠用於文化水平較低的受試者，各種非文字測驗相繼產生。

(三) 明確測驗採取的形式

在明確測驗用途的同時，還需要考慮測驗的結果將如何解釋，從而確定測驗應採取的形式，對測驗結果做合理的解釋，可以採取兩種辦法，一是將受試者的得分與所屬團體中其他人的分數進行比較，以瞭解他在團體中的相對位置。例如，要瞭解一個兒童的智力發展水平，只有將他的測驗結果與他同年齡兒童的平均水平相比較才有實際意義，所以要採用常模參照測驗的形式；二是將受試者的得分與既有標準相比較，以示其是否達到標準。例如在教學過程中需要測量兒童對知識的掌握水平時，由於每個人的測驗結果只需要依據事先確定的標準進行解釋、而與其他人的結果無關，所以就應該採取標準參照測驗的形式 (參見本書第一章)。

二、測驗的具體編製計畫

(一) 教育目標分類

測驗計畫是從整體上對測驗的內容和結構進行勾畫。在擬訂計畫時，技術上應該對以下幾個方面進行考慮。

1. 預計完成測驗所需要的時間。
2. 測驗內容應當全面，並具有代表性。
3. 分析測驗內容各個方面的相對重要程度，據此做成內容的分配表，最好用百分比來標明。

4. 根據測驗目標確定測驗項目的形式，編排，以及各項目中具體題目的類型和數量。

5. 確定測驗各部分的原始得分和綜合分數的記分方法。

在教育工作中最常用的是學業成績測驗，儘管一般情況下是可以由教師自編，但它是成就測驗的一種特定形式，如果是大規模的正式考試，例如，高校入學考試，就要遵照一定規則，符合測量學的質量要求。20 世紀中期以後，人們開始關注學生的認知發展，於是在教學工作中考查學生對知識的掌握，不再局限於內容範圍的廣度，還要考慮其認知的深度，即考慮到學生對知識的掌握層次。研究不斷發展，結果形成了**教育目標分類** (taxonomy of educational objectives)，在教育測驗編製中起了很重要的作用。不同教育家的分類方法並不完全相同，最主要的是美國教育心理學家布盧姆 (Benjamin R. Bloom, 1913～1999) 將學校中的教育目標分為三大類：

1. 認知領域 (cognitive domain)　旨在培養學生獨立思考，能夠將所學知識用於解決生活中實際問題進而具備分析批判能力。包括六個部分：知識 (knowledge)，領會 (comprehension)，應用 (application)，分析 (analysis)，綜合 (synthesis)，和評價 (evaluation)。

2. 情感領域 (affective domain)　旨在培養學生愛人與被愛的能力、養成尊重、同情與關愛的態度。包括接納、反應、價值、組織、品格形成等五個層次。

3. 技能領域 (psychomotor domain)　旨在培養學生實際操練、熟能生巧，進而突破窠臼別出心裁，發明創新的能力。包括知覺、準備狀況、引導反應、習慣化、精確作業、適應、創造等七個層次。

擬幫助教師在教學時，能夠全面地檢查學生的認知水平，不只是感知、記憶，也要包括思維、推理等高級認知活動。很多學者都提出了對學習中認知活動的分析方法，其中最常用的是以布盧姆的教育目標分類為依據，編製雙向細目表 (Bloom, 1956)。為了對之有更好的理解，下面引證一個由布盧姆本人對各個類別所作的說明 (見表 5-1)。

表 5-1　教育目標分類認知領域的各個類別

目標層次	內容細目	問題舉例
Ⅰ 知識	包括對特定事實的回憶。在檢查知識的試題中使用動詞為：界定、確認、列出和命名。	請列出教育目標分類學在認知領域內的 6 個主要類別。
Ⅱ 領會	意指對某件事情的意義和目的的瞭解。檢查領會的試題中使用動詞為：變換、解釋和總結。	請解釋當我們說一個測驗不可靠時，它的含意是什麼？
Ⅲ 應用	包含對資訊在新情境中的使用。應用性試題中使用動詞為：計算、確定、解決。	請計算下面一組分數的平均數和標準差。
Ⅳ 分析	將某種事物加以分解，用以顯示出它的結構和它的各部分之間有何相互關係。試題中應用的動詞是分析、區分和加以聯繫。	請將這一個教學單元從行為上和內容上加以分解。
Ⅴ 綜合	將各種不同的要素或部分結合成一個有組織的整體。使用的典型動詞是設計、計劃和加以公式化。	請為初級統計課的考試設計一個雙向細目表。
Ⅵ 評價	根據推理做出判斷。在評價性試題中使用的動詞為：比較，批評和判斷。	請對下述將測驗加以標準化的方法給以評價。

(採自 Bloom & Krethwohl, 1956)

（二）　雙向細目表

　　有了認知方面的教育目標分類為依據，在編製一個學業成績測驗時，就可以先製定一個**雙向細目表**(two way specification table)。雙向細目表是一個二維的表格，其中一個維度是知識技能的內容範圍，另一個維度是要求掌握的目標層次，即要求達到的認知水平。一個雙向細目表就是一個以表格方式呈現的整體性的編題計畫，是編寫題目與組成試卷的基本方案。

　　下面舉例說明：在學業成績測驗中，雙向細目表的編製是以內容細目為行，以目標層次的細目為列，製成的二維表格。表中的數字代表每一類題目所占的比重 (題數或百分數)，它的大小反映這一類題目的相對重要性，每一行或列的數目總和分別顯示它們在整體計畫中所占比重。

表 5-2　一個假設的雙向細目表

目標層次＼內容細目	基本知識	理解原則	簡單應用	分析關係	綜合評價	創新見解	合計 %
第一部分	4	6	2	2	0	0	14
第二部分	4	6	8	6	4	0	28
第三部分	2	4	10	10	8	2	36
第四部分	0	2	4	6	6	4	22
合　　計	10	18	24	24	18	6	100%

表 5-3　一次化學高考命題的雙向細目表示例

目標層次＼內容細目	識記	理解	應用	分析與綜合	探究	合計 %
基本概念與理論	1	13	9	7	2	32
元素化合物	3	5	6	5	2	21
有機化合物	1	5	3	4	2	15
化學計算	0	3	4	8	0	15
化學實驗	1	6	2	6	2	17
合計 %	6	32	24	30	8	100%

(採自曾桂興，1993)

在雙向細目表製定以後，據此編製測驗時，首先要從題目開始。題目是測驗的最基本單元，內容一致但水平不同的幾個題目合在一起構成一個**項目**(或**題目**，**試題**) (item)。在心理測驗中，項目是依據某種理論將測驗內容加以劃分而成的，如智力測驗中的算術、辭彙、拼圖等是不同的項目，每一個項目下都包括著幾個難度水平不等的題目。但有些情況下，比如在教育測驗中，題目內容屬同一範圍、只有水平不同，每一道題目就是一個項目，當然有時也再劃分出小題。在這種情況下題目與項目的嚴格區分就沒有必要了。本書涉及兩類測驗，故有時將二者混用。此外，施測的時限、條件和費用等等一系列實際問題，在作計畫時也都要給以適當的關注。有了設計完整的計畫後，測驗編製者按照規定程式在既定目標指引下去編製測驗，就不難達到良好的結果。

擬定編製計畫在編製測驗的過程中有著重要的意義，其作用主要體現在兩個方面：一是編製計畫指出應該包括多少數量和哪些內容和難度要求的題目，題目編成後，應該將它們的實際分布情況與雙向細目表相對照，以確定是否恰當地代表了所要測量的內容；二是在題目確定後制定記分方案時，可以按表中合計欄的百分比確定每道題目的分值。

目前，在教育測驗中大多以布盧姆的教育目標分類作為編製雙向細目表的基本模型，但由於認識並不統一，一般會依據實際情況對它作些修改。例如，有人認為"知識"即記憶，"分析"基本上是深刻理解，而"評價"可以看作是以理解為基礎對評價標準的運用，假若"綜合"是創造性的運用，那麼其掌握水平不低於"評價"，因而掌握的目標可以按照識記、理解、簡單應用、綜合應用和創見五個層次劃分；也有人提出在中學理化等科目考試中，實驗操作技能也應作為專門的層次劃分，等等。例如在我國的高校入學考試中，命題人員就將語文能力劃分為識記、理解、分析綜合、應用和鑒賞評價五個層次。為保證編題計畫切實可行，實踐中邀請學科專家共同討論確定，不失為有效的方法。

三、測驗項目的編製

在明確編製測驗的目的和擬定編製計畫後，就可以開始測驗項目的編寫了。測驗的編製包括以下三個程序。

（一）相關資料的收集

收集與測驗相關的資料是編製題目重要的準備工作，可以直接影響一個測驗的質量。在收集資料時應注意以下幾個問題，並概述收集資料的主要途徑，供讀者參考。

1. 收集的資料應具廣博性　相關資料越豐富，編製項目的工作也會越順利。任何一種心理特質都不是單一的，而是由許多相對複雜的心理結構組合而成，因而收集的資料應盡可能涉及所要測量的心理特質的各個層面。

2. 收集的資料要有普遍性　在選擇材料時應充分考慮目標人群的文化背景、經濟地位、年齡及性別構成，根據目標人群的特徵選擇普遍適宜的材料，以保證所選擇的資料對測驗的適用對象來說是相對公平的。中國是一個幅員遼闊的國家，不同的地區具有不同的風俗文化傳統，因而在編製全國性的測驗時，應特別注意測驗項目的普適性。儘量避免選用可能引起歧異的項目，從而影響測驗的效度。

3. 收集的資料應含趣味性 受試者對測驗的興趣與動機會直接影響測驗的信度和效度。因此，為了減少由於受試者缺乏興趣與動機所導致的測驗誤差，應選用具有一定趣味性的材料。

4. 收集的資料要有可靠性 收集具有可靠性資料的途徑有很多，主要的有以下幾種：

(1) 從已有的測驗中去尋找相關資料，是最直接也是最為有效的一種方法，但必須注意相關測驗的適用人群及信度和效度資料。

(2) 依據測量目標的操作性定義選取材料，如編製標準化的成就測驗時要以統一的教學大綱和教材為依據；編製臨床用的輔助診斷測驗時，就要參考相應心理疾病或心理障礙的診斷標準。

(3) 從受試者人群中收集資料，一般採用訪談及問卷等方式。向專家，有經驗的教師，和臨床醫生諮詢等，都是有益的輔助方法。

（二）測驗項目的選擇

相關資料收集完成之後，編製者就需要確定測驗內容的表達形式。心理測驗有各種不同的形式，不同的測驗形式更適合於測量不同的內容。因此，要想提高測驗的質量，除內容必須恰當以外，還必須選擇適當的測驗形式。

1. 依據測驗實施方式來劃分 實施方式與作業任務有關，任務的類型直接影響受試者的操作水平。因此，試題類型的選用就成了關鍵問題，要求測驗編製者依據不同測驗的特點及其功能進行選擇。對動作技能的考核，要選擇操作性項目；對文字表達和材料組織能力的考核，經常選用論文或回答的方式；假若涉及的內容範圍廣泛，則考慮用選擇題。但大多數情況下，是幾種方式並用的。

2. 據測驗項目與題目形式和記分方法的客觀程度來劃分 測驗項目或題目是測驗的基本要素，它的作用是收集個人有關資料。不同類型的題目作用不同，其所獲得的資訊在數量和質量上也不相同。對於測驗題目的分類,一種方法是以它所要求的反應形式為依據,即分自由反應型與固定答案型,前者指由受試者自己提出並建構答案的題目,後者是由受試者在給定的答案中進行確認或做出選擇的題目;另一種劃分依據題目的表現形式來進行的,即主觀性試題與客觀性試題,二者的劃分,是依據評分者在評分時是否會受到主觀因素的影響而定。如果答案唯一,評分者的主觀意願影響不了對作答水平的判斷,則這類試題就被稱為客觀性題目;相反,如果答案的評定由評分者自己掌握,並沒有一個明確的標準答案,則為主觀性題目 (參見第一章)。表 5-4 顯示了主觀性試題與客觀性試題的功能差異。

表 5-4 主觀性試題與客觀性試題的功能比對

	客觀性試題	主觀性試題
所測學習內容	能有效測量事實知識、理解能力、思考技能和高級心智技能。但難於測量組織材料的能力、寫作能力和獨創性。	能有效測量事實知識、理解能力、思考技能和其他高級心智技能。但難以測量組織材料能力、寫作能力和獨創性。
題量和覆蓋面	題量多,覆蓋面大,可能成為應測內容的細緻樣本;考生在考前難以猜題。	題量少,雖然可以加強每道題的綜合性,但全卷的覆蓋面小;考生在考前容易猜題。
做答過程與信息量	方式簡單,主要時間和精力用於閱讀和思考,只提供最後答案,無法表達具體思考過程的資訊。	方式複雜,除思考外要用大量時間書寫,可提供大量有關具體思考過程的資訊。
評 分	有唯一的標準答案,評分簡便,可實現機器評分。	評分標準彈性大,易受閱卷者主觀因素的影響,難以實現機器評分。
作偽的可能性	可以猜測,但能避免考生作答技巧及文字風格的影響。	難以猜測,但閱卷者容易受考生作答技巧及文字風格的影響。
對學習的影響	有利於鼓勵學生發展對知識的理解和做出精確辨別的能力;但使用過多,可能造成學生忽視組織、表達與嚴格論證的不良傾向。	有利於鼓勵學生發展概括材料和組織表達的能力;但作答時間過緊,容易養成學生不良的寫作習慣。
信 度	若測驗編製得好,信度較高。	信度一般較低,因為評分標準很難一致。
編寫難度	較難,需掌握一定技能,而且需要大量的題目。	較容易,主要憑經驗,需題量少。

主觀性試題與客觀性試題在功能上各有所長，也各有所短。在選擇測驗形式時，最好將兩種類型的題目結合使用。一般說來，在大規模的統一考試中，可以多採用一些客觀性試題。因為它的內容涉及面廣，要求試卷覆蓋面大，並且由於考生人數眾多，使用機器閱卷，可以節省大量的人力物力。目前，將客觀性試題與主觀性試題相結合，共同組成一份測驗已成為教育測量實踐中總結得出的最佳選擇。

編製人格測驗時，可選用的題型包括是非題、選擇題、問答題，也可以選用等級量表及**檢核表**(checklist) 等。表 5-5 列出了各種題型及範例，供

表 5-5　人格測驗和態度量表的題目類型及範例

題　型	範　例
是非題	1. 我把父親視為一位理想人物　　　　　是□　否□ 2. 你喜歡寵物嗎？　　　　　　　　　　是□　否□
選擇題	1. 請從下面的選項中選出能夠最準確描述你的選項： 　　a. 沈著　b. 富想像力　c. 有組織能力　d. 喜歡交際　e. 心腸軟 2. 請從下面的選項中選出你最喜歡的職業： 　　a. 工人　b. 律師　c. 會計師　d. 教師　e. 政治家　f. 科研人員
等級量表	1. 我遇到事情時會覺得緊張：　|1 總是|2 經常|3 偶爾|4 很少|5 從不| 2. 請在下面最能表明你個性特徵的數位上畫圈： 　　　　　　內向　1　2　3　4　5　6　7　外向
檢核表	1. 請在下面可以用來描述你的形容詞後面的方格內畫勾 　　外　向　　□ 　　滿　足　　□ 　　順　從　　□ 　　神經質　　□ 　　自　信　　□ 　　不善交際　□ 　　獨　立　　□ 2. 完成：請在下面橫線上填上最合適的詞 　　我認為自己是一個非常＿＿＿＿和＿＿＿＿的人 3. 列舉：請列出 5 個最能描述你自己人格的詞 　　＿＿＿＿＿＿＿＿＿＿＿＿＿＿＿＿＿＿ 4. 文章：請寫出一篇 200 字左右的文章來描述自己的人格

實踐中參考。

　　至於在編製人格測驗時選用何種題目形式，還需要根據編製測驗的目的及所依據的理論來決定。如僅僅是對欲測量的人格特徵進行一般性的描述，可採用是非題和選擇題；如編製測驗的目的是為了進行診斷或對所測量的人格特徵進行程度上的描述則往往需要選用等級量表；檢核表是一種直接而有效的獲得受試者人格特徵的方法，即把可能的有關人格特徵全部寫在紙上，給受試者自己去查看，並在那些符合自己的特徵上畫勾表示認同。但由於在將結果量化上存在一定的困難和評定時帶有主觀性成分，故一般較少採用。

(三) 具體項目的編寫

　　在廣泛收集與測驗相關的資料和測驗題目的表達形式確定之後，就可以開始編寫測驗題目。測驗題目的編寫是一個不斷反復的過程，有時為了獲得一個理想的題目，編製者往往要經過多次的修訂。最後把編製完成的項目和題目加以整合，組合形成一個測驗草案。在編寫測驗題目和項目過程中，由於影響一個測驗的題目總量的因素很多，還需要注意以下幾個問題：

1. 測驗項目應當是對所欲測量的心理特質具代表性的樣本。這是保證測驗內容效度的一個重要方面。應該按雙向細目表給出的各類題目所占比例，測驗形式，和所需要的題目類型進行選擇。

2. 測驗項目的取材範圍要考慮測驗的時限，採用的題型，需要閱讀的文字量和計算量，內容的覆蓋面大小，和測驗的性質等。

3. 測驗項目的難度要滿足測驗編製的目的要求。各題目的難度分布一般取正態形式，中等難度最多，但也要包括最高和最低兩個極端。排列上應遵照由易到難的原則。在測驗的開頭應安排 1～2 個較為容易的題目，它有熱身作用、有助於受試者適應環境、降低焦慮水平，較快地進入測驗情境；同時，這樣安排可以防止受試者由於開始時受挫而減弱了參加測驗的動機，導致不認真完成測驗的後果；並且還可以避免因為在難題上耽擱太多的時間而影響解答後面的題目。然而需要注意，人格測驗和速度測驗則與此不同。一般情況下，它們的題目數量大而難度差異不大。尤其是人格測驗，雖然編題時是依據內容指向分組進行的，但在測驗上安排上必須將題目次序打亂，才有利於獲得受試者的真實心理反映。

4. 測驗草案的項目要多於最終所需要的數量，以滿足項目篩選和編製複本的需要。一般情況下一個測驗的題目總量以保證 75% 以上的受試者能夠在規定時間內做完所有的題目為恰當；但是對速度測驗來說，則要求有足夠多的題目以顯示出受試者的速度差異。在教育測驗中，一般初選的題目數比實際需要多 20%，但在心理測驗中情況更為複雜，首先要確定全測驗包括幾個項目，即幾個分測驗，然後再考慮每一個項目所應包含的題目數。

5. 測驗按項目組織時，除去總的指導語外，每一部分都要有一個如何做答的指導語，內容力求簡單、清楚。在團體測驗時，還可以加口語表達。

6. 編寫人格測驗或態度量表的項目時，最好用第一人稱、積極的語氣和陳述式的語句。注意儘量避免消極的語氣和虛擬語氣。

四、試　測

按照上述標準化程式組成的一份測驗草案，尚不能保證它的質量達到了預定要求，還必須經過一定數量的受試者先行測驗稱為**試測** (或**前測**，**預測**) (pretest)，從實際資料中計算出測驗的各種統計資料並進行分析，如：題量是否合適，難度是否恰當，以及測驗的信度和效度水平等等，加以篩選或修正，才能成為正式的測驗。在測驗的試測過程中應該注意以下幾個方面：

（一） 試測樣本的選擇

試測的受試者群體應當從目標人群中選取。為了獲得更為豐富的資料，所選用的受試者群體結構應與目標人群的人口統計學構成相似，才具有代表性。至於受試者人數的確定，則需要根據目標人群的大小來決定，不需要太多也不能過少。大規模的教育測驗中，通常取 370 人或其倍數作為樣本，那是因為 370 的 27% 等於整數 100，在以後作項目分析時計算起來最為方便。

（二） 施測程式的控制

試測實施的過程與情境應儘量與正式測試時的情境相同，按照標準化的程式進行，注意被試對指導語的正確理解，認真完成作業，目的是獲得充分資料以便使統計分析的結果更加可靠。

(三) 施測時間的控制

試測的時間限制可以稍微放寬一些，使每個受試者都能完成全部測驗，從而收集到受試者對每一個項目作出反應的資料，有利於下一步的分析。

(四) 記錄反應

施測者應當儘量詳細記錄試測過程中受試者對測驗項目所做出的反應，如受試者在不同時段完成項目的數量，受試者對項目表達方式的理解程度等等。這種記錄一方面可以為修訂項目提供資料，另一方面則有助於編製者確定正式測驗最終所需要的時間。

第二節　項目分析

在測驗編製過程中，初步組成測驗的題目，經過試測獲得受試者對題目如何反應的資料，需要做整個測驗的信度與效度分析，以考查測驗的總體質量，更重要的是對測驗項目逐題地進行分析，明確每一道題目的屬性，此即**項目分析**(或**試題分析**) (item analysis) 的工作，一般包括分析題目的難度和區分度。信度與效度在很大程度上受項目質量與特性的制約，只有經過項目分析篩選的項目組成的測驗才可能是保證質量的標準化測驗。

一、項目分析的功能

1. 有助於提高編製測驗的技能　通過對測驗項目進行分析，可以對題目進行科學的排序，發現在編製過程中設想的做法有哪些是成功的，哪些是失敗的，從中不斷豐富自己的編製經驗，並熟練掌握題目質量分析的各種方法，鞏固測量學知識。

2. 能為進一步修改試題提供依據　通過分析，可以發現哪些題目合適，哪些題目需要改進和如何改進。

3. 提高測驗的信度和效度 項目分析的主要目標在發現並淘汰劣質的和不合適的題目，儘量保證所選題目的科學性。

4. 有助於題庫的建立 編製測驗是細緻、繁雜且極其困難的工作，若編製的測驗使用一次後便丟棄，實在是巨大的資源浪費。經測驗質量分析後達到各項指標要求的題目，可以保留下來以備日後再用。這樣日積月累，有利於建成高質量的**題庫** (item bank)。

5. 有助於改進教學 通過分析測驗題目，既可發現受試者在學習上的共同不足，也可以診斷個別受試者的弱點所在，為改進教學提供依據。

6. 有助於合理解釋測驗結果 籠統地報告心理測驗的總分數是沒有多大意義的，如果除了向受試者報告總成績外，也分別報告各項目的成績，以及這個成績在團體中的相對位置，就可以增進受試者對自己的瞭解，有助於改進和提高。

二、測驗項目的定性分析

對測驗項目質量的分析，包括定性和定量兩個方面。**定性分析** (qualitative analysis) 是指試題的內容和題型是否適切，選項是否有效等。依據編製者的知識、經驗，經過邏輯判斷，對測驗做出質性的評價。**定量分析** (quantitative analysis) 是以數量來表示測驗項目的有效性和客觀性。此部分在下一單元討論。對測驗項目做定性分析，一般在定量分析之前進行，其主要內容包括：

1. 分析測驗題目的適宜性 評價該項目與測驗的目的是否相符合，提法是否恰當，檢查測驗題目類型能否達到測驗目標的要求。

2. 檢驗雙向細目表 檢查雙向細目表中測驗內容與測驗目標的配合是否合理，測驗對學科內容是否有足夠的覆蓋率，是否符合教育目標。

3. 評價題目的編製質量 檢查測驗的說明是否簡潔明瞭，不致引起誤解；題目陳述是否準確清晰，表達方式是否恰當。

4. 檢查題目編排、試卷印刷質量和實測質量 檢查題目的編排是否合適，印刷是否清晰正確，施測是否符合使用手冊的要求，保證各方面的準確無誤。

三、常模參照測驗的定量分析

前面提到項目分析包括了定性分析與定量分析。接下來我們將以常模參照測驗與標準參照測驗為例，具體介紹定量分析所包含的難度分析與區分度分析。

常模參照測驗是一種選拔式測驗，其目的在鑒別受試者的不同知識水平或技能掌握程度。測驗結果需要在各個受試者所得分數的相互比較中進行解釋，因此要求測驗項目能將不同水平的受試者精細區分，這就要對組成測驗的每個項目的屬性——項目（試題）難度和區分度進行考查。

（一） 難度分析

項目難度 (item difficulty) 是表示題目難易程度。通常以**項目難度指數** (item difficulty index) 表示。若大部分受試者在某一試題上都不能通過，則該題目難度過大；反之，若大部分受試者都通過了，則難度太小。難度過大或過小都不能將不同水平的受試者區分開來，因此，這種類型的題目對常模參照測驗的價值不大，中等難度是應用中的最佳選擇。

一般估計難度的方法有以下幾種：

1. 以總體答對的百分比來估計。當題目採用二值計分（即只有對和錯兩種情況）時，可用下面的公式：

$$P = \frac{R}{N} \qquad 〔公式 5\text{-}1〕$$

P：為項目難度指數
R：為該題答對的人數
N：為參加測驗的總人數

以這種方法計算出的難度指數，P 值越大，難度越低；P 值越小，難度越高。

2. 計算難度的另一種方法是先根據測驗總分把受試者從高到低排成序列，然後劃成人數相等的高分組和低分組，一般各取 27% 或 25%，再分別求出兩組受試者在每一道題目上的通過率，以兩組通過率的平均值作為每一題目的難度，計算公式為：

$$P = \frac{P_H + P_L}{2} \qquad 〔公式\ 5\text{-}2〕$$

式中，P_H 和 P_L 分別代表高分組和底分組的通過率。

3. 在選擇題的情況下，由於允許猜測，題目的通過率可能因機遇作用而發生很大變化，並且備選答案的數目越少，機遇的作用越大。例如對於 2 選 1 的題目，機遇的作用為 1/2，即 .50，而中等難度就應該介於 .50 和 1.0 之間，是 (.50+1.0)÷2=.75；而對於有四個選項的題目，由於其機遇的作用為 .25，其中等難度就應該是 (.25+1.0)÷2=.625。總之，計算選擇題的最佳難度時，需要考慮猜對的機遇，平衡機遇對難度的影響。為了平衡機遇對難度的影響，吉爾福特提出了一個關於難度的校正公式：

$$CP = \frac{KP-1}{K-1} \qquad 〔公式\ 5\text{-}3〕$$

CP：為校正後的通過率，
P　：為實得的通過率
K　：為備選答案的數目。

4. 對於論述題、問答題等不用選擇法應答記分的題目，可以人為地確定一個**切割分數** (或及格分) (cutting score)，然後將受試者分為通過與不通過兩類。但由於所確定的劃線分數不同，題目難度會發生變化。對於這類問題，常用下面的公式來計算難度：(舉例)

$$P = \frac{\overline{X}}{W} \qquad 〔公式\ 5\text{-}4〕$$

$\overline{X}$：為受試者在某一題目上的平均得分
W：為該題目的滿分

當所測量的特性屬於正態分布時，題目的難度可以通過查正態曲線次數表，用以標準差為單位的等距量表來表示。在這個量表上，任何一個與通過率相應的難度值都可以通過查正態曲線表獲得。查得的分數若為 0，表示中等難度，得正值的題目表明半數以上的人通過，即題目較易，得負值表明通過該題的人數較少，題目較難。

以標準差為單位來表示題目的難度常會出現負數或小數，使用起來很不方便。為了解決這個問題，美國教育測驗服務處 (ETS) 設計了一種量表，以希臘字母為單位：

$$\Delta = 13 + 4Z \qquad \text{〔公式 5-5〕}$$

式中，Z 表示題目難度距平均數有多少個標準差，常數 13 和 4 是參照正態分布的形式確定的，目的主要是為了消除負數或小數。Δ 值越小，難度越低，Δ 值越大，難度越高。用這種方式表示的難度，"Δ" 也稱標準難度。

對於大多數測驗項目，難度範圍在 .30～.70 之間能夠為個體差異提供最大信息。但在大多數測驗中應該包含有各種不同難度的項目，因為一個好的測驗應該能區分出多種不同水平。正如教師檢查教學，對一班學生不能只分出及格或不及格，至少要分出優、良、中、差幾等。為此就需要有不同難度的項目。全部項目的平均難度構成整個測驗的難度。

(二) 區分度分析

區分度 (或**鑒別力**) (discriminating power) 能夠反映測驗項目或試題對受試者的心理特徵進行鑒別的強度。試題的區分度高，則水平高的受試者肯定得分高，水平低的受試者肯定得分低；若試題區分度低，則不論受試者水平如何，都可能得分高或低。區分度可以用個別項目與測驗總分的一致性為依據進行相關來計算，稱為**內部一致性** (internal consistency) 分析，適用於**同質性測驗** (homogeneous test)，即各個項目都是為測量同一變數 (心理特質) 而設的測驗；對於**異質性測驗** (heterogeneous test)，即測驗上的不同項目指向測量不同的心理特質，這時則需要用受試者的反應與外在效標的相關來計算，稱作**項目效度分析** (item validity analysis)。

計算題目的區分度有多種方法，每種方法在指標含義上有所不同，具體使用時可以根據測驗的目的和數據資料的性質選擇恰當的方法進行計算。有時，也可以同時使用幾種方法以互相驗證。

1. 二列相關 二列相關 (見第三章第四節) 適用於兩個連續的測驗變數。其中一個變數因為某種原因被分為兩列，包括下面兩種情況：一種是測驗題目的分數是連續的，而測驗總分或效標分數被分為及格和不及格 (或高和低) 兩類；另一種是效標分數或測驗總分是連續的，題目分數則被分成對與錯 (或通過與不通過) 兩類。二列相關的計算公式為：

$$r_T = \frac{\overline{X}_p - \overline{X}_q}{S_t} \cdot \frac{pq}{y} \quad \text{或} \quad r = \frac{\overline{X}_p - \overline{X}_t}{S_t} \cdot \frac{p}{y}$$

〔公式 5-6〕〔同公式 3-20, 3-21〕

$\overline{X}_p$：為二分變數通過組 X 的平均數
$\overline{X}_q$：為二分變數未通過組 X 的平均數
$\overline{X}_t$：為總的 X 的平均數
S_t：為 X 的標準差
p：為通過組人數與總人數之比
q：為未通過組人數與總人數之比
y：為 p 與 q 交界處正態曲線的高度

2. 點二列相關 點二列相關 (見第三章) 適用於一變數為連續變數，另一變數為二分變數的數據資料。例如，一個測驗的題目答對得 1 分，答錯得 0 分，則題目的分數就是二分變數，或男生和女生的性別差異也是二分變數，而總成績為連續變數。這時題目的區分度應該用點二列相關計算：

$$r_{pb} = \frac{\overline{X}_p - \overline{X}_q}{S_t} \cdot \sqrt{pq} \quad \text{或} \quad r = \frac{\overline{X}_p - \overline{X}_t}{S_t} \cdot \sqrt{\frac{p}{q}}$$

〔公式 5-7〕〔同公式 3-19〕

式中符號的意義與二列相關公式相同。

3. ϕ 相關　ϕ 相關 (phi correlation) 適用於兩個變數都是二分名義變數的數據資料。表示 ϕ 相關程度的相關係數，稱為 ϕ **係數** (phi coefficient)。如計算性別與及格和不及格的關係。有些連續變數也可以用這種方法計算。ϕ 相關不要求變數呈正態分布，其計算公式為：

$$\phi = \frac{bc-ad}{\sqrt{(a+b)(c+d)(a+c)(b+d)}} \quad \text{〔公式 5-8〕}$$

4. 區分度指數　區分度指數(或鑒別指數) (discrimination index，縮寫 D) 是分析區分度最簡便的一種方法，它只是要比較測驗總分的高分組和低分組受試者在本題目通過率上的差異。

$$D = P_H - P_L \quad \text{〔公式 5-9〕}$$

D：為區分度指數
P_H：為高分組在該題上的通過率
P_L：為低分組在該題上的通過率

計算的具體方法為將全體受試者按測驗總成績高低順序排列，將得分最高的 27% 作為高分組，得分最低的 27% 作為低分組，(也可以用兩端各 30% 或 20% 劃分高、低二組) 分別計算他們在該題上的通過率，兩個通過率之差即為區分度指數。值越大，題目的區分度越高，即題目越有效。

5. 方差法　方差(或變異數) (variance) 是表示一組資料離散程度的指標。方差越大，資料越分散。假若一組受試者在某道題目上所得分數的方差越大，離散程度越大，則該題目的區分度就越高。計算公式為：

$$S^2 = \frac{\Sigma(X-\overline{X})^2}{N} \quad \text{〔公式 5-10〕〔同公式 3-9〕}$$

X：為每個受試者的得分
$\overline{X}$：為所有受試者的平均分
N：為受試者人數

區分度指數的評價問題。一道題目的區分度究竟以多大為最佳，沒有固定標準，可以根據測驗性質和目的的不同而有所區別。下面是一個在編製測驗時用以評定題目優劣的通用的參考標準：

表 5-6 項目區分度指標的評價標準

區分度指數	評　價
0.40 以上	非常好
0.30～0.39	良好，如能改進則更加好
0.20～0.29	尚可，但要經修改使用
0.19 以下	非常差，必須加以修改甚至淘汰

(採自 Ebel，1979)

舉例說明如下：

題號	高分組通過率 P_H	低分組通過率 P_L	$D=P_H-P_L$
1	0.85	0.38	0.47
2	0.97	0.42	0.55
3	0.79	0.42	0.37
4	0.99	0.78	0.21
5	0.72	0.68	0.04

根據表 5-6 上例中第 1、2、3 題的區分度很好，保留；第 4 題區分度較低，修改後能使用；而第 5 題區分度太低，必須淘汰。

(三) 難度與區分度的關係

難度和區分度都是相對於某一個團體而言的，同樣一道題目，對於某個團體來說難度和區分度可能很高，而對另一個團體來說可能就很低。任何一道題目或一個測驗都不存在絕對的難度和區分度。

對於一道題目或一個測驗來說，難度與區分度密切相關。中等難度、水平接近 0.5 的題目，其區分度最高，而處於難度水平兩端的題目的區分度較低。例如，某道題的通過率為 1 或 0 時 (難度水平最大或最小)，其高分組與低分組在通過率上不存在差異；因此，區分度指數為 0；假若一道題目的難度水平中等 (通過率 0.5)，則它的區分度就最高。二者的關係可用下表來說明：

表 5-7　試題難度與區分度的關係

題目難度	1.00	0.90	0.80	0.70	0.60	0.50	0.40	0.30	0.20	0.10	0
區分度最大值	0	0.20	0.40	0.60	0.80	1.00	0.80	0.60	0.40	0.20	0

(採自 簡茂發，1987)

應該指出，對於選擇題來說，有時儘管題目的難度和區分度都達到要求（例如難度 .6，區分度 .4)，但檢查它的幾個備選答案中有一個沒有人去選，那就也需要對之作些修改，增加該選項對於那些有少許知識但不很清晰的受試者的興趣和吸引力，以保證完全符合選擇題的質量標準。

經過項目分析，在編製測驗時，要求所有題目都屬中等難度是不符合測驗的編製原則的。因為在一個測驗中，所有題目都集中在某方面的內容或技能上，彼此之間肯定具有一定程度的相關。如果各題目之間的相關很高，而且難度水平都是 0.5，則在一道題目上通過的人，在其他題目上也會通過；相反，在一道題上失敗的人，在其他題目上也會失敗。測驗的結果就只能得到兩種分數：滿分和 0 分。從總體上講，這樣的測驗所提供的資訊太少，實際上沒有達到測驗的目的。任何一種測驗，無論其內容、目的為何，其中一個重要的功能是必須把受試者按不同水平加以區分，使測驗分數的總體呈正態分布，即使是只要求通過或不通過的區分，也該體現出受試者對不同內容的掌握程度或在不同方面的特徵。為了區分不同受試者的水平，一個測驗中各題目的難度水平應分布較廣，梯度較大，以保證其有效性。由於人的大多數心理特徵屬於正態分布，所以，一個測驗中題目難度的分布也以正態為宜，即中等難度的題目較多，所有題目的平均難度為中等。然而，當測驗是為了特定的目的，如只要遴選出少數最差或最優者時，也可取正偏態或負偏態分布形式。

四、標準參照測驗的定量分析

標準參照測驗多用於教學和培訓領域，是用以判斷受試者是否掌握了某些知識技能或能否完成規定的任務，而不是評定相對等級。通過的標準已事先確定，凡達到這個標準者就算通過。如果要計算難度，仍然是以通過率表示。但過多地考慮測驗的難度對於標準參照測驗是沒有多大意義的。

標準參照測驗中的區分度，通常是從試題能否有效地分辨受試者是否達到標準，和試題對教學效果的**靈敏度**(或**敏感性**)(sensibility) 兩個方面來評價試題質量。

(一) 項目區分度分析

指在及格與不及格的兩組受試者中，正確回答者所占比例之差。計算步驟為：

1. 將試卷分為及格和不及格兩部分，兩組人數分別為 P 和 N；
2. 分別統計及格與不及格兩組受試者中對本題正確回答的人數比值：P_H 和 P_L
3. 計算區分度指數：$D=P_H-P_L$

在標準參照測驗中，試題的難度一般較小，因為這類測驗是依照讓大多數受試者都能通過的原則設計的；所以，一般情況下，其區分度指數不會太高，0.25 以上就已經相當好了。

(二) 項目靈敏度分析

標準參照測驗中的試題應具有對教學效果靈敏反應的能力。如果用同一道試題分別在教學前和教學後對學生進行四次測驗，則四次分數的模式可以有下列三種表現：

1、FFFP　　2、FFPP　　3、FPPP

式中，F 代表回答錯誤，P 代表通過。若符合上述模式，則說明試題具有足夠的靈敏度；相反，則靈敏度低。計算靈敏度的公式如下：

$$S=\frac{P_B-P_A}{N} \qquad 〔公式\ 5\text{-}11〕$$

S：靈敏度指數；　　　　　P_A：教學前通過試題的人數；
P_B：教學後通過試題的人數；　N：學生總人數

指數為正值，為有效試題，值越大試題對教學效果的感受越靈敏。

需要指出的是試測的結果受施測樣本的取樣誤差的影響，因而用這種方法所獲得的資料並不一定十分可靠，為了獲得更為精確的結果往往需要從目標人群中選取另一個有代表性的樣本進行二次試測，並根據結果進行二次項目分析。比較兩次分析的結果，若發現兩次測試的結果相差不大，説明該項目是值得信賴的，可以保留；反之則需要考慮修改甚至刪除該項目。對修訂過的測驗草案，還需要進行反復的測試、分析、修訂，只有這樣才可以為正式成型的測驗提供性能良好的項目。

五、項目偏差與項目功能差異

（一）測驗偏差與項目偏差

心理測驗的目的是準確、公平地瞭解受試者心理特質的差異。測驗結果對不同種族、性別、文化團體不公平的現象稱為**測驗偏差**（或測驗偏向）(test bias)。如文字編製的智力測驗對語文能力較差的受試者會產生不利影響。測驗偏差的爭論來自美國的種族差異問題，它涉及到很多複雜的社會問題。從心理測量學的角度考慮，測驗偏差指的是能力相同的兩個團體由於文化、環境等方面的不同而出現了不同的測驗結果。更具體的説，測驗偏差可定義為當同一個測驗應用於兩個團體時，產生的測量結果效度不同。究其原因，應該是該測驗中有某些項目阻礙了準確、公正的測量；因此，解決測驗偏差的問題就轉向到項目偏差的分析與檢查。

（二）項目偏差與項目功能差異

測驗中個別項目對不同團體的不公平現象稱為**項目偏差** (item bias)。項目偏差的研究始於 20 世紀 60 年代，主要是由美國黑人等少數民族學生在測驗中得分過低的問題所引起。當時的研究者認為其原因是有些測驗項目中包含了與特定文化和社會背景有關的內容，或使用了只為某個團體所熟悉的語言，從而導致對其他團體不利。例如；所測內容屬於白種人中產階級文化的一部分，不屬於少數民族文化，那它就是對少數民族不公平。

心理測量學家在使用統計手段對項目進行分析時，鑒別出來有些項目對於不同團體其成功的概率是不同的，即過去所謂的有偏差。但進一步分析發現，這些項目中只有一部分對少數民族團體不利，是確有偏差的；另一部分則關係到重要的教學成果，對所有學生都適用、是公平的，只是由於每個人的理解與掌握程度不同才引起分數上的差異，而這正是需要探究的結果。因此用偏差來概括所有具有不同功能的項目顯然不恰當。於是，1993 年由安高夫 (William A. Angoff, 1913～1993) 提出使用**項目功能差異** (differential item functioning，簡稱 DIF) 這一術語來代替項目偏差。項目功能差異這個概念的優點在於它是對項目功能的中性描述，不具備評價的意義。然而具有功能差異的項目是否就是有偏差的項目，則需要根據進一步的邏輯判斷與分析。項目功能差異的分析就成為測驗公平性和有效性的依據。從 1986 夏季開始，美國教育考試服務處 (ETS) 規定，在編製測驗時必須對試題進行項目功能差異的分析，在對試題的常規分析過程中增加了一個項目功能差異指標。

(三) 項目功能差異的性質

不同學者對於項目功能差異有不同的理解。例如，有人認為當一個項目與測驗中的其他項目相比較，對一個群體比對另一個群體更加困難時，則這個項目是有偏差的；也有人認為如果一個項目在不同的群體中沒有測量相同的特質，就是項目偏差。目前被普遍認同的是安高夫 (Angoff, 1993) 提出的定義，認為項目功能差異是在控制團體能力之後，一個項目在不同團體中表現出的不同統計特性。如果項目在不同團體中的功能差異對一個團體產生不公平的影響，則該項目是有偏差的。項目功能差異的研究一般要對兩個團體進行比較分析：先匹配兩個團體的能力，然後比較兩個團體在某個項目上的正確回答率，如果在正確回答率上發現差異就是有項目功能差異。但是，具有項目功能差異的項目並不等同於項目偏差。

(四) 項目功能差異的檢測方法

基於不同的測驗理論，對項目功能差異 (DIF) 的檢測有不同方法。在經典測驗理論的基礎上，可以用同一道題目對於兩個受試者群體的難度之差或區分度之差是否相等來檢驗；在項目反應理論的的基礎上，可以用項目特徵曲線繪圖檢驗。

1. 基於經典測驗理論（CTT）的簡單方法 依據測驗總分從兩個團體中找出兩個總分相等的受試者，檢查他們在某道題目上的得分，從難度或區分度方面進行比較，如果差異較大，就認為該題目存在著項目功能差異。這裡我們看到，它的前提假設是測驗總分相等的受試者在欲測特質上能力也相等。然而，事實上並不如此，因為影響總分的因素較多，在總分的構成中也包含著項目功能差異。因此用這種方法獲得的結論是不足為信的。

2. 基於項目反應理論（IRT）的檢測方法 隨著電腦的日益發展和普及，如果能使用大型樣本，則利用每一個項目的項目特徵曲線（ICC）進行比較，是最易行又可靠的方法。第四章已經講過，項目特徵曲線表示該題目（或項目）的正確反應概率和所測能力大小的關係。將同一個項目相對於兩個團體總分所繪製的項目特徵曲線放在同一個量表上，兩條曲線之間的差異就明顯地表現出該題目對兩個團體是否有功能差異了，圖 5-1 中的兩個題目明顯地表現了這種比較。項目 1，在團體 A 和團體 B 中的項目特徵曲線截然不同，表示它具有項目功能差異；而項目 2 的兩條曲線十分相似，可以認為沒有項目功能差異。對於每個項目都可以用兩條曲線之間的區域大小來鑑別所測能力中有項目功能差異（DIF）的範圍。

無論使用什麼方法，一旦檢測出有項目功能差異，下一步的工作就是探索差異的性質和來源，做出修改或刪除的決定。是否有項目功能差異決定著對該項目的處理，因此解決項目偏差或測驗偏差問題需要慎重，最好使用判斷法或與其他統計方法相結合。

恰當地應用判斷法簡單易行，常可以收到很好的效果。特別是在測驗編製的最初階段和最後階段在進行統計分析之前，判斷分析最為合適。在測驗編製開始時，通常採用判斷的方法找出觸犯少數民族文化習俗、降低某個弱勢群體的身份、或打擊它們自尊心的內容、或者在某種職業角色上存在文化偏見的內容。為此經常邀請專家參與評判活動。在實踐中，這種判斷最大的效能在於鑑別出因文化局限性而對於某些受試者總體來說不熟悉的內容。然而，不能認為用統計方法鑑別出來的所有結果顯示偏向的項目都有項目功能差異。需要通過第二次不同類型的判斷檢查再來解釋結果。在這個階段對項

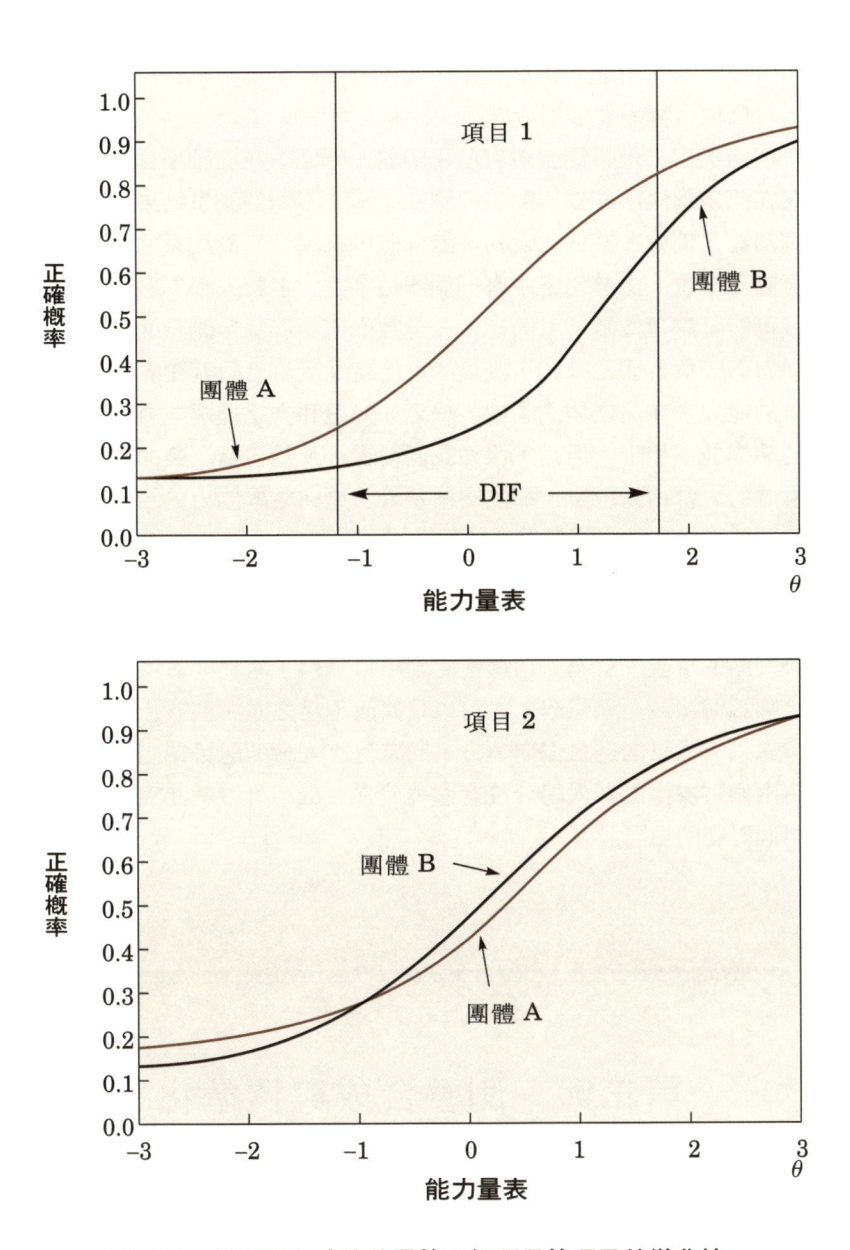

圖 5-1　說明項目功能差異的兩個項目的項目特徵曲線
(採自 Pashley，1992)

目作檢查，是為了找出測量結果顯示偏向的可能來源。因為統計結果通常只反映由特定方法而引起的統計現象，並沒有揭示該項目測量結果出現偏向的原因，每個項目都需要個別考慮。

一般情況下，最可能出現有項目偏差的原因，在於該項目沒有測量到不同群體在問題解決中起作用的相同認知結構。不同的測量結果反映的是項目的不同功能；例如，某個比喻句，對群體甲來說，可能測量的是言語推理，而對群體乙來說，由於句子中有一個關鍵字是大多數人都不熟悉的，它所測量的就可能是辭彙知識了；同樣，一道數學題對群體甲測量的是數學計算能力，而對另一個群體乙來說，測量的可能就是受試者對其複雜的言語陳述進行理解的能力。在這兩個例子中，缺乏的知識和文字理解能力與整個測驗所欲測的結構並不相干。但是，假如我們發現，凡是包括小數的數學題目對於某個群體的人都相對較難，那麼這種差異就是與數學能力的結構有關了。因此，這類結果就不是由有偏差的項目造成，而是測量到了真實的能力差異。

當統計上鑒別出有偏差的項目時，通過進一步的統計方法，例如分析多項選擇題中被選中的錯誤選項，可以部分闡明偏差的來源。這些補充分析，再結合判斷的檢查，就為如何適當處理項目提供了基礎。有項目功能差異的項目，應該淘汰或全盤修改，也可以只修改不足之處。應該指出，在一個測驗中，如果有大量的題目偏向一方，同時也有大量的題目偏向另一方，儘管可能這兩個群體中的個人總分沒有顯著差異，也不可以就此宣稱該測驗是測量了兩個群體的相同能力。

第三節　測驗合成與標準化

一、測驗合成

測驗草案經過試測和項目分析之後，就可以根據分析結果對測驗的項目進行篩選，刪除一些性能欠佳的項目，修改尚需保留但性能不理想的項目，然後對所有可用的項目進行編排調整，組合成測驗，此一歷程稱為**測驗合成**(或**測驗組合**) (test battery)。如有必要還需編製測驗複本。

(一) 測驗項目的選擇

合成正式測驗的項目應當是符合編製測驗目的且性能良好的項目。在選擇項目時應遵循以下幾個基本的原則。

1. 項目所表達的意思應當簡單明瞭，而沒有歧義與模棱兩可，使受試者能夠清楚地明白究竟要做什麼。同時題目的答案也應該是明確的。正確答案一般只能有一個。

2. 測驗的項目應當是只能測量所需要測量的心理特質。如果要測的是小學生的數學水平，就不能選用要求具備閱讀能力的應用題。因素分析的方法在項目的選擇中也非常重要。一個性能優良的項目應當與所要測量的特質有較高的相關，而與非測量的特質相關較低或沒有相關。通過因素分析，可以瞭解測驗項目對所要測量的心理特質各因素的負荷情況，凡是對不同的因素均有較高或較低負荷的項目，都需要進一步的審核與修訂。

3. 測驗項目的難度水平應當適度。項目的難度水平要根據測驗的目的來確定。人格測驗一般不要求難度，選拔性測驗的難度水平則相對要求較高，一般考察性測驗的平均難度水平應控制在 0.5 左右。

4. 測驗項目應具有一定的區分度。一般而言，測驗項目的區分度越高越好。但就能力測驗而言，測驗的目的往往是要按照不同能力水平將受試者區分開來，因而所有的項目應具有不同的難度。在能力測驗中項目的區分度與難度並不是相互獨立的，可以通過調節測驗項目的難度來調節區分度。人格測驗的區分度則需要通過因素分析和實證效度的研究來分析，從而進行相應的調節。

5. 測驗項目內容對所有的受試者而言應該是公平的，特殊的文化背景和經驗不應當影響受試者對測驗題目的反應。

(二) 測驗項目的編排

測驗項目篩選出來之後，需要根據試測結果，參照題目的難度與區分度等各項指標，對其排列順序進行合理的調整。測驗焦慮和測驗的動機是影響測驗結果的重要因素，為了獲得更為真實的結果，在編排題目時要給以充分考慮。除編題時所遵循的原則還應繼續外，在測驗的最後可以安排幾個難度較大的項目以測出受試者的最高水準。對於時限相對較長的人格測驗，最好能夠將相對枯燥和相對有趣味的項目混合排列，這樣就不至於減弱受試者的興趣而影響其動機了。

總之，測驗項目常見的編排方式一般可以歸納為以下三種。它們各具特色，具體採用哪種方式還需根據測驗的目的與性質來決定。

1. 並列直進式 這種方式是根據測驗項目的內容或形式將整個測驗分為若干個分測驗，每個分測驗內部的各項目再按照難度水平由易到難排列。這種編排方式使受試者易於進入測驗情境，有助於降低受試者的焦慮水平，但會影響受試者的興趣，因而在分測驗的安排上應儘量將相對枯燥與相對有趣的分測驗交叉排列。

2. 混合螺旋式 這種方式是將各類型的測驗項目按難度水平排序，再將不同性質的項目組合起來交叉排列，難度逐漸上升。這種排列充分地考慮到受試者動機對測驗結果的影響，但可能會因為題型變化太快使受試者不能很快地進入測驗情境。

3. 混合式 這種排列方式多用於建構人格、態度及心理健康等測驗或量表，這類測驗的項目一般來說不要求難度，可以隨機混合排列。但值得注意的是，特別是對於人格測驗而言，有時為了瞭解受試者真實作答的情況，會加入一個效度量表。該量表中的項目往往是已有項目的翻版，只是在表述方式上略有不同。測謊量表中的項目最好能與原有項目分開排列 (見第十二章)。

(三) 測驗複本的編寫

在實際應用中，一種測驗往往需要兩個以上的平行的測驗形式，以便更替使用，避免重複練習的缺點。這就是測驗的**複本** (alternate form)。複本越多使用起來就越便利。例如目前全國舉行的各種大型考試，都會準備 A、B 卷，為特殊情況出現時備應急之用。又如在司法鑒定過程中，需要對當事人的智力受損情況進行多次評估時，為了防止練習效應保證司法公正，就更需要使用平行的測驗複本了。

測驗的複本必須是等值的,要做到各複本的等值必須符合以下要求:

1. 各份測驗測量的應是同一種心理特質。
2. 各份複本應是所要測量的行為領域的代表性樣本。
3. 各份測驗的項目形式和數量應相同,但項目不應有重複。
4. 各份測驗應具有大體上相同的難度和區分度。

只要在編製測驗草案時,準備足夠多的項目,編製測驗複本其實並不困難。首先可將所有可用的項目按難度水平排序,標上號碼 1、2、3、4、5、6……,然後根據需要分成的複本數,挑選項目,編製複本。

如需要兩個複本,可以採用以下方法:

A：1 4 5 8……
B：2 3 6 7……

如需要三個複本,可以採用以下方法:

A：1 6 7……
B：2 5 8……
C：3 4 9……

由於電腦技術的高速發展,現在這一過程多在電腦上實現。複本編製完成之後,應當再試測一次,以瞭解各複本的心理測量學特徵,判斷各複本是否等值。為了實現各複本的等值,儘管測驗編製者做出了種種努力,但實際施測後所得的結果的差異依然存在,此一偏差給統一的評價帶來了困難。校正這種偏差的方法是將不同複本的測驗分數轉換到同一個分數量表上,這樣就可以達到統一評價的目的。心理測量學上為了達到此目的發展了一套專門的技術稱之為測驗等值。有興趣的讀者可以參看相關的書籍,瞭解測驗等值的原理與技術。

二、測驗標準化

編製測驗的目的是為了實際的應用。通過上述程式,一套由性能良好的項目構成的測驗已經形成,但這套測驗的整體性能如何,是否滿足了心理測量學的要求，是否準確、可靠，能否在實際應用中使用，這些都是需要進一步解決的問題。

解決上述問題的方法就是**測驗標準化** (test standardization)。測驗標準化是指測驗的編製、實施、評分以及分數解釋方式的一致性。為了使不同受試者所得的分數可以進行比較，故必須控制測驗的外部條件，使其對所有的受試者來說是相同的，公平的。只有在這種測驗情境下，受試者測驗分數的差異才可以歸結於受試者自身的差異。測驗的標準化包括：測驗材料的標準化、測驗實施的標準化、測驗評分的標準化及測驗分數解釋的標準化。這裡只將測驗材料的標準化和測驗實施的標準化作一定的介紹。

(一) 測驗材料的標準化

測驗材料的標準化即測驗編製的標準化，具體內容包括：每個受試者所使用的測驗材料必須相同；測驗文字表達必須確切，不會產生歧異；測驗的印刷質量應當清晰；操作器具的物理性能應當一致等。只要能夠按照前述測驗編製的原則與程序去做，一般情況下都能夠達到測驗材料標準化的要求。

(二) 測驗實施的標準化

測驗實施的標準化是指每個受試者的測驗實施條件必須相同，為了達到測驗實施的標準化需要控制下列三個方面的內容。

1. 測驗　為了讓測驗實施標準化，一套測驗必須有相同的指導語、相同的測驗時限、某些測驗還要求按照規定的順序完成測驗。

指導語一般包括兩個部分，一是向受試者說明測驗的目的，二是向受試者說明如何對項目做出反應，如何記錄反應以及完成項目的時限等。指導語必須事先擬定好，應簡單、明瞭，不至於引起歧異，為保證對所有受試者均是公平的，還需列出一到兩個例題。紙筆測驗的指導語和例題應列在測驗項目的前面，操作測驗的指導語則由主試口述並示範一至兩個操作。

不同的測驗對測驗的時間限制是不同的，人格測驗對時限的要求並不嚴格，能力測驗必須考慮時限問題，速度測驗則有嚴格的時間限制。對完成測驗的時間限制可以根據試測中獲得的資料來決定，通常規定的時限為大約90% 的受試者完成全部測驗項目的時間。

許多測驗都要求受試者按照固定的順序來完成測驗，如記憶測驗在測查受試者的短時、中時和長時記憶時往往會採用同一材料，這就需要受試者按照一定的順序來完成測驗。如果在施測過程中對不同的受試者採用不同的測驗項目的順序，一方面會直接影響測驗結果的準確性，另一方面對受試者來說也是不公平的。如果要求按照固定的順序來完成測驗，應當在測驗手冊中明確標注出來，使主試明白這樣做的重要性和意義。

2. 主試與受試者 在測驗施測過程中，主試與受試者應當是一種互動性的關係，任何一方面的因素均會直接地影響測驗的結果。

主試的個人素質、言行、表情以及對測驗的熟悉程度均會在施測中影響受試者對測驗項目所做出的反應，心理學研究中的**霍桑效應**(Hawthorne effect) (因心理因素而影響工作效率的現象) 與**皮格馬利翁效應** (或**畢馬龍效應**) (Pygmalion effect) (即個人的行為有時會隨別人期望而改變) 均是這方面很好的例證。因而在施測前必須對主試進行相應的培訓，培訓的內容包括與受試者建立和諧的互動性關係的技術以及直接與測驗實施相關的技術。建立互動性關係的具體技術，隨測驗的性質及受試者的年齡和其他特性的不同而有所不同。對兒童、有情緒障礙或人格障礙的個體以及囚犯等群體進行測試時，往往會因為受試者的不合作或隨意作答而導致測驗無法完成或結果無效，這時主試建立互動性關係的技術就顯得尤為重要了。對主試進行與測驗實施相關的技術培訓包括主試在施測中應該採取何種合適的言語、表情、行為、出現特殊情況時如何應對以及如何恰當地回答受試者的提問等。

影響受試者測驗結果的原因主要包括了測驗焦慮和動機。對於這兩個問題，在測驗編製中已經談到過，主要從項目的形式、項目的挑選、及項目的編排以及給出例題等方面進行相應的調整。在測驗實施過程中，則主要通過與主試建立和諧的互動關係、主試的施測技術以及測驗情境的安排等方面加以控制。

3. 測驗情境 在測驗實施標準化的過程中，對測驗情境的控制也是非常重要的，即便是測驗情境中十分次要的方面也能明顯影響測驗的成績。例如，有研究發現，在實施團體測驗時，使用書桌或使用帶有一小桌面的椅子都會對測驗成績產生直接的影響。對測驗情境的控制主要包括：選擇合適的測驗場地，該場地應沒用過度的噪音，還應具有適當的光線、通風、座位及受試者的工作空間等；採取必要的步驟，防止測驗受到干擾或中斷，如在大型團體測驗時，有必要鎖上門或在門外安排助手，以阻止測驗以外的人員或遲到者進入；主試在施測過程中應有恰當的表現，營造出有利於測驗進行的適當氣氛。

應當注意的是，在測驗實施標準化過程中，對上述因素的控制誠然非常的重要，但最為重要的是保證對所有受試者而言整個實施過程的一致性，即測驗材料、測驗情境和主試的表現的一致性，以及將情緒和動機因素對受試者測驗結果的影響減少至最小。

第四節　測驗的鑒定與手冊編寫

經過以上程式，一個心理測驗的成品算是編製完成，但其質量如何？是否能夠準確而有效地測量想要測量的心理特質？其他心理測試人員該如何使用它？就如同生產一件商品，在製成成品後還需要進行質檢，銷售時要附上使用說明書一樣，一個新編製的心理測驗也需要進行鑒定並附上使用手冊。

一、測驗的鑒定

對測驗的鑒定主要是鑒定該測驗是否能夠準確而有效地測量想要測量的心理特質，鑒定的方法為計算該測驗的信度和效度，檢查兩者是否達到了心理測量學的要求。取樣的合理性也是鑒定中應該注意的問題。

（一）信　度

測驗信度是指一個測驗對同一組受試者在不同時間使用，或者使用它的兩個題目不同的平行版本，所得分數的一致性。信度一般用信度係數來表示(詳見第六章)。信度係數表示測驗分數的變異有多少可以由所測量的心理特質的變異來解釋。如某一測驗的信度係數為 0.80，表示所測量的心理特質的變異可以解釋測驗分數變異的 80%，剩餘的 20% 變異則源於測驗誤差。由於測驗誤差的多樣性，心理測量學上發展了一系列的評價信度的方法。不同的信度係數出自不同的誤差來源，不同性質的測驗要求的信度係數的種類也不相同。

　　一般而言，一個測驗的信度係數越高，說明測驗的可靠程度越高；反之則說明測驗的可靠程度不高，有必要對之進行修訂。但有一點應當注意，即信度係數必須達到統計學上的顯著水平才有意義。

（二）效　度

　　測驗的效度是指測驗的有效性，即測驗在多大程度上測量到想要測量的那種心理特質。一個測驗的效度好壞，直接影響到該測驗的實際應用。與評價信度一樣，心理測量學上也有一系列評價效度的方法，具體可以參見第七章的內容。

　　在評價效度時需要注意的問題是：第一要根據該測驗使用的目的，確定所應檢查的效度類型；第二是注意獲取效度資料的樣本應獨立於選擇測驗項目的樣本，如果二者出自同一個樣本，那麼由於特定樣本內的隨機抽樣誤差的影響，會導致效度係數表現出虛假的增高。

二、測驗手冊的編寫

　　測驗編製的最後一步是通過鑒定、達到心理測量學的質量標準後，編寫測驗手冊。測驗手冊就像一件商品的說明書一樣，能夠向有資格使用該測驗的人員，提供盡可能多的關於本測驗的資訊，避免出現測驗的錯用和誤用。測驗手冊一般需要包括七個部分的內容：測驗的背景；測驗標準化的資料；測驗的基本特徵；測驗施測的一般性原則；測驗的內容、施測和計分；測驗的分數轉換系統；測驗結果的解釋與技術報告。下面分別加以說明。

（一）測驗的背景

　　介紹的內容主要是所要測驗的心理特質的有關資訊，包括說明該特質的特徵是什麼，包括那些結構，其外顯的行為表現有哪些，關於該特質已有的理論有哪些以及國內外對該特質的研究進展等；評估該特質的方法有哪些，它們的優缺點是什麼；為什麼要編製本測驗，本測驗的理論基礎是什麼；以及本測驗的適用人群、測量的目標及用途等。

（二） 測驗的標準化資料

這一部分應說明測驗項目的來源，關於測驗試測的情況，結果的項目分析，以及篩選題目的情況；編製測驗常模的情況：常模樣本的選擇、常模樣本的人口統計學資料以及所採用的計分系統和如何進行原始分數向量表分的**轉換**等。

（三） 測驗的基本特徵

介紹測驗的信度、效度、難度及區分度的情況；採用何種資料來分析測驗的信度、效度、難度及區分度；在什麼情況下獲得這些資料，如何計算；測驗的測量標準誤和估計的標準誤是多少等。

（四） 測驗實施的一般原則

介紹測驗所要求的環境，需要的器材，如何應對突發事件；對主試的要求；主試如何取得受試者的合作，向受試者說明測驗目的及作用；測驗實施的順序；如何記錄受試者的反應，回答受試者的提問等。

（五） 測驗的內容、施測和記分

逐一介紹測驗的項目，如何施測項目，和如何計分。這一部分應給出測驗的標準計分鍵和可以接受的其它答案及記分法，同時還要列出將原始分數轉換成量表分的各種表格和轉換方法。此外，還有必要列出各量表分的可信區間以供使用者參考。

（六） 測驗結果的解釋與技術報告

由於測驗的結果往往不是為施測者或結果分析者看的，其目的是為受試者本人、教師、臨床醫生及司法部門提供有關資訊，即關於受試者在所測量的心理特質上的測查結果及初步分析。因此，為了保證資訊傳遞的有效性，應該儘量使用非專業的、通俗易懂的語言來解釋和報告測驗結果。同時也應明確指出：由於心理測驗是間接測量，誤差不可能完全避免，結果分析帶有一定的局限性，僅供作決策時參考，只有結合其他有關資料才能對受試者的心理狀態進行全面評價。

完成測驗手冊後，編製者還需認真地做好最後一件工作，即全面系統地整理測驗編製全過程和全部數據資料，完成本測驗的技術手冊。

總之，通過本章的學習，讀者可以瞭解和熟悉編製心理測驗的一般性原則和方法，如果想要進一步的掌握編製心理測驗的具體技巧，還需要在實踐中不斷地學習和領悟。

本 章 摘 要

1. 編製高質量的測驗是發揮測驗效能的基本條件，也是測驗工作者要掌握的基本技能。依據測驗目的確定編製計畫是編製工作的首要環節。
2. 測驗的編製過程包括：測驗的初步編製，組成測驗進行試測，項目分析與題目篩選，測驗合成及標準化，測驗的鑒定和手冊編寫等五個階段。
3. 教育測驗的整體編製計畫是參照**教育目標分類**標準制定的，採取的形式是由內容範圍與認知層次兩個維度構成一個**雙向細目表**。
4. 教育測驗中各種類型的試題可大致分為客觀題與主觀題兩類，在功能與特點方面各有優點與不足。客觀題的優點在於答題簡便省時，測驗內容覆蓋面廣，評分客觀、簡便，可利用機器評分和避免主觀性偏差，但它不能檢查對材料的組織和表達能力，限制創造思維的發揮。主觀題則與之相反。二者結合是實踐中的最佳選擇。
5. **試測**和**項目分析**是測驗編製過程中的重要環節。它們為進一步分析和修正初步組成的測驗提供依據。試測的受試者樣本必須選自將來擬應用正式測驗的群體。
6. 項目質量的分析包括定性和定量兩個方面。一般情況下指的是對題目進行**定量分析**。其目的是明確每一個題目（項目）的屬性，即題目的難度和區分度。

7. **項目難度**是表示題目難易程度的指標,通常以題目的通過率表示,通過率越高,難度越低;標準難度＝13＋4Z,值越大,難度越高。
8. **區分度**是反映測驗題目對不同水平的受試者進行鑑別的能力指標。常模參照測驗中的區分度分析,可以用個別題目與測驗總分的一致性為依據計算相關。
9. **項目功能差異**是指在控制團體能力之後,一個項目在不同團體中表現出不同的統計特性。項目功能差異的分析是測驗公平性和有效性的依據,它是一種中性描述,與**項目偏差**不同。
10. 測驗中項目編排的方式應根據所編製測驗的目的和性質來決定,有並列直進式、混合螺旋式及混合式三種。
11. **測驗標準化**包括從測驗編製,經過施測,到評分與測驗分數解釋一致性的全過程。測驗標準化的具體工作包括:測驗材料的標準化,測驗實施的標準化,測驗評分的標準化和測驗分數解釋的標準化。
12. 測驗編製完成後需要對測驗的質量做鑑定,鑑定的主要內容包括信度、效度,以及取樣合理性。
13. 編寫測驗手冊是為了向有資格的測驗使用者提供測驗的相關資訊,要說明測驗的內容、使用方法、以及如何解釋和報告測驗的結果。

建議參考資料

1. 黃光揚 (1996):心理測量的理論與應用。福州市:福建教育出版社。
2. 路君約 (1992):心理測驗。上下冊。台北市:中國行為科學社。
3. 戴忠恆 (1985):心理與教育測量。上海市:華東師範大學出版社。
4. 戴海琦、張鋒、陳雪楓 (2002):心理與教育測量。廣州市:暨南大學出版社。
5. 龔耀先 (2003):心理評估。北京市:高等教育出版社。
6. Aiken, L. R. (2005). *Psychological testing and assessment* (12th ed.). Boston: Allyn & Bacon.

7. Bloom, B. S., & Krathwohl, D. R. (1956). *Taxonomy of educational objectives: Handbook 1: Cognitive domain*. New York: David Mckay.

8. Graham, J. R., & Lilly, R. S. (1984). *Psychological testing*. Englewood Cliffs. NJ: Prentice-Hall.

9. Kaplan, R. M., & Saccuzzo, D. P. (2008). *Psychological testing: Principles, applications and issues* (7th ed.). Belmont, CA: Wadsworth.

10. Koocher, G. P., & Keith-Spiegel, P. (2008). *Ethics in psychology and the mental health professions: Standards and cases*. (3rd ed.). New York: Oxford University.

11. Murphy, K. R., & Davidshofer, C. O. (1998). *Psychological testing: Principles and application* (4th ed.). NJ: Prentice-Hall.

第六章

測驗的信度

本章內容細目

第一節　信度的概念與估計
一、信度的概念　171
二、信度指數　172
三、信度的估計方法　173
　㈠ 再測信度
　㈡ 複本信度
　㈢ 分半信度
　㈣ 內部一致性信度
　㈤ 評分者信度

第二節　信度係數的應用
一、對信度係數大小的要求　190
二、測量標準誤　191
　㈠ 解釋個體測驗分數
　㈡ 解釋差異分數

第三節　影響信度的因素
一、受試群體的特徵　197
二、測驗本身的特徵　198
　㈠ 測驗長度
　㈡ 測驗難度
三、估計信度的方法選擇　200
四、增進測驗信度的方法　200

第四節　特殊的信度問題
一、難度測驗與速度測驗的信度　201
二、合成分信度　202
三、標準參照測驗的信度　203

本章摘要

建議參考資料

心理測量學上用以表示測驗可靠性的科學術語叫作信度。信度是表明測驗質量的一個重要指標，也是測驗必備條件之一，通常以信度係數表示之。

從理論上講，完全可靠的測驗能夠全面真實地反映所測心理特質的情況與水平。然而，由於心理測驗是對心理特質的間接測量，每一次測量都只能採用一個有限的行為樣本作對象，因此儘管我們考慮到取樣的合理性，每次在題目的性質和難度等方面都儘量做到相等，但即使是測驗的平行複本也不會得到完全等同的測驗結果。同時，施測的條件，受試者的生理或心理狀態等任何一方面的微小變化，都會對測量結果產生一定的影響。因此，不同平行複本所測得的幾個結果，或同一個測驗施測幾次所得的結果之間總是有差異的。所以，我們可以說，信度就是根據某一特定的方式測量個人某一特質的精確程度（去除隨機誤差）；亦即，測驗結果不反映隨機誤差。第四章已提到，存在於測量結果與真實水平之間的差異有不同種類，形成的原因各式各樣，在測量學上統稱為誤差。它分為系統誤差和隨機誤差兩部分。系統誤差所造成的變異可以有合理的解釋，說明其因果關係。例如，學習、訓練、成長等因素可以使實得分數有規律地變異；而隨機誤差則會使實得分數呈無規則的變化。例如，受試者注意力的程度、施測者評量標準的嚴格程度、受試者的疲倦、遺忘程度等，都會使實得分數隨意變化，沒有一般性的規則，使得對變異難以解釋。故而隨機誤差是測驗信度研究所關注的焦點。因此，在本章中若不作特別的聲明，所講的誤差均指隨機誤差。

根據經典測驗理論，測驗中出現的誤差越小，其信度即可靠性越大。因此減少測驗的誤差是測驗工作者的重要任務。依據具體條件不同，有再測信度、複本信度、內部一致性信度等多種不同信度可以使用。然而，標準參照測驗由於測驗的目的不同，傳統上確定的相關法都不適用，只能以複本的形式進行再測，然後用兩次測試中得到同樣決策的人數之比來計算。

本章內容主要討論：

1. 信度的定義。
2. 信度的幾種計算模型。
3. 介紹幾種評估信度的重要方法。
4. 影響信度的因素，以及特殊的信度問題。

第一節　信度的概念與估計

信度是檢驗測驗質量的重要指標之一，指測驗的可靠性。一個測驗的誤差越小，其信度越高，二者之間具有反比例關係。然而，從測量學的角度如何理解信度，又如何對測驗信度的大小作出恰當的估計？這一節就對其概念和各種估計方法加以說明。

一、信度的概念

信度 (reliability) 又稱可靠性，是測量結果的一致性和穩定性程度。所謂**一致性** (consistency) 是指受試者在不同時間使用同一測驗，或者在同一時間使用它的等值複本，所得結果相同；**穩定性** (stability) 是指測驗結果不隨時間和情境的改變而產生變異，保持穩定不變的程度。例如，在不同的測試條件下測量同一組受試者的同一個心理特質所得的分數都相同。但必須注意，信度有大小，不是全和無的劃分。一個好的測量工具，對同一事物反覆多次測量，其結果在理論上應該保持一致，但事實上幾次的測量結果不會完全相同，表示其間有測量誤差的影響；推而言之，信度即測驗分數不受測驗誤差影響的程度。簡言之，信度即指測驗結果的可信程度。

依據經典測驗理論：實得分數＝真分數＋誤差（見公式 4-1）。要檢驗測驗結果可靠與否，實質上就是判斷在受試者實得分數中有多大成分是由其真分數的變異所引起的。若此比例偏低，則表明真分數對測量結果產生作用不大，實得分數變異中的大部分是由**誤差變異** (error variance) 所引起，因此測驗結果並未很好地反映出受試者的真實水平，即其信度較低；反之，則表明測驗的信度較高，結果較為可靠。

根據上述信度的定義可知：信度是真分數的變異數在測驗實得分數總變異中所占比例。用公式表示，即

$$r_{xx} = \frac{S_t^2}{S_x^2}$$

〔公式 6-1〕

r_{xx}：代表測驗的信度
S_t^2：代表真分數的變異數
S_x^2：代表實得分數的變異數，即總變異數。

將公式繼續推導，信度即一測驗免於變異影響的程度，用公式表示為：

$$r_{xx} = \frac{S_x^2 - S_e^2}{S_x^2} = 1 - \frac{S_e^2}{S_x^2}$$　　〔公式 6-2〕

S_e^2：代表測驗的誤差變異

我們知道，測量都有誤差，實得分數都會對真分數有某種偏離，除真實差異外，也包含誤差分數在內。如果測量過程中對誤差控制得好，對影響測量穩定性的因素的抗干擾能力強，實得分數所傳達的有關真分數的資訊就會穩定而可靠。因此，一個測驗控制誤差、抗干擾能力的大小，或者說，其測驗結果反映真分數的能力的強弱，即信度，是非常重要的，構成了測驗質量的一個重要指標。

依據信度的度量，能夠預計測驗分數因受到無關因素或未知的偶然因素的影響而可能發生的波動範圍。在用測驗比較個體差異時，信度指出了測驗分數中可歸因於有關特質方面的"真實"差異，和可歸因於偶然因素引起的誤差二者的相對程度。

由此可見，確定測驗信度的關鍵在於確定誤差變異。本質上與測驗目的無關的任何條件都會影響誤差變異。測驗環境中的溫度、濕度、照明度、通風情況和其他條件都會對受試者產生影響。受試者的內部狀態——饑餓、乾渴、疲勞、注意力轉移——也會影響受試者對測驗的興趣和回答的可靠性，甚至他是否願意回答的心態等都會影響施測結果。因此，測驗的實施需要控制測驗環境、指導語、時限、受試者的心態等因素，試圖保持統一條件，以減少誤差變異使測量結果更為可靠。但是，儘管在最佳測驗條件下，也沒有一種測驗是沒有誤差的。如何估計信度就成為測驗工作中的一項重要內容。

二、信度指數

用以表示某測驗信度高低的數值稱為**信度係數**(coefficient of reliability)。信度係數通常用測得的兩組分數的相關係數來表示之;其數值越大,即表示測驗的信度越高。與信度係數密切相關的另一個概念是**信度指數**(index of reliability),是用一統計數做為估計值,以估計測驗的實得分數與理論上真實分數之間的相關程度,該統計數即為信度指數。

以公式表示如下:

$$r_{XT} = \frac{S_T}{S_X} = \sqrt{r_{XX}} \qquad 〔公式\ 6\text{-}3〕$$

與信度的計算公式相比可知,信度指數(以 r_{XT} 表示)是信度係數的算數平方根。信度指數是一種相關係數,取值範圍是 -1.00～1.00。但信度係數是信度指數的平方,故而,信度係數的取值範圍為 0.00～1.00。如果一個測驗信度達到了 1.00,那麼說明兩次測量結果完全一致,但事實上沒有一個測驗的信度能夠達到 1.00。一般來說,能力與學績測驗的信度係數在 0.90 以上,有的甚至可以達到 0.95;性格、興趣、價值觀等人格測驗的信度係數,通常在 0.80 到 0.85 或者更高。當信度小於 0.70 時,不能用測驗分數來對個人作評價,也不能在團體間作比較;當不小於 0.70 時,可以用於團體間比較;當不小於 0.85 時,才可以用於鑒別個人。

從上一章中已經得知,真分數事實上是不可能獲得的;同樣,真分數的變異也不可能得到。因此,要想獲得一個測驗的信度,單純從信度係數的定義出發是無法得到的。不過對於測驗的信度大小,可以採用一些變通的方法獲得一個估計值。下面就介紹怎樣從幾種不同的方法中去估計測驗的信度。

三、信度的估計方法

由於任何一種與測驗目的無關的條件都可能出現而引起誤差變異,所以有多少個影響測驗分數的條件,就有多少種測驗信度。通常將信度分為以下幾種:再測信度、複本信度、內部一致性信度、評分者一致性信度,因此信度係數的計算方法也不止一個,實踐中我們需要根據具體情況使用不同的信度指標。由於信度係數總是在特定條件下獲得的,因此只有當一個測驗在不止一種情況下被證實具有較好的信度時,才能說明一個測驗是真正可靠的。

信度的類型雖然很多,但其共同點都是關注兩組獨立導出分數之間的一致性程度，所以他們都能夠用相關係數來表示。計算相關係數一般要求成對的資料，即一組受試者每個人有兩種不同的觀測值。可以用不同的方法計算相關，這取決於資料的性質。

最常用的是皮爾遜積差相關係數（見第三章）。這種相關係數不僅考慮個體在團體中的位置，而且考慮它在團體平均數之上或之下的離差大小。至於如何綜合考慮樣本數目大小和相關係數取值大小來判定相關程度這一問題，一般要經過統計檢驗後方能確定。多年來，一直使用顯著性水平評價相關，現在人們意識到這種方法的不足之處。信度係數（即相關）顯著大於零，這對於理論或實踐目的並沒有提供什麼資訊；尤其在小樣本時，可能高相關也不能滿足"顯著性檢驗"。另一種替代方法正日益引起關注，它得出相關的大小，並且估計一個置信區間。很多學者認為，這種置信區間補充顯著性水平的方法即使不會替代傳統的以顯著性水平判斷相關的方法，也會在未來的相關係數分析中占有重要地位。

信度的計算過程儘管目前有統計軟體可以幫助，但在計算之前，我們需要理解各種信度的含義及其適用條件，並且明確各種信度計算所用的資料如何得到。下面就具體介紹幾種信度係數的估計方法。

（一） 再測信度

再測信度(或**重測信度**) (test-retest reliability)，是最古老而又直接的信度估計方法，也是估計測驗分數的可靠性時最容易理解的方法，意義很明確，方法也比較簡單。它指的是使用同一個測量工具，對同一組受試者前後施測兩次，根據兩次分數計算求得的相關係數。這種信度可以表示兩次測驗的結果是否存在相似性，可以考察測量結果的穩定性，因此又稱為**穩定性係數** (coefficient of stability)。這種信度的估計採用皮爾遜積差相關公式的變式來計算。公式如下：

$$r_{xx} = \frac{\frac{\Sigma X_1 X_2}{N} - \overline{X_1}\overline{X_2}}{S_1 S_2} \qquad 〔公式\ 6\text{-}4〕$$

r_{xx}：測驗的信度值

N：受試者人數

X_1、X_2：同一受試者兩次測驗實得分數
$\overline{X}_1$、$\overline{X}_2$：兩次測驗中的平均分數
S_1、S_2：兩次測驗結果各自的標準差

下面舉一個實例來說明再測信度的計算。

例 1：假設有一個包括 16 道題目的測驗，分別於 3 月 1 日和 4 月 1 日兩次向同一組 30 名學生施測。他們的測驗結果如下：

表 6-1　30 名學生兩次接受同一個測驗的實得分數

(時間：3 月 1 日和 4 月 1 日，題目數：16)

實得分數＼受試者	時間	1	2	3	4	5	6	7	8	9	10
第一次施測 X_1	3 月 1 日	16	15	14	14	13	13	13	13	12	12
第二次施測 X_2	4 月 1 日	15	15	16	12	15	14	12	11	15	13

實得分數＼受試者	時間	11	12	13	14	15	16	17	18	19	20
第一次施測 X_1	3 月 1 日	12	12	11	11	11	11	10	10	10	10
第二次施測 X_2	4 月 1 日	12	11	11	13	8	10	12	13	10	9

實得分數＼受試者	時間	21	22	23	24	25	26	27	28	29	30
第一次施測 X_1	3 月 1 日	9	9	8	8	7	7	7	6	5	4
第二次施測 X_2	4 月 1 日	8	7	9	6	5	10	6	4	3	6

表 6-2　於表 6-1 中資料的主要統計數值摘要

統計數值＼施測順序	ΣX	ΣX^2	$\overline{X}$	S	$\Sigma X_1 X_2$
第一次施測 X_1	313	3523	10.43	3.58	3512
第二次施測 X_2	311	3595	10.37	2.98	

解：我們用皮爾遜積差相關公式進行計算：

$$r_{xx} = \frac{\frac{\Sigma X_1 X_2}{N} - \bar{X}_1 \bar{X}_2}{S_1 S_2} = \frac{\frac{3512}{30} - 10.37 \times 10.43}{3.58 \times 2.98} = 0.835$$

當然，我們也可以用電腦進行計算，得出的結果是一致的。

再測信度的依據是：由於兩次施行的是同一測驗，其結果本應相等，所以兩次結果之間出現的差異可以完全歸因於測量誤差。然而，事實上就心理和教育測驗的內部一致性而言，並不能認為同一測驗的第二次施測與第一次施測的條件完全相同，時間因素對測驗結果是有影響的。時間變動對實得分數的影響可來自三個方面：

1. 前後兩次施測之間，受試者作為測量目標的心理特質或屬性可能已經發生變化，原因可能來自成熟、發育或教育。例如，閱讀能力測驗，兩次施測之間受試者可能通過學習已經掌握了更多的閱讀技巧，但每個人的學習效果並不相等，故而兩次成績的相關較低並不一定是由於測驗本身不可靠，而反映的是個體發展的不平衡。

2. 練習效應 (practice effect) (因重複練習而使個體行為產生顯著改變) 使得第二次測驗成績提高。受試者對於測驗方式、題型等的熟悉程度，常常是提高測驗分數的重要因素。第一次施測後，有的受試者加強練習，日趨熟練；有的則不去練習，保持原有水平。再測結果顯然會比第一次結果有較大的差異。

3. 存在保持效應 (或遺留效應) (effect of retention)，尤其是當兩次施測間隔時間很短時更為明顯，受試者對第一次作答的記憶會影響其第二次作答。例如，有人記住了某道題的解題思路或記住客觀題的答案，那麼其第二次測驗成績會顯著提高。

由此可見，將同一個測驗施測兩次結果間的相關作為測驗的信度，可能並不十分準確。

總之，在再測信度中，我們關心的是對個體在不同的時間裡施測同一測驗，由於時間因素使測驗得分產生誤差。這種因時間經歷產生的誤差，包括影響受試者對題目進行反應的內在心理狀態,也包括外部的不同測驗條件。有時對題目所指向的主題提高了敏感度,也是誤差產生的原因之一。例如,一個死亡觀測驗會使人們仔細考慮以前未曾想過的主題,這就會對第二次測驗的題目反應產生影響。因此,只有跨時間的誤差影響越小、測驗越具有可重復性時,測驗分數才越穩定,再測信度也就越高。

再測信度同時也受實際可行性的限制。諸如時間的約束,經費的限制,受試者身體狀況、態度、積極性,兩次測驗情境的變化等,都表明只是單純為信度估算而再施以同一測驗的可行性很小。一般只是在沒有複本可用、而現實條件又允許的情況下才採用此法。適合使用再測信度的測驗所測量的心理特質應該是比較穩定和不受時間先後、長短影響的,例如,誠實、吝嗇等品格特質;同時練習效應和存在保持效應的影響也應該比較小。在一般情況下,人格測驗比較適合使用再測信度,一些感覺辨別和運動測驗也適合再測信度,而能力測驗則不宜使用。因此,對於大多數心理測驗來說,使用完全相同的測驗進行再測,並不是估計信度係數的最好方法。

(二) 複本信度

為避免再測信度遇到的困難,我們可以對受試者用測驗的複本施測。**複本** (alternate form) 是為求提高測驗的信度,除編製一個主本之外,另編製內容相同、題數一樣、難度相等的另一複本,以便更替使用,藉以避免重復練習的缺點。然後對兩個測驗複本的得分計算相關係數,從而得到測驗的信度。以這種方法得到的信度稱為**複本信度** (alternate-form reliability)。使用複本信度的情況主要有下列兩種:一個是當需要有同一特質的兩種或者更多的測量時就需要使用複本;另外一個使用等值測驗的原因是保持測驗題目的安全性。當測驗分數將用於對受試者做出重大決策時尤其如此,例如大學入學考試。

評估複本信度,主要的問題是兩個複本是否真正平行。因此,使用此法的關鍵在於建構與原測驗的內容、反應過程、統計特徵 (難度、區分度)、題目數量及形式、時限、例題、公式等各方面盡可能等值的複本。計算受試者在原測驗以及在測驗複本上所得分數間的相關 (採用皮爾遜積差相關變式),即可得複本信度。下面舉例說明複本信度的計算。

例 2：假設包含 16 個題目的測驗 X_1 和另一個與其等值的測驗 X_2，在最短的時間內分別施測於 30 名學生。得分結果見表 6-3。

表 6-3　三十名學生在兩個等值測驗上的得分　　　　　　　　　(題目數：16)

受　試　者	1	2	3	4	5	6	7	8	9	10	11	12	13	11	15
測驗 1 得分 X_1	16	15	15	14	14	13	13	13	12	12	12	11	11	12	11
測驗 2 得分 X_2	15	16	14	15	16	11	10	14	13	15	14	9	10	12	11

受　試　者	16	17	18	19	20	21	22	23	24	25	26	27	28	29	30
測驗 1 得分 X_1	10	10	10	10	10	9	9	8	8	7	7	7	6	5	3
測驗 2 得分 X_2	13	8	7	12	11	10	12	6	7	8	8	7	8	4	5

表 6-4　表 6-3 中的主要統計數值摘要

測　　　驗	ΣX	ΣX^2	$\overline{X}$	S	$\Sigma X_1 X_2$
第一次施測 X_1	313	3528	10.4	3.07	3601
第二次施測 X_2	321	3769	10.7	3.34	

解：我們用皮爾遜積差相關公式 6-4 進行計算：

$$r_{xx} = \frac{\dfrac{\Sigma X_1 X_2}{N} - \overline{X}_1 \overline{X}_2}{S_1 S_2} = \frac{\dfrac{3601}{30} - 10.4 \times 10.7}{3.07 \times 3.34} = 0.85$$

當然，這也可以使用電腦進行計算，得出的結果相同。

這種方法從表面上看與再測法很接近。但由於複本信度使用的是兩個不同的測驗，因此可以有效地克服練習效應，部分地解決了再測法信度的一些問題。

複本測驗可以連續施測，也可以相隔一段時間分兩次先後進行施測。連續實施時求得的複本信度，稱為**等值性係數** (coefficient of equivalence)，這種係數可以徹底消除練習因素對測驗分數造成的影響。除測驗情境之外，兩個測驗在多大程度上等值明顯地影響了複本信度的大小。一般認為，如果等值性係數低於 .90，那麼，兩個測驗所得分數具有可比性的假設就很難成立。先後分隔施測時求得的複本信度，稱為**穩定性與等值性係數** (coefficient of stability and equivalence)，由於這種信度係數既是測量時間穩定性，又測量對不同的項目樣本（即複本）的回答的一致性，所以與等值性係數相比，這種信度的大小會受到時間因素的影響，由於這種係數的影響因素比較多，一般說來，這種信度是對信度最嚴格的檢驗，其值最小。

但是，複本信度並不能完全排除學習、記憶的影響，尚且也容易使受試者感覺疲勞，產生厭倦情緒，注意力分散，從而降低測驗信度。同時使用複本信度的前提是編製測驗複本，而複本與原測驗在題目內容、數量、形式、難度、區分度、指導語、時限、以及所用的例題、公式、測驗的平均數和標準差等測驗的其他所有方面都應該相同或者相似；因此，編製真正的等值測驗實際上非常困難，甚至幾乎是不可能的。再者，從經濟上來看，單純為得到複本信度而花費大量人力、財力去編製複本並進行兩次施測，這顯然過於浪費。最後，當我們編製測驗時，總傾向於選出最好的可能項目，以得到最令人滿意的測驗。因此，當我們擁有兩個複本測驗時，經常會試圖從中選出較好的題目，組合成一個優於二者的最佳測驗。因而，複本信度並不經常得到應用，一般情況下，使用較多的是下面要講的分半信度。

(三) 分半信度

在缺少測驗複本的情況下，或者只能實施一次的測驗，通常採用**分半法**(或**折半法**) (split-half method) 以估計測驗的信度。分半法使用時，將一個測驗施測於一組受試者，然後將該測驗分為相等的兩半，比較受試者在每一半上的得分是否一致，計算其一致性大小的程度，就是該測驗的**分半信度**(或**折半信度**) (split-half reliability)。估計分半信度既不需專門編製複本，也不必施測兩次，這樣一來，存在保持效應、練習效應，尤其是真分數的永久性變化得以極大地減小。因此，由於它計算信度的方法簡單易行，又能克服許多不良影響，一般情況下是最受歡迎並且行之有效的。

分半法使用時，將一份測驗分為兩半，使之相當於兩個平行測驗，因而原則上要求兩半測驗等值。這一要求也是分半法的最大困難。

把一個測驗分為最接近等值的兩半，應用最廣的有如下兩種方法。

1. 奇偶題目分半，即將奇數題，如第1、3、5、7……題組成一個部分，用偶數題構成奇數題的複本。這種分半的方法可保證每一半都包含了原測驗開頭、中間和結尾部分的同等數量的題目，因此當題目是按難度排列時，可以平衡很多干擾效應。進一步為了更好地克服奇數題與偶數題之間的難度差異，還可應用回廊式奇偶交叉的分半技術，即：

$$\begin{array}{cccc} 1 & 4 & 5 & 8 \cdots \\ 2 & 3 & 6 & 7 \cdots \end{array}$$

這樣，1、4、5、8……組成一個部分，2、3、6、7……組成另一部分。

2. 將測驗先按內容分成若干組塊，再將各內容組塊中的題目進行奇偶分半。例如，對一個四則運算測驗，我們可先將其分為加、減、乘、除四大內容組塊，然後列出各部分的相應題目，再分別進行奇偶分半，最後將每部分的奇數題和偶數題彙集在一起分別作為半個測驗。

將測驗分半後便可計算其皮爾遜積差相關係數。但是，此相關係數只能代表半個測驗的信度，而測驗長度對信度是有影響的，因此它並不能直接表示整個測驗的信度，所以還必須用**斯皮爾曼-布朗公式** (Spearman-Brown formula) 對之加以校正：

$$r_{kk} = \frac{kr_{tt}}{1+(k-1)r_{tt}} \qquad 〔公式 6-5〕$$

r_{kk}：新測驗的信度係數
r_{tt}：舊測驗的信度係數
k：測驗增長或縮短的比數

因此，如果測驗項目數從 25 增加到 100，k 等於 4；如果測驗項目數從 60 減少到 30，k 等於 1/2。用分半法確定信度時，廣泛使用斯皮爾曼-布朗公式，許多測驗手冊用這種型式報告信度。當公式應用於分半信度時，是把測驗長度增加一倍，即 k 等於 2。在這種條件下，能夠把公式簡化如下：

$$r_{xx}=\frac{2r_{12}}{1+r_{12}} \qquad \text{〔公式 6-6〕}$$

r_{xx}：測驗的信度值
r_{12}：兩半測驗的相關

現將一個測驗分為兩半，已計算出這兩半測驗的相關為 0.60。但這個值並不是這個測驗的相關係數。還需進行校正。

$$r_{xx}=\frac{2r_{12}}{1+r_{12}}=\frac{2\times 0.60}{1+0.60}=0.75$$

計算出的 0.75 才是該測驗的信度係數。

由此式可見，校正後的信度值必然大於兩半測驗間的相關，這證明了一個一般的規律：測驗越長測量的結果越可靠。一般說來，在施測條件和受試者的合作態度都允許的範圍內盡可能地加長測驗，可以增加測驗的信度。

由於使用分半法時，可以對測驗進行不同方式的分半，這樣就可得到若干個分半信度。到底以哪一種分半法得到的信度值為準？分半後的兩部分測驗到底符合哪一個模型？我們應該如何選用正確的模型？這又是一個非常複雜的問題，也是使用分半法估計信度的最大弱點。

(四) 內部一致性信度

前面提到再測信度與複本信度都是要施測兩次，受試者的動機、疲勞和耐心等均將影響測驗的結果。至於分半信度，雖然根據一次測驗結果就可以估計信度，但是將一個測驗進行分半的方法有很多種，而分半信度計算的只是一種分半方法下的相關，因此其計算結果具有偶然性，最理想的方法就是計算所有可能的分半信度，然後求其平均值，但這種方法顯然很麻煩，即使一個測驗只有 20 個題目，也會有 92378 種分半方法，因此美國心理學家庫德與李查遜 (Kuder & Richardson, 1937) 依據受試者對測驗所有題目的反應，分析題目間的一致性，以確定測驗中的題目是否測量相同的特質，是從題目間的一致性程度來估計信度，故而稱為**內部一致性信度** (internal consistency reliability) 或稱**同質性信度** (homogeneity reliability)，也稱**庫李信度** (Kuder-Richardson reliability)。他們提出兩個公式：**庫李-20**

公式 (Kuder-Richardson formula 20，簡稱 KR-20) 與**庫李-21 公式** (Kuder-Richardson formula 21，簡稱 KR-21) 來對測驗作內部一致性分析。

$$\text{KR-20 公式} \qquad r_{kk} = \frac{k[1-\Sigma p_i(1-p_i)/S^2]}{k-1} \qquad \text{〔公式 6-7〕}$$

$$\text{KR-21 公式} \qquad r_{kk} = \frac{k-\overline{X}(k-\overline{X})/S^2}{k-1} \qquad \text{〔公式 6-8〕}$$

r_{kk}：測驗的信度
k：題目的個數
p_i：通過第 i 個題目的人數百分比
S^2：測驗總分的標準差
$\overline{X}$：測驗平均分

公式 KR-21 不須計算每一題目答對與答錯人數的比率，故計算方法較公式 KR-20 簡單，對信度的估計更保守，庫李公式的運用有下列兩個條件。

1. 測驗題目的難度必須大體相等，則測驗各題的標準差與內部相關都相等；反之，題目難度差異大，個體大變異量和共變數不相等，則這兩個公式求得的信度偏差就大，使整個測驗的信度偏低。

2. 庫李公式是以間斷式或二分記分法的方式推演而來，故僅適用於測驗題是以非錯即對的二分法給分。然而，有些測驗包括多重記分、連續性記分或任何不同方式記分的測驗題目；例如，人格問卷上受試者鈎選 "經常" 給 4 分； "有時" 給 3 分； "偶爾" 給 2 分； "從不" 給 1 分，對於這類測驗多採用克倫巴赫 α 係數來估計信度。稍後再討論此一係數。

內部一致性信度對一個測驗只施測一次，是以受試者對所有測驗項目的反應一致性為基礎。測驗題目間的一致性受到兩種誤差方差的影響：(1) 取樣內容必須依同樣程度測量同一對象，避免內容差異所造成的變異狀況影響信度的估計 (與複本信度和分半信度一樣)；(2) 取樣內容異質性的誤差。

取樣內容的**同質性** (homogeneity) 越高，就是指測驗中的題目均測量同樣的特質，如一個測驗由 40 個辭彙題目組成；而取樣內容**異質性**

(heterogeneity) 是指測驗中的題目所測量的特質超過兩種以上,如測驗題目包括辭彙、空間關係、算術推理和知覺速度四類每類各 10 題。

在這裡有一點必須清楚,測驗的目標是指向相對同質的、還是相對異質的心理特質。雖然人們比較喜歡同質性測驗,因為可以對它的分數做出十分明確的解釋;但是,單一的同質性測驗顯然不能恰當地表明一個高度異質的心理特質。此外,在測定異質性心理特質時,測驗題目的異質性不一定是誤差變異。例如傳統的智力測驗就是異質性測驗的一個良好範例。在這種情況下,最好就是編製若干個相對同質性的分測驗,而使每個分測驗只測量其中一種心理特質。因此,對測驗分數的明確解釋可以和與之對應的心理特質相結合。我們知道,普通的分半信度是根據兩個等值的一半測驗得出的,具有可比性。因此,測驗題目高度同質,則庫李信度與分半信度接近,否則庫李信度係數都將低於分半信度。

前面曾提到庫李公式只適用於以"對或錯"二分計分法的測驗,其他不同計分法的測驗多採用**克倫巴赫 α 係數** (Cronbach, 1951)。α 係數的公式是從庫李-20 公式發展出來的。公式如下:

$$\alpha=(\frac{k}{k-1})(\frac{S_x^2-\Sigma S_i^2}{S_x^2})$$ 〔公式 6-9〕

α :信度係數　　　　　　　　k :題目總數
S_i :第 i 個題目標準差　　　S_x :測驗總分的標準差

係數也稱**克倫巴赫 α 係數** (Cronbach coefficient alpha),它接近測驗信度的最小估計值;因此,當 α 大時,測驗信度高,當 α 小時,測驗信度也不一定不高。在實際應用中,α 係數的使用比較普遍。但是克倫巴赫 α 係數並不適合速度測驗,因為只有每個人都做完全部題目,題目的變異數才是準確的。從分半相關開始,到係數和庫李公式,這類信度係數都在著力考察測驗的組成成分,直至最基本的單位即題目之間的相關性。如果它們間的相關一致性強,說明測驗的所有成分都集中力量測量同一個心理結構 (特質)。這樣,測驗的信度係數值就會高,測驗質量就好。所以,它們又都被稱為**內部一致性係數** (internal consistency coefficient)。內部一致性係數雖然在操作上採用了單一型式測驗,但本質上仍然是求取複本測驗間分數的相關；因此，與複本信度一樣，都是一種實現平行性的策略與方法。

例 3：讓 12 個同學做了一個包含 10 個題目的問卷。每一個題目的備選答案是一個六點評定量表，求此問卷的信度。每一個題目受試者選中答案的平均數和方差，以及 10 道題的總平均數和總方差如下。

表 6-5　十二個同學做十個題目的問卷的結果資料

得分題目	受試者												統計數值		
	1	2	3	4	5	6	7	8	9	10	11	12	平均數	標準差	方差
1	5	5	2	1	4	6	2	1	2	3	2	1	2.83	1.750	3.061
2	4	4	3	3	6	3	4	3	1	3	4	2	3.33	1.231	1.515
3	5	3	2	1	4	3	1	1	1	1	2	2	2.17	1.337	1.788
4	5	6	4	5	6	6	4	5	2	5	5	3	4.67	1.231	1.515
5	5	3	1	6	2	3	4	2	2	3	1	2	2.83	1.527	2.333
6	4	1	2	2	4	5	2	2	1	2	2	1	2.33	1.303	1.697
7	3	5	3	5	4	3	4	4	2	3	5	1	3.50	1.243	1.546
8	5	4	1	2	6	6	3	3	1	3	2	1	3.08	1.832	3.356
9	5	6	4	6	6	5	5	4	5	5	5	2	4.92	1.164	1.356
10	5	2	3	2	5	4	2	1	2	1	1	0	2.75	1.602	2.568
總計	46	39	26	28	51	45	32	30	17	29	31	15	32.41	11.09	122.99

全組人員在每個題目上總分（46，39，26，……至 15）的平均數是 32.41，總方差是 122.99。

解：我們可以用公式 6-9 計算克倫巴赫 α 係數

$$\alpha = (\frac{k}{k-1})(\frac{S_X^2 - \Sigma S_i^2}{S_X^2}) = (\frac{10}{10-1})(\frac{122.99 - 20.735}{122.99}) = 0.924$$

當然，對於計算克倫巴赫 α 係數，也可以採用方差分析的方法，結果是相同的。

由於係數適用的前提是測驗的若干部分的劃分，至少必須符合類似真分數等值模型的條件，但實際上這些條件很難得到真正意義上的滿足，受試者對一道題目的反應除了受隨機誤差的影響外，受試者本人、題目本身及這二者的交互作用都是重要影響因素；因此，以題目的變異之和來估計測驗的誤差變異,其結果肯定會出現高估趨勢,即係數一般趨於低估信度。

不難看出,當 $k=2$ 時,係數與分半信度估計等價。以 0,1 (全或無) 計分的情況下,α 係數與 KR-20 公式等同。下面舉例說明,這是一個 6 個題目的測驗施測於 10 個人的得分情況。

表 6-6　十名學生完成六個題目的測驗的實得分數

受試者得分		題目得分		題目的變異		
分數	頻次	分數	頻次	P	q	pq
6	1	8	1	0.8	0.2	0.16
5	1	7	1	0.7	0.3	0.21
4	2	6	0	0.6	0.4	0.00
3	3	5	2	0.5	0.5	0.50
2	2	4	2	0.4	0.6	0.48
1	1					

$n=10$　　　　　$k=6$　　　　　$\Sigma pq=1.35$

$\Sigma X=33$　　$\Sigma X^2=129$　　$S_X^2=\dfrac{129}{10}-\dfrac{33^2}{100}=2.01$

(採自 Ebel,1979)

根據表 6-6 的資料計算克倫巴赫係數:

$$\alpha=(\frac{k}{k-1})(\frac{S_X^2-\Sigma S_i^2}{S_X^2})=(\frac{6}{6-1})(\frac{2.01-1.35}{2.01})=0.40$$

用 KR-20 計算信度係數:

$$r_{XX}=(\frac{k}{k-1})(\frac{S_X^2-\Sigma p_i q_i}{S_X^2})=(\frac{6}{6-1})(\frac{2.01-1.35}{2.01})=0.40$$

近年來,隨著現代科技的發展,電腦已普及化。這大大推廣了心理學的統計方法,如方差分析和因素分析的應用。這些複雜的統計技術可以有效地判別測驗的同質性。如若一個因素就足以解決所有題目分數的變異時,則測驗同質,即同質性信度必然相應較高。同質性信度的重要優勢在於它的可行性,只需施測一次,又有電腦軟體的輔助,就可以很容易地得到測驗的內部一致性信度。但是，內部一致性係數並不必然代表測驗信度，這與測驗本身的意圖息息相關。有些測驗並不要求題目同質，在這種情況下，同質性信度高反而反映出測驗的製定未能滿足測驗之目的。

(五) 評分者信度

上述四種信度估計方法嚴格說來適用於客觀化測驗，即計分不受評分者主觀判斷的影響。當測驗包括大量問答題、論述題時，計分會受評分者主觀判斷的影響，即客觀化程度較低時，就須考慮採用由不同評分者評閱測驗卷，以評估評分的一致性，稱**評分者信度** (scorer reliability)。

評分者信度的估計方法，可隨機抽取相當份數的測驗，由兩名評分者按標準評分，從而得到兩組結果資料，此時可求其皮爾遜積差相關值，所得結果即為評分者信度，一般要達到 0.90 以上，才可以認為評分是一致的。

評分者信度因評分的方式不一而足，故而評分者信度的估計方法也種類繁多，以下概述三種估計評分者信度的方法。有關此種統計方法，請參閱統計書籍。

1. 採用肯德爾和諧係數 多位評分者對多位對象評分，若評分者採用等級排序的方法來評分。例如，作文成績按品質好壞評定等級為甲乙丙丁，英文課成績評為 ABCD。此種以等級形式表示評分結果時，如果我們想要知道多位評分者所評等級是否一致，則要使用**肯德爾和諧係數** (Kendall

表 6-7　七篇論文由十位老師進行等級評定的結果

$N=7$	評分者 $K=10$										R_i	R_i^2
	1	2	3	4	5	6	7	8	9	10		
論文 1	3	5	2	3	4	4	3	2	4	3	33	1089
論文 2	6	6	7	6	7	5	7	7	6	6	63	3969
論文 3	5	4	5	7	6	6	4	4	5	4	50	2500
論文 4	1	1	1	2	2	2	2	1	1	2	15	225
論文 5	4	3	4	4	3	3	5	6	3	5	40	1600
論文 6	2	2	3	1	1	1	1	3	2	1	17	289
論文 7	7	7	6	5	5	7	6	5	7	7	62	3844
											$\Sigma R_i = 280$	$\Sigma R_i^2 = 13516$

coefficient of concordance)（見第三章）來估計評分的一致性，其公式見公式 3-18。

上面表 6-7 舉例說明，假設有七篇論文由十位老師按論文的好壞進行等級排序，使用肯德爾和諧係數計算信度。

代入公式 3-18，進行計算如下：

$$W=\frac{\Sigma R_i^2-\frac{(\Sigma R_i)^2}{N}}{\frac{1}{12}K^2(N^3-N)}=\frac{13516-\frac{280^2}{7}}{\frac{1\,10^2(7^3-7)}{12}}=0.827$$

2. 有相同等級出現時 假若在受試者評定的等級出現相同等級，例如有兩位語文教師各評 10 名學生的作文。第一位評分教師所評等級出現得甲者有二人，得乙者有三人；第二位評分教師所評等級也出現得甲者有二人。當出現相同等級時，則可採用如下公式：

$$W=\frac{\Sigma R_i^2-\frac{(\Sigma R_i)^2}{M}}{\frac{1}{12}K^2(M^3-M)-K\Sigma\frac{\Sigma(M^3-M)}{12}} \quad \text{〔公式 6-10〕}$$

此式中 M 指相同等級的個數。

3. 採用 Kappa 一致性係數 假定測驗是可以評定等級的，亦即可以排出次序的，我們用肯德爾和諧係數求評分的一致性。但是有很多情況評分者所評定的對象並不能排出次序，只能將評定對象歸類。例如，由兩位教師評定 90 名學生出現合作行為的可能（見表 6-8），此種歸類只有合作、不合作兩大類，不能排定等級，此種情況便適合採用 Kappa 一致性係數來表示評分的一致性。所謂 **Kappa 一致性係數** (Kappa coefficient of agreement) 是評分者實際評定一致的百分比與評分者理論上評定一致的最大可能次數的百分比之比率。由公式表示如下：

$$K=P_0-P_e/1-P_e \quad \text{〔公式 6-11〕}$$

K：Kappa 一致性係數

P_0：評分者觀察一致的百分比

P_e：理論上評分者可能評定一致的百分比

表 6-8　兩教師判定九十名學生是否出現合作行為的一致性

		教師乙		
		合　作	不合作	
教師甲	合　作	38 (a)	10 (b)	48 (a+b)
	不合作	6 (c)	36 (d)	42 (c+d)
		44 (a+c)	46 (b+d)	90 (a+b+c+d)

$N=a+b+c+d$

由表 6-8 可以知道一個極端情況是兩位教師所評定的完全一致（即兩位教師同時評定張三為合作或同時評定王五為不合作），另一個極端則為完全不一致，一位評李四為合作，但另一位評李四為不合作），此種完全不一致是機遇的，可用 Kappa 一致性係數來估計信度，算式如下：

觀察一致百分比：$P_0=a+d/N=(38+36)/90=82\%$

機遇一致百分比：$P_e=[(a+c)(a+b)/N+(b+d)(c+d)/N]/N$

$\qquad\qquad\qquad\quad=[(44\times48)/90+(46\times42)/90]/90=49.9\%$

非機遇一致百分比：$1-P_e=1-49.9\%=50.1\%$

實際一致百分比：$P_0-P_e=82\%-49.9\%=32.1\%$

$$\text{Kappa}=\frac{P_0-P_e}{1-P_e}=\frac{32.1}{50.1}=0.64$$

Kappa 一致性係數表明了兩位教師的觀測值的一致有多大程度是由非機遇帶來的，也即真正一致的程度。Kappa 一致性係數範圍在 +1 與 -1 之間。若 Kappa 一致性係數大於 0.6，就表示一致性相當可靠。

當研究中使用主觀性評分測驗時，通常需要計算評分者一致性信度。一般情況下，測驗手冊中也應該報告評分者一致性信度。

上面介紹的幾種信度估計方法，是針對不同的誤差來源分別對測驗的信度做估計，但應該看到它們之間是密切聯繫的。例如，內部一致性信度主要考慮的是測驗內部各題目之間的關係，認為這些題目是從題目總體中隨機抽取出來且有代表性的樣本。複本信度的實質也與此類似，只不過是把所選用的項目分配到兩個測驗中，而不是放在一個測驗內。再測信度也類似於內部一致性信度，仍然是測驗內的題目之間的關係，只不過這些題目是經過兩次施測。在一般情況下，間隔施測的複本信度，其值最低，因為很多因素有機會影響到分數。相反，校正過的分半信度相比較而言最為理想。

表 6-9 各種信度係數相對應的誤差變異的來源

信度係數類型	誤差變異的來源
重測信度	時間取樣
複本信度（連續施測）	內容取樣
複本信度（間隔施測）	時間取樣和內容取樣
分半信度	內容取樣
庫李信度和 α 係數	內容取樣和內容異質性
評分者信度	評分者間的差異

(採自 Kaplan & Saccuzzo, 2001)

　　實際上，估計信度的方法遠不止上面所談的幾種，因為有多少種誤差來源，便有多少種估計信度的方法。對於一次測驗來說，哪種誤差大就應該使用哪種誤差估計。

　　按不同的誤差來源所造成的分數變異的百分比可以直接解釋信度係數。信度係數 0.85 是表示測驗分數變異的 85% 取決於所測特質的真實變異，而 15% 則取決於誤差變異。我們知道，相關係數的平方表示共同變異的比例。測驗分數中真實變異的比例，實際上就是一次測驗上的分數和真實分數之間相關的平方。信度係數的平方根稱為**信度指數**。

　　有時一個測驗有幾個信度係數，這樣我們就能把總分的變異數分解成不同的組成成分。舉一實例說明，創造力測驗有 A、B 兩種型式，對 100 個六年級兒童間隔兩個月先後施測，得到的複本信度為 0.70。根據任意一種形式上的分數，計算出一個分半信度係數，用斯皮爾曼-布朗公式校正後得到的分半信度係數為 0.80。然後由第二位評分者對其中50份隨機樣本進行再評，最後得到評分者信度為 0.92。現在來分析這三個信度係數，得出表 6-10 所示的誤差變異。可見，總的測量誤差變異為 0.38，而真實變異只有 0.62。表 6-10 是以較為熟悉的百分比表示的各種比例。對變異來源的這種分類，即第四章所提到的概化理論的本質。

表 6-10　一個假想測驗的分數變異的百分比分布

測驗信度類型	計算方式	誤差變異來源
複本信度	1−0.70＝0.30	時間取樣與內容取樣
分半信度	1−0.80＝0.20	內容取樣
複本信度與分半信度之差	0.30−0.20＝0.10	時間取樣
評分者信度	1−0.92＝0.08	評分者之間差異
總的測量誤差變異	0.20＋0.10＋0.08＝0.38	
真實變異	1−0.38＝0.62	

真實變異：62%	誤差變異：38%		
時間的穩定性；複本的一致性；不受評分者間差異的影響	內容取樣 20%	時間取樣 10%	評分者之間差異 8%

第二節　信度係數的應用

在第一節已討論過五種計算測驗信度的方法。本節將進一步探討信度係數的應用。在所有相關條件都等同的情況下，信度係數越大表示測驗質量越好，那麼測驗的信度應該有多大才能夠使用。以下就信度係數大小的要求與測量標準誤二方面加以論述。

一、對信度係數大小的要求

信度係數在評價測驗、解釋分數等方面起著不可忽視的作用。然而，根據信度係數來評價測驗的應用價值時，必須注意估計信度係數所依據的樣本範圍，只有把測驗應用於與之同質的樣本群體時，才能得出該測驗是否有效的結論。對測驗的信度進行評價時，標準參照測驗與常模參照測驗有不同的側重點。常模參照測驗關心的是真分數與實得分數之間的相關，但在標準參照測驗的信度估計中，需要關心的是題目樣本對於所測內容的代表性，以及對結果作出是否正確的判斷比率。這時，關心的重點是受試者通過測驗與否所作判斷的誤差大小，它既不關心兩組內真分數與實得分數之間的相關，也不關心兩組受試者內部彼此之間的水平差異。

不同類型的測驗因其測驗目的不一，可接受的信度水平也就不同。當測驗用做最終決策或長期預測，或需要依據測驗結果的細微個體差異，將受試者進行分類時，對測驗的信度水平要求較高。而當測驗用於初期篩選或作暫時性決策，或只需依據測驗結果的顯著個體差異對受試者嘗試進行分組時，對測驗的信度要求較低，例如，高校入學考試的信度要求就要高於中學畢業會考。一般說來，大多數有關智力的標準化測驗所報告的信度在 .90 以上；而人格測驗信度在 .70 左右即可；一般基礎性研究的信度係數達 0.7 以上為可用；但創造性測驗的信度幾乎不可能超過 .50。投射測驗的信度最低，只有 .20 或更小。不過，醫學上用於做出影響個人未來的重要決策時，信度係數 0.9 也嫌不夠，應該達到 0.95 才好。那些信度係數極低的測驗只能用作臨床診斷的輔助工具。

二、測量標準誤

信度係數提供測驗分數的準確性的相對大小，卻沒有直接說明個人測驗分數的絕對水平，即沒有指出測驗誤差的變異數。前面講過，真分數不可能測量到，其操作定義是無數次實得分數的平均值，而事實上這一定義無法操作。然而，我們可以利用信度係數，同時根據受試者的實得分數來對真分數作出估計。由於存在測量誤差，一個人所得分數可能有時比真分數高，有時比真分數低，也有時二者相等。理論上我們可以對一個人施測無限多次，然後求所得分數的平均數與標準差。在這個假設的分布裡，平均數就是受試者的真分數，而標準差則為測量誤差大小的指標。然而，實際上這也行不通。因此，我們可以對人數足夠多的一組受試者施測兩次，用其結果來代替對同一個人反復施測,以估計測量誤差的變異數。此時,個人在兩次測驗中的分數差異就是測量誤差。據此可製成誤差分數的分布。這個分布的標準差就是**測量標準誤**(standard error of measurement,簡稱 SEM),是表示測量誤差大小的指標。

對於許多測驗目的來說,測量的標準誤比信度係數更為有用。根據團體測驗的信度係數與測驗分數的標準差,用下列公式能夠容易地計算測量的標準誤:

$$SEM = S_x \sqrt{1-r_{xx}}$$ 〔公式 6-12〕

S_x:測驗分數的標準差
r_{xx}:表示信度係數

上式中,測驗分數的標準差與信度係數都根據相同的團體計算。從式中可以看出來,測量標準誤與信度之間有互為消長的關係:信度越高,測量標準誤越小;信度越低,測量標準誤越大。測量標準誤實際上是在一組測量分數中誤差分的標準差,可以像其他標準差一樣解釋。回憶一下,正態曲線中平均數 ±1σ 之間,大約有 68% 的個案;平均數 ±1.96σ 之間,大約有 95% 的個案;平均數 ±2.58σ 之間,大約有 99% 的個案。這意味著,個人每次測量所得分數 (X) 有 68% 的可能性落在真分數 (T) 加減一個單位測量標準誤的範圍內,有 95% 的機會落在真分數加減 1.96 個測量標準誤的範圍內。

測量標準誤至少有兩個用途:一是用來解釋個體測驗分數的意義;二是用來比較不同測驗分數的差異。茲分別說明如下:

(一) 解釋個體測驗分數

依據對一組受試者進行測驗得到的標準差和信度係數,就可以求出測量的標準誤。進一步我們就可以從每個人的實得分數估計出他的真分數的可能範圍,即得出在不同概率水平上真分數的置信區間 (註 6-1)。置信度的選擇

註 6-1:**置信區間**(或信賴區間) (confidence interval) 即若用一個得自樣本的統計數的線段作為估計值,並推論總體的值介於線段之間的可能性有多大時,此種估計即稱為區間估計;而該線段即為置信區間。例如,研究者宣稱某小學六年級學生的數學測驗成績的平均數介於 89.5〜96.8 之間的可能性有 95%,其中 89.5〜96.8 這一線段,即為 95% 的置信區間。簡言之,置信區間即在說明實得分數代表真實分數的可靠性。

視具體需要而定。若需要較高的確定性，則採用 99.9% 的置信度，即真分數落在置信區間的可能性為 99.9%。若只需粗略的估計，那麼僅須 90% 左右的置信度即可。但這裡的問題在於，置信度越高，置信區間越大，即真分數的可能波動範圍越大，這樣的估計實際用途不大。一般採用 95% 的置信度，那麼真分數的置信區間就是：

$$X-1.96\text{SEM} \leqslant T \leqslant X+1.96\text{SEM} \qquad 〔公式\ 6\text{-}13〕$$

亦即，真分數落在實得分數 ±1.96 個測量標準誤這一範圍內的可能性為 95%。

下面舉例說明測量標準誤的計算和置信區間的計算。

例 4：某甲在卡特爾十六項人格因素問卷 (16PF) 的 A 量表上的原始得分是 15 分。又已知在十六項人格因素問卷的一般成人常模中，量表 A 的平均數是 19.20，標準差是 2.84。那麼，應該在多大程度上確信他的真分數比常模的平均數低呢？如果量表的信度是 0.80，那麼，測量標準誤是多少。

解：用公式 6-13 進行計算：

$$\text{SEM} = 2.84 \times \sqrt{1-0.80} = 1.27$$

可以計算出 95% 的置信區間：

$$15-1.96 \times 1.27 \leqslant T \leqslant 15+1.96 \times 1.27$$
$$12.51 \leqslant T \leqslant 17.49$$

可見，他的真分數有 95% 的可能落在 12.51 分與 17.49 分之間，故我們可以確信該分數有 95% 以上的機率低於常模的平均數。

由測量標準誤的計算可以看出：信度係數越大，測量標準誤越小，從而真分數的置信區間也越窄，估計也越準確。一般認為：信度係數和標準誤是評估測驗可靠程度的兩個主要指標。測量標準誤的優勢在於它是以一段分數範圍來解釋個人分數，而不是以一個特定的分數表示。這樣的解釋將使分數更客觀、正確，可以避免對實得分數的過高或過低信任；但是，測量標準誤以分數單位來報告，在測驗之間不能直接比較；而信度係數是無單位的，因而可以在不同測驗之間進行直接比較。因此，如果我們要比較不同測驗的信度，信度係數比測量標準誤為好；要解釋個體分數時，則用測量標準誤指出其置信區間較為客觀。然而，測量標準誤事實上對所有的測驗分數並非永遠是一樣大小的，一般認為極端分數的測量標準誤小，中間分數的測量標準誤大。這是以標準誤來描述測驗準確性時的一個嚴重弱點。

另外還需要說明的是：並非每一個測驗完成後都必須把實得分數轉化為真分數的估計值。一般情況下，在常模參照測驗中，真分數與實得分數所能給出的資訊相同，故而它們之間的轉換就無必要。但在標準參照測驗中，或將實驗組與對照組的結果進行對比時，由於實驗情境不同，實得分數向真分數的轉換才是必要的。

(二) 解釋差異分數

來自不同測驗的原始分數是無法直接比較的，只有參照各個團體的平均分數，將它們轉換成 Z 分數或標準化的單位，才能進行比較。例如，某班期末考試，張強的語文、數學成績分別為 65 分和 70 分，我們可以說張強的數學比語文考得稍好些，但是我們不能肯定張強的數學智力是否比語文智力要好。

有些測驗傾向以多項分數來表示測驗結果，如韋氏智力量表就含有幾個分測驗 (見第九章)。受試者在接受此類測驗後，其各項分數間的差異，究竟要達到什麼程度，才能區分心理特質的高低，所以解釋差異分數不同於解釋單一分數，要瞭解其困難，我們必須回到關於實得分數 (觀測分數) 的最初定義；即實得分數由真分數和誤差兩部分構成 (X＝T＋E)。一個差異分數中，其誤差成分由於吸收了構成差異的兩個分數中的測量誤差，所以其測量誤差 (E) 成分所占比例比在原實得分數中要大。進一步講，由於在形成差異，即兩個實得分數相減時，原有兩個量數中共同的成分已被消掉了，結果使得差異分數的信度就肯定比構成差異的兩個分數的信度都低。如果兩個測驗測量的是完全相同的特質，二者之間的差異分數就完全不可信，即信度為零。

評價訓練或教育效果時，常採用受試者**前測** (before test) (在實驗之前對受試者實施的測驗) 與**後測** (after test) (指在實驗後對受試者實施的測驗) 的**成績差異分** (difference score) 作為指標；欲瞭解個體在不同領域的成績相對好壞時，也往往以差異分數作為指標。這兩種差異分數的可靠性，即信度，可以很容易地由合成分信度公式 (見公式 6-14) 推導出來，即將差異分數 D 視作權數為 1 和 －1 的分數和：

$$r_{DD}=\frac{\frac{r_{xx}+r_{yy}}{2}-r_{xy}}{1-r_{xy}}$$ 〔公式 6-14〕

r_{DD}：分數 X 和分數 Y 之間的差異分數的信度
r_{xx}：分數 X 的信度
r_{yy}：分數 Y 的信度
r_{xy}：分數 X 和分數 Y 之間的相關

下面舉例說明差異分數的信度計算。

例 5：假設測驗 X 的信度係數為 0.80，即 $r_{xx}=0.80$；測驗 Y 的信度係數為 0.90，即 $r_{yy}=0.90$；測驗 X 和測驗 Y 之間的相關為 0.60，即 $r_{xy}=0.60$，那麼，測驗 X 和測驗 Y 之間的差異分數的信度應是多少。

解：通過公式 6-14 就可以得到

$$r_{DD}=\frac{\frac{r_{xx}+r_{yy}}{2}-r_{xy}}{1-r_{xy}}=\frac{\frac{0.80+0.90}{2}-0.60}{1-0.60}=0.625$$

由此公式中，不難看出一個令人驚奇的結論：當其他條件等同時，分數 X 和分數 Y 之間的相關越高，差異分數的信度 r_{DD} 就越小。例如，當信度平均值為 0.90，相關係數為 .80 時，r_{DD} 只有 .50。對此可作如下解釋：X、Y 都由真分數和測量誤差組成，那麼 X、Y 的差異就會反映出由真分數引起的差異和由測量誤差引起的差異。X、Y 相關越高，由此實得分數估計出的真分數彼此的區間覆蓋面就越大。因此，X、Y 間的差異主要就得歸因於測量誤差；也就是說，實得分數的大多數變異是由誤差造成的，因此測驗的可靠性低，其信度值也就越小。

這種差異分數的信度低於兩個原測驗信度平均值的現象是普遍的。無論比較不同個體的測驗分數，還是比較同一個體在不同能力上的分數，都要小心謹慎。故此，差異分數的信度較低的這個現實，不宜於用差異解釋結果。

不過，為了說明個人在同一總體內兩種測驗上表現的優劣，我們可以用測量標準誤來檢驗其差異的顯著性，常用公式如下：

$$SE_d = \sqrt{SEM_1^2 + SEM_2^2}$$ 〔公式 6-15〕

SE_d：兩個分數之間差異的標準誤差
SEM_1 和 SEM_2：兩個測驗分數的測量標準誤

當兩個測驗出自一個大的測驗總體，其總體 (S) 為已知，公式 6-15 可改寫為：

$$SE_d = S\sqrt{2 - r_{11} - r_{22}}$$ 〔公式 6-16〕

由於兩個分數都存在偶然誤差的影響，所以兩個分數之間差異的標準誤要大於其中任何一個分數的測量標準誤。下面以在韋氏智力量表上言語智力和操作智力為例來加以說明。

假定兩個分數的分半信度分別為 0.97 和 0.93，表示韋氏智力量表離差智商的平均數為 100，總體人數為 15。因此，兩個智力分數之間的差異標準誤能夠得出如下：

$$SE_d = 15\sqrt{2 - 0.97 - 0.93} = 4.74$$

為了確定在 0.05 顯著性水平上，由偶然誤差造成的分數差異為多大，我們把差異標準誤 (4.74) 乘以 1.96，結果為 9.29 分，即近似 10 分。由此可以得出結論：一個人在韋氏智力量表上的言語智力和操作智力之間的差異至少為 10 分，才能達到 0.05 顯著性水平。

第三節　影響信度的因素

信度是評定測驗質量的一個重要標準。如果不清楚一個測驗為什麼可信或為什麼不可信的原因,就很難正確地解釋有關信度的資訊,同時也很難有的放矢地改善測驗的質量。因此,盡可能地瞭解影響信度的因素有重要的實踐意義。要使測量準確可靠,必須減小誤差;要控制誤差,必須瞭解誤差的來源:受試者、測驗本身、和施測過程。這一節就從誤差來源方面介紹幾種影響測驗信度係數的重要因素。

一、受試群體的特徵

　　心理測驗的主要作用一般在於測量個體差異,若受試群體在作為測量目標的特質上彼此差異很大,即受試者群體的異質性很高,那麼所得的測驗分數分布範圍就大。相應地,個體所得分數與群體平均分的差異,即離均差也大。若使這一群體受測兩次,從統計原理來看,兩次施測結果間的相關也會較高。因此,異質性高的群體,測驗分數的離均差大,其測驗的信度也相應地較高。

　　與此相反,當受試群體的同質性很高而個體差異又很小時,其測驗結果必然彼此接近,兩次測驗成績的波動主要受隨機因素影響,相關係數必然很低。這也就能解釋,為什麼我們以 300 名大學二年級學生為預測樣本的時候,兩種能力傾向測驗,例如,言語理解測驗和算術推理測驗之間的相關常常很低。其實,這並不一定是由於兩個測驗工具本身之間的相關很低,而是因為實施於兩個高度同質的樣本,導致了低相關的結果。相反,如果將這兩個測驗實施於 300 個異質性的被試樣本,包括從智力落後患者到大學畢業生,則二者之間無疑會獲得較高的相關。

　　既然測驗的信度係數與樣本團體的異質程度有關,因此我們在使用測驗時,不能認為當測驗在一個團體中獲得較高的信度時,在另一個團體中也必然具有較高的信度。這再一次說明信度不是某一個測量工具所固有的屬性,而是對某一次測量結果的質量評定。測量工具的質量對它有重要影響,但它不是唯一的決定因素。因此,當使用一個測驗於異質性團體時,往往需要重新確定測驗的信度,下面的公式可用以推算出新的信度係數

$$r_{nn} = 1 - \frac{S_o^2(1-r_{oo})}{S_n^2} \qquad 〔公式\ 6\text{-}17〕$$

r_{nn}：新的信度係數　　　　S_n：異質團體分數的變異
S_o：本團體分數的變異　　　r_{oo}：信度係數

二、測驗本身的特徵

前面談到，題目的內部一致性和題目的數量是影響測驗的內部一致性信度的重要因素。同時在述及信度理論中，信度係數的大小視測驗分數的變異程度而定。分數變異程度小的測驗，其所估計的信度將比分數變異程度大的測驗為低。以下將討論測驗本身的兩個特徵即測驗長度與測驗難度二方面對測驗信度的影響。

（一）　測驗長度

一般情況下，多數良好的測驗都是只注重測量個體的一個特質或屬性，因此為了有效地影響測驗信度，我們就可以很好地關注測驗長度問題。**測驗長度** (length of test) 是指測驗中包含了多少題目。通常改變測驗長度，目的是增加同質性題目來改進測驗信度。本章前面介紹分半信度時曾講過，計算信度的斯皮爾曼-布朗公式（見公式 6-5）可用以預測增加的題目數量對信度影響的大小。

下表顯示，假設某一個有 10 道題目的測驗其信度為 .33 或另一個有 5 道題目的測驗其信度為 0.20，當測驗題目增加時，其信度的變化情況：

表 6-11　測驗長度與測驗信度的關係

項目數量	5	10	20	40	80	160	320	640	∞
信度係數	0.20	0.33	0.50	0.67	0.80	0.89	0.94	0.97	1.00

(採自 Ebel，1979)

由公式 6-5 和上表可知，測驗長度越長，越具可信度。因大量同質性的內容較具代表性，測驗分數受到猜測的影響也就越小。因此，測量的分數更能反映所預測特質的真正差異。不過在實際工作中，由於時間、經濟等條件的限制，以及它將帶來過於繁重的工作量，故無限地增加題目數以增進測驗信度是不可能的；況且測驗過長也會導致受試者的厭倦、疲勞、不合作態度等,更影響測驗的可靠性。因此只有適量增加與原測驗同質的題目,才能行之有效地改進信度。

(二) 測驗難度

測驗難度 (difficulty of test) 即測驗題目的難易程度。測驗難度與信度沒有直接的對應關係,但是它也能對信度產生影響,這與受試團體的平均水平有關。若測驗對一個團體來說太難,難到幾乎大家都不會,或太易,易如反掌人人都答對時,則分數的分布範圍就會縮小,從而影響到實得分數的離均差,造成信度係數降低。顯然只有當測驗的難度水平可以使測驗分數的分布範圍最大時,測驗的信度才會最高,通常這個難度水平為 0.5～0.6。

當測驗過難、且題目形式為選擇題、同時測驗指導語中並不阻止、甚或反而鼓勵猜測時,受試者就有可能憑猜測作答,有很高的隨機作答率,從而也會降低信度。因此,如果題目確實允許猜測,應使整個測驗稍容易一點,以減少猜測機會,或採取懲罰性措施杜絕猜測,從而盡可能地增加測驗的可靠性。洛德 (Lord, 1980) 提出在學績測驗中,為了保證其可靠性,各類選擇題的理想平均難度為:五選題為 0.70,四選題為 0.74,三選題為 0.77,是非題為 0.85。

在實際工作中影響信度的因素遠不止上述這些,無論我們是多麼嚴格地按照手冊進行所謂"標準化"的施測,總會與測驗手冊所提到的施測情境有所不同,所以信度的變化也是無法避免的。從這裡我們也可以進一步瞭解,信度指的是使用某種測量工具所獲得的測量結果是否可信,而不是指測量工具本身。因此,更為恰當的說法應該是測量學家羅雷很早以前就指出的,"必須建立一種概念,工具本身既不是可信的,也不是不可信的……一個簡單的工具可以得到可信的分數,也可以得到不可信的分數" (Rowley, 1976)。準此而論,信度指的是"測驗得分"的或"測驗結果"的信度,而不是"測驗本身"或"測量工具"的信度。

如此看來,每個測驗在手冊上報告信度係數時,都應該同時充分地說明確定信度係數時受試團體類型以及其他影響因素。應該特別注意樣本的變異性和能力水平。所報告的信度係數僅僅在兩次的樣本相類似時才是適用的。為此,測驗編製中一種合乎需要、日益增多的做法是,按照年齡、性別、年級水平、職業等等,把標準化樣本分成幾個較為同質的亞團體,分別報告每個亞團體的信度係數。例如，以兩個亞團體的研究為例，可以獲得整個樣本的綜合的信度估計。

三、估計信度的方法選擇

在第一節我們已經介紹過五種估計信度的方法，每種方法都在說明測驗誤差的不同來源，有多少種影響測驗分數的條件，就有多少種測驗信度。從這一觀點來看信度的大小和選擇估計信度的方法有密切關係。

估計信度的方法選擇，應以測驗的目的為依據。採用不同的方法會得到不同的信度值，每種方法都有它的可能誤差。如採用再測信度或複本信度，時間取樣是造成誤差的主要原因，當時間間隔越短，學習、記憶、遷移等效應越不顯著，信度係數也因此越大。而時間間隔越長，由於學習、發展、教育等外界因素的介入加多，同時每個人所受影響也不相等，因而兩次測驗的相關較弱，從而會低估了測驗的信度。相反，校正過的分半信度以及同質性信度受到外界無關因素的影響以及各種效應相對都比較小，因而得到的信度值較大。根據這種情況，當我們需要將測驗成績作為長期參考時，就必須估計分數的穩定性，此時應採取再測信度；當由幾位主考官同時給考生評分以做出用人決策時，則須計算評分者信度。有時，也有些測驗同時需要幾種信度指標。總之，選擇哪種方法來估計信度，應該更注重於測驗目的，而不是測驗分數本身。

四、增進測驗信度的方法

在實際編製和使用測驗過程中，為保證測驗信度可採取的有效方法，除上述幾個因素能夠影響到測驗的信度外，前面論及的各種測驗誤差，諸如個體的各種特徵，施測過程中的條件，主試者效應等等，都會或多或少地對信度產生影響。因此，在對信度係數進行解釋時，必須對這些影響信度的可能因素充分加以注意。在實際的測驗編製和使用過程中，針對這些可能因素，可以採取下列一些增進信度的有效方法：

1. 收集信度資料時，必須考慮到所選受試者樣本的代表性，儘量使其個體差異的範圍較大，意即使其具有較高的異質性程度。

2. 測驗的編製必須有明確的目的性，同時保證測驗具有一定的長度。若測驗信度不夠理想，可考慮增加一些同質性題目或視具體情況壓縮一些代表性較小的試題。此外，注意題目的區分度要好，題目難度要適中，不要太難或太易。

3. 儘量使測驗編製和施測過程客觀化，標準化。如題目用詞意義明確，指導語明白統一，對主試進行嚴格培訓，控制環境中的溫度、光線、噪音、通風等因素；並注意排除意外干擾，穩定受試者的情緒等。

4. 對測驗結果的評分必須把握統一明確的標準。一方面可注意提高評分者的素質，另一方面可適當增加測驗中客觀題的數量。

第四節　特殊的信度問題

在第一節裡我們介紹五種估計信度的方法。但是下列幾種測驗，因其性質較特殊，不宜採用傳統的方法來估計測驗信度，故而專列一節予以討論。

一、難度測驗與速度測驗的信度

最常見的測驗一般是要求受試者在一定時間內完成一定數量難度不等的題目。這類測驗是介於純粹的難度測驗和純粹的速度測驗之間的。

純粹的**難度測驗**(power test) 不受時間限制，測驗內容是由一系列難度逐步加深的題目組成，要求受試者竭其所能地去完成它。測驗的目的在於考察受試者的知識和能力的最高水準。但是，這其中也有可能反映出一定程度的猜測、機遇等因素。對這種測驗主要是避免學習效應，所以再測信度不能應用。

所謂**速度測驗**(speed test) 是要求受試者在一定時限內完成非常大量、但同時也非常容易的題目。這種測驗的目的在於考察受試者的反應速度。純粹的速度測驗由一些非常容易的題目組成，全部這些題目的難度都在可以達到的難度水平之內。但在做測驗時，時間有嚴格限制，幾乎沒有人能在限定的時間內完成所有的題目。個體間的差異只靠做題目的速度來區別和表現。如小學常用的速算測驗。

速度測驗的信度計算比較特殊。分半信度和同質性信度都不適用於速度測驗。因為題目非常簡單，受試者在已完成的題目上基本不會出現錯誤，因此奇偶分半信度幾乎為 1.0，同時因為題量太大，受試者肯定多少會有些題目來不及完成，這樣就無法計算每一題的有效相關，因而無從得到同質性信度。然而，一般不大常用的再測信度和複本信度，在速度測驗上卻能擺脫許多原有的干擾因素。例如，由於時間太緊張根本來不及記憶，使得保持效應在此幾乎不起作用；並且測驗內容的等值性相對比較容易，因此使用再測信度或複本信度都較為可靠。

若限於條件再測或製作複本難以實現，則可考慮採用如下策略：施測前將測驗分半，時限亦分半，要求受試者分別在二級時限內完成測驗，這樣我們就可得到分半信度值。如果測驗分半有困難，可一次施測，每過 1/4 時限的時間便讓受試者在正進行著的題目上做個記號。最後分別合併第一和第四個 1/4 時限的結果，將它與第二和第三個 1/4 時限的結果之和求相關，從而得出分半信度。

二、合成分信度

有時我們需要將幾個測驗的分數合成為一個總分數，並以此來評估個體差異，即**合成分**(或組合分數) (composite score)。合成分或來自於幾個分數的總和或平均或加權平均，或者來自於一個測驗內數個分測驗的分數總和或平均值。合成分數往往比構成合成測驗的各分測驗的分數更加可信。尤其是各分測驗之間同質性越高、其相關也越高時，由這些測驗組成的測驗總分的可信度也越高。

通常，計算**合成分信度** (composite reliability) 的公式如下：

$$r_{ss}=\frac{k-(k\bar{r}_{ii})}{1-k+[(k^2-k)\bar{r}_{ij}]}$$

〔公式 6-18〕

r_{ss}：合成分信度
$\bar{r}_{ii}$：各分測驗的平均信度
k：分測驗的數目
$\bar{r}_{ij}$：各分測驗間的平均相關

例如，假定三個分測驗的信度分別為 0.70，0.75 和 0.80，若三個分測驗的平均相關為 0.39，那麼，這三個分測驗的合成分的信度將為 0.85；若這三個測驗間的平均相關係數為 0.65，那麼，利用公式，可以求得這三個測驗的合成分信度為 0.89。

合成分信度通常要高於分測驗信度。而且，合併的分測驗越多，同時各分測驗的相關越高，合成分信度相應地也越高。這與增加同質性的題目以提高單一測驗的信度是同一道理。相反，若一個測驗有幾個分測驗，卻只有一個總的信度估計值時，並不能認為分測驗分數與合成分數一樣可靠。因此，測驗使用者不能簡單地根據一個總的信度值在分測驗上做推論。

三、標準參照測驗的信度

傳統的信度概念是屬於常模參照測驗的，常模參照測驗的目的在於區分受試者同在某一特質方面程度的不同，測驗分數上的個別差異越大，測驗的信度值越高，如智力測驗。而標準參照測驗的目的是鑑別受試者是否達到既定標準以判斷通過與否。在這種情況下，傳統上確定再測信度，複本信度，內部一致性信度的相關法都不適用。

測量標準參照測驗的信度的最簡便的方法是以複本的形式進行再測，計算兩次測試得到同樣決策的人數的百分比，稱為**一致性係數** (coefficient of agreement)。

本 章 摘 要

1. 測驗**信度**指同一個測驗多次施測所得結果的一致性，或者說是測驗結果的**一致性**和**穩定性**的程度。經典測驗理論對信度的定義是：真分數的變異在測驗實得分數的總變異中所占比例。
2. 測驗信度不能從信度的定義中直接求出，但可以通過其他方法對信度的大小作出估計。依據不同的評估方法，常用的信度有：**再測信度**、**複本信度**、**分半信度**、**內部一致性信度**、和**評分者信度**。
3. 不同的信度在不同的場合下使用，各有其優缺點，而且對於同一個測驗採用不同的方法計算出的信度值也不相同。在計算測驗的信度時，要注意選用適合的信度估計方法。
4. **信度係數**的作用在於評價測量結果和解釋測驗分數，在精確的解釋測驗分數時需指出**測量標準誤**。
5. **測量標準誤**是在一組測量分數中誤差分布的標準差，測量的信度越高，其標準差越小；信度越低，則其標準差越大。
6. 信度與受試群體的同質性程度有反比關係，即受試群體的異質性越高，信度係數也越高；**測驗長度**增加即同質性的題目增加，可以提高測驗信度。而**測驗難度**水平過高或過低，測驗的信度會降低。
7. **速度測驗**和**難度測驗**在計算信度時有所不同，對速度測驗使用**再測信度**或**複本信度**較為可靠。難度測驗為避免學習效應，不宜採用再測信度。
8. 對於幾個測驗的分數可以根據一定的公式加以合成為一個總分數，稱為**合成分**，再求出合成分的信度。**合成分信度**高於單個測驗的信度。
9. 通過兩個測驗之間的差異可以計算出差異分數的信度。當其他條件相同時，兩個測驗之間分數的相關越高，差異分數的信度就越小。
10. 測量標準參照測驗的信度的最簡便方法是以複本的形式進行再測，計算兩次測試得到同樣決策的人數的百分比，稱為**一致性係數**。

建議參考資料

1. 林幸台 (譯，1983)：心理測量導論。台北市：五南圖書公司。
2. 葉佩華等 (1982)：教育統計學。北京市：人民教育出版社。
3. 謝小慶 (1995)：關於 HSK 信度的進一步研究。見漢語水平考試研究論文集，第 92～111 頁。北京市：現代出版社。
4. 簡茂發 (2002)：心理測驗與統計方法 (第三版)。台北市：五南圖書公司。
5. Beech, J. R., & Harding, L. (1992). *Testing people: A practical guide to psychometrics*. Worcester: Biling & Sons.
6. Cohen, R. J., & Swerdlik, M. E. (2005). *Psychological testing and assessment* (6th ed.). NY: McGraw-Hill.
7. Domino, G., & Domino, M. L. (2006). *Psychological testing: An introduction* (2nd ed.). England: Cambridge University.
8. Murphy, K. R., & Davidshofer, C. O. (1998). *Psychological testing: Principles & applications* (4th ed.). New Jersey: Prentice-Hall.
9. Shum, D., & O'Gorman, J. (2006). *Psychological testing and assessment*. New York: Oxford University.
10. Thorndike, R. M. (2004). *Measuremet and evaluation in psychology and education* (7th ed.). New Jersey: Prentice Hall.
11. Zeidner, M., & Most, R. (Ed.). (1992). *Psychological testing: An inside view*. Palo Alto, CA: Consulting Psychologists Press.

第七章

測驗的效度

本章內容細目

第一節　效度的概念
一、什麼是效度　209
二、效度的測量學定義　210
三、效度和信度的關係　211
四、效度概念的演變趨勢　212

第二節　內容效度
一、內容效度的意義　213
二、內容效度的評估　213
　(一) 評估內容效度的過程
　(二) 內容效度的判斷方法
三、內容效度與表面效度　216
四、內容效度的應用　217

第三節　效標關聯效度
一、效度標準的意義　218
二、效標關聯效度的評估　219
　(一) 相關法
　(二) 團體區分的統計檢驗法
　(三) 預期表
三、效標關聯效度的應用　224
四、影響測驗預測功能的因素　227
　(一) 基礎率
　(二) 錄取率
　(三) 切割分數的確定
　(四) 效度和錄取率與正確選擇的關係

第四節　構想效度
一、構想效度的概念　232
　(一) 心理學上構想的含意
　(二) 構想效度的意義
二、構想效度的評估　233
　(一) 相關法
　(二) 因素分析
　(三) 實驗操作
　(四) 內部一致性分析
　(五) 多特質-多方法矩陣研究

第五節　統一的效度概念
一、內容效度和構想效度　238
二、效標關聯效度和構想效度　239
三、構想的價值含義　241
四、測驗應用的潛在影響　243
五、影響測驗效度的因素　243
　(一) 信度因素的制約
　(二) 受試者群體的性質
　(三) 效標測量的質量
　(四) 效度評估方法的選取

本章摘要

建議參考資料

前一章談到測驗的信度高表明測驗的結果具有穩定性。然而，保證了測驗的信度並不意味著就保證了測驗的質量。如同打靶，假定槍手的每一發子彈都打在靶心旁邊的某個方位上，彈孔密集，說明他射擊的穩定性很高，但是他偏離了靶心，即使子彈打得非常集中，對於射擊目標來說，也是無效的。能否準確地達到測量目標是心理測驗的一個重要質量，稱為效度。例如，智力測驗所測定的必須代表受試者的能力而非知識。

效度和信度是評價測驗質量的兩個重要指標。依據經典測驗理論的真分數模型 $X=T+E$，測驗的實得分數等於真分數與測量誤差之和。但誤差包括隨機誤差和系統誤差兩部分，信度考慮的只是隨機誤差對測量的影響，而效度則同時考慮隨機誤差和系統誤差兩方面的影響。因此信度高的測驗其效度不一定高，但效度高的測驗其信度必然也高。信度高只是為效度高提供了可能性，它是效度高的必要條件，但不是充分條件，效度在測驗編製和使用中是更須加以重視的質量要求。

早期對於效度強調測驗分數與效標之間的統計相關。隨著測量理論和實踐的發展，效度概念包含了更為豐富的內容，針對不同的具體測驗目標出現了多種效度概念，在實踐中普遍應用的三種效度是：內容效度，效標關聯效度和構想效度。而隨著心理和教育測驗的發展，對測驗分數的解釋和應用日益受到重視，效度概念又有了新發展。效度不再被看作只是某個具體測量工具的一個特性，而是擴展到根據測量結果所做出的某個特定推論的有效性。所謂測驗有效應該指的是分數的意義或者對分數的解釋有效，它涉及到由這個意義和解釋所引發的行為有效。確證效度的過程就是收集證據從而為測驗結果的解釋提供一個合理的、科學的依據的過程。被評估的是對測量結果或對測驗分數所作的解釋，而不是測量工具本身。確證效度的過程不是全或無的問題，而是一個程度大小的問題。

本章主要討論以下幾個方面的內容：

1. 效度概念及其演變趨勢。

2. 傳統的三種效度類型：內容效度、效標關聯效度、構想效度的概念及其評估方法。

3. 現代效度理論：單一效度。

4. 影響測驗效度的因素。

第一節　效度的概念

　　當個人、教師、父母、醫生、輔導或諮商人員想要對某人的心理能力或心理特質有客觀的瞭解，以便進一步做決策時，往往施以測驗。而測驗的結果必須要能回答最初做測驗時想要知道的問題才有效用。人類的心理能力與特質是非常複雜的，在心理學家的努力下，加上統計學的發展以及計算工具的進步，已逐漸能夠應用測驗去正確且客觀的觀測心理特質了。然而不同測驗能觀測心理特質的程度並不完全相等，這就是測驗的效度問題。以下就效度的普遍性觀念以及在測量學中的定義分別加以概述。

一、什麼是效度

　　效度 (validity) 也稱有效性，即測驗能夠測出所欲測量屬性的程度。換句話說，效度就是測驗使用者的預定目的與實測結果相吻合的程度。例如，我們意欲評定某班學生的數學解題能力，而採用的是一份英文的數學試卷，那麼儘管測驗結果對學生作了區分，然而作為區分標準的分數，顯然並不單純是學生數學能力的反映，它同時還受到學生英文水平的影響。因此，根據這個測驗結果評定出來的學生數學能力，自然是不準確的，這時我們便說該測驗缺乏效度。由此可見，效度這個指標是一個良好測驗必備的最為重要的屬性。即使一個測驗具備了很多優點，但若其缺乏效度，那麼測驗結果便與測驗使用者的目標相去甚遠，致使該測驗在此失去了意義。

　　一個測驗的效度大小並不是絕對不變的，既然它與測驗應用的特定目的息息相關，那麼，同一個測驗用於不同的目的，自然就具有不同的效度。例如，一個智力測驗可以被用於測量心理能力、預測學習成就或是診斷腦部受傷的情況。依據這三種不同的使用目的，就需要建立不同的效度數據。任何一個測驗工具都不可能對所有心理特性的測量全部有效，例如一個編製良好的學習成績測驗，可以有效地測出學生的學習成績，但若用於測量學生的人格品質，其效度就很讓人懷疑了。因此，即使是使用同一個測量工具，如果是出於不同的目的,得到不同的結果,那麼對不同結果的解釋,就需要分別證明其效度。也就是說,需要證明有效的是:對某一次測驗結果得出的解釋的有效性,而不是籠統地考察某一個測驗的有效性。

二、效度的測量學定義

前面第四章介紹經典測驗理論在**真分數** (truescore) 模型的基礎上將效度定義為:與測量目標有關的真分數的變異數與實得分數的變異數之比。經典測量理論將任何一個測驗成績都看作是真分數和測量誤差之和:X=T+E(見公式 4-1)。

由真分數模型的演變而推知:實得分數變異數等於真分數變異數加上誤差變異數,可由下式表示:

$$S_X^2 = S_T^2 + S_E^2 \qquad 〔公式\ 7\text{-}1〕$$

S_X^2:實得分數的變異數
S_T^2:真分數的變異數
S_E^2:誤差變異數

我們知道,誤差包括隨機誤差和系統誤差兩部分。這裡所說的誤差變異數只涉及隨機誤差的變異,系統誤差的變異則包含在真分數的變異中(見第四章第一節)。真分數的變異數可分解為,由欲測特質引起的有效變異和來自與欲測特質無關但卻穩定的系統誤差所引起的變異,以下式表示:

$$S_T^2 = S_V^2 + S_I^2 \qquad 〔公式\ 7\text{-}2〕$$

S_T^2:真分數的變異數
S_V^2:有效變異數
S_I^2:系統誤差變異數

綜合公式 7-1 和公式 7-2 可得:

$$S_X^2 = S_V^2 + S_I^2 + S_E^2 \qquad 〔公式\ 7\text{-}3〕$$

由此可見,一組測驗分數的總變異數包含:(1) 與測量目的有關的有效變異數;(2) 與測量目的無關但卻穩定的系統誤差變異數;(3) 隨機誤差變異數三部分共同決定的。

故而在測量學中,效度 (r_{xy}) 就被定義為與測量目的有關的有效變異 (S_V^2) 與實得分數總變異 (S_X^2) 之比,此一比數即稱為**效度係數** (validity coefficient)。其公式如下:

$$r_{XY}=\frac{S_V^2}{S_X^2} \qquad 〔公式\ 7\text{-}4〕$$

三、效度和信度的關係

效度與信度的測量學定義均從真分數模型而來,從中我們可以看出,信度只考慮隨機誤差對測量的影響,效度則同時受到隨機誤差和系統誤差兩方面的影響。因此,當測量的隨機誤差減小時,真分數變異的比例相對增大,測驗的信度便隨之提高。同時真分數變異的提高為效度的增強提供了必要的前提,但是否真正地增強卻不一定,因為還要看系統誤差,它可能大也可能小,因此不能保證有效變異一定就增加。反之,當測量的有效變異加大時,真分數變異也隨之增加,信度相應地也會得到改善。這就是說:效度高,信度必然也高;但信度高,效度卻未必就高。信度高只是為效度高提供了可能性,它是效度高的必要條件,但不是充分條件。因此,評價一個測驗的質量好壞,或試圖改進和完善一個測驗以提高其質量,均須主要地從其效度資料入手。獲得效度數據常常是一項昂貴、費時並且困難的任務,但若想對測驗分數做出明確的有意義的解釋,它卻是必要的。

同時,根據信度和效度的測量學定義,可得如下公式:

$$r_{XX}=\frac{S_T^2}{S_X^2}=\frac{(S_V^2+S_I^2)}{S_X^2}=\frac{S_V^2}{S_X^2}+\frac{S_I^2}{S_X^2}=r_{XY}+\frac{S_I^2}{S_X^2} \quad 〔公式\ 7\text{-}5〕$$

$$\because S_I^2\ /\ S_X^2>0 \qquad \therefore r_{XX}>r_{XY}$$

由此可見,將信度減去系統誤差變異與實得分數總變異的比例即可得到效度。一個測驗的效度並不獨立於信度而存在,其最大值總要受其信度大小的制約。

四、效度概念的演變趨勢

　　效度的概念一直處於不斷發展變化中。早期的效度強調測驗成績與效標之間的統計相關。當時人們認為，只要一個測驗與某事物相關，那麼對於該事物來說它就是有效的。這時的效度概念是簡單和初級的，相關係數被賦予絕對化的意義。隨著測量理論和實踐的發展，效度概念包含了更為豐富的內容。到了 20 世紀 40、50 年代，效度被分成四類：內容效度、構想效度、預測效度和同時效度。由於預測效度和同時效度所考察的都是測驗結果與另一客觀效標間的相關程度，因此，1966 年美國心理學會 (APA)、美國教育研究學會 (AERA) 和國家教育測量委員會 (NCME) 聯合出版的《教育與心理測驗的標準和指南》將效度類型簡化為效標關聯效度、構想效度和內容效度三種。時至今日，這種效度分類依然為一般分類方法廣泛採用。同時，更新的效度概念又開始強調效度並不是測驗或評估手段本身的特性，而是測驗成績所具意義的特性。應該有效的是分數的意義或者對分數的解釋，以及任何這一意義將要引發的行為。另外，人們開始試圖將不同的效度類型統合起來，逐漸形成一個統一而豐富的概念，由此出現了一種單一效度概念的理論趨勢。

　　在介紹新的單一效度概念之前，我們先把實踐中普遍應用的傳統的三類效度：內容效度，效標關聯效度和構想效度，分作三節予以分析和說明。

第二節　內容效度

　　當教師給學生做一個數學成就測驗，以確定學生目前的數學程度時，該測驗是否能測得到教師所希望測量的那種能力的程度，就需要注意測驗的內容效度。本節將詳述內容效度的意義、估計方法及其實際上的應用。

一、內容效度的意義

如果一個有關藝術創造的評量表，而教師僅以學生的素描繪畫來評定等級，那麼這個量表的內容效度就非常低了。所謂**內容效度** (content validity) 指的是測驗內容對測驗目的的適合程度，測驗題目在多大程度上代表了所要測量的全部內容。我們需要確定測驗的內容是否符合要求，是否為所欲測量的行為領域的**代表性樣本** (representative sample) 即從整體中抽出的樣本，其特徵與總體類似，因而這個樣本可用以代表總體。例如，從一個由二十道包括加、減、乘、除、和四則運算題目構成的算術測驗中，將所有除法的題目都換成減法題，這張改動後的測驗卷，由於缺少了除法，內容不再能涵蓋算術運算中全面的技能，不足以代表算術運算中的總體概況，它已無法根據其測驗分數來評定受試者的算術能力，該測驗的內容效度就降低了。

測驗的內容效度的高低除取樣須具有代表性外，同時依賴於測驗本身的結構、要求受試者對試題做出反應的方式和分析受試者的認知過程。例如，為考察學生的化學實驗能力，給學生施測一份有關實驗知識的紙筆測驗，結果是儘管某個學生獲得良好的成績，我們也只能說他對化學實驗的有關知識掌握得很好，並不能說他的化學實驗能力就一定很強。再如，一份高中化學試卷中，如果只測量受試者對材料的記憶和理解，而不分析綜合能力與聯繫實際操作，同樣也不能說具有良好的內容效度。因此，編測驗時其測量的內容不僅要符合學科或課程的主題與範圍，即包括主要知識性材料 (如小數的加減乘除與四則運算)，同時還應符合教學的目標，即對知識的理解、應用、分析、綜合、評價等認知能力的增強。

二、內容效度的評估

對於一個測驗來講，只有對其內容範圍的邊界和測驗結構都明確之後，才能有效地評估其內容效度。以下將從內容效度的評估過程與內容效度的判斷方法兩方面來討論內容效度的評估。

(一) 評估內容效度的過程

評估內容效度包括三個基本過程：

1. 詳細描述欲測量心理特質的定義，以限定測驗內容的範圍 第一步是應盡可能詳盡地描述和解釋所欲測量心理特質的構成因素，為內容範圍的界定提供依據。如若測驗目的在於預測工作表現、檢驗某項工作或專業的知識水平和技能水平，那麼限定測驗內容範圍的依據便是通過工作任務分析等方法，得到從事該工作或專業的必備條件與特質，包括什麼，不包括什麼，以及其涵蓋的各種狀況；若測驗目的在於檢驗某次特殊訓練或教學的效果，那麼課程的主要內容或實際的課堂經驗便可用以作為界定內容範圍的依據。以教育測驗為例，通常都會根據教材內容與教學目標製作**雙向細目表**(請見第五章第一節)，用以評估測驗的內容效度。教材內容是教材的主題與範圍，教學目標則是指預定學生行為的改變。製成雙向細目表，可以明確表示測驗應包括的課程內容、教學目標以及各類題目所占比例。

2. 明確測驗中每一道題與預定測量的特質相符合的程度 分析測驗中每一個題目，確定它們涉及的知識和技能是否在檢驗的範圍內，同時檢驗同類題目的數量和分數在測驗中所占的比例。專家評定哪個項目或哪道題目應包括在測驗中，不是等全部測驗編完後才檢驗測驗的題目是否游移於測驗範圍之外，而是從測驗編製一開始，就應共同來確定考試範圍作為代表的一組題目構成內容樣本訂成評分程式等，以內容導向來編製測驗而不是等測驗編製完再來評定測驗的內容效度。

3. 評判測驗整體與預定測量特質相符合的程度 對照內容範圍的細目表，逐題分析測驗的內容和結構，製定評定量表，從測驗內容在有關的內容領域中所占比率、各測驗的結構與其內容範圍的結構類似程度、題目形式對內容的適宜性等各個方面，對測驗的內容效度做出總的評判。

舉一個最簡單的例子來做說明。表 7-1 是中學數學第二單元成就測驗的雙向細目表。表中的題數可表示每項教材內容主題與教學目標的相對重要性。如果測驗是測量教材內容的有代表性樣本，則應有 20 題是屬於整數的加法，14 題是整數的減法，21 題是整數的乘法，其餘類推。如果測驗是測量行為改變的有代表性樣本,則應有 24 題是屬於知識的記憶,52 題是概念的理解,以及 24 道概念應用題,其餘類推。可見,判斷內容效度不僅包括測驗的內容,而且,也分析回答題目所用的心理歷程。

表 7-1　數學成就測驗雙向細目表

教材內容	教學目標 知識	教學目標 理解	教學目標 應用	合計題數
1. 整數的加法	4	10	6	20
2. 整數的減法	4	7	3	14
3. 整數的乘法	5	12	4	21
4. 因數與倍數	7	15	5	27
5. 分數的四則運算	4	8	6	18
合計題數	24	52	24	**100**

(二)　內容效度的判斷方法

1. 依據內容範圍而對內容效度做出判斷,並非人人可為,具體方法是請專家來作判斷。這裡存在的主要問題是內容效度是判斷測量題目的取樣代表性,所以估計它的效度難以用數量化來表示,由於缺乏一種數量化指標來描述效度的高低,不同專家的判斷就可能很不一致,內容範圍缺乏明確的界定也有礙於內容效度的確定。在一般測驗手冊中,討論內容效度時,應該對於確定內容範圍的邊界和結構的程序,參與判斷的專家人數和專業水平,不同專家判斷的一致性程度以及專家判斷的時間,教材和大綱的數量、性質以及出版時間等都給出說明。

2. 評定內容效度亦可採用經驗的方法,檢查不同年級的學生在測驗上的得分及每題總分變化的情況。一般來說,如果學生的分數和題目通過率隨年級而增高,就可推斷說測驗基本上測量了學校的教學內容和目標,表明測驗具有內容效度。

3. 另外一種方法是將某一測驗施測於一組受試者,該組受試者對所測的內容範圍所知甚少,故得分很低;然後令該組受試者參加有關知識的特定訓練和學習,然後再測同一試題。如果進步極為明顯,則說明該測驗測量的是所教知識,因而具有較好的內容效度。

4. 一組受試者在兩個獨立的、取自同一內容範圍的測驗複本上的得分之間的相關大小，亦可作為內容效度的量化指標。相關高，說明測驗具有內容效度；相關低，則說明兩個測驗中至少有一個缺乏內容效度。

三、內容效度與表面效度

內容效度和表面效度經常相混淆。所謂**表面效度** (surface validity) 是測驗的採用者或受試者根據測驗給人的第一印象，即對測驗是否有效所作的主觀判斷，只要表面上看起來測驗題目好像與測量目的相一致，他們就會認為測驗具有效度，這是一種非專業性的直觀判斷。一般而言，具有內容效度的測驗，通常也具有表面效度。但是，反之卻不盡然。這種表面效度並不是內容效度，充其量講也只是最初始的和最粗糙的內容效度指標。與表面效度相比，內容效度是由專家考慮到題目與測量的內容總體之間的邏輯關係，而對測驗做出詳盡和系統的評價，因此二者不能相提並論。

表面效度同樣沒有客觀的數量化指標，事實上，它也不能作為測驗效度的客觀指標。好的表面效度並不意味著好的測驗。表面效度高的測驗，卻可能並不適用於對所欲測的行為的評估。例如，一份歷史試卷，表面上看每一道題皆為歷史知識問答，效度似乎很高；然而由於整個試卷由古漢語構成，因此該試卷在測量學生的語文能力方面更為有效。甚至有時表面上與人格無關的語文測驗倒可能相當準確地測出受試者的人格因素。然而，表面效度並非毫無用處。當它影響到受試者的動機、主試和受試者間關係時，就變得非常重要了。可以設想，如果受試者主觀上感覺測驗與測驗的目的無關，或者覺得測驗題目莫名其妙、愚蠢幼稚，那麼受試者就會產生不認真配合、敷衍了事等反應，從而影響到測驗結果的可靠性和準確性。因此，一般說來，學業成績和智力測驗等測量最高行為的測驗要求有較高的表面效度，以加強受試者的成就動機，從而以最大努力去完成。對於人格測驗這種測量典型行為的測驗而言，情況則相反。表面效度太高，受試者能輕易看出測驗的目的，反而會產生掩飾真實想法、回答作假等反應偏差，同樣影響到對結果的分析。

由上可見，編製和使用測驗時，其表面效度亦不可忽視，必要時可注意加強或降低表面效度，以保證測驗結果的可靠性。修改測驗題目的語句使之看起來與應用情境有關或似乎無關，即可達到改變測驗表面效度的目的。但不可認為，改進了表面效度就可增加測驗客觀的效度水平。

四、內容效度的應用

　　內容效度多用於學科成就測驗，故又稱為**課程效度** (curricular validity)，對於**成就測驗**非常重要。如在教育工作中檢查學業成績的測驗或在訓練中評估某人獲得成就的測驗，都要求有較高的內容效度。成就測驗是測量受試者掌握某種技能或學習某種課程後達到教學目標的程度。實際編製測驗時，我們無法將所要測量的行為領域或課文內容的全部材料或情境都涵蓋於一個測驗之中，而只能選擇所欲測內容範圍內的一個代表性樣本。此樣本適當與否，則由其內容效度來表示。只有保證了內容效度，我們才能將測驗的結果推廣到整個內容範圍中去，如果發現測驗的樣本內容不一定有效，那麼就須用其他方法補充，如下節將介紹的效標關聯效度。但對於標準參照測驗而言，保證內容效度尤為必要。內容效度在性向測驗或人格測驗（見第十二章）上受重視的程度相對較弱一些。因為這些測驗很難詳細地描述其固定的內容範圍，同時它們反映了大量的過去經驗，而且其測驗題目的選擇更多地受某種理論假設的引導，因此通過檢驗內容而確定其效度幾乎是不可能的。

第三節　效標關聯效度

　　測驗是否有效直接關係到決策的正確與否，一個無效的測驗會導致對受試者的不公平和決策失敗。在這種情況下，確定一個測驗的效度的最簡單方法，就是檢驗測驗結果與決策結果之間的關聯程度。比如大學生入學測驗應能預測入學後的學習成就，即合格者預示著能勝任大學的學習；入學分數高者預示入大學後的學習成就也高。大學的學習成績便是驗證入學測驗效度的標準；又如用被招聘者的工作績效來檢驗人事選拔測驗的有效性等。上述大學學習成績和工作績效等這些用作檢驗測驗效度標準的參照物，就叫做**效度**

標準，簡稱**效標**。根據測驗結果與效標間相符合或相一致的關聯程度，稱為**效標關聯效度** (criterion-related validity)，簡稱**效標效度**。凡是在新編測驗與效標之間求得的相關係數，用以表示測驗效度高低程度者，稱為**效度係數** (validity coefficient)。為此，如何選擇恰當的效標，便構成了評估效標關聯效度的關鍵問題。

一、效度標準的意義

效度標準 (validity criterion) 簡稱**效標** (criterion) 是用於衡量決策正確與否的參照標準。它指與測驗結果有密切關係、可以被直接測量、並且用其結果與測驗結果作比較的某種行為。例如，編製學業性向測驗時可用學業成績為效標；編製機械性向測驗時可用熟練機工的作業表現為效標。常用的效標有：

1. 學習成績 如在校成績、學歷、教師評定、學業獎勵等，常被用作智力測驗、能力測驗的效標。

2. 工作績效 個人在工作中的實際表現往往是一些職業測驗、特殊能力測驗、人格測驗等的效標。

3. 特殊訓練成績 個體對特殊訓練計畫的完成情況、訓練後的成就測驗成績、指導老師的評定、正式安排工作的等級等都可用作能力傾向測驗的效標。

4. 臨床診斷和治療 對於那些通過智力測驗或人格測驗被認定的弱智或精神病患者，其臨床觀察和診斷就可以作為效標，以衡量智力測驗和人格測驗的有效性。此外，患者的精神病史以及患者經治療後的緩解狀態等，也都是有效的效標。

5. 團體比較 一般採用兩個在預測原分數上有差異的團體，比較他們在效標表現上的差別。根據測驗對人群做出預測和決策時，一般會使群體出現兩極化，一極是預測為好，決策為接納；一極是預測為差，決策為拒絕。選擇適當的效標，如日後成就等，再對這兩個極端團體在效標方面的差別進行比較，即可作為該測驗的效標效度大小的證明。例如，能力傾向測驗可以通過兩個極端團體成功率的比較而得到效度證明；興趣測驗可以將兩極端團體的職業選擇作為效標。

6. 已具備效度數據的測驗 一個新編測驗若和先前已有、目標一致且已被證實為有效的測驗之間存在著高相關,便可承認其有效。例如,比奈智力測驗多年來曾被一系列的智力測驗當作效標。

一個測驗可能會有不同的效標,不同的測量方法也會有不同的測量結果。如職業測驗,可以用員工的工作效率、產品質量、出勤率、事故率等不同指標作為效標。

效標具有時間性,因而有中間效標與最終效標之分。音樂學院的成績可以作為能力傾向測驗的效標,但這並不是最終的標準,作為一個音樂工作者其最終的音樂成就才是最終效標。顯然,獲得最終效標既費時又費力,況且即使得到了,其中也已經摻雜了許多其他因素的影響,使效標本身的可信度受到破壞。基於此,中間效標相對而言更為常用。

選擇效標的關鍵在於明確決策者的目標。假若決策者是想選拔出一批熟練工人,那麼入選工人在實際工作中的產品數量和質量便是合宜的效標;假若決策者是想從工人中選拔一批人去培訓,那麼便可用他們日後的學習成績作為效標。需要注意的是,效標本身也由測量而得,因此並不完美。它也受到各種測量誤差的影響。這就要求我們既要從實用的角度出發,採取最簡單省時和經濟的效度標準,同時亦須盡可能地控制各種誤差因素,避免可能發生的效標污染。所謂**效標污染** (criterion contamination) 是由於某種因素的影響,使得測驗的效標不再是一個準確的效標。例如,智力測驗分數常用來預測學生課業成績的等第,因而課業成績就可被用作智力測驗的效標。如果教師在事前已知道每位學生的智力測驗分數,因而在評定課業等第時受其影響,使學生成績的等第與其智力高低之間產生了教師個人主觀的人為因素的影響。在這種情況下,學生的課業等第就失去原來作為效標的價值。

二、效標關聯效度的評估

效標關聯效度是一個類別的概稱,它是以經驗的方法,經統計分析研究測驗分數與效標間的關係從而建立的效度。效標關聯效度的評估,可經由相關法、團體區分的統計檢驗法與預期表等三種方法取得,唯相關法中因效標與測驗時間的間隔長短不同，又可分為同時效度與預測效度二種評估方法，以下將分別略述之。

（一）相關法

相關法 (correlational method) 是探求兩個或更多的變數間相互關係的一種方法。以相關法評估效標效度有兩種一般策略：預測效度和同時效度。

1. 預測效度 **預測效度** (predictive validity) 是以測驗分數與施測過一段時間後，以實際行為表現為效標，由兩者的相關係數所決定的效度。例如，想要檢定某職業性向測驗的效度，可先將該測驗實行於一群對該職業的求職者，得到每一位求職者的測驗分數，過一段時間以後，再對錄取人員的工作績效進行測評作為確定效標，最後求兩次成績的相關，該相關係數的高低，即代表所編製職業性向測驗的預測效度。

2. 同時效度 在實際運用中，人們常用同時效度替代預測效度。**同時效度** (concurrent validity) 也是以測驗分數和效標分數之間的相關作為測驗的效度值，但其特點和可行性在於人群總體的測驗分和效標分幾乎同時獲得。例如，新編製一個小學的算術成就測驗，欲建立其效度，可對具有代表性的小學生樣本施測，並得到一組分數。然後收集該群小學生在校的實際成績，又得到一組分數。最後計算兩者的相關；所得的相關係數即代表該測驗的同時效度。因效標與測驗分數同時獲得，故而稱為同時效度。

同時效度的優勢在於：首先它具有可行性，它並不要求研究對象具總體的代表性。其次它具有易行性。效標和測驗分數幾乎可以同時獲得，效度數據因而可以在極短的時間內建立。最後，雖然從統計上說同時效度明顯低估了測驗效度，但實際上它的大小在一般情況下與預測效度是十分接近的。當然在某些特定情境下有所不同，如一個診斷精神病的測驗，它可能具有相當高的同時效度，但並不同時擁有很高的預測效度，甚至可能沒有預測效度。

同時效度與預測效度的區別，表面看來只在於獲得測驗分數和效標分數的時間間隔長短的差異。仔細分析，其根本區別卻在於前者強調保證了研究樣本對總體的代表性，後者卻只研究了總體中的某一部分，這一部分人有系統地區別於總體，一般來說入選者皆為得分高的個體，樣本範圍大為縮小，這不可避免地影響到測驗分數與效標分數的相關。

(二) 團體區分的統計檢驗法

相關法為測驗質量提供了一個量化指標,是表示測驗有效性最常用的方法。但評估測驗效用的方法並非僅此而已,一個測驗能區分不同效標成績的團體的有效程度亦可用來代表該測驗的有效性。換句話說,如果一個測驗有效,那麼效標成績優秀的個體,便應與一般人在測驗上的得分有顯著差異。在統計上,我們可以用 **t-檢驗** (t-test) 來判斷此差異是否達到顯著水平。公式如下:

$$t = \frac{\overline{X}_1 - \overline{X}_2}{\sqrt{\dfrac{S_1^2}{N_1} - \dfrac{S_2^2}{N_2}}} \qquad 〔公式\ 7\text{-}6〕$$

$\overline{X}_1 \cdot \overline{X}_2$:分別為兩團體的測驗平均分數
$S_1^2 \cdot S_2^2$:分別為兩團體測驗分數的標準偏差
$N_1 \cdot N_2$:分別為兩團體的人數

得出 t 值後查表 (自由度為 N_1+N_2-2) 便知兩團體差異是否顯著。

此法的問題在於:統計上的顯著性受團體大小的影響。若團體較大,平均數間很小的差異在統計上也會變得有意義,事實上這些小差異的價值並不大。若 t-檢驗差異顯著,並不保證測驗一定有效,只說明該測驗在預測和決策中可以被用來有效地區分不同效標成績的團體;但假若差異不顯著,則

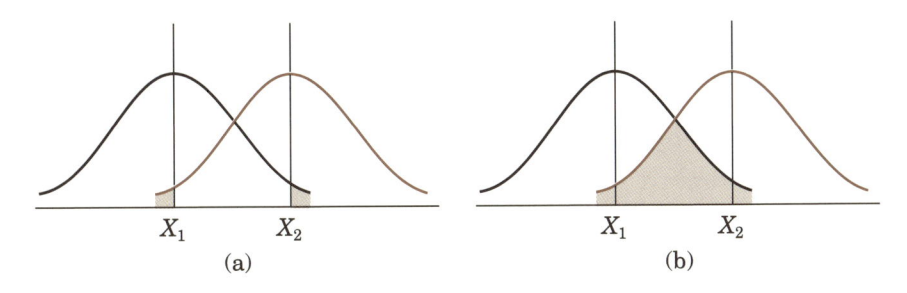

圖 7-1 兩團體分布的重疊量

測驗必然無效。一般常用重疊百分比來避免 t-檢驗的不足，即用兩組團體測驗分數重疊的百分比來表示團體之間的差異。這裡有兩個指標：(1) 每一組內得分超過 (或低於) 另一組平均數的人次百分比 (見圖 7-1a)；(2) 兩組分數分布的共同區域的百分比 (見圖 7-1b)。一般說來，重疊量越大，表明兩個團體間的差異越小。

(三) 預期表

預期表 (或期望表) (expectancy table) 是效標效度研究中另一種常用的方法。由於它簡便易行，在人事工作中被廣泛應用。

當使用測驗於人事選拔目的時，計算測驗分與效標分的相關和將作為效標的行為績效與測驗分相聯繫的**迴歸方程** (regression equation) 並不是非常重要。相關法可用以建立理論上的預期表，但是不用計算相關係數，只用次數分布和百分數便可求出的**經驗性預期表** (empirical expectancy table)，同樣可以發揮很好的預期作用。使用預期表要經過兩個步驟：第一，要選擇合適的效標行為，一般是以職務分析為基礎而制定。對應聘者分數的解釋就應該以他就職後的工作績效為效標，而不是與他在其他活動方面的分數作比較；第二，選擇表格或圖表的形式來表示測驗分數與效標行為之間的關係。不過，預期表仍會產生預測誤差，尤其當建立預期表的人數太少時，誤差就更大。試舉下例說明：假設表 7-2 是由 250 個應聘者在**職業甄選測驗** (Occupational Selection Test，簡稱 OST) 中得分的聯合頻數分布構成的，同時表中還呈現了他們的工作領導在雇請他們六個月之後給這些應聘者的等級評定。表的左邊列出了測驗得分的區間，表的上方列出了績效評定得分 (量表尺度為從一到八)。在表格中的單格內，橫線下方的頻次是指在縱軸中某個特定的測驗得分範圍內 (以 5 分為間距)，橫軸所對應的某個績效評定等級的頻次。例如，對於測驗得分在 81 到 85 分之間的員工，績效評定分數為五級的共有 10 人；與此類似，測驗得分在 66 至 70 分之間的員工，績效評定為四級的共有 14 人。

在表 7-2 中，單格內橫線上方的數字是指在特定的測驗得分區間中，績效評定等級等於或高於單格對應績效評定等級頻次的百分比。因此，測驗得分在 81~85 分之間的員工，有 85% 的績效評定要等於或高於五級，測驗得分在 66~70 分之間的員工，有 61% 的績效評定等於或高於四級。

表 7-2　經驗性預期表示例

職業甄選測驗分數	績效評定							
	一級	二級	三級	四級	五級	六級	七級	八級
96〜100						(100)/1		(67)/2
91〜95					(100)/2		(82)/5	(36)/4
86〜90				(100)/1	(94)/8	(50)/3	(33)/4	(11)/2
81〜85				(100)/4	(85)/10	(48)/7	(22)/5	(4)/1
76〜80			(100)/6	(88)/12	(63)/16	(31)/13	(4)/2	
71〜75		(100)/4	(94)/7	(83)/25	(45)/21	(12)/5	(5)/3	
66〜70		(100)/5	(87)/10	(61)/14	(24)/7	(5)/2		
61〜65	(100)/1	(96)/6	(72)/8	(40)/5	(20)/4	(4)/1		
56〜60	(100)/2	(85)/5	(46)/4	(15)/2				
51〜55	(100)/1							

(採自 Aiken, 2003)

為了說明這種預期表的使用方法，可以假定一位王先生來應聘類似的工作，他在接受測驗時得了 68 分，從預期表中我們可以假設他有超過 61% 的概率在開始工作後六個月得到等級四或更高的績效評定，但他得到等級六或更高等級績效評定的機會只有 5%。如果四級以上就可接受的話，那麼，對王先生自然應該錄用。

預期表的優點在於直觀易懂。如果事先能依據實際資料製定出一張比較簡單的預期表，如表 7-3，比較一個測驗結果與表中預期數之間的差異，也可以判斷該測驗的實際有效性程度。

表 7-3　簡單的預期表示例

測驗成績	成功率
80～100	.78
60～80	.62
40～60	.50
20～40	.38
0～20	.22

三、效標關聯效度的應用

測驗的效度要達到什麼程度才有使用價值，這是一個很難回答的問題。因為效度係數的解釋須考慮很多因素。在相同的測驗條件下，效度愈高預測就愈準確。就統計而言，效度係數應考慮統計顯著性與估計標準誤，以瞭解效標與效標分數的預測關係。

1. 統計顯著性　以相關法求得的效度係數作為測驗有效的證明時，其首要條件是必須達到統計上的**顯著水平** (significance level)。它表明該效度係數並非由於機遇或偶然誤差所造成，相關係數的顯著性應達到 .05 或 .01 水平，它意味著由於偶然因素而造成這一相關係數的可能性不超過 5% 甚至 1%。相關係數的統計顯著性部分地受樣本數量所制約。若樣本數量很大，那麼即使相關係數很小，它在統計上也能達到顯著性水平。反之，樣本數量極小時，則要求一個相當大的相關係數才能達到統計上的顯著性。表 7-4 顯示了不同相關係數達到 .05 顯著性水平時所需要的樣本量。

表 7-4　相關顯著性水平與樣本量之間的關係 ($p < .05$ 水平)

相關係數 (r)	樣本量 (n)
0.997	3
0.707	8
0.514	15
0.325	37
0.195	102
0.098	402

對測驗的效標關聯效度的研究結果常常低估了測驗的效度，其原因很可能就在於這些研究大多建立在小樣本基礎之上。

根據效度定義，相關係數的平方即表示真實變異在實得分變異上所占的比例。而當樣本數量為 37 時，相關係數只需要為 .325 便可達到 .05 的顯著性水平。此時，.325×.325＝.01；也就是說，即便相關係數達到了顯著性水平，測驗實得分中，也只有 1% 的變異由受試者的有效變異所引起。可見，統計顯著性只是保證相關係數的可信性，卻並不保證測驗對於決策真正有多大效用。

2. 估計標準誤　在同一測驗上得分相同的人，其效標成績卻不一定相同，這些效標成績分布的標準偏差，便是在由測驗分數預測效標分數時，可能出現的誤差大小的估計值，預測誤差分布的標準偏差則由**估計標準誤** (standard error of estimate, SE) 來表示：

$$SE_{est} = S_y \sqrt{1-(r_{xy})^2} \qquad 〔公式\ 7\text{-}7〕$$

SE_{est}：估計標準誤
r_{xy}　：測驗的效度係數
S_y　：效標成績的標準偏差

由上式可見，測驗的效度係數越大，估計的標準誤越小，預測的正確性也就愈高。當 $r_{xy}=1$ 時，估計標準誤是零，即預測沒有誤差；當 $r_{xy}=0$ 時，估計標準誤與效標分數的分布的標準偏差相同，這就意味著測驗無異於猜測，預測沒有任何可靠性。

正如利用測量標準誤來對真分數作區間估計一樣，利用預測的標準誤亦可得到真正分數的置信區間。因而，首先需要知道預測的效標分數的大小。若測驗分數和效標分數呈線性關係，那麼，可由測驗分數預測效標分數的大小。也可用來自標準化樣本的一組資料求得關於兩者的迴歸方程：

$$\hat{Y} = r_{xy}\frac{S_y}{S_x}(X-\overline{X})+\overline{Y} \qquad 〔公式\ 7\text{-}8〕$$

$\hat{Y}$：效標分數的預測值　　　S_x：測驗分數的標準偏差
S_y：效標分數的標準偏差　　X：某測驗分數

$\overline{X}$：測驗分數的平均數　　　　　$\overline{Y}$：效標分數的平均數

假設測驗的預測誤差呈正態分布，則真正的效標分數在預測的效標分數上下變化的範圍可以用下式表示：

$$Y = \hat{Y} \pm 1.96 SE_{est}$$

Y：真正的效標分　　　　　$\hat{Y}$：預測效標分

此式以 .05 為置信度，意即 Y 落在 $P \pm 1.96SE$ 之外的可能性不超過 5%。可見，估計標準誤 SE 越大，Y 的可能變化範圍越大，預測的準確性越小。

例：假設某班學生入學考試成績平均分為 560 分，標準偏差為 80；第一學期教師給予該班學生的等級評定的標準偏差為 .15，平均等級為 3.45。又已知入學考試的分數與等級評定間的相關為 .40，某學生入學考試成績為 600 分，那麼他被評定的可能等級是多少？

解：首先，假設 $r_{xy} = .40$ 在統計上顯著

$$SE = S_y \sqrt{1 - r_{xy}^2} = .14$$

$$\hat{Y} = r_{xy} \frac{S_y}{S_x}(X - \overline{X}) + \overline{Y} = 3.48$$

$$Y = \hat{Y} \pm 1.96 SE = 3.48 \pm 0.2744$$

即：$3.2056 < Y < 3.7544$

此結果表明：該學生被評定的最高等級是 3.7544，最低等級是 3.2056。(該學生被評定的等級在 3.7544 與 3.2056 之間的概率為 95%。)

以測驗分數與效標分數間的相關作為測驗的**效度係數** (validity coefficient)，其值從理論上說應介於 0～1 之間。但在實際應用中，大多數測驗的效度值都相當小，甚至超過 .3 的測驗效度也不普遍，達到 .6～.7 水平的則更是寥寥無幾。這使以測驗為輔助決策的前途看上去很悲觀。事實上卻並非如此。有的測驗雖然具備較高的效度係數，但用它作為輔助決策的工具時，對決策的正確率幫助不大；相反地，有的測驗即使只有 .2 或 .3

的效度係數，卻能有效地提高決策的正確率。原因在於決策的質量並非單獨地受效度因素的影響，同時還有許多其他因素的參與。我們將在後面具體討論這些因素。

四、影響測驗預測功能的因素

前面已經提到，測驗效度的高低並不能單獨地保證測驗對於決策正確性的有效程度。低效度測驗有時並非完全無用，高效度測驗也並不一定絕對能提高決策正確率的。原因在於還有其他因素也對之有影響。茲列述於下。

（一） 基礎率

在人事決策中起重要作用的**基礎率** (base rate)，是指未經選擇的人群總體中具有欲選特徵的人數百分比。例如，若尚未考試便已確定某校高中生 200 人中，將有 180 人獲畢業證書，那麼該校畢業生的基礎率便為 90%。同理，在選人的情況下，求職者成功的基礎率是在未經挑選的求職者總體中預計成功人數的百分比。

在任何情況下，即使對人群總體絲毫不加區分，即隨機選人，其中仍然會有一定比例的人具備所要求的特徵。使用測驗的目的在於使入選者中達到要求的比例盡可能地增多，也就是說，盡可能地提高決策的準確率。當基礎率很低或很高時，測驗的效用會顯得微不足道。舉例來說，一個極簡單的工作，求職者中有 95% 都能勝任這一工作，那麼測驗則可有可無，決策的準確率也接近 95%；倘若用測驗，即使測驗效度高，決策的準確率也並不會比基礎率高出多少。基礎率的概念不只在人事選拔中起作用，在臨床診斷中也很重要。例如，由於人口中自殺者畢竟是極少數，預測自殺傾向的測驗就很難生效；而預測神經症的測驗就相對地更為有效，因為神經症患者的比例大得多。倘若已知人類中患某種癌症的基礎率不足萬分之一，那麼即使不靠測驗，"某人未患該病症"這一判斷也幾乎總是準確的。只有當基礎率接近 0.5 時，即隨機決策準確率為 50% 時，一個有效的測驗才能較大幅度地提高決策準確率。

(二) 錄取率

從申請者中選出並任用的人數比例稱為**錄取率**(或入選率)(selective ratio)。錄取率的高低取決於供求兩方面的人數比例。若供遠大於求，如重點大學招生，那麼錄取率可能非常低；若供求近乎平衡甚至供不應求，那麼錄取率便會很高甚至達到 100%。若測驗有效，在錄取率較低時，根據測驗分數去區分和選擇高分段的申請者，其效用更為明顯。

在實際決策中，情況往往更為複雜。測驗中成功的人數也許遠高於實際需要的人數，或相反。這時決策者面臨一個矛盾選擇：是廣羅人才還是寧缺勿濫？這一矛盾的解決應視決策者的具體目的和決策的具體情境而定。多數情況下，錄取人數是根據實際需要事先確定的，在全體應試者的分數分布中找出與錄取率相對應的百分點，便可確定錄取的分數線，如高校入學考試、職業選拔等。但若某項工作非常重要，不稱職的人員會造成嚴重後果時，如飛行員的選拔測驗，就應把標準掌握得嚴格一些，哪怕把錄取率降低。這樣做的代價就是有可能埋沒一些可能的成功者。另一種情況是要使選擇者做出的正確決定的總數達到最高；也就是說要使被錄取者成功的可能性最大，同時使落選者中被埋沒的人才最少，此時就應該將最適宜的分數線定在使效標團體的差異達到最大的那一點上。當決策者只要求申請者具備某種特徵的最低水平時，分數線就可相應地定得低一些，比如一般學校的畢業考試只要求學生掌握最基本的知識範圍。至於最低標準的確定則可參考內容效度的內容範圍的確定方法。當然也要明確，申請者被成功錄取的百分比不只是與錄取率的變化成反比，它同時也受測驗工具有效性的直接影響。

(三) 切割分數的確定

在人事選拔工作中，測驗實施以後，最主要的決策是如何根據測驗分數訂定**切割分數**(或及格分數，臨界分數)(cut-off score)，即確定錄取與不錄取(或合格與不合格)的分界分數。在這裡，正確理解基礎率、錄取率和測驗效度三者的關係有重要意義。

由於測量工具均非十全十美，若根據任何一種測驗結果來決定成敗取捨時，其決定的效果可能產生四種狀況。

我們知道人事決策的結果一般可分為兩種：接納和拒絕。由於決策者不

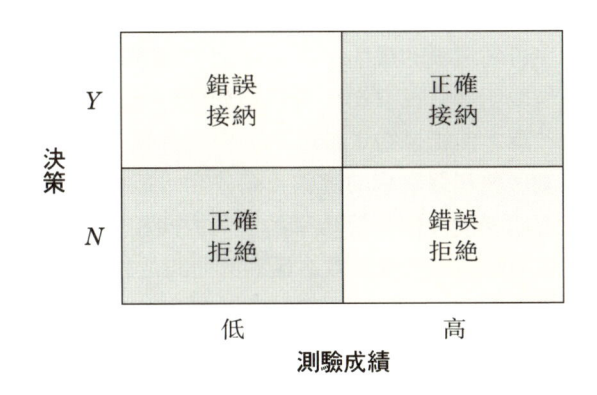

圖 7-2 決策的可能結果

（圖：縱軸為決策 Y/N，橫軸為測驗成績 低/高；四象限分別為錯誤接納、正確接納、正確拒絕、錯誤拒絕）

可能永遠明察秋毫，判斷作得萬無一失，所以決策便不可避免地會出現圖中四種情況（見圖 7-2），即：**正確接納**（valid inclusion）也稱**命中**（hit），即錄取者肯定比淘汰者優秀；**錯誤接納**（false inclusion），即錄取者未必較淘汰者優秀，意即淘汰者可能比錄取者優秀；**正確拒絕**（valid exclusion），即淘汰者確實比錄取者低劣；**錯誤拒絕**（false exclusion），即淘汰了不該淘汰的人。如果一個測驗的切割分數設置得很低，結果會出現很多錯誤接納，指一些被錄取者以後在工作上並不能取得成功；反之，如果切割分數設置得很高，則會出現很多錯誤拒絕，即在未來會取得成功的人沒有被錄取。

由於人事選拔中應用測驗的目的是盡可能地獲得最佳結果，要求最大限度地拒絕可能的失敗者和錄取可能的成功者，因此必須非常謹慎地確定切割分數。對此，我們可以從預期表中得到清晰的說明。以表 7-2 的資料為例，假若切割分數定在 66 分，以 4 級為最小可接受的工作績效，那麼就有 5＋10＋4＋7＋6＝32 位應聘者被歸入錯誤接納，他們的測驗分在66分以上，但工作績效卻在 4 級以下；另有 5＋4＋1＋2＝12位應聘者雖然將來工作能達到 4 級，卻因測驗分不夠而被錯誤拒絕。從表上可以看到，提高切割線會減少錯誤接納，但其代價是增加錯誤拒絕。若降低切割分數，則出現相反的效果，減少了錯誤拒絕，卻增加了錯誤接納。

（四）效度和錄取率與正確選擇的關係

實施一個測驗，在基礎率之外，對於決策能夠提供多少資訊，也就是作多少貢獻，可以查閱**泰勒-羅賽爾預期表**（Taylor-Russell Table）中特定基礎率的部分，從中得到清晰的說明。現以泰勒-羅賽爾預期表中基礎率為 .60 的那一部分為例作說明（見表 7-5），為了易於理解，更以曲線圖的形式加以展示（見圖 7-3）。圖上曲線描繪了被錄取的申請者在工作中預期成功的百分比，是測驗的效度係數和錄取率的函數。請注意，預期成功百分比的變化與效度係數的變化方向相同，但與錄取率的變化方向相反（表現為圖中每一條曲線都是向右側逐步升高，同時錄取率最高的曲線位於最底部）。例如，當基礎率為 .60，效度係數 .50，錄取率 .90 時，錄取的申請者中只有 64% 可預期成功，它只比基礎率增加了 4%。但對於相同的基礎率和效度係數，當

表 7-5 在特定效度和錄取率情況下預期成功的百分比（基礎率為 .60）

效度	.05	.10	.20	.30	.40	.50	.60	.70	.80	.90	.95
.00	.60	.60	.60	.60	.60	.60	.60	.60	.60	.60	.60
.05	.64	.63	.63	.62	.62	.62	.61	.61	.61	.60	.60
.10	.68	.67	.65	.64	.64	.63	.63	.62	.61	.61	.60
.15	.71	.70	.68	.67	.66	.65	.64	.63	.62	.61	.61
.20	.75	.73	.71	.69	.67	.66	.65	.64	.63	.62	.61
.25	.78	.76	.73	.71	.69	.68	.66	.65	.63	.62	.61
.30	.82	.79	.76	.73	.71	.69	.68	.66	.64	.62	.61
.35	.85	.82	.78	.75	.73	.71	.69	.67	.65	.63	.62
.40	.88	.85	.81	.78	.75	.73	.70	.68	.66	.63	.62
.45	.90	.87	.83	.80	.77	.74	.72	.69	.66	.64	.62
.50	.93	.90	.86	.82	.79	.76	.73	.70	.67	.64	.62
.55	.95	.92	.88	.84	.81	.78	.75	.71	.68	.64	.62
.60	.96	.94	.90	.87	.83	.80	.76	.73	.69	.65	.63
.65	.98	.96	.92	.89	.85	.82	.78	.74	.70	.65	.63
.70	.99	.97	.94	.91	.87	.84	.80	.75	.71	.66	.63
.75	.99	.99	.96	.93	.90	.86	.81	.77	.71	.66	.63
.80	1.00	.99	.98	.95	.92	.88	.83	.78	.72	.66	.63
.85	1.00	1.00	.99	.97	.95	.91	.86	.80	.73	.66	.63
.90	1.00	1.00	1.00	.99	.97	.94	.88	.82	.74	.67	.63
.95	1.00	1.00	1.00	1.00	.99	.97	.92	.84	.75	.67	.63
1.00	1.00	1.00	1.00	1.00	1.00	1.00	1.00	.86	.75	.67	.63

（採自 Taylor & Russell, 1939, p.576）

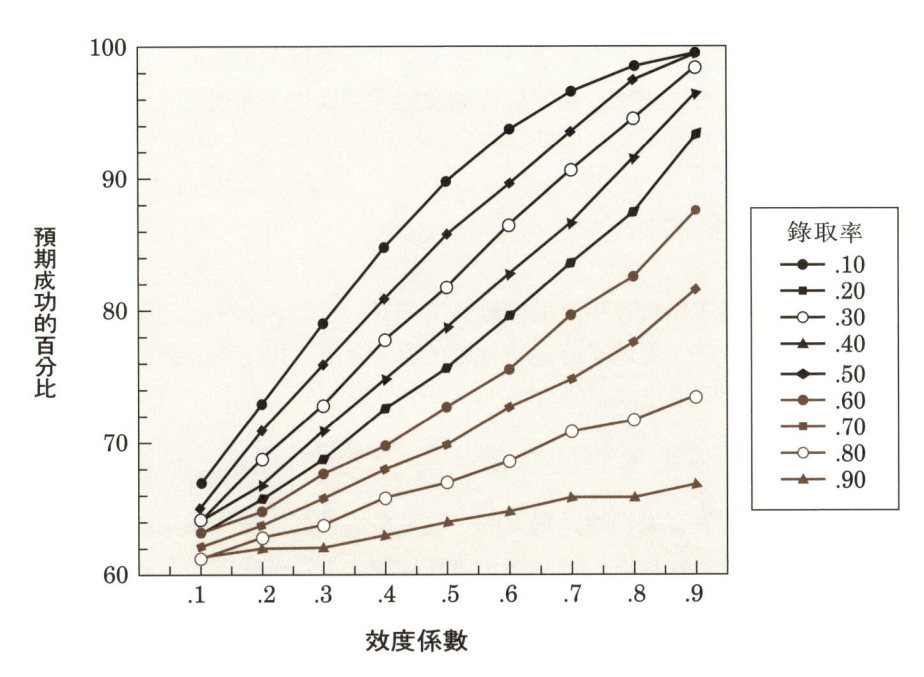

圖 7-3 不同效度係數和錄取率條件下預期成功的
百分比曲線圖 (基礎率為 .60)
(採自 Taylor & Russell, 1939)

錄取率為 .10 時，就有 90% 的錄取者可以預期成功，決策的準確性比基礎率增加了 30%。

由於應用測驗而提高決策中的效益稱為測驗的**增值效度** (incremental validity)。一般說來，當基礎率中等和錄取率很低時，即使一個測驗的效度係數很低，在選拔工作中也能實質性的提高正確接納的數目。

第四節　構想效度

我們已經介紹過內容效度與效標關聯效度。內容效度旨在確定測驗內容對於所欲測量的領域是否有代表性；效標關聯效度旨在預測某些行為未來的表現。此外，還有能正確地驗證編製測驗的理論構想，即構想效度，本節即將介紹構想效度的概念及其估計方法。

一、構想效度的概念

構想效度是著眼於理論上的假設和對假設的檢驗。它使心理測量成為理論研究的重要方法，促進了心理學理論的深入發展。以下讓我們先討論構想在心理學的含意與構想效度的意義。

(一) 心理學上構想的含義

心理學家和教育家們總是對人的一些抽象屬性的測量極感興趣，例如智力、動機、興趣、社會性、情緒等。這些理論上涉及抽象的、假設性的概念或特質就被稱作**構想**(或**構念**) (construct)。建立這些理論構想的目的在於對一組相關現象進行抽象概括。例如，假設有一個人在各種場合都不撒謊，我們就可以用"誠實"這一構想來描述此人。

(二) 構想效度的意義

構想效度(或**構念效度**) (construct validity) 指測驗內容或試題的選擇是根據理論上的構想；認為某種題目在理論上就是測量某種行為或心理特質的。簡言之，即衡量一個測驗能否測量出預測構想的程度。測驗的編製，往往要對所測量的心理特質提出一種理論上的設想，依此編製測驗，然後檢驗測驗結果在多大程度上符合構想的理論。例如，編製智力測驗，就要先對什麼是智力有一個理論構想，假定提出下列四項構想：(1) 智力是隨年齡增長的；(2) 智力與學習成績成長相關；(3) 智商是相對穩定的；(4) 智力受遺傳的影響。據此編製一套智力測驗，如果測驗分數確實會隨年齡而增加；測驗結果與學習成績成長相關；智商在一定年齡階段內相對穩定；同學生子之間的分數相關高於一般兒童之間的相關，那麼，可認為測驗結果驗證了理論上的構想，這一套智力測驗便具有一定的構想效度。所以構想效度一方面要驗證理論假設，解釋各構想間的關聯意義。構想效度多適用於能力、人格、動機等測驗，因為這類測驗並無單一的效度標準，所以應以構想效度從多方面尋求該測驗的效度證據。

二、構想效度的評估

因為構想效度是一種理論效度，測驗內的題目必須符合欲測定的行為目的，否則不合邏輯。例如，機械性向測驗和工廠工作成績的相關，就是了解測驗構想效度的方法。一般而言，評估構想效度的方法有下列幾種。

（一） 相關法

建立測驗的構想效度，就是要檢驗一個測驗對其理論構想進行測量的準確程度。因此，我們必須首先以相關法明確瞭解與此構想相關聯的具體的行為領域。這一過程包括下列四個步驟。茲以"誠實"為構想，舉例說明：

1. 確定與所測構想有關的行為；
(1) 與誠實有關的行為：不說謊，不弄虛作假，真誠待人。
(2) 與誠實有關的構想：正直
(3) 與正直有關的行為：真誠待人，堅持和捍衛真理，富有同情心。
(4) 所有行為中與誠實有關的行為：不說謊，不弄虛作假，真誠待人，堅持和捍衛真理。
2. 確定與所測構想有關的其他構想；與誠實有關的構想，如正直。
3. 確定與其他每個相關構想有關的行為；與正直有關的行為，如真誠待人、堅持和捍衛真理、富有同情心。
4. 在各構想的關係基礎上，確定所有行為中與所測構想有關的行為，所有行為中與誠實有關的行為，如不說謊、不弄虛作假、真誠待人、堅持和捍衛真理。

對理論構想詳細描述的結果是得到一個與所測構想相關聯的構想和行為的**關係網** (network of relations)。這一關係網越詳細越具體，構想就被描述得越精確，從而測驗所涉及的行為領域就越清晰，測驗的效度因此也能得到更好的評定。

對所測構想進行詳細描述而得到的行為關係網提供了構想與行為的相關

模式。因此,檢驗測驗是否具有構想效度的一個基本方法就是:求出以某理論構想為基礎的測驗結果與有關行為的測量之間的相關,並與已知的關係網相比較。再以誠實為例。下表列出某誠實性測驗與各種行為之間應有的相關程度:

表 7-6　誠實測驗的構想效度評估示例

行為表現	與誠實的關係	期望相關程度
不說謊,不弄虛作假	直接	強
真誠待人	直接	強
堅持和捍衛真理	不直接	正相關
富有同情心	不直接	正的弱相關
攻擊性強	無	無相關
見風使舵	無	無相關

假若實際得到的相關結果基本符合上表的期望關係,那麼便可說明該誠實性測驗具有構想效度,即有效地測量了誠實性這一構想。由此可見,構想效度的確定依賴於對構想的描述。如果某測驗編製者對假定的構想只有一個很模糊的觀念,那麼該測驗的構想效度永遠無法得到清晰的評定。

評估構想效度的另一種相關方法是求此測驗與測量同類構想的已有測驗間的相關。採用的舊有測驗必須已被公認有效。若新舊測驗相關高,說明新測驗有效,新測驗上的得分可以與舊測驗上的分數作同樣解釋。

(二)　因素分析

因素分析 (factor analysis) 是分析行為資料內部關係的一種統計技術。具體作法是首先獲得一組測驗間的相關係數矩陣,經統計分析後找到影響測驗分數的幾個共同因素。每個測驗在共同因素上的負荷量,亦即測驗與各因素的相關,便稱為測驗的**因素效度** (factorial validity)。

因素分析的目的,想使依變項結構中各因素數量減至最低限度,但仍不失原來的代表性。例如,計畫用很多題目來測量心理能力。研究者所擬定的題目,計畫測量六類能力:(1) 字記憶;(2) 心算速度;(3) 語文推理;(4) 數字演算;(5) 閱讀理解;(6) 數學解題。這六類能力間可能有共同因素。採用統計學上的相關技術,可以找出六種分數之間的相關情形。結果,很可能將原來的六類能力，化約歸屬後成為兩個因素：一是語文能力；二是數學能力；用這兩個因素來代表心理能力，仍不失原來六類題目構想之原意。因此，因素分析的結果支持了測驗的理論構想。換句話說，因素分析支持此測驗具有較好的構想效度。

對測驗構想的描述提供了關於測驗各因素之間期望關係的資訊，而因素分析則恰恰是檢驗了這種期望相關模式是否真實存在。在測驗分數的總變異中來自有關因素的變異所占比例，便可作為構想效度的指標。

(三) 實驗操作

通過實驗操作控制某些條件，再觀察其對測驗分數的影響以及測驗分數與某些效標間的關係，也可獲得構想效度此即**實驗操作** (experimental studies)。比如欲考察焦慮測驗的構想效度，則可將受試者分成兩組：實驗組受試者置身於一種能喚起焦慮的情境之中，對照組受試者則處於一個舒適安閒的環境之中，比較兩組的測驗結果有無顯著差異，若有，則說明測驗對焦慮的測量是有效的。此外，實驗者亦可搜集受試者在經歷某種焦慮情境時的生理參數，如脈搏、心跳等，將其與測驗分數比較。若相關高，則同樣能夠說明測驗具有構想效度。

(四) 內部一致性分析

有些測驗尤其是人格測驗，多以**內部一致性** (internal consistency) 作為指標，其主要特徵是以測驗本身的總分為效標，可採下列三種方法來考察測驗的構想效度：(1) 計算受試者在每個題目上的反應與測驗總分的相關，相關有意義則具有效度；(2) 分測驗分數與總測驗分數的相關，相關太低，表示無效度，應予以刪除；(3) 高分組受試者和低分組受試者在題目上的通過率，如果出現高分組通過率不能顯著高於低分組，則此題目無效。這種考察方法一般只能根據結果推論出測驗是測單一特質還是多種特質的，對於測驗效度的貢獻比較有限，需要作進一步的研究才能確定測驗所測構想。

(五) 多特質-多方法矩陣研究

兩位測驗學者坎貝爾和費斯科 (Campbell & Fiske, 1959) 提出評估構想效度的方法稱為**多特質-多方法矩陣** (multitrait-multimethod matrix)。

他們認為確定一個測驗的構想效度必須同時以會聚效度和區分效度檢驗之。接著介紹這二種效度：

1. 會聚效度(或輻合效度) (convergent validity) 即測驗得分數應與不同方法測量相同特質的測驗分數有較高的正相關。例如，機械性測驗的分數應和在校的機械科目成績有較高的相關，則該測驗具有會聚效度。

2. 區分效度(或區別效度) (discriminant validity) 即測驗所得分數應與測量不同特質的測驗分數應呈低相關。例如，機械性測驗的分數和語文能力測驗的分數只有低相關，則該測驗具有區分效度。

例如，同時測量三種人格特質：支配性、社交性、成就動機，採用三種評定方法：1-自陳問卷，2-投射技術，3-同伴評定，表 7-7 為測驗結果。

表 7-7 的矩陣中列出了假設的相關：包括信度係數 (主對角線上括弧內的數字) 和效度係數。這些效度係數包括了用不同方法測量相同特質，即會

表 7-7　多特質-多方法矩陣

個人特質		自陳問卷			投射技術			同伴評定		
		A_1	B_1	C_1	A_2	B_2	C_2	A_3	B_3	C_3
自陳問卷	A_1	(.89)								
	B_1	.51	(.89)							
	C_1	.38	.37	(.76)						
投射技術	A_2	**.57**	.22	.09	(.93)					
	B_2	.22	**.57**	.10	.68	(.94)				
	C_2	.11	.11	**.46**	.59	.58	(.84)			
同伴評定	A_3	**.56**	.22	.11	**.67**	.42	.33	(.94)		
	B_3	.23	**.58**	.12	.43	**.66**	.34	.67	(.92)	
	C_3	.11	.11	**.45**	.34	.32	**.58**	.58	.60	(.85)

註：個人特質：A 代表支配性，B 代表社交性，C 代表成就動機

(採自 Campbell & Fiske, 1959)

聚效度，也包括了用相同方法測量不同特質所得的相關係數（實線三角形內的數字）和用不同方法測量不同特質所得的相關係數（虛線三角形內的數字），均為區分效度。對於令人滿意的構想效度來說，效度係數應該顯著高於用不同方法測量不同特質的相關係數；它們也應該高於用相同方法測量不同特質的相關係數。例如，自陳問卷上支配性分數與投射測驗上支配性分數的相關，應該高於自陳問卷上支配性分數與社交性的相關。後者表示共同方法的方差，如果很高的話，則可以表明受試者在該問卷上的分數，過分受到某種共同的無關因素的影響。

綜上所述，構想效度把著眼點放在提出假設、檢驗假設之上，使測驗不再只是實際決策的輔助工具，而同時成為理論發展的重要工具，從而使測驗具有了更廣闊的發展前景。此外，越來越多的效度研究表明：構想效度廣泛滲透於前述各種效度之中，成為測驗結果的解釋和應用的基礎。

第五節 統一的效度概念

心理和教育測驗之目的，過去只著重於對受試者的預測、分類和選拔，但如今由於對測驗分數的含義的解釋和應用日益受到重視，其注重點已越來越多地放在對受試者的診斷、評價和補救之上。因此，測驗的效度概念也漸漸游離於傳統定義。

麥斯科（Messick, 1989）提出一種更為廣泛的效度概念：他認為由測驗分數所得出的推理和所採取行動的充分性和適宜性，應得到實驗證據和理論觀點的支持，這種綜合性評估和判斷結果便是測驗的效度。效度不只是測驗和測量過程，而是為了特定目的和特定推理而應用測驗的合理性。效度不僅是通過一個數量化指標就能得到充分的表示，而是由實驗的、統計的、理論的等諸多方面證據的積累。統言之，統一效度的觀點即測驗的效度研究乃是一個收集效度證據的過程，從測驗開始編製一直延續到測驗結果如解釋、應用及後果。本章以上幾節闡述的三種類型的效度——內容效度、效標關聯效度和構想效度——為綜合的效度資料的一部分，其中構想效度又分布在內容效度及效標關聯效度之中，為它們提供理論的基礎。

一、內容效度和構想效度

我們已經知道，測驗的內容效度只是檢驗測驗項目是否為所欲測之內容範圍的代表性樣本。而判斷從測驗項目得到的分數解釋的實踐性，則必須考慮在測驗過程顯著影響測驗成績的各個方面，首先是內容範圍的確定，同時也包括刺激形式、備選的反應項和施測條件（如指導語，時間限制）等。後面這些是可以控制和調整的因素，它們對測驗結果的推論只起到暫時的限制作用，而確定內容範圍則是獲得內容效度的關鍵。

作為測驗，其主要關注點不在於單個的、獨立的事件或行為，因為多個獨立的事件和行為之間總有某種一致性或者說規律性，理論上可將各種一致性匯集為各種屬性或特質，亦即建立起各種理論構想。於是，測驗對個體或團體的評價，便從對其孤立事件或行為的觀察和描述轉移到對某種特質或屬性的測量。因此，對一個測驗的效度研究，其實質上是一個假設檢驗過程：(1) 首先假設檢驗旨在測量某種屬性或特質；(2) 其次確定測驗的內容範圍，一般通過專家判斷而定。然而。當對最後的測驗分數進行解釋時，依據的不僅僅是表面的內容效度，而且還要考慮到受試者的反應過程。若只考慮表面的內容範圍，便可能發生如下情況：內容一致，但反應過程卻不同。比如說有一道幾何定理測驗題，教師可能想用以考查學生的記憶能力（已學過該定理），也可能想用以考查學生的推理能力（尚未學過該定理)。因此，這裡必須考慮到能夠反應出內部反應一致性的測驗構想；(3) 第三步便是建構一個題庫。此題庫中應包括與目標構想有關的題目，與相反構想有關的題目，以及與其他構想有關的題目，進而得到題目反應資料，並根據反應一致性進行篩選，從而得到所欲測的行為領域，這就是測驗的構想範圍。然後從中選取一組具有代表性的行為去構成測驗，這是為了保證該測驗的內容效度。可以想見，這一組行為是以同樣或相關方式變化的行為，或者說它們共同享有某種共同過程，這就是測驗實測之構想；(4) 最後，獲取該測驗的會聚效度和區分效度，若結果證明能夠有效地利用假設的構想，對測驗分數做出解釋和推理，那就說明測驗實測的構想等同於假設的構想。否則，測驗假設的構想便不成立。

由上可見，僅僅內容效度是不足以完成全部假設檢驗過程的。只有借助於有關行為或操作的某些概念或構想理論，才能最終描述內容範圍的邊界和結構。從這一意義上說，內容範圍可被定義為："某一理論（構想）所能解釋的資訊總體"。因而當用題目的一致性程度去描述內容效度時，必須同時考慮測驗構想的結構的同質性程度。例如，一個純粹的加法測驗相對於一個數學綜合測驗而言，更需要高度內部一致性；也就是說，數學綜合測驗的構想所要求的異質性程度更高，假若此時其內部一致性很高的話，反而說明該測驗相對不盡如意了。可見，題目內部相關的可接受性依賴於構想的實質，因而題目同質性或內部一致性程度與分數解釋的構想效度密切關聯。

在只有內容效度作為效度數據時，傳統的觀點認為只要所選內容有效，測驗對所有的人都具有很高的效度。這一點集中體現了教育和心理測驗中僅以內容為效度依據的缺陷。實際上，內容效度對於高分段受試者而言一般具有推斷力，它說明受試者掌握了所測內容；但是對於低分段受試者則不然，其中可能有許多無關因素的影響，如焦慮，注意分散，動機不強，某種感官缺陷等。由於構想效度將內容和反應一致性聯合起來考慮，因此只有考察測驗的構想效度（包括會聚效度和區分效度），才能有效地得到排除那些無關變異的實驗證據。

總之，有關行為的推論要求反應和行為一致性的證據，不僅僅是內容推論，而有關心理過程的推論則要求構想效度證據。因此內容效度與測驗的內容構想密切相關，並且成為測驗的構想效度研究的一部分。

二、效標關聯效度和構想效度

傳統的效標關聯效度研究中，第一步也是關鍵的一步，就是確定合適的效標。我們已經知道，效標的選擇必須依賴於測驗目標而定。也就是說，必須先對測驗構想做出假設，然後再據此選擇具有相同或類似構想的目標。可見，若想得到理想效標，我們也必須對各種效標中內含的構想進行分析和做出假設。

在應用中，測驗和效標的構想假設一般來自於工作和任務分析，或對現有課表及訓練計畫的考察。工作任務的安排、課表或訓練計畫的製定，事實上是理論的實現。也就是說,理論不僅指導、同時也決定了課程所包含的內容或工作應安排的任務。因此當我們評價某課程相對於某知識領域、特定工作結構或特定操作特質的充分代表性時,構想理論的必要性是顯而易見的。分析得到的知識、技能、認知過程、個性特徵等形成了測驗和效標的構想範圍,從而為測驗內容的代表性和理想效標的選擇提供了理論基礎。

與此同時,效標的構想理論也為效標測量本身的含義和充分性提供了理論基礎。正如一般測驗一樣,效標測量也有自己的效度資料。對效標行為及其情境的仔細分析和理論概括有利於將效標分為有效的若干個維度,並確定各維度的相對重要性,從而形成對它們的適宜的和可行的測量。換句話說,對效標的構想分析有助於確定應當測量什麼樣的效標元素或維度,如何去測量每個維度,並且如果需要的話,如何將這些維度組合成一個合成效標。這種對效標測量本身的構想效度的測驗,可以防止兩種情況的發生:一是效標測量結果受到與構想無關的變異的影響,即**效標污染**;二是效標測量的構想代表性不夠,即效標本身不夠理想。

典型的效標關聯效度研究,其最終目的在於根據受試者在預測源上的分數來預測和推論其在效標上的表現,從而為人事決策提供依據。本質上,這也是一個假設檢驗過程:首先假設預測源和效標具有相同或類似的構想,從而可以預測二者的測量結果之間是否具有高相關;其次編製預測源測驗和效標測量並獲得其效度資料。這一過程即在前面關於內容效度和構想效度的關係論述中所說的假設檢驗過程。最後,考察所得到的兩次測量結果之間的相關係數,若相關很高,則吻合所預測的可能相關,說明假設成立。這意味著我們可以將預測源分數推論到效標表現中去;否則假設失敗,即所作推論缺乏根據。由此可見,構想理論為表明效標和預測源的構想、為評價二者的構想效度、為確定二者之間相關的含義(而不再僅僅是統計顯著性)提供了理論基礎。在對預測源和效標的測量結果的含義缺乏認識的情況下,僅僅考察效標關聯效度是不足以判斷根據所得相關進行推論的適宜性、中肯性和有用性的。因為在形成和檢驗預測假設時,評估預測源和效標中蘊含的重要屬性和內部過程當然是重要的,但與此同時,亦不可忽視影響操作的刺激變數及可能影響預測源與效標間相關的次要特徵與情境因素。傳統的效標效度只注重會聚效度,卻忽視了區分效度,因此是不充分的。所以,效標效度的研究應以構想理論為基礎,對預測的假設進行檢驗,並能在此過程中反饋支持或不支援該理論的資訊，從而表明該研究是否需要一些可能的理論修正或對測驗無關因素的進一步控制。

總而言之，效度的統一觀點，就是考察以測驗分數為依據所做出的推論的適宜性。測驗分數的含義必須由構想來解釋，據此做出的推論是測驗的假設，對這一推論的驗證就是假設檢驗，檢驗結果便是測驗的效度資料。由此可見，對測驗構想的假設檢驗以及對預測源與效標間關係的假設檢驗，都是構想理論加工的結果。這一理論將內容範圍、效標和預測源構想的選擇與確定、效標和預測源測驗的構想效度，以及對預測源和效標間關係的預測性假設連接起來，並因此將內容效度和效標關聯效度納入在一個連續的效度證據的收集過程之中，而構想效度研究在這整個過程中無處不在。

三、構想的價值含義

在對測驗分數的解釋中，考慮價值含義是很重要的，這不僅因為它直接影響根據分數做出的推論和採取的行為，可能使之產生偏向，甚至以間接且嚴峻的方式影響測驗分數的意義。

所謂由於價值含義的影響而直接導致的偏向是指：由科學領域之外的目的或信仰對科學目標的實現造成的干擾。比如，在測驗編製過程中，編製者因個人的價值觀念的影響而使測驗題目的選擇和確定摻雜了個人色彩。以智力測驗為例：有人根據智力先天論，因而主張以純生理的測驗來測量智力；而更多的心理學家則認為，智力是發展變化的，後天可以培養，主張以複雜的紙筆測驗來測量智力。此外，在解釋某種行為並進行推論時，人們總是要把它放在一個更廣泛的概括性很強的範圍裡，而價值含義便同時在這裡體現出來。例如，一次犯罪行為，若它被認為是危害社會秩序的，那麼犯人便會被視為害群之馬，因而受到法律懲罰；但若這一行為被視為一種不幸的產物(如心理疾病)，那麼評價中就會夾帶著對犯人的同情和幫助。這種事實與價值的聯合判斷儘管很含蓄，但卻無處不有。這在對心理和教育測驗結果的解釋中也能夠同樣有所體現。測驗構想相對於測驗行為而言可以說是一個更大的概括性範圍，它將各種價值內涵帶入到分數解釋之中，主要體現在以下三個方面：

1. 構想本身 同一測驗內容若被賦予不同的構想，則對該測驗分數的解釋也不同。比如某測驗的題目能夠反映出兩個極端：一個是連續的認知策略的變化，另一個是同一策略的重復應用。若欲測的構想分別是"靈活性"和"穩定性"，那麼顯然，同樣的測驗結果依據這兩種構想所作出的解釋應該是迥然不同的。即使是同一構想，在不同的情境中也可能有不同的價值含義，如"焦慮"，既可能對人的行為起促進作用，又有可能起遏制作用。此外，構想本身的廣度，即其內含的理論和實驗所涉及的事物範圍，最能體現其隱含的價值含義。這裡也可能存在兩種極端情況：一是構想廣度太窄，那麼對測驗結果的解釋和應用範圍便會受到限制；另一端是構想高度概括化，如智力，此時很難將它的所有重要特徵在單個或者合成的測驗中體現出來。

2. 孕育構想的理論 構想範圍的界定一般具有其理論基礎，個人的既有觀念在此很難避免，因此對測驗分數的解釋和推理也會受到影響。如智力測驗：以斯皮爾曼（見第二章）為代表的心理學家主張智力體現在一般能力之上，這種一般能力體現在所有的智力活動之中；而以瑟斯頓（見第二章）為代表的心理學家則提出智力的多因素論，認為智力由多種能力構成，不同的智力任務應能體現出不同的能力品質。因此，若有一套能力測驗彼此間相關很高，則滿足斯皮爾曼等的構想假設；相反地，只有當測驗間的相關微弱時，才能夠滿足智力多因素論的構想假設。可見，在對測驗結果做出解釋和推論時，必須考慮到對構想理論的評價。

3. 探討人類、社會和科學本質的思想觀念 與構想理論一樣，思想觀念的分歧可能導致對測驗構想和測驗分數的不同理解。以有關學習的思想觀念為例：一種觀念認為學習是一種與政治無關的、一致的過程，它為人類提供自由，將人類從鄰居、居住地和過去的地方觀念中解放出來。因而他們主張用普遍適用的客觀標準來衡量和評估學習能力。另外一種觀念則認為學習實際上是一種被動體驗和個體知覺，因此他們反對以普遍適用性標準為基礎所編製的、普遍適用的測驗的有效性，而贊成以選擇性適用標準為基礎的選擇性適用的測驗。

總而言之，考察一個測驗是否有效，必須注意與構想無關的變異對測驗的編製、施測及結果解釋等一系列過程的影響。而在這些無關變異中不可忽視測驗的構想、孕育構想的理論及其在更廣泛意義上的思想觀念中隱含的價值含義的存在。因此，對構想的價值含義的討論也應該是測驗的構想效度研究的一個重要部分。

四、測驗應用的潛在影響

在測驗的效度數據收集過程中，對測驗結果的解釋和應用及所引起的影響必須根據測驗的目的進行評價。一個測驗是否應該作為有意目標的手段，則由權衡結果來決定。比如說，某次數學期中考試後，教師針對結果因材施教，使得數學期末測驗的平均成績顯著提高。那麼，該測驗的應用所引起的結果是有利的，因而是可取的；再如，在某個測驗結果的分數分布中存在性別或種族差異，如果這些差異是測驗的無關變異來源，即它們與測驗的構想無關，那麼當依據此測驗結果進行人員選拔時，它們同樣地會對選拔造成不利影響，使選拔無效或者產生**偏向** (bias)，甚至可能引起更為嚴重的社會問題。即使這些差異是測驗構想的有效屬性，那麼就測驗的編製和解釋而言，測驗是可取的；但考慮到社會後果，對該測驗的選用仍然應該慎重。

因此，在評價一個測驗時，必須考慮由該測驗引起的一切後果，包括其有意的測驗目標和無意的測驗負效應。這一過程的結果便是測驗的**應用效度** (applied validity) 的重要證據。綜上所述，一個統一的效度概念要求各方面的效度證據的收集過程，在此過程中測驗的構想滲透其中，因此我們可以將各種效度證據視為測驗的構想效度的組成部分。

五、影響測驗效度的因素

凡是產生測驗誤差的因素皆會影響到測驗效度，而這些因素是不勝枚舉的。下面列舉幾項影響效度的因素，供作編製測驗時的參考。

（一）信度因素的制約

從信度與效度的關係中，得知效度受制於信度，其最大值決定於信度值的大小。同時，信度又是保證效度的雖不充分、但卻必要的條件。因此，凡影響到信度的因素，都直接或間接地影響到測驗的效度。至於具體有哪些因素以及如何控制這些因素以提高測驗效度，請參看本書第六章。

(二) 受試者群體的性質

同一測驗對於不同的受試者群體所測量的功能是不同的。具有不同測量背景的受試者可能會採取完全不同的方法來面對同一測驗問題。比如一個推理測驗，對曾經做過類似測驗的受試者來說，測驗結果不單是推理能力的表現，還包含了過去經驗與記憶的綜合表現；而那些從未接觸過同類測驗的受試者，則更多地表現出真正的推理能力。同時，同一測驗對於不同性質的團體，可能得到不同的效度數據。受試者群體的年齡、性別、家庭環境、教育水平、智力、動機、職業和任何有關個體的特徵均會產生影響。因此，選用測驗時必須注意其效度資料的常模背景。

(三) 效標測量的質量

評價測驗的效標效度時，必須考慮到效標及其測量的實際關係，是影響效度的重要因素。效標測量的質量須注意下列二點。

1. 同一個測驗有不同的效標，會產生不同的效度係數。因此，對效標作適當的選擇非常重要。應該注意使測驗所欲測的行為與效標行為趨於接近，從而提高測驗的效度係數。當我們選用另一個同類測驗的分數作效標時，二者的相關係數一般需要達到 .40～.70。

2. 即使已經選定了一個最優效標，對此效標的不同測量也會影響測驗的效度。因為我們已知效度受信度的制約。一個測驗的效度不僅與該測驗本身的效度有關，同時也與其效標測量的是否可靠有關，只有二者都可靠時，才能保證其相關係數、亦即測驗效度的可靠。根據信度和效度的測量學定義，可以推導出：因測驗的信度不夠會導致對測驗效度的低估。在這種情況下，對計算出的相關進行校正就很有意義。例如，以領導對下屬人員工作的評價作效標是有意義的；然而人們時常發現對它的測量存在問題。因為受實踐條件的限制，製定一個更好的評價量表，或找更多的領導人員以取得更為可靠的評價往往是不可能的，這時，就可使用下列公式加以校正 (見式 7-9)：

$$r_{xy\ max} = \frac{r_{xy}}{\sqrt{r_{xx}}\sqrt{r_{yy}}} \qquad 〔公式\ 7\text{-}9〕$$

$r_{xy\ max}$ ：兩個測驗間可能的最大相關
r_{xx}、r_{yy}：分別為測驗和效標測量的信度
r_{xy} ：兩個測驗的實得相關

當然這只是一種消極的補救辦法，積極的方式則應是努力改善效標測量的質量，盡可能地使其結果既可信又有效。

(四) 效度評估方法的選取

用不同方法來評估測驗的效度，會得到不同結果。那麼究竟選擇何種效度評估方法來描述測驗的有效性，應視測驗編製者和使用者的目的而定。比如一般的水平考試，則應注重考察其內容效度；人員選拔和分類測驗則應重視其效標效度等等。有時有的測驗同時需要幾種效度指標。如某種專業人員水平考試，我們既需要對此專業進行工作分析以確定其內容效度，同時又需要以參試人員的工作表現為效標考察其效標效度。

綜觀這幾類效度，其目標分別在於判定個體在某行為領域裡現有行為水平（內容效度），預測或評估個體在某些變數上未來或目前狀況（效標效度）及推測個體擁有某種特質的程度（構想效度）。然而，這三種效度只是概念上的相互獨立，事實上，只有一種效度在某一特定情境下是值得重視的這種情況極少發生。對一個測驗的效度的完整的研究應包括所有效度類型的資訊。從統一的效度概念觀點出發，應把測驗的效度研究看作一個過程，一個收集效度證據的過程，該過程從測驗編製開始一直延續到測驗結果的解釋、應用及其後果。

作為測驗編製者或使用者，都希望測驗能有較滿意的效度，以保證對測驗結果的解釋。為達到這一目的，則不容忽視上述影響效度的各方面因素。只有盡可能地控制這些影響因素，才有可能不斷提高測驗的效度，使心理測驗在社會實踐中最完美地發揮效用。

本 章 摘 要

1. **效度**也稱有效性,指測驗的準確性,即測驗能夠測出所欲測量之屬性的程度。換言之,效度是測驗使用者的預定目的與實測結果相吻合的程度。
2. 一個測驗的效度並不獨立於信度而存在,其最大值要受信度的制約。信度是效度的必要而非充分條件。
3. 在效度概念的演化中,有兩方面重要轉變:一是效度類別的轉變,即從最初的與無數目標相對應的無數效度類別轉為極少量的幾種效度類別;二是效度所強調的重點的轉變,即從預測到分數的解釋——預測必須建立在分數解釋的基礎之上。
4. **內容效度**指測驗內容對測驗目的的適合程度,它同時依賴於測驗的構成本身和受試者對試題的反應方式和認知過程。它是由專家考慮到題目與測量的內容總體之間的邏輯關係而對測驗做出的詳盡、系統的評價。
5. **表面效度**是測驗的採用者或受試者根據測驗個人的第一印象即對測驗是否有效所作的主觀判斷。與內容效度是不同的。
6. 根據測驗結果與效標的關聯程度所確定的效度,稱為**效標關聯效度**,可以通過**相關法**、團體區分的統計檢驗法和**預期表**等方法來評估。
7. 測驗效度的高低與決策正確率的關係受到**基礎率、錄取率、切割分數**的確定等因素的影響。
8. **構想效度**的檢驗就是檢驗一個測驗對其理論構想進行測量的準確程度。可以通過**相關法、因素分析、實驗操作、內部一致性**分析、**多特質-多方法矩陣**等方法來評估。
9. 構想效度的提出與檢驗,使測驗不只是實際決策的輔助工具,而同時成為理論發展的重要工具,從而使測驗具有了更廣闊的發展前景。
10. 統一的效度概念是用構想效度理論將內容效度和效標關聯效度納入到一個連續的效度證據的收集過程之中。
11. 在評價一個測驗時,必須考慮由該測驗引起的一切後果,包括其有意的測驗目標和無意的測驗負效應。這一過程的結果便是測驗應用效度的重要證據。
12. 凡產生測驗誤差的因素,諸如信度因素的制約、受試者群體的性質、效標測量的質量、效度評估方法的選取等皆會影響到測驗的效度。
13. 用不同方法評估測驗的效度會得到不同結果。描述測驗的有效性應視使用目的而定。如一般的水平考試應注重**內容效度**;人員選拔和分類測驗應注重**效標效度**;但是更多的測驗情況是同時需要幾種效度指標。
14. 常用的**內容效度**、**效標關聯效度**和**構想效度**,這三者只是概念上的相互獨立,事實上,只有某一種效度特別值得重視的情境極少發生。
15. 依據統一效度概念的觀點,測驗的效度研究乃是一個收集效度證據的過程,從測驗編製開始一直延續到測驗結果的解釋、應用及其後果。

建議參考資料

1. 王重鳴 (1990):心理學研究方法。北京市:人民教育出版社。
2. 路君約 (1992):心理測驗 (上下冊)。台北市:中國行為科學社。
3. 葛樹人 (2006):心理測量學。台北市:桂冠圖書股份有限公司。
4. 戴海琦、張鋒、陳雪楓 (2002):心理與教育測量。廣州市:暨南大學出版社。
5. Anastasi, A., & Urbina, S. (1997). *Psychological testing* (7th ed.). NJ: Prentice Hall.
6. Domino, G., & Domino, M. L. (2006). *Psychological testing: An introduction* (2nd ed.). England: Cambridge University.
7. Hopkins, K. D. (1998). *Educational and psychological measurement and evaluation*. Boston: Allyn & Bacon.
8. Shulty, K. S., & Whitney, D. J. (2005). *Measurement theory in action*. U. K. Sage Publications, Inc.
9. Zeidner, M., & Most, R. (Ed.) (1992). *Psychological testing: An inside view*. Palo Alto, CA: Consulting Psychologists Press.

第八章

常模與測驗分數解釋

本章內容細目

第一節　測驗分數與常模的關係
一、測驗分數的含義　251
二、常模的基本概念　252
　(一) 常模的意義
　(二) 常模的類型
　(三) 常模的適切性
　(四) 常模與標準的區分

第二節　常模參照測驗的分數解釋
一、常模參照測驗的意義　256
二、常模參照測驗的常模類型　257
　(一) 發展常模
　(二) 團體內常模
　(三) 標準分數和百分等級的關係

第三節　標準參照測驗的分數解釋
一、內容參照的分數解釋　269
　(一) 內容參照分數
　(二) 掌握分數
　(三) 內容參照分數解釋的評價
二、結果參照的分數解釋　272
　(一) 結果參照分數解釋的特點
　(二) 預期表與期望圖
　(三) 結果參照分數解釋的評價
三、電腦輔助測驗　273
　(一) 電腦在測驗中的應用
　(二) 電腦化適性測驗
　(三) 電腦輔助測驗與紙筆測驗的比較

第四節　測驗分數的解釋與應用
一、測驗分數的解釋　277
　(一) 解釋測驗分數的資格
　(二) 解釋測驗分數的原則
　(三) 測驗結果的報告
二、測驗分數的應用　280
　(一) 測驗分數在評估中的應用
　(二) 測驗分數在決策中的應用

本章摘要

建議參考資料

任何測驗在完成施測以後，緊接著的工作就是根據事先預定的標準對受試者的回答進行記分。例如，對於智力測驗、課程考試這類有標準答案的測驗，可以根據正確回答的題目數量記分；對於作文和以論述形式回答的測驗題目，可以根據評分者的理解所作評定來記分；對於人格、態度等問卷形式的測驗，則可根據它與某一團體的典型反應相符合程度來記分。所有這些從測驗上直接評定出來的分數叫做**原始分數** (raw score)。

為了使原始分數具有意義，必須參照其他資訊把它轉換到另一個具有參照點和相等單位的量表上，使不同的原始分數可以相互比較，表現出具體而有效的意義。通過統計方法由原始分數轉換成量表上的分數，稱為**導出分數**(或**換算分數**) (derived score)，也稱**量表分數** (scale score)。原始分數轉換成導出分數以後，並不會改變其價值，只是改以不同的單位系統進行表達，使原始分數顯示出比原先更多的資訊。以量表分數作基礎，可以進行分數之間的比較，對測驗結果做出有意義的解釋。從原始分數向量表分數的轉換過程，是以該測驗的標準化樣本的平均成績作為參照物來進行，該參照物稱作**常模**。常模依據它所代表的樣本不同，可有不同種類。

依據測驗分數的解釋方法不同，測驗可以分為常模參照測驗和標準參照測驗兩大類。常模參照測驗是以常模作為解釋個人測驗分數的參照標準的，其目的在於區分受試者在能力、知識等某個心理特質方面的個別差異。

標準參照測驗是在施測之前即已訂定標準，施測後根據預訂標準來核對測驗分數，從而判定是否達到預定標準。這種**標準** (criterion) 可以為量化的，質性的，也可以為原則性的。在教育界廣泛使用。標準參照測驗與一般標準化的心理測驗不同，不需建立常模，測驗結果只看個人成績是否達到預定標準，而不考慮個人在團體中的相對地位。

本章內容主要討論以下問題：

1. 常模的概念以及常模的不同類別。
2. 什麼是常模參照測驗？如何解釋它的分數？
3. 什麼是標準參照測驗？如何解釋它的分數？
4. 測驗分數解釋的原則與報告編寫。
5. 測驗分數在評估與決策中的應用。

第一節　測驗分數與常模的關係

　　測量物理特徵的方法，因為測量所用量尺具有絕對零點與單位的等量基準，故具有清楚的意義。日常生活中長度、容積、重量等測量均已具有客觀標準且不會引起爭議。例如，對身高 2 米的人，我們可以說其身長"高人一等"，對體重 100 公斤的人，可以說是一位"重量級人物"。但在心理測驗中對人類極為複雜的心理特質很難通過測驗分數來瞭解其真正的內涵。例如，某人在一項測驗中得 25 分，我們無法判斷他的成績是高還是低，又在一項人格特質的測驗上得 0 分，也不代表受試者不具備此項特質。因此心理測驗的分數大部分都要通過與他人分數的比較才能顯示出它的意義。但是如何比較？和誰比較？這就需要提到常模，以下首先介紹測驗分數的含義與常模的基本概念。

一、測驗分數的含義

　　當教師、醫生、輔導或諮詢人員認為對某些心理特質或心理能力需要深入探討以瞭解真相時，會選用心理測驗。測驗結束後得到一個測驗分數，這個分數代表什麼意義。

　　對於心理特質的測量，很難使用絕對的、等比的量表來表示，也就是說我們無法衡量一個人有多少智力、多少勇敢性格，或多少學習動機，更不能說甲的智力比乙高一倍，或丙的勇敢只有丁的一半。對心理特質的測量，最多只能通過等距量表在與他人作比較中實現，亦即心理測驗是一種相對的測量。原始分數只反映從測驗中直接得到的結果，將原始分數按照一定的程式進行轉換然後才能做出具有意義的解釋。所以，分數解釋是測驗工作中一個不可缺少的重要環節，它也成為劃分測驗類別的重要標準之一。

　　測驗分數的含義甚廣。因為測驗分數能提供豐富且客觀的資料和分數常模。受試者可以借此更瞭解自己的優點、缺點及特質；還可以和群體作相對性的差異比較，由分數的差距清楚地看出自己和他人之間的差異程度。讓個體用更寬廣的角度面對自己與所處的環境。

二、常模的基本概念

某中學畢業生被告知他參加全國統一高考的成績得了 560 分，此一分數代表的意義，是高、是低、還是中等？無從得知。必須通過和所有其他考生的分數作比較，才可以瞭解它所代表的能力水平，從而決定取捨。要瞭解一個測驗分數的意義，通常需要選擇一個合理群體樣本的平均分數作參照進行解釋，這個參照的依據就稱為常模。上例中假定今年全體高考的平均分數 (即常模) 為 530 分 (標準差為 50)，我們便可以瞭解，該生的成績居於中等。任何測驗的原始分數都不能直接讓我們瞭解受試者的能力水平和他擁有的特質的情況，為了能使測驗分數成為有意義的數值，必須首先建立常模。下面將對常模的基本概念加以說明。

(一) 常模的意義

常模 (norm) 的實質是指受試團體的標準化樣本在某一測驗上的平均成績。所謂**標準化樣本** (standardization sample) 是為了建立測驗的常模，必須從該測驗將來適用對象的總體中，抽取一個具有代表性的樣本先行試測，以這個樣本中每個受試者所得到的測驗分數作為編製測驗的依據。這種樣本就稱為標準化樣本。通常，標準化樣本除具有總體的代表性外，也必須要有足夠多的人數，以保證得分分布的穩定性。樣本的容量越大，常模也就越穩定可靠。上例中，高考學生的考試成績為 560 分，若對該年這次全體考生的平均成績進行統計分析，結果為 530 分，以此分數為常模，則該生的個人得分稍高於常模，達不到一個標準差，從而確定他在全體考生中其成就是處於略高於中等。由此可知，常模的功能在於一方面表現了個人的原始分數在團體中的相對位置，同時提供比較的量數，以便直接比較個人在不同測驗上的分數。總之，常模是解釋測驗分數的一個依據，原始分數參照常模轉換成有意義的數值。

常模作為標準化樣本的測驗分數，在標準化測驗的結果從原始分向量表分數的轉換中產生重要作用。如表 8-1 所示，它是對我國兒童實施標準瑞文推理測驗後，用於將結果的原始分向標準化的量表分數轉換的分數轉換表。

表 8-1　測驗分數轉換表示例（百分等級換算表）

百分等級＼年齡（歲）	六	七	八	九	十	十一	十二	十三	十四	十五	十六
95	36	43	44	47	50	52	53	53	55	57	57
90	31	36	39	43	48	50	50	52	52	54	56
75	25	25	31	37	42	43	46	50	50	51	53
50	17	19	23	33	35	39	42	45	48	48	49
25	13	13	15	25	27	33	37	40	43	43	44
10	12	12	13	14	17	25	27	35	36	36	41
5	9	10	10	12	13	19	21	30	34	34	36

表中最左邊一列表示轉換後的量表分數（在這裡是百分等級），右邊上面一行代表不同的年齡組，下面各列數字表示各年齡組兒童的原始分數。根據這個表格，我們就可以對原始分數進行轉化。例如，同樣的 36 分，對六歲的兒童來說百分等級為 95，是高分；但是對十四歲的兒童其百分等級為 10，就很低了。除了採用表格的形式，有時也可以使用剖析圖的形式來對受試者的成績進行描繪，以便直觀地對其分數進行觀察。

（二）常模的類型

對一個測驗分數進行解釋時，可以使用的常模不止一個，故而常模的種類甚繁。限於篇幅，本單元僅依測驗的使用目的和使用範圍，簡單地把常模劃分為以下幾大類型。

1. 全國常模（national norm）　係以代表全國某階層人口（如全國小學生三年級兒童）的樣本為基礎而建立。全國常模的測驗，可以通行全國，國內任何地區的同類對象均可使用。施測後的分數均可與全國常模比較，從而瞭解測驗結果。全國常模是心理與教育測驗中使用最普遍的一種。

2. 地區常模（local norm）　係指受測團體的標準化樣本只取自某一地區（如某城市或某學校）從而建立其常模者。當受試者的學業性向、文化背景社會經濟環境差異極大時，適合採用地區常模。例如，學校為選擇一些學生施行特別的教學輔導，如數學實驗班，則宜選用地區常模來做選擇與安置。但須注意的是，地區常模不能隨意地使用於不同地區。

3. 年齡常模（age norm） 按某一年齡階段的行為特徵或能力水平而建立的常模。年齡常模多用於鑑定個人智力高低的智力測驗。例如，介紹測驗時會注明"該測驗適用年齡為六至十六歲，已建立常模"，即屬年齡常模。

4. 年級常模（grade norm） 指作為同一年級學業成績比較的標準。通常年級常模的標準是按分數高低排列後，抽取介於第 40 至 59 個百分位數之間的一段為根據。也就是選取學生成績全距中間的五分之一做為比較的標準。此外也可採用全校（或全市）同年級學生成績的平均數、中數或眾數作為年級常模，適用於考察教學活動學習效果的教育測驗。

5. 職業常模（occupational norm） 指某種職業活動中，將具有代表性工作表現，或是多數人工作成績的平均值作為常模。例如，企業界一般的行銷者平均業績即可視為職業常模。職業常模亦可用來作為工作標準，以考核員工的勤惰情形。

6. 總分常模（composite norm） 由兩種或兩種以上分數合成總分，然後經統計整理而得到的常模。例如，有的測驗包括數個分測驗，分別測量不同的行為特質。每個分測驗各有其分數，按分測驗分數可得分測驗常模，各分測驗分數可以合成為一個總分，由總分即可得到總分常模。

如何選用或制定常模，需要根據測驗本身的特點和該測驗擬應用的範圍來定。如表 8-1 顯示的就是標準瑞文推理測驗六歲至十六歲這一年齡段的中國常模，一些教育測驗需要建立年級常模，人格測驗的常模則經常依性別建立。如果另一個測驗的目的是準備用於全國的成年人的，就需要建立全國成人常模，若計畫應用於全國兒童就要建立全國兒童的常模，應用於某一地區則需要地區常模，如北京兒童常模、新疆成人常模等等。在企業中經常使用的績效評定測驗，或某個大學自己運用的入學測驗也可以建立本單位不同年代的常模。

（三） 常模的適切性

常模是解釋測驗分數的依據，這個依據是否足以信賴，可通過下列兩方面來加以鑑定常模是否適切。

1. 常模樣本的代表性　樣本的選擇是依測驗對象與測驗用途而定。其是否具有代表總體的性質極為重要。代表性保證來自於兩方面：一是抽樣方法，二是樣本大小。抽樣方法必須採用合乎統計學抽樣方式，如按人口比例的隨機抽樣。至於樣本大小，則影響常模的可靠性，如果樣本太小，當我們再抽一組同樣人數的樣本，測驗結果可能十分不同。因此，樣本越大，常模越穩定越值得信賴。

2. 常模的時效性　接受測驗的人是不斷成長和變化的，即使是同一批受試者也會因為生理成熟和環境變化而有所不同。簡單地說，就是常模具有時效性。常模的時效性表現在智力測驗上最為明顯。由美國學者弗林最早在 20 世紀 80 年代發現，智力測驗的結果隨時間的增長而改變，稱為**弗林效應** (Flynn effect)。一般說來，從嬰兒開始不論任何年齡，智商的增長率是每年三分之一個 IQ 分，即每十年長三個 IQ 分。根據研究結果顯示，使用韋氏兒童智力量表 (WISC) 進行測查時，將 1974 年修訂版上的總量表分 (FSIQ) 與 1991 年出版的第三版相比，相差了八個 IQ 分。

綜上所述，常模應具有代表性和時效性。採用不合宜的常模對測驗分數的解釋並無助益。因此，應該盡可能地對常模進行定期修訂，在應用中也應注意採用最新的常模。

(四) 常模與標準的區分

將常模與標準清楚地加以區分非常必要。由於常模是在測驗的標準化過程中產生的，又經常與標準化測驗結合在一起使用，所以二者時常被混淆。它們的主要區別在於：測驗的常模是以一個特殊群體中人們的實際操作為基礎而制定的，並不是事前確定的。常模是對有代表性的樣本組 (常模樣本) 的行為結果的描述，只是在將測驗結果的原始分數向一個有意義的量表分數的轉換時產生作用；而標準一詞意味一個想要達到目標。標準是在測驗之前提出，是要求測驗結果應該達到的水平；所以，常模不是標準，常模所反映的只是一個團體或它的代表性樣本的、以量化方式表示的實際情況，最簡單的表現方式是該團體的平均值。例如目前城市兒童中胖孩子太多，很多兒童的體重超標，致使有些年齡組兒童的平均體重，即常模，遠超出衛生部門宣布的兒童標準體重；而貧困山區兒童的平均體重 (常模) 又往往低於標準。

第二節　常模參照測驗的分數解釋

在第一章第二節心理測驗的分類中已提及，根據解釋測驗分數所使用的方法，可以把測驗劃分為常模參照測驗與標準參照測驗兩大類。本節將進一步介紹常模參照測驗中解釋測驗分數的方法，下一節再介紹標準參照測驗中解釋測驗分數的方法。

一、常模參照測驗的意義

常模參照測驗 (norm-referenced test，簡稱 NRT) 即用常模作為解釋個人測驗分數的參照標準的一種測驗。所以常模參照測驗並非指測定何種行為特質的測驗，而是一種對測驗結果解釋的方式。凡採用這種方式來解釋測驗分數者，均稱為常模參照測驗。

常模參照測驗的目的，是區分受試者在能力、知識方面的個別差異，在解釋測驗分數時，主要是表示受試者在團體中所處的相對位置 (或名次)，藉以瞭解受試者成績的高低。例如，一個人的高考總分數為 550 分，可以與全部考生的分數作比較，或者與某所重點大學的全部錄取新生比較，也可以與本地區全部報考者的成績作比較。這同一個分數在三種情況下得到的解釋可以是不同的：550 分在第一種情況下可能比較高，第二種情況下可能比較低，而在第三種情況下則可能屬於頂尖水平。這裡說明了兩個重要觀點：首先，不可將哪一個總體視為單一的常模團體，作解釋時，要根據所需條件進行選擇；其次，依據所選的常模團體不同，對一個原始分數可以做出多種解釋。因此，為了對測驗結果作出正確解釋，必須注意對常模的選擇和制定。在常模參照測驗中，常模與信度、效度為標準化測驗的重要標誌，同時也是衡量測驗質量的重要指標。

常模參照測驗適用於區分成績水平之用，若測驗的目的是衡量學生是否達到最高成績，此時運用常模參照測驗將有助於提供給學生一些競爭性的資訊。然而其不足之處是缺少診斷學習困難的效用。為補救這個缺點，便有標準參照測驗的產生。

二、常模參照測驗的常模類型

常模參照測驗有很多種，根據對比的常模類型大體上可以把它們分為兩類：一是把受試者的成績與不同發展水平的人進行縱向比較；另一是在與受試者同質的團體內進行橫向比較。使用前一種縱向常模形式的量表稱為發展常模，而後一種橫向常模形式稱為團體內常模。

（一）發展常模

在個體的發展歷程中，達到某年齡時所表現的共同性與代表性的行為，稱為該年齡組的**發展常模** (developmental norm)。常模是用來比較發展程度快慢的標準。例如，一般嬰兒在一周歲左右會獨立行走 (代表性行為)，故獨立行走可作為一歲左右幼兒的發展常模。發展常模的具體形式主要有以下三種：

1. 智力年齡 (或**心理年齡**，**智齡**) (mental age，簡稱 MA)　智力年齡係依兒童智力發展之程度所定的年齡。

採用智力年齡以表示兒童智力水平者，始於 20 世紀初期，法國心理學家比奈所編的智力測驗。比奈認為智力隨年齡而系統地增長。每一年齡的智力可以用該年齡大部分兒童能完成的智力測驗測題來表示。例如，代表六歲兒童發展水平的題目應該是大多數五歲兒童無法通過、而大部分六歲兒童都可以通過、且幾乎全部七歲兒童都可以通過的。具體操作時要將兒童分成不同的年齡組，找出各個年齡組大多數兒童能正確回答的題目，儘量使得大於該年齡的兒童都能答對而低於該年齡的兒童都無法答對，並將各個題目按答對人數的比例排出難易順序。因此，以答對的測試題數來代表一定量的心理成熟水平 (例如兩歲三個月的心理年齡)，答對某一年齡組的測試題就代表其心理發展達到這一年齡水平。

常模的制定，即對不同年齡組題目的選擇過程，是在對測驗進行標準化的過程中完成的。具體做法是：對各個年齡的大量代表性受試者施測題目，按答對和答錯兩種情況記分 (即二項記分)，計算各個測試題在每個年齡組的答對率，按照答對率就可以確定測驗分數應該屬於哪一個年齡組，但具體選擇答對率多少為標準目前尚無定論。推孟修訂的比奈量表中，各年齡段採用的通過率有所不同，如四歲組的通過概率為 77%，六歲組為 70.8%，十四歲組為 55.6%。

計算智力年齡的方法很簡單，以斯比量表為例。斯比量表從三歲組到十歲組，每組各有六個測試題，通過一個測試題得二個月的智齡。如果一個七歲兒童答對七歲組全部六個測題，八歲組的四個測試題，九歲組的一個測試題，沒有答對更高的年齡組的任何測試題，則他的智力成績為八歲十個月 (7歲 +2 月×(6+4+1))。在這裡八歲十個月就是這名兒童的智力年齡。若該兒童的實際年齡小於他的智力年齡，則說明該兒童比一般同齡兒童的智力高，小得越多，則越聰明，反之亦然。

這種分數解釋方式的優點是容易理解，其明顯的缺點是單位不等，因此相互之間難以比較。另外，智力年齡並非隨著年齡保持不變，而是隨著年齡的增加而減少。我們一般都有這樣的經驗，三歲和四歲的兒童相比，後者與前者的智力可能會明顯的差異，但十歲和十一歲的兒童同樣是相差一歲，其差異就不十分明顯了。

2. 年級當量 (grade equivalent) 就是將學生的測驗分數與各年級標準化樣本的平均成績比較，看他的發展相當於幾年級的水平。它與智力年齡不同，在於劃分組別的標準不是以年齡而是以年級。一個學生測驗成績與五年級的平均分數相同，則他的年級當量數是五年級 (無論他是否是五年級學生)。換言之，這個學生在學業上的發展達到五年級的水平。同理，若將一學年為十個月加以區分，可以表示更詳細的資訊，例如，年級當量為 5.5，表示達到了五年級上學期末的水平。

這一常模表示方法比較流行，但它有以下幾個不足之處。首先，年級當量僅適用於各個年級都開設相同的學科，故往往不適用於中學，因為在中學很多學科開設的比較靈活，各學校並不完全相同；其次，由於每個年級的教學科目和重點不同，因此也不是等距的，無法進行代數運算，但可以描述某個兒童相對於總體常模的發展水平；第三，年級當量的概念容易引起誤解，假設一個三年級兒童在一次語文測驗中獲得的年級當量為 5.5，這並不意味他具有五年級的學業水平，該結果只是因為其在三年級語文測驗上獲得一個優秀成績。

3. 發展順序量表(或**序級量表**)(ordinal scale) 這一形式起源於對嬰兒行為的觀察。兒童心理學家發現，兒童的動作技能發展具有相對固定的順序。格塞爾 (Arnold Lucius Gesell, 1880～1961) 根據自己對成千上萬名嬰幼兒的觀察，編製了評定兒童身心發展水平的**格塞爾發展量表** (Gesell Developmental Schedules)，該量表包括肌肉動作、適應環境、語言表達以及社會應對；視為當時評定兒童身心發展最具權威的量表之一。格塞爾採用電影錄製的方法，從嬰兒滿月開始，每隔一段時間將嬰幼兒的活動作一次記錄，一直記錄到三周歲為止。經過對一般平常嬰幼兒活動記錄分析整理之後，總結出正常嬰兒各種行為模式出現的順序。瑞士心理學家皮亞杰 (Jean Piaget, 1896～1980) 對兒童守恆概念的研究，發現不同的守恆認識 (如質量、容量、重量等)，都出現在相對固定的年齡。他的研究成果也被編製成標準化的發展順序量表。

發展常模的主要優點在於其意義直觀，便於理解，可以與同輩團體進行直接的比較，也適用於個人的縱向發展比較。然而，適合於被發展常模測量的心理特質會隨年齡的增長而發生變化，因此它只能用於年齡較小的兒童。對於成人而言，若再談智力年齡或發展順序顯然就不合適了；另外，心理量表一般都要求受試者的教育與經驗背景與標準化樣本基本相同，因此不適合應用於不同成長環境下的兒童 (如來自過於閉塞或過於開放環境的兒童)，這些可謂是發展常模的不足。

(二) 團體內常模

團體內常模 (within-group norm) 是根據團體分數計算出來的常模。將個人分數與團體常模對照時，可以瞭解個人在團體中的相對位置。前面提到通過使用團體內常模，可以把受試者與同質的團體進行橫向比較並對測驗結果進行解釋。這裡常用的一些方式包括百分等級、標準分數和商數等三類。

1. 百分等級 (percentile rank，簡稱 PR) 是用個人在團體中所占等級位置來表示其測驗結果的一種方法。例如，在一次測驗結果中，某受試者得到原始分為 40，換算成百分等級為 75，它的意義就是在常模團體中有 75% 的人得到 40 以下的原始分。百分等級表示的是一個分數在常模群體中的相對位置，也可以說該數所處的百分等級是 75。

百分等級是由標準化樣本的累加次數求得的。以原始分數為依據進行分組，計算各個（或各組）分數的頻數 (f)，由低到高累加，即可獲得累加次數分布表，將各個分數（或分數區間）以下的人數相加即得累加次數，除以樣本總人數，再乘以 100 取其整數值就是百分等級。

表 8-2　五十二名學生某次測驗成績的分布與百分等級對照表

分組	次數 (f)	累加次數 (F)	百分等級 (%)
55~	2	52	100
50~	3	50	96
45~	2	47	90
40~	6	45	86
35~	13	39	75
30~	11	26	50
25~	7	15	29
20~	6	8	15
15~	2	2	4
$i=5$	$N=52$		

實際應用時，百分等級並非逐個地由原始分計算而來，而是根據測驗編者事先備好的分數對照表得出。表 8-2 展示把原始分數轉換為百分位數的過程，使得每一個原始分數對應一個百分等級。例如，原始分 25 分的受試者其對應的百分等級為 15。如果要問原始分數 47 的百分等級，在這種分組的資料中，需要利用公式 8-1，才能得出 88.1。

$$PR=\frac{100}{N}\left[F+\frac{f(X-L)}{i}\right] \quad 〔公式 8-1〕$$

PR：代表百分等級　　X：測驗的原始分數
N：總人數　　L：X 所在組的下限分數，
f：X 所在組的次數　　F：小於 L 的各組次數之和
i：為組距

根據公式 8-1，原始分數為 47 所對應的百分等級為 88.1。計算步驟如下：

$$PR = \frac{100}{52}\left[45 + \frac{2(47-45)}{5}\right] = 88.1$$

百分等級是相對的，是根據團體表現求出來個人成績比多少人高。接著要簡單介紹與百分等數相關的百分位數與百分位區間。

(1) **百分位數** (percentile)：百分等級與百分位數有關，百分等級代表等級，百分位數代表分數，即指在一個百分等級上的人所得到的實際分數。由原始分求百分等級，是確定低於某一分數的人數比例。反之，若已知百分等級，想知道與之相對應的分數應該是多少，則是求百分位數。表 8-2 中的百分等級為 90 對應著 50 分，則這個 50 分就是對應 90 百分等級的百分位數，百分位數將常模群體分成兩部分：高於 50 分的人占 10%，低於 50 分的人占 90%。同理，上表中 35 分對應著 50 百分等數，即原始分數在 35 分以上和以下的人數各占一半。

(2) **百分位區間** (percentile bounds) 表示原始分數代表的是量表上的一個區間，而非一點。百分等級的轉換幫我們解釋了原始分數，但原始分數只是對真分數的估計，免不了有誤差，若能加上**標準誤** (standard error，簡稱 SE) (同一個人重複測量得到一組分數的標準差) 的幫助，計算出一個分數區間，用以說明真分數可能的變化範圍，則我們的結果就更為可靠了。

在實際應用上，許多測驗分數都是以百分位區間的形式表示，而非原始分數區間的形式表示的。例如，若某測驗的標準誤為 1.5，某人原始分為 47，則其原始分數的置信區間為 47±1.5，即 45.5～48.5；再找出與 45.5 和 48.5 相對應的兩個百分等級為 71 和 82，則可解釋為該受試者的真分數區間為 45.5～48.5，或在常模團體中有 71%～82% 的人低於該受試者的得分。

百分等級容易計算，容易理解，且能夠適用於各種受試者和各種測驗。其缺點是百分等級只是一種順序量表，而不是等距量表，不能進行加減乘除的運算。圖 8-1 向我們展示了原始分數和百分等級之間的關係。由於一般原始分數的分布都呈正態，中間的人數比較多，因此中間部分分數上的微小差異，表現在百分等級上可能會差別很大，而兩端的人數比較少，即使分數

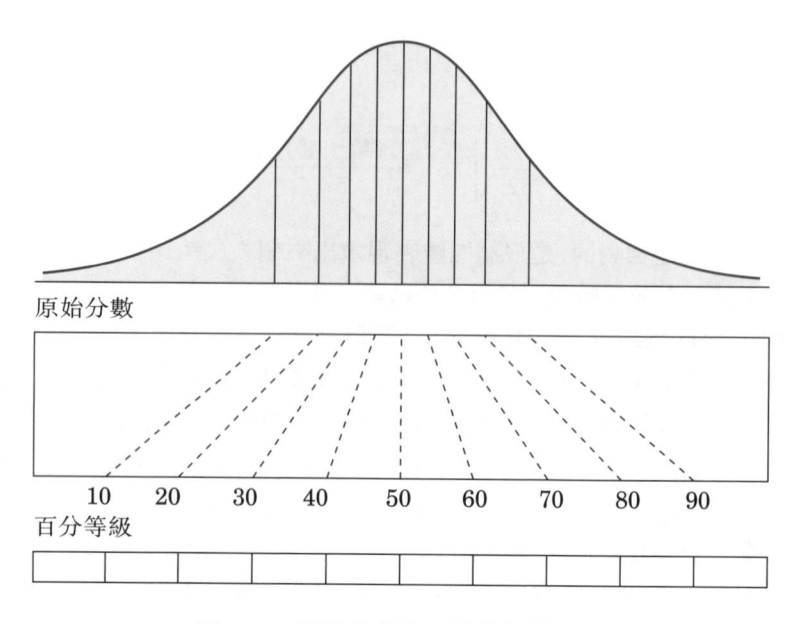

圖 8-1　原始分數與百分等級的關係

相差很大，但百分等級卻相差不多。例如，99 百分等級與 94 百分等級，55 百分等級與 50 百分等級同樣相差 5 個百分等級，但實際分數的差別前者可能相差數 10 分，後者可能只差 1 分。

2. 標準分數 (standard score) 是一種等距量表，以標準差為單位，用以表示個人分數與團體平均數的差距幅度，藉以顯示個人得分在團體相對位置的量數。其轉換方式有二：

(1) **線性轉換的標準分數**：以標準差為單位表示原始分數在平均分數之上或之下幾個標準差，如此得到的結果，稱為 **Z 分數** (z-score)。Z 分數的計算公式為：

$$z=\frac{X-\bar{X}}{S}$$ 〔公式 8-2〕

X：受試者所得原始分數
$\bar{X}$：常模群體的平均分數
S：常模群體的標準差

由於受試者的分數相對同一常模群體進行解釋，平均數 ($\bar{X}$) 和標準差 (S) 都是常模 (由標準化樣本求得)，顯然這是一種線性轉換。標準分數具有如下特點：

(1) 它是一種等距量表，具有相等的單位，沒有絕對零點，適合進行進一步的統計運算，例如：不同分測驗分數的合成；

(2) 正號表示高於平均分數，負號表示低於平均分數；

(3) 直接與百分等級相對應，便於分數解釋；

(4) 其絕對值表示與平均數的距離大小；

(5) 標準分數的分布與原始分數的分布相同，屬於無失真的統計轉換；

(6) 標準分數的區間對應著相應的常模群體的人數比例，±3 標準差的範圍內一般可以包括幾乎全部的個案。

例如，某受試者的 Z 分數為 1，表示有 84.1% 的人得分比該受試者低；若為 0，意味該受試者的分數是平均分數，在全體受試者中處於 50% 的位置；若為 −1，這表示他的成績處於全體平均數之下一個標準差。此一位置說明受試者只勝過全體中 15.9% 的人。Z 分數雖然能表示受試者分數相對於參照團體平均分數的位置，但也有一些不足之處。例如與前面所介紹的概念相比，標準分數因有正負值，且有小數點，計算比較複雜，標準差的概念較難被一般人理解；又如標準分數的轉換需要考慮分數的分布形態，當分數分布為偏態時，轉換後的標準分數會出現意義失真。最重要的是，有些受試者會誤解 z 分數為負值的意義。為此，又出現了避免負值的其他線性轉換分數。如下面介紹的 T 分數。

(2) **正態轉換的標準分數**：線性轉換的標準分數保留原始分數的分布形態。利用線性轉換導出的標準分數只有在分布形態相同或者相近時才能相互比較，當原始分的分布形態不同，例如某次語文測驗偏難，分布形態為正偏態，而數學測驗這次偏易，分布呈負偏態，比較這兩個測驗的分數不能採用上述線性轉換的標準分數，應採用正態轉換 (非線性轉換) 的標準分數。

正態轉換的前提是測驗所測特質的分數分布呈正態，實際測驗分數所得的偏態分布是由誤差或測驗缺陷造成。數學上很容易證明，只要樣本容量夠大，這個假設很容易滿足。正態轉換的具體做法是：計算原始分數對應的百分等級，由正態分布表查出此百分等級對應的標準分數，由這種方式所得到的分數就稱為正態化的標準分數。它的表述方式有以下幾種：

① **T 分數** (T-score)：是以標準差為單位表示原始分數在平均分數以上或以下的距離，只是平均數為 50，標準差為 10 所得出的轉換分數。由麥考爾 (McCall, 1922) 提出，為紀念推孟和桑代克，而以他們姓名的首字母"T"命名。T 分數可用根據 z 分數來換算，可用如下公式表示：

$$T = 10z + 50 \qquad 〔公式\ 8\text{-}3〕$$

原始分數與平均數的關係，可看 T 分數是高於或低於 50 即可得知。T 分數距 50 的遠近就表示出原始分數與平均數的距離。例如，T 分數為 60，根據公式可求出 $z=1$，即該分數高於平均數一個標準差。T 分數的解釋與 z 分數的一樣，但因能夠避免負數和小數，所以使用上較為方便。

② **標準九** (或標準九分) (stanine)：它是將標準正態曲線下的橫軸以 $z=0$ 各 1/4 標準差為中間一段，左右各刻分為四段共九段，每一段為一個等級分數，除兩極端的 1 分和 9 分外，其餘各段間的距離均為 0.5 標準差 (見圖 8-2)。該量表廣泛地用於能力和成就測驗，若某人的能力測驗在該量表上為 8，從圖上便可看出，肯定有 89% 的人能力不如他，4% 的人能力比他強。使用標準九記分時，也可以用如下的文字方式表述：9 代表非常優秀；8 代表優秀；7 代表遠高於平均；6 代表略高於均值；5 代表恰為均值；4 代表略低於均值；3 代表遠低於均值；2 代表很差；1 代表非常差。

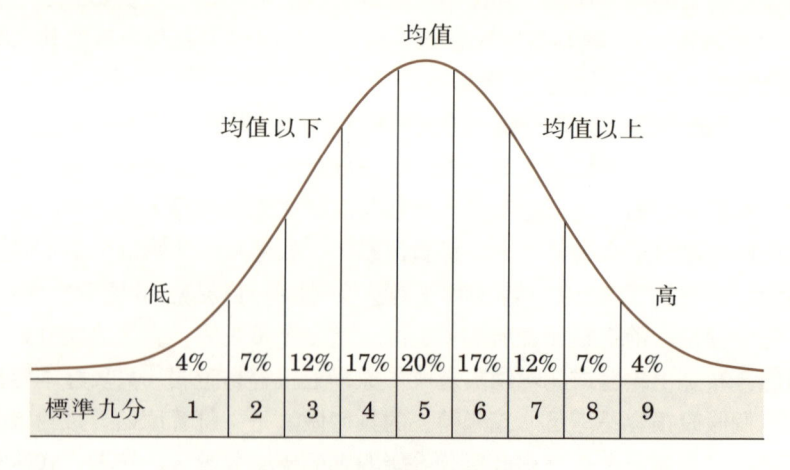

圖 8-2 標準九圖例
(採自 Cohen, 1996)

正態分布的分數區間從最低到最高對稱地分成九個不等距的區間，標準九的每一個數代表正態分布中特定範圍內的百分等級，轉換公式為：

$$S=5+2z \qquad 〔公式\ 8\text{-}4〕$$

原始分數可以通過計算 z 值轉換成標準九分；反之，從標準九也很容易地瞭解原始分的 z 值，進一步瞭解該分數的百分等級所在範圍。例如，在標準九中得 5，其原始分數的百分等級處於 41%～60% 之間；標準九為 8，其原始分的百分等級在 90%～96% 之間。

(3) **其他正態轉化分數**：由美國教育考試服務中心 (Educational Testing Service，簡稱 ETS) 主辦的一些大型考試，如學能測驗 (Scholastic Aptitude Test, SAT)、研究生資格考試 (Graduate Record Examination，簡稱 GRE) 和託福考試 (Test of English as Foreign Language，簡稱 TOEFL) 等，所制定的一種分數轉換方法是以 500 為平均分，100 為標準差進行轉換。它與 z 分數的關係是：

$$分數=500+100z \qquad 〔公式\ 8\text{-}5〕$$

例如某甲的託福考試得分為 600，依式 8-5 可計算出 $z=(600-500)/100=1$，即某甲的成績比平均數高一個標準差，再按正態分轉換，可知他的百分位數為 84。

3. 商數 (quotient)　指兩數相除所得之結果。以商數為常模者，常見的有智商、教育商數、成就商數等，以下分別概述之。

(1) **智商**（或**智力商數**）(intelligence quotient，簡稱 IQ)：是測量個體智力發展水平的一種指標，又可分為比率智商和離差智商二種。

① **比率智商** (ratio IQ)：是心理年齡除以實際年齡所得商數。如果一個兒童心理年齡為 10 歲，實際年齡是 8 歲，其比率智商即為 1.25，為去除小數點，而將上數乘以 100。如前面所介紹，智力的發展水平最初是由智力年齡來表示，使用這種方法來描述個體智力發展水平的缺陷在於它還需要結合個體的實際年齡。受試者發展的智力年齡等於生理年齡，即發展正常。同理，小於 100 表明智力發展較生理年齡遲緩，大於 100 表示智力發展比生理年齡迅速。個體的智商與 100 之間差異的絕對值越大，表示該個體與平均發展水平的差別越大。

比率智商為了與後來提出的離差智商作區別，有時也寫作 IQ_R。比率智商的概念存在以下幾個問題：首先是智力年齡並非等距資料，而實際年齡則是等距資料。因此對於同一個人，其智商值可能會出現波動；其次，比率智商不適用於發展相對穩定的成人階段，事實上很難講成人智力的確定應該採用多大年齡作為實齡；最後，不同年齡水平的比率智商的標準差是不同的，這使得同一個智商值在不同年齡水平上的意義不同。為了克服這些缺點，隨著統計學的發展，於 20 世紀中期，心理學家又提出離差智商的概念。

② 離差智商 (deviation IQ)：是採用標準分數來表示智力的高低且具有智商觀念者，也叫做"智商"，有時以 IQ_D 來表示，實際上它也是一種標準分數，依據同年齡組的測驗分數的平均數和標準差計算而得。離差智商在名義上叫智商，事實上並非商數，只是將標準分數解釋為智商而已。韋氏兒童智力測驗 (WISC) (見第八章) 最初採用這一概念。其轉化公式為：

$$IQ_D = 100 + 15z \qquad 〔公式 8\text{-}6〕$$

高於或低於 100 分表示智商高於或低於平均數，距 100 分的遠近表示原始分與平均數的距離遠近。如原始分數呈正態分布，也可以推知百分等

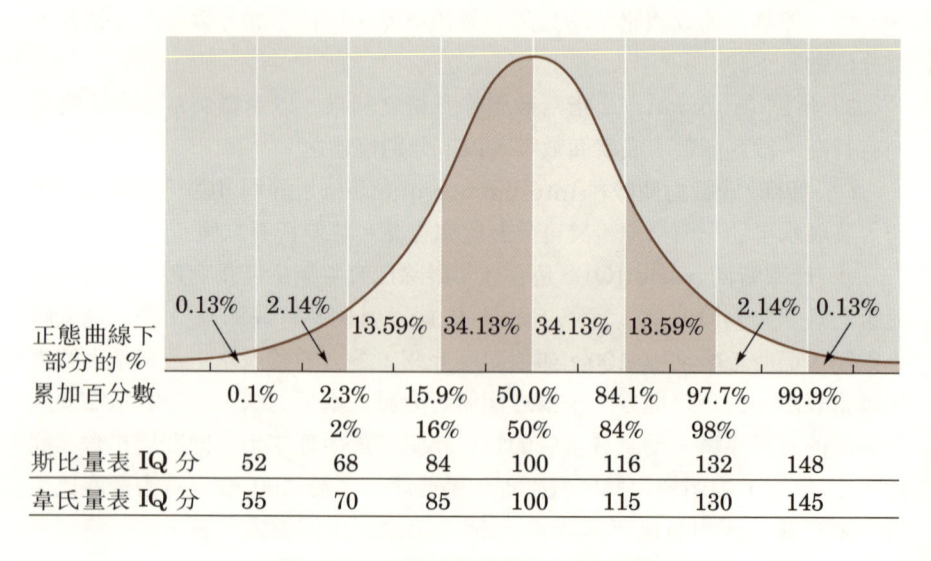

正態曲線下部分的 %	0.13%	2.14%	13.59%	34.13%	34.13%	13.59%	2.14%	0.13%
累加百分數	0.1%	2.3%	15.9%	50.0%	84.1%	97.7%	99.9%	
		2%	16%	50%	84%	98%		
斯比量表 IQ 分	52	68	84	100	116	132	148	
韋氏量表 IQ 分	55	70	85	100	115	130	145	

圖 8-3　正態分布與智力測驗分數

級。需要注意的是：用於韋氏智力量表 (見第九章) 時，標準差為 15，若用於斯比量表 (見第九章) 時，則標準差為 16。

與比率智商相比，離差智商的優點是，不僅代表個人智力的高低，而且可以顯示個人在團體中的位置。

應該特別注意的是，由於不同的測驗採用不同的標準差，因此不同測驗的智商分數並不等價，只有當它們具有相同或者相近的標準差時，才可以對這兩個測驗的分數進行比較。

(2) **教育商數** (educational quotient，簡稱 EQ)：用以表示學生教育成就的一種商數，在教育測驗中採用，稱教育商數。其計算公式為：

$$EQ = \frac{教育年齡\ (EA)}{實際年齡\ (CA)} \times 100 \qquad 〔公式\ 8\text{-}7〕$$

式中的教育年齡指兒童取得的教育成就。教育年齡 10 歲表示這名兒童的教育成就與 10 歲兒童的教育成就相當，這裡的教育年齡還可以由年級當量得出，不同的是應該轉換到年齡。例如，年級當量為 4，可能意味教育年齡為 10 歲。與智力商數一樣，教育商數反映個體受教育的水平，若等於 100，說明該個體所受教育與年齡水平相當；若大於 100，說明該個體受教育的水平比較高；若小於 100，說明該個體受教育不足，與 100 相差越遠，說明其受教育程度越不足。以教育年齡作為單位是有一些缺點的，首先它與智力年齡一樣，單位間不等距；其次是教育年齡的意義不夠明確，因此，教育商數的概念現在已很少應用。

(3) **成就商數** (achievement quotient，簡稱 AQ)：成就商數反映學生的努力程度與教師的教學水平。將教育商數與智力商數相比，或是教育年齡與心理年齡想比，得出的結果就叫做成就商數。其計算公式為：

$$AQ = \frac{教育年齡\ (EA)}{心理年齡\ (MA)} \times 100 = \frac{教育商數\ (EQ)}{智力商數\ (IQ)} \times 100 \qquad 〔公式\ 8\text{-}8〕$$

若成就商數小於 100，表明學生未能取得與其智力水準相當的教育成就，或是由於學生自己不夠勤奮刻苦，或者是由於教師的教學效果不理想。顯然這個方法要比單用考試分數更能體現出基礎、潛力方面的資訊，體現教與學的效率。成就商數的主要問題是，公式假設受教育水平與智力應該呈完全的正相關，但很明顯這一假設並不成立。例如智力，研究表明到成人階段其發展的內容轉向思維的深度方面，速度方面的發展則相對穩定；再者說教育商數和智商值本身的可靠程度就值得懷疑，這兩個分數的比率值的信度和效度就更值得懷疑。由於成就商數的概念存在著這種種不足，因此儘管這個概念有一定的實際意義，但並沒有得到廣泛的應用。

必須注意的是，採用商數衡量發展水平，隱含智力、成就等均速發展的假設，但這個假設不一定成立。另方面，生理年齡則是等距增長的。因此，對於成人而言，使用商數去衡量許多發展到頂點的特質是不恰當的。

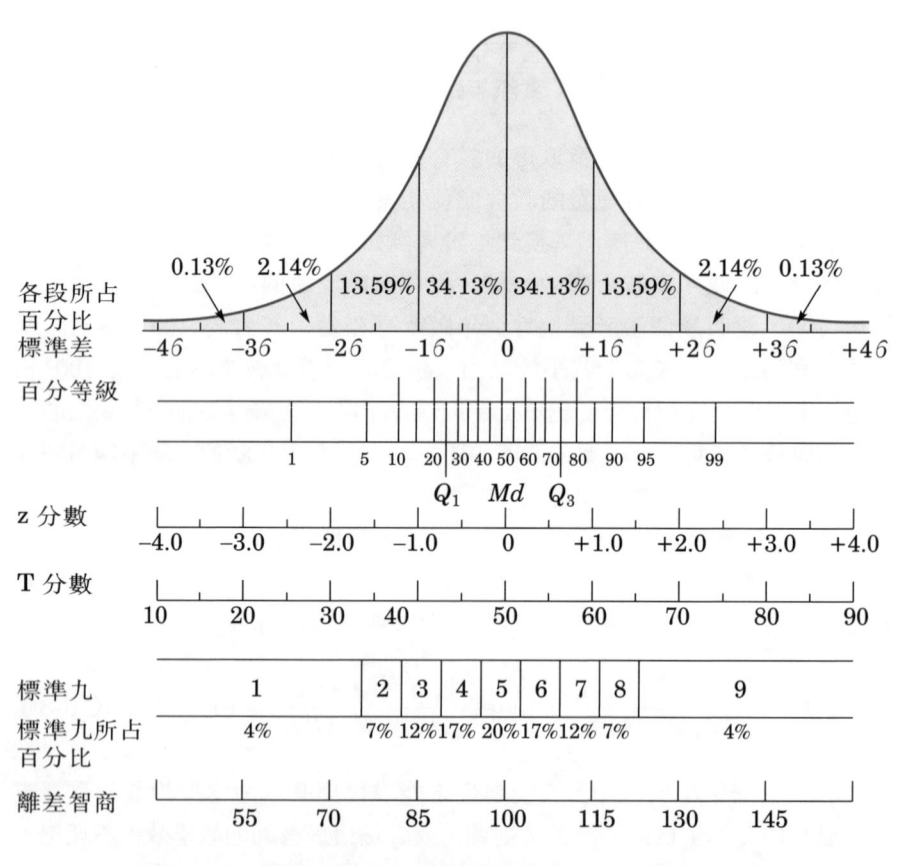

圖 8-4 正態分布情況下幾種標準分數與百分等級的關係

採自 (Aiken, 2003)

(三) 標準分數和百分等級的關係

標準分數和百分等級之間是彼此相關的。同時，幾種標準分數內部也是彼此聯繫的。圖 8-4 向我們展示幾種分數之間的關係，從中我們可以直觀地看出各種分數之間的對應關係。例如，對於高於一個標準差的分數而言，在百分等級上對應 84，z 分數對應 1，T 分數對應 60，標準九對應 7，離差智商對應著 115。另外，由該圖還可以看出，除百分等級以外，其他幾種分數大都很好地刻畫了分數之間的等距關係。

第三節 標準參照測驗的分數解釋

標準參照測驗 (criterion-referenced test，簡稱 CRT) 是在施測之前即已訂定標準，施測後根據預訂標準來核對測驗分數，從而判定是否達到預定標準。教師自編測驗來評定進行解釋，最早由葛來瑟 (Robert Glaser, 1926~) 於 1963 年提出，在教育界被廣泛使用。這種標準可以為量的，可以為質的，也可以為原則性的。標準可做分類用，如能力分班時以學業成績為標準；也可做取捨用，如入學考試的錄取標準。

標準參照記分法 (criterion-referenced grading) 與一般標準化的心理測驗不同。該類測驗不需建立常模，測驗結果不按常模來解釋個人的得分，只看個人成績是否達到預定標準，且不考慮個人在團體中的相對地位。

一、內容參照的分數解釋

標準參照測驗的分數解釋可以分為兩類，第一類是從所包含的內容範圍方面解釋，可以叫做內容參照的分數解釋；另一類是從與外在標準的關係方面考慮，即用預期的效標來解釋測驗分數，這種是結果參照的分數解釋。

(一) 內容參照分數

對標準參照測驗的分數作解釋時，是依據內容意義來進行，稱為**內容參照分數** (content-referenced score) 也稱**領域參照分數** (或**範圍參照分數**) (domain-referenced score)，它強調的是測驗受試者能夠做些什麼，即在某一個領域內已經掌握多少項內容，而不是與別人相比情況如何。這類測驗的編製主要有兩個基本步驟。第一，確定測驗目標所指向的領域或範圍內都包含哪些內容和技能，從中取樣的內容必須是該內容領域中被公認為重要的，並且必須把選出的內容細分為由具可操作性的術語界定的小型單元，如"十位元數以內的加減法"，"英語動詞的時態變化"；第二，編量表時，可以採用專家評定的方法來界定這一領域內關鍵的概念、原理、方法和教學目標，然後選用合適的測驗項目對每個重要的領域進行全面取樣。

在嚴格的意義上，內容參照測驗最適合於測量初級水平的基本技能，如汽車駕駛執照考試、電腦等級考試等。在這樣的領域內，對內容範圍的規定比較簡單，可以操作；但是當所研究的問題較為抽象和範圍過大時，確定內容和技能的範圍就很困難且不切實際。這時可以採用另一種方法，即計算掌握分數。

(二) 掌握分數

有時，標準參照測驗的測驗結果並不需要列出受試者一共掌握了多少項細分的內容，而是只需定一個總的可接受的最低分數標準，如果個體能夠達到這個分數，就說明他達到一定的標準，可以繼續下一步的學習或訓練，這個需要的分數就是**掌握分數** (或**精熟分數**) (mastery score) 。然而，整個測驗的總分是各個項目得分之和，因此對每一個項目或題目都需要先制定出它們各自的掌握分數。

掌握分數的確定通常是人為的，一般以 80～90 的正確反應作為通過的最低標準，即切割分數。例如，在初級打字技能的測試中，測試內容只有速度和錯誤率兩項，關心的就是這兩項各自達到標準的程度。對於一個完整的紙筆測驗來說，也可採用專家評定來確定分數線，如**安高夫方法** (Angoff method)。該為美國考試服務中心的安高夫 (William H. Angoff, 1919～1993) 於 1971 年提出，由專家直接判斷處於臨界水平的受試者在該測驗的每一道題目上正確回答的概率（記為 Pi），設每一題的滿分為 Fi，則該測驗的掌握分數（記為 λ）為：

$$\lambda = \Sigma F_i P_i \qquad \text{〔公式 8-9〕}$$

表 8-3 掌握分數的確定

題號	目標內容	題目滿分 (Fi)	臨界水平答對概率 (Pi)	Fi Pi
1	A	4	0.80	3.2
2	B	8	0.75	6.0
3	B	6	0.90	5.4
4	C	10	0.65	6.5
5	B	12	0.55	6.6
6	D	10	0.75	7.5
7	E	8	0.65	5.2
8	C	12	0.75	9.0
9	D	15	0.70	10.5
10		15	0.70	10.5
總和		100		70.4

表 8-3 是利用安高夫方法確定測驗分數分界點的實例，此例中假設某個測驗由 10 道題目組成，目標是測量 A 到 E 五個目標內容。

此例中該測驗的掌握分數為 70.4 分，即測驗結果得分在 70.4 分以上的受試者被評定為達到精熟程度，反之則為未達到精熟程度。為了減少評定的主觀色彩，可以請多位專家同時評定，以這些專家評定的平均及格線為該測驗的最終及格線。在實踐上，對測驗內容的掌握情況也有時依掌握、未掌握和中間半掌握狀態三個階段劃分。因此，標準參照測驗的目的是要瞭解受試者對某種知識或技能的學習狀況，進而發現學習是否有困難存在。

(三) 內容參照分數解釋的評價

由於內容參照能夠診斷受試者是否達到了教學目標，為教學效果提供詳細的反饋，又不受他人的影響，所以特別在個別化教學領域適用於電腦輔助教學和自我反饋式的程式教學。然而，由於高級複雜的知識和技能，其內容大多難於劃定範圍，且可以向不同方向發展，領域難以界定，故不宜採用；而內容參照測驗主要適用於初級水平的基本技能，因此使用範圍有一定的限制。同時，它的評分標準的制定主要依賴專家判斷，有失客觀，因此還有待於發展新的方法來使它進一步完善。

二、結果參照的分數解釋

（一）結果參照分數解釋的特點

在測驗標準化的過程中，有時可以把效標資料和常模資料結合起來，用效標行為的水平為參照標準，來對測驗分數進行解釋，這種水平標準稱為**結果參照分數** (consequence-referenced score)，尤其適用於需要對行為進行預測的測驗。例如預計學習成績與未來操作的關係，對各行各業人員進行的選拔測驗等，都需要具有良好的預測作用。這類測驗能否較好地甄別一個人是否具備做好有關職務的潛能，需要在他的績效中有所反映，也就是有必要在這類測驗的常模資料中顯示其預測效度。

（二）預期表與期望圖

結果參照分數最常用的方法就是採用一個雙變數表格的形式來表示測驗

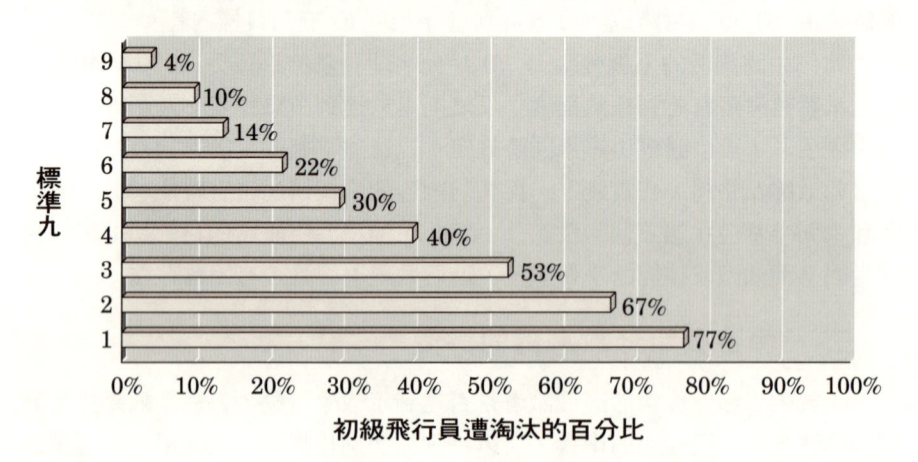

標準九別：
- 9: 4%
- 8: 10%
- 7: 14%
- 6: 22%
- 5: 30%
- 4: 40%
- 3: 53%
- 2: 67%
- 1: 77%

初級飛行員遭淘汰的百分比

圖 8-5　期望圖例釋

分數與效標行為之間的關係，對於測驗上得到的每一個分數，給出其所達到的不同效標行為的概率，繪製成預期表（見第七章）。

此外，如果我們把效標分數分為"成功"和"失敗"兩類，也可以繪製成**期望圖**（expectancy chart）。它表示每個分陣列的成功或者失敗的概率。例如上圖顯示的是美國航空公司在用飛行員時，每個標準九分數的人在完成基本飛行訓練上失敗的百分比。

(三) 結果參照分數解釋的評價

儘管這種參照分數的主要優點是能夠用預期的效標行為來解釋分數，特別適用於需要預測的情況。然而，搜集效標行為往往是一件困難的事情，且對於個人來講，對效標行為的預測往往並不具備特別重要的意義，因此，這種方法目前並不被廣泛使用。

三、電腦輔助測驗

前面曾經提到過，內容參照測驗特別適合於電腦輔助教學；事實上，電腦在測驗中的應用有著更為悠久的歷史，且產生更為重大的作用。

(一) 電腦在測驗中的應用

在 20 世紀 60 年代，美國首先將電腦用於教育測量，稱為**電腦輔助測驗**（computer aided test）。其作用直到 90 年代才有比較大的發揮。90 年代以前，心理測驗主要用電腦幫助計分，且往往是在較大型的考試中，例如高考，借助光電閱讀機閱卷給客觀題評分。90 年代以後，電腦有更多的應用，包括由電腦呈現題目、記錄答案、判斷答題質量並計分、根據受試者的答案呈現下一題目、計算測驗分數、解釋測驗分數、列印受試者成績和測試分析報告、甚至提供測驗結果的應用指導。

電腦在心理測驗上有多種應用方式。哈特曼（Hartman, 1986）認為電腦在測驗和評估中的應用可以構成一個連續體（見圖 8-6）。

最簡單的應用是儲存測驗資料，保存受試者對每一個測驗項目的反應和所有受試者的測驗分數。計算機具有巨大的存儲能力，各種資料庫可以留存考生的測驗資料以備隨時查閱，這對於大型考試極為便利，可以大幅度地提

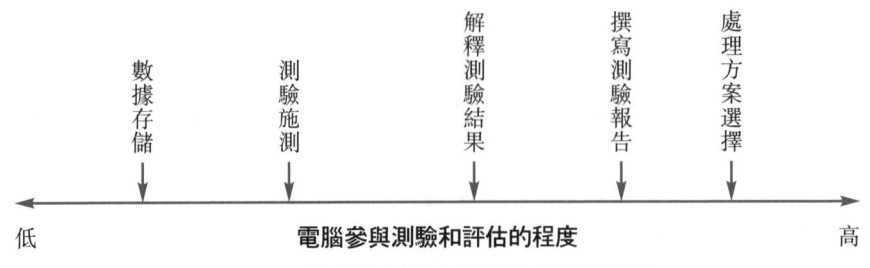

```
         數      測      解      撰      處
         據      驗      釋      寫      理
         存      施      測      測      方
         儲      測      驗      驗      案
                         結      報      選
                         果      告      擇
         ↓      ↓       ↓      ↓       ↓
←─────────────────────────────────────────────→
低              電腦參與測驗和評估的程度              高
```

圖 8-6　電腦在測驗和評估中的運用程度

高效率。

其次是利用電腦呈現題目，讓受試者在電腦上答題。電腦根據編製好的程式，向受試者呈現題目，並給題目記分。充分利用電腦的靈活性，可以對受試者量身訂做地呈示項目。這就是電腦化自適應性測驗。

電腦化的測驗解釋相對前面的兩種應用更是一大進步。傳統上測驗分數的解釋需要由受過專門訓練的專業人員進行，現在由電腦代替專家進行臨床判斷，解釋測試分數。這種應用曾引起一些爭議。但現在大多數人格測驗和職業測驗都採用了這種做法。

電腦既然能夠解釋分數，應用它來撰寫測驗的綜合報告也就順理成章，根據不同的測驗組合，制定分數報告的準則，編成電腦的程式，其原理與分數的電腦解釋是一樣的。最高水準的應用就是開處方——根據測驗結果給受試者提供指導。根據受試者的測驗分數，對受試者應該接受什麼培訓、治療和努力的方向提出建議。在這種應用中電腦完全成為專家的角色。

(二)　電腦化適性測驗

電腦化適性測驗(或**計算機化適應性測驗**) (computerized adaptive test，簡稱 CAT) 是指受試者利用電腦做答，由電腦根據每個受試者的回答情況決定受試者的下一道測驗題目，最終由電腦評分並確定每個受試者的真實水平。在前述的分析中，我們可以看出"適性"主要是指電腦可以根據受試者的回答情況而靈活選取適當的後續題目，以儘量少的題目、儘量短的時間來估計出受試者的真實水平。對於受試者來講可以少答許多不必要的題目，尤其是水平較高的受試者，可以避免回答許多對他們十分容易的題目，避免產生厭煩情緒，這對於提高施測效率和答題者的答題興趣十分有利。

適性測驗的實現過程比較複雜，往往需要根據項目反應理論進行大量的計算，在這裡不做具體介紹，只對其中的原理進行簡單說明。

題目的編製、篩選、組合構成題庫是進行電腦自適應測試的首要步驟。**題庫** (item bank，或 item pool) 是測驗的一套題目。電腦測驗是根據內容和難度水平分類的大量測驗題目。題庫並不是一些專案的簡單集合，而是一種有機的組合。題庫中的測驗題目都有必要的參數。經過試測、檢驗，篩選出的合格題目，要與其參數一起有序地貯存在電腦中。在題庫建立之後，自適應測驗在實施時也要經歷專門的施測程式。施測大致分為兩個階段：

1. 測驗性探察階段 測驗剛開始時，一般並不會知道受試者的真實水平，所以會先設置一批試探性題目，初步評估其水平。具體的做法是，從題庫中隨機調取一些中等難度水平的題目進行試測；若受試者能正確回答，則下一個將出現較難的題目；若受試者不能正確回答，則下一個將出現比較容易的題目；直到受試者既有答對題目的反應資料，又有答錯題目的反應資料時可以停止，並按照項目反應理論 (見第四章) 初步估計出其水平值。這時其估計誤差會比較大。倘若受試者在探察階段從第一個題目起，連續多個題目都答對 (或答錯)，就應適時跳躍性地施測一個更難 (或更易) 的題目，以便儘快使這個階段能夠終止。

2. 精確估計真值階段 這是嚴格按"因人施測"的思想進行測驗的階段。通常，前一階段初步評估出的受試者水平誤差較大，不是很精確，需繼續圍繞它施測另外一些題目，以便多積累些信息量，對原估計值加以修正，使估計結果達到足夠的精確。

電腦化適性測驗具有下列優點：(1) 施測時間可以縮短；(2) 受試者不需要作太難或太易的題目，以減少挫折感，提高受測動機；(3) 此類測驗的信度和效度比傳統測驗要好。

(三) 電腦輔助測驗與紙筆測驗的比較

受試者在電腦輔助測驗與紙筆測驗上會不會有不同的反應？換句話說，同一個人做同一種測驗，在紙筆測驗和電腦輔助測驗上是否會得到相同的分數？總的研究結果指出，兩種施測形式的能力測驗成績呈高相關 (Mead &

Drasgow, 1993)，但是在具體成績分數上是有差異的。例如研究發現，受試者在電腦上回答焦慮測驗和控制點測驗能夠順利作假，得到的測驗焦慮水平低於紙筆測驗，他們推想電腦輔助測驗的新穎性和機械死板是促使受試者做出與紙筆測驗不同回答的原因 (Davis & Cowles, 1989)。

關於兩種測驗形式在成績上出現差異的很多研究發現，測驗是否為速度測驗，是否含有圖形，題目是否過長而無法在同一螢幕全部呈現，以及是否允許受試者避答某些項目和返回重答等，都可能是影響因素 (Mazzeo & Harvey 1988, Green 1988)。另有元分析證實，測驗的反應速度也影響測驗得分。以速測來估計個人的能力水平，可能會有誤差，特別是對於臨界邊緣的人，誤判其能力水平的機會更大。並且這兩種分數的差異具有更為重要的影響 (Mead & Drasgow, 1993)。

近期很多研究發現兩種測驗方式的結果差異，大致可歸結為如下兩類原因：一是通過電腦呈現，受試者不能通覽整個測驗，不能回頭查看，核對和修改答案；二是與傳統測驗相比，測驗的題目少，難度覆蓋面窄。這兩種方式得到的測驗結果非常一致，表現為極高的正相關。

電腦不僅改變了測驗的方式，也改變了測驗的內容。在給受試者的反應計時、控制刺激的呈現、利用動態的平面和立體圖形測驗受試者的視知覺、遠端施測和測驗的遠端管理等方面，電腦都有獨特的優勢。特別值得一提的是，電腦為測驗的版權保護和防止測驗濫用提供新的可能。例如，可以經由遠端施測，將受試者的反應回傳控制中心作評定，減少了答案標準和常模洩密流傳的可能；由於電腦可以大量代替過去許多只能由人工完成的工作，這也使專家為受試者提供更加細緻的服務提供了可能。

推動電腦在測驗中的應用主要動力是電腦測驗比較經濟，可以節省大量的人力物力，且極大的提高效率。隨著互聯網技術、電腦技術和通訊技術的進一步發展，電腦在心理測驗中將占據越來越重要的位置。

第四節　測驗分數的解釋與應用

測驗的基本任務就是用適當的方法，以量化的數值來描繪個人所表現的某些特質的程度。所以如何解釋由測量工具所測得的分數，使所得分數具有意義，進而瞭解後改變個人所擁有的心理特質。這就是本節的宗旨，測驗分數的解釋與應用。

一、測驗分數的解釋

測驗結果必須要能回答原先作測驗時想知道的問題，如此測驗才具有意義。不同的測驗組合，可以回答各種與人有關的問題。諸如：如何選擇未來的發展方向？自己的形象性向如何？如何評定學生的學習成果？如何甄選最佳人才？因此，對測驗而言，測驗分數的解釋有如畫龍點睛般的重要。下面將討論解釋測驗分數者所應具備的資格，及解釋測驗分數必須注意的原則。

（一）　解釋測驗分數的資格

面對一張氣象圖，我們不懂它的意義，但在專業人員的解釋下，才能知道高氣壓與低氣壓相互作用下使氣候產生了變化；海洋氣流又產生了什麼影響；經驗越豐富，氣候預測的越準確。解釋測驗分數也是同樣的道理。不囿於測驗的表面結果，彙集專業知識和相關素養，並配合受試者的多方資料，有更多專業倫理和自身成熟與穩定的特質，才能將測驗分數解釋得完善。所以，嚴格地講，對任何一個心理測驗結果的解釋都需要一定的資格限定，並不是任何人都能勝任。通常具有下列資格者才可以對測驗分數作解釋。

1. 學校、社會團體或工商企業單位中的諮詢輔導單位，應該由合格的心理學工作者或輔導人員負責解釋或在其直接指導下進行解釋。
2. 解釋分數的人員必須經過專門的訓練，懂得所使用的測驗及其結果的解釋原則。

(二) 解釋測驗分數的原則

1. 測驗分數應參考其他相關資料　解釋分數時，必須將個人的經驗及背景因素考慮在內。例如，在常識測驗上相同的分數，對城市的孩子和對農村的孩子就具有不同的意義。因為生活環境不同，導致兒童的學習機會不同，因此有些較低的分數並不一定表示智力不高。另外測驗情景也是十分重要的因素，如受試者在測驗時的情緒狀態、身體狀況、測驗過程的意外事件都會影響受試者的成績。尤其在診斷測驗中，更應該考慮這些因素的作用。

2. 必須考慮測驗的效度　只有測驗分數和常模分數並不足以對測驗結果做出合理的解釋，就該結合效度資料。因為任何一個測驗都不是百分之百的準確，要使測驗的結果解釋比較合理，就必須根據效度資料加以說明。

3. 測驗分數應是一個範圍　由於測驗分數不是完全可靠，即測驗的信度不等；因此，任何時候都要把測得的分數看成是一個範圍而不是一個確定的點。在解釋分數時，所提供的應該是一個可能的參考範圍或是一個最佳估計，最好不要把它具體成一個精確的結果。實際上，這也是為自己的解釋結果留有餘地。

4. 不同的測驗分數不能直接進行比較　即使兩個名稱相同的測驗，由於所包含的具體內容不同，樣本的組成不同，量表的單位各異，其分數便不具有可比性。為了使不同的測驗分數可以進行比較，必須將二者放在統一的量表之上。

5. 測驗結果原則上不能告訴受試者本人以外的任何人　在需要告訴受試者的家長、教師或負責人時，一般只講測驗結果的解釋而不是測驗分數。這時，施測者應對測驗結果作必要的說明，避免引起其他不良後果。

6. 解釋分數時態度應謹慎小心　對智商、能力、人格等診斷性測驗結果的解釋務必慎重，不能給受試者"貼標籤"，以免引起不必要的誤解，因為這些測驗的結果有可能影響到一個人的一生。

(三) 測驗結果的報告

為了使受試者準確地理解測驗分數，在報告分數時務必做到以下幾點：

1. 使用當事人所理解的語言　測驗作為一個專門領域有其自己的專

用術語，在解釋測驗分數時必須考慮受試者是否能夠完全理解你所使用的專門辭彙。一般情況下，應選用通俗的術語或受試者能理解的術語來解釋測驗分數。必要時可詢問受試者是否明白所解釋的意思。

2. 要讓受試者知道這個測驗的含義，測驗的功能、目的及可信度 並非要把測驗的信度和效度都告訴受試者，而是要讓受試者明白這個測驗能做什麼、不能做什麼，所得的分數其代表意義為何。如果是常模參照測驗，應該讓受試者知道他是在和誰進行比較。

3. 要使受試者明白分數只是一個最好的估計，可能有誤差 任何測驗分數都不能絕對化。這樣做是為了讓受試者更好地使用他的分數。

4. 要考慮分數將給受試者帶來的心理影響 由於測驗分數的解釋會影響受試者的自我評價和自我期待，從而影響其行為，所以在解釋分數時要考慮受試者的反應。既不要使受試者因為得到高分而忘乎所以，也不要因為得了低分而悲觀，甚至厭世輕生。

測驗分數的解釋一般是通過心理測驗報告的形式提供給受試者。表 8-4 列出一份一般的報告形式供參考：

表 8-4　心理測驗報告的一般形式

心理測驗報告
受試者姓名：　　　　性別：　　　　出生年月：
施測時間：　　　　　施測地點：
施測者：
測驗工具：
測驗結果：
對結果的分析：
建議：
測驗過程中的其他現象記錄 (包括意外事件、受試者的特殊反應等)：

二、測驗分數的應用

心理測驗和教育測驗的結果主要用於評估和決策。

(一) 測驗分數在評估中的應用

在日常生活中,人們關注的問題常常是一個人能做什麼?他學過什麼?他的興趣愛好是什麼?有哪些特點?對於一個團體而言,則關心現在的狀況如何?與其他團體有什麼區別?通過測驗所得的分數可以幫助我們解答上述問題。

測驗分數能夠提供關於一個人或團體目前發展狀況的資訊。標準參照測驗還可以提供有關個人或團體在某些方面掌握或表現程度的資訊。這對於改進和繼續下一步工作是非常有益的。

測驗分數還可用於進行個人或團體間的比較,通過對測驗分數的分析,可以瞭解某個人在團體中的位置,也可以知道不同地區受試者的發展狀況。

能力傾向測驗分數可以顯示一個人有哪些方面的發展潛力,是否適合從事某種職業,能否勝任某項工作等。

人格測驗可以提供關於一個人的興趣、愛好、價值觀、性格特點等方面的資訊,有助於對人的全面瞭解和認識,更好地克服缺點,培養良好品德。

(二) 測驗分數在決策中的應用

心理測驗在教育領域應用最廣,各種測驗的結果都可以為教育行政部門和教師進行決策提供參考和依據。

1. 為日常的教學決策服務 教育測驗的主要任務之一是為教師的教學決策服務。平時,教師要經常瞭解學生已經掌握了哪些內容,哪些還不熟悉,哪些理解有誤,應該如何改進,著重講解哪些內容等。為了解決此類問題,教師可以通過測驗來獲得所需的資訊。

2. 為選擇決策服務 這主要指人才的測評和選拔。例如,一個學生要報考職業高中,應選擇哪個專業?哪種工作更適合於他?再如,退除役軍人要安置,大學畢業生要選擇職業,在這種情況下,若能通過測驗對一個人的特長和基本素質有所瞭解，就可以更好地根據他的特點和社會需要提出合理化建議。

3. 為教育、教學等計畫決策服務　教育行政和教學部門要經常根據國家、地區的需要和學生的素質不斷調整教學計畫和教育方法。教育測驗分數可以間接提供當前教育計畫的執行情況和效果，以此為據，再結合廣泛的調查研究，對於製定出更切合實際的策略和計畫有重要意義。

本 章 摘 要

1. 依據測驗分數解釋時參照的標準不同，可以把測驗分為**常模參照測驗**和**標準參照測驗**，前者指將測驗結果與某個標準化群體的測驗結果比較；後者指將測驗結果與預先確定的標準水平對照，觀察受試者是否達到或超過所要求的標準，而與其他人的結果無關。
2. **常模**表示**標準化樣本**的測驗分數，具有代數性和時效性。常模團體必須是測驗所適用的目標群體的代表性取樣，大小要適當。
3. **發展常模**有**智力年齡、年級當量、發展順序量表**三種，這類量表是把受試者的成績與不同發展水平的人進行縱向比較。
4. **團體內常模**用於將受試者的成績放在與其同質的團體內進行橫向比較，可以採用**百分等級、標準分數**和**商數**三種形式。與發展量表相比，這種形式的常模更常見。
5. **百分等級**的概念容易理解，它表示在一個常模團體中與某受試者的**原始分數**相等或分數低於他的人占總人數的百分比。
6. **標準分數**是一個等距的量表，能夠進行加減乘除等運算，在實際中應用非常普遍；它可以表現為 z **分數**、T **分數、標準九**、以及其他線性轉換的形式。
7. **商數**包括**智商、教育商數**與**成就商數**三種，主要通過比率的方式來衡量受試者的智力、教育水平和成就是否與實際的年齡和智力相符。

8. 對智力分數的解釋經歷了**智力年齡、比率智商**到**離差智商**三個階段，每一步發展都帶來了質的演變，其中離差智商已沒有商數的含義，只是作為一種習慣而保留了下來。
9. 標準參照測驗的分數解釋可以分為內容參照和結果參照兩種，前者通過列出掌握的內容範圍或者用**掌握分數**來表現，後者可以通過期望表和期望圖加以表現。
10. 電腦在心理測驗中獲得了越來越廣泛的應用，**電腦化適性測驗**可以根據受試者的回答情況，靈活地從**題庫**中選取適當的題目，以儘量少的題目和時間估計出受試者的真實水平。
11. 只有具備一定的資格的人才可以對測驗的分數進行解釋。解釋時，應結合測驗的信、效度資料，遵守保密等原則，並採用適當的方式將測驗結果呈現給受試者。
12. 在對個人及團體進行評估和決策中，測驗分數已獲得廣泛的應用。

建議參考資料

1. 王振世、何秀珠、曾文志、彭文松 (譯，2008)：教育測驗與評量。台北市：雙葉書廊。
2. 曾桂興 (1993)：命題雙向細目表的編製及應用。見中國考試，第 3 期，21~23 頁。
3. 黃光揚 (1996)：心理測量的理論與應用。福州市：福建教育出版社。
4. 路君約 (1989)：心理測驗。台北市：中國行為科學社。
5. 葛樹人 (2006)：心理測驗學。台北市：桂冠圖書股份有限公司
6. Aiken, L. R. (2005). *Psychological testing and assessment* (12th ed.). Boston: Allyn and Bacon.
7. Anastasi, A. (1997). *Psychological testing* (7th ed.). New York: Macmillan.
8. Bloom, B. S., & Krathwohl, D. R. (1956). *Taxonomy of educational objectives: Handbook 1. The cognitive domain*. New York: David Mckay.

9. Cohen, R. J., & Swerdlik, M. E. (2005). *Psychological testing and assessment* (6th ed.). New York: McGraw-Hill.
10. Dehn, M. J. (2006). *Essentials of processing assessment*. New York: Wiley.
11. Kaplan, R. M., & Saccuzzo, D. P. (2008). *Psychological testing: Principles, applications, and issues*. (7th ed.). Belmon, CA: Wadsworth.

第三編

標準化測驗

在前一編中，我們闡述了心理測量的基本理論、質量評定和使用方法。本編將在其基礎上對不同類型的常見心理測驗予以介紹。人的心理複雜多樣，對心理的測量可以從多方面進行，在心理測驗發展初期，對個體之間的心理差異只劃分為能力與個性 (或人格) 兩大類：凡是從認知功能的角度，包括認知的質量和數量方面來評價的特質稱為能力差異，其測量工具稱能力測驗；另一類心理測驗以鑒別人與人之間的非認知性心理差異，測驗結果只顯示人們在心理活動傾向的不同，而沒有量的差異，稱人格測驗。

能力測驗 (ability test) 泛指測量能力所採用的工具。能力一詞內涵豐富，如：兒童語言表達清晰；學生學習成績優異；職工工作效率高等等行為表現，生活上全部被認為是能力強的表現。故此能力測驗作為一個概括性的名稱，包括不同方面的多種能力測驗。20 世紀初，心理學家比奈為了鑒別兒童在學習能力上的差異，開始編製測驗，稱智力測驗，自此在兒童的培養和教育方面，能力與智力兩個概念基本相通、被廣泛應用。由於智力測驗在能力測驗中長期占統治地位，故在很多教科書中與人格測驗相對應的都只講智力測驗。隨著心理學的發展，人們逐步認識到在不同情境下能力的表現方式與所產生作用並不相同，單靠智力測驗不足以解決實踐需要，通過更深入的研究和分析，除了智力測驗外，還需要有強調預測功能的**能力傾向 (或性向) (aptitude)** 測驗，和特指工作績效方面的勝任力測驗。不同類型的測驗根據其特定目標，在測驗內容和方法上各有特點。目前，依據對能力的認定與實施測驗的目的，有大量不同的能力測驗可供選擇，如果將能力認定為智力，就採用智力測驗；如果從發展的觀點考查能力，則採用性向測驗；若由習得的知識或技能方面考查，那就採用成就測驗。不論採用哪種測驗形式，舉凡測驗在性質上都應該是**標準化測驗** (standardized test)，即必須是經過標準化程式所編製的心理測驗，也就是已經具備常模、信度、效度、施測程序以及記分方法等基本條件的心理測驗。

能力測驗是心理測驗領域中數量最多，發展最成熟的一個領域，包括智力測驗、性向測驗和成就測驗三大類。智力測驗有個體智力測驗和團體智力測驗之分；從預示未來成功的可能性角度進行特殊能力測查的性向測驗，常見的除一般性向測驗外，還有在教育和軍事等特殊領域的性向測驗；用於測查學習和訓練效果的成就測驗在教育領域應用得最為廣泛。除統一的標準化測驗外，更常見的是各學校中不同學科的教師自編測驗。

人格 (或個性) (personality) 測驗是心理測驗的另一個主要類別，人格具有獨特性、統一性和恆定性的特點。人格測驗在人事、教育、臨床等方面都有重要作用。在心理測驗界將人格測驗分為兩類：一是通常理解的、狹義的人格測驗，二是興趣、態度、價值觀測驗。

典型的人格測驗發展較早。其目的是從總體上用一定量化的方式鑒別個體心理差異。測驗的方法有量表評定和投射技術兩種。一般情況下，多以調查表或問卷的方式進行。常用的人格測驗工具主要有明尼蘇達多相人格調查表 (MMPI)、加利福尼亞心理調查表 (CPI)、艾森克人格問卷 (EPQ)、十六項人格因素問卷 (16PF) 和大五人格測驗 (NEO)。投射技術主要應用於臨床心理學，心理學家運用一定的技術，誘發受試者內隱的心理狀態，使其不自覺地投射到指定的外部材料上，對其進行分析。主要測驗工具有**墨漬測驗**和**主題統覺測驗** (TAT)。

興趣、態度和價值觀在本質上屬於非認知性的人格特徵，主要採取客觀量表法進行測驗。興趣、態度和價值觀的測量發展較晚，隨著社會的發展和實踐的需要，近年來無論在教育抑或人力資源領域，社會需求都不斷增加，已經產生了一定數量相當成功的量表評定方法和可用的工具。

神經心理測驗是一類特殊的測驗類型。神經心理學是以神經生理學的理論與方法為基礎，旨在了解神經系統與行為變化的關係。在其臨床研究中，針對病人研究腦在病理情況下的行為特點時，心理測驗是重要的研究手段。神經心理測驗對於有心理障礙者的臨床診斷有重要的輔助作用。

本編共分六章對各種比較常見的心理測驗進行較詳細的介紹。這些心理測驗基本上涵蓋了心理測驗的主要類型。

第九章

智力測驗

第一節　智力測驗概述
一、智力概念　289
　(一) 智力的一般意義
　(二) 智力的定義
　(三) 智力理論
二、智力測驗　295
　(一) 智力測驗的種類和用途
　(二) 智力測驗結果的量化形式

第二節　個體智力測驗
一、比西量表　298
　(一) 比奈-西蒙量表
　(二) 斯坦福-比奈量表
　(三) 比西量表小結
二、韋氏量表　303
　(一) 韋氏-貝魯弗量表
　(二) 韋氏兒童智力量表
　(三) 韋氏成人智力量表
　(四) 韋氏學前和幼兒智力量表
　(五) 韋氏量表小結
三、考夫曼兒童成套評估測驗　310
　(一) 測驗的結構
　(二) 測驗的測量學特徵和評論
四、達斯-納格利里認知評估系統　313

第三節　團體智力測驗
一、團體智力測驗的特點　314
　(一) 實施方法
　(二) 測驗形式和應用
二、奧蒂斯-林儂學校能力測驗　315
三、庫-安智力測驗　317
四、韓-奈心理能力測驗　317

第四節　特殊群體用的智力測驗
一、非言語和文化公平智力測驗　318
　(一) 瑞文推理測驗
　(二) 文化公平智力測驗
　(三) 萊特國際操作量表
二、新生兒和嬰兒發展量表　323
　(一) 格塞爾發展量表
　(二) 貝莉嬰兒發展量表
三、機能障礙者的智力測驗　326
　(一) 盲人智力測驗
　(二) 聽力受損者的智力測驗
　(三) 有運動障礙者的智力測驗

本章摘要

建議參考資料

智力自古以來就是評定個體差異的重要指標。但是，其科學的定義到目前為止仍沒有最權威和受到廣泛認同的統一定義。主要是因為關注智力的角度不同，導致在認可智力涵蓋的內容時出現分歧。一是側重智力的功能，從不同觀點出發，認為智力是抽象思維能力，學習知識的能力，適應新環境及解決問題的能力。二是側重智力的神經學機制，如綜合刺激到有組織的行為生物學機制，是大腦皮質轉換信號的能力；三是側重智力活動過程，如智力是自動化的資訊加工。綜上所述，智力是一種綜合性的心理能力。

採用某種工具將智力量化的活動稱之為智力測驗。目前使用較廣的、對個體施測的智力測驗，包括比奈-西蒙量表及其修訂版、韋氏智力量表系列等個體智力測驗。對團體施測的測驗從陸軍甲種測驗和陸軍乙種測驗開始發展，包括文字測驗和非文字測驗兩種形式。個體智力測驗不能簡單地用於團體，但團體測驗可用於個人測驗。此外，針對特殊群體的各種智力測驗中，中以非文字的瑞文推理測驗最為通行。使用這些測驗或量表將智力量化，其結果通常以智商 (IQ) 表示。20 世紀中期以後則使用離差智商，其計算比較複雜，因此有些測驗結果就用分等的方式或百分位元數表示。此外，對於智力水平也可以用定性的觀察方法進行，有時可能二者兼用。

對於新生兒和嬰兒的智力測量，主要是對他們的各種感覺-運動能力和一些非言語的行為，如姿勢模仿，對運動物體的視覺跟蹤，接近物體，以及對親近者的表情等進行觀察和記錄，然後與同齡者的表現作比較分析。由於其所關注的是當前兒童的發展水平，對未來智力不具有預測效度，故通稱為發展量表而非智力測驗。20 世紀 20 年代以後，在美國出現一些著名的嬰幼兒測驗，其中至今仍在應用的是格塞爾發展量表和貝莉嬰兒發展量表。

在編製一種智力測驗時，必須有某種智力理論作基礎，且有主要目的和適用對象。智力理論有多種，智力測驗與認知心理學相結合更是發展趨勢。本章將對一些國際常用的標準化智力測驗作簡要討論。本章主要內容是：

1. 什麼是智力？智力的理論包括哪些內容。
2. 什麼是智力測驗？智力測驗可以分為哪些種類。
3. 對於個體施測的智力測驗有哪些。
4. 團體施測的智力測驗主要有哪些種類。
5. 對於特殊群體，如何測評其智力。

第一節　智力測驗概述

才高八斗，學富五車，是形容人的才學獨特，所學甚豐。才疏學淺，愚昧笨拙是說人的才學淺薄，遲鈍不靈活。同樣是人類為何有如此截然不同的表現？這就是心理學家們探討的智力問題。智力是一個心理概念，我們無法清晰明確地看到智力的真相。因此，心理學家們編製智力測驗，針對測驗結果來解釋分析個人的智力狀況，用以對人的個別差異有進一步的瞭解。本節首先介紹智力與智力測驗的含義。

一、智力概念

同一個班級的學生智力各不相同，同一對父母所生子女其智力也會有差別。智力的結構與內容如何？智力只有一種？兩種？還是無數種？以下將從智力的意義與學者們提出的智力理論兩個角度來進行探討，以期能對智力有具體的瞭解。

（一）　智力的一般意義

智力是大家熟知用以描述個人才智高低的用語。在中國古代，孔子認為顏淵能"聞一知十"，端木賜只"聞一知二"，這就是指智力的差異。荀子對智力的看法為：

> 所以知之在人者，謂之知；知有所合，謂之智。智所以能之在人者，謂之能；能有所合，謂之能。(荀子·正名)

這一段話的意思是，人生來就具有認識事物的能力，叫做"知"，人的這種知與外界事物相接觸後便發展成為智，這就是智力。荀子認為智力的發展必須具備兩方面的條件：一是先天因素，即所謂的"在人者"；二是後天因素，即所謂"有所合"。整體觀之，智力是在先天因素的基礎上通過後天因素的影響發展起來的。這一觀點與現代心理學的看法是完全一致的。

(二) 智力的定義

自 19 世紀末和 20 世紀初，西方開始有關於智力的定義，但存在各種不同的解釋，至今仍沒有統一的定義。在西方心理學中，大約從三個觀點來看智力：

1. 從理性哲學觀點出發，認為智力是指抽象思維能力 法國心理學家比奈 (見圖 2-3) 和西蒙 (見第二章) 認為智力是判斷、理解、推理、計畫性和自我批評能力。推孟提出智力是形成概念和抓住概念意義的能力，一個人的智力與抽象思維能力成正比。

2. 從教育學的觀點出發，認為智力是學習知識的能力 美國心理學家波林 (Edwin Boring, 1886~1968) 在 1923 年提出一個極端的操作性定義：智力測驗所測量的便是智力。研究指出智力測驗與學業成績經常有高的相關，因此智力測驗常被當作學業能力測驗的指標。

3. 從生物學觀點出發，認為智力是適應新環境及解決問題的能力 美國心理學家韋克斯勒提出，智力是個體有目的的行動、合理思維和有效適應環境的綜合性才能 (Wechsler, 1939)。瑞士著名心理學家皮亞杰 (Jean Piaget, 1896~1980) 提出，智力是一個普通名詞，指用以適應社會環境的那些高級組織形式或平衡形式。智力三維論的建構者，美國心理學家斯騰伯格 (Robert J. Sternberg, 1949~) 提出，智力是在回答新異事物時的自動化資訊加工和作出相應行為的心理能力。艾森克 (Hans Jurgen Eysenck, 1916~1997) 提出，智力是資訊通過大腦皮層的無誤轉換。美國心理學家加德納 (Howard Earl Gardner, 1943~) 提出，智力是解決問題或在一種或多種文化背景裡形成的有價值的具體能力。

如果將這些定義概括一下，我們可以簡單地說，在基本理念上，**智力** (intelligence) 是一種綜合性的心理能力，此種綜合性的心理能力乃是以個體本身所具有的遺傳條件為基礎，在其生活環境中，不斷學習 (正式或非正式) 及累積經驗以肆應環境解決問題的能力。

(三) 智力理論

智力並不是某種單一因素構成，而是一個多因素、多側面、多層次的結構。因此，凡對人類智力內涵作理論性與系統性解釋的，都可稱為**智力理論** (theories of intelligence)。智力內涵究竟指什麼，各家理論不一。下面討論幾種常見的智力理論：

1. 智力的感知能力說 將感知作為智力的成分或代替智力的思想由來已久。例如，"耳目聰明" (禮記·樂記)；"聰明聖智" (荀子·非十二子)；漢代司馬遷描述黃帝是"成而聰明"。所以中國長期以來將聰明作為高智力的同義詞。英國心理學家高爾頓在《人類官能和發展》(1883) 中提出，智力高的人感覺能力也高的假說。他認為人是通過感覺來認識世界的，所以感覺敏銳者其智力就高，因此他將視和聽的能力作為智力測驗的內容，以感覺敏度為指標決定智力的高低。

2. 智力因素說 以探討構成智力因素而建立的理論說法不一，列舉重要者如下：

(1) 英國心理學家斯皮爾曼 (見第二章) 利用統計學方法發現智力測驗列出的智力或多或少都有相關，他在 1904 年提出**智力二因素論** (two-factor theory of intelligence)，認為智力是由一般因素與特殊因素組成。**一般因素** (或**普通因素**) (general factor) 簡稱 **G 因素** (G factor)，是一切心智活動的主體；**特殊因素** (specific factor)，簡稱 **S 因素** (S factor)，是代表個人的特別能力，只與少數活動有關。斯皮爾曼認為一般因素是人類智力的基礎，多表現在生活活動的各個方面，因此一般智力測驗所能測量的多為一般因素的能力。

(2) 美國心理學家桑代克 (見第二章) 於 1927 年提出智力是由多種特殊能力組合而成的理論。他根據智力測驗的結果，認為人類的智力包括三種不同的能力，分別為：**抽象智力** (abstract intelligence) 代表個人運用抽象概念、符號 (語文、數學等) 從事抽象思維推理的能力；**具體智力** (concrete intelligence) 代表有效地處理各種具體事物的能力；**社會智力** (social intelligence) 代表個人在社會活動情境中與人相處的能力。

(3) 美國心理測量學家瑟斯頓 (見第二章) 於 1938 年提出**群因素論** (或

群因論) (group-factor theory)，認為任何智力活動成就都是由於許多相關的首要因素共同決定的。他採用因素分析的方法，根據 56 個測驗的結果，整理出智力的七種**基本心理能力** (primary mental abilities，簡稱 PMA)，這七種基本的心理能力如下：

① 詞語理解 (verbal comprehension, V)——理解觀念和字的意義，使用辭彙來測量；

② 算數能力 (numerical ability, N)——作算術時的速度和準確性；

③ 空間關係 (spatial relation, S)——認識不同方位的圖形，想像形狀關係的能力；

④ 知覺速度 (perceptual speed, P)——迅速區分視覺物體的細節和在物件圖畫中的相似；

⑤ 詞語流暢性 (word fluency, W)——字詞的思考速度，如在押韻或猜字謎時的能力；

⑥ 聯想記憶 (associative memory, M)——記住字詞和數位等的能力；

⑦ 歸納推理 (general reasoning, R)——從已有資訊衍生規律，如確定一系列數位的排列規律。

瑟斯頓編製的基本心理能力測驗 (1938)，其中每個分測驗測量一種心理能力，結果發現分測驗之間仍有相關，因此承認有一個或多個二級因素。斯皮爾曼則認為，測驗之間的相關主要是由一般因素所決定，也有某一個或多個特殊因素的影響，而它們只產生次要作用。瑟斯頓與斯皮爾曼二人之間意見不同之處在於斯皮爾曼繼續相信一般因素是測驗分數之間相關的主要決定者，而瑟斯頓的觀點則認為是各個群因素產生主要作用。

沃農 (Vernon, 1950) 提出了按等級分類的群因素說來調和一般因素說與群因素說的矛盾。根據他的觀點，一般因素是分級的頂點，為單一因素，下分兩個主要因素，即詞語-教育因素和實踐-機械-空間-身體因素。兩個主要因素之下又各自分出幾個次要因素 (類似瑟斯頓的群因素)，最下一級是特殊因素。

(4) 美國心理學家卡特爾 (Raymond Bernard Cattell, 1905～1998) 於 1963 年也用因素分析方法提出一個智力結構說，後為霍恩 (Horn, 1982) 所修訂和發展。他們最後決定兩個主要因素，即流體智力和晶體智力。

流體智力 (或**流動智力**) (fluid intelligence，簡稱 gf) 中大部分是非言

語的和受文化影響較少的心理能力,它涉及到個人學習和解決問題的先天才能;**晶體智力**(或**固定智力**)(crystallized intelligence,簡稱 gc)是個人在特定文化背景中,通過流體智力的投入而得到的心理能力。因此兩種智力有一定程度的相關(多數研究發現 r=0.5)。現在許多智力測驗都可以測量出晶體智力。卡特爾根據流體智力是非言語的,不大依賴文化教育的這個特點,於 1940 年設計了文化公平智力測驗 (CFIT) 來測量這種智力。

(5) 美國心理學家吉爾福特 (Joy Paul Guilford, 1897～1987) 不認為有一般因素,其同意瑟斯頓的群因素說,但認為心理能力不止七種。他將多種心理能力歸納成三個維度,即操作 (或運作) (operation)、內容 (content) 和產物 (product)。它們包括數種能力,最先提出時是 120 (5×4×6) 種能力。1967 年以後又將內容維度中的形象分為視和聽兩種,因此有了 150 (5×5×6) 種能力 (1985),在他去世前又再一次將操作中的記憶分成收錄和保存兩種,所以有 180 (5×6×6) 種能力 (圖 9-1)。

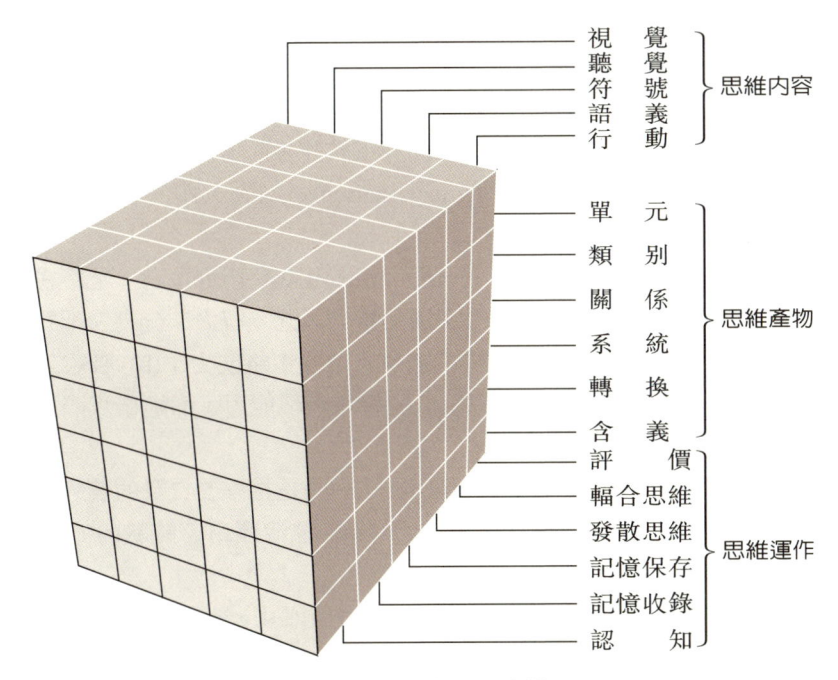

圖 9-1 智力的三維結構圖
(根據 Guilford, 1988 資料繪製)

3. 皮亞杰的認知發展階段　瑞士著名發展心理學家皮亞杰側重兒童心理發展研究。關於智力方面，皮亞杰認為，智力是一種生物學上生物對外在世界的適應。認知技能的獲得，不過是適應的提高（以心理上的嘗試-錯誤取代實際的身體上的嘗試-錯誤）。皮亞杰認為，認識過程不是一種孤立的成熟過程，也不是孤立的學習，而是與環境相互作用的結果，是心理結構的再組織。他描述了四個認知發展階段，即：(1) 感覺運動階段（出生～二歲），兒童認識周圍世界，主要是通過各種感官和各種運動能力；(2) 前運算階段（二～七歲），兒童靠對刺激物的典型、單一、鮮明的屬性來對事件或事物進行理解，守恆概念還未發展，此階段兒童不懂功能關係的觀念；(3) 具體運算階段（七～十一歲），兒童有了守恆觀念，並開始能夠簡單的邏輯推理；(4) 形式運算階段（十一歲以上），此階段的兒童發展了系統的問題解決能力。皮亞杰還推論，人的一生都要經過這四個階段，但不同的人經過這些階段的速度和年齡是不同的，而四個階段的順序不會改變。

4. 斯騰伯格的三元智力說　美國心理學家斯騰伯格對智力性質的看法，比上述各家都要廣泛，他認為智力行為不僅包括它所必須的心理機制，也包括適應現實環境的能力。人類的智力絕非單憑語文式的智力測驗就能測定的，應該從生活中去探討構成智力的真正成分。斯騰伯格於 1985 年提出**智力三維論** (triarchic theory of intelligence)，認為人類的智力是由三種不同能力所組成，這三種能力詳述如下：

(1) **成分智力**（或**組合智力**）(componential intelligence)：是指在認知過程中對資訊是否能心領神會觸類旁通的智力。此一智力又分為三種智慧成分：(a) 後設認知能力，即支配運用知識與選擇策略能力；(b) 吸收新知能力，即經由學習獲得新知識的能力；(c) 智慧表現能力，即經由實際操作而具體表現的能力。

(2) **經驗智力** (experiential intelligence)：是指修改自己的舊經驗而達到目的的能力。經驗智力包括兩種能力：(a) 靈活運用舊經驗的能力；(b) 改造舊經驗創造新經驗的能力。

(3) **情境智力**（或**肆應智力**）(contextual intelligence)：是指能隨著情境的變化調整自己，以符合情境要求的能力。此智力也包括三種能力：(a) 有目標的適應環境；(b) 選擇適合自己的現實環境；(c) 改造環境使之適合自己。

斯騰伯格根據他的智力理論，認為現在智力測驗的功能是不全面的，需要由新編測驗來進行測量。

5. 加德納的多元智力說　美國認知心理學家加德納 (Howard Earl Gardner, 1943～) 於 1983 年提出**多元智力說** (或**多重智力說**) (theory of multiple intelligences)。加德納提出八種基本智力，包括：(1) **語文智力** (linguistic intelligence)，指學習語文與使用語文的能力；(2) **數理智力** (logical mathematical intelligence)，指數字運算與邏輯思考的抽象思維能力；(3) **空間智力** (spatial intelligence)，指感受、辨別、記憶、改變物體的空間關係並藉此表達思想和情感的能力；(4) **音樂智力** (musical intelligence) 指聲音的辯認與韻律表達的能力；(5) **體能智力** (bodily-kinesthetic intelligence)，指支配肢體以完成精緻細密的工作能力；(6) **社交智力** (interpersonal intelligence)，指與人交往且和睦相處的能力；(7) **自知智力** (intrapersonal intelligence)，指認識自己並選擇自己生活方向的能力；(8) **自然智力** (naturalist intelligence)，指瞭解大自然的想像並能適應自然環境的能力。加德納認為這八種智力都是獨立的智力，這八種智力合成的整體，才能代表人類的智力。

一個理論的建立者或追隨者，總是試圖以一種測驗來證實此理論，但現在常用的智力測驗，以智力因素說為基礎的占多數，且比較成熟。雖然近年來也有以其他理論為基礎編製的測驗，但都尚未得到普遍應用。

二、智力測驗

智力的研究可以從不同方面進行，其中研究最多的是對智力進行量化的測驗活動。對智力進行量化需要用一種特定的工具，即**智力測驗** (intelligence test) 或**智力量表** (intelligence scale)。除採用智力量表或測驗外，同時還採用其他手段，如：適應能力評定、行為觀察、工作和學業成就測驗以及個案史、包括健康史的分析等等，對智力作全面系統、既定性又定量的評定，總稱為**評估** (assessment)。在實際工作中，為了解決具體問題，不是只限於採用某一個智力測驗，通常是採用多種手段的評估。不過，在這裡主要介紹幾個標準化的智力測驗，不涉及其他方法。

(一) 智力測驗的種類和用途

自比奈第一個智力量表於 1905 年面世以來,很快地傳播到各國應用並不斷地發展。目前通用的智力測驗在類型上,雖然多屬原比奈量表的傳統,但設計上可以用於各種不同情境,並使用廣泛的效標來加以驗證。在測驗方式上,除傳統的個體智力測驗外 (約占 2/3) (見第二節),又發展了許多團體智力測驗 (見第三節);以測驗材料來看,以言語的居多,非言語的較少;以受測人群來看,除正常人外,尚有適用於各種特殊群體如殘疾人的測驗 (見第四節);適用年齡範圍,除傳統上是以對兒童和成人的測驗為多,現在又發展了新生兒、嬰幼兒以及老年人的測驗。

智力測驗的用途,傳統上多用於教育方面,被當作學業能力測驗,例如教育諮詢家用以對學習效果作考核;職業諮詢家用以對工作能力作篩選;臨床心理學家則用來對智力發展遲滯的兒童和老年癡呆作診斷;臨床神經心理學家和司法鑒定專家用以對腦病損患者腦功能的鑒定。所以,智力測驗的用途是很廣泛的。

(二) 智力測驗結果的量化形式

智力測驗結果以顯示個人智力相對水準的指標稱為**智力商數** (intelligence quotient),簡稱**智商** (IQ)。一般有比率智商與離差智商兩種:

1. 比率智商 (ratio IQ)　即以個人心理年齡與其實足年齡的比值,作為評定個人智能力高低的依據。其計算公式如下:

$$IQ = (MA/CA) \times 100 \qquad 〔公式 9\text{-}1〕$$

　　IQ ：智商
　　MA：心理年齡,指測驗結果所顯示的年齡。
　　CA ：實足年齡,指從出生開始實際計算的生理年齡。

(1) **心理年齡** (mental age,簡稱 MA):指依兒童智力發展程度所定的年齡。計算心理年齡的方法很簡單,以推孟修訂的斯坦福-比奈量表為例,該量表自三歲組至十歲組,每組都有六個測試題,通過一題得心理年齡兩個月。現有一個兒童通過五歲組的全部題目，表示已具有五歲兒童的智力，又通過了六歲組五個題目，七歲組四個題目，八歲組二個題目，九歲組和十歲組的題目均未通過，那麼他的心理年齡計為 5 歲+(10+8+4) 月=5 歲+22 個月=6 歲 10 個月。

(2) **實足年齡** (chronological age，簡稱 CA) 指個體自出生之日起至受測日期止的年齡。其計算方式是以受測時間的年月日減去出生的年月日所得的年齡。

以心理年齡表示智力水平，始自德國心理學家斯騰 (Louis William Stern, 1871〜1938) 在 1911 年提出智力商數的概念，後美國心理學家推孟製定的斯坦福-比奈量表中正式引用了智力商數並加以改進，推孟為去掉商數的小數，將商數乘以 100，用以代表個人的智商。智商大於 100，表示他的智力發展水平較高；若低於 100，則表示較低。

比率智商的優點是以年齡為單位較容易瞭解。其缺點則為每一年齡的智力並不相等，因此不同年齡層的人無法相互比較；再者，智力隨年齡發展到一定年齡後其成長速度下降趨於停滯，通常將這個年齡假定在十六歲 (也有人設在十八歲)，這個時間也有很大的個別差異。因此，這個計算方式僅適用於兒童階段。心理學家韋克斯勒於 1939 年發表他的智力測驗時，開始用離差智商。

2. 離差智商 (deviation IQ，簡稱 DIQ) 指採用一種標準分數來表示智力的高低。離差智商的計算公式為：

$$DIQ = 100 + 15\ (X - \overline{X}) / SD \qquad 〔公式\ 9\text{-}2〕$$

DIQ：離差智商
X：受試者在某一智力測驗上的得分
$\overline{X}$：常模樣本在該測驗上的平均分數
SD：標準差

式中 $(X - \overline{X}) / SD$ 是標準分的計算公式，表明受試者得分與常模樣本的平均分數相差多少個標準差。為了消除零和負值，也為了離差智商與比率智商的值相接近，均數設為 100，標準差設為 15。

離差智商是由美國心理學家韋克斯勒 (見第二章) 首創。其基本原理是每一年齡組內全體人的智力分布呈常態分布（見圖 3-3），以個體在這一年齡組分布中距離均數的位置，判定個體的標準分數，再將標準分數化為 100 為均數，以 15 為標準差的智力分數，即離差智商。離差智商在名義上稱為智商，但事實上並非一商數，只是將標準分數解釋為智商而已。

　　離差智商的特點是，個人的智力水平高低不是與自己的年齡相比較，而是與自己同年齡人的總體平均智力相比較，顯示個人在團體中的位置。其優點在於個體智力的計算不再受智力水平不是隨年齡增長按線性發展的困擾，不管智力發展到什麼年齡，一個人的智力高低都可以和同齡人總體平均智力相比較。當個人的離差智商值產生變化時，便可以判定該人的智力產生了變化。從理論上講，智商的這種計算方法避免了比率智商計算法只對兒童適用的限制。現在一般都用離差智商的計算方法。

　　用智商 (IQ) 表示智力代表受試者的一般智力水平，而不是某種特殊智力功能，因此個別能力測驗所測量的結果，都不用智商 IQ 為單位表示，大多使用標準分或百分位數表示其相對水平。

第二節　個體智力測驗

　　個體智力測驗 (或個別智力測驗) (individual intelligence test) 是屬個別測驗之一。它指每次施測時，對象只限於一人。個體智力測驗歷史悠久，應用廣泛。第一個正式智力測驗比西量表和韋氏（魏氏）量表都屬於個體智力測驗，這兩種量表已被許多國家用於教育、臨床等領域。這一節除主要介紹上述兩種測驗外，也對考夫曼兒童成套評估測驗，以及達斯-納格利里新發展的認知評估系統加以說明。

一、比西量表

　　比西量表包括比奈-西蒙量表和斯坦福-比奈量表及其修訂本。比奈-西蒙量表在 1905 年於法國問世，1908 及 1911 年進行了兩次修訂。美國心理學家推孟於 1916 年將此量表引進美國，修訂成斯坦福-比奈量表，該量表以後還有多次修訂 (1937，1960，1972，1986)。此後傳遍全世界，成為最具權威的智力測驗。

(一) 比奈-西蒙量表

最初的**比奈-西蒙量表**(或比西量表) (Binet-Simon Scale) 是根據兩個主要原則編製的，一是智力的年齡差異原則，另一是一般智力原則。年齡差異原則是指心理能力因年齡不同而有別。通常，年齡大的兒童比年齡小的能力強。故將測驗項目排序時以通過率為指標，通過率高的項目放前面，通過率低的項目放後面；一般智力原則，指的是選擇測驗項目時，凡是與總成績相關高的項目便保留，而相關低的被淘汰。

按此原則編製的 1905 年版本，由三十個從易到難排列的題目構成，可用於測量兒童多方面的智力表現，並且具有一個由五十個兒童構成的標準化樣本中所取得的常模。儘管在這個量表中也和以前的各種能力測驗一樣包括一些測量感知覺的內容，但由於比奈特別強調判斷、理解推理等高級心理過程在活動中的作用，因此在這個測驗中，言語及高級心理過程所占比例遠大於同時代的其他測驗。

在 1908 年，比奈對該測驗進行了第一次修訂。比奈認為智力隨著年齡而系統地增長，代表每一個年齡的智力可以用該年齡大部分兒童能完成的智力題目數量來表示。例如，大部分的八歲兒童都可以完成某一道題目，而七歲兒童只有少數人可以完成，該題目就代表八歲兒童的智力。在修訂中，比奈將題目增加到五十九個，並建立代表性樣本為 200 以上兒童的常模，這九道題目是按照年齡進行分組的，在這個量表上的得分不是以分數表示，而是以年齡為單位 (幾歲幾個月) 表示，稱為**年齡當量量表** (age equivalent scale)。這在心理測驗發展史上是一個創新。

在 1911 年進行再次修訂，對一些項目進行了調整。這個修訂本的歷史意義在於這時歐美等一些國家對它有了認識並做了翻譯，特別是推孟於 1916 年的修訂。從此智力測驗的發展進入了一個新階段。

(二) 斯坦福-比奈量表

斯坦福-比奈量表 (Stanford-Binet Scale) 簡稱**斯比量表** (S-B scale)，是推孟在美國斯坦福大學根據比奈-西蒙量表修訂和發展而成的。這一新量表保存了原量表的年齡差異、一般智力和年齡量表等三個原則，並增加題目 (從 59 至 90)，擴大年齡範圍和標準化樣本 (三～十四歲，共 2300 人，包括正常智力 1700，低智 (弱智) 200，高智 400)，並發展了智商 (IQ) 的早期公式 (在離差智商提出後，為了區別改稱比率智商)。

1. 斯比量表於 1937，1960 和 1972 年的三次修訂 推孟和他的同事美利爾於 1937 年和 1960 年對斯比量表進行過兩次修訂。1937 年將樣本加大三倍，取樣範圍擴大，不再局限於加州，操作項目增多，提高測驗的標準化程度，編出 L 和 M 兩個平行版本。1960 年又在 L 和 M 兩個版本的基礎上，選出最好的項目構成一個綜合版本，並開始計算離差智商。但它沒有作信度和效度檢驗。桑代克於 1972 年對 1960 年的 L-M 綜合版本重新進行標準化。其常模樣本包括 2100 名兒童，且包含非白種人 (黑人和西班牙人)。

2. 1986 年的修訂本 桑代克在 1986 年對斯比量表的修訂是最徹底的一次。這次修訂本的改變幅度，比以往三次都大。斯比量表第四版與以往歷次修訂的最大不同是所依據的智力模式不同，產生了量表結構和智商形式等方面的改革。

(1) **斯比量表的智力模式**：斯比量表的作者接納了三層次水平的智力結構模型，即第一個水平為一般因素 (g 因素)；第二個水平為晶體智力、流體智力和短時記憶；第三個水平為言語推理，抽象/視覺推理及量的推理，在這一級各種推理下包括三至五個分測驗 (見表 9-1)。

(2) **斯比量表第四版的實施方法**：首先決定各分測驗的起始水平，即從哪一個項目開始。具體做法是，每一受試者開始接受辭彙測驗，主試者根據此分測驗的成績和受試者的實際年齡查閱一個"起點表"，便可找到所有分測驗應有的起點。

此外，還要找到各個分測驗的基本水平和上限水平。所謂基本水平是指受試者在這個水平下的所有項目都能作正確回答，當無誤地連續通過四個項

表 9-1　新斯比量表的三層次智力結構模型及項目構成

一級水平	二級水平	三級水平	所屬分測驗
g 因素	1. 晶體智力	1. 言語推理	1. 辭彙 6. 理解力 7. 找出錯誤 14. 詞語關係
		2. 量的推理	3. 量化的 12. 數系列 15. 方程式建構
	2. 流體智力	3. 抽象/ 視覺推理	5. 形式分析，將木塊放置到一形式板內 9. 臨摹 11. 矩陣 13. 折紙和剪
	3. 短時記憶		2. Bead 記憶測驗 4. 記憶語句 8. 記憶數字 10. 記憶物體

(採自 Thorndike, 1986)

目時，便不再檢查更容易的項目。上限水平即是停止繼續測驗的點，也就是在這個水平以上的所有項目，受試者都不能通過，即當四個項目中有三個失敗，或四個連續錯誤時便停止測驗。

(3) **斯比量表第四版的記分方法**：將十五個分測驗的原始分數，按均數為 50，標準差為 8 將原始分換算成標準分。將四個領域中的分測驗標準分相加，再按均數為 100，標準差為 16 換算成四個領域的內容分。代表一般心理能力的複合分，即離差智商，也是按均數為 100，標準差為 16 的分布形式來換算的。

(4) **斯比量表第四版的心理測量學特性**：常模樣本共 5000 名受試者，取自美國 47 個州和哥倫比亞地區。按 1980 年人口普查資料的地域、社區大小、種族、年齡、性別等進行分層取樣。

信度檢驗包括內部一致性和再測信度。分測驗內部一致性在各年齡上中數為 .73 和 .98。再測信度材料取自五十七名五歲兒童和五十五名八歲兒童，平均相隔 16 週，再測相關係數分別為 .91 和 .90。

表 9-2　斯比量表第四版各分測驗名稱與內容

測驗名稱	內　　容
言語推理測驗	
辭彙：	開始是 13 張詞語圖片，要求幼兒認圖；以後是 32 個詞要求下定義。
理解：	簡單的是認識身體部位，難的是社會判斷，推理和估計。
找出錯誤：	只用於 9 歲前的兒童，在圖片中找出錯誤。
詞語關係：	受試者讀(也看) 4 個字，要求說明哪三個相似，且與第四個不同。
抽象/視覺推理	
型式分析：	容易項目是將木塊置於形式板中，難的是用木塊拼擺複雜圖形。
臨摹：	為小於 10 歲的兒童用。很小的兒童是仿製一簡單的木塊模式，或用紙筆臨摹。
矩陣：	選出物體，圖案或字母來填補一個矩陣。
折紙和剪：	要求被試用一張折疊的紙，根據選項判斷在剪了以後打開來會成什麼形狀。
量的推理	
量化的：	從簡單的計數到複雜的算術概念和操作 (類似韋克斯勒量表的心算測驗)，但不依賴於正式教育。
數系列：	在一群數目後，依據這群數的邏輯關係補充另一個數。
方程建構：	將一個混亂的算術方程重新排列使之正確。

(採自 Thormaike, 1986)

效度分析結果，一般說來是支持斯比量表第四版的。十五個分測驗的 g (一般) 因素載荷從數位系列測驗 .79 到物體記憶的 .51。斯比量表第四版與韋氏三套智力量表 (WAIS-R，WISC-R 和 WPPSI) 以及考夫曼的認知能力成套測驗 (K-ABC) 的相關在 .71～.91 之間。

(三)　比西量表小結

比奈西蒙量表自 1905 年面世以來，至今已一個世紀，經過多次修訂。按作者和變動的幅度來分，可分成三個歷史時期；第一個時期是比奈-西蒙時期，包括 1905，1908 和 1911 年版本，作為智力量表還不成熟，但產生了重要的啟蒙作用。所提出的一般智力，智力年齡和年齡差異等原則很長時期都是編智力量表的指導準則。第二個時期是推孟和美利爾時期，亦即斯比量表時期，量表包括 1916，1937，1960 年版本，是量表達到相當成熟的時期。保持比奈量表的傳統，如 g 因素智力模式，沿用年齡量表。重大發展包括比率智商計算方法，常模樣本的代表性逐漸提高，測驗項目的操作任務逐漸增多，1960 年還吸收離差智商計算方法；第三個時期是 1985 年以後桑代克等的時期，或斯比量表的革命時期。主要是測量智力模式的變革，由 g 因素模式變更為 g 因素下的層次結構模式，因而量表結構也由年齡量表而成為分量表和分測驗，且在技術上也包含一些革新 (如，項目反應理論和專案功能差異的應用)。然而，正如桑代克和羅曼 (Thorndike & Lohman, 1990) 指出的，斯比量表第四版是把舊任務與新理論相混合。雖然它提供了因素分數，施測方式更加靈活，但主要弱點在於它破壞了自己的傳統，在取樣的代表性和因素結構方面都受到質疑。

二、韋氏量表

美國心理學家韋克斯勒 (見第二章) 於第一次世界大戰 (1914~1918) 期間從事軍中測驗工作。在對軍人施測的實際經驗中發現，比奈以兒童為對象，以語文為內容的智力測驗，可以預測學業成敗，但不足以預測成人的能力。他在紐約的貝魯弗 (或譯拜洛沃) 精神醫院 (Bellevue Psychiatric Hospital) 任職時，編製一套測量成人智力的量表，稱為韋氏-貝魯弗量表。它不僅是韋克斯勒量表系列的第一個量表，而且為韋氏 (魏氏) 其他各量表在理論測驗形式和智商計算方法等方面建立了基礎，相繼發展出韋氏 (魏氏) 兒童智力量表、韋氏 (魏氏) 成人智力量表、韋氏 (魏氏) 學前幼兒智力量表，以及修訂版本共十套。

(一) 韋氏-貝魯弗量表

韋氏-貝魯弗量表 (或**韋克斯勒-拜洛沃智力量表**) (Wechsler-Bellevue Intelligence Scale) 編製於 1939 年，到 1946 年又編製了一個平行本，稱韋氏-貝魯弗量表第二版 (W-BII)。因此，原韋氏-貝魯弗量表改稱為韋氏-貝魯弗量表第一版。以下概述韋氏-貝魯弗量表的內容。

1. 韋氏智力量表的依據　韋克斯勒認為"智力是個人有目的的行動，思維合理和有效的適應環境，集合的或整體的才能"(Wechsler, 1944, p3)。並指出人的行為是以整體為特徵，而行為的表現是由諸多能力聚集而成，這些能力並非完全獨立彼此間仍有質的區別，所以智力測驗所測量的應是個體應付環境的全部能力之總和。因此韋克斯勒打破智商單一分數的觀念，除測驗總分之外，又區分出數個分測驗，用以區別個體的不同能力。這就是韋氏智力量表編製的依據。

2. 測驗結構　韋克斯勒認為智力是諸多能力的組合，僅憑語文測驗無法測得多項智力的程度。因此，其編製的測驗結構與其他測驗不同。測驗的總體稱為**全量表** (full scale)，將整個智力測驗中所有題目作答完畢，計算結果而得的智商即為**全智商** (或**全量表智商**) (full scale IQ)。全量表包含兩個分量表，一是言語量表，另一是操作量表。全量表依據測驗項目在形式和功能上的一致性分析規劃為十一個分測驗，分別隸屬於言語量表和操作量表之下。如下所述：

(1) **言語量表** (或**語文量表**) (verbal scale)：即智力測驗中的題目(部分或全部) 用語文形式表達，同時要求受試者用語言作答。由言語分量表獲得的智商稱為**言語智商** (或**語文智商**) (verbal IQ)。其包含的分測驗如下：

　　a. **常識** (information，簡稱 I)：測量知識範圍。陸軍甲種測驗曾採用此測驗，並證明知識範圍與智力有高相關。此測驗可檢測到由非正式學校教育學得的知識、興趣範圍及長時記憶。

　　b. **理解** (comprehension，簡稱 C)：測量個體對社會生活中各種規則和現象的理解能力。比奈測驗以及陸軍甲種測驗均採用這種類型的題目。此測驗可檢測對社會的適應程度，尤其是對倫理道德的判斷能力。

　　c. **算術推理** (arithmetical reasoning，簡稱 A)：考察個體解決算術問題的能力，長期以來被視為心理警覺性的指標，社會上也常用來評量對注意力與解決問題的能力。

　　d. **數字記憶廣度** (memory span for digits，簡稱 D)：分測驗在智力量表中常用，考察個體的注意力與對數位的暫態記憶廣度。

　　e. **類同** (similarities，簡稱 S)：選用語言學上難度較小的辭彙，讓個體判斷兩個辭彙之間的相似之處。以測查抽象和概括的能力。

(2) **操作量表** (或**作業量表**) (performance scale)：就是使用非語文的材

料，如形式版、方塊設計、迷津等具體操作，測量受試者某些方面的能力。經由操作分量表測得的智商稱**操作智商** (或**作業智商**) (performance IQ)。操作分量表包含的分測驗內容如下：

f. **圖畫補缺** (picture completion，簡稱 PC)：要求受試者找出所缺失的部分，它與比奈量表中的"殘缺圖"測驗相似，可視為是"殘缺圖"測驗的發展。

g. **圖片排列** (picture arrangement，簡稱 PA)：要求將幾幅圖片按照內在邏輯順序進行排列。測驗受試者的邏輯聯想與思維的靈活度。

h. **物體拼湊** (object assembly，簡稱 OA)：由三套形式板組成，每套形式板被切成碎片，要求復原。以測驗受試者將部分匯總成整體、視覺和動作協調的能力。

i. **積木設計** (block design，簡稱 BD)：要求個體用不同顏色的積木組合成給定的圖案。以測驗受試者的視覺動作協調和組織能力、空間想像能力和形象背景的分辨能力。

j. **符號替代** (digit symbol，簡稱 DS)：要求受試者將一定的符號與其他一個符號聯繫起來，將完成此任務的速度和準確性作為智力的一個量度。瞭解受試者學習新聯合的能力、耐力及操作速度。

(3) **備用測驗** (或**替換測驗**) (alternate test)：當正式測驗損壞或有特殊困難時才能使用的測驗。

k. **辭彙測驗** (vocabulary test，簡稱 V)：這是一個備用測驗。要求受試者對一系列辭彙下定義。該辭彙表包含 42 個辭彙。此測驗可以表示出受試者對新知識的敏感性、知識儲存以及根據需要將舊知識重組的能力。

3. 韋氏貝魯弗 (W-B) 量表的標準化樣本 樣本的年齡分布：兒童從七歲至十六歲。十四歲以下每組 50～70 人，十五歲和十六歲每組 100 人，共 670 人。成人從十七歲～二十四歲，按四歲分組，二十五歲以後按五歲分組，共計 10 個年齡組，四十歲以前每組均有 100 人以上，以後各組人數減少，共計 1081 人。常模只根據紐約州白人資料而定，並且沒有區分性別。

4. 量表測驗結果的處理方法 測驗結果的處理方法需按下列二項原則：

(1) 將各分測驗範圍不一的原始分換算成統一範圍 (0～19) 的標準分，稱為**量表分數**(見第八章)。其計算公式為：量表分=10+3 $(X-\bar{X})$/SD。公式中 X 是在某一分測驗中的原始分，$\bar{X}$ 為常模樣本組中此分測驗的平均數，SD 為其標準差。當 $X=\bar{X}$ 時，$Z=0$。分測驗的量表分數不僅可以通過相加來計算智商，同時也能用以對各分測驗進行比較分析。

(2) 計算離差智商。方法已於第一節中介紹，韋氏-貝魯弗量表可以分別計算三種智商，即全智商 (FIQ)，言語智商 (VIQ)，和操作智商 (PIQ)。既可以區別個體間差異，又可評定個體內差異，對智力做出更全面、完整、細緻的測量。

(二) 韋氏兒童智力量表

韋克斯勒於 1949 年首次發展出兒童智力量表。其編製過程及修訂歷程概述於下：

1. 韋氏兒童智力量表的編製　韋氏兒童智力量表 (Wechsler Intelligence Scale for Children，簡稱 WISC) 是在韋氏-貝魯弗量表第二版本的基礎上，於 1949 年發展而成。

韋氏兒童智力量表適用於五歲到十六歲十一個月大的兒童。內含十二個分測驗：言語分量表有六個分測驗：學識、領悟、算術、相似性、辭彙和數字廣度等。操作分量表也有六個分測驗：填圖、圖片排列、積木圖案、拼物、編碼和迷津等。數字廣度和迷津兩個分測驗作為備用測驗。在計算智商時，只用十個分測驗，分三種智商，即言語智商 (VIQ)，操作智商 (PIQ)，以及全智商 (FIQ)。

常模樣本是根據 1940 年人口資料取樣的，其中包括 2200 名美國白人兒童，並多代表中上層的社會經濟水平者。

信度研究方面，手冊上報告了十個分測驗的分半相關係數。對編碼測驗是用一個平行複本求相關，而數字廣度則用順背與倒背兩部分相關。十個分測驗的相關係數以七歲半，十歲半和十三歲半的作代表，全量表的信度係數從 .92 到 .95，言語量表的信度係數從 .88 到 .96，操作量表的信度係數從 .86 到 .90。結構效度研究發現，韋氏兒童智力量表的三個年齡組全部分測驗分析出五個因素，即言語理解 I (言語保留的知識，代表來自正式學習)；知覺組織 (非言語的因素，反映解釋和組織來自視覺的材料的能力)；

不分心因素 (測量注意或注意集中的能力);言語領悟 II (代表在新情境中兒童言語技能的應用);準特殊因素,是尚無心理學解釋的因素。其中前三者是主要的,它們分別為一些分測驗所載荷,同時所有分測驗都在 g 因素有載荷。

2. 韋氏兒童智力量表的歷次修訂 1974 年修訂出版的**韋氏兒童智力量表 (修訂版)** (Wechsler-Intelligence Scale for Children-Revised,簡稱 WISC-R) 仍是十二個分測驗,名稱不變,且 72% 的題目來自韋氏兒童智力量表,其中有 64% 的題目原封不動的沿用,8% 作了修改。其餘 28% 為新題目。其標準化樣本也是 2200 人,除白人以外,也包含了非白人樣本(如黑人,美國印第安人,東方人,波多黎各人和墨西哥裔美國人)。與韋氏兒童智力量表相比,韋氏兒童智力量表修訂版在常模樣本的代表性、信度和效度等測量學技術水平上都有很大改進,並得到廣泛的使用。

於 1991 年修訂的韋氏兒童智力量表第三版在測量智力的同時開始結合認知能力考察。全量表仍分為言語和操作兩種分量表,各含五個分測驗。言語量表的備用測驗仍是數位廣度,而操作量表的備用測驗有兩個,即符號尋找和迷津。標準化樣本仍為 2200 名,但仔細按性別、年齡、父母教育水平、地域以及民族文化等變數加選擇。並區分白人、黑人、西班牙人和其他共四個種族。此外,樣本中還包括了在學校接受特殊服務的學生 (如學習困難兒童與天才兒童)。測量結果除三種離差智商外,增加了四個因素指數分,即言語理解、知覺組織、不分心和加工速度,新的指數分是將相關的二~四個分測驗分數進行組合,並按均數為 100 和標準差為 15 來計算的。

3. 韋氏兒童智力量表的最新修訂本 2003 年**韋氏兒童智力量表 (第四版)** (Wechsler Intelligence Scale for Children-IV,簡稱 WISC-IV) 出版,維持既要測量兒童的智力能力又要測量認知加工的傳統,除了提供智商分數,還提供關於兒童認知功能和臨床方面的重要資訊。韋氏兒童智力量表第四版中去掉原有的迷津,拼物和圖片排列三個分測驗。其核心分測驗仍為十個,另外增加了五個新的補充分測驗,包括詞語推理、圖形概念、矩陣推理、字母數位序列和目標尋找。韋氏兒童智力量表第四版可以提供全智商 (FIQ) 和四個因素指數,包括言語理解,知覺推理,工作記憶和加工速度。與以前的版本相比,擴大了分測驗的下限和上限,也提高信度和效度。同時有效範圍更加廣泛,例如,手冊中提供了測驗成績與成績、記憶、適應性行為、情緒智力以及天才測量的關係。

(三) 韋氏成人智力量表

韋克斯勒於 1955 年重新修訂韋氏-貝魯弗量表，稱為韋氏成人智力量表。以下將概述此量表的編製於修訂過程：

1. 韋氏成人智力量表的編製 韋氏成人智力量表 (Wechsler Adult Intelligence Scale，簡稱 WAIS) 於 1955 年在韋氏-貝魯弗量表第一版本 (W-BI) 的基礎上發展而來，與韋氏-貝魯弗量表第一個版本同樣包含十一個分測驗，分成言語量表和操作量表，其測驗項目中 57% 沿用自韋氏-貝魯弗量表第一版。採用**點量表** (point scale) 方式編製，即受試者的分數是依據他在每類題目上的答對數目計算的。

標準化樣本是根據美國 1950 年的人口資料，按十六～六十四歲成人的性別、地區、城鄉、民族（白人和非白人），職業和教育等變數分層比率取樣，共 1700 名，計七個年齡組，每組 200 或 300 名，男女各半。老年常模分六十～六十四，六十五～六十九，七十～七四 和七十五歲以上四個年齡組，每組 80～101 人，男女大體相近。

信度研究：在標準化樣本中選用三個年齡組 (18～19，25～34，45～54) 作為代表，計算各分測驗的分半相關（範圍 .60～.97）和測驗標準誤（範圍 1.75～.86）。

效度研究：對 52 名十六～二十六歲的白人進行韋氏成人智力量表和斯比量表的相關研究，結果得出韋氏成人智力量表的語文智商、操作智商和全智商與斯比量表的智商相關係數分別為 .86、.69 和 .85。

2. 韋氏成人智力量表的兩次修訂 韋氏成人智力量表於 1981 年出版了**韋氏成人智力量表 (修訂版)** (Wechsler Adult Intelligence Scale-Revised，簡稱 WAIS-R)。修訂本的主要改變有：測驗題目中有 87% 沿用原量表的，13% 是新題目或修改的題目。標準化常模樣本的分層比率取樣原則不變，但擴大了年齡範圍，從十六歲到七十四歲共計九個年齡組，每組男女各半。1982 年在我國也出版了它的中文修訂本稱為**韋氏成人智力量表 (中國修訂版)** (Wechsler Adult Intelligence Scale-Chineses Revised Edition，簡稱 WAIS-RC) (龔耀先，1982)。

在 1997 年出版再次修訂的韋氏成人智力量表第三版本 (WAIS-III)。最明顯的不同是將上限年齡從七十四歲延伸到八十九歲，這反映了人口平均壽命的延長。同時增加許多下限測驗項目，以便考察低水平的認知功能。測驗題目內容更新，並減少一些有文化偏差的題目。此外，測驗時間縮短，但為了利於診斷，將補充測驗增加到三個。第三版的內容包括：辭彙、相似性、算術、數字廣度、常識和領悟六個言語分測驗，一個補充測驗為字母-數學順序；和圖畫填充、數位記號、積木圖案、模型推理和圖片排列等五個操作分測驗，和兩個補充測驗，即符號尋找和物體拼湊。

(四) 韋氏學前和幼兒智力量表

韋氏學前和幼兒智力量表 (或韋克斯勒學前智力量表) (Wechsler Primary and Preschool Scale of Intelligence，簡稱 WPPSI) 1967 年出版，適用學齡前和小學低年級 (四～六歲) 兒童。中國修訂韋氏學前和幼兒智力量表 (C-WYCSI，龔耀先，戴曉陽，1986) 於 1986 年出版。

韋氏學前和幼兒智力量表的結構和常模形式與韋氏兒童智力量表 (WISC) 和韋氏成人智力量表 (WAIS) 類似，只是為了適應幼兒的年齡特徵，更換一些不適合幼兒分測驗的形式。韋氏學前和幼兒智力量表的言語分量表有六個分測驗：即常識、辭彙、算術、相似性、領悟和語句 (新編補充測驗)；操作分量表有：動物房子 (取代 WISC 的編碼)、圖畫填充、迷津、幾何圖案 (新測驗) 和積木圖案。語句測驗由主試口頭說出一短句，如"我們的房子"，由兒童復述。動物房子測驗在四種動物圖下各有一個不同顏色的小木樁，代表這種動物的房子，要求兒童為圖上的動物在下面的空格裡插上一個適合的"房子"木樁。幾何圖案測驗包括十個簡單的幾何圖案，由兒童臨摹。

韋氏學前和幼兒智力量表的常模樣本是根據美國 1960 年的人口資料，按年齡、性別、地域、城鄉、民族 (白人，非白人) 和父親職業進行分層取樣。從四歲至六歲半，共六個年齡組，每組 200 名，男女各半，總人數為 1200 人。

關於信度研究，在手冊中報告了各分測驗和各年齡組的分半相關，平均為 .77～.87。相隔平均 11 週的再測信度為 .86～.92。韋氏學前和幼兒智力量表的語言智商，操作智商和全智商與斯比量表的 L-M 式的相關係數分別

為 .76、.56、.75；與皮博迪圖詞測驗 (PPVT)（見第十三章第二節）的相關係數分別為 .57，.44，.58。

在 1989 年修訂時將涵蓋年齡擴展為三～七歲三個月。保留了韋氏學前和幼兒智力量表的十一個分測驗，增加一個操作測驗，在測驗材料中運用了彩色。

(五) 韋氏量表小結

韋氏從實踐出發，所編和發展的韋氏量表系列，不僅受到臨床心理學家和教育家的歡迎，也廣泛地應用於其他專業，成為當今最通用的個體智力測驗。它與斯比量表相比，其主要優點在於：(1) 將內容相同的測驗集成分測驗，全量表包括十至十二個分測驗，每個受試者都接受所有分測驗，能夠測量多項智商；(2) 發展離差智商計算方法，智商的計算不再受年齡的限制；(3) 從一個總智商又分出言語智商和操作智商，並發展了不同的因素分，加上各測驗結果用剖析圖顯示，可以提供更多的結果解釋資訊。

主要缺點是：(1) 施測時間長，每一次測驗大約需要 1～1.5 小時，雖然發展了簡式，可減省時間，但其反映的資訊不及完整版的全面；(2) 有近半數分測驗形式不能適用於各個年齡層的受試者（成人、兒童和幼兒），所以對兒童、特別是幼兒、不得不更換分測驗，導致三個年齡層的測驗效度不一致；(3) 各個版本都有一些分測驗的上下限不理想，所以不利於智商低於正常的 (45 以下) 和智商非常高的 (150 以上的) 受試者。

三、考夫曼兒童成套評估測驗

考夫曼兒童成套評估測驗 (或**考夫曼兒童智力測驗**) (Kaufman Assessment Battery for Children，簡稱 K-ABC) 是美國心理學者考夫曼夫婦 (A. S. Kaufman & N. L. Kaufman, 1983) 編製的一套評估兒童認知發展的工具。由於認為斯-比量表和韋氏兒童智力量表修訂版的測驗結果對少數民族不公平，如對殘疾、學習困難及文化和語言不同的少數民族等這些特殊組的兒童，其應用效度有待進一步印證。所以將智力與成就分開測量，以編製一套為教育和臨床可分別採用的量表。

表 9-3　考夫曼兒童成套評估測驗的測驗題目示例

測驗題目	測驗內容
魔窗	分量表：同時性加工量表 適用年齡：用於 2 歲 6 個月到 4 歲 11 個月兒童。 施測方法：主試者轉動一盤，從一狹小視窗連續顯露出一個圖片的一部分，要求兒童說出此圖物的名稱。
認面像	分量表：同時性加工量表 適用年齡：2 歲 6 個月到 4 歲 11 個月兒童 施測方法：主試者呈現一張有一個或兩個頭像的照片，5 秒鐘後，顯示一張團體照片 (12 人)，要受試者從中認出所見過的人像。
手運動	分量表：繼時性加工量表 適用年齡：用於 2 歲 6 個月到 12 歲 5 個月兒童 施測方法：主試者在檢查臺上做出一些手的運動，要求受試者按順序重復這些運動。
背數	分量表：繼時性加工量表 適用年齡：用於 2 歲到 12 歲 5 個月兒童 施測方法：從 2 位數起，隨年齡增加到 8 位數。
詞語表達	分量表：成就量表 適用年齡：用於 2 歲 6 月至 4 歲 11 個月 施測方法：主試者呈現一張物體圖片，要求受試者對此物體命名。
頭面像和身分	分量表：成就量表 適用年齡：用於 2 歲 6 個月到 12 歲 5 個月 施測方法：主試者呈現一張虛構性的性格或地位的知名人物像片 (如聖誕老人，愛因斯坦等)，其中也有的是景物圖或地圖，要求受試者命名。

(採自 Kaufman & Kaufman, 1983)

（一）　測驗的結構

編製此種測驗的理論依據有多種來源，其中由前蘇聯學者魯利亞 (Alexander R. Luria, 1902～1978) 提出，並由其同事所修改的腦功能的神經心理學模式。魯利亞對腦功能分為喚醒、計畫和繼時性-同時性問題解決，而在考夫曼兒童成套評估測驗中包含四個分量表：(1) 繼時性加工量表又稱系列思維量表，即讓受試者將一套依次或同時呈現的刺激排成序列；(2) 同時性加工量表又稱平行思維量表，即要受試者將呈現的刺激經推理、綜合、統合成一個整體；(3) 智力量表，即求前述兩種量表之和，受試者需同時完成繼時性加工與同時性加工。前面三個分量表有助於瞭解受試者學習遭遇的困難；(4) 成就量表中有具體的和抽象的辭彙、閱讀、算術、和一般知識。

考夫曼等認為，問題解決和資訊處理與知識獲得有不同的功能。並認為一般的智力測驗，所測量的並不是智力，而是知識獲得，他們也承認這些測驗具有預測和診斷的價值。所以，在考夫曼兒童成套評估測驗中單獨編一些成就測驗。四個分量表共有十六個分測驗；(1) 圖形辨識；(2) 人物辯識；(3) 完形測驗；(4) 圖形組合；(5) 圖形類推；(6) 位置記憶；(7) 照片系列；(8) 動作模仿；(9) 數字背誦；(10) 系列記憶；(11) 詞語表達；(12) 人地辨識；(13) 數字運用；(14) 物件猜謎；(15) 閱讀與發音；(16) 閱讀與理解。

(二) 測驗的測量學特徵和評論

考夫曼兒童成套評估測驗的常模樣本來自美國二十四個州的三十四個測驗中心。年齡樣本從二歲六個月到十二歲十一個月，每半歲即為一個年齡組，每組 100 人，共計 2000 人。按美國 1980 年人口普查資料的性別、地域、父母的社會經濟狀態，民族，兒童教育安置（正常班或特殊班）等變數進行分層取樣。所有分數用標準分和百分位表示。

手冊中介紹測驗的信度總體是好的，效度研究表明，效標效度和與年齡改變的一致性等指標較好，但因素分析研究指出其結構效度比較混亂。考夫曼等人認為繼時性和同時性分量表的因素分析結果不同，這支持二者代表兩種心理加工過程。然而，考夫曼的測驗也受到很多批評：如有人指出一個測驗只有在緊密結合授課的內容時才可稱為成就測驗，而考夫曼兒童成套評估測驗中六個成就測驗的作者特別刻意將其不與特別的課程內容相聯繫，這樣的分測驗很接近傳統的智力測量而不是學習成就測驗；該測驗太著重視覺測驗，而限制了殘疾者的應用；甚至有人提出，考夫曼兒童成套評估測驗和理論基礎未能很好地符合等等 (Williams, Voelker, & Ricciardi, 1995)。雖然如此，考夫曼兒童成套評估測驗在編製方法上很嚴謹，對心理教育評估提供一種新的成套認知評估測驗，對智力測驗也提出了一種新的思路，所以仍然是有價值的。

四、達斯-納格利里認知評估系統

從 20 世紀 70 年代開始,人們大多發現傳統智力測驗的結果,雖然對兒童在校的學習成績有較高的預測效度,但對日後的工作績效卻沒有重要相關。一些學者重視這個事實並進行研究。在這種情況下,加拿大心理學家達斯 (J. P. Das, 1931～) 以魯利亞提出的認知和大腦的組織理論為依據,否定了關於一般智力,即 g (一般) 因素的概念,於 1996 年提出解釋人類智力功能的理論稱為 **PASS 智力理論** (PASS theory of intelligence)。此一理論的主要思想是,當人面對問題從事思維時,在心理運作上會出現四個連續性的認知活動,首先是計畫 (planning),其次是注意 (attention) 到問題的存在與性質,接著開始同時性加工 (simultaneous processing),與繼時性加工 (successive processing)。當個體面對問題從事思考時,都會出現此一連續性的認識活動。這四個英文字的字首字母構成 PASS 理論的名稱。90 年代達斯與納格利里 (Naglieri, Jack A. 1950～) 一起根據 PASS 智力理論編製出一種新型的測評工具,稱為**達斯-納格利里認知評估系統** (Das-Naglieri Cognitive Assessment System)。

達斯-納格利里認知評估系統使用言語測驗和非言語測驗,並通過視覺和聽覺通道呈現刺激。其中,計畫測驗的目的是要評定受試者在完成作業中所使用的策略。適用對象的年齡是五歲到十七歲十一個月。該測評工具的特點是將評定與干預相聯繫。由於它以成熟的理論和良好的實驗技術為基礎,又經過大規模的標準化,效度研究證明,它已經成為評定認知活動的一種重要的新工具。

第三節 團體智力測驗

前面介紹了個體智力測驗,本節將介紹以團體 (多數人) 為對象同時施測的**團體智力測驗** (group intelligence test)。最早的團體智力測驗是德國心理學家艾賓浩斯 (Hermann Ebbinghaus, 1850～1909) 在 1896 年出版的填字測驗。其後有美國學者奧蒂斯 (Arthur, S. Otis, 1886～1964) 將斯比量表改成團體測驗方式，稱"奧蒂斯團體智力測驗"於 1918 年出版。1917 年美國加入第一次世界大戰 (1914～1918)，耶克斯（或耶基斯）(Yerkes, Robert Mearns, 1876～1956) 領導一個包括奧蒂斯在內的委員會，綜合已有各測驗的內容，編成文字測驗的陸軍甲種測驗，和一個不用文字的陸軍乙種測驗（均見第十章第二節），以甄別入伍人員的心理能力。此後團體智力測驗迅速發展並且廣泛應用。

一、團體智力測驗的特點

主要是在實施方法、測驗形式和應用，以及結果解釋等方面與個體智力測驗有所不同。

（一） 實施方法

個體測驗的實施，每次一個主試者和一個受試者；團體測驗是一個主試者和一個以上的受試者。個體智力測驗通常只有部分測驗項目有嚴格的時間限制，總時間無嚴格限制；而團體智力測驗通常在具體項目上無時間限制，只是總時間有限制；在個體測驗中對主試者的技術要求特別高，能與受試者很好地協調關係，機警地從受試者的作業中觀察出測驗內容以外的有意義資訊；能有意識地引起受試者接受測驗的動機和鼓勵他們全力進行測驗；在團體測驗時主試者只須朗讀指導語，進行一般的鼓勵，以及按規定時間報時和停止測驗。

個體智力測驗的回答多用言語或操作方式，而團體測驗回答多為書寫方式。個體智力測驗記分複雜、標準難掌握；團體智力測驗的記分簡單，只需用記分鍵或電腦軟體加以核對。個體智力測驗用時相對較長，團體用時相對較短。按個體測驗方式編製的測驗，不經改編，不能用團體方式來施測。而按團體測驗方式編製的，可按團體測驗方式應用於個人。

（二） 測驗形式和應用

　　個體智力測驗項目分言語、圖畫或圖案以及操作等方式；團體的則全為詞語或圖案的紙筆測驗形式。個體智力測驗多用於臨床作智力診斷和分析智力因素的強點和弱點；團體智力測驗多用於教育、軍事、職業等，主要作智力水平的篩查和大規模的調查研究。另外，團體智力測驗結果沒有個體智力測驗精確，不能單獨用它作出決定。特別是在解釋團體智力測驗的低分時，更要謹慎。因為在實施團體測驗時，用統一的指導方法，即假設所有受試者在測驗目的、動機、情緒方面都能同樣地接受測驗。但事實並非如此，個別受試者因對問題理解不夠，便可能得了低分。

　　總之，團體測驗與個體測驗的目的不同，在實施上各有其優點與不足，為了對智力作全面和深入分析，可先用團體測驗進行篩查，發現需要深入評估的，再選擇合適的個體測驗作檢查。

二、奧蒂斯-林儂學校能力測驗

　　在第一次世界大戰後，奧蒂斯試圖用陸軍甲種測驗的方式編製一個可用於學校的團體測驗，於 1922 年出版奧蒂斯心理能力自施測驗，之後經過幾次修訂，成為幾種不同名稱的測驗。後與林儂 (Roger T. Lennon) 合作編成了奧蒂斯-林儂心理能力測驗 (Otis-Lennon Mental Ability Test，簡稱 OLMAT)，又修訂為奧蒂斯-林儂學校能力測驗 (OLSAT, 1979)，這一系列測驗至 1996 年已有第七次修訂版。

　　奧蒂斯-林儂學校能力測驗是一套多級能力水平測驗，包括了：1～3 年級，4～5 年級，6～8 年級和 9～12 年級四個等級，由於早期認識功能發展迅速，第七版將原來初等擴充成四個等級，即 A 為幼稚園，B、C 及 D 分別為一，二和三年級。為了適應兒童能力水平，初等各級均由主試者口頭報告指導語。從四年級開始兒童自己閱讀指導語。每次測驗的兒童人數不能多，從幾人到十幾人。年齡越小，一次測驗的人數也越少。對年齡小的人要多給予個別幫助。表 9-4 列出奧蒂斯-林儂學校能力測驗的幾個分測驗示例。

　　奧蒂斯-林儂學校能力測驗 (Otis-Lennon School Ability Test，簡稱 OLSAT) 以學習能力指數 (SAI) 表示測量的總成績。雖然學習能力指數的

表 9-4　奧蒂斯-林儂學校能力測驗的分測驗示例

(1) 詞語類比：測量推理能力
　　例如：鳥：巢 ⟶ 蜜蜂：＿＿＿
　　　　　(a) 蜂房；(b) 花朵；(c) 嗡嗡；(d) 毒刺；(e) 黃蜂
(2) 詞語分類：測量概括能力，即按某種原則從五個詞中找出一個與其他四個詞不同類的
　　例如：在這五個詞中哪一個與其餘四個屬不同的類別？
　　　　　(a) 高；(b) 大；(c) 小；(d) 矮；(e) 大聲
(3) 填句：測量兒童發現詞在句中的邏輯關係的能力
　　例如：在下列句子中填上一個最恰當的詞
　　只要有一個同學＿＿＿講話，我就不講課。
　　　　　(a) 大聲；(b) 小聲；(c) 不停；(d) 停止；(e) 還在
(4) 數的推理：測量估計一些成對數子的關係，並用同樣關係來選擇一個數字去進行配對。
　　例如：在下面每個格子裡的兩個數，都由相同的關係組成，找出這關係，並按此關係找出？為何數字。

| 10 , 5 | 6 , 3 | 16 , ? |

(採自 Otis & Lennon, 1979)

計算仍用平均數為 100，標準差為 15。但作者認為，學習能力指數反映了與學校成就有關的學習能力，不應與智商概念混淆。

　　奧蒂斯-林儂學校能力測驗分 R 和 S 式兩個平行本，R 式的標準樣本為在校 130,000 兒童，占當時 (1977) 美國在校學生的 30%。按地域、學校系統的註冊人數，社會經濟狀況以及所屬民族等來分層取樣。該測驗的信效度檢驗結果滿意。如中級和高級水平測驗的內部穩定性係數，在不同年級和年齡範圍上為 .84 至 .95。相隔六個月的再測信度，從初級 II 的 .84 至中級的 .92。S 與 R 或按交叉實施設計，相隔二至十四天，在八個學校對 3,500 名學生測驗，其相關係數從初級 I 水平到中級水平為 .82 到 .92。效度研究很少，精確的效度係數因測驗水平和學校科目不同而異。R 本與斯比量表的相關係數為 .58，與韋氏兒童智力量表修訂版的全智商 (FIQ) 相關係數為 .85，另有報告為 .60 至 .75。故而奧蒂斯-林儂學校能力測驗題目的

內部一致性是好的，但與其他智力、學習能力測驗和學校成績的相關高低不一致。

三、庫-安智力測驗

庫-安智力測驗 (Kuhlmann-Anderson Intelligence Test，簡稱 K-AT)。此測驗從 1927 年開始，經過多次修訂，這裡討論第八次的修訂本 (Kaplan et. al, 1989)。

庫-安智力測驗分八個水平，即幼稚園，1，2，3～4，4～5，5～7，7～9 和 9～12 年級，每一水平有幾個分測驗，低年級的分測驗主要是非言語的。隨著閱讀和言語能力的逐年升高，言語測驗數量也有所增加。庫-安智力測驗除適合年幼受試者外，也適用於有言語困難的受試者。在計分上，庫-安智力測驗第八版分言語、數量和總分三種分數，有些年級水平總分用離差智商表達，另一些則用百分位來表達。大多數文獻都認為庫-安智力測驗的結構，標準化較其他一些心理計量學指標都比較好。此版本的分半相關信度係數在 .90 左右，再測相關係數在 .80 到 .90。庫-安智力測驗與能力測驗的相關很高，特別是斯坦福比奈測驗，其非言語測驗對某些特殊目的特別有用，且根據它的信、效度來看，庫-安智力測驗是一個對各年級都可選用的很好的團體測驗。

四、韓-奈心理能力測驗

韓-奈心理能力測驗 (或亨奈二氏心理能力測驗) (Henmon-Nelson Tests of Mental Ability，簡稱 H-NT) 最初為 1931 年出版，已經過多次修訂。這裡討論的是奈爾森等 1974 的修訂版。該測驗含四個年級水平：其中 3～6 年級，6～9 年級，和 9～12 年級，稱一式；從幼稚園到二年級，稱基礎本。此外還發展一個大學版本。一式有 90 個條目，按條目難度排列。內容有組詞、詞語類比、詞語分類、詞語推理、數位系列、算術推理、圖形類比和聽從指導。測驗時：一式為 30 分鐘。常模樣本於 1972 年隨機取樣 35,000 名兒童。將測驗原始分根據年齡和年級兩個標準來換算成離差智商和百分位數，用以代表一般智力。

施測無時間限制，但通常在 25～30 分鐘可作完。包括三個分測驗：① 30 項普通常識的聽測驗；② 35 項圖詞測驗；③ 23 項大小和數目測驗。基礎本的標準化為 5,000 兒童。結果用離差智商，標準分數和百分位元數來表達。

韓-奈心理測驗手冊上報告分半相關係數在 .90 左右，其與一些智力測驗的相關係數中數為 .76 (.50～.84)，與成就測驗的相關係數中數為 .79 (.64～.85)。與年級的相關係數雖不很高，但中數也達到 .60。

韓-奈心理測驗是預測未來學習成績的一個很好的工具。但它卻不足以作為單獨的篩選工具。此外，它只用一個與斯皮爾曼的 g 因素有關的單一分數，而未考慮智力的多因素。研究者們還指出，由於上限比較低，對於某些人群韓-奈心理測驗比韋氏量表可能低估全智商 10 至 15 分。

第四節　特殊群體用的智力測驗

這裡所謂的**特殊群體**(或**弱勢團體**) (minority group) 是指在文化、教育、年齡和生理功能等有某些限制而不便接受常規測驗的群體。這些群體包括一個國家的少數民族、新移民、文盲、新生兒、年老智力衰退者和一些有言語、視、聽、運動障礙的人群。在適合特殊群體的智力測驗中，有些是新近才發展的，所以總數雖然較多，但適合其中某些特殊群體的測驗則很少。這裡將對這些測驗分三類進行討論。

一、非言語和文化公平智力測驗

大多數智力測驗以語言文字作刺激物，但有些不用語言文字的，稱為非言語測驗。嚴格的非言語測驗應該是測驗內容不使用文字，也不使用言語的指導語而用手勢或示範。如果受試者可聽懂言語而不識字，便可用圖畫來作刺激材料，而用言語指導和言語回答。

為不同民族用的智力測驗，除測驗材料外，在內容和實施方法上也要儘量減少文化偏差。這類測驗稱**跨文化測驗** (cross-cultural test)。因民族不同，不僅語言文字不同，風俗習慣，宗教信仰等亦有所差異，不能用某一種文化背景的智力測驗來測量不同民族文化背景者的智力。任何測驗的編製者都受其民族文化的影響，他所編的智力測驗，常不利於其他民族文化者。有人試圖編一種完全不受文化影響的測驗，經驗證明很難做到。因此一般只求比較適用於幾種不同文化背景者，即所謂的**文化公平測驗** (culture-fair test) 或**免文化影響測驗** (culture-free test)。為能達到測驗公平，必須注意下列事項：

1. 減少文化偏差的方法　除測驗材料不用文字、不定時限、內容不受過去學習影響外，還要建立自身民族的常模。

2. 跨文化測驗在實施中的應注意事項　由於主試-受試者之間的文化背景和語言不同，可能給實施測驗帶來障礙，而影響測驗結果的準確性。所以跨文化智力測驗需要對實施方法有詳細而具體的說明，一般來說，在實施中特別要注意以下兩個方面：

(1) 用與受試者的溝通手勢、表情、動作等來代替口頭語言講說測驗指導語，用多作例題實習來保證對測驗任務的理解。在指導少文化影響的智力測驗時，可以用主試與受試者共同瞭解的言語（地方語）。

(2) 一些少數民族的受試者對測驗任務不甚瞭解，容易回答"不知道"或放棄任務，所以激發動機是重要的。對兒童可引起他們對測驗的興趣和好奇心，對成人則要設法使他們瞭解測驗對他的意義，可能有助於引起動機。

3. 跨文化智力測驗的局限性　由於在編跨文化智力測驗時，不能利用這些民族的語言文字，也不能涉及這些民族的風俗習慣及其特有的適應能力，因此這類智力測驗所測量到的智力是不全面的。瑞文推理測驗 (RPM) 是常用跨文化智力測驗的，但它只測量推理能力。其他一些跨文化的成套測驗，都只測量流體智力。因此，這類智力測驗的結果與傳統的智力測驗結果有差別，通常是用標準分或百分位數來表示，而不用智商 (IQ) 表示結果。

（一） 瑞文推理測驗

瑞文推理測驗(或**瑞文漸進推理測驗**) (Raven's Progressive Matrices，簡稱 RPM) 是由英國學者瑞文 (Raven, 1938) 編的一個根據圖形來進行歸納推理的非文字智力測驗，實施無嚴格的時限，可用言語指導，也可用手勢和示範作指導。可作個體測驗，也可用作團體測驗。

作者原來為測量斯皮爾曼的 g 因素而設計，故採用了這種特殊形式，即受試者要認識圖形刺激的模式或關係，從給定的六個小圖中選出一個適合放在上圖空格裡的，寫出其號碼。測驗項目由易到難按順序排列。前面的，可測量正確的區別能力—；後面較難的題目，可測量類推、組合、形式的替代和邏輯的關係 (見圖 9-2)。

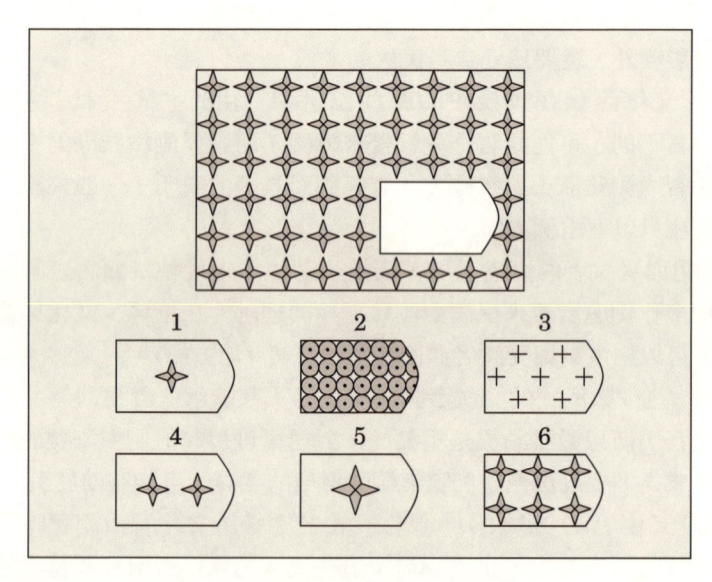

圖 9-2 瑞文推理測驗題示例
(採自 Kaplan & Saccuzzo, p.363)

瑞文推理測驗因難度不同分為三套：第一套是彩色的推理測驗，稱**瑞文彩色漸進推理測驗** (Raven's Colored Progressive Matrices，簡稱 CPM)，其新版 (1990 年) 有三十六個題目，為五歲半至十一歲半兒童或身心有障礙者適用，用顏色是為了引起兒童對測驗的興趣；第二套是標準本測驗，即

瑞文標準漸進推理測驗(或**瑞文氏非文字推理測驗**) (Raven's Standard Progressive Matrices，簡稱 SPM)，包括五套，每套都包含十二個黑白圖題，為六歲至成人受試者適用 (1995 年版本，可用到八十歲)，時限為 20～45 分鐘；第三套是**瑞文高級漸進推理測驗**(或**瑞文氏高級圖形補充測驗**) (Raven's Advanced Progressive Matrices，簡稱 APM)，此一測驗難度較高，分兩套，適用於十一歲到成人，第一套有十二題，第二套內含三十六題。用 40～60 分鐘完成。

手冊上的標準本常模是從原始分換算的百分位 (%)。八～十四歲每半歲為一個年齡組，從二十歲以上每五歲為一個年齡組。其多個常模樣本中，1986 年瑞文等報告了大樣本的北美彩色和標準本常模，包括單獨的美籍墨西哥和黑人兒童的常模。兒童來自截然不同的學校管區，但並非分層隨機取樣，故被認為沒有代表性。標準本美國常模年齡從 6.03 至 16.08 歲；近年也有基於英美學生的高級漸進模型的常模。總的說來，其樣本的標準化都不理想。在 20 世紀 80 年代我國制定了瑞文標準推理測驗的中國常模 (林傳鼎，張厚粲，1986)，並將彩色本與標準本合併成聯合本，也制定其城市和農村常模 (李丹，王棟，1989)。

瑞文推理測驗的信度和效度研究如下：彩色本的分半相關信度在 .65 至 .94，年輕受試者的較低；標準本分半相關為 .86，也是年輕者的較低。三個版本的一些再測信度研究結果不一，正常成人為 .80 至 .93。效度研究因素分析結果，並未證實原來試圖測量斯皮爾曼的一般 (g) 因素的目的。對彩色本的幾個研究，發現有三個因素：因素 I，大部分由非常難的題目組成，可命名為封閉和類比推理；因素 II，可稱為等同和封閉型式推理；因素 III，由容易的題目所組成，並可界定為簡單型式推理。總之，彩色本的非常容易和非常難的題目是在揭示不同的智力過程。高級本有兩個因素，第一個因素是由那些用加法和減法獲得解決的題目所組成；第二個因素，是由那些根據感覺型式漸進能力來完成的題目組成。瑞文推理測驗與成就測驗的效度係數範圍從 .30 到 .60。如所期望的，相對於與操作測驗的相關，瑞文推理測驗與傳統的言語智力測驗的相關要低一些。研究者認為，瑞文推理測驗雖然不如原來所希望的測量 g 因素，但它可以通過手勢作解釋，可以用於有聽、語言或身體障礙的兒童和成人作為補充測驗，同時也可用於不懂本民族語言的受試者。因此，該測驗仍是一個有用的非言語性的推理測驗。

(二) 文化公平智力測驗

文化公平智力測驗 (culture fair intelligence test，簡稱 CFIT) 是卡特爾 (Cattell, 1940) 所編。此測驗為了避免語文題目受文化因素的影響改以圖形取代文字，使用的圖形都是各文化團體所共同熟悉的或不熟悉的。目的在測量流體智力的分析和推理能力。

文化公平智力測驗有過幾個版本，現在使用的是 1961 年版本，包含三個量表：量表一適用於四～八歲兒童和智力低下的成人；量表二適用於平均智力範圍內的成人和八～十三歲兒童；量表三可用於高能力成人和高中以及大學的學生。

量表一含有四個分測驗，多用於個體施測。量表二和三全為團體測驗，二者難度有差異。每一量表都分 A 式和 B 式兩個平行本，受試者可以同時測兩式稱"全套測驗"，也可以單獨施測每一個簡式。簡式可作篩查測驗用。記分方法是將原始分換算成標準分，計算 IQ 時平均數為 100，標準差為 16。

信度研究：有再測信度，平行複本信度以及內部一致性信度研究，其相關值在 .70 左右。效度研究：與韋氏成人智力量表，韋氏兒童智力量表，瑞文推理測驗，斯坦福-比奈等智力量表結果的相關係數在 .70 和 .80 之間。

(三) 萊特國際操作量表

萊特國際操作量表 (Leiter International Performance Scale，簡稱 LIPS) 屬非言語智力測驗，目的是測量那些有感覺、運動障礙或有言語和與閱讀困難的兒童（二歲～十八歲）的智力。最初出版於 1940 年，用於夏威夷幾個不同民族，隨後也用於幾個非洲的民族。1979 年修訂後，被用作跨文化智力測驗。全量表有五十四個測驗，組成由易到難的年齡量表。測驗項目從最初的顏色、形狀和物體配對較簡單的項目開始，到後來較複雜的項目如類比，知覺型式和概念化。無時間限制，以手勢作指導。

萊特國際操作量表可測量四個領域，即推理、想像、注意和記憶。推理和想像領域的任務有：圖案類比、形狀完成、配對、順序化、分類、摺紙和形狀旋轉；注意和記憶領域的測量有：持續和分割的注意測量，暫態和延緩的記憶測量。萊特國際操作量表的分數用比率智商 (IQ＝MA/CA) 表示。

手冊上報告分半信度係數在 .90 左右，但對再測信度研究很少。對樣本是聾童，時間間隔為八個月的研究報告認為穩定性係數很低 (r＝.36)；另有一組對有言語障礙的兒童相隔六個月的研究結果，其相關比較高 (r＝.64)，再兩年以後結果仍相近 (r＝.63)。效度檢驗，萊特國際操作量表與韋氏兒童智力量表的操作智商相關係數為 .80 左右，與語言智商的相關為 .60 左右；與斯-比量表的相關是間接得到的，斯-比量表與成就測驗 (MAT) 的相關為 .77, 萊特國際操作量表與成就測驗的相關為 .61。

二、新生兒和嬰兒發展量表

　　新生兒和嬰兒的智力檢查，主要是觀察他們的各種感覺-運動能力和一些非言語的行為，如姿勢模仿、眼睛對運動物體的跟踪、接近物體，以及對親近者的表情等。在正式的智力測驗問世前，父母或其他觀察者對嬰兒行為的研究是用兒童逸事和日記來描述的，達爾文和皮亞杰的嬰兒日記都非常有名，我國也有陳鶴琴先生對自己孩子早期發展的觀察記錄。20 世紀 20 年代以後，在美國開始出現一些衡量個體發展水準的**發展量表** (developmental scale)，至今仍在應用。其中兩種常用的是格塞爾發展量表和貝利嬰兒發展量表等。

（一） 格塞爾發展量表

　　以美國心理學家格塞爾 (見第二章) 命名的量表有多個，都出自美國耶魯大學兒童醫院的格塞爾人類發展研究所，**格塞爾發展量表** (Gesell Developmental Schedules，簡稱 GDS) 是用以評定兒童身心發展水平的量表。第一次出版於 1925 年，以後經多次修訂，1974 年的版本將兒童行為分成五個領域：即粗大運動、精細運動、適應、語言表達和人際-社會。適用於四週到六十個月的兒童。

　　格塞爾兒童心理發展研究的指導思想是兒童按秩序從一個階段到另一個階段，連續不斷地向成熟前進。格塞爾和他的同事們，從人的早期開始，對各不同階段的常模資料，進行橫斷面和縱向觀察收集，找出特殊發展階段的里程碑。如嬰兒第一次不用協助從仰臥翻到俯臥，第一次說出某個詞，或學習走路。如果一個嬰幼兒表現出來的行為或反應比他的實際年齡 (CA) 更成熟些，就可以假設他的發展比同齡兒童要快，進而假設發展快的嬰幼兒，在將來可能成為高智力者。

格塞爾發展量表的記分方法，是先根據兒童對某些特定行為的有或無來記分，以得到發展年齡。**發展年齡** (developmental age，簡稱 DA) 是表示個體發展程度的年齡。發展年齡與實足年齡未必相等，兩者相等即代表個體發展正常，否則即表示發展超前或發展遲滯。與比率智商的計算法相似，用公式 DQ＝100 (DA/CA) 換算出**發展商數** (developmental quotient，簡稱 DQ)。發展商數也是代表個體發展的情況，如商數等於 1，即表示發展正常，大於 1 則表示發展超前，小於 1 則表示發展遲滯。

編測驗時的樣本是男 49 名，女 58 名共計 107 人。從出生第四週到第八週，每隔二週作一次檢查。從第八週到第五十六週，每隔四週作一次檢查。從一歲半至六歲，每隔一年作檢查。作者使用橫斷和縱向的觀察方法，對編製發展量表是恰當的，但工作量非常大。針對有關樣本的代表性問題，檢查和評定記分方法未標準化等批評意見，後來雖然作了改進，但信度和效度資料在手冊上並無詳細介紹。總的說來，格塞爾用經驗性概念來估計嬰幼兒的發展秩序，是符合邏輯的，同時格塞爾發展量表可提供一個標準的行為觀察框架，不失為一個良好的嬰幼兒發展量表，至今被廣泛應用。

（二） 貝莉嬰兒發展量表

貝莉嬰兒發展量表 (Bayley Scales of Infant Development，簡稱 BSID) 又稱**貝莉量表** (Bayley Scales)，是美國發展心理學家貝莉 (Nancy Bayley, 1899～1995) 經過四十年努力逐步編成的。1994 年修訂後稱為貝莉量表第二版 (BSID-II)，是美國應用最廣泛的一個發展量表。

貝莉量表第二版適用於二個月至三十個月的嬰兒，實施時間大約 45 分鐘，產生心理和運動兩個分數和一些對行為的評定。該量表用對鈴聲反應和用眼睛跟蹤物品，評定嬰兒的心理功能；對較大的兒童則看他聽從言語指示的能力。貝莉量表第二版的標準化樣本是將 1262 個嬰兒按性別、種族、社會經濟地位、城鄉、和地理區域分組的，在同類嬰兒量表中貝莉量表第二版的標準化工作做得最好。

量表內容包括三個部分：(1) 心理發展量表，用 163 個測驗題目來評估知覺能力和物體守恆、記憶、學習、問題解決、詞語化、語言理解的開始、初步的抽象思維,以及社會能力 (交往和模仿等) 認知發展狀況;(2) 運動發展量表;以 81 個題目測量嬰兒肌肉活動,如粗大運動能力,如坐、立、走、爬梯;與手眼協調,如操縱雙手和手指等身體發展的情況;(3) 嬰幼兒行為記錄表,30 項,用於在實施心理和運動量表後對嬰兒的社會定向、合作、害怕、緊張、一般情緒,物體之間、目標指向性、注意範圍、耐久力、活動性和反應性等方面進行評定 (見表 9-5)。

表 9-5　貝莉量表第二版本的部分題目示例

題　目	實施方法
(1) 對鈴聲的反應	在耳邊 30 釐米處輕輕搖鈴
(2) 母親抱起是否安靜	
(3) 對鼓聲反應	在耳邊 30 釐米處輕敲小鼓
(4) 對尖聲反應	如電燈開關的聲音
(5) 短暫注意紅環	在眼前約 20 釐米處的紅環,能注意 1 秒鐘或以上
(6) 短暫注視人	能持續注意 1 秒鐘或以上
(7) 稍長時注視紅環	在眼前作水平移動,注意 3 秒以上
(8) 眼的水平跟踪	以眼跟隨面前左右緩慢水平移動的紅環持續 3～4 秒鐘
(9) 眼的水平協調活動	以眼跟隨面前左右緩慢水平移動的手電筒光持續 3～4 秒鐘
(10) 眼睛跟隨移動的人	以眼跟隨在視線內移動的人
(11) 對說話聲的反應	對在一側視線以外的人說話聲有反應
(12) 眼的垂直掃視	以眼掃視正前方的人,從額到胸作垂直移動的注視

(採自 Bayley, 1969)

　　心理發展和運動發展量表的記分方法:用心理發展指數和運動指數來表示,此指數的計算是以均數為 100,標準差為 16 的標準分計算公式計算。這兩個指數反映該嬰兒與其他同齡兒的相對發展水平。

　　貝莉量表的設計原理與格塞爾量表類似,是測量正常成熟的發展資料。貝莉量表中心是運動量表,一個主要的假設是以後心理功能的發展取決於運動的發展。貝莉量表的常模樣本是根據美國 1960 年的人口資料,為 1262 名嬰兒,按性別、民族、家長的社會經濟地位,城市和農村以及地區等變數來取樣。貝莉報告信度研究:分半相關係數的中數,在心理量表中為 .88,在運動量表中為 .84。效度研究指出量表成績因實際年齡增長而升高。貝莉量表可預測智力遲滯,在貝莉量表上的分數低於平均數兩個標準差的嬰兒,在後來的測驗中有高度可能落到智力遲滯範圍內。貝莉量表成績在正常範圍內的，與後來的智力測驗成績的相關係數很低，大致在 .10 到 .50 之間。

雖然貝莉量表比其他嬰兒量表的標準化程度高，但貝莉認為嬰兒測驗應該主要用於測量當時的發展狀況，而不是預測將來的能力水平，因為早期的能力發展對環境影響更為敏感，用嬰兒的測驗分數做長遠的預測是沒有多大價值的。

三、機能障礙者的智力測驗

有機能障礙者包括的範圍很廣，在這裡只簡單介紹用於視、聽和運動障礙這三類人的智力測驗。關於機能障礙者的智力測驗問題，早已被注意，但專為不同機能障礙者編的智力測驗並不多，現用的一些測驗多半是將用於正常人的智力測驗作一些修改而成。

(一) 盲人智力測驗

盲人智力測驗與視力正常人的不同之處，主要在於呈現刺激的方法，需要將視刺激材料改用聽覺的或觸覺的刺激。最早的盲人一般智力測驗是海斯將斯比量表 1916 年版本中的言語項目改編為**海斯-比奈量表** (Hayes-Binet Scale)。此測驗曾於 1942 年改編，1980 年再根據斯比量表的 L－M 本改編成**伯金斯-比奈盲人智力測驗** (Perkins-Binet Tests of Intelligence)。此測驗已經標準化，且有單獨的盲童本。

按韋氏量表來改編的盲人智力測驗有兩種不同方式，一是只取言語量表而省略操作量表；二是將韋氏量表中操作量表改編為成年盲人的觸覺智力測驗等。

專為盲人或視力障礙者而編的智力測驗不多，有**盲人學習能力測驗** (Blind Learning Aptitude Test，簡稱 BLAT)。盲人學習能力測驗適用於六至十六歲盲童的一個觸覺測驗。測驗項目為浮雕圖形，類似盲文的點和線所成。項目分六種不同形式：差異認知、相似性認知、前進確認、確定 2×2 模型中缺失部分、形狀完成、確定 3×3 模型缺失部分。矩陣項目大多來自瑞文推理測驗和卡特爾文化公平智力測驗。測驗重點在學習過程，而不是學習的產品。常模樣本為 760 名盲童，常模已過時，但與海斯-比奈量表和韋氏兒童智力量表的言語量表相關較好 (分別為 .74 和 .71)。

在盲人或視力有損的受試者接受由標準的或改編的智力量表時，一定要記住延長時限。解釋測驗結果時，要參考受試者的視力受損或失明的年齡和病因，一般來說，視力受損和失明的年齡越早，對智力的負性影響越明顯；如果視力損害或失明為腦病或其他軀體疾病所致，還要考慮這些疾病對智力的影響。

(二) 聽力受損者的智力測驗

一般來說，如果兒童很早便有明顯聽力受損，通常會有語言能力發展遲滯，重者成為聾且啞。因此對聽力明顯受損以至全聾者的智力測驗，通常不用言語測驗，主要採用的是操作測驗。現在常用的是在一些標準化的智力量表中選擇部分測驗組成，或者將用於正常人的量表在聾人中重新標準化。如韋克斯勒成人量表和兒童量表都已有修改成功的聾人常用測驗。

有人使用韋氏兒童智力量表修訂版 (WISC-R) 的操作量表在美國取樣 1,228 名聾童，獲得他們的平均智商 95.70。因此，聾童的操作智商並不明顯低於聽力正常兒童。有人還發現，韋氏兒童智力量表修訂版的操作測驗用於聾童時，所發現的因素結構與聽力無損者的沒有差異。相反地，聾童的學習成就測驗成績，明顯低於按他們的智力所期望的水平，特別是閱讀成就更明顯低於期望水平。聾童詞語閱讀水平和詞語測驗成績低，可能與他們接受的語言刺激有限有關。言語測驗對測量聽力受損兒童的語言能力有用，其結果並不代表他們的認知功能水平。因此，可以認為韋氏量表中的操作測驗可適用於聾人智力測驗，而言語測驗則不大適用。

赫斯克-內伯拉斯卡學習能力測驗 (Hiskey-Nebraska Test of Learning-Aptitude，簡稱 H-NTLA) 是赫斯克 (Hiskey，1966) 發展的，可同時用於三至十七歲聾啞、智力遲滯、言語或語言殘疾或聽力無損的雙語兒童和其他正常兒童。這套測驗有十二個分測驗，包括：算珠、顏色記憶、認圖片、圖片聯想、摺紙、視覺注意廣度、積木型式、填充圖畫、記數、魔術方塊、圖畫類比和空間推理。實施是通過手勢和例題實習來作指導，不需要受試者用詞語來回答，如果用於正常和只有輕度聽力損害的兒童，也可以用言語指導。一般實施時間約 50 分鐘。測驗結果是從原始分轉換 (以為 100，SD 為 16) 成**學習商數** (learning quotient，簡稱 LQ)。該測驗的信、效度都符合測量學的要求，雖然常模已經過時，但仍不失為用於聽力受損兒童的一個最好的測驗。

耳聾對智力影響問題的研究已有 50 餘年，存有大量的有關文獻。近年對此作了全面的回顧，發現有不少引人注意的問題。例如，聾童的操作測驗得分高於聽力無損兒童的常模，其原因並不完全清楚。可以肯定的是，聾與智力的關係比人們所想像的遠為複雜，因此需要更進一步的研究。

(三) 有運動障礙者的智力測驗

受試者可以接受聽和視的刺激，但有運動障礙而不能作出口頭的或書寫的反應，他們難以操作測驗的材料，例如，大腦癱瘓患者。這種運動障礙者人數不少，關於他們進行智力測驗，在實施方法上需要根據受試者的反應能力作出一些非正式的修改。雖然，近來已經發展了一些適合於測量那些嚴重運動障礙者的方法，但多數仍使用現存的智力測驗。對運動障礙患者實施測驗的方法有如下幾種方式：

1. 由主試者操縱測驗的材料，受試者以頭的運動來作回答。例如，萊特國際操作量表和瑞文推理測驗這樣的非言語個體測驗，都可按這類實驗方法進行。

2. 用多選回答測驗，即由受試者作簡單的指點來作回答。例如，皮博迪圖詞測驗（見第十四章）和**哥倫比亞心理成熟量表**(Columbia Mental Maturity Scale，簡稱 CMMS) 等，將回答方式作適當修改後可用於大腦癱瘓的受試者。

3. 受試者使用簡單的詞來回答。如果詞語能力也有損害，可改為多選式回答，也可用眨眼或點頭來表示回答。

以現有標準測驗將實施方法作出修改並用於有運動障礙的受試者時，原測驗的信、效度和常模的意義便同時發生改變，所以在解釋測驗時應該特別加以注意。

本 章 摘 要

1. 心理學中的**智力**定義非常多，大體可分成以下幾種：一是側重智力的功能如"智力是解決問題的能力"，"智力是學習能力"等；二是側重智力的神經學機制，如"智力是中樞神經系統的可變性"，"是大腦皮質轉換信號的能力"等；三是側重智力活動過程，如"智力是自動化的資訊加工"。
2. 編製測驗需要有一定的理論作基礎，常見的**智力理論**有：智力的感知能力說，智力因素說，認知發展階段說，三元智力說以及多元智力說等。每一種理論，都希望有一定的測驗來證明，但目前常用的智力測驗大多以智力因素說為基礎。
3. 智力測量是對智力進行量化的活動，**智力測驗**或**智力量表**是量化活動中的重要手段。表示量化智力的常用指標有**智商 (IQ)**，**百分位數**，各種**標準分數**。
4. 智力計算方法由**比率智商**發展到**離差智商**，前者是受試者的**智力年齡**與**實足年齡**之比；後者用標準分數，即用受試者在此測驗上的得分與常模樣本平均得分相差多少個標準差數來表示。國際比較通用的個體智力測驗是**比奈量表**和**韋氏量表**兩個系列。
5. 智力測驗依不同的實施方法可以分兩大類：**個體智力測驗** (一個主試，一個受試) 和**團體智力測驗** (一個主試，多個受試)。依據不同目的，適用年齡、各文化背景及不同特殊人群等條件所使用的測驗多種多樣。
6. **比奈-西蒙量表**的編製主要依據兩個原則：一個是智力的**年齡差異原則**，另一個是一般**智力原則**。年齡差異原則，是認為心理能力因年齡不同而有差別。一般來說，年齡大的兒童比年齡小的兒童能力強。在將測驗項目排序時以通過率為指標，通過率高的項目於前面，通過率低的項目放後面；一般智力原則，指的是選擇測驗項目時，凡與總成績相關高的項目保留，相關低的被淘汰。
7. 韋氏智力量表系列包括最早的**韋氏-貝魯弗量表**以及後來的成人、兒童和幼兒用的三套量表及其各自的修訂本。韋氏量表系列是將功能相同的測驗項目組成分測驗，再將幾個言語分測驗組成**言語分量表**，幾個操作分測驗組成**操作分量表**。兩個分量表組成**全量表**，可以分別計算出**言語智商**，**操作智商**以及**全智商**。韋克斯勒認為智力是由各種能力所組成的總能力，因此，全智商就表示一個人的總智力。

8. 韋氏兒童智力量表經過 1974 年和 1991 年兩次修訂，2003 年發表其最新的第四版。目的是既要測量兒童的智力又要測量其認知加工，除智商分數外，還提供關於認知功能和臨床方面的重要資訊。由十個核心分測驗和五個新的補充分測驗組成，測量結果可以提供全智商和四個因素指數：言語理解，知覺推理，工作記憶和加工速度。由於分測驗的下限和上限都擴大，信度和效度也有所提高。

9. 較常用的團體智力測驗有三種：**奧蒂斯-林儂學校能力測驗**是最早的兒童學習能力團體測驗，它將 1～12 年級分四級能力水平，測驗結果用學習能力指數表示；**庫-安智力測驗**是用於測量兒童學習潛能的分級測驗，非言語測驗材料較多，用於言語困難者；**韓-奈心理能力測驗**也分多級水平，而且將受試前推至幼稚園，還建有一個大學版本，後二者的常模都是用離差智商和百分位數方式表示。

10. 適用於不同語言文化和言語有障礙的受試者的非言語的、文化公平的智力測驗，有**瑞文推理測驗**和**文化公平測驗**。瑞文推理測驗流行甚廣，包含適合不同水平物件的三套測驗：**瑞文彩色漸進推理測驗** (CPM)，**瑞文標準漸進推理測驗** (SPM) 和**瑞文高級漸進推理測驗** (APM)。

11. 用於嬰幼兒的智力測驗稱為**發展量表**，其中常用的主要是：**格塞爾發展量表** (GDS) 和**貝莉嬰兒發展量表** (BSID)。

12. 關於有機能障礙者的智力測驗，早已受到注意，但專門為之編製的智力測驗不多，多半是將一些用於正常人的智力測驗作些修改而成。盲人的一般智力測驗是由斯坦福-比奈量表中的言語量表改編而成，已經過標準化。按韋氏量表改編的盲人智力測驗有兩種，一是只取言語量表而省略操作量表；二是將其操作量表改編為成年盲人的觸覺智力測驗。

13. 對聽力明顯受損以至全聾者的智力測驗，主要採用操作測驗。常用的是在一些標準化的智力量表中選擇部分測驗組成，或者將用於正常人的量表在聾人中重新標準化。**赫斯克-內伯拉斯卡學習能力測驗**的實施是通過手勢作指導，不需言語來回答。是用於聽力受損兒童最好的測驗。
14. 對有運動障礙者進行智力測驗，方法上需要根據受試者的反應能力作一些非正式的修改。在實施測驗時可採取如下方式：(1) 由主試者操縱測驗的材料，受試者以頭的運動來作回答；(2) 用多選式題目，即由受試者作簡單的指點來作回答；(3) 受試者用一簡單的詞來回答。

建議參考資料

1. 林傳鼎 (1985)：智力開發的心理學問題。上海市：知識出版社。
2. 林傳鼎，張厚粲 (1986)：韋氏兒童智力量表──中國修訂本。北京市：北京師範大學。
3. 龔耀先 (1982)：中國修訂韋氏成人智力量表 (WAIS-RC) 第一版。長沙市：湖南醫學院。
4. 龔耀先、蔡太生 (1993)：中國修訂韋氏兒童智力量表 (C-WISC-R)。長沙市：湖南地圖出版社。
5. Bartholomew, D. J. (2004). *Measuring intelligence: Facts and fallacies*. Cambridge, UK: Cambridge University.
6. Flynn, J. R. (1999). Searching for justice: The discovery of IQ gains over time. *American Psychologist.* 54 (1): 5～20
7. Homack, S. R., & Reynolds, C. R. (2007). *Essentials of Assessment with brief intelligence tests*. New York: Wiley.
8. Roid, G. H. & Barram, R. A. (2004). *Essentials of Standford-Binet Intelligence Scales* (SB5) assessment. New York: Wiley.
9. Sternberg, R. (1985). *Handbook of Human Intelligence*. England: Cambridge University.
10. Thorndike, R. L., Hagen, E. P., & Sattler, J. M. (1986). *The Stanford-Binet Intelligence Scale* (4th ed.). Chicago: Riverside.
11. Wechsler, D. (2003). *Wechsler Intelligence Scale for Children-Fourth Edition: Manual*. San Antonio, TX: Psychological Corporation.

第十章

性向測驗

本章內容細目

第一節 性向測驗概述
一、性向測驗的概念 335
二、性向測驗的發展簡史 336
三、性向測驗與其他心理能力測驗的關係 337
四、性向測驗的種類 339
五、性向測驗的心理測量學特徵 339
　(一) 性向測驗的效度
　(二) 性向測驗的信度
　(三) 性向測驗的常模
六、性向測驗的用途和應用方法 341
　(一) 性向測驗的用途
　(二) 性向測驗的應用方法

第二節 常見的性向測驗
一、多重性向測驗 343
　(一) 一般性向成套測驗
　(二) 區分性向測驗

二、學科性向測驗 349
　(一) 學術性向測驗
　(二) 美國大學入學測驗
　(三) 研究生資格考試
三、軍事用性向測驗 351
　(一) 軍事職業性向成套測驗
　(二) 費蘭南根性向分類測驗和費蘭南根工業測驗
四、特殊性向測驗 356
　(一) 文秘性向測驗
　(二) 行政職業性向測驗
　(三) 心理運動能力測驗
　(四) 機械能力測驗

本章摘要

建議參考資料

能力測驗包括三種類型：智力測驗，性向測驗和成就測驗，它們彼此之間是既有聯繫又有區別的。前一章討論了智力測驗，其測量的對象是人的一般心理能力。本章將要討論的是性向測驗或稱能力傾向測驗。其測量對象是人在不同方面所具有的特殊能力。性向測驗和智力測驗相同之處是二者所反映的都是先天影響和生活中多方面經驗積累的能力，這些能力受無控制條件下的學習影響；而它們的不同在於智力測驗和成就測驗的結果都是對一個人的當前心理狀態的評價，智力測驗的主要目標是評量現在的既有能力；而性向測驗的結果則是對一個人在經過學習或訓練後，預測其將來會取得多大成就。性向測驗所指向的不是現有能力，而是未來發展的可能，或稱潛力。若將大學入學考試某一學科的題目經過標準化後，學生在該測驗上的分數，若是用來評鑑他們在高中三年的學習結果，其性質就是成就測驗，但若是用來預測他們接受大學教育的成就，其性質就是性向測驗。

當人們發現智力測驗所著重測量的一般智力因素雖然對於學習成績有預測效果，但對一個人未來事業的成功預測性不強時，就把注意轉向特殊能力，因此有了性向測驗的產生。儘管性向測驗的興起比智力測驗稍晚，但它的用途相當廣泛。它的作用是預測或估計一個人在經過學習訓練或從事某項工作以後，將來能夠有多大收穫，或者將獲得成功的可能性大小。人們的活動範圍廣泛，需要的特殊能力及其不同結合的種類繁多，因此性向測驗的數量很大，使用頻率也非常高。現在已經廣泛使用於教育、軍事及一些比較特殊的能力等方面。實踐證明性向測驗在工業、教育和事務性職業中預測學習和訓練的效果相當理想，而在文學藝術領域的預測效果則較不明顯。

性向測驗的結果可以顯示出一個人適合於做什麼，即他在哪方面最具潛力，最容易獲得成就。事實上，成就測驗、興趣測驗、人格測驗和其他有關人的行為特徵的測驗皆屬性向測驗。但在實際應用中，性向測驗並未包含太多種類，經常只涉及某一個或某一套特殊能力測驗。最常使用的是區分性向測驗 (DAT) 和教育領域中的學術性向測驗 (SAT)。本章主要討論的問題是：

1. 什麼是性向測驗？
2. 性向測驗發展的歷史和心理測量學特徵。
3. 一般性向成套測驗的特點和用途。
4. 用於教育、軍事等方面的性向測驗特點。

第一節　性向測驗概述

性向測驗往往被誤認為是個性測驗，是用以測量個人經常或反覆表現在態度和行為上的個性特質，如堅強、懦弱、熱情、冷漠等。這實在是望文生義，牽強附會。故在本章第一節首先要詳細解釋何謂性向，再介紹性向測驗的相同概念。期望讀者對性向測驗有清晰準確的瞭解。

一、性向測驗的概念

性向(或**能力傾向**) (aptitude) 是指一個人在學習某種事物前，對學習該事物可能發展出來的潛在能力。性向的含義有二：一是指個人對廣泛的活動領域，若經過學習或訓練後可能達到精湛程度的能力，稱"普通性向"，亦即一般能力傾向。個體的普通性向也就是一般所指的智力。二是指個人對某種特殊活動，如音樂、繪畫、體育、機械等，若經專門學習和訓練後可能達到精美絕倫的地步，稱"特殊性向"，特殊性向就是一般所指的特殊能力傾向。換言之，一般能力傾向是指對完成多種活動都必須的一般潛力；特殊能力傾向是指完成某一方面特殊活動所必需的特殊潛力，不論是一般能力傾向還是特殊能力傾向，都是指可能發展出來的潛在能力，而不是已發展出來的實際能力。在心理學中的一般能力傾向通常是指智力；使用性向時，多指偏向某一特殊方面的特殊潛在能力。總之，性向與能力的不同在於一個是指特殊能力，一個是指一般能力。人各有才，才各有大小，致使各人的性向差異很大，若能通過測驗具體地瞭解個人性向在相對比較下的優劣，將有助於各人朝向不同方向發展。

智力測驗是衡量個人智力高低的測量工具。然而，傳統的智力測驗只能測得一項或幾項一般能力。所以，性向測驗可以彌補智力測驗的不足。**性向測驗**(或**能力傾向測驗**) (aptitude test) 是對個人潛在特殊能力的測定。依據測得分數的高低可以評估哪些方面有可塑性和學習潛力，而哪些方面又缺乏學習潛力。其作用在於發現個人的能力傾向據以指導升學和職業選擇，以期將來獲得較大成就。

二、性向測驗的發展簡史

智力概念和智力測驗一百年來不斷演進，性向測驗就是在這個演進過程中逐漸產生和發展起來的。智力測驗的設計原本是為了收集各種不同功能的樣本以估計個體的一般智力水平，後來發現，智力測驗在這些樣本中所涵蓋的功能有限，並不能涵蓋所有的重要功能。事實上，大多數的智力測驗主要是著重在測查言語智力，只有很少數測驗測查其他抽象的能力和運用符號的能力。因此，所謂的智力測驗，只不過是測查智力的某一方面而已。一些測驗學家指出 20 世紀 20 年代的許多智力測驗，應該歸到現在所謂的學習能力性向測驗（見第二節）一類，因為它們所測量的只不過是學校作業所需要的，並在此過程中培養出來的綜合能力。由此可見，在早期，智力測驗和性向測驗並無明顯的區別。

第一次大戰前夕，由於職業諮詢和工業及軍事上的人事選拔和分類工作的發展，心理學家認識到需要開發特定的如機械、文書、音樂和美術等方面的性向測驗，以補充一般智力測驗的不足。在第一次世界大戰（1914～1918）時出現了團體智力測驗（陸軍甲種和乙種測驗）(Army α 和 Army β Test)在實施團體測驗中，心理學家發現受試者在不同形式和功能的分測驗中，成績往往並不平行。例如，有的人在言語測驗中的成績明顯高於在圖案識別測驗中的成績，或剛好相反。同時，也發現這些現象在一定程度上降低了斯坦福-比奈量表的內部效度。一些測驗使用者，尤其是臨床心理學家，為了深入探查患者的個人心理結構，並非只是依靠智商或其他形式的總分數，而是試圖通過參考某些測驗項目簇或分測驗的成績，來分析測驗成績與心理病理症狀或神經心理障礙的聯繫。但這種實踐方法並不普遍，因為當時幾乎所有的智力測驗都不是為區分性向目的而設計的。

心理測驗在發展，心理統計方法也在進步，尤其是英國心理學家斯皮爾曼 (Spearman, 1904, 1927) 和美國心理學家瑟斯頓 (Thurstone, 1931, 1947)等人將因素分析方法用於心理測驗，為編製性向測驗準備了條件；並在傳統的智力量表如韋氏量表中找到相對獨立的智力因素，例如，詞語理解、空間知覺、機械能力等特殊因素。

多重性向成套測驗出現較晚，首先出現的成套測驗是在第二次世界大戰 (1939～1945)，由軍隊中的臨床心理學家以因素分析為基礎編製的，如選拔飛機駕駛員、飛機上的投彈員、雷達操作手、測距員以及一些其他新兵種的測驗。

在 20 世紀 80 年代至 90 年代初期，傳統的智力測驗和多重性向成套測驗開始出現整合的傾向。例如，斯坦福-比奈量表，由原來的"混裝車"的編製方式，改成分測驗和分量表。由於心理學家已經逐漸認識到個體能力可以從不同層面來評估，智力理論也逐漸接受智力結構的層次模式，即從狹義的特殊性向（或個別項目），經廣闊的聯繫達到特質水平，再上升綜合為一個總的分數，如傳統的智商或其他形式的標準分。這種表達方式，在韋氏量表的計分方式上也有所表現：從分測驗分數，到幾個相關分測驗組成分量表分數，再到總的智商。當時的韋氏量表是根據臨床經驗編製的，而現在韋氏量表也採用因素智商分數的方式，如言語理解智商，知覺組織智商和注意/記憶智商。同時，成人智力量表也有了與之來自共同樣本的成人記憶量表。因此，智力、性向和神經心理測驗便結合起來，可以根據需要而組合成新的成套測驗，以便對一個人做出更加全面的心理能力評估。這個發展不是重復；現在的組合也不是恢復"混裝車"，而是為了提高效能進行有組織的結合。心理能力是複雜的，需要有估計單項能力的性向測驗，也要有估計多項能力的成套測驗，更期望有根據需要可以靈活調整的成套測驗；為了一定的目的，可以分開來研究，有時為了解決具體問題又必須作全面統一的評估。社會的進步和不斷增長的現實需要，為性向測驗提供了寬廣的發展空間。

三、性向測驗與其他心理能力測驗的關係

智力測驗、性向測驗和成就測驗概括地講，都是測量心理能力，就這一方面，它們是很相近的，但現在它們又都各成門類，而且在發展史、應用目的、實施方法和場地等條件方面也各有不同。因此，它們是既緊密聯繫，又有一定區別的測驗。一般來說，這些測驗所測量的能力有如下不同：智力測驗測量對象是一般心理能力，如語文理解、數位推理、聯想與記憶等能力；性向測驗所測量的是某些特殊心理能力，如美術、音樂、機械等領域的特殊能力傾向；成就測驗所測量的是學習或訓練後所獲得的目前的實際能力，如

柔道二段，英語六級。成就測驗受一組經驗的影響，而性向測驗所反映的是生活中多方面經驗積累的才智結晶，可以說這些特殊能力是在無控制條件下的學習效果；智力測驗和成就測驗的結果是對當前心理狀態的評價，而性向測驗的結果則是對日後成績的預測。

根據能力的一般性和特殊性，以及能力在活動之前和活動之後獲得的兩種特點，可以較清楚地對智力、性向和成就測驗加以區分，而且不乏可資佐證的實驗或理論。例如，在能力測驗發展的連續鏈中（見圖 10-1）可清楚表現上述論點。

特殊能力 ←————————————————————→ **一般能力**

- 特定課程的成就測驗
- 廣泛性的成就測驗
- 言語智力和性向測驗
- 非言語和操作測驗
- 跨文化智力測驗

測驗所測能力的一般性連續體

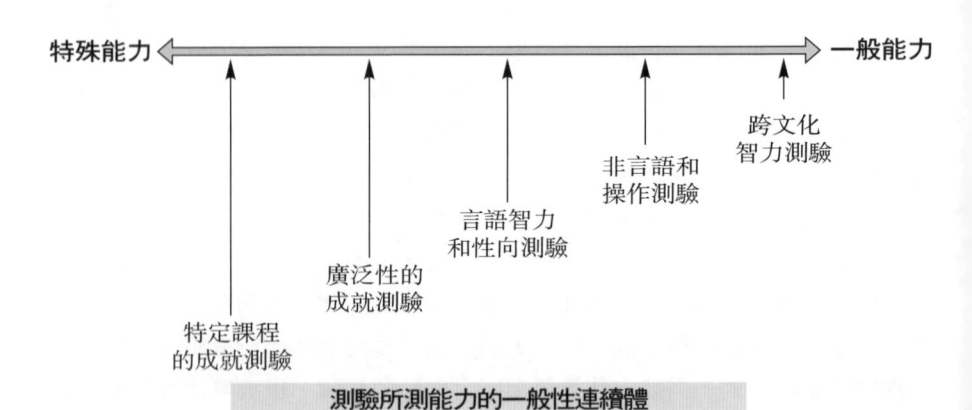

圖 10-1　能力測驗的連續發展示意圖

圖中特定課程成就測驗和跨文化智力測驗可以分別代表特殊性和一般性能力，言語智力和性向測驗居中，兩端都有在能力發展進程中處於不同狀態的測驗，如內容廣泛的成就測驗和非言語和操作智力測驗；也有許多證明成就與性向分離的實驗，如在兒童學習外語前，外語成就測驗成績為零，在學習一段時間後，成就測驗會明顯升高。但是對該兒童在學習前後實施兩次性向測驗，其成績沒有改變。另外，智力有流體智力和晶體智力之分，因此有人認為性向測驗側重測量流體智力，而成就測驗側重測量晶體智力。可能是由於智力、性向和成就的概念不清，也可能由於三者的相互聯繫確實大於區別，所以導致現有一些能力測驗的名稱不統一，內容彼此混淆難於歸類。最容易混淆的是智力成套量表與多功能性向成套測驗，以及性向測驗與成就測驗。例如，經驗證明，有一些特殊職業性向測驗，如文書工作、手工技能、美術創作等，幾乎完全是模擬一些特殊工作來進行測驗，結果工作經驗多的人其成績往往高於工作經驗少的，因此這裡所測量的，雖是性向卻更像是成就。為此，在討論三類測驗的區別時，不能忘記它們的相關性；同時，也不能忽略它們的區別。

四、性向測驗的種類

性向測驗在 20 世紀 20 年代出現，發展迅速，在測驗的數量和形式上都不斷增加。關於性向測驗的分類方法，按測量性向的數目分類，有特殊性向和多重性向兩類。**特殊性向測驗**是每一測驗測量某一種特殊潛能或性向，如記憶力測驗、推理能力測驗、音樂性向測驗以及服裝設計性向測驗等；**多重性向測驗**是將數個性向分測驗合併使用，用以測驗多方面的潛在能力，如軍事職業性向成套測驗 (簡稱 ASVAB) 和區分性向測驗 (簡稱 DAT) (詳見第二節)。

按應用領域來分，最多是用於教育、職業和軍事，以及一些特殊工作的性向測驗。然而，在教育領域，由於認知能力在小學階段尚未很好的分化，因此在中學以前並不推薦使用既費錢、又費時間的成套性向測驗。進入中學以後，隨著兒童逐漸成熟和經驗積累，開始有了對未來職業的考慮和選修課程的可能，一些學校對高中學生施測多重性向測驗是有所幫助的。通常，對學生應用最多的是一般學習能力測驗，其他有學科性向測驗，如閱讀理解、數學分析測驗，和對特殊人群的學習能力測驗。在職業領域，應用最多的是能力分類測驗，其次是特殊能力性向測驗，如文書工作、電腦、機械能力和領導才能等測驗。在第二節將詳細介紹幾種常見的性向測驗。

五、性向測驗的心理測量學特徵

性向測驗除必須目標明確外，在編製質量上與一般心理測驗同樣地需要達到科學化的心理測量學標準。對於一般標準化性向測驗的質量標準可簡述如下。

(一) 性向測驗的效度

性向測驗的目的是預測個人在某種活動中可能達到的成就。決定成就的條件很多，可分為個人能力、人格特徵和機遇等，而性向測驗只測量能力，且只限於認知或心理能力。因此，性向測驗必須是能很好地測量認知和心理運動能力的標準化測驗。

對性向測驗的效度評價是根據它的預測效度的高低來進行，即依測驗結果與**效標** (criteria) 的相關程度而定。由於一項工作或學習的成功，需要有關的特殊能力，因此在編製某一活動的性向測驗時，一般是先從成功者的條件中分析出必要的特殊能力，並以它作為測驗的效標，然後用測驗結果與該效標有較高的正相關來說明效度。但對於多重性向或區分性向成套測驗，最理想的是每一分測驗只與一個相應的效標有較高的正相關，而其他分測驗與此效標的相關則為零。當然，這是理想，實際上很難達到。如果各分測驗之間的相關出現高低不一，即有的相關高，有的低，且不是誤差所致，便可認為相關高的幾個分測驗具有一定程度的同質性。如果多個分測驗的相關都較高，則可以認為該測驗的區分性效度不佳。

現在常用的一些性向測驗的預測效度，是將性向測驗結果與樣本後來的學習或專業成績進行相關分析而獲得的。在這種情況下，決定職業的成功，一般智力因素比特殊性向更為重要。實踐證明，機械和文書性向測驗上的分數，在預測各種職業的成功方面特別有用，而藝術和音樂性向測驗，在預測目的上的價值則不很明顯。總體上，性向測驗的預測功能，在預測訓練工作的成功方面要高於預測工作績效。各種性向測驗對各種工作績效的相關值一般都不超過 0.30。不過這種情況並不足以否定性向測驗的作用，它只說明成功不只取決於能力條件而是取決於多個條件，其中包括能力通過實踐得到發展。人們從事某種學習或工作，單位不一、評定績效的標準也不一致等，這些都會影響結果的計算，只有在這些條件都能控制時，考察性向測驗的預測效度，才可能得出更可靠的、有說服力的結論。

(二) 性向測驗的信度

因為性向測驗屬於能力測驗，性向測驗的性質和測驗編製方法與智力測驗都比較相近，不同於人格測驗，因而其信度研究結果也與智力測驗相近，高於人格測驗。事實上，一些有名的性向測驗的信度研究結果，都顯示與智力測驗相近似。例如，區分性向測驗 V 版本和 W 版本的信度研究，經校正後的分半相關係數，從低的 .85 (女性，機械推理) 至高的 .95 (男、女，言語推理＋數的能力) (Sander, 1986)，都達到了相當高的水平。

(三) 性向測驗的常模

性向測驗的常模大多數採用百分位數和標準分的形式，如給出 T 分數和標準九形式的常模。有些還提供性別常模或各種職業的常模。這是因為有些性向有男女性別差異，所以要有不同性別的常模，如警察；有些職業群體對性向水平的要求並不相同，如各兵種，所以它們也分別具有各自的常模。

六、性向測驗的用途和應用方法

性向測驗是以個人目前的狀況來評估其未來在哪一方面能夠發揮多少的潛力。性向測驗分數一經比較即可以看出受試者較適合接受哪方面的的學習和訓練，也可以知道受試者最具潛力的能力，此一能力和別人比較有多強，也可以看出其最弱的能力，和別人比較有多差。所以性向測驗的主要目標是預測個人將來的表現，並作為展望與安排未來的方針，應用在升學輔導、訓練安排、職業安置、甄選人員等任何方面都會裨益良多。

(一) 性向測驗的用途

性向測驗的用途，若用於職業領域，可以為人員選拔和人員安置的決定提供幫助；若用於學術領域，則是為了瞭解個人未來是否具有某一方面的學習潛能，然後給予恰當的安排或者輔導，也不超出選拔和安置的範疇。以下概述性向測驗的兩種用途。

1. 人員選拔 學校按專業要求選擇學生、用人單位按工作要求選拔工作人員，求職者選擇適合於本人才能的工作。傳統意義上的選擇辦法，主要是根據學業、興趣和以往經驗來進行選擇，效果有時並不很好。在發展性向測驗後，增加性向測驗的應用，雖然還不能保證將對某一專業或工作有潛在成功可能的人員都挑選出來，或是可以完全篩選出有潛在失敗可能的人員，但至少可望在做出選擇決策時將犯錯誤的可能性減少到最小程度。

2. 安置決定 安置是對接納的人員再來按能力分派到各個訓練程式或工種，一個典型的例子是對招募來的新兵使用性向測驗安置兵種。在第一次世界大戰時，美國即對入伍人員的能力傾向進行甄別的需要，才開發了陸軍甲種和乙種測驗。

現在由於科技發展迅速，對知識技能要求也日益提高，所以更需要採用多重性向和特殊性向測驗成績來做為工作安置的依據。例如，工廠轉產，工人和技術人員可能要改變工種，甚至對文化水平較低的待業人員在安排工作時，也需要根據性向測驗的成績來進行安置。

(二) 性向測驗的應用方法

性向測驗的應用方法，是指如何使用性向測驗的量度來實現合理的人員選拔和安置。在這裡主要討論性向測驗的組合分、劃界分、成套性向測驗的剖析圖分析和效度的概括化問題。

1. 合成分方法 合成分 (見第六章第四節) 是由一些與效標有最大相關的測驗分組合而成。每一個分測驗都測量效標的不同方面，它們與效標都有較高的相關，且各分測驗彼此之間不應有較高的相關。在用合成分方法進行選擇時，每個人只給一個單一分數值，用以代表整套測驗的測量值，並將所有候選者的測驗得分按高低排列，以備選擇。

2. 切割分方法 成套性向測驗中，都包括一些與效標相關的分測驗，每個分測驗的最低通過分數稱為**切割分數** (見第七章第三節)。每套測驗中的任何一個分測驗未達到切割分數，不管其他分測驗如何好，此候選者都不能入選。這種方法是假設候選者在這套測驗中的任何一個分測驗失敗，即預測其學習或工作上都不會成功。這種方法的不足之處在於未考慮能力之間的補償作用。

3. 剖析圖分析法 在教育和職業諮詢時，須對受試者成套性向測驗的結果做分析。通常是分析由各分測驗分數構成的剖析圖。**剖析圖** (或**側面圖**) (profile) 是顯示各種測驗結果的統計圖表。通常一個總測驗都包含幾個分測驗，以測量個人各種不同的能力；將多個分測驗結果統計所得的分數，換算成可相互比較的標準分，再與常模樣本的各項平均分進行比較，即可畫出一個剖析圖，它們是一條曲線或一條起伏的折線，顯示出個體之間的個別差異。統計結果顯著地高於樣本平均分的為強點；明顯小於樣本平均分的為弱點。比較在一個多重性向測驗中根據平均分做出的剖析圖，對職業諮詢中選擇職業和職業安置是非常有用的資訊。雖然在工作中，從事同一種職業的人員，他們的能力形式可能有某種程度的差異，但是在某一些工作族 (job families) 中，似乎是需要一些特殊能力的，在一個多重性向成套測驗上的相似剖析圖，可以指示出相似的能力形式。

4. 概括效度法　一個測驗用來選擇一種職業有效，用於選擇其他職業是否也有效？**概括效度** (或**概化效度**) (validity generalization，簡稱 VG) 就是討論這個推廣的可能性的程度問題。如果一個測驗對選擇某一大類工作中的幾種工作有效 (每一個工作需要的技術相似且複雜程度相同)，則此測驗對這一類工作的所有工作都有效。例如，有研究表明，一般性向成套測驗中的某一合成分對飛機組裝工有預測作用，就不必另對輪船組裝工作進行效度研究，因為這兩種工作的技術要求水平很相似，用來選擇飛機組裝工的測驗便同樣可用於選擇船舶組裝工。

第二節　常見的性向測驗

前面已經論及，性向測驗可分為多重性向測驗和特殊性向測驗兩大類，又因各測驗的融合功能不同，每一類還可分出適用於不同目的和不同年齡的性向測驗。限於篇幅，僅對多重性向測驗與特殊性向測驗中的教育用性向測驗，軍事用性向測驗和職業用性向測驗及相關幾種常見的測驗加以討論。

一、多重性向測驗

多重性向測驗 (或**多元性向測驗**) (multiple aptitude batteries) 是將數

個性向測驗合併使用，用以鑑別個人多方面的潛在能力的成套測驗。此類測驗的結果，不像一般智力測驗那樣用一個總分表示個人能力，而是用數個分數表示個人在多方面的能力。多重性向測驗是沒有明確的使用目標，只為深入瞭解個體能力的高低，也可以分析比較個人能力的偏向以及在各方面能力的長短，從而將不同個體加以區分。性向測驗可以分為一般性向成套測驗和區分性向測驗。

(一) 一般性向成套測驗

一般性向成套測驗(或普通性向成套測驗) (General Aptitude Test Battery，簡稱 GATB) 屬於一種多重性向成套測驗，是美國勞工部自 1934 年開始編製，並於 1947 年發表者，已被廣泛採用。現將詳述其形成與編製歷程及其發展狀況。

1. 形成與編製 一般性向成套測驗早期主要為地方政府職業服務部門以及其他非營利性的機構和組織，在得到政府允許後實施。它是一個確定職業性向的工具，用於下列人員：失業後政府要求他們來做檢查者；尋求幫助找工作者；已在職，但公司要他們來接受檢查者；以及想瞭解自己的能力適合哪種領域工作者。七十多年來，一般性向成套測驗經歷多次修訂。雖然美國勞工部職業服務中心 (USES) 開發該成套測驗的初衷主要是提供政府職業服務機構的職業諮詢師使用，由於它具有實用價值，現在已經被全球許多國家或團體翻譯和修訂，並用於職業能力傾向模式和能力因素的分析。

一般性向成套測驗的編製是根據工作分析，並融合五十九個測驗的單因素分析結果而構成，有八個紙筆測驗和四個儀器測驗。其內容包含十二個分測驗，測量九種主要性向因素，測驗的內涵及結構見表 10-1。由測驗結果產生影響職業成功的九種主要性向因素，將九個分性向測驗的標準分 (均數為 100，標準差為 20)，可以構成三個組合分：即認知組合分，由 G、V、N 三種性向因素所組成；知覺組合分，由 S、P、Q 三種性向因素所組成；心理運動組合分，由 K、F、M 三種性向因素所組成。

此測驗適用於高中學生 (通常是 12 年級) 和成人。完成整套測驗需要三小時，其中紙筆測驗和儀器測驗各占一個半小時。有時依據需要，可以選擇部分測驗來組成特殊工作所需要的特殊性向成套測驗 (SATB)。

表 10-1　一般性向成套測驗的內涵與結構

成　分	九種性向因素	性向因素的定義	分測驗
Ⅰ．認知	智力 (G)	理解指示與內在原理的能力，推理判斷的能力。	測驗3 三維空間 測驗4 辭彙測驗 測驗6 算數推理
	言語性向 (V)	理解詞語意義並有效運用詞語的能力；言語理解能力；理解詞與詞的關係，理解句意和段意的能力。	測驗4 辭彙測驗
	數字性向 (N)	迅速並正確地進行數學計算推理的能力。	測驗2 計算測驗 測驗6 算數推理
Ⅱ．知覺	空間性向 (S)	能夠想像幾何圖形，並且將二維方式呈現的圖形轉化為三維物體的能力；能夠對發生空間位置變化的圖形進行再確認。	測驗3 三維空間
	形狀知覺 (P)	能夠觀察物體或圖形材料的細節，具有視覺對比和差異辨別的能力；能夠觀察到物體形狀、線段長寬的細微差異。	測驗5 工具匹配 測驗7 形狀匹配
	文書知覺 (Q)	能夠理解言語和表格材料的細節；能夠發現副本與原樣的差異；能夠校對詞語和數位，能夠避免在數位計算中的知覺錯誤；考察對詞語和數位材料的理解速度。	測驗1 名稱比較
Ⅲ．心理運動	動作協調 (K)	通過手(手指)與眼的協調，迅速並準確地完成精確動作的能力；迅速準確地作出動作反應的能力。	測驗8 書記測驗
	手指靈巧性 (F)	通過手指活動，迅速並準確地操作微小物品的能力。	測驗11 組合測驗 測驗12 拆卸測驗
	手工靈巧性 (M)	能夠輕鬆靈巧地完成手部運動的能力，通過雙手完成擺放和翻轉動作的能力。	測驗9 放置測驗 測驗10 翻轉測驗

(採自 USES, 1970)

2. 發展狀況　一般性向成套測驗自 1947 年在美國廣泛地使用後，加拿大職業和移民機構也在 1966 年開始使用。此外，一般性向測驗還廣泛用於學校、組織、職業康復中心以及各種其他權威機構，至今一般性向測驗已經被翻譯為多種語言，在世界廣泛使用。1983 年，臺灣職業訓練局出版中文繁體字版。1992 年，華東師範大學戴忠恆曾結合國情，修訂出版中文簡體字版本。該版的一般性向測驗包括十五個分測驗。其中，十一個是紙筆測驗，四個是器具測驗。紙筆測驗為：圓內打點測驗、記號記入測驗、形狀相配測驗、名稱比較測驗、圖案相配測驗、平面圖判斷測驗、計算測驗、詞義測驗、立體圖判斷測驗、句子完成測驗和算術應用測驗；儀器測驗為：插入測驗、轉動測驗、組裝測驗和拆卸測驗。其後，方俐洛等 (1998, 2003) 又參考日本 1983 年版的測驗架構來建構我國的一般能力傾向測驗並重新編製，使其適用於中國的被測對象。根據中學生被試的研究結果，建構了一般性向中國版測驗的常模。

一般性向測驗的最初常模來自美國 512 個工人，經過幾次重新制定，現在的常模包括多個領域的從業人員，如工程師、牙醫、護士、教師、商業管理者、會計、銷售人員以及教育者等。在職業應用中，一般性向測驗使用多重切割分數，以鑒定在對某類相對同質的工作中最重要的性向。基於這個目的，美國勞工部於 20 世紀 70 年代開發了職業性向結構模式 (Occupational Aptitude Pattern，簡稱 OAP)。該模式包括六十多種工作門類，涵蓋數千種職業，並提供與每一類職業有關性向的高、中、低三種水平的切割分數，方便通過診斷幫助個體確定適宜的職業類型。

由於一般性向測驗在職業領域的大量應用，其效度也得到廣泛的研究。一般認為效度非常好，尤其是在專業細化的研究。1989 年，美國國家研究委員會 (National Research Council) 引用大量效標關聯效度的研究，利用元分析技術，發現一般性向測驗的總效度大約為 .30。根據這個中等的相關，該委員會認為一般性向測驗可以為測驗使用者提供有價值的資訊，但這些資訊不應該成為職業選拔的唯一決定因素。在預測效度上，以認知，知覺和心理運動三種成分的測量為基礎。其中，認知成分對大多數工作的預測效度最高；心理運動的預測性隨著工作複雜性的降低而增強。此外，研究者也發現一般性向測驗與其他一些最新編製的多重能力成套測驗有很高的相關。有關一般性向測驗的信度研究雖然相對較少，但根據積累的資料，通過對高中生以及更高教育程度被試的再測表明其信度很高。一般性向測驗在 1980 年版手冊中指出，其分測驗和組合的信度在 .80～.90 之間。

有關一般性向測驗修訂的研究仍在繼續進行,已成為職業指導系統的一部分。研究的範圍包括考察性向在高中階段是否成熟,對學業成功的預測效度,訓練和文化因素對測驗分數的影響等。並根據受試者的實際情況,也發展適合某些殘疾個體的特殊性向分測驗版本,例如面向聽覺受損者的**美國手語版本** (GATB-ASL) 已經出版。

(二) 區分性向測驗

區分性向測驗 (Differential Aptitude Test,簡稱 DAT) 原是美國學者賓奈特等人所編製 (Benett, Seashore, & Wesman, 1947)。最早出版於 1947 年,後經多次修訂。1983 年版稱 DAT-V 和 DAT-W 式。這套測驗的目的是為了對 8～12 年級的學生,在教育和職業教育中進行教育和職業

表 10-2　區分性向測驗分測驗的部分項目示例

分測驗	項目示例
(1) 言語推理 (VQ)	(　) 請從下列的詞對中選出正確者填在空白處。 ＿＿＿＿之於眼,如同耳鼓之於＿＿＿＿ A. 視—聲音;B. 虹膜——聽;C. 視網膜——耳; D. 視力——耳;E. 睫毛——耳垂
(2) 數的能力 (NA)	(　) 選出正確答案 4 (−5) (−3)＝ A. −60;B. 27;C. −27;D. 60;E. 以上皆非
(3) 機械推理 (MR)	(　) 下面哪一枝槓桿要使用更大的力,才能把相同重量的物體升起,在需要使用大力的字母上作記號,如果使用相同的力,便在 C 上作記號。
(4) 空間關係 (SR)	(　) 在右邊的哪一個圖形能用左邊的這個紙板折疊而成。

(採自 Gregory, 1992)

方面的諮詢與指導。後來發現，此測驗對離校年輕成人的職業諮詢和選擇求職者也有用，現已成為普遍使用的多重性向成套測驗之一。1992 年以後區分性向測驗分為兩種水平：(1) 水平一，主要適用於 7～9 年級學生和不具有初中畢業水平的成人；(2) 水平二，適用於 10～12 年級和未完成高中學業的成年人。

編製區分性向測驗的理論依據是：人們不只有一種而是有多種不同的職業性向。而且，這些性向是可以測量的。此測驗包括八個獨立的分測驗。(1) 言語推理或語文推理 (VR)；(2) 數的能力 (NA)；(3) 抽象推理 (AR)；(4) 文書速度和正確性 (CSA)；(5) 機械推理 (MR)；(6) 空間關係 (SR)；(7) 拼音 (S)；(8) 語文應用 (LU)。

每一分測驗的題目數量不等，一般在 50～70 個以內，但文書速度和正確性測驗有 100 個，拼寫有 90 個。各分測驗的功能是獨立的，既可單獨實施，也可團體實施。對測驗結果的描述，通常是將分測驗的分數加權後繪成剖析圖，以示能力的強或弱。

此測驗於 1972 年修訂時採用電腦輔助的適應性測驗形式 (CAT)，將區分性向測驗資料與測量興趣和愛好等的補充問卷結合，共同組成 DAT 職業計畫程式 (DAT Career Planning Program)。根據計算標準化的測驗報告分析與興趣類型，綜合考慮可以做出適合不同職業的選擇。其內容取自區分性向測驗 (V 式)，且完全在電腦上操作。

區分性向測驗的標準化常模樣本分性別建立，因為有一些分測驗成績有性別差異。例如，男性在機械推理和空間關係的成績高於女性，女性則在拼音、語言應用和文書速度和正確性各測驗上的成績高於男性。

區分性向測驗的分半相關（奇偶數）信度為 .90 左右，複本信度在 .77～.93 之間，但大多數在 .80 以上。分測驗的相關較低，說明它們測量相對獨立的因素。從區分性向測驗與其他性向測驗（如 Iowa 教育發展測驗）和成就測驗（如 Metropolitan 成就測驗和 SPA 成就測驗）所做的預測效度研究來看，即使相隔三年有些測驗與效標資料的相關係數依然較高。一般而言，言語測驗與英語課程，數學課程的相關較高。這顯示在學校作業中，其成績與能力的一般因素有關，例如言語推理與許多課程有關。這也說明為什麼一般情況下，可以用言語推理和數的能力兩個分測驗得分相加的總分作為學習性向的指數。

從另一個角度看，越來越多的資料證明傳統的"一般智力"或"學習性向"測驗，不論是個體或團體施測，都與許多不同的教育和職業效標有較高的相關。這些測驗所包括的技能和知識與用區分性向測驗的言語推理和數的推理兩項分測驗所測量的認知技能和知識是相同的。因此，可以認為智力與多重性向測驗之間的主要認知方面是相通的。

二、學科性向測驗

用以鑑別受試者在某種學科方面所具有的潛力的性向測驗稱為**學科性向測驗** (academic aptitude test)。這類性向測驗非常多，使用對象包括不同年齡，從小學、中學、大學，直到研究生的入學測驗。下面以大學和研究生的入學為例加以說明。

（一） 學術性向測驗

學術性向測驗 (Scholastic Aptitude Test，簡稱 SAT) 由美國大學入學考試委員會於 1926 年出版，多年來已成為美國甄選學生及預測大學成就的主要工具，目前仍是使用得最廣的一個有關學習方面的性向測驗。1994 年以前，該測驗包括兩個部分：言語部分 (簡稱 SAT-V) 包括詞語類比、同義詞、常識、閱讀、理解和填句；數學部分 (簡稱 SAT-M) 包括算術、代數、幾何、圖表和邏輯推理。這兩個測驗部分的分數均採用平均數為 500，標準差為 100 的標準分來表示，全距範圍是從 200 到 800 分。雖然學習評估測驗每年有新版本，但 1994 年以前，所有測驗得分都要與 1941 年的標準組的分數進行平衡。1941 年的學術性向測驗標準化樣本是取自美國東北部一所著名學校的 10654 個學生的樣本。若一個新版比該標準版容易，就需要受試者做出比原版多的正確回答，才能獲得相等的分數。這種方法確保每年所得到的學習評估測驗分與 1941 年所用的測驗量表的得分相同。這點與修訂智力測驗時採用平均數為 100，標準差為 15 的計算方法不同。到 20 世紀 90 年代初期，美國學術性向測驗的平均分數已明顯低於原來的平均分 (500 分)。

在 1994 年以後所用的版本也分兩部分：一是推理測驗 (SAT iv I)，包括言語推理和數理推理；二是學科測驗 (SAT-II)，包括外國語、歷史、數學、科學等十八種學科測驗，除了很多選擇題，還包含一個能反映寫作技巧的文字題。為進行數學計算，學生可以攜帶計算器。

學術性向測驗的信度是相當好的，言語部分 (SAT-V) 和數學部分 (SAT-M) 兩部分的內部一致性信度分別在 .91 至 .93；再測信度在 .87 至 .89 之間。

修訂後的學術性向測驗制定新標準，它以 1994 年參與測驗的一萬多名學生的分數為基礎，目的在反映更廣闊範圍的當代學生的水平。使用的結果是受試者的言語推理分數平均增加了近 80 分，數理推理分平均增加約 20 分。學術性測驗的推理測驗結果除了給出標準分外，在成績報告書中還要給出各個分測驗的原始分和百分位數，基於測量標準誤的分數範圍，以及全國與當地高中學生的百分位等值。

(二) 美國大學入學測驗

美國大學入學測驗 (American College Testing Program，簡稱 ACT) 是美國第二個廣泛應用的大學入學測驗。最初主要用於州立大學系統，現在也用於全國許多院校。美國大學入學測驗共包括四個分測驗：英語、數學、閱讀和科學推理。1969 年的修訂版更加強數學、閱讀理解、科學推理的評估。其計分方法除四個分測驗分數外，還有一個總和分。分數範圍是 1～36，平均為 18 分。創始者林奎斯特 (Everet Franklin Lindguist, 1901～1978) 認為該測驗是為了給學生提供大學作業的樣本，與傳統的性向測驗和成就測驗有部分重疊，著重在大學階段取得優良成績所需要的基本技能。美國大學測驗在歷史上始終未達到學習評估測驗的技術標準，然而其效度資料可以和應用於相似情景的其他工具相媲美。

學術性向測驗與美國大學測驗都未試圖將測驗結果作為代表中學成績來預測大學成就，但測驗分數與中學成績的結合，可以加強預測性。

(三) 研究生資格考試

研究生資格考試 (或研究生入學考試) (Graduate Record Examination，簡稱 GRE) 始於 1936 年由卡內基基金會與四所大學的研究生的一個聯合計畫，是美國各大學研究院用以甄選學生的一種測驗。最初只限於少數大學使用，現在已獲得很大的擴充與發展。此測驗是由研究生資格考試委員會指導下的教育考試服務處執行。許多大學將考試結果作為錄取和安置、授予獎學金，以及安排特殊職位的依據。亞洲地區學生擬申請赴美國大學作研究深造者，都須參加此測驗。

研究生資格考試包含一個一般測驗，以測查研究生的潛能為目的；和一個專業課程測驗，以測量一個特定領域中的成績為目的。故而也可將研究生資格考試視為由一般智力測驗和成就測驗所組成的成套測驗。研究生資格考試的一般測驗測查言語、數量和分析能力；包括七個 30 分鐘的分測驗，兩個測查言語，兩個測查數量，兩個測查分析，以及一個是為研究用的不計成績。一般測驗的結果可得言語 (GRE-V)，數量 (GRE-Q) 和分析 (GRE-A) 三個分數，就像學術性向測驗一樣要轉換成標準分。專業課程測驗目前已包含十幾個領域，如生物、物理、化學、醫學、電腦科學、文字、經濟學、教育學、工程、地質學、歷史、數學、音樂、政治學、心理學、社會學、西班牙語和法語等。每個專業課程測驗的時間為三小時。從 1992 年 10 月起，研究生資格考試的一般測驗有了電腦化的版本，目前已基本實現完全用電腦來替代紙筆測驗的目標。

一些大專院校的入學測試中，也有與研究生資格考試相類似的測驗，如**管理性向測驗** (Graduate Management Aptitude Test，簡稱 GMAT)，和**法律院校入學測驗** (Law School Admission Test，簡稱 LSAT) 等都應用得相當廣泛。

三、軍事用性向測驗

在第一次世界大戰 (1914～1918) 中，美國心理測驗先驅耶克斯 (或耶基斯) (Robert Mearns, Yerkes, 1876～1956) 領導一群心理學家參與美軍人員甄選和訓練工作，因工作需要編製陸軍甲種測驗和陸軍乙種測驗。二者都用於對入伍人員作能力篩選。這是心理測驗史上第一套團體智力測驗，也是早期的軍事用性向測驗。

陸軍甲種測驗 (Army Alpha Test) 是一種文字測驗，適用於英語的大中學生和一般成人。施測需時 40～50 分鐘。由八個分測驗組成：遵循指示、算術、判斷、推理、詞義異同、詞句重組、數序完成、類比和常識。每個分測驗的項目按難度順序排列，有五個複本。

陸軍乙種測驗 (Army Beta Test) 是一種非文字測驗，適用於文盲或不懂英語的人。施測需時 50 分鐘，由七個分測驗組成：迷津、數立方體、圖序完成、譯碼、數位校對、圖像補缺和幾何圖形分析。

美國在第二次世界大戰 (1939～1945) 時又開發**陸軍一般分類測驗** (或**普通分類測驗**) (Army General Classification Test，簡稱 AGCT)，用來區分能否從事技術性作業的兵種，選擇可接受繼續訓練的士兵和淘汰智力達不到標準的入伍人員。該測驗由詞義辨別、算術推理、空間知覺三部分組成。戰後由民間出版。此測驗可將原始分數轉化為智商，從而對測驗結果做出解釋。臺灣學者路君約、黃堅厚在 1953 年將該測驗加以修訂，適用對象為初中一年級至高中三年級的學生 (成人也可以使用)。這個修訂版本的分半信度為 .86，庫李信度為 .85，與奧蒂斯智力測驗的相容效度為 .61。記分方式採用標準分數，平均數為 100，標準差為 20，已建立常模，在各年級組均以標準分數表示。

後來出現了**軍用分類測驗** (Armed Forces Qualification Test，簡稱 AFQT)，20 世紀 70 年代又發展軍事職業性向成套測驗，成為各各兵種對入伍士兵進行選擇和分類統一使用的性向測驗。這裡我們主要介紹軍事職業性向成套測驗和用於空軍性向測驗的費蘭南根性向分類測驗和費蘭南根工業測驗。

(一) 軍事職業性向成套測驗

軍事職業性向成套測驗 (Armed Services Vocational Aptitude Battery，簡稱 ASVAB) 適用於高中二年級以上的學生，70 年代以後出現多個修訂本。當前被廣泛使用的 ASVAS-18/19 式，包含了十個分測驗：(1) 一般科學 (GS)；(2) 算術推理 (AR)；(3) 字詞知識 (WK)；(4) 文章段落理解 (PC) (5) 數位操作 (NO)；(6) 編碼速度 (CS)；(7) 自動化和工廠資訊 (AS)；(8) 數學知識 (MK)；(9) 機械理解 (MC)；(10) 電子學知識 (EI) (見表 10-3)。

各分測驗的時限不等，最短的是數位操作 (NO) 3 分鐘，最長的是算術推理 (AR) 36 分鐘，全部測驗總共用時 144 分鐘。由上述分測驗組成三個合成分，用作訓練和工作安置及分類的參考。方法是先計算出每個測驗的標準 T 分數和百分位元數，然後進行組合得出三個合成分，即：言語能力

表 10-3　軍事職業性向成套測驗的分測驗項目示例

分測驗	測驗內容與項目示例
1. 一般科學 (GS)	測驗內容：關於一般科學的問題，包括生物學和物理學 項目示例：日蝕是：A. 月亮遮住太陽，B. 月亮遮住地球，C. 地球遮住太陽，D. 地球遮住月亮。
2. 算術推理 (AR)	測驗內容：解決算術問題 項目示例：如果每平方米的防雨布要 0.5 元，問買一塊能蓋住 15 尺寬、24 尺長的物體的防雨布，要多少錢？ A. 6.60 元，B. 18.00 元，C. 20.00 元，D. 180.00 元
3. 字詞知識 (WK)	測驗內容：就你所理解的詞義來看，四個選項中哪一個是界定得最好 項目示例："狐疑"這個詞的意思是 A. 顛三倒四，B. 躲躲閃閃，C. 勇往直前，D. 左顧右盼
4. 文章段落理解 (PC)	測驗內容：閱讀理解和推理測驗 項目示例：所有家中失竊案件中有 25% 是由於門窗未關好。犯罪是機會和慾望的結果。為了防止犯罪，每個人的責任是 A. 提供慾望　B. 提供機會　C. 隔斷慾望　D. 不給機會
5. 數位操作 (NO)	測驗內容：這是一個速度測驗，要求受試者儘快的解答 項目示例：6.5－5.5＝　　A. 1，　B. 4，　C. 2，　D. 3
6. 編碼速度 (CS)	測驗內容：此測驗提供一些編碼，要求儘快解碼，用以測量知覺/運動速度 　　已知編碼：綠色——2715，男人——3451，鹽——4586 　　　　　　帽子——1413，房間——2864，樹——5972 項目示例：問房間——？……　A. 1413，　B. 2715，　C. 2864，D. 3451，　E. 4865
7. 自動化和工廠知識 (AS)	測驗內容：此測驗測量自動化；工廠實踐和運用工具的知識 項目示例：上面是一個什麼工具？　A. 打孔鋸，B. 錐孔鋸，C. 倒挫鋸，D. 製粉鋸
8. 數學知識 (MK)	測驗內容：是一種運用中學數學知識來解決問題的數學測驗，可用紙筆來演算 項目示例：如果 $3X=-5$，則 $X=$ 　　　　　A. -2，　B. $-5/3$，　C. $-3/5$，　D. $3/5$

表 10-3 （續）

分測驗	測驗內容與項目示例
9. 機械理解 (MC)	測驗內容：是有關一般機器和物理原則的問題 項目示例：大桶內的液體正在利用＿＿轉移到小桶內 　　　　　A. 毛細管作用，B. 重力，C. 管子裡的液體壓力，D. 大桶裡的水
10. 電子學知識 (EI)	測驗內容：測驗電學、收音機和電子知識 項目示例：上面哪個符號是代表變壓？　A.，B.，C.，D.

(採自 Cohen & Swerdlik, 2005, p292)

（VA＝WK＋PC），數學能力（MA＝AR＋MK）和學術能力（AA＝2VA＋MA）。該測驗的內部一致性信度達到 .92～.96，複本信度對速度測驗（NO 和 CS）為 .77～.85，其他能力測驗為 .77～.91。

　　軍事職業性向成套測驗的標準分常模是以一個有代表性的青年樣本為基礎建立的。對這一成套測驗作因素分析，結果發現軍事職業性向成套測驗有一個一般因素和四個特殊因素，整套測驗在前者上的負荷量達 60％。四個特殊因素負荷高的分測驗分別如下：(1) 詞語因素的負荷測驗為 WK 和 PC；(2) 速度因素的為 NO 和 CS；(3) 數量因素的為 AR 和 MK；(4) 技術因素的為 AS，MC 和 EI（Welsh et al. 1990）。該測驗的內部一致性

信度達到 .92～.96，複本信度對速度測驗 (NO 和 CS) 為 .77～.85，其他能力測驗為 .77～.91。

對軍事職業性向成套測驗的分測驗和上述各特殊因素組合測驗的效度，已經作過許多研究。這些研究是根據不同工作和教育成績來進行分析的。結果如想像的，效度係數主要因所用的效標類型不同而有差別。一般來說，在"能做"(如軍人生活和技術熟練) 方面比"願做"(如努力，領導和個人紀律) 方面的效度係數要高些。這也如同所期望的那樣，對"能做"是通過工作知識和手藝來評估，而對"願做"則是要通過督導、同伴和自己來評定。

軍事職業性向成套測驗在新版中用項目反應理論和傳統的方法對項目進行分析，在軍事職業性向成套測驗及軍用分類測驗 (AFQT) 二者中均淘汰了知覺的分測驗，新增文章段落理解的分測驗。軍事職業性向成套測驗的複本信度為 .80～.90。常模樣本為 16～23 歲的受試者 12,000 人，手冊中報告與訓練成績的相關係數為 .60。軍事職業性向成套測驗的主要不足處在於有一些分測驗在七個組合中重復出現 (Gregory, 1992)。

(二) 費蘭南根性向分類測驗和費蘭南根工業測驗

費蘭南根性向分類測驗 (Flanagan Aptitude Classification Tests，簡稱 FACT) 和**費蘭南根工業測驗** (Flanagan Industrial Tests，簡稱 FIT) (1960～1975) 都是費蘭南根 (J. C. Flanagan, 1906～1996) 設計的，費蘭南根性向分類測驗是在第二次世界大戰中研究"航空生分類成套測驗"的結果，費蘭南根工業測驗是改編自費蘭南根性向分類測驗。費蘭南根性向分類測驗有 A 和 B 兩個版本。

A 版本：用於 10～12 年級學生和成人。根據對工作成功的關鍵行為分析結果，A 版本設計十六個分測驗，分別為：(1) 審視；(2) 編碼；(3) 記憶；(4) 精確；(5) 組合；(6) 分度 (天文字)；(7) 協調；(8) 判斷和理解；(9) 算術；(10) 建立模型；(11) 分出成分；(12) 繪製圖表；(13) 機械；(14) 表達；(15) 推理；(16) 語言。

B 版本：用於 9～12 年級，共十九個分測驗，即在 A 版本的十六個分測驗基礎上增加三個分測驗：(1) 辭彙；(2) 計畫；(3) 警覺。

每個分測驗實施時間為 5～40 分鐘，完成全套測驗需要幾個小時。在應用時，根據實際情況，可不必做完所有分測驗，只選用其中若干分測驗。

費蘭南根工業測驗是費蘭南根性向分類測驗的修改本。如同編製費蘭南根性向分類測驗的分測驗，同樣採用工作分析的方法來測量工作的要素。不過每個分測驗的實施時間縮短到 5～15 分鐘，分測驗的難度大於費蘭南根性向分類測驗。常模形式採用百分位數和標準九分。常模樣本取自高中和大學生，樣本不大，分測驗與費蘭南根性向分類測驗的相關係數為 .50～.90。

四、特殊性向測驗

特殊性向測驗 (special aptitute test) 即測量特殊性向的測驗。特殊性向測驗歷史悠久，在將智力分成一般智力和特殊智力時，就已有這些測驗，在心理測驗大量用於教育和職業諮詢工作時，發展出許多可以團體實施的紙筆型特殊能力傾向測驗，現在已成為性向測驗這一門類中的重要成員，下面以文書能力，心理運動能力，機械能力幾類測驗為例來討論。

（一） 文秘性向測驗

文秘性向測驗的含義不只用於對辦公室辦事人員進行選擇或分類，還可用於挑選需要在感受和操作符號上既迅速又準確的職業人員。由於應用的目的不同，測驗的內容便出現差別，在這裡先討論用於測量辦公室文秘人員能力的測驗，然後討論用途廣泛一些的測驗。

常規的辦公室文秘能力主要是測量知覺的速度和準確性，用以甄選合格的文秘人員。如**一般文秘測驗** (General Clerical Test，簡稱 GCT)，含九個部分，完成該測驗需要 47 分鐘，可以計算出三個分數：文書的速度和正確性、數的能力以及詞語熟練程度。類似的還有科學研究會的**文秘性向測驗** (SRA Clerical Aptitude，簡稱 SRA-CA)，該測驗的三個分數為辦公室辭彙、辦公室算術和辦公室校對，完成該測驗只需要 25 分鐘。如果為了選擇辦公室特殊人員，則可以根據不同工作的需要來選擇分測驗，如只做文書而不包括打字，則選用如下的分測驗：比較姓名和數目、抄寫數目、加法和乘法、抄寫姓名；如選擇打字和速記人員，便選用文法、拼寫辭彙、打字能力等分測驗。

如果人員選擇除辦公室文秘以外，還包括檢查人員和其他特殊人員，則常用**明尼蘇達文秘測驗** (Minnesota Clerical Test，簡稱 MCT)，適用於 8

~12 年級的學生和成人。該測驗於 1933 年出版，幾經修訂，這裡討論的是 1979 年版本。編製該測驗的目的是測量完成各種文秘工作所必須的速度和準確性這些要素。特別的是該測驗還測量了需要個人迅速而正確地估計和處理語言文字或數的材料的能力。此測驗包括兩個分測驗：數和姓名比較，每個分測驗含 100 個相同的對子 (數和字母分別成對) 和 100 個不同的對子 (數和字母任意混合)，要求受試者揀出相同的對子。完成該測驗需要 15 分鐘時間，可用個體或團體方式實施。計分是用答對的項目數減法答錯的項目數。明尼蘇達文秘測驗的信、效度研究結果：再測信度為 .81～.87；效度研究是與工作成績，訓練結果，以及與其他測驗的分數等三種效標進行相關分析得到的，明尼蘇達文秘測驗分數與工作 (包括董事會助理、秘書、打字員、銀行出納) 成績明顯相關，與商業學校的課程成功評定和年級平均分也有明顯相關，與其他文秘測驗如一般文秘測驗，簡短職業測驗和工業人事測驗等的相關也較高。

(二) 行政職業性向測驗

行政職業性向測驗 (Administrative Aptitude Test，簡稱 AAT) 是一種特殊的性向測驗。目前，世界各國的公務員錄用考試中，具有行政職業能力傾向測驗性質的考試已經成為重要的篩選工具之一。例如，英國文官考試的程序中具有十一項分測驗的認知測驗，本質上就是性向測驗，其考察的內容包括文字能力、數位計算能力和邏輯推理能力等；在美國的文官考試中所使用的"基礎性向測驗"，測查內容包括空間能力、數量關係、理解能力、知覺速度和歸納能力等八項。

我國行政職業性向測驗的研發始於 1988 年，是由人事部組織心理學、管理學等學科專家，參考國外先進經驗，並結合我國公務員考試的特點研製而成的。作為國家公務員錄用考試中筆試的一部分，專門用以測量與行政職業成功有關的一系列心理潛能，旨在預測受試者在行政職業領域內的多種職位上取得成功的可能性。經過多年的應用與發展，已逐漸形成穩定的結構和體系，在應用中取得良好效果。現在它已不侷限於公務員的選拔，而是較廣泛地應用於各種人員的招聘和選拔工作。

我國最新版本的行政職業性向測驗的內容結構，包括五個部分 (見表 10-4)。

表 10-4　行政職業性向測驗的內容結構

測驗結構	內　容	題目數量	時間限制（分）
分測驗一	數量關係	15	15
分測驗二	言語理解	30	30
分測驗三	判斷推理	30	30
分測驗四	常識判斷	40	25
分測驗五	資料分析	15	20
總　計		130	120

1. 數量關係　主要考查受試者解決算術問題的性向。該分測驗的回答並不要求有高深的數學知識，但對數字必須有良好的理解，能夠正確把握數位所代表的實際內容的含義，並能根據要求，對數位做出加工和運算。

2. 言語理解　考查應試者對文字材料的理解、分析與運用的性向。它包括字詞理解能力、句段意義的理解能力、語法的運用能力、字詞的拼寫能力等。

3. 判斷推理　判斷推理能力是人的智力的核心成分，它的強弱反映一個人對事物本質及事物間關係的認知能力高低。判斷推理能力涉及對圖形、詞語概念、事件關係和文字材料的認知理解、比較、組合、演繹、綜合判斷等能力。

4. 常識判斷　主要測查受試者的知識面，試題取材廣泛，在時間和內容上均具有較大的跨度，重在平時的觀察和積累。涉及的範圍包括政治、經濟、法律、管理、科學技術、歷史、國情及公文寫作處理等內容。

5. 資料分析　主要考查受試者對圖形、表格和文字形式的統計資料進行準確理解與綜合分析的性向，即能夠從大量的圖表、數位資料資訊中提取出對自己有用的關鍵資訊，並對資訊進行綜合分析與加工，最終做出正確、準確的決策。

（三）　心理運動能力測驗

所謂**心理運動能力**（或心理動作能力）（psychomotor ability）是指從感知到動作反應的過程及其相互協調的活動能力。例如，雷達操作活動中，眼和手的協調活動就是一種心理運動活動；操作車床或其他精密機械則更具有心理運動活動的性質和特點。心理運動具有很大的個別差異，通過練習可以在一定程度上得到改變和提高。心理運動能力測驗最早是用以測量特殊能力的，現在用的有些還是 19 世紀 30 年代為預測一些技巧工作或手藝成績所設計的，隨後又用於預測空軍駕駛訓練的成績。對心理運動技能的高度特異性研究結果，確定十一種心理運動因素：目的、臂/手穩定性、控制的精確性、手指靈巧、手的靈巧、多肢體的協調性、速度控制、反應時、反應定向、手臂運動速度以及腕/指速度。相關研究發現心理運動測驗的信度一般不高 (在 .70～.80 之間)，其主要原因可能是這些測驗的成績受實踐影響較大，主要表現在這些測驗的心理運動因素的負荷可以因為受試者對該類活動是初次接觸還是較為熟練而發生戲劇性的變化。由於心理運動測驗的分數與它們的意義均受實踐因素影響，因而心理運動能力測驗的效度略低於機械和文書能力測驗的效度。心理運動能力測驗預測訓練成績較預測工作效率更有用。另外，它們對機械式的裝配和機器操作類工作的預測效度要高於需要高水準的認知和知覺能力的複雜工作。下面分別討論幾種心理運動測驗。

1. 手的粗大運動測驗　測量全手指、手和手臂運動的速度和準確性，可用**斯特姆伯格靈巧測驗** (Stromberg Dexterity Test) 和**明尼蘇達手動操作速度測驗** (Minnesota Rate of Manipulation Test，簡稱 MRMT)。前者要求受試者將五十四個一般餅乾大小的有色 (紅，黃，藍) 碟子按指定的順序擺放，越快越好。手冊上載明鑄造廠的造模工、裝配工、焊接工、打字員、一般工廠工人等的時間分數常模。後者為一塊有六十個洞的木板，有一些一面是紅色，另一面是黃色的木塊，測驗分為擺放、翻轉、一個手翻轉和擺放、兩個手翻轉和擺放等多種步驟進行，每一步驟不超過 10 分鐘時間。翻轉、移動和擺放都需要按一定方法進行。手冊中記有 11,000 名年輕成人的測驗成績，和另一個年長成人為樣本的測驗成績。

2. 手的精細運動測驗　最常用的有**歐亢納手指靈巧測驗** (O'Connor Finger Dexterity Test，簡稱 OFDT)、**歐亢納用鑷靈巧測驗** (O'Connor Tweezers Dexterity Test，簡稱 OTDT) 和**浦度釘板測驗** (Purdue Pegboard Test，簡稱 PPT)。前二者要求受試者分別用兩個手指或用一個鑷子，將鋼質小釘放到一纖維板上的小孔中。後一個測驗類似前者，但任務分兩部分：第一部分是把小釘放到孔中，先用右手，再用左手；最後用雙手；

第二部分是把小釘放入孔中後套上一墊圈，再放上扣子，其他依此進行。完成全部任務需要 5～10 分鐘。此種測驗的計分通常是以速度和精確性為標準。測驗的目的在測定手指的靈巧程度，籍以預測受試者是否適合從事精密操作工作。手冊上記錄機器操作工、工業和一般工廠的雇員以及包裝工的時間分數常模。

(四) 機械能力測驗

機械能力 (mechanical ability) 泛指個體操弄機械的潛在能力與實際操作機械工具的能力，用以測量機械能力的心理測驗即**機械能力測驗**(或**機械性向測驗**) (mechanical aptitude test)，通常包括機械常識、機械推理、空間關係、機械操作、手眼協調等。幾乎所有工業領域的職業都少不了心理運動能力以及比這種能力水平更高的空間知覺、機械知識和心理能力。這裡討論如下兩個有關的空間關係測驗和兩個紙筆機械能力測驗。

1. 明尼蘇達空間關係測驗 (Minnesota Spatial Relations Test，簡稱 MSRT) 最早出版於 1930 年，這裡討論的是 1979 年的修訂版。明尼蘇達空間關係測驗是一套個別實施測驗，測驗器材包括四塊範本 (A、B、C 和 D) 和兩套不同形狀的小木塊各 58 個，每個範本又各有 58 個與小木塊形狀相同的槽，排列不同，一套小木塊用於範本 A 和 B，另一套用於範本 C 和 D。範本按順序呈現給受試者，58 塊小木塊在未開始測驗時是排列在範本的槽外，測驗時要受試者將小木塊放入相應形狀的槽中，越快越好。完成全測驗時間為 10 至 20 分鐘。按完成測驗時間和錯誤數來記分。該測驗適用於中學生和成人，測驗的用途是為選擇受訓或就業人員，特別是為那些要求較高的視-空間速度能力和準確性的訓練或工種選擇人員提供參考。

明尼蘇達空間關係測驗的內部一致性和再測信度很高 (時間為 .90，錯誤為 .80)。效度：男女之間有分別，明尼蘇達空間關係測驗的時間分數和錯誤分數與一般性向測驗 (一般性向成套測驗) 的九個性向分數的相關係數因參照樣本不同而異，平均相關係數分別為 .80 和 .60。明尼蘇達空間關係測驗分為訓練和在職熟練效標的效度係數，15 種職業與明尼蘇達空間關係測驗訓練效標的平均相關係數為 .39，與明尼蘇達空間關係測驗在職熟練效標的平均相關係數為 0.19。差別如此之大，可能視為各工作因對空間視覺的要求不同所致。因此,明尼蘇達空間關係測驗是一個很好的有效的測查視-空間能力的個別測驗。

2. 明尼蘇達紙範本測驗 (Revised Minnesota Paper Form Board Test,簡稱 RMPFBT) 已經證明在預測檢查、包裝、機器操作以及其他工業職業在工廠和工程課程,以及督導評定和產品記錄等方面是十分有用的。

明尼蘇達紙範本測驗含 64 個選擇題,每一項目皆有一個幾何圖形為靶

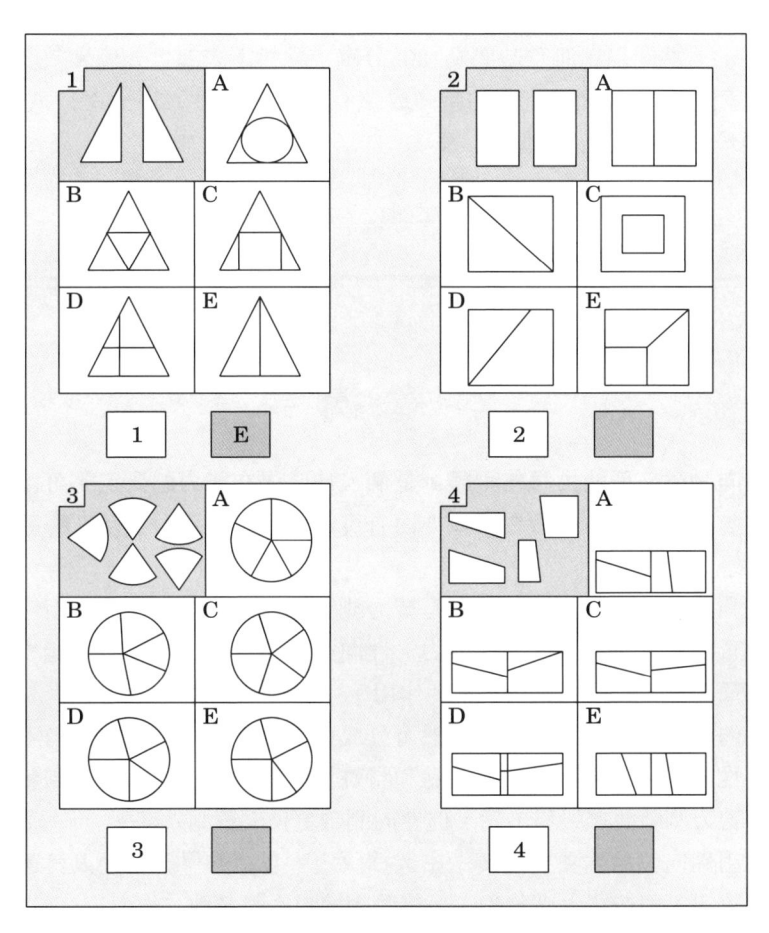

圖 10-2　修訂的明尼蘇達紙範本測驗的項目示例
(採自 Aiken, 1988)

圖,被分成三部分,另有五個由一些幾何形狀部分組成的完整幾何圖形,其中有一個拆散後,恰好與靶圖相同,要求受試者從五圖中選出一個正確答案 (圖 10-2)。

3. 班奈特機械理解測驗 (Bennett Mechanical Comprehension Test,簡稱 BMCT) 機械知識測驗是一種重要的機械能力測驗,它主要是測量在一種實際情況下對機械原理的瞭解程度。這方面的測驗主要有班奈特機械理解測驗,它主要測量對實踐中機械關係和物理法則的理解。測驗項目含畫圖和操作的一些問題,測驗時間為 30 分鐘,常模形式為百分位。效度研究證明,它與一些需要機械能力的職業成績有適度的相關 (.30～.60)。它是一個使用得最多的機械能力測驗。

本 章 摘 要

1. **性向測驗**又稱**能力傾向測驗**,是個人特殊潛在能力的測定。可以由測得分數的高低預估個體在哪些方面有可塑性和學習能力以及在哪些方面缺乏學習能力。
2. 性向測驗與智力測驗的區別是智力測驗測查一般心理能力,而性向測驗側重測查一些特殊的心理能力。性向測驗是一種認知和心理能力測驗,有預測學習或訓練成功水平的作用。
3. 性向測驗的種類相當多,一般可分成以下幾種,即:**多重性向測驗、學科性向測驗、軍事用性向測驗**和**特殊性向測驗**。性向測驗的測量學特徵與智力測驗並無嚴格不同,但性向測驗更強調預測效度。
4. 應用性向測驗主要有助於做出選擇決定,包括升學就業的人員選拔;安置決定,即按能力來分配人員接受訓練或從事某種工作。
5. 應用性向測驗做人事選擇或安置參考的方法主要有:(1) **合成分方法**:由一些與效標相關高的分測驗組合而成,用以決定人事選擇;(2) **切割分方法**:先確定每個分測驗的最低通過分,各分測驗分數都達到標準的受試者可當選;(3) **剖析圖分析法**:諮詢家按照性向測驗的標準分製成剖析圖,分析出能力結構的型式,**據此作學習和選擇工作的指導**;(4) **概括效度**:當一個測驗在預測一個工作族中的幾個工作有效時,它在預測這一工作族中所有技術相似、複雜程度相同的工作上均有效。

6. 常見的多重性向測驗中,著名的是**一般性向成套測驗**和**區分性向測驗**。這兩套測驗都由一些分測驗所組成,適用於中學生和成人,測量一般智力和一些特殊能力,如語言,數量,心理運動,空間關係等能力。前者多用於職業選擇,後者多用於諮詢工作。
7. 常見的用於教育領域的性向測驗中,在高校入學方面主要是**學術性向測驗** (SAT)、**美國大學測驗** (ACT) 和**研究生資格考試** (GRE)。
8. 軍事用性向測驗,主要有**軍事職業性向成套測驗** (ASVAB) 和**費蘭南根性向分類測驗** (FACT)。前者是為選擇所有軍事職業人員用,後者是為選擇空軍人員用。
9. **特殊性向測驗**的主要用途是選擇工業職業人員、辦公室人員、特殊藝術人員,最常用的是**文秘性向測驗**。其含義不止用於對辦公室辦事人員進行選擇或分類,還可用於挑選在感受和操作符號上既迅速又準確的職業人員。
10. 常規的辦公室文秘能力主要是測量知覺的速度和準確性,如**一般文秘測驗** (GCT) 含九個部分,可以計算出三個分數:文書的速度和正確性、數的能力以及詞語熟練程度。
11. 我國 1988 年開始編製和使用**行政職業性向測驗**,其內容結構包括五個部分,即:數量關係、言語理解、判斷推理、常識判斷和資料分析。
12. **心理運動能力**測驗最初是為測量特殊能力,主要是為工作技巧和手藝而設計的,但受實踐影響很大,效度較低。研究證明,心理運動能力測驗預測訓練成績較預測工作效率更有用一些,對簡單機械式裝配和操作類工作的預測效度要高於需要高水準的認知和知覺能力的複雜工作。

建議參考資料

1. 林幸台 (譯，1983)：心理測量導論。台北市：五南出版社。
2. 金　瑜 (2005)：心理測量。上海市：華東師範大學出版社。
3. 彭凱平 (1989)：心理測驗——原理與實踐。北京市：華夏出版社。
4. 葛樹人 (2006)：心理測驗學 (上下冊)。台北市：桂冠圖書股份有限公司。
5. Bennett, G. K., Seashore, H. G., & Wesman, A. G. (1984). *Differential aptitude tests: Technical Supplement.* San Antonio, TX: Psychological Corporation.
6. Carter, P. (2007). *IQ and Personality tests: Assess your creativity, aptitude and intelligence.* London: Kogan Page.
7. Corsini, R. J., & Auerbach, A. J. (1998). *Concise encyclopedia of psychology.* New York: John Wiley & Sons.
8. Hunter, J. E. (1980). *Validity generalization for 12,000 jobs: An application of synthetic validity and validity generalization to the General Aptitude Test Battery.* Washington, DC: U. S. Employment Service, U.S. Department of labor. International Universing Press.
9. Jensen, A. R. (1985). *Review of Minnesota Spatial Test, MMY-9,* Vol. II, Nebraska: The University of Nebraska Press.
10. Welsh, J. R. JR., Watson, T. W., & Ree, M. J. (1990). *Armed Services Vocational Aptitude Battery (ASVAB): Predicting Military Criteria from General and Specific Abilities* (AFHRL-TR-90-63). Brooks AFB, TX: U.S. Air Force Human Resources Laboratory.

第十一章

成 就 測 驗

本章內容細目

第一節　成就測驗概述
一、成就測驗的歷史發展　367
二、成就測驗的功能　368
三、成就測驗的分類　369
　㈠ 按測驗的功能分類
　㈡ 按測驗的編製方法分類
　㈢ 按測驗題目的類型分類
　㈣ 按測驗的內容分類
　㈤ 按測驗的目的分類
　㈥ 根據受試者的反應形式分類

第二節　標準化成就測驗與教師自編測驗
一、標準化成就測驗　373
　㈠ 標準化成就測驗的要求
　㈡ 標準化成就測驗的編製
　㈢ 標準化成就測驗的評價
二、教師自編測驗　376
　㈠ 教師自編測驗的編寫
　㈡ 教師自編測驗的評價
　㈢ 標準化成就測驗與教師自編測驗的差別

第三節　韋克斯勒個人成就測驗（第二版）
一、量表的基本特性　379
二、量表的常模　379
三、量表的內容　380
四、量表的質量問題　384
五、測驗結果的解釋　385

第四節　伍德考克·詹森個人成就測驗（修訂版）
一、伍德考克·詹森成套成就測驗（修訂版）的構成　386
二、量表的常模　388
三、測驗結果的解釋　388
四、測驗的應用　389

本章摘要

建議參考資料

個人的成就測驗與前兩章所介紹的智力測驗和性向測驗雖然同屬能力測驗，但成就測驗與它們不同，它測量得出的結果是表示受試者對某種知識、技能的掌握水平或在某領域實際工作的表現情況。成就測驗是在所有測量工具中最為通用的一種，主要用於教育領域。隨著社會經濟的發展，在各行各業的技能培訓中，標準化的成就測驗也引起了人們的重視並應用於人員甄選與安置。將教師自編測驗與學校和其他機構中使用的標準化測驗計算在內，經過實施的成就測驗數量顯然超過所有其他各種類型的心理測驗和教育測驗。對個人來講，每個人從六、七歲開始，就不斷地接受學校老師們自編的各樣測驗檢查成績，如期末、畢業、或準備升學時，都會接受一些成就測驗，這些測驗的作用不僅可以考察學生的學習成果，亦可評鑑學習進度與診斷學習困難，據以檢查教學、改進教學內容和教學方法、採取補救措施的參考。測驗的結果偏重個人現在或過去的表現情形。即使個人進入社會參加工作以後，還會不斷地參加培訓、受到評估，參與競爭和選拔，始終離不開通過成就測驗去顯示自己所掌握的知識和技能。由此可見，成就測驗伴隨人的一生，對於學習、就業、整個生涯發展都有重要影響。如何提高測驗的標準化水平，保證測驗質量，對於編製和使用成就測驗者都是不能忽略的。

　　成就測驗與智力測驗和性向測驗的區別，除使用頻繁外，在質量標準上並無大差別，只是它們檢查的內容和目的不同。成就測驗所檢查的是當前已經掌握的知識和技能，只追求內容效度和同時性效度，而不需要強調預測功能；且成就測驗的信度主要由再測信度檢驗。從歷史發展上看，最早的測驗和考試都屬於成就測驗。成就測驗受測驗前輔導的影響也最大。

　　本章要討論的主要問題是：

1. 什麼是成就測驗？它的分類有哪些？
2. 標準成就測驗的要求是什麼，如何編製一個標準成就測驗？
3. 教師自編試卷有哪些優缺點？
4. 韋克斯勒個人成就測驗的量表的構成。
5. 伍德考克・詹森個人成就測驗的運用。

第一節　成就測驗概述

成就 (achievement) 是指個人通過學習和訓練所獲得的知識、學識和技能。**成就測驗** (或**學績測驗**) (achievement test) 就是特為接受過某種教育或訓練者編製的測驗，目的在評量其經教育與訓練後所獲得的知識、學識、技能；凡通過成就測驗即可對受試者的現有能力進行鑑別，並得以認定學習和訓練的成敗，今後據以改進。簡單地說，成就就是後天學習到的知識、學識、技能。成就測驗就是對個體在一個階段的學習或訓練之後知識、技能發展水平的測定。本節將概述成就測驗的歷史發展、功能與分類，以期能幫助讀者對成就測驗有初步的認識。

一、成就測驗的歷史發展

成就測驗的發展歷史由來已久。據中國的史書記載，西周時期就已經有定期進行的學業考試；漢武帝時，實行通過書面考試來選拔官員，到 8 世紀初隋煬帝時則正式建立起科舉考試制度。中國有 1300 年歷史的科舉考試以選拔官吏的制度，是世界上出現最早由國家組織的成就測驗。在西方，中世紀以後歐洲各國的大學採用口試方式來考核學生，隨著社會的發展，學校裡的學生人數大量增加，口試工作繁重，且具有主觀印象的影響，這個方法已不足以滿足甄別淘汰的需要。到 18 世紀初期，從英國開始使用紙筆測驗對個體的知識、技能進行考核。至 19 世紀中期，美國學者梅因 (Horace Mann, 1796～1859) 明確指出只要紙筆測驗是在統一的條件下施測和記分，可以獲得同樣良好的測試結果，並指導小學連續實施紙筆測驗幾年以後，紙筆測驗才逐漸地得到認可並替代口試，從此成就測驗在歐美各國逐漸得到廣泛的應用。但當時無論是口試或筆試，其計分方法都是依靠主觀判斷，人為因素的影響難以避免，以至無法達到客觀公平的境地。

對學習成績的客觀評定是從美國制定教育標準開始的。賴斯在 1897 年對小學生所做的單詞拼寫測驗為教學成就方面的經典測驗，以及語言能力和算術成績測驗均被認為是成就測驗的先導，為日後發展的教育測量奠定基礎。現代的標準化成就測驗與教育測量學誕生於 20 世紀初期，主要標誌是著名教育心理學家桑代克的《心理與社會測量理論導論》一書的出版，和在他指導下一系列標準化成就測驗的完成（見第二章）。同時，由於學校教師自編測驗所給的成績缺乏可靠性，由此更激起人們對客觀的、標準化的成就測驗的興趣，到 20 世紀 20 年代，已經有大量適合美國小學的標準化測驗出版。隨著教育測驗在理論上、方法上不斷地向縱深發展，至今成就測驗已成為學校教育評估不可或缺的重要工具。

二、成就測驗的功能

成就測驗主要用於學校或有關教育機構。用於教育工作的成就測驗其功能主要表現在三個方面：

1. 它可以起評價作用 學生在經過一段時間的學習或訓練之後，實施成就測驗對其進行測評，以瞭解學生在經過學習或訓練後對知識、技能的掌握程度。

2. 它具有診斷作用 通過使用成就測驗，可以診斷出學習有困難的學生，以及他們在學習過程中的困難與障礙所在，從而有助於教師能夠及時定出有效的補救計畫，幫助學生更好地全面掌握所要學的知識。

3. 成就測驗可用於學校的有關教學管理和決策 學校使用學生的成就測驗結果，可以檢查教師的教學效果，評估教學計畫，作為修正教學計畫及教材的參考；並對學生的升學、畢業或分班做出相應的決策，使學生在適合的班級中學習。

此外，成就測驗也被用於社會各個領域，如軍隊、工業組織、政府機構等。其功能在對人員學習的專業知識與技能進行瞭解、分析、評估，依據成就測驗的結果做出錄用、安置、培訓、提升、諮詢等方面的決策，有效地提高選拔人員的質量，有目的地培養人才，提高人與職位的調配，收到很好的經濟效益和社會效益。

三、成就測驗的分類

　　成就測驗簡單地說就是評量學習成果的測驗。人自呱呱墜地起就開始學習，入學後在學校學習，長大後步入社會，在職場接受專業技能的訓練也是學習。學習是無所不在的，因此評量學習成果的成就測驗也是多種多樣。以下根據不同的特點，概述其類型：

（一）　按測驗的功能分類

　　前文曾提及成就測驗用在不同的地方，就會產生不同的功能，若用於學校或教育機構稱為學業成就測驗；用於組織團體或機關者則稱為職業成就測驗。**學業成就測驗**(或**學科成就測驗**) (academic achievement test) 是用於教學之後，其目的在評量學生學習後所達到的成就水平。學業成就測驗又可分為標準化成就測驗和教師自編成就測驗兩種，在第二節將詳細介紹這兩種測驗，此處不再贅述。**職業成就測驗** (vocational achievement test) 是用於組織甄選合適的人才，並為之安排適當工作，使人與職務達到最佳匹配的參考。

（二）　按測驗的編製方法分類

　　成就測驗按測驗編製方法來分類，可以分為標準化成就測驗和教師自編測驗。標準化成就測驗（見第二節）是由測量專家與學科教師按測量學基本原理編製，適用於大規模評定個人學習成就水平的測驗，這種測驗的命題、施測、評分和解釋，都有一定的標準和規定，因此具有較高的信度和效度。例如，我們比較熟悉的標準化成就測驗有美國為以非英語為母語的大學報考者舉辦的英語水平考試，即託福考試 (TOEFL)，以及為報考研究生的學生所設置的研究生入學測驗 (GRE)。教師自編成就測驗（見第二節）是教師自己在教學的不同階段，以所教授的內容為基礎，根據需要自行設計與編製的測驗，是學校中應用得最多、內容範圍最廣泛，沒有統一標準的教育測驗。每個人從上學開始就不斷地接受這種測驗或稱考試。

(三) 按測驗題目的類型分類

組成成就測驗的題目可以有多種類型，大致可以分為主觀性試題和客觀性試題。通常把由主觀性試題構成的測驗稱為**主觀性測驗** (subjective test)，或**論文式測驗** (essay-type test)，即指定以文字論述方式回答的測驗。由客觀性試題構成的測驗稱為**客觀性測驗** (objective test) (參見第五章第一節)。

主觀性試題主要有作文題、簡答題、論述題。這種類型的題目不是只具有一個正確答案，回答時允許學生自由發揮，評分時沒有預定的客觀評分標準，在一定程度上受教師或主試者個人的影響，具有主觀性。因此，由這一類題目所組成的測驗統稱主觀性測驗或論文式測驗。但這類題型有其獨到的優點：它可以創設適當的問題情境使考生能夠較充分地發表自己的見解，提高考查的深度；它允許學生自由回答，充分表達自己的理解、看法、思想和觀點，可以反映學生的思維過程和回答問題的邏輯水平，測出學生的分析綜合能力、組織材料的能力、文字表達能力、創新能力等一些客觀性試題難以考查的高層次的認知能力。主觀性試題不可克服的缺點則在：因為可以自由回答，故測試題的編寫和評分標準難以統一，只能以人工閱卷和評分，同一試卷由不同人評閱會出現不同的分數，工作量大，費時費力，且易受心理、生理、和各種環境因素的影響，難以保證評定結果的公平和公正。

客觀性試題常見的有正誤題 (或是非題)、填空題、選擇題、匹配題、排序題、改錯題等。這類題型是預先規定一個唯一正確的標準答案，閱卷時依據已定答案進行評分。它們的優點在試題的編寫標準化，在篇幅、格式、答題規則上能夠統一；題目形式簡潔，一套測驗包括的題目數量較多，涵蓋面廣；評分方法簡便、統一，不受主觀因素影響，實行機械化評分後，更節省大量時間。但它不是完全沒有缺點：如果試題編的不巧妙，受試者憑猜測也能得到一些分數，使得測查結果難以發現深層次的認知差異。客觀性試題在 20 世紀中期以後在各個國家的考試中被廣泛運用。然而，近年來實踐證明以客觀性試題為主，適當加入少許主觀性試題，才是提高成就測驗質量的最佳方案。

(四) 按測驗的內容分類

成就測驗按其測驗的內容可以分為：單學科成就測驗和成套成就測驗。

1. 單學科成就測驗 單學科成就測驗 (specific subject test) 主要用於測查某個特定學科的知識或技能。這種測驗包含的題目較多，所涉及的內容比較全面，能很好地測查受試者在某個具體學科上的能力。相對於成套成就測驗，單學科成就測驗具有更高的信度。常見的單學科成就測驗有閱讀測驗、外語測驗、人文科學、數學、科學等測驗。

2. 成套成就測驗 成套成就測驗(或綜合成就測驗) (achievement test battery) 主要測量一個人在學校基礎課程中，所學到的各方面知識與技能，它以某一個年級水平或年齡水平為標準，測查其各主要課程領域的基本知識和技能。這類測驗可用於從低年級到成人的各種水平。它的優點在於可以對學生進行橫向或縱向的比較，既可以比較個體在不同學科領域中的相對位置，也能比較個體的不同方面的總成績水平。最早出版的成套成就測驗有斯坦福系列成就測驗和衣阿華基本技能測驗。這類測驗通常都是常模參照測驗。中國的標準化測驗發展較晚，至今還沒有任何一個水平上的標準化成套成就測驗。

(五) 按測驗的目的分類

成就測驗按編製的目的可以分為四類：

1. 安置性測驗 安置性測驗 (placement test) 教師在教學前所做的測驗，其目的是用以確知學生具備的基本能力與先備知識，作為編班教學的依據。例如，大學的統一入學考試、大一新生的外語能力測驗、大學轉學生考試，即是安置性測驗。

2. 診斷性測驗 診斷性測驗 (diagnostic test) 是在發現學習困難時實施的測驗，其目的是從受試者的反應中，診斷個體在各個具體教學內容或目標上的收穫與不足，分析判斷其困難所在，提供進一步輔導，以及相應的補救措施。它可以為個別化教育、治療教育以及特殊學生教育提供有價值的參考資料。如斯坦福數學和閱讀診斷測驗、加利福尼亞閱讀和數學診斷測驗。

3. 終結性測驗 終結性測驗(或總結性測驗) (summative test) 是在教學工作中完成某一教學單元或一門課程結束後實施的測驗。傳統的教育為了評價學生對所學內容掌握的程度，在學習終了或告一段落後都會進行總結性的考試。從古代的私塾到現代各級各類的學校，無不採取這種總和評價的方式，每個人也都對此有豐富的經驗。應該指出終結性考試或測驗的作用有二：(1) 根據測驗結果得知學生的學習成就，以便能夠將測驗結果通知學生及其家長，用以瞭解其學習情況，如學校舉行的期末考試或教學單元結束時的考試；(2) 在整體教學活動的單元目標下，從考試或測驗的結果中檢討教學得失，為以後教學工作的改進與提高提供重要參考。

4. 形成性測驗 形成性測驗 (formative test) 是在教學歷程中所實施的教學效果評量的測驗。傳統的教育，以評量學生對所學內容掌握情況為目的的評價或考試，只是在學習終了或告一段落後實施。隨著科學的發展、教育的進步，當人們產生教學與評價應該整合的信念後，考試作為教學的一個重要環節，其作用不再局限於評定知識掌握的結果，同時還用於瞭解其發展過程，於是出現**形成性評量**(或**形成性考試**) (formative evaluation)，即在教學工作進行過程中，間隔地安排幾次形成性測驗，其規模和形式可以很不相同，如小測驗、口試、作業、標準化考試等等都能使用。它們的作用在瞭解情況、發現問題，不明白產生的效果對於學生和教師雙方同樣都很重要，一方面有助於教師改進工作提高教學質量，同時可以根據不同學生的不同問題及時進行指導和補救，從而收到因材施教的良好效果。另一方面，可供學生瞭解自己的學習是否理想，從而修正以後的學習態度和方法。

綜上所述，我們可以看到成就測驗有多種分類，其主要效用是能夠對不同的學習結果發揮評估、診斷的作用。在實踐的各個領域，無論在職場或在學校都得到廣泛應用。然而，一個人的成就與其能力、興趣等心理特徵關係密切；因此，成就測驗與性向測驗的界限有時難於清楚劃分，一定程度的相互重疊在實踐中常常能夠發揮更大的作用。

(六) 根據受試者的反應形式分類

成就測驗按受試者的反應形式可分為口頭測驗、操作測驗和紙筆測驗。

1. 口頭測驗 口頭測驗 (oral test) 是一種出現較早的成就測驗形式，它要求受試者口頭回答一系列口頭或書面呈現的問題。使用口試的形式可以避免作弊、從而較好地瞭解真實情況，受試者也不會因文字水平而受影響，同時通過溝通互動，有利於接觸到個體的高級認知過程。然而這類測驗也有一定的侷限性，如適用範圍比較狹窄、難於記錄、耗費時間，計分也可能受評分者主觀偏好的影響。

2. 操作測驗 操作測驗(或作業測驗)(performance test) 是用非語文材料，如形式板、積木設計、迷津等具體操作，測量個體某些方面的心理特質。操作測驗在技能測驗中應用得較多，它可用於測查個體將學到的知識與技能在實際情境中應用的能力。操作測驗對語言障礙者特別適用。

3. 紙筆測驗 紙筆測驗(paper-pencil test) 是將測驗的試題印成文字題目卷，受試者按題意在答案紙上用筆寫答案。紙筆測驗是最常用的測驗形式，它適用的範圍最廣、測查的目標和水平最多、評分也比較客觀。

成就測驗還可以從很多角度對其進行分類，如針對不同使用對象群體，成就測驗可分為早期兒童水平評定測驗、學齡兒童測驗、大學水平測驗、研究生入學測驗、成人測試等；根據一次施測的受試者多少可分為個別測驗與團體測驗；按測驗分數解釋的方法分為標準參照測驗和常模參照測驗 (見第八章) 等等。

第二節　標準化成就測驗與教師自編測驗

在第一節曾提及學業成就測驗依編製的方法不同可分為標準化成就測驗與教師自編測驗兩種，因這兩種測驗使用頻繁，故特別列出一節詳述於下。

一、標準化成就測驗

標準化成就測驗(standard achievement test) 是指在教學或訓練之後用來測量受試者在課程某一領域中的具體成績。它是由測量專家與學科教師遵循一定程式編製的，適用於大規模評定個人學習成就水平的測驗。現代標準化測驗的編製雖然起源於 20 世紀初，但標準化測量的觀念由來已久。早在 1845 年,美國波士頓城第一次進行全城範圍的書面考試,從此拉開現代標準化測驗運動的序幕。1864 年英國的費舍爾 (George Fisher, 1794~1873) 發表書法量表。賴斯 (Joseph Mayer Rice, 1857~1934) 在 1895 年發表關於練習對兒童拼寫能力的影響的研究,賴斯雖然沒有編製過現在所謂的標準化測驗,但他採用客觀的方法來研究教育問題,對測驗運動的貢獻是不可磨滅的。斯通 (Stone, 1908) 編製了一個算術推理測驗,這是一種最早的標準化測驗。中國的標準化測驗,以 1918 年俞子夷編製的小學國文毛筆書法量表為起點,但事後卻少有發展。

(一) 標準化成就測驗的要求

標準化成就測驗是一種比較理想的測試工具,它考查的目標明確、測試方式統一、測試結果的解釋統一,能進行大規模的測試。與非標準化測驗相比,這類測驗的編製、實施、記分、結果的解釋都有一定的標準和規定,因此具有較高的信度和效度。其具體要求如下:

1. 測驗編寫的標準化 組成標準化測驗的試題必須經過精心的編寫,試題所考查的目標明確,試題的表述清楚,試題的難度、區分度都應達到規定的標準。測驗的整體結構與要求的測量目標一致,題型恰當,題量合適,測驗的整體難度符合規定要求,測驗的信度、效度要達到規定的標準。在組成正式的測驗之前應進行試測,對不合要求的試題進行修改或刪除。標準化測驗還需要有等值的備份測驗。測驗編製標準化的目的在能夠保證有一個較高的測驗質量。

2. 測驗實施的標準化 標準化測驗要求在統一的測驗環境下實施。統一的測驗環境是指測驗場所的標準統一,如環境的照明、溫度、受試者的人數、主試資格、考試場地的佈置等;測驗的時間和材料必須一致;測驗的指導語要求統一。測驗實施的標準化在於可以給所有受試者提供同樣的測試環境,減少施測過程中的誤差,以保證施測過程的公平性。

3. 測驗評分的標準化 標準化測驗應事前準備標準答案,標準答案必須正確。在對標準化測驗進行評分時,應按照測驗的評分規則進行評分。對於客觀性試題最好採用機器閱卷,主觀性試題則要求評分者根據評分標準制定的細則進行評分,要求閱卷者具有較高的業務專業水平。評分標準化的目的在減小由評分造成的誤差,提高測驗評分的精確度。

4. 測驗分數解釋的標準化　對於標準參照性測驗,受試者的測驗分數應按照事先確定的合格標準進行解釋;對於常模參照性測驗,應將受試者的測驗分數與常模分數對照比較,確定受試者在常模團體中的相對位置,從而確定其成績的優劣。

總之,標準化測驗在編寫、實施、記分、結果的解釋等方面都應符合心理測量學所要求的各種標準,這樣獲得的測驗分數才有意義。

(二) 標準化成就測驗的編製

標準化成就測驗通常是由專門的測驗機構來編的。編寫的基本原理及各種計量分析技術與其他的心理測驗相似,但它也有自身的一些特點。在實際的編寫過程中,需要學科專家與編測驗的專家共同完成。

1. 明確測驗目的　在編測驗之前要確定為什麼要進行測驗、測量對象是誰、測驗什麼。首先,要明確測驗是用於評估受試者的知識或技能、或是用於診斷或預測。如果是用於評估,是以評價受試者的優劣為目的,或用於評價受試者是否達到預定的標準。測驗應視其目的編成常模參照測驗,或為標準參照測驗;其次,要確定測量的對象。不同的測量對象在編製測驗時題型的選擇、試題的難度、教育目標的層次也不同;然後,明確測驗要測驗什麼。這涉及到測驗的內容問題,要確定所測的具體學科、具體考核內容。

2. 制定測驗編製計畫　在這個階段,首先將測驗要測量的目標具體細化,即具體地分析測驗的目標。在具體分析完測量目標的基礎上編寫一份測驗雙向細目表 (見第五章第一節),把測驗的目標分類與測驗內容列表,並確定測驗在各種分類所占的比例;然後確定測驗的題型、各題型所占比例以及測驗的整體難度;最後統籌測驗的整體結構,制定成正式的測驗編製計畫。

3. 編寫試題、試測及組卷　測驗是由試題構成,測驗質量的好壞主要取決於試題質量。試題的編寫應符合測驗雙向細目表的要求,並提供參考答案和評分標準。對編好的試題進行篩選。一方面對其文字的表述、內容的科學性、邏輯的嚴謹性進行審查;另方面對試題進行試測,評估試題質量、難易度、區分度等指標。最後依據測驗計畫進行組卷。組卷時應考慮測驗題型分類的先後順序、相同題型試題難易的先後順序等問題，並需要編製等值測驗，一方面可用於教學前與教學後，以測驗教學的效果；一方面可用於需要再測驗的學生，而不受記憶的影響。

4. 獲取測驗質量參數 選取有代表性的受試者樣本對其進行施測，獲取有關測驗質量的信度、效度等指標。常模參照性測驗需要獲取測驗常模，而標準參照測驗則應提供合格分數線。

5. 編寫測驗指導書 測驗指導書（和手冊）的內容主要包括：測驗的適用對象、測驗範圍、測驗操作的各項要求、有關測驗質量的參數、標準答案、測驗試題評分規則以及測驗常模等。

(三) 標準化成就測驗的評價

標準化成就測驗是由測驗專家根據測驗原理編製的，具有較高的信度和效度；且其考查目標明確、測驗內容統一、測驗的標準一致，能在大規模的考試中使用，是一種比較理想的測量工具。但在實際教學的運用中，標準化成就測驗也存在一定的侷限性，因為標準化成就測驗的編製時間長、編製技術要求高、測試內容要求全面、且保持相對的穩定性。而在學校的教學實踐中對學生的考查時間比較短、形式多樣，所以標準化成就測驗很難滿足教學的多樣性要求。因此，在學校的教學實踐中，使用較多的仍是具有較高靈活性的教師自編測驗。

二、教師自編測驗

教師自編測驗 (teacher-made test) 是教師在教學過程中，根據各個階段的需要，自行設計與編製做為考查學生進步情形的測驗。由於它能滿足教學實踐中靈活多樣的各種要求，因此是教師在教學實踐活動中應用得最多、發揮作用最大的測驗。

(一) 教師自編測驗的編寫

與標準化成就測驗的編寫相比，教師自編測驗相對比較簡單和容易。它主要包括三個步驟：

1. 明確測驗的目的　確定測驗的施測對象、測驗內容、測驗目標，瞭解測驗對象的學習水平和特點。教師在編寫測驗之前要確認目的，才能在編製測驗時做到心中有數，方向明確。

2. 編製測驗計畫　教師根據自己的教學內容和教學目標，考慮學生實際能力的水平，依據測查內容和掌握程度兩方面的要求編製具體計畫，稱為雙向細目表。雙向細目表是一個對測驗的內容、結構、試題的類型所作的整體性安排（見表 5-2）。

3. 編題和組卷　教師按照測驗目標和雙向細目表的要求編製符合要求的試題。在編寫試題的過程中教師應將測驗考核目標、試題的內容與試題的題型結合進行綜合的考慮，同時必須考慮測驗試題的難易程度。編好的試題在組卷時應考慮試題的編排順序。一般都是遵循由易到難的原則。

教師自編測驗的編寫雖然簡便，省時省力，但在編製和應用的過程中仍應注意幾個方面的問題：

1. 教師在編寫測驗之前應深入研究教材，瞭解學生　這樣所編測驗的內容較不容易出現偏差，才能較好地測試出學生的實際學習情況。

2. 制定準確的測驗合格線　教師自編測驗通常是目標參照性測驗，它需要制定出能夠準確劃分合格與不合格學生的準確標準，從而確定學生是否基本掌握測驗學科的內容，達到教學的基本要求。

3. 合理使用各種題型　教師在編製試題時應充分考慮到試題的題型有很多種類，每類都有其優點和缺點，綜合地使用各種題型。

4. 儘量控制評分誤差　教師在評分時要合理、科學，尤其是對於自由反應的主觀性試題，應儘量避免主觀地評閱試卷。

5. 測試後應對測驗作定量分析研究　教師自編測驗雖然不需要提供有關測驗質量的指標，但施測後進行測驗質量分析，有助於幫教師總結命題經驗，提高其編製測驗的水平。

（二）教師自編測驗的評價

教師自編測驗是由教師根據教學的實際需要自行編寫的測驗，可適應教學的實際需要，因此在教學實踐中被廣泛使用。與標準化成就測驗相比，教師自編測驗具有一些特點：測驗施測的形式、地點、時間靈活，都是由教師根據具體情況自己確定；測驗的內容和形式多樣化；測驗是由教師針對學生的實際水平編寫的，因此能比較好地評價學生的水平；測驗編製比較簡易，不需要進行試測、收集信度和效度指標，也不需要獲取測驗常模。

教師自編測驗雖然具有其優越性，但也存在一定的侷限。由於測驗是由學科教師自行編寫，試題沒有經過預測和篩選，測驗的質量難以確定；測驗缺乏信度和效度的資料；測驗缺乏統一的標準和要求，有時可能會產生較大的誤差。教師水平的高低、經驗的豐富程度，以及工作的態度等都會影響測驗的整體質量。目前，在發展中，對於成就測驗的質量標準，大多用再測信度和複本信度表示，其數值一般要求在 .80 或 .90 以上。在評價其有效性時，與其他類型的測驗相比，對成就測驗則更多地關注其內容效度。

(三) 標準化成就測驗與教師自編測驗的差別

標準化成就測驗與教師自編測驗在功能上是有差別的：(1) 標準化成就測驗是根據各學校的共同教育目標編製的，比較強調對知識、技能的理解與應用。教師自編測驗的內容只是代表教師個人或某一課程的目標，更強調具體知識點；(2) 標準化成就測驗在使用的期限上具備相對的持久性，而教師自編測驗通常只使用一次；(3) 標準化成就測驗是由測量專家與學科專家共同編製的，測驗質量比較高。教師自編測驗是由任課教師自行編製，他們通常在測驗編製方面沒有受過專門訓練，所以測驗的質量比較難以保證；(4) 在結果解釋方面，標準化成就測驗一般按照預先設定的標準進行，通常是根據測驗的常模來對測驗結果進行解釋的；而教師自編測驗在記分和結果解釋上並沒有嚴格的標準，主要依靠的是教師的主觀判斷。

第三節　韋克斯勒個人成就測驗（第二版）

韋克斯勒個人成就測驗（第二版）(Wechsler Individual Achievement

Test-Second Edition，簡稱 WIAT II) 是 1992 年出版的韋克斯勒個人成就測驗的修訂版本。它是用於評價學前兒童、學齡兒童、青少年、大學生和成人的個體成就測驗。本節主要介紹韋克斯勒個人成就測驗 (第二版) 的適用範圍、量表常模的取樣、量表的構成、質量及測量結果的解釋等內容。

一、量表的基本特性

韋克斯勒個人成就測驗 (第二版) 適用於四歲至八十五歲年齡範圍的個體。它測量個體在閱讀、寫作、數學和口語方面的學習過程，可用於評價較寬範圍的學習知識技能，也可用於滿足某種領域的測試需要。但它並不適用於測查資質特優的青年或成人；例如，數位運算分測驗中並沒有包含高等代數、三角法和微積分等內容。同時也研究該量表在各種臨床群體中的使用。研究結果表明，韋克斯勒個人成就測驗 (第二版) 分測驗能有效地鑑別有學習障礙的特殊群體。

韋克斯勒個人成就測驗 (第二版) 的測試時間是隨受試者的年齡和所施測分測驗的數量而變化的。對於學前兒童測試整個測驗大約需要 45 分鐘；1～6 年級受試者的測試時間需要約 90 分鐘；7～16 年級的受試者測試整個測驗則要花 1.5 小時至 2 小時。通常測驗時間的長短會受到受試者對測驗的熟悉程度、受試者在具體學科上知識能力的強弱、測試時主試與受試者的交流時間等因素的影響。

二、量表的常模

韋克斯勒個人成就測驗 (第二版) 的常模樣本是 1999～2000 和 2000～2001 學年根據美國人口的結構，採用分層隨機抽樣的方法抽取有代表性樣本群體。分層時考慮年級、年齡、性別、民族、地域、父母的受教育水平等六個變數。

年級常模樣本包括學前兒童至 12 年級的學生。樣本分為：學前兒童至 8 年級以及 9 年級至 12 年級，兩個年級群體。前一個年級群體樣本組有 2900 名受試者，其中包括 200 名五歲學前兒童、其他每個年級各 300 名受試者。9～12 年級群體樣本組有 700 名受試者，9、10 年級各 200 名受試者，11、12 年級各 150 名受試者。年級常模組共有 3600 名受試者，男性受試者有 1794 名，女性受試者 1806 名。在年級常模組中包含 2171 名年齡常模組的受試者。

年齡常模樣本組包含 2950 名年齡範圍在四歲 0 個月至十九歲十一個月的受試者。樣本組被分為兩個部分：四至十四歲和十五至十九歲。四至十四歲樣本組有 2400 名受試者。十五至十九歲樣本組有 550 名受試者，其中不包括已就讀大學的受試者。在年齡常模組中女性受試者有 1473 名，男性受試者 1477 名，每個年齡段的男女比例都幾乎一樣。

韋克斯勒個人成就測驗（第二版）其常模樣本中選取白種人、美籍非洲人、西班牙血統人、亞洲人，各個種族中受試者的選取比例是由它們在美國四至十九歲人口中的比例決定。各種族比例在每個年級、年齡段、性別、地域及父母受教育水平上都保持平衡。韋克斯勒個人成就測驗（第二版）常模取樣時把美國地域分為西部、南部、東北部和中北部，各地域取樣的受試者群體的人數與各地域四至十九歲人口的比例相對應。

三、量表的內容

韋克斯勒個人成就測驗（第二版）由九個分測驗組成，主要測試閱讀、數學、書面語言和口語四個方面。閱讀包括語詞閱讀、假詞解碼、閱讀理解三個分測驗；數學包含數位運算、數學推理兩個分測驗；書面語言有拼寫、書面表達兩個分測驗；口語有聽力理解、口頭表達兩個分測驗。其施測的先後順序是：語詞閱讀、數位運算、閱讀理解、拼寫、假詞解碼、數學推理、書面表達、聽力理解和口語表達。下面以該量表施測的先後順序分別介紹其九個分測驗測量的內容、施測和記分方式。

1. 語詞閱讀分測驗　語詞閱讀 (word reading) 用於測量受試者字母識別、語音知覺、字母的語義識別、字詞識別的準確性和自動性的能力。例如，要求受試者識別字詞起始和結尾的語音、寫出與視覺或語音呈現的混合字母相匹配的字母、識別和寫出押韻詞等。

該分測驗用於三年級到十二年級的受試者，不同年級有對應的測試起始點。受試者在起始點的前三個項目中，若有一個沒有答對則施測起始點之前的項目，直至連續有三個項目答對，則此處為受試者的最低閾限水平。然後繼續施測後面的項目，直到有連續七個項目都答錯，則停止測試。測試時要求受試者盡可能快地大聲讀辭彙表上的單字，每個項目限時 3 秒鐘作答，答對得 1 分，答錯得 0 分。最低閾限水平之前未測的每個項目得 1 分。語詞分測驗的原始總分是答對項目數。該分測驗的原始總分的全距為 0～131 分。在作答的過程中，主試應記錄受試者自我糾正和作答超過 3 秒的項目。

2. 數位運算分測驗　數位運算(numerical operation) 主要測試受試者識別和書寫數字、解決書面計算題、解答簡單方程式的能力。測驗有計數、數位識別與書寫、加減乘除運算、分數、小數和代數等內容。

在施測時根據受試者的年級選擇對應的測驗起始點，若受試者在起始點的前三個項目中有一個項目答錯，則施測起始點之前的項目，直至有連續三個項目都答對，此處為受試者的最低閾限水平。然後繼續施測後面的項目，直到有連續六個項目都答錯，則停止測試。每答對一個項目得 1 分，答錯得 0 分。最低閾限水平之前未測的每個項目得 1 分。數位運算分測驗的原始總分是答對項目數。該分測驗的原始總分的全距為 0～54 分。

3. 閱讀理解分測驗　閱讀理解(reading comprehension) 主要評價受試者在課堂中學的或在日常生活中使用的各種閱讀理解技能。在閱讀理解分測驗中有三類題型：單詞、句子、文章。分測驗的初始項目要求受試者寫出與圖畫相匹配的詞，後面的項目要求受試者閱讀各種類型的文章，回答有關文章內容的問題。如辨明主題思想和具體內容細節、做出推斷、通過上下文線索界定單詞的涵義等。

在施測句子類型的試題時，要求受試者大聲地讀出句子，對於單詞和文章類型的試題不做這種要求。在此分測驗中各個年級測試的起始點和中止點都是確定的。有五道測試單詞的項目，答對 1 個項目得 2 分，答錯 1 個項目得 0 分；句子類型的試題主要測試口頭閱讀的準確性，每個目標單詞讀對得 1 分。文章類型試題的計分則是根據文章所包含的每個項目而定，從第 20 個項目開始，閱讀文章按秒計時，主試應記錄下受試者每篇文章所用時間。受試者在答題時可繼續閱讀文章，如果受試者在問題提出 10 秒鐘後不能回答，則進行下一道試題。閱讀理解分測驗的原始總分是受試者在單詞、句子和文章三種類型試題上得分的累加和。

4. 拼寫分測驗　拼寫 (spelling) 主要測量受試者拼寫所聽到字母、字母組合和單詞的能力。測試的內容有要求受試者根據聽到的上下文句子拼寫出正確的同音同形異義詞、字母語音識別、規則與不規則單詞的拼寫。

在施測時根據受試者的年級選擇對應的測驗起始點，若受試者在起始點的前三個項目中有一個項目答錯，則施測起始點之前的項目，直到有連續三個項目都答對，此處為受試者的最低閾限水平。然後繼續施測後面的項目，直到有連續六個項目都答錯，則停止該分測驗的測試。每答對一個項目得 1 分，答錯得 0 分。最低閾限水平之前未測的每個項目得 1 分。拼寫分測驗的原始總分是答對項目數。該分測驗的原始總分全距為 0～53 分。

5. 假詞解碼分測驗　假詞解碼 (pseudo-word decoding) 主要測試受試者應用語音解碼的技能。要求受試者大聲地讀出假詞卡片上符合英語拼寫規則但無意義的單詞。假詞解碼分測驗不用於測試學前兒童。

在施測假詞解碼分測驗時先給受試者提供範例，如果受試者在 5 秒內作答不出來或不能做出正確回答，則向受試者提供正確答案。正式施測時，在受試者大聲讀出假詞卡片上無意義單詞的過程中，主試應記錄下受試者所有不正確的反應。如果受試者連續有七個項目答錯，則停止測試。受試者在測驗中每答對一個項目得 1 分，答錯得 0 分。做出自我糾正反應的項目判為正確反應，得 1 分。假詞解碼分測驗的總原始分為答對項目數 (不包括答對的範例)。該分測驗的原始總分的全距為 0～55 分。

6. 算術推理分測驗　算術推理 (arithmetical reasoning) 用於評價受試者的數量概念、多步驟問題的解決、有關金錢、時間和測量的問題、幾何問題、閱讀和解釋圖表、統計與概率問題、解決整數、分數和小數問題、識別數學圖案等方面的能力。

對於每一個項目，作答時間不超過 1 分鐘。施測時根據受試者的年級選擇對應的測驗起始點，記錄下受試者在每個項目上的反應。如果受試者在起始點的前三個項目中有一個項目答錯，則施測起始點之前的項目，直至有連續三個項目都答對，此處為受試者的最低閾限水平。然後繼續施測後面的項目，直到有連續六個項目都答錯，則停止該分測驗的測試。每答對一個項目得 1 分，答錯得 0 分。最低閾限水平之前未測的每個項目得 1 分。數學推理分測驗的原始總分是答對項目數。該分測驗的原始總分全距為 0～67 分。

7. 書面表達分測驗　書面表達 (written expression) 主要用於測受試

者的書寫過程。此分測驗有五個部分：字母書寫、單詞流暢性、句子、段落和文章。在書面表達分測驗中，不同年級的受試者施測不同的測驗部分。學前兒童測試字母書寫；1～2 年級的受試者測試字母書寫、單詞流暢性和句子；3～6 年級受試者測試單詞流暢性、句子和段落；7～16 年級的受試者測試單詞流暢性、句子和文章。

字母書寫要求受試者在 15 秒內按字母排列的順序書寫出小寫字母，每寫對一個得 1 分，並把原始總分數轉換為十分位數；單詞流暢性要求受試者寫出與規定類別相匹配的單詞，根據受試者的作答質量給予 2、1、0 三級評分；句子類型的試題主要用於測受試者的組句、造句的能力，根據作答的質量給予 2、1、0 三級評分；段落部分的評分是從段落的用詞、標點符號、段落的結構等方面分別進行評分的；文章部分則是從辭彙、主題展開、文章結構、標點符號等方面進行評分。

8. 聽力理解分測驗 聽力理解 (listening comprehension) 主要測受試者詞與圖的匹配、句子理解、圖與詞的匹配的能力。圖與詞的匹配就是要求受試者根據主試所說出的單詞，從所提供的幾幅圖中找出與單詞相匹配的圖；句子理解是要求受試者根據聽到的句子從所提供的四幅圖中選擇與句子相匹配的一幅圖；詞與圖的匹配試題則是要求受試者從所聽到描述圖片的幾個詞語中，選出一個與所提供圖片相匹配的一個詞語。

施測時根據受試者的年級選擇對應的測驗起始點，若受試者在起始點的前三個項目中有一個項目答錯，則施測起始點之前的項目，直至有連續三個項目都答對，此處為受試者的最低閾限水平。然後繼續施測後面的項目，直到有連續六個項目都答錯，則停止該分測驗的測試。每答對一個項目得 1 分，答錯得 0 分。最低閾限水平之前未測的每個項目得 1 分。聽力理解分測驗的原始總分是答對項目數。該分測驗的原始總分全距為 0～41 分。

9. 口語表達分測驗 口語表達 (oral expression) 測試受試者有效使用口頭語言與他人交流的一般能力。該分測驗有句子復述、口述單詞的流暢性、文章和提供指示四個部分。句子復述部分只對學前兒童至三年級的受試者施測。單詞流暢性要求受試者在 60 秒的時間內盡可能快地答出與主試所提供的相似的名字或動詞類別。文章部分要求受試者根據所提供的一些圖片編故事，故事的內容應包括開頭、故事的發展和結尾，要求故事編得盡可能地有趣。提供指示部分是要求受試者根據所提供的圖片，分別講述每一幅圖中的操作過程，說完後使人能在沒看到圖片提示的情況下明白如何進行某種行為的操作。

在施測句子復述時，根據受試者的年級選擇對應的測驗起始點，如果受試者在起始點的前三個項目中有一個項目答錯，則施測起始點之前的項目，直至有連續三個項目都答對，則此處為受試者的最低閾限水平。然後繼續施測後面的項目，直到有連續六個項目都答錯，則停止該分測驗的測試。每答對一個項目得 1 分，答錯得 0 分。最低閾限水平之前未測的每個項目得 1 分。施測時每個句子只讀一遍。單詞流暢性、文章復述、提供指導三個部分所有受試者的起始點都是從第十個項目開始，且十～十五項目中的每個項目都要施測。單詞流暢性的評分是根據受試者在給定時間內，答對單詞的個數給分，答對一個得 1 分；文章部分的評分是依據受試者所編故事的主題思想、細節、結論等方面進行評分；提供指示部分是依據受試者對動作的每一步描述得準確程度來評分。學前兒童至三年級受試者在口語表達分測驗上的原始總分全距是 0～77 分；4～16 年級受試者在該分測驗上的原始總分全距是 0～68 分。

四、量表的質量問題

在心理與教育測量中通常要提供有關測量的一些基本資料如測驗分數的可信度（即測驗信度）、受試者所得分數間差異的統計意義、對測驗分數進行解釋的有效性。韋克斯勒個人成就測驗（第二版）收集有關測驗信度、測量標準誤與置信區間、效度等資料。

1. 測驗的信度資料 測驗信度是指測驗分數的一致性或穩定性。一個具有良好信度的測驗，在不同的時間、不同的主試等情況下使用，其所得到的分數應該能相同或較接近。測驗的信度愈高，則所得的測驗分數愈可靠，愈能真實反應受試者的真實水平。韋克斯勒個人成就測驗（第二版）收集四至十九歲受試者在不同年級的書面表達和口語表達分測驗的重測信度，以及在書面表達和口語表達分測驗以外的其他分測驗的分半信度。各分測驗在各年級上平均信度係數的取值範圍為 .80～.98，韋克斯勒個人成就測驗（第二版）的整體信度為 .98。此外，韋克斯勒個人成就測驗（第二版）還分別研究閱讀理解分測驗、書面表達分測驗和口語表達分測驗的評分者信度。

2. 測量標準誤與置信區間的資料 測量標準誤是對受試者測驗分數的測量誤差的估計。它與測驗的信度係數成反比，測驗信度愈高，則測量誤差就愈小，受試者的測驗分數更可信。測量標準誤可用於計算受試者測驗真分數的置信區間 (見第六章)，置信區間從另一個方面反映了測驗分數的精確性。主試可以用置信區間來報告受試者測驗真分數所在的範圍。韋克斯勒個人成就測驗 (第二版) 量表提供每一個分測驗在 4～19 歲每一年齡、每一個分測驗在學前兒童至 12 年級的測量標準誤，並提供不同年齡和不同年級受試者其測驗真分數落在 68%、90% 和 95% 置信區間的取值。例如，一個 13 歲的受試者在語詞閱讀分測驗上的年齡標準分是 100，則受試者真分數 90% 的置信區間為 95～105 (100±5)，其真分數 95% 的置信區間為 94～106 (100±6)。

3. 測驗效度的資料 效度是指量表能實際測量出其所要測量的特性或功能的程度。韋克斯勒個人成就測驗 (第二版) 收集有關資料，研究量表的內容效度、結構效度和效標關聯效度。研究結果表明該量表確實測量了所欲測的成就構想。韋克斯勒個人成就測驗 (第二版) 的測驗分數與其他成就測驗分數有中等至較高的相關。另外，韋克斯勒個人成就測驗 (第二版) 施測於各種樣本群體所得的平均標準分數與其他個體成就測驗的平均標準分數是一致的，這說明韋克斯勒個人成就測驗 (第二版) 用於標準化的代表性樣本群體與相比較的其他個體成就測驗在行為水平上是比較一致的。

五、測驗結果的解釋

在解釋受試者的測驗結果之前，應將受試者在韋克斯勒個人成就測驗 (第二版) 上的原始得分轉換為標準分數，然後再進行分析。測試者在分析測驗結果時，應考慮受試者的有關資料如家庭背景、學校記錄、人格、測試時的情緒狀況、動機水平等。在對受試者測驗分數進行解釋時，通常可以從幾個方面來考慮：(1) 韋克斯勒個人成就測驗 (第二版) 的測試分閱讀、數學、書面語言和口語四個部分，將受試者在這四個部分的得分與從其能力得分上的預測分數相比較；(2) 對受試者在量表的四個部分上所得的標準分數之間、各個分測驗的標準分數之間進行比較，瞭解它們之間是否有顯著的差異;(3) 瞭解受試者在各個分測驗所得標準分數的分散程度,即瞭解受試者在九個分測驗上所得的最高與最低標準分數之間的差異大小,可以知道受試者在量表所測量的內容中其掌握較強與較弱的方面;(4) 對受試者在韋克斯勒智力測驗與其在個人成就測驗上的差異進行解釋;(5) 對受試者在分測驗上的作答行為模式進行研究,這有助於解釋受試者的測驗結果。如受試者在各分測驗上不一致的行為能為分析受試者的錯誤作答提供幫助。

第四節　伍德考克‧詹森個人成就測驗(修訂版)

伍德考克‧詹森個人成就測驗(修訂版)(Woodcock-Johnson III Tests of Achievement,簡稱 WJ-R Tests of Achievement) 是 1977 年伍德考克和詹森合編伍德考克‧詹森心理教育測驗集(修訂版)(Woodcock-Johnson Psycho-educational Battery-Revised,簡稱 WJIII) 中的一部分,它與該測驗集的另一部分測量智力的伍德考克‧詹森成套認知能力測驗(WJ-R Tests of Cognitive Ability) 所測量的內容不同,但二者卻具有共用的常模。比較一個兒童在認知能力測驗和成就測驗上的得分,如果前者得分低於後者 1.5 至 2 個標準差,就可以認為該受試者出現了學習困難,需要做進一步的評估。伍德考克‧詹森成套成就測驗(目前使用的是第三版)主要用於測 2 歲至 90 歲以上個體在口頭語言、閱讀、寫作、數學和學業知識方面的成就。適用於幼稚園、中、小學生以至成人,應用範圍廣泛。本節將簡要介紹伍德考克‧詹森個人成就測驗的構成、常模的取樣、測驗結果的解釋和量表的應用。

一、伍德考克‧詹森成套成就測驗(修訂版)的構成

伍德考克‧詹森成套成就測驗(修訂版)測量受試者五個領域的成就:閱讀、數學、書面語言、知識、口頭語言。閱讀、數學、書面語言領域都包

括基本技能測量、流暢性或自動性測量、應用或高水準的技能測量；知識領域測量歷史、地理、政治、經濟、生物、物理、藝術、音樂、文學方面的知識；口頭語言領域測量語言的表達與接受能力。五個測量領域包含 22 個分測驗。這些分測驗分在兩部分中：12 個分測驗在標準測驗集、10 個分測驗在擴展測驗集。測驗得分一般以為百分等級分數表示，也可以將此等級按均數為 100、標準差為 15 的方法轉化成一種標準分數。

1. 標準測驗集　標準測驗集之內容包括：(1) 閱讀部分由字母-單詞識別、閱讀流暢性、段落理解三個分測驗構成。主要的測試任務是要求受試者識別並讀出單獨的字母和單詞、閱讀及理解簡單的句子、閱讀一段短文並填寫一個關鍵的缺失單詞；(2) 數學部分是由計算、數學流暢性、應用題三個分測驗組成。主要測試受試者的計算從簡單到複雜的數學等式，快速進行單個數的加、減、乘法計算，理解問題的實質、識別相關資訊進行計算並得出結論的數學能力；(3) 書面語言部分包含拼寫、寫作流暢性、樣例寫作分測驗。書面語言要求受試者寫出口述單詞的拼寫、快速地明確表達和寫出簡單的句子、按照一系列要求寫出句子並根據表達質量進行評估；(4) 口頭語言部分包括故事回憶、指導語理解兩個分測驗。這個部分要求受試者聽短文並回憶故事要點、聽指導語後在圖片中指出客體。

2. 擴展測驗集　擴展測驗集的內容有：(1) 閱讀部分包括非詞發音、閱讀辭彙分測驗。主要測試受試者讀出符合英語拼寫規則的無意義單詞的能力，要求受試者根據三種不同任務的刺激辭彙給出相應的反義詞、同義詞、類比；(2) 數學部分有數量化概念分測驗，這個分測驗要求受試者應用數學概念分析數位間的關係；(3) 書面語言部分有編輯分測驗，它要求受試者找出書面短文中的錯誤，並口頭糾正；(4) 口頭語言部分包含圖片辭彙、口頭語言理解兩個分測驗。這兩個分測驗要求受試者對與圖片內容不是完全一致的客體進行命名，在聽一段文章之後給出最後的缺失單詞；(5) 知識部分主要測試受試者在生物、物理、歷史、地理、政治、經濟、藝術、音樂、文學各領域的課程知識；(6) 擴展測驗部分由故事延遲回憶、語音拼寫、語音知覺、標點和大寫四個分測驗組成。這部分測試要求受試者 30 分鐘到 8 天之後回憶在"故事回憶"分測驗中呈現過的故事的要素，拼出符合英語拼寫規則的非詞，對音位的押韻、刪除、置換、顛倒的掌握，在口頭聽寫的單詞和段落中使用正確的大寫和標點。

伍德考克·詹森成套成就測驗（修訂版）的各個領域都用於測量從較低要求、不複雜的任務到較高水準、更複雜任務的多層能力。它所測試的內容主要用於廣泛的成就調查，而不是深入評估某個領域。廣泛的測量將有助於測試者識別受試者的當前成就水平，並能為測試者對受試者的指導提供有用的資料。

二、量表的常模

伍德考克·詹森成套成就測驗（修訂版）提供年級常模和年齡常模。年級常模是以 K0 年級（入小學以前）到 K18 年級中，一年的十分之一作為年級間隔。年齡常模中 0～二歲和十一至十八歲是以一個月為時間間隔，十九至九十五歲的年齡段是以一年為間隔。

伍德考克·詹森成套成就測驗（修訂版）常模的取樣是採用分層隨機抽樣方法，在美國國內選取 8934 名年齡分布從二十四個月到九十五歲以上的受試者，包括來自不同地區的 100 多名美國社區的大學本科生和研究生。選擇的常模樣本代表二十四個月至九十五歲以上年齡的美國人口分布。在選擇樣本時控制的變數有人口普查區域、社區大小、性別、種族、西班牙血統、大學基金、大學的類型、成人教育水平、成人的職業地位、勞動部的成人職位。在社區的選擇中，除了考慮地區和大小，還考慮成人人口的教育水平、家庭收入、勞務特徵、職業類型這四類因素。在選取的 8934 名受試者中，學齡前兒童（二至五歲受試者，不包含幼稚園受試者）有 1143 名；從幼稚園到 12 年級受試者樣本有 4783 名；大學生樣本有 1165 名；成人非在校樣本（十四到九十五歲以上，但不包括中學、大學樣本）有 1843 名。

三、測驗結果的解釋

測試者測完受試者，在對受試者的測驗結果進行解釋時，可從以下幾個方面進行解釋：(1) 對各領域進行解釋。即解釋閱讀、數學、書面語言、口語語言、知識領域，並可將結果放到學業知識領域內進行比較，以及比較學業知識領域之間在各領域的結果。例如把知識或數學比較、書面語言與閱讀進行比較；(2) 解釋分測驗。伍德考克‧詹森成套成就測驗（修訂版）共有 22 個分測驗，解釋每個分測驗的測試結果，並分析這些測驗結果之間是相似還是存在差異。通過比較分析各分測驗的結果，可以判斷受試者在不同分測驗或領域的模式，從而能幫助測試者對受試者提供有針對性的指導；(3) 解釋剖析圖。將受試者在伍德考克‧詹森成套成就測驗（修訂版）上的測試結果繪製成測驗年齡和年級剖析圖以及兩種測驗分數間的剖析圖。從而可以比較直觀地判斷類分數之間是否存在顯著差異、每一類的各分測驗之間是否存在顯著差異、個體分測驗之間是否存在顯著差異；(4) 對受試者在測驗中的錯誤模式進行分析，從而可以獲得一些有意義的重要資訊；(5) 對受試者的測試結果進行整合評價，並總結對受試者行為的觀察。

四、測驗的應用

　　伍德考克‧詹森成套成就測驗（修訂版）適用於從學齡前水平到老年水平受試者，是一個使用範圍比較廣的成就測量工具。伍德考克‧詹森成套成就測驗（修訂版）不僅可用於鑑定學業水平，也可以從測評得到的資訊用於幫助診斷學業困難的原因。它可用來測評受試者當前的成就水平；瞭解個體學業中的不足與長處；比較個體與同齡人或相同年級個體間的差異；監測跨越學年的教育進程。此外，伍德考克‧詹森成套成就測驗（修訂版）也應用在臨床。它在臨床上的主要作用是評估學習障礙，特別是用於診斷數學、寫作和閱讀方面的障礙，有時也用在幫助診斷語言損傷的個體，以及在學業成績上極低或極高的個體。因此，伍德考克‧詹森成套成就測驗（修訂版）是一個用途比較廣泛的成就測驗。

本 章 摘 要

1. **成就測驗**是對個體在一個階段的學習或訓練之後知識、技能的發展水平的測定。
2. 學校的成就測驗，其作用主要有三個方面：評量作用、診斷作用、制定教學管理和決策作用。
3. 測驗的分類有很多種，分類的標準有按測驗的功能、測驗的編製方法、測驗的題型、測驗的內容、測驗的目的、受試者的反應形式等。
4. **標準化成就測驗**是指在教學與訓練之後，用來測量受試者在課程某一領域中的具體成績。它是由測量專家與學科教師遵循一定的程序所編製的測驗。
5. **標準化成就測驗**要求測驗的編寫、實施、評分、解釋等方面都要實行標準化。
6. 標準化成就測驗的編寫步驟包括：(1) 明確測驗目的；(2) 制定測驗編製計畫；(3) 編寫試題、試測及組卷；(4) 獲取測驗質量參數；(5) 編寫測驗指導書。
7. **教師自編測驗**是教師根據自己在教學各個階段的需要，自行設計與編寫的測驗。
8. 教師自編測驗的編寫步驟為：(1) 明確測驗的目的；(2) 編製測驗計畫；(3) 編題和組卷。
9. **韋克斯勒個人成就測驗**（第二版）是用於評價學前兒童、學齡兒童、青少年、大學生和成人的個體成就測驗。
10. 韋克斯勒個人成就測驗（第二版）主要測試閱讀、數學、書面語言和口語四個方面。
11. 韋克斯勒個人成就測驗（第二版）包含九個分測驗：語詞閱讀、數位運算、閱讀理解、拼寫、假詞解碼、數學推理、書面表達、聽力理解、口頭表達等。
12. **伍德考克·詹森個人成就測驗**（修訂版）是 1977 年伍德考克·詹森心理教育測驗集的一部分——成就測驗的修訂版本。韋克斯勒個人成就測驗（第三版）主要用於測量二歲至九十五歲以上個體的現有能力。
13. 伍德考克·詹森個人成就測驗（修訂版）測試五個領域：閱讀、數學、書面語言、知識、口頭語言。共含有 22 個分測驗。
14. 伍德考克·詹森個人成就測驗（修訂版）適用於從學齡前水平到老年水平的受試者，是一個使用範圍比較廣的成就測量工具。

建議參考資料

1. 丁秀峰 (2001)：心理測量學。開封市：河南大學出版社。
2. 戴海琦、張鋒、陳雪楓 (2002)：心理與教育測量。廣州市：暨南大學出版社。
3. 龔耀先 (2003)：心理評估。北京市：高等教育出版社。
4. Aiken, L. R. (1998). *Tests and examinations: Measuring abilities and performance*. New York: John Wiley & Sons.
5. Anastasi, A., & Urbina, S. (1997). *Psychological testing* (7th ed.). NJ: Prentice Hall.
6. Aiken, L. R. (2005). *Psychological testing and assessment* (12th ed.). Boston: Allyn and Bacon.
7. Donna R. S. (2002). *Wechsler individual achievement test*. San Antonio, TX: Psychological Corporation.
8. Kaplan, R. M., & Saccuzzo, D. P. (2008). *Psychological testing: Principles, applications, and issues* (7th ed.). CA: Wadsworth.
9. Woodcock. R. W., & Johnson, M. B. (1989). *Woodcock-Johnson Psycho-Educational Battery—Revised*. Chicago: Riverside.
10. Woodcock, R. W., McGrew, K. S., & Mather N. (2001). *Woodcock-Johnson III Battery*. Itasca, IL: Riverside.

第十二章

人格測驗

本章內容細目

第一節 人格測驗概述
一、人格的概念 395
二、人格測驗概述 397
　（一）人格測驗的作用
　（二）人格測驗的工具
　（三）人格量表的編製

第二節 現代常用的人格量表
一、明尼蘇達多相人格調查表 403
　（一）起源與發展
　（二）調查表的內容與結構
　（三）調查表的實施與解釋
　（四）調查表的評價
二、加利福尼亞心理調查表 405
　（一）起源與發展
　（二）調查表的內容與結構
　（三）調查表的實施與解釋
　（四）調查表的評價
三、艾森克人格問卷 409
　（一）起源與發展
　（二）問卷的內容與結構
　（三）問卷的實施與解釋
　（四）問卷的評價
四、十六項人格因素問卷 412
　（一）起源與發展
　（二）問卷的內容與結構
　（三）問卷的實施與解釋
　（四）問卷的評價
五、五大人格問卷 415
　（一）起源與發展
　（二）問卷的內容與結構
　（三）問卷的實施與解釋
　（四）問卷的評價

第三節 投射性人格測驗
一、概　述 419
　（一）投射和投射測驗的概念
　（二）投射測驗的種類
　（三）投射測驗與人格量表的差異
二、羅夏測驗 421
　（一）羅夏測驗概述
　（二）羅夏測驗的實施方法
　（三）羅夏測驗的記分與結果解釋
三、主題統覺測驗 425
　（一）主題統覺測驗的概述
　（二）主題統覺測驗的實施方法
　（三）主題統覺測驗的記分與結果分析
　（四）主題統覺測驗的評價

本章摘要

建議參考資料

人是一種複雜的社會性動物。人與人之間的心理差異，不只表現為能力上的不同，甚至對同一事物的看法和行為反應也不相同。這種明顯的個體差異出自心理活動上多方面的紛繁組合。為了解個體間性格上的差異，從測量個體的人格特質以至歸屬其人格類型，其間所採用的一切測量工具，均稱為**人格測驗**(personality test)。人格測驗在心理測驗中所占的比例居各類測驗之首，可見其地位十分重要。但由於人格特徵的多維性特點，對它的描述與評估著重行為與思想上的本質，與注重數量化的能力測驗相比，更為複雜和困難。

人格或稱個性，是一種認知能力、興趣態度、氣質和其他在思想、情感和行為方面個別差異的總體，包括知、情、意多方面特點的獨特組合。儘管學者們對人格的理解並不完全相同，但都承認人格具有如下三個主要特徵：獨特性、統一性和恆定性。人格測驗就是通過標準化的測量工具，間接的、客觀的手段描述人各不同的人格特徵。瞭解每個人的心理特徵，可據以順利實施因材施教、人職匹配、教育培養，人才選拔和安置等重要工作。在現有的人格測驗中，人格測驗的應用範圍極其廣泛，除教育培養、人事選拔外，也大量應用在臨床診斷、心理諮詢、司法鑒定、以及科學研究等領域。隨著對人格的理解不斷深入，在心理測驗工作進一步發展中，又將人格測驗分為兩類：即一般的人格測驗，以及第十三章討論的興趣、態度、價值觀測驗。

本章內容所講的是一般的人格測驗，從內容的編製方法上可分為兩種：一種稱為人格量表或人格調查表，以問卷形式出現，所以也稱為自陳量表。因使用簡便，應用較為廣泛，現有的人格測驗大多屬於這種類型。另一種是利用投射作用原理設計的投射測驗。由於人格的結構複雜，又有隱蔽性，無論哪一種形式的人格測驗，所得結果很難十分準確。一般說來，人格量表的信度和效度低於能力測驗。

本章的目的是闡明人格與人格測驗的意義與作用，人格測驗的方法，著重闡述人格測驗中的量表評定法和投射技術，並介紹國內外一些常用的人格測驗工具。本章重點討論的是：

1. 什麼是人格測驗？如何進行編製？
2. 現代比較常用的人格測驗有哪些？都是如何實施和解釋的？
3. 什麼是投射測驗？如何進行記分和解釋？

第一節　人格測驗概述

在日常生活中，每個人的行為方式各不相同。有的人性情急躁、求成心切、有野心、好冒險，在心理學稱為 **A 型性格** (Type A personality)；有的人性情溫和、隨遇而安、悠然自得，則歸為 **B 型性格** (Type B personality)。A 與 B 兩種性格僅是籠統概括的分法。人格的形成，從呱呱墜地，經襁褓、幼童、青年到成年的期間內，除先天的稟賦外，還受到後天環境、教育的薰陶，隨年齡與學得經驗的增加逐漸形成，故而具有持久性。心理學家假設人格具有持久不變的傾向，設計各種情境，藉以引起受試者對人、對事物的反應，從而觀察他的人格特質。人格測驗旨在更深入地瞭解個人，進而鑒別人格差異，俾以提供最佳的安排與協助。本節將先介紹人格與人格測驗的概念，讓讀者對其內容有大略的瞭解。

一、人格的概念

人格 (或性格、個性) (personality) 一詞，源於拉丁文的 Persona，原指演員在舞臺上所戴面具，以抽象方式勾勒劇中人物的特質。人格一詞被廣泛地應用在很多學術領域，但概念的含義則有所不同。例如，哲學上的人格是自我，具有完美理想和至高價值；法律上的人格是指個人"法律地位"，文藝上講人格是指一種"氣質"。心理學中所講的人格概念與上述各界所講的不同，指個人於適應環境的過程中，在行為和思想上所形成的獨特個性，此一個性只有"差異"之別，絕無"高低"之分。

人是一種複雜的社會生物，他的特點可以從多方面加以考察。因此人格是一個多面體，不同的心理學家由於對人格所持的觀點不同，對人格概念的理解也不完全相同。有的人側重於可見的、能給人們印象的行為特徵；有的側重於內在動機和態度；也有側重於人性，因此心理學中的人格具有許多不同的定義。例如：行為主義學者華生 (John Watson, 1878～1958) 認為人格就是我們的習慣系統；伍德沃斯 (Robert, Sessions Woodworth, 1869～

1962) 認為人格是個人行為的全部品質；吉爾福特 (Joy Paul Guilford, 1897～1987) 認為人格是個人特質的特殊模式；奧爾波特 (Gordon Willard Allport, 1897～1967) 深入分析大量的人格定義之後，總結出如下主要觀點：人格是動力組織，是決定人的特徵行為和思想的那些心理和生理的各系統的獨特組織 (Allport, 1961)。

我們看到人類彼此的相似性，也感受到彼此各不相同的獨特性，故而人格的定義一定要包括人類獨特性的觀念。在這樣一種共同認識的基礎上，目前普遍認為，人格是一個恆定的和獨特的特徵群。具體的講，它是一種認知能力、興趣態度、氣質和其他在思想、情感，和行為方面個別差異的總體，是一個包括知、情、意的獨特組合，它決定一個人典型的個人行為模式。

儘管學者們對人格的理解並不完全相同，但都承認人格具有如下三個主要特徵：

1. 獨特性 所有心理特質都有個別差異，人格的個別差異非常明顯，如善良、兇惡、誠實、虛偽等，使一個人不同於其他人，這些差異便是人格的獨特性。俗話說：山中無兩片脈絡完全相同的樹葉，人間無兩個人格完全相同的人，就是指人格的獨特性，也是我們能夠區別你我他的主要依據。

2. 統一性 一個人的人格一旦形成，不管對人對事，都是統一的；例如，某人個性保守，對事表現墨守成規；對人自然是拘謹被動，不會豪放不羈。除非是人格發生病理變化，如雙重人格或多重人格，或為了某種目的而刻意偽裝，否則這個人總是表現出他的人格特質，而不會成為不可捉摸的另一個人。

3. 恆定性 這是從不同情境，不同時間兩方面來講的。一個人如果是利他的，則不管在任何情境下，即使自己最需要幫助的時候，他還是以他人利益為重。"江山易改，本性難移"，即說明人格形成後在長時間內都是相對穩定。但人格也不是一成不變的，只是變化緩慢，且變化也以原有人格為基礎。甚至在不利條件下引起人格的病理變化時，亦與原來的人格有關。因此，臨床醫生常從現在病理人格中去尋找病人病前人格之根。

正是由於這些特點，才能進行人格測驗。否則如果一個人的人格變化不定，其測驗結果也就沒有意義了。

二、人格測驗概述

上述人格的概念已指出人格包含的各種心理特質是由先天遺傳與後天環境、教育交互作用下逐漸形成，是持久而少有變化的。每個人的人格不同，為瞭解個體上的人格差異，心理學家提出用科學方法來測量個性。其中最重要的、也是最能反映真實的是人格測驗。**人格測驗**（或個性測驗）(personality test) 即測量個人在一定情境下，經常表現出來的典型行為與情感反應，進而歸屬其人格類型，其間所採用的一切測量工具，都可稱為人格測驗。下面先談人格測驗的作用，再介紹它是如何進行操作的。

（一） 人格測驗的作用

人格測驗指對人格進行瞭解並加以描述的標準化工具。由於人格的結構複雜，又有隱蔽性，所取得的結果很難十分確切，有一定的估計成分。人格測驗可以依不同目的在心理診斷、諮詢、心理治療、司法鑒定、人力資源等諸多方面發揮作用。

1. 心理診斷 一般是在心理診所和精神病醫院用於協助心理障礙的鑒別診斷，通過患者在測驗上的反應來瞭解其心理狀態，並間接推斷其心理的癥結所在。確定診斷對於正確治療和預後估計有重要意義。此外，不為臨床目的，幫助正常人科學地瞭解自己，促進自我健康成長，也有很大作用。

2. 諮詢和心理治療 諮詢和心理治療的目的都是為了讓求助者生活得到改善。為了這個目的，在心理診所、諮詢中心都經常使用人格測驗。事前使用人格測驗有助於瞭解求助者存在的問題和他的人格特徵，還可以在干預中和結束時進行比較，以核實諮詢和治療的成效。

3. 司法鑒定 司法上應用人格測驗主要是為確定受試者的行為能力，是否具有刑事責任能力，是否需要接受治療等問題。唯人格測驗用於司法鑒定，多是在犯罪行為發生後進行，有關是否會歪曲本質和出現偏差的疑慮，尚待進一步研究。

4. 人力資源 在人事選用上希望發揮每個工作人員的最大績效。人格測驗在人力資源方面除用於人員聘用，晉升以及指定訓練外，對某些特殊工種，如飛行員，文秘人員等的選拔與安置，更是意義重大。人職匹配恰當可收事半功倍的效果。一個人的工作經驗、教育水平、求職動機、身體狀況等都會影響工作績效，用人格測驗來補充筆試和訪談所得資料的不足，可以使人力資源的開發有更好的保證。

(二) 人格測驗的工具

人格測驗的種類繁多，最常用的有二種。一種是有結構的，其範圍明確和解釋系列化，稱為人格量表。**人格量表**(或**人格調查表**) (personality inventory) 是測量人格特質的問卷。其內容是經過精心設計細密安排編製成一系列問題，以問卷形式出現。量表中的題型大多採用選擇式，讓受試者自由作答，也稱**自陳量表** (self-report inventory)。因人格量表使用簡便，應用較為廣泛。現有的人格測驗絕大多數屬於人格量表 (詳見本章第二節)。另一種是無結構的、編製程式不規範、受試者自由作答的反應不受限制，也不要求系統的分析解釋，用以推斷受試者的內心情況，稱為投射測驗 (詳見本章第三節)。

人格量表從簡單到複雜，大體上分為檢核表與評定量表兩類，詳述如下。

1. 檢核表 檢核表 (checking list) 是所有量表中最簡單的一種，用以評定人格特質。組成它的項目 (或題目) 包含一些描述動作和思想特徵的名詞、短語或陳述句。評定者要圈選他認為與被評定者的人格特點相適合的項目。例如，熱心的、和善的、嚴肅的……等。評定者可以是父母、教師、督導、配偶和同伴等。同一份檢核表可以在不同時間、不同條件下進行，用以評定該被評對象的動態狀況。19 世紀以後，不少領域已編製了標準化檢核表，包括一些特殊專業用的檢核表，如臨床、教育、工業/組織等，以及針對特殊人群或特殊問題的，如婚姻、人際關係、應激、和應對機制，與針對心理障礙和精神病症狀的檢核表。

2. 評定量表 評定量表 (rating scale) 是評定個人某種特質或行為的一種常用工具，按評定結果可以看出被評定者在某種特質上的等級。使用量表的人稱為**評定者** (rater)，接受量表的人稱為**被評定者** (或**受評者**) (ratee)。當評定者與被評定者為同一人時，稱為**自我評定** (self-rating)。

評定量表首先要對某一行為特質作出一系列具價值高低意義的陳述句。

這些陳述句可由優至劣、或由劣至優排列。評定者的工作是從這一系列的陳述句中選出一個最適合被評定者行為表現的句子，評定結果再按標準化的等級進行分析。據此可以看出被評定者心理特徵。因評定的方法不同，而有幾種不同的評定量表。常用的有下列幾種：

(1) **圖表式評定量表** (graphic rating scale)：指採用圖示方式來評定個人人格特徵的方法。最常用的是以一橫線代表人格特徵的一個維度，在此一橫線上，從左至右，由最強到最弱，按程度高低順序分為五到七個等級，每一等級都用形容詞或短語加以描述，要評定者在這條線段上標出符合被評定者人格特徵的適當位置（見圖 12-1）。

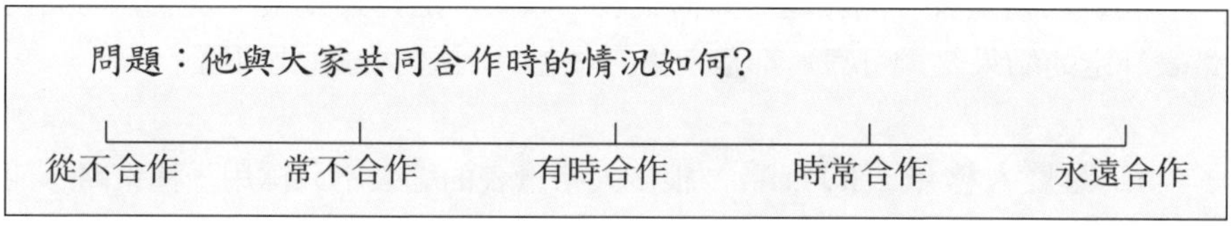

```
問題：他與大家共同合作時的情況如何？
 ├─────┼─────┼─────┼─────┼─────┤
 從不合作  常不合作  有時合作  時常合作  永遠合作
```

圖 12-1　圖表式評定量表示例

(2) **數字評定量表** (numerical rating scale)：這種量表的形式是先有一個敘述句描述行為特質，然後有代表該項行為或特質程度的一些數字，通常要先說明每一個數字所代表的意義，以做為評定的參照標準。評定者根據被評定者的人格特徵來選定數位等級，做出評定。

```
示例：請按下列數字的意義評定參加團體活動的情形。
  1＝一向如此，2＝經常，3＝有時，4＝偶爾，5＝從不
  1. 是否主動參與團體的各種活動？    1□ 2□ 3□ 4□ 5□
  2. 是否虛心地接受別人的意見？      1□ 2□ 3□ 4□ 5□
  3. 是否遵守團體規範？              1□ 2□ 3□ 4□ 5□
```

(3) **兩極式評定量表** (bipolar rating scale)：這種量表也是先陳述某一行為或特質，在圖示的橫線兩極表示兩個相反的方向。例如，一端是"極同意"，另一端是"極不同意"；一端若是"最好"，另一端就是"最壞"，兩極之間也可分為五或七個分點，由評定者做出評定。

(4) **迫選式評定量表** (或必選式評定量表) (forced-choice rating scale)：是提供一些成對描述詞或短語，要求評定者選出適合被評定者的特徵，即使覺得並不貼切，也必須勉強選定一個。一般常用的是非題式的測驗，即屬這種量表。

評定量表與檢核表的不同在於它不只評定某些人格特質的有無，且需要對該行為或人格特徵做出等級或水平的判斷。在使用檢核表時，評定者對測驗只需要作二分判斷 (有-無或相符-不相符)，用評定量表時，則要對量表中五到七個等級之間做出選擇。

(三) 人格量表的編製

編製人格量表，測驗題目如何編製、收集、選擇與分組，以及如何促使量表評定的結果儘量可靠，都是人格測量工具制定中的重要問題。

1. 編製人格量表的策略　很多人格量表的編製不只採用一種策略，而是彙集多種方法編製而成。以下將概述四種常用的方法策略。

(1) **內容效度法** (content-validation)：此一編製方法是強調量表的內容效度。即量表測題內容必須與預測的人格特質相符合。例如，欲測樂群性人格特徵的量表，選用"你是否經常參加集體活動"為題。

(2) **人格理論法** (personality-theory)：是以某種人格理論為編製量表的依據。此種編製法是依人格理論詳細界定各項人格特徵的範圍，然後據以設計可以代表這些特質的題目，記分方式也以理論為基礎。例如，邁爾斯-勃雷格斯氏類型量表 (MyersBriggs Type Indicator，簡稱 MBTI) 就是瑞士心理學家榮格 (Carl Gustav Jung, 1875～1961) 人格類型說的應用。

(3) **因素分析法** (factor-analysis)：代表人格的行為特質多如繁星，在編製的人格量表時要考慮到所有可能測量到的行為特質是件十分困難的事，故而心理學家採用因素分析法來編製量表。首先要廣泛收集有關人格特質的題目，再透過因素分析法歸屬到一些共同因素，再將收集到的題目依共同因素編製成量表，用此法編製的量表，對同一個因素各項目的回答具有高度一致性；然而，若量表的目標是評估多個因素，則各分量表間的結果相關就要低。常用的十六項人格問卷和艾森克人格問卷皆屬這類人格量表。

(4) **經驗效標解答** (或經驗效標記分法) (empirical-criterion-keying)：

是根據效標來選擇量表的題目及記分方式。測驗的目的是測定被評者的行為特徵，既然某些行為特徵已被明確認定作為效標，供鑒別不同的人格特徵。故而選取符合效標行為的測題編入量表，即可測出不同的個性特徵，明尼蘇達多相人格調查表，加利福尼亞人格調查表等都是根據這種策略編製的。

2. 人格調查表中蓄意作假答題問題　反應的真實性在人格調查表中是一個重要的問題。**作假**(faking) 即被評者蓄意以虛假不誠實的態度回答量表中的問題。作假將使測驗的準確性大打折扣。作假的產生有些是由於題目的**社會稱許性**(或**社會願望**) (social-desirability)，反應者傾向使用更容易被社會接受的方式作答，有時是他自己也不知道什麼是自己的真實情況。根據研究發現，人們在填寫調查表時不誠實填答的情況不像在諮詢或就業情況下多。測驗學者設計**效度量表** (validating scale) 以避免動機不端效應的發生，同時也是覺察不真實反應的記分方法。

有意讓人覺得自己表現得更好或更壞而欺騙，不是反應不準確的唯一因素。默認或過度謹慎也會影響測驗結果的有效性，尤其是**默認**(或**默從**) (acquiescence)，即在對問題不能明確區分同意或不同意時，人們傾向於反應同意。儘管在依據測驗作評價或診斷前就採取一些措施，但人格調查表所得結果仍免不了一般傾向性因素的影響，因此，最好只是在不真實的反應不會給受試者帶來很大收益時，才用人格調查表的結果作為決策的輔助資源。

3. 人格量表的信、效度　一般說來，人格量表的信、效度低於能力測驗，為提高它的效用是需要加以改進的。研究證明，如果編製好，且小心使用，儘量減少誤差，人格量表的信度有可能提高到 .80，甚至更高。

人格量表在使用中，常出現的誤差有以下幾種：

(1) **常定性誤差**(或**常誤**) (constant error)：有的評定者所評出的結果會偏高或偏低，是因評定太寬鬆或過嚴，也有人則總是評定出平均水平，評定結果顯示集中趨勢的錯誤。

(2) **暈環效應**(或**成見效應**) (halo effect)：評定者按照對被評者的一般印象進行評定，或者由於被評者一兩個突出特質 (或好或壞) 的泛化作用，使其他特質也沾光得到相同的評定。

(3) **邏輯性誤差** (logical error)：即評定者根據邏輯關係而不是事實來做評定。

(4) **對比誤差** (contrast error)：剛評定一個高分後，很容易將隨後的評定偏低；相反地，若剛評定一個低分，隨後的評定便會偏高。

(5) 近似性誤差 (proximity error)：評定者傾向於將評定表上編排在一起的項目評定為相近的結果。

此外，評定者對被評者的感情好壞有時也影響評定結果，通常是對喜歡的人評定偏高，對不喜歡的人評定偏低；評定者往往以自己作評定參照點，所以容易低估評定者與自己相同的特徵，或高估自己沒有的特徵；或對人無興趣，觀察簡單，或不投入時間，都會影響評定結果。

綜合上述原因，評定很難準確。為了儘量減小這些誤差，可採用的方法有：使評定者瞭解容易產生的幾種誤差，有助於克服由此所帶來的偏差；為了更好地瞭解被評者和所評的心理特質，用幾位評定者的結果求平均來抵銷個別的評定偏差是一種較為有效的辦法；最後更為仔細地設計評定量表，對其欲評定的內容描述確切，可有助於提高量表的效度。

第二節　現代常用的人格量表

個人擁有不同的人格特徵而造成個別差異。上一節介紹心理測驗為研究個別差異提供可靠且客觀的方法。可以從測量個體的行為表現，而後綜合測量結果歸納出個體持久而少有變化的人格特徵；也可以從理論的觀點假設推理，個體外顯行為背後促成個體獨具人格的特徵。本節將介紹現代常用的人格量表。

本節所介紹的人格量表是綜合美國出版的心理測量年鑑第九版 (MMY-9, 1985) 和中國大陸對常用心理測驗的調查 (龔耀先等，1996) 而選定的，包括明尼蘇達多相人格調查表 (MMPI)，加利福尼亞心理調查表 (CPI)，艾森克人格問卷 (EPQ)，十六項人格因素問卷 (16PF) 和大五人格問卷 (NEO) 五種。其中明尼蘇達多相人格調查表和加利福尼亞心理調查表是按經驗性效標解答方式編製的；艾森克人格問卷，十六項人格因素問卷和大五人格問卷則是按人格理論法編製的。

一、明尼蘇達多相人格調查表

明尼蘇達多相人格調查表(或**明尼蘇達多相人格測驗**)(Minnesota Multiphasic Personality Inventory，簡稱 MMPI) 是自我報告形式的人格調查表。由於該調查表測量人格多方面的特性，所以稱為多相人格調查表。以下從起源與發展、內容結構、實施與解釋以及評價等四個方面對此調查表進行介紹。

(一) 起源與發展

明尼蘇達多相人格調查表是由美國明尼蘇達大學臨床心理學教授哈什維 (Starke Rosecrans Hathaway, 1903～1984) 與神經精神病學家麥金利 (J. Charnley McKinley, 1891～1982) 編製完成的 (Hathaway & Mckinley, 1940)。最初的目的是想從個性的變化中，尋找出各類精神病。但在臨床使用後，發現單一臨床量表的分數偏高，並不能準確的區分精神病患，必須結合其他分量表的分數綜合考量，才具有參考價值。至 60 年代，其使用範圍遠超出原來的目的；例如，一般常人中的諮詢、職業選才、醫學、軍事和司法方面也都採用。至 80 年代以後，修訂為兩個獨立的版本，即成人版 (MMPI-2) 和青少年版 (MMPI-A)。現在國際上已經出現幾十種文字的版本，為人格量表中使用最多者。

(二) 調查表的內容與結構

明尼蘇達多相人格調查表是按經驗性效標解答方法編製的，內容涵蓋甚廣，涉及身體各方面情況及主觀體驗、精神狀態及對家庭、婚姻、宗教、政治、法律、社會等。全部題目包括 26 類，合計 566 個自我報告形式的題目，其中 16 個為重復題，依照答案性質將調查表分為四個效度量表和十個臨床量表。其各分量表結構見表 12-1。

(三) 調查表的實施與解釋

1. 實施方法 現代的明尼蘇達多相人格調查表多為手冊式，所有項目均印在手冊上，由被評定者自讀自答，屬自陳量表的形式，可個別進行，也

表 12-1　明尼蘇達多相人格調查表內容結構

內容結構	分量表名稱	測量目的	量表分數的意義
效度量表	1. 撒謊量表 (lie scale, L)	評定受評者的態度	分數高者自我防衛強，低者過分自我批評
	2. 頻率量表 (frequency scale, F)	評定受評者草率傾向	分數高者表示粗心大意，不認真
	3. 校正量表 (correction scale, K)	測量作假傾向	分數高者蓄意作好的表現
	4. 不能回答（？）		有 10 個以上者，要求重新審察測題，作補答
臨床量表	1. 疑病 (hypochondriasis, Hs)	測量對身體關心的程度	
	2. 憂鬱症 (depression, D)	診斷是否具神經官能抑鬱傾向測量	
	3. 轉化癔症 (hysteria, Hy)	診斷轉化性癔症傾向	
	4. 精神病趨向 (psychopathic deviate, Pd)	診斷道德性、合群性方面的病態傾向	
	5. 兩性化 (masculinity-femininity, Mf)	診斷兩性性別觀念、價值、態度等傾向	
	6. 妄想狂 (paranoia, Pa)	診斷妄想狂傾向	
	7. 精神衰弱症 (psychasthenia, Pt)	診斷強迫觀念、強迫行為傾向	
	8. 精神分裂症 (schizophrenia, Sc)	診斷精神分裂症傾向	
	9. 輕躁症 (hypomania, Ma)	診斷情緒障礙傾向	
	10. 社交內外向 (social introversion, Si)	測量性格內外傾向。高分內向害羞，反之為外向衝動	

　　可用團體方式進行。各分量表的項目相混，每一項目後有"是"、"否"和"無法回答"三種回答供選擇。如果受試者認為這項內容符合自己的情況，圈"是"；不符合，圈"否"；不理解內容，圈"無法回答"，逐一回答到答完為止。

　　本調查表也可使用電腦執行。凡年滿十六歲，具小學畢業程度且無嚴重視力或書寫方面障礙者，均可參加。記分鍵規定，有的項目答"是"得 1 分，有的答"否"得 1 分，根據這些原始分來換算 T 分數。明尼蘇達多相人格調查表採用的是線性 T 分數，該方法雖然對測驗的原始分進行標準化轉換，但由於不同量表的 T 分數所對應的百分位元數多不相等，因此很難在不同量表間進行嚴格且準確的比較。成人版本採用的是一致性 T 分數，使不同量表的 T 分值所對應的百分位趨於一致。計算出 T 分數後，就可以根據其分值繪製剖析圖。

2. 調查表的解釋 結果剖析圖是解釋結果的基礎手段，它是根據各分量表的 T 分數製作出來的一個統計量。臨床量表中某一量表的 T 分數達到 70 (MMPI-2 中為 65) 時便有解釋意義了。在剖析圖上，往往不止一個分量表超過了"臨界分"，因此又衍生出許多有解釋意義的剖析圖分布。

實踐證明，解釋明尼蘇達多相人格調查表的結果，只憑某一個量表 T 分數在臨界分以上便結合精神病症狀作解釋是不夠的，還需要進行全面的分析。例如，憂鬱症 (D) 量表的 T 分數為 70 或以上，可解釋此人有抑鬱症狀。事實上，不少人的憂鬱症 (D) 量表 T 分數達到或超過 70，臨床上並無抑鬱症狀。故對正常生活和工作者，不能使用單一的高 T 分數來進行解釋。因此對量表的 T 分數剖析圖型式進行分析在解釋上更有意義。目前應用本測驗時，不再只是聯繫精神病症狀，而更多是聯繫人格特點來作解釋。

(四) 調查表的評價

明尼蘇達多相人格調查表內容量表的信度在 .78～.91 之間，大部分是滿意的 (Buthcher, 1989)；臨床各量表在相隔兩週後再重測，其再測信度在 .58～.92 之間。成人版 (MMPI-2) 因時間不長，其效度研究還比較少，但由於它與原版保持較好的連續性，同樣可以作為成人版的效度研究資料。

對明尼蘇達多相人格調查表的評論很多。總的說來，該量表有很好的應用價值。但從心理測量學角度看，它仍有不足，主要是回答"是"或"否"的項目數失調，一些項目重複出現於幾個量表，以及原量表中的某些分量表的效標樣本代表性欠佳。臨床學家則認為量表內容太多，施測時間過長。新量表對上述缺點已作了改進，但"是"、"否"回答數失調和實施時間過長等問題依然存在。

二、加利福尼亞心理調查表

加利福尼亞心理調查表 (或加州心理測驗、青少年心理測驗) (California Psychological Inventory，簡稱 CPI) 是美國加利福尼亞大學心理學教授高夫 (Harrison G. Gough, 1921～　) 於 1948 年編製，為正常人所用的人格測量工具。是自陳量表形式，適用於十三歲及以上者。編製的目的有二：一是理論方面，希望展示一套能描述人與社會相關聯的概念，以測量社會適應；二是實際應用方面，設計一套簡便而又可靠的量表，以預測人們在一定情境下的反應。經驗證明，在為正常人所用的人格量表中，加利福尼亞心理調查表是最受歡迎的，同時也是研究最深入的。

(一) 起源與發展

編製者高夫從學生時代起便研究明尼蘇達多相人格調查表 (MMPI) 等的人格量表，深受影響，為他發展加利福尼亞心理調查表奠定基礎。原版包括 480 道"是/否"式的題目，分 18 個量表，內容都是對青少年和成年人人格特徵的陳述；將 18 個分量表總加起來，可了解人與社會交往中個人的特點。在 480 道題中一半取自明尼蘇達多相人格調查表，另一半是新的，因此可以說這兩個量表是姊妹量表，明尼蘇達多相人格調查表臨床量表主要關心的是失調和精神失常，而加利福尼亞心理調查表更關心人格中積極、正常的方面，因此也可以說加利福尼亞心理調查表是"無疾病的明尼蘇達多相人格調查表"。加利福尼亞心理調查表經過多次修訂，已有一些國家作翻譯或修訂，臺灣由學者李本華和楊國樞修訂，稱為**青少年人格測驗**；大陸有楊堅、龔耀先對其修訂版的修訂 (1987～1991)。

(二) 調查表的內容與結構

加利福尼亞心理調查表的修訂本 (Gough, 1987) 從 480 個項目中保留 462 個項目，在原 18 個量表中增加兩個新量表 (通情和獨立性)。1996 年的修訂本又將項目減少至 434 個，分 20 個量表。對修訂的新量表可以用三組概念去測量。第一組按人們通常所用概念，包括 18 個原來量表和兩個新量表 (通情、獨立性)。第二組包括一些特殊目標量表、指數和迴歸方程。第三組代表理論模式，包括三個主題：角色、特徵和勝任力，由三個向量對它們加以評估。第一個向量 (V.1) 是角色或人際關係定向，包括內在定向和外在定向，是在支配性、進取能力、自我接受、社交性、社交風度等幾個量表中於人際關係定向方面自我一致性的表現，由 34 個項目構成；第二個向

量 (V.2) 是特徵或合乎規範主題，包括遵守社會規範和挑戰社會規範，由責任心、社會化和自控能力三個量表中的 36 個項目構成；第三個向量 (V.3) 是勝任力或現實化，依據由獨立取得成就、由順應取得成就、智力效率、安寧感和忍受力等幾個量表中的 58 個項目來測量。這三個結構化的量表彼此無關，但它們都與那些使用通俗概念的量表有顯著相關。其結構見表 12-2。

原始的加利福尼亞心理調查表是通過表 12-2 上標有 * 號的量表進行評估的。其中安寧感 (well-being)、好印象 (good impression) 和從眾性 (communality) 三個量表是效度量表。前二者是以正常人在反應中傾向"裝壞"或"裝好"的項目所組成。從眾性量表的分數是通過計算最大多數受評者的反應得到的。其餘十五個量表中，有十一個量表與明尼蘇達多相人格調查類似，通過比較不同人群的反應進行選擇；另外四個量表 (社交風度、自我接受、自控能力和靈活性) 是考察內容效度。

(三) 調查表的實施與解釋

1. 實施方法　加利福尼亞心理調查表的實施方法與明尼蘇達多相人格調查表相同，唯用於中學和大學生時，可用團體或個別方法，無時限，通常 45 分鐘至一小時即可答完所有項目，再按常模將原始分換算成 T 分數 (平均數為 50，標準差為 10)。也可以用電腦來執行和記分。

2. 加利福尼亞心理調查表的解釋　依據在第一個向量表 (V.1) 和第二個向量表 (V.2) 上所得分數，得出四種人格類型：α (Alpha)，β (Beta)，γ (Gamma)，δ (Delta)。α：外在取向和遵從規範；β：內在取向和遵從規範；γ：外在取向和挑戰規範；δ：內在取向和挑戰規範。α 型人格類型被描述為"野心勃勃的，過分自信的，有魄力的，對人友好的，利己主義"；β 型是"謹慎的，保守的，傳統的，平和的，謙遜的"；γ 型是"冒險的，聰明的，任性的，進步的，反叛的"；δ 型是"全神貫注的，安靜的，客氣的，敏感的，焦慮的"。

第三個向量表 (V.3) 分作七個能力水平。水平一被描述為：綜合能力差，所屬類型的積極潛能難以發揮；水平四被描述為：一般的自我綜合能力，所屬類型的積極潛能能夠得到一般發揮；水平七被描述為：綜合能力出眾，所屬類型的積極潛能可以得到較佳的發揮 (這裡的所屬類型為 $\alpha, \beta, \gamma, \delta$)。水平二和三的描述介於一和四之間，水平五和六的描述介於四和七之間。

表 12-2　加利福尼亞心理調查表的內容結構 (第三版)

內容結構	分量表名稱	測量目的
通俗量表 V₁	*支配性 (Dominance, Do)	評估領導能力、支配、堅忍和社會主動性
	*進取能力 (Capacity of Status, Cs)	牟取地位的能力指數 (不是實際的或取得的地位)，本量表試圖測量個人潛伏有地位的和導致有地位的特質和屬性。
	*社交性 (Sociability, Sy)	確認好交際、善社交、具積極參與氣質者。
	*社交風度 (Social Presence, Sp)	評估泰然自若、自發性，和在個人與社會交往中的自信心。
	*自我接受 (Self-acceptance, Sa)	評估個人價值感、自我接受、獨立思考和行動的能力。
	獨立性 (Independence, In)	確認獨立思考和行動能力。
	通情 (Empathy, Em)	評估對事物的專注性和自我涉入程度。
通俗量表 V₂	*責任心 (Responsibility, Re)	確認正直、負責、具可靠傾向和氣質的人。
	*社會化 (Socialization, So)	指出社會成熟性、誠篤性和個人已達到的誠實性程度。
	*自控能力 (Self-Control, Sc)	評估自我管理和自我控制的程度，及評估控制衝動和自我中心的程度和恰當性。
	*好印象 (Good-impression, Gi)	確認那些表示從容、承受的人們和確認不判別社會信仰和態度的人們。
	*從衆性 (Community, Cm)	確認能建立好印象，考慮別人會有怎樣的反應。
	*忍受力 (Tolerance, To)	指出一個人對問卷所建立的 "共同的" 模式作反應或回答的程度。
通俗量表 V₃	*安寧感 (Sense of well-being, Wb)	確認那些很少緊張和病痛主訴的人，他沒有自我懷疑和理想破滅。
	*由順應取得成就 (Achievement via conformance, Ac)	確認那些易於成功的、在任何條件下都是積極順從的一些興趣和動機因素。
	*獨立取得成就 (Achievement via independence, Ai)	確認那些易於成功，在任何條件下都是積極獨立自主的一些興趣和動機因素。
	*智力效能 (Intellectual efficiency, Ie)	指出個人理性與智力已經達到的有效性程度。
	*善思考 (Psychological mindedness, Py)	測量個人興趣所在，內在需要和其他體驗的程度。
	*靈活性 (Flexibility, Fx)	指出一個人思想和社會行為靈活性和隨機應變的程度。
	*女人性 (Feminity, Fe)	評估個人傾向女性化的程度。
特殊目標量表	管理潛能 (Managerial potential, Mp)	
	工作方向 (Work orientation, Wo)	
	領導潛力指標 (Leadership potential index, Lpi)	
	社會成熟度指標 (Social maturity index, Smi)	
	創造性潛能指標 (Creative potential index, Cpi)	

註：有*符號者是原始的加利福尼亞心理調查表中包含的量表

(採自 Aiken, 2003)

組合 V.1、V.2 和 V.3 的分數能夠產生總共 4 種類型×7 種水平＝28 種不同的人格結構。

諮詢心理學家、新聞發行人特別強調，加利福尼亞心理調查表 (CPI)，在識別和培養成功的雇員和領導，建立高效多產的組織，促進團體協作中的使用。很明顯，對工業和其他組織中加利福尼亞心理調查表的使用者，上述的四種類型描述是該量表一個很誘人的特徵。

（四） 調查表的評價

關於加利福尼亞心理調查表的研究報告有很多。有關信度研究的結果在 0.2～0.5 之間。從心理測量學角度看，人格測驗的信度低於能力測驗。加利福尼亞心理調查表與明尼蘇達多相人格調查表相同，具有項目重疊、"是-否"型回答數目不平衡等心理測量學的缺點，在測量項目和分量表的選擇上偏重通俗性，缺乏理論基礎。儘管如此，它們都是有實際應用價值的人格測量工具。對職業的預測效度，在法律、護士、學校成績、醫學 (A 型人格)、藥癮等方面比較成功。加利福尼亞心理調查表的歷史比明尼蘇達多相人格調查表要短，其應用範圍正在擴大，應用的國家也在增多，在諮詢工作上是一個很有前途的人格測量工具。

三、艾森克人格問卷

艾森克人格問卷分成人和兒童兩式，是用途相當廣泛的人格量表之一，以下作詳細介紹。

（一） 起源與發展

艾森克 (Hans Jürgen Eysenck, 1916～1997) 原是英國神經症醫生，於 1952 年首先在麻斯理醫院編成"麻斯理醫學問卷"，利用 40 個項目來調查情緒的穩定性 (即現在的 N 量表，N 為 Neuroticism 之略，譯作神經質)；於 1959 年又增加調查內外向 (現在稱 E 量表，E 為 Extroversion (外向或外傾)，I 為 Introversion (內向或內傾))，將該量表改稱麻斯理人格調查表 (簡稱 MPI)。1964 年又增加一個效度量表 L (Lie，掩飾量表)，並改稱**艾森克人格調查表** (Eysenck Personality Inventory，簡稱

EPI)。1975 年加入 P 量表 (P=psychoticism，精神質)，稱**艾森克人格問卷(或艾森克個性問卷)** (Eysenck Personality Questionnaire，簡稱 EPQ)。

艾森克人格問卷 (英國版) 分兒童 (7~15 歲) 和成人 (16 歲及以上) 兩式。美國版也分兒童和成人兩式，年齡劃分同英國版。兒童常模是基於英國的，成人有初步的美國常模。中國的修訂版有北京市區域性成人常模 (陳仲庚，1983) 及全國的兒童和成人常模 (龔耀先等，1984)。

(二) 問卷的內容與結構

艾森克人格問卷是根據其多維個性理論所建立的，由四個分量表組成，每一個分量表代表一個維度，四個分量表是：

1. E 量表 目的為調查內外向。

E 分高為外向：愛社交、廣交朋友、渴望興奮、喜歡冒險、行動常受衝動影響。反應迅速、樂觀、好談笑、情緒傾向於失控、做事欠踏實。

E 分低為內向：安靜、離群、保守、交遊不廣但有摯友。喜瞻前顧後、行為不易受衝動的影響、不愛刺激的事、做事有計畫、生活有規律、做事嚴謹、傾向悲觀、踏實可靠。

2. N 量表 目的為調查神經質傾向。

N 分高為情緒不穩定：焦慮、緊張、易怒、通常有抑鬱。睡眠不好，往往有幾種心身障礙。情緒對各種刺激的反應都過於強烈，動情緒後難以平復。如與外向結合時，這種人容易生氣、激動、甚至攻擊。概括的說，是一種緊張的人，具偏見，以致於常犯錯誤。

N 分低為情緒過於穩定：情緒反應很緩慢、很弱、又容易平復。通常是行若無事，很難生氣，在一般人難以忍耐的刺激下雖也有所反應，但並不強烈。

3. P 量表 P 量表是新發展的一個量表，有些研究發現，與 N 量表有一定相關。艾森克將下面的一些人格特點都歸於 P 量表內。

P 分高的成人表現為對人不關心，獨身。常有麻煩，在哪裡都感覺不合適。有的可能殘忍、不人道、缺乏同情心、感覺遲鈍、常抱敵意、好進攻、對同伴和動物缺乏人類感情。如為兒童，常對人仇視、進攻、缺乏是非感、無社會化概念，好惡作劇，是一種很麻煩的兒童。

艾森克人格問卷中的 E 量表和 N 量表是兩極量表，即高分和低分均有意義，而 P 量表是後來發展的，艾森克並未清楚地説明其是否為兩極量表。從 P 量表的內容看，這些人格問題的項目在當時有解釋意義的，沒有或很少有這些問題的人，應該是正常的，如果是這樣，P 量表便是單極的。

4. L 量表 原來作為效度量表，通過實踐説明，L 分高不一定就是回答不真實 (包括明尼蘇達多相人格調查表的 L 量表)。研究者們發現，其得分高低與許多原因有關：如年齡 (中國常模是年齡小的兒童和老年人的偏高) 和性別 (女性偏高)。國外的研究説明，美國移入民族高於本地民族，農村入城的高於城市居民，有虔誠宗教信仰的得分較高。筆者將英國人、希臘人與中國的艾森克人格問卷中的 L 分進行比較時發現，中國人和希臘人的 L 分較高，英國人較低。因此認為 L 分與民族差異也有關係。艾森克認為，艾森克人格問卷中的 L 量表是否也測量某種人格維度，有待進一步研究 (Eysenck, 1975)。

由於考慮到性別和年齡因素的影響，本問卷分別構建了兩個版本，建立了四種常模，即成人版男性常模、成人版女性常模、兒童版男性常模和兒童版女性常模，每個常模均是按照不同的年齡段劃分成年齡組，再選取相應的常模樣本所建立的。

(三) 問卷的實施與解釋

1. 方法 問卷是自陳式人格量表，由"是"或"否"的選擇方式來回答。實施方式與明尼蘇達多相人格調查表相同，既可以採用團體方式或個別方式，也可以在電腦上進行。

2. 問卷的解釋 艾森克人格問卷的每個維度既可以單獨解釋，也可以與其他維度結合作解釋。例如，E 量表與 N 量表相結合，以 E 為橫軸，N 為縱軸，便構成四個象限，即外向-不穩定，外向-穩定，內向-穩定及內向-不穩定四個類型。艾森克認為它們分別相當於古代氣質類型的膽汁質、多血質、粘液質和抑鬱質。各個類型之間還有各種過渡類型，因此他以維度為直徑，在四個象限外畫一個圓，在圓上可排列出四種基本類型的各過渡型 (見圖 12-2)。

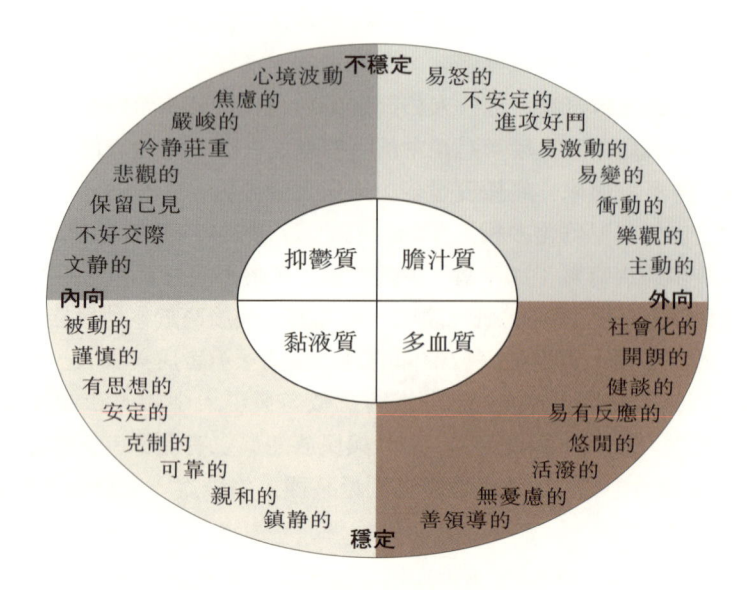

圖 12-2　艾森克兩維度人格類型論圖解
(採自 Eysenck, 1970)

(四)　問卷的評價

　　艾森克的人格測驗，是以其多維人格理論為基礎發展而來，內容較少，操作及解釋均不太複雜，不僅在歐洲常用，在美國也是使用頻繁的人格測驗之一。在中國現在常用的人格測驗中，首推明尼蘇達多相人格調查表和艾森克人格問卷。這原是一個以純理論為基礎編製的人格量表，但作者提出許多臨床群體常模，所以也使用在臨床上。其不足之處恰好是測量的人格維度有限，不足以對人格的全面深入研究。此外，新發展的 P 量表的性質仍有待繼續研究。

四、十六項人格因素問卷

　　十六項人格因素問卷是測量人格特質的重要工具之一，以下將詳細介紹此一問卷。

(一) 起源與發展

十六項人格因素問卷 (Sixteen Personality Factors Questionnaire，簡稱 16PF) 為心理學家卡特爾 (Cattell, 1956) 所編製的，目的在確定和測量人格基本的根源特質。

十六項人格因素問卷是根據卡特爾的人格特質說，採用因素分析方法編製的。卡特爾開始對人們描述人格特質的辭彙表中分析出人格有二類特質：一類是**外觀特質** (或**表面特質**) (surface traits)，為表現於外且可直接觀察到的行為特質；另一類是**根源特質** (source traits)，即不能直接觀察、只能根據表面行為作推測的特質，是構成人格的真正特質。其又編成兩極性評定量表，再用於大學生、軍隊和臨床。經過因素分析，得出十五個因素，加上智力，成為十六項人格基本因素。從這十六個外觀因素中還分析出八個第二級因素。這些因素見表 12-3。

表 12-3 十六項人格因素問卷內容和分數意義

人格因素	高分特徵	低分特徵
A- 樂群性	善和他人相處，通力合作的適應能力強	緘默，孤獨，寡言
B- 聰慧性	聰明，富有才識	遲鈍，學識淺薄
C- 穩定性	情緒穩定，沈著態度	情緒容易激動
E- 恃強性	好強固執，自視甚高	謙虛，順從，通融
F- 興奮性	輕鬆興奮，隨遇而安	嚴肅，審慎，冷靜，行為拘謹
G- 有恆性	做事盡職負責，有始有終	缺乏責任心和負責的態度
H- 敢為性	冒險敢為，少有顧慮	畏懼退縮，缺乏信心
I- 敏感性	敏感，易感情用事	理智性強，著重實際
L- 懷疑性	懷疑，不信任別人	與別人順應合作，信賴隨和
M- 幻想性	喜好幻想，狂放不羈，有時不務實際	行為現實，合乎成規
N- 世故性	精明能幹，行為得體，能冷靜分析一切	坦白，直率，天真
O- 憂慮性	憂慮煩惱自擾	安詳，沈著，不輕易動搖
Q1- 實驗性	喜歡評價判斷，不拘泥於現實	較保守，缺乏探索求新的精神
Q2- 獨立性	自立自強，當機立斷	依賴他人，隨群附合
Q3- 自律性	知己知彼，能控制自己的情感與行為	矛盾衝突，經常不能克制自己
Q4- 緊張性	緊張困擾，心神不定	心平氣和，能保持心理平衡

(採自馬啟偉、張力為，1996)

(二) 問卷的內容與結構

十六項人格因素問卷的內容，請見表 12-3。該問卷分 A、B、C、D、E 五式。五式的主要區別是內容長度和實施所需時間不同。A 或 B 一般每量表各有 10～13 項，共 187 項，C 或 D 各量表分別為 6～8 項，共 105 項。實施時間，前者需要 45～60 分鐘，後者為 25～35 分鐘。E 含 128 項，是特為閱讀水平低的人而設計。A 或 B 符合於 8 年教育程度者，C、D 為 6～7 年級，E 為 3～4 年級。

(三) 問卷的實施與解釋

1. 實施方法 十六項人格因素問卷也是自陳式，有問卷和答卷。回答是強制選擇，A～D 四式是三選一的回答，E 是二選一，無時限。記分先統計原始分，再將各量表分換算成標準分 (1～10 分)。平均為 5.5 分，均數±1，標準差約在 4～7 之間，這是平均範圍。常模是按文化程度設立的。

2. 問卷的解釋 對本問卷的解釋，基本上，首先要掌握每個主要因素和第二級因素的意義，包括在這些因素上得分高低的意義，其他的解釋技術都在此一基礎。

剖析圖法是通用方法：將受試者在各個人格因素表上得到的原始分換算成標準分 (1～10 分)，再畫出剖析圖，參照不同效標組的剖析圖分布形式進行解釋；另一種方法是效標估計法，即採用統計方程式，將每一因素分乘一個特殊的加權分來預測選擇行為或分級。

(四) 問卷的評價

從心理測量學的觀點來看，項目多用中性詞句，並不會露骨地聯繫到人格。每一因素 (分量表) 兩端都是願意接受和不願意接受，如此可以減少回答的偏差。每一項目只出現於一個量表，回答 "是" 或 "否" 的項目平衡，可避免回答的定勢選擇傾向。分別設立不同文化程度和年齡用表，實施時間不需很長，所有這些都是十六項人格因素問卷的優點。

研究者們也提出一些問題。如簡式 (C 和 D) 的信度和效度低。原因可能出自簡式的項目數太少給使用者造成困難。卡特爾認識到這個問題，曾提示使用 C 和 D 式在作解釋時，應參照 A 和 B 的結果；另一個問題是問卷的適用界限不清楚，或有關項目太少，在手冊上缺乏參考資料。問卷各式之間的交叉信度低，使得說明不同人群之間的因素結構不穩定。還有人提出，問卷中對人格的描述採用不少生澀難認的字，為讀者的理解帶來困難。雖然如此，十六項人格因素問卷仍不失為一個知名的和使用非常廣泛的人格量表。

五、大五人格問卷

在 20 世紀 70 年代，美國的心理學家考斯塔與馬克雷採用因素分析方法，將收集到的巨量人格描述語進行分析，歸納出五種重要的人格因素：(1) **神經質** (neuroticism) 代表人格特質方面情緒穩定程度；(2) **外向性** (extra-version) 代表個人在性格上外向的程度；(3) **開放性** (openness) 代表個人態度觀念開放的程度；(4) **親和力** (或順同性) (agreeableness) 代表個人與人相處的性格特質；(5) **責任感** (或審慎性，嚴謹性) (conscientiousness) 代表個人行事的審慎程度，稱為**大五人格特質** (或五大人格特質) (big five personality traits) (見表 12-4)。這大五人格特質可用以評量一般人在人格上的個別差異，又稱為**五因素模型** (five-factor model，簡稱 FFM) 或**大五模型** (big five model)。

（一） 起源與發展

考斯塔與馬克雷 (Costa & McCrae, 1985) 根據五因素模型編製**大五人格問卷** (NEO Personality Inventory，簡稱 NEO-PI)。編製此問卷的最初目的是對人格進行描述，以利於臨床應用和科學研究，所以只有能夠理想地測查神經質、外向性、開放性三項人格特質的三個分量表，至於對宜人性和責任感的測查則必須對整個問卷的結果再作進一步的分析，程式較為繁複。故而在實際應用中，編者再度大量收集資料，於 1989 年開始對問卷進行修訂，修改原有的部分測題，並加入測查宜人性和責任感的分量表，於 1992 年正式出版**大五人格問卷修訂版** (NEO Personality Inventory-Revised，簡稱 NEO-PI-R) 以及僅有 60 個測題的**大五人格簡式問卷** (NEO-Five-Factor Inventory，簡稱 NEO-FFI)。大五人格問卷修訂版的應用相當廣泛，有多國文字的譯本，中國也有中譯本，但尚未建立常模 (見表 12-4)。

表 12-4　大五人格問卷示例

說明：針對下面各項中成對的形容詞，核對哪一個數位等級符合你自己的情況。

1. 感情豐富	1	2	3	4	5	6	7	含蓄
2. 平靜	1	2	3	4	5	6	7	煩惱
3. 謹慎細心	1	2	3	4	5	6	7	粗心大意
4. 順從	1	2	3	4	5	6	7	自主
5. 無序	1	2	3	4	5	6	7	有序
6. 務實	1	2	3	4	5	6	7	富於想像
7. 喜歡娛樂	1	2	3	4	5	6	7	嚴肅
8. 樂於助人	1	2	3	4	5	6	7	拒絕合作
9. 不安全感	1	2	3	4	5	6	7	安全感
10. 墨守成規	1	2	3	4	5	6	7	尋求變化
11. 不好交際	1	2	3	4	5	6	7	好交際
12. 無情	1	2	3	4	5	6	7	熱情
13. 自律	1	2	3	4	5	6	7	意志力弱
14. 自憐	1	2	3	4	5	6	7	自我滿足
15. 懷疑	1	2	3	4	5	6	7	信任

＊大五人格因素的評分公式：
親和力＝5＋第12項＋第15項－第8項　　　　神經質＝13＋第2項－第9項－第14項
責任感＝13－第3項＋第5項－第13項　　　　開放性＝第4項＋第6項＋第10項－3
外向性＝13－第1項－第7項＋第11項

(採自 Coste & McCrae, 1985)

（二）問卷的內容與結構

　　大五人格問卷修訂版 (NEO-PI-R) 分為兩式：S 式為自評量表，R 式為他評量表。他評與自評量表相同，惟在表述上採用第三人稱的形式。整個問卷分為五個分量表，每個分量表包含六個層面，每個層面有八個項目，共計 240 個項目。各分量表及層面的內容見表 12-5。

　　大五人格因素問卷修訂版沒有像明尼蘇達多相人格調查表 (MMPI)，設有檢查反映真實性回答的效度分量表，只是在答卷上給出 A、B、C 三個項目來檢查回答的有效性。項目 A、B、C 分別詢問填表者是否誠實、準確地回答問卷的問題；是否回答了所有的問題；是否在正確的位置標出答案。評分者或解釋者可以據此簡單地判斷答卷的有效性。

　　大五人格因素問卷修訂版適用於十七歲以上，具有小學 6 年級文化水平者。考慮到年齡及性別因素的影響，分別建立十七至二十一歲 (學生) 和

表 12-5　大五人格的維度量表和特質分量表

人格維度	特　　質
N：神經質 (Neuroticism)	個體情緒的狀態，體驗內心苦惱的傾向性
N1：焦慮 (Anxiety)	面對難以把握的事物、令人害怕情況時的狀態
N2：憤怒的敵意 (AngryHostility)	人們準備去體驗憤怒情緒的狀態。
N3：抑鬱 (Depression)	正常人傾向於體驗抑鬱情感的個體差異
N4：自我意識 (Self-Consciousness)	人們體驗羞恥和面臨困境時的情緒狀態。
N5：衝動性 (Impulsiveness)	個體控制自己的衝動和欲望的能力
N6：脆弱性 (Vulnerability)	個體面對應激時的狀態
E：外向性 (Extraversion)	個體神經系統的強弱和動力特徵
E1：熱情性 (Warmth)	個體對待別人和人際關係的態度
E2：樂群性 (Gregariousness)	指人們是否願意成為其他人的伙伴
E3：自我肯定 (Assertiveness)	個體支配別人和社會的欲望
E4：活躍性 (Activity)	個體從事各類活動的動力和能量的強弱
E5：刺激追尋 (Excitement-Seeking)	人們渴望興奮和刺激的傾向性
E6：正性情緒 (Positive Emotions)	人們傾向於體驗到正性情緒的程度
O：開放性 (Openness)	個體對體驗的開放性、智慧和創造性
O1：幻想 (Fantasy)	個體富於幻想和想象的水平
O2：美感 (Aesthetics)	個體對於藝術和美的敏感和熱愛程度
O3：情感 (Feeling)	人們對於自己的感覺和情緒的接受程度
O4：行動 (Action)	人們是否願意嘗試各種不同活動的傾向性
O5：觀念 (Ideas)	人們對新觀念、怪異想法的好奇程度
O6：價值 (Values)	人們對現存價值觀念的態度和接受程度
A：宜人性 (Agreeableness)	人際交往中的人道主義或仁慈方面
A1：信任 (Trust)	個體對其他人的信任程度
A2：坦誠 (Straightforwardness)	個體對別人表達自己真實情感的傾向性
A3：利他性 (Altruism)	個體對別人的興趣和需要的關注程度
A4：順從性 (Compliance)	個體與別人發生衝突時的傾向性特徵
A5：謙虛 (Modesty)	個體對待別人的行為表現
A6：溫存 (Tender-Mindedness)	個體給於別人贊同和關心的程度
C：責任性 (Conscientiousness)	人格特徵與意志有關的內容和特點
C1：勝任感 (Competence)	個體對自己的意爭狀態的認識和感覺
C2：條理性 (Order)	個體處理事務和工作的秩序和條理
C3：責任心 (Dutifulness)	個體對待事務和他人的認真和承諾態度
C4：事業心 (Achievement Striving)	個體的奮鬥目標和實現目標的進取精神
C5：自律性 (Self-Discipline)	個體約束自己的能力，自始至終的傾向性
C6：審慎性 (Deliberation)	個體在採取具體行動前的情緒狀態

(採自：大五人格問卷中文修訂版)

二十一歲以上（成人）兩個年齡組的男、女常模。對於處於過渡階段的二十一至三十歲者，其測驗結果可以參照學生常模或成人常模，但在解釋結果時應結合所參照的常模進行解釋。學生組問卷僅有自評 (S) 式，成人組問卷有自評與他評兩種形式，也分別建立男、女常模。

(三) 問卷的實施與解釋

1. 實施方法　大五人格因素問卷修訂版 (NEO-PI-R) 的自評量表，由被評者自己回答；他評量表採用於當被評估者存在生理或精神上的缺陷不能完成問卷，或有足夠的理由相信被評估者具有高度不真實回答的動機時。他評量表的使用者可以是被評估者的配偶、熟悉的人及專家。有時可以對被評估者同時施測兩式，以期通過比較兩式的結果更為深入、真實地瞭解被評者的人格特徵。

2. 問卷的解釋　對大五人格因素問卷修訂版的解釋基礎，首先應掌握五個維度及其各個層面的意義，瞭解它們高低分各具有什麼意義。繪製剖析圖是最常採用的形式，先將所獲得的原始分結合相應的常模轉化為平均數為 50，標準差為 10 的 T 分，並根據 T 分（給以相應的權數）計算五個維度的因數分；再根據被評估者的年齡、性別以及所採用的問卷的形式選擇相應的剖圖表繪製剖析圖。

儘管對大五人格因素問卷修訂版結果的解釋，與明尼蘇達多相人格調查表 (MMPI) 一樣是依據 T 分數的高低，但它並未像明尼蘇達多相人格調查表一樣設立臨界分，對被評估者進行分類或診斷是根據 T 分將五個維度及其所有層面劃分為五個等級：極低 (<34)、低 (35～44)、平均水平 (45～55)、高 (56～65) 和極高 (>66)。在某一量表上不同的高分或低分，都可以提供瞭解被評估者人格特徵的豐富資訊，對測驗結果的解釋需要全面考慮被評估者在所有維度和層面上的得分，綜合地進行分析。有時，由於特殊目的的需要，研究者可以根據經驗來設立臨界分，但此臨界分只適用於該特殊目的及人群。

(四) 問卷的評價

儘管有研究者對大五人格因素問卷修訂版二級層面的數目和定義提出異議，也有人認為它缺少效度量表，使得使用者無法有效地判斷被評估者反應的真實性。但經過十多年來的研究和應用，表明大五人格因素問卷修訂版是一個具有良好心理測量學特性的人格測驗。該測驗在世界各地已得到普遍的認同，並被廣泛的應用於臨床心理學、精神病學、健康心理學、職業諮詢、組織心理學以及教育研究等領域。

第三節　投射性人格測驗

上一節已介紹有結構、範圍明確和解釋系統化的人格量表。本節介紹無結構、編製程式不規範、受評者自由反應，用以推斷受評者人格特質的投射測驗。首先概述投射測驗的概念、特徵和種類，然後介紹最著名的羅夏投射測驗和主題統覺測驗。

一、概　述

（一）　投射和投射測驗的概念

人格測驗的目的是為瞭解個體間的性格差異，從測量個體的人格特質以至歸屬其人格類型。然而，一個人的人格結構大部分隱藏於潛意識中，無法由外部刺激直接引發出來，故以曖昧的刺激為線索，在其不自覺的情況下，將真正的心理活動投射出來。

投射的含義很廣。心理學上精神分析學派的觀點，**投射** (projection) 是一種防衛方式，係把自己內心不被允許的態度、行為和欲望推給別人或周圍的事物上，藉以減輕內心焦慮的自我保護之道。在日常生活中的借題發揮、嫁禍於人，均屬這類心理表現。

投射測驗 (projective test) 是依據投射作用的原理設計，用以探索個體心理深處活動的一種人格測驗。其基本特徵是由若干曖昧不明的刺激（如圖片）所組成。在此曖昧不明且不受限制的情境下，個體對其作出自由反應，藉以投射出隱藏在內心的動機、欲望與感情。通常因受試者無法覺察測驗的真正目的，故不易作假，從而反映出其人格核心決定因素的潛意識過程。

由投射測驗收集的資料，需要再經過分析和評鑒，程式繁複且費時，還要求評定者具有豐富的學識和經驗。其得到的結果往往因評定者的主觀判斷而截然有別，所以可信度較差；在實施上也不及量表方便。然而，臨床診斷上，這類測驗能發揮重要作用，仍倍受臨床學者的歡迎。

(二) 投射測驗的種類

投射測驗形式有許多種，以下是幾種常用的測驗：

1. 聯想測驗 聯想測驗 (association test) 是提供受試者一些情緒情結的刺激，如一個單字、一個語詞或一些圖畫，要求受試者將其所看到的、想到的或感覺到的說出來，再依其反應的時間、內容及情緒表現來分析其心理特質。

2. 語句完成測驗 語句完成測驗 (或詞句完成測驗) (sentence-completion test，簡稱 SCT) 由聯想測驗發展而成。實施時，要求受試者把一些未完成的語句填充完整。這些句子多為情境性或情緒性的。例如：我常想到＿＿＿。我希望＿＿＿。遇挫折時我會＿＿＿。受試者自由填答，從填答中分析投射在其中的受試者內心隱含的問題。

3. 畫人測驗 畫人測驗 (Draw-a-Person Test，簡稱 DAP Test) 是美國心理學家麥庫佛 (Machover, 1949) 創製。讓受試者按自己的想法畫一人物，並以此人物編造一則故事。測驗的目的是藉此來瞭解受試者內心壓抑的情結，藉繪畫的人物與自編的故事發抒其情緒，將內心的情結投射出來。

4. 寓言測驗 寓言測驗 (fables test) 是採用寓言做為測驗試題。其實施方式是讓受試者解釋寓言的意義，從而鑒定其人格特質。

其實，有結構和無結構的劃分也是相對的，在標準化的智力測驗，如韋克斯勒量表中，有些分測驗具有投射測驗性質，也有用作投射測驗。不少測驗可同時列入兩種以上的分類。近年，投射技術不斷發展，通過一些預先設計的活動，可以瞭解反映在受試者其中的某些心理狀態。

投射測驗用於人格研究時，要結合訪談、個案史和自我報告的問卷等資訊來考慮。使用調查或問卷方法研究人格比較側重人格的"分子"式方面，如反應傾向、習慣、特質或行為傾向。投射測驗側重人格的深層，如需要、無意識的願望和幻想等。實驗證明，上述這些不同形式的人格測驗方法最好不要單獨使用，相互參照使用才能有最佳效果。

(三) 投射測驗與人格量表的差異

心理學家們為了鑑別人格的個別差異，發展出測量人格的工具，大致上可分為兩大類：一為人格量表；另一為投射測驗，兩者間的差異主要有以下幾點：

1. 投射測驗是給受試者一個曖昧不明的刺激情境，讓受試者能自由且盡情地表達他內心真正的感覺，從中可以發現很多隱藏在潛意識裡的意向，這些心理深處的情感在問卷式的人格量表中是不會顯露出來的。

2. 人格量表是採用標準化測題，要受試者回答他在不同情境中的感情或反應。投射測驗則不能透露測驗的目的，只能告知這是一個想像的測驗；給受試者充分表示知覺上個別差異的機會，讓受試者間接表露真實的自己。

3. 投射測驗注重整體人格的分析，而人格量表只能測量某些人格特質；此外，投射測驗可以用來考察個人的智力、創造力、解決問題的能力，也可用來研究潛意識的心理歷程。

4. 投射測驗適用年齡甚廣，從兒童到成人，從有文化到文盲均可使用，但其結果多依臨床心理學家的學識和經驗主觀地加以解釋，使其信度和效度都較人格量表要低。

二、羅夏測驗

瑞士精神病學家羅夏 (Hermann Rorschach, 1884～1922) 開創了現代投射測驗的先河。**羅夏測驗** (Rorschach Test) 是投射測驗中的一個主要測驗。原是一種臨床測驗，現則成為重要的人格測驗。

(一) 羅夏測驗概述

以下將從發展簡史，測驗材料與性質，以及測驗的應用與信度、效度研究三部分進行概述。

1. 羅夏測驗簡史 羅夏測驗的歷史至少可追溯到於 18 世紀在歐洲流行了百來年的"潑墨"遊戲。雖然早有心理學家使用一系列標準化的墨漬研究想像力和其他心理機能，但羅夏第一個採用它來進行整體人格的診斷性研究。1921 年他正式發表專著《心理診斷》，書中提到，如果使用主題清晰的刺激來研究精神病患者的知覺特點，其效果不明顯；但若採用主題模糊且無結構的墨漬圖，則發現患者會填補自己的結構，或將自己的思想認知投射到測驗的材料中。因此，羅夏用多種不同形狀的墨漬圖形，對正常人與精神病患施測，最後選出具有代表性的十張，作為曖昧刺激情境的測驗題目，故羅夏測驗又稱為**羅夏墨漬測驗** (Rorschach Inkblot Test)。該書出版後很快地在歐洲流傳開來。1942 年《心理診斷》譯成英文版，成為當時主要的臨床心理測驗。後來在記分和解釋上出現了一些流派及不同的版本。80 年代後成為通用方法。總之，羅夏測驗是一種性能良好的心理測驗，可用以評估人格功能，並且能瞭解認知方面的潛能。但由於對使用者的技術要求很高，限制了使用率，除臨床診斷外，至今尚不能大量推廣。

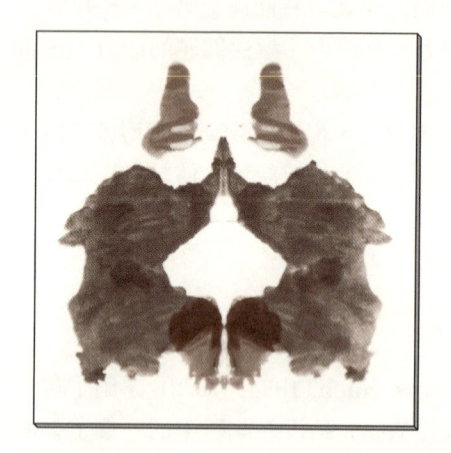

圖 12-3　羅夏墨蹟測驗圖示例

2. 羅夏測驗的材料與性質 羅夏測驗係由不同形狀的十張墨漬圖所構成。其製作方法是將墨汁滴於紙片中央，然後將紙對折用力按壓，使墨汁四溢形成墨色濃淡不規則、但對稱的各種圖形（見圖 12-3）。十張圖形中五張為黑色，兩張加了紅色，另外三張為彩色。

關於羅夏測驗的性質，按現在的心理測驗分類，將羅夏測驗歸為投射測驗，並作為這一門類的代表，但它是不是人格測驗，這問題很難用"是"或"否"來回答，它測量了人格，但不僅止於測量人格。

3. 羅夏測驗的應用和信度與效度研究　　羅夏測驗的發展狀況如下：

(1) 應用：羅夏測驗應用廣泛。在心理學方面，適用於評估認知和情感(情緒) 功能；估計智力、創造力、自發性、心境波動程度、抑鬱、欣快和焦慮；主動性、內向、自信、對情緒刺激的反應，控制情緒衝動的能力等。在臨床方面則適用於身心疾病、神經症和精神疾病的診斷；神經症和精神病的鑒別診斷；發現自殺傾向；鑒別有無腦損傷；預測在不同情境的外顯行為；預測精神病人治療後的療效等。

羅夏測驗是一個應用較廣、內容豐富、且有別於其他標準化的能力和人格測驗，在實際應用中也提出各種診斷公式、比率和其他各種參數。1980年以後，有人試圖用電腦來處理本測驗結果和作出解釋，但結果並不理想。用於精神病理的診斷上，對提高羅夏測驗的效用有一定作用，但通過自動化系統作出的分析和解釋只是非常一般性的，尚不能對受試者的獨特性作出精確描述。

(2) 信度和效度研究：幾十年來，對羅夏測驗作過許多信度和效度的研究，從心理測量學觀點看，結果並不理想。有些研究者認為，羅夏測驗不同於其他標準化測驗，所以不能用標準化測驗的信度和效度標準來評價。因為羅夏測驗的回答不受限制，受當時的情境影響，各種記分系統又明顯不同，故信度不高。研究者們曾用各種方法進行效度研究，也有不少共同結果。總的說來，信度和效度研究，有待進一步發展和提高，才可能更加完善。

(二) 羅夏測驗的實施方法

羅夏測驗的實施方法分為自由聯想與詢問兩階段，詳述如下：

1. 自由聯想階段　　自由聯想階段 (free association period) 讓受試者看圖，10 張圖片有一定順序，施測時按順序一張張地交到受試者手中，要他說出從圖中看到了什麼。不限制時間，也不限制回答的數量，一直到他不再有回答時再換另一張。每張均如此進行。

2. 詢問階段 詢問階段(inquiry period) 看完 10 張圖後，再從頭對每個回答都詢問一遍。問他看到的是圖的整體還是圖的哪一部分，問他為什麼說這些部位像他所說的內容。記錄下其所指部位和回答的原因。

完成這兩個階段後，受試者的任務即告完成。餘下的工作則是主試者對結果的分析。

(三) 羅夏測驗的記分與結果解釋

羅夏測驗的記分過程十分複雜，迄今已發展許多實施和記分系統，但無論哪一種方法，記分過程都十分繁複，各種記分系統尚未得到統一，且也未很好地解決標準化和效度測驗問題。

1. 克洛普費系統 克洛普費(Bruno Kolpfer, 1900～1971) 採用的一種記分方法，是長期以來常用的記分方法，它分成三部分來記分：(1) 反應部位：是指受試者注意墨漬圖的部位，是全圖、圖的部分或空白處。反應部位將反映出受試者的認識功能水平；(2) 引起反應的因素：是指受試者作出各種反應的主要依據，也就是什麼促使他作出反應。例如，墨漬的形狀、色彩、陰影、深淺、透視等因素；(3) 反應的內容：是指受試者回答的內容。例如，圖形像動物、物品、自然景物、建築等。由於解釋主要依賴評定者的經驗，在評定的依據方面，其主觀性是一個很難克服的缺點。

2. 埃克斯納 埃克斯納(John E. Exner, 1928～2006) 於 1993 年提出新的綜合系統。其記分也是從位置，決定因素，內容和普遍性幾個方面進行，在解釋上它要計算各種反應的出現頻率，以及不同反應的比例，每個類別的反應數量及其比例指導總的解釋。例如，幾個好的"整體"(W) 指示整體性或有組織的思維，顏色 (C) 反映其情緒型和衝動性，很多的細節反應指示強迫性，對白色空白部分的反應假設有反對傾向，運動反應展示想像、對人類運動反應數與顏色反應數之比被認為是反映該人是好思考的還是動作取向的，對形狀的反應與對顏色反應之比表明該人是受認知影響還是受情緒支配的。反應遲緩表明反應者的焦慮；很少顏色與運動的反應表明抑鬱；較多的陰影反映個體的自我控制；很多獨出心裁的不良形狀反應和一些混亂的思維可假定其有精神病的傾向等等。這種解釋方法有一定的客觀性，能夠形成量化資料，這些量化資料有利於建立不同人群的常模，因此成為當前影響最大的記分系統。表 12-6 列出各種羅夏測驗記分系統中常用的方法。

表 12-6　各種羅夏測驗記分系統中常用的方法示例

記分方法	定　義	類　型
1. 位置	看到的東西在圖上哪個位置	1. 整體 (W)。全圖 2. 常見的零件 (D) 3. 不常見的零件 (Dd)
2. 決定因素	圖上哪個部分決定了反應	1. 形狀 (F) 2. 運動 (M,FM,m) 3. 顏色 (C) 4. 陰影 (T)
3. 形狀質量	看到物與圖上刺激部分的符合程度	1. F＋或 F：非常符合 2. F：符合 3. F－：不符合
4. 內容	看到的東西是什麼？	1. 人 (H) 2. 動物 (A) 3. 自然 (N)
5. 普遍或獨特	在規範化樣本中被看出的頻率	(以每三次中出現一次為標準)

總之，在結果解釋方面，投射測驗比人格測驗和評定量表要困難很多，因為它要求解釋者擁有全面的知識和經驗。解釋過程包括：分析和綜合。對羅夏測驗結果的解釋，因系統不同而有些差異，但各系統之間仍有一些共同之處。羅夏本人也提出，不知如何去鑒別潛在症狀下的東西，所以他不強調測驗的特殊因素，而認為在解釋時應重視整體。

三、主題統覺測驗

與羅夏測驗同屬投射測驗的主題統覺測驗，最初目的是用來研究正常人的人格，後來才用於臨床。在投射測驗中亦居重要地位。接著將簡述主題統覺測驗的重要內容。

（一） 主題統覺測驗的概述

1. 主題統覺測驗的簡史　主題統覺測驗(Thematic Apperception Test，簡稱 TAT) 是另一個通用的投射測驗。1935 年，美國心理學家摩爾根和莫瑞 (C. D. Morgan & H. A. Murray) 在《神經精神病學檔案》刊物上發表〈主題統覺測驗———一種研究幻想的方法〉一文，並將此測驗應用於哈佛心理診所。1943 年，莫瑞在哈佛大學出版《主題統覺測驗》一書，後經過多次修訂，逐漸推廣應用。現在有了各種記分系統和各種變通版本，成為一種重要的投射技術。

2. 主題統覺測驗的內容結構　主題統覺測驗的測驗材料都是一些圖片，這些圖片與羅夏測驗用的墨漬圖不一樣，有一定主題，不是完全無結構的。而回答則無限制，所以仍屬投射測驗。全部材料包括 30 張卡片，按年齡性別分為四套，每套 20 張，其中 19 張是題意曖昧的圖片，另一張為空白卡。各套中有一些圖片為共用的，有的是各套專用。測驗分男性 (M)，女性 (F)，男孩 (B)和女孩 (G) 共四套。每一套又分兩次進行，故每次實際上只用 10 張圖卡 (見圖 12-4)。

圖 12-4　主題統覺測驗圖示例
(採自 Murray, 1943)

3. 主題統覺測驗的應用　主題統覺測驗是人格測驗，其應用十分廣泛。在臨床上，雖不能將之視為診斷性測驗，卻能通過它來發現一些特徵性病理症狀，或者不同精神障礙的人，可藉此測驗中的特徵性表現來瞭解不同疾病者在人格方面的變化特點，以作診斷參考。為了適應不同的特殊用途，有許多主題統覺測驗的改編本，目前各種改編版已廣泛的應用於態度調查、職業諮詢及行政評價等領域。

4. 主題統覺測驗的信度和效度研究　主題統覺測驗的信度和效度研究類似羅夏測驗，研究很多但結果滿意的少。其原因也是各學派和各系統，各有自己的實施、記分和解釋方法，所以記分之間的結果符合率不高。在用相同的判斷標準，實施者經過統一的嚴格訓練後，信度便升高。此外，影響信度研究結果的重要原因，可能是受試者所講述的故事，是憑空幻想而不是事實，例如，當時的心境和近期經驗等，這些因素是比較難控制的，所以造成投射測驗信度不高的現象。通常認為主題統覺測驗可作為受試者的一般興趣、動機、情緒創傷方面的指數，並不能作為預測一個人的行為或特殊人格特質的工具。

（二）　主題統覺測驗的實施方法

　　主題統覺測驗可以用作個別測驗或團體測驗。它的指導語、記分、解釋等會因流派不同而異，通常以如下方法進行。

　　受試者在安靜的環境裡，舒適的坐著。測驗分兩次進行，第一次的指導語包括："我要將一些圖畫給你看，並且要你根據每一張圖畫的內容講一個故事。故事中告訴我：(1) 圖畫說明了什麼樣的情況？(2) 此時發生了什麼事？(3) 圖畫的主人公內心有何感觸？(4) 結局如何？想到什麼便說，能說多少便說多少"。第二次的指導語是要受試者講故事時發揮想像力，講得更加生動。對兒童的指導語同成人的多少有些不同，主要是以他們能夠理解的語言。

　　一般情況可在 90～120 分鐘內作完測驗，每張圖講述一則約 300 字左右的故事。講完故事後要立即進行詢問，需要詢問的原因有幾種：故事中概念不明確，用詞意義不明確，故事意義不清楚。詢問必須依從指導語，解釋依從圖畫。

(三) 主題統覺測驗的記分與結果分析

1. 主題統覺測驗記分時常用的一些變數 主題統覺測驗結果的記分 (或稱編碼) 有一些不同方法，莫瑞 (1943) 記分系統仍是通用的。各種方法都包括如下的幾種變數：(1) 主人公，即看圖後編造出一個故事中的主人公；(2) 需要，係主人公自己各種的需要、動機、傾向和主人公的感情；(3) 壓力，來自環境中作用於主人公的壓力或力量；(4) 結果，快樂或不快樂，主人公或環境力量作用的結果；(5) 主題，即主人公的需要和所受到的壓力，主人公解決他的矛盾和焦慮方法的分析。

每一故事均按這些變數來分析，在分析時不僅按刺激圖所引起的故事內容，也要參考受試者以往行為和人格諸方面。

莫瑞研究人格是在找出人的需要。他認為，人們有各種需要，滿足需要會遇到各種環境壓力。如何解決這矛盾，便形成個人的人格特點。他編製的主題統覺測驗便是來揭露這些需要、壓力和解決矛盾方法的手段。

2. 主題統覺測驗結果分析步驟 結果分析要按下列步驟進行：

第一，決定主人公，主人公在測驗結果中非常重要，在情節中產生主導作用。他 (或她) 往往在年齡、目標、情操、性別、狀態或其他方面都非常類似說故事的人。說的故事往往從主要人物的面貌、感情和動機，非常精湛地描述出來。主要主人公可能是一位女傑，或可能是兩個主要人物，一個英雄和一個女傑，或任何性別的結合。

第二，檢查主人公的人格，他們的感覺如何？動機是什麼？獨特的特徵是什麼？非常重要的是，他們需要什麼，滿足與否？在將需要量化時用 5 級分表 (5 級為最大)，並補充評定需要的長度、頻率和在情節中，需要的切題或相對重要性。

第三，評估主人公的環境組成。自然的和人際社會的環境如何？亦即，對主人公的壓力是什麼？類似需要，評定壓力也是分 5 級。需要與壓力的重要區別是需要來源於人，而壓力源於環境。

第四，莫瑞解釋系統的一個比較有力的分析是主人公與壓力。是需要控制壓力？或壓力控制需要？主人公成功途徑是困難還是容易？面對障礙，主人公是變得強大克服仇敵？或是服從？主人公是主動使事情發生？或是讓事情發生以後再來作反應？他是更加依賴或主動？他的成功是因他人幫助還是個人奮鬥？在一個罪行後，主人公是得到獎賞還是處罰？主人公如何對待失敗？成功與失敗的比率為多少？最後，快樂和不快樂的結局比率是多少？

第五，為簡單和複合的考慮。一個單一主題是主人公的需要與壓力、或壓力與結果相的相互作用；複合主題為簡單主題網狀結構的組合。一些共同主題常側重在一些問題上，如欲望、愛情、處罰、戰爭、成就等的矛盾。

第六，是估計興趣和情操。說故事的人把什麼樣的特徵性興趣和情操歸因於主人公？這些興趣和情操的性質如何？又為什麼要選擇它們？用什麼態度對待這些興趣和情操？他們與他們"所愛的物件"的關係為何，男人與男人，婦女與婦女的關係如何？他們的關係形成用什麼樣的機制來維持？

(四) 主題統覺測驗的評價

主題統覺測驗與羅夏墨漬測驗相比，其結構性更強，但必須由經驗豐富的專業人員來進行記分與解釋。由於主題統覺測驗的結果解釋主觀性過強，及其在心理測量學上的特性特別是信度和效度方面的原因，對於該測驗在實際應用中的效能，一直存在廣泛的爭議。雖然如此，由於主題統覺測驗具有測驗項目無結構，受試者不知測查目的，所以其回答不受社會贊許的影響等優點，從主題統覺測驗的應用來看，其仍不失為一個經典的人格測驗。

本 章 摘 要

1. **人格**來源於拉丁文 Persona 一詞，原意為假面具，心理學上所講的人格又稱個性，係指構成人與人之間相互區別的各種心理特質的總和。
2. 人格具有獨特性、統一性和恆定性等特徵，是人格可以測量的基礎。人格測驗可以依不同目的在心理診斷、諮詢、心理治療、司法鑒定、人力資源、以及科學研究等諸多方面發揮作用。
3. **人格測驗**是測量個人在一定情境下，經常表現出來的典型行為與情感反應，進而歸屬其人格類型，其間所採用的一切測量工具，都可稱為人格測驗。
4. 人格測量工具有**人格量表**和**投射測驗**兩類，人格量表又分為**檢核表**、**評定量表**兩種。
5. 人格量表的編製策略有**內容效度法**、**人格理論法**、**因素分析法**和**經驗校標解答**四種。
6. 人格量表的信度、效度低於能力測驗。明確容易引起誤差的原因，使用多人評定，和對量表上欲測的內容作精確描述，是提高其信度、效度的有效方法。
7. **明尼蘇達多相人格調查表 (MMPI)** 和**加利福尼亞心理調查表 (CPI)** 均是按經驗型效標解答所編製的人格量表，前者多用於病理人格特徵的測查，而後者多用於正常人格特徵的測查。
8. **艾森克人格問卷 (EPQ)**、**十六項人格因素問卷 (16PF)** 和**大五人格問卷 (NEO)** 均是按人格因素理論編製的人格量表。這三個量表具有很好的心理測量學特性，被廣泛地應用於人格測量領域。
9. **投射測驗**是傳統的人格測驗，其特徵有：測驗所用的刺激材料無結構，測驗方法是間接的，受試者不知測驗目的，回答是自由的，對回答的解釋按照多個變數進行。
10. **羅夏測驗**是一種常用的投射測驗，測驗材料是一些無意義的墨漬圖，根據受試者對圖片中所看到的內容描述，進行解釋。
11. **主題統覺測驗**也是一種常用的投射測驗，測驗材料有一定的主題，但回答沒有限制，根據受試者依據圖片所講述的故事來進行解釋。
12. **人格量表**和**投射測驗**在人格測量上各有其優點和缺點，兩種形式的人格測驗相互參照使用，可以得到最佳的診斷效果。

建議參考資料

1. 馬啟偉、張力為 (1996)：體育運動心理學。台北市：東華書局 (繁體字版)，杭州市：浙江教育出版社 (簡體字版)。
2. 許　燕 (2000)：人格──絢麗人生的畫卷。北京市：北京師範大學出版社。
3. 葛樹人 (2006)：心理測量學。台北市：桂冠圖書股份有限公司。
4. 戴曉陽、姚樹橋、蔡太生、楊　堅 (2004)：NEO 個性問卷修訂本在中國的應用研究。中國心理衛生雜誌。第 18 卷，第 3 期，171～174 頁。
5. 龔耀先 (1998)：醫學心理學。北京市：人民衛生出版社。
6. Aiken, L. R. (1996). *Personality assessment: Methods and practices* (2nd ed.). Seattle: Hogrefe & Huber publishers.
7. Beutler, L. E., & Groth-Marnat, G. (2005). *Integrative assessment of dult personality* (2nd ed.). New York: Guilford.
8. John, O. P., & Srivastava, S. (1999). The big five trait taxonomy: History, measurement, and theoretical perspectives. In L. A. Pervin, & O. P. John (Eds.). *Handbook of personality: Theory and research,* pp.102～138. New York: Guilford Press.
9. Kaplan, R. M., & Saccuzzo, D. P. (2008). *Psychological test: Principles, applications, and issues* (7th ed.). Belmont: Wadsworth.
10. Murray, H. A. (1943). *Thematic apperception test*: Manual. Cambridge, MA: Harvard University Press.
11. Rapaport, D. (1968). *Diagnostic psychological testing*. NY: Internatioual University Press.

第十三章

興趣、態度、價值觀測驗

本章內容細目

第一節 興趣測驗
一、興趣與興趣測驗 435
　(一) 興趣的定義
　(二) 興趣與能力的關係
　(三) 興趣測驗的內涵
　(四) 興趣測驗的效度問題
二、職業興趣測驗及其發展 437
　(一) 職業興趣測驗的產生
　(二) 職業興趣測驗的發展
　(三) 霍蘭德的職業興趣理論
　(四) 其他幾種重要的職業興趣理論
　(五) 影響職業興趣測驗常模的因素
三、幾種主要的職業興趣量表 444
　(一) 斯特朗-坎貝爾職業興趣測驗
　(二) 庫德職業興趣調查表
　(三) 霍蘭德的自我指導探索量表
　(四) 其他的職業指導系統
四、職業興趣量表的發展趨勢 449
　(一) 霍蘭德職業興趣理論產生的深遠影響
　(二) 各種量表的相互融合
　(三) 編製無性別差異的職業興趣量表

　(四) 對職業興趣測驗的新要求

第二節 態度測驗
一、態度研究概述 451
　(一) 態度的定義與特徵
　(二) 態度的成分
　(三) 態度的形成與改變
二、態度的測量方法 453
　(一) 等距量表法
　(二) 綜合評定法
　(三) 語義分析法
三、態度量表的發展和應用 458

第三節 價值觀測驗
一、價值系統的形成與改變 459
二、價值觀的測量方法 460
　(一) 羅克奇價值觀調查表
　(二) 奧爾波特等人的價值觀研究量表
　(三) 工作價值觀調查表

本章摘要

建議參考資料

對比前幾章對各種認知性能力的測量，本章討論的興趣、態度和價值觀在本質上均屬於非認知性的人格特徵測量。它們的測量方法均以客觀量表法為主。

興趣代表個體對某些人、事或物的喜愛程度，影響一個人對教育和職業目標的選擇，以及人際關係與生活。因此興趣量表在職業或教育諮詢方面扮演重要角色。隨著社會的不斷發展，人們越來越重視個體差異和個體發展。應用興趣測驗對個體的心理特徵進行研究，並提供相關的個人資訊和職業資訊便受到愈來愈多的關注。霍蘭德提出六種職業興趣類型產生重要影響。目前，斯特朗-坎貝爾職業興趣測驗 (SCII)、庫德職業興趣調查表 (KOIS)、和霍蘭德的自我指導探索量表 (SDS) 是學術界研究較多、也是受到普遍肯定的用於職業指導的興趣測驗。態度和價值觀與人們的社會生活相關更緊密。態度是個體對生存環境中各種事物 (如社會機構、問題、團體等) 的看法，如有關民意調查的報告，所謂民意調查就是一種對民眾態度的測量。價值觀則是更進一步涉及一個人對較廣義的生活目標或人生意義的原則、信念和標準，如宗教信仰、道德觀、審美觀等。與態度相比較，價值觀更具恆常性和不變性。大體而言，態度和價值觀的研究主要集中在社會心理學的人格研究上，關係到個體對某些事物的感受，性質可以是積極的、有趣向性，或是消極的，有迴避性。人的興趣各不相同，若每個人通過心理測量，能找到與自己興趣相合的工作，則自己的滿意程度和工作效率都會提高，社會生活也會更豐富。

總之，人格特質在職業選擇及人力資源的開發與管理上具有不可忽視的作用。價值觀可以被視為態度和興趣的基層架構，它直接或間接地影響一個人的態度和興趣的發展。心理學家對興趣、態度和價值觀的測量，經過幾十年的努力，已具有相當的成就。本章主要討論的內容是：

1. 什麼是興趣測驗，興趣的形成過程是怎樣的。
2. 職業興趣測驗的發展，以及編製過程和類型。
3. 態度的定義是什麼，測量態度的方法有哪些。
4. 如何對價值觀進行測量。

第一節　興趣測驗

人們對各種人、事或物的喜好具有個體間差異。但直到 20 世紀初期心理學家才開始對此進行研究，以後不斷發展出對興趣的測量。隨著工業化大量生產的不斷推進，如何提高工人的生產效率，將最適合的人安排在恰當的崗位成為時代的要求，心理學家在興趣領域的研究也相應的轉入對職業興趣的研究。世界大戰的爆發進一步推動人事選拔測驗的發展，此後職業興趣的研究逐漸成為興趣研究領域的基本內容。

一、興趣與興趣測驗

興趣一詞雖廣為應用，卻缺乏明確的定義。本節將從心理學的角度概述興趣的定義，並介紹興趣測驗的內涵。

（一）　興趣的定義

在心理學中，**興趣** (interest) 的含義有二：其一是指個體對某個對象目標、技能知識或其他活動表現出強烈的喜好；在從事某項活動時覺得快樂、滿足。故我們可以由外顯行為推測某人的興趣。例如，某人常滔滔不絕地談論攝影，即可以推斷攝影是他的興趣。其二是力求認識，探究某種事物的心理傾向，當獲得這方面的知識後，在情緒體驗上獲得滿足，多次經驗就會產生興趣。例如，喜歡文學創作，由創作中得到快樂滿足，多次練習後，就會對創作產生興趣，進而投入更多的努力和時間，這就是興趣的驅使。因此，興趣可視為動機的定向，而動機之所以定向，乃是由於行為結果獲得動機的滿足所至。由此當可瞭解，興趣是可以培養的。培養讀書興趣最有效的方法就是讀書，讀書而有心得後，自然就會有了讀書興趣 (張春興，1996)。

興趣必須是穩定而持久的，才能推動個人深入鑽研問題，獲得系統而深刻的知識；朝三暮四者是缺乏穩定而持久的興趣，也是沒有恆心者，不論在任何實踐領域中都不可能取得最佳成果。

(二) 興趣與能力的關係

早期的研究者曾以為興趣與能力有密切的關係。他們推論一個人之所以從事某種職業乃是因為他或她具有這種能力，從成就之中產生對該種職業的興趣。但是這一理論受到後來研究的抨擊。事實上，能力與興趣雖可能具有某種程度的相關，但這種關係並無必然性。雖然一個人如果對某種職業有足以勝任的能力會促使他產生從事該種工作的興趣；然而在能力上有所不及，並不能說明他對該職業沒有興趣。例如，對文藝工作有濃厚興趣的人，並不一定具有成為一個成功的畫家或音樂家的能力和才華。在文獻上，許多研究都指出興趣與能力之間僅具有低度相關甚至是零相關；興趣與成就之間的相關一般在 0.30 以下。從多重相關的角度來看，興趣、能力、性向、成就等心理特質之間具有頗為複雜的關係，一個人在某一方面的成就並非決定於一種或兩種心理特質，而是興趣、能力、性向、以及其他相關因素如環境、機會等交互作用的結果。興趣可以用來有效地預測一個人在從事某種活動、學習、或職業時所能夠得到的滿足感，但卻無法準確地預測其實際表現或可能達到的成就。這表明興趣在個體選擇他所欲從事的職業或學習活動時非常重要，但絕非唯一的要素。興趣決定個人努力的方向，而能力決定個人成就的高低。

(三) 興趣測驗的內涵

興趣測驗 (interest test) 是用來測量個人喜歡或厭惡從事何種活動的工具。首先興趣測驗的編製者提供興趣的廣泛活動，並將日常生活中各種的活動、角色加以分析分類，找出相互間的關係，讓受試者自由選擇自己喜好的部分。再從測驗結果中評定其興趣的大概方向，例如你喜歡收集郵票、銅幣或蝴蝶；你最喜歡用雙手來從事創造性的工作是：繪畫、雕刻、烹飪。目前興趣測驗多用在學科興趣與職業興趣兩方面，以協助教學輔導和職業輔導。

(四) 興趣測驗的效度問題

興趣測驗在升學和就業指導方面具有重要意義，在商業運作上也同樣受到重視，然而它對學業成就和工作表現的預測卻不十分準確。平均來講，興趣測驗分數與學業分數的相關為 .20～.30；以同樣標準，與智力測驗的相關

為 .50；興趣測驗分數對於職業選擇、持久和滿意程度有關，但庫德和坎貝爾 (Kuder, 1963；Campbell & Hansen, 1981) 的研究都指出工作的成功與能力的相關要高於興趣。所以興趣測驗的分數不能有效預測工作成就與學業成績，必須參考相關資料方具有意義和價值。

二、職業興趣測驗及其發展

興趣是影響選擇職業的一個重要因素。職業是指個人所從事的職務或工作，以維持生活為目的。若選擇從事自身有興趣的工作，工作就不會變成令人討厭的事，而是一種享受。若在工作中能充分發揮才能，獲得成就，就會投入更多的心力，追求更高的成就；反之，從事沒有興趣的工作，工作動機自然低落，也難得到滿足感。因此，為求人與事的最佳匹配，多運用職業興趣測驗來為組織甄選與安置人員，以協助瞭解分析個人的特質與能力傾向，期能充分發揮潛能。接著我們要探討職業興趣與職業測驗的相關議題。

（一）　職業興趣測驗的產生

職業興趣 (vocational interest) 是指興趣在職業選擇活動方面的一種表現形式，是職業本身的多樣性、複雜性與就業人員自身個性的多樣性相互作用下所反映出來的特殊心理傾向。嚴格地說，在謀職之初尚不十分瞭解什麼職業興趣；隨著認識能力的逐步發展，人們開始探索、實踐、選擇，進而使對某些職業的興趣變得明朗。

對於興趣的測量最早是與能力和智力測驗密不可分的。美國心理學家桑代克於 1912 年就對興趣和能力的關係進行探討。與此同時，也有研究涉及到興趣的起源和變化發展。對興趣作標準化測量來源於職業諮詢和職業甄選的有關工作。麥納 (Miner, 1915) 發展一個關於興趣的問卷，這標誌對興趣測驗的系統研究的開始。該問卷引起了巨大的迴響，1919 年在卡耐基科技學院展開一場關於興趣測量的著名研討會。此後，標準化的職業興趣問卷如雨後春筍般建立起來。

（二）　職業興趣測驗的發展

對職業興趣的考察首先要明確分類問題，職業興趣的分類往往與職業的分類相對應。最早對職業進行分類的是美國心理學家瑟斯頓 (見第二章)，他於 1931 年將職業興趣歸為四個主要因素：科學、群眾、語言和商業。也有美國心理學家從人與職業相匹配的程度上將工作分成三類：D (Data) 類是關於資料、計算等方面的工作；P (People) 類是有關與人互動的工作；以及 T (Thing) 類是有關機械、自然界事物的工作。在近代有各種不同的分類方法相繼出現，但分類方法大同小異。在對職業群體進行分類後，所面臨的下一個問題便是所有這些職業群體的關係。不少學者對此進行研究，其中最著名的要數美國心理學家霍蘭德的六角形模型。大多數職業量表以它作為理論依據。因此，我們在介紹各種職業興趣測驗之前，需要先對霍蘭德的職業興趣理論或分類模型加以說明。

(三) 霍蘭德的職業興趣理論

霍蘭德 (John L. Holland, 1920～   ) 的理論源於他在教育、軍事和臨床上職業諮詢的實際經驗。1953 年，霍蘭德編製最初的**職業偏好量表** (Vocational Preference Inventory，簡稱 VPI)，其中包含六個分量表：現實型、研究型、社會型、常規型、企業型、藝術型。但此時霍蘭德尚未明確的對職業興趣進行分類。1954 年，吉爾福德採用因素分析法對人的興趣進行研究，並從人的興趣中抽取六個因素。這一結果對霍蘭德產生了深遠的影響，1959 年他根據研究的結果正式對興趣進行了類型的區分，以後又引進對環境的六種分類，其基本理論逐漸趨於成熟。1969 年，霍蘭德將這六種職業類型按順時針方向排列成環形，完成著名的職業分類**六角形模型** (hexagonal model)，這個模型的六種職業興趣類型，體現了六種人格類型，相鄰的人格類型相容性高，而對角線上的人格類型彼此較不相容，其相互關係以通過各頂角的相對距離簡單地顯示 (見圖 13-1)。該模型是霍蘭德理論的精髓，目的在幫助個人評估自己的興趣進而作為職業選擇的參考依據。該模型隨後也得到一些不同樣本的相關矩陣研究的支援。在此基礎上，1970 年霍蘭德編了**自我指導探索量表**，並透過霍蘭德職業代碼詞典將個人的職業興趣分類與職業結合。至此，霍蘭德理論步入成熟階段，由於它與時間結合緊密，且清楚簡單，故而成為職業興趣研究中最重要的一支，一經產生便受到研究領域和實踐人員的普遍關注。1973 年霍蘭德從理論的觀點來闡釋興趣與人格的關係，他認為興趣是個體人格的表現，因此興趣量表實際上就是一種人格量表，個體對職業的選擇受到動機、知識、愛好和自知力等因素的支配，一個人選擇某種職業領域基本上是受到其興趣和人格的影響。根據多年的研究，霍蘭德界定出六種主要的人格和興趣類型，並以此代表六大類普通職業領域。霍蘭德將興趣、人格和社會職業三者同時進行分類的方法，是心理學應用上的一項重要創造，當代多數職業興趣測驗都是以此為理論基礎。

霍蘭德認為大多數人都可以劃分為六種職業興趣類型。以下將概述六種職業興趣類型所體現的人格特質，以及適合的職業性質。

1. 現實型 **現實型**(或**實際型**)(realistic，簡稱 R) 的人格特質為害羞、順從、穩定踏實；適合從事講求肢體協調性、實體操作的工作，如機械師、農夫等。

2. 研究型 **研究型**(investigative，簡稱 I) 的人格特質為理解力強、富好奇心、獨立、富創意；適合從事鑽研探討、精密研究的高能工作，如物理學家、生化學家等。

3. 藝術型 **藝術型**(artistic，簡稱 A) 的人格特質為不喜歡規章的限制、富想像力、較情緒化；適合從事與審美有關的工作，如畫家、作家、室內設計師等。

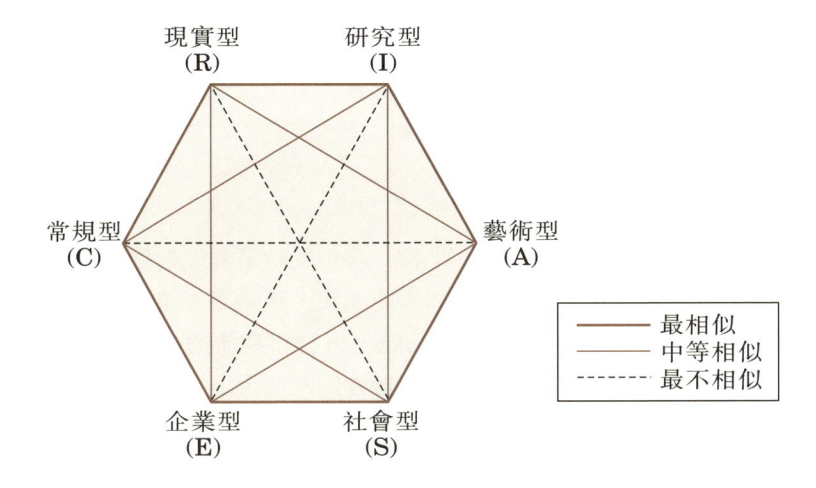

圖 13-1　霍蘭德職業興趣六角形模型
(採自 Aiken, 2003)

4. 社會型 社會型(或社交型) (social, 簡稱 S) 的人格特質為活潑親切、善解人意、樂於助人；適合從事與人密切接觸的工作，如教師、護士、傳教者、社會工作者等。

5. 企業型 企業型(enterprising, 簡稱 E) 的人格特質為具自信心、精力充沛、支配欲強；適合從事經營管理有關的工作，如企業經理、公共關係顧問、律師等。

6. 常規型 常規型(或傳統型) (conventional, 簡稱 C) 的人格特質為循規蹈矩、講求效率、缺乏彈性；適合從事靜態且穩定性高的工作，如文書、會計人員、校對人員等。

霍蘭德的理論強調人格特質、職業興趣與工作性質的協調，可以增加工作滿意度。當人格特質與工作性質相契合時，方能充分發揮才能。自我實現的愉悅強化了職業興趣，理想的成就更提高了工作滿意感。

(四) 其他幾種重要的職業興趣理論

霍蘭德理論雖然受到普遍歡迎，但也有很多值得商榷之處。他提出以六角型模型來說明六種職業興趣類型間的關係，這是一種理想化的抽象。這種標準六邊形結構符合簡單、和諧、美的原則，具有一定的理論指導意義；但這種理想化的抽象必然會導致與實際資料在擬合上的偏差。為了彌補這種偏差，需要根據實際資料提出改進模型，導致大量對該理論的驗證工作，不斷有人提出新的改進模型，使得興趣領域的理論研究工作非常地蓬勃。主要的幾個代表人物及其提出的改進模型有：

1. 羅依 (Roe) 的職業興趣理論 羅依的職業興趣理論，將各種職業分成八類，分別為：藝術類、服務類、商業類、組織類、技術類、戶外類、科學類、傳統類 (見圖 13-2)。羅依假設，根據職業活動過程中人際關係的程度和性質，可以將八種類型排布在一個特定的圓形上，鄰近職業領域比不鄰近領域的人際關係的程度和性質更相似。這一結構的提出，對職業興趣的思考角度有重要影響。

2. 蓋悌 (Gati) 的職業興趣理論 蓋悌認為職業興趣的結構是與一個層級的樹形結構相一致的。根據這一研究思路，蓋悌將霍蘭德的正六邊形

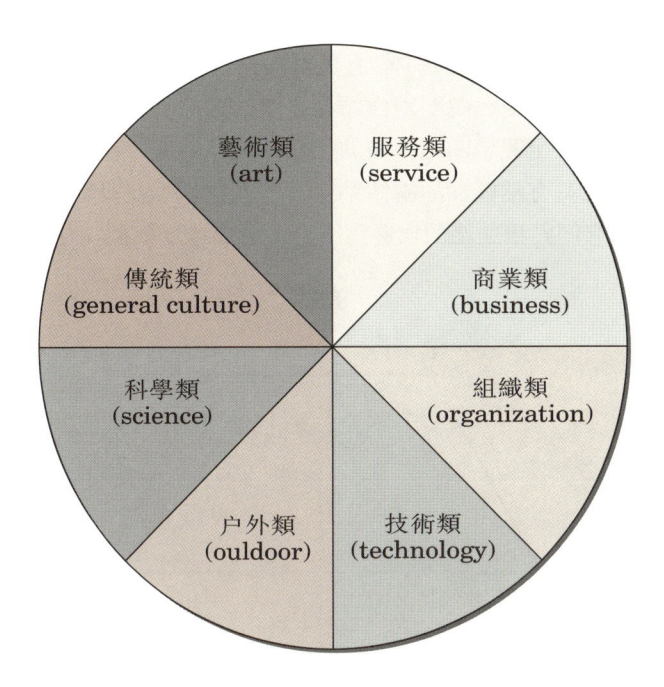

圖 13-2　羅依的八分儀模型

模型重新調整，並在 1991 年提出三層次模型（見圖 13-3）。在這個新模型中，六個職業興趣類型被劃分為三個組，現實型 (R) 和研究型 (I) 兩類、藝術型 (A) 和社會型 (S) 兩類，企業型 (E) 和常規型 (C) 兩類職業羣之間比較相似，構成層級結構最底層的三個組，這三組之間職業羣之間的關係則較遠，共同組合成層級結構的第二層。

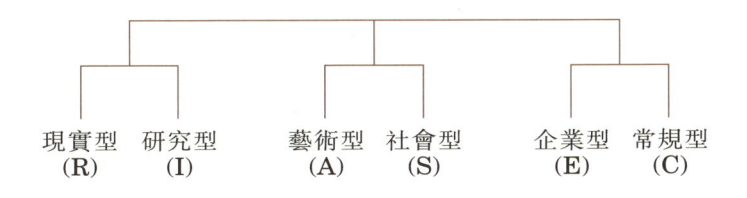

圖 13-3　蓋悌的三層次模型

3. 裴提格 (Prediger) 的職業與趣理論　從 20 世紀 70 年代到 1982 年，對職業興趣的研究基本上是對六角型模型的驗證，尚未注意到其他的基本維度。裴提格在說明六個類型之間的關係時，用兩個基本維度來描述。他於 1976 年定義了四種具體的工作任務：數據、觀念、物、人。將其兩兩組合，形成具有兩極性的兩個維度——人和物維度與數據和觀念維度，並創造性地將它們與霍蘭德的六邊型結合，形成維度模型 (見圖 13-4)。

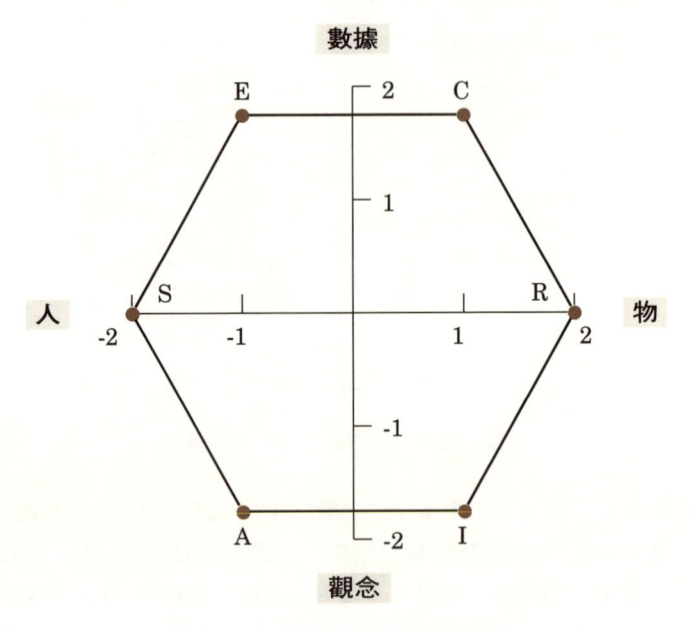

圖 13-4　裴提格的兩極維度模型

裴提格定義的四種工作任務及其維度模型引起了學術界的廣泛興趣，不少學者對他的模型予以肯定。由於裴提格 (1993) 在霍蘭德六邊形模型的基礎上增加兩個維度形成了維度模型，使職業的類型和職業的性質得以結合。這一獨特的性質把職業興趣的研究進一步推向實用天地。美國大學考試中心 (ACT) 把研究做深入探討，他們在興趣的兩維基礎上，將職業群體的具體位置標定在座標圖上，從而得到工作世界圖，如圖 13-5。該圖共分十二個區域，在圖上共標定有二十三個職業群。如果受試者知道自己的興趣類型，就可以通過計算和查表確定自己的職業興趣在該圖中的位置，透過與不同職業群的遠近位置作比較可以進一步擴展職業興趣的搜尋範圍。

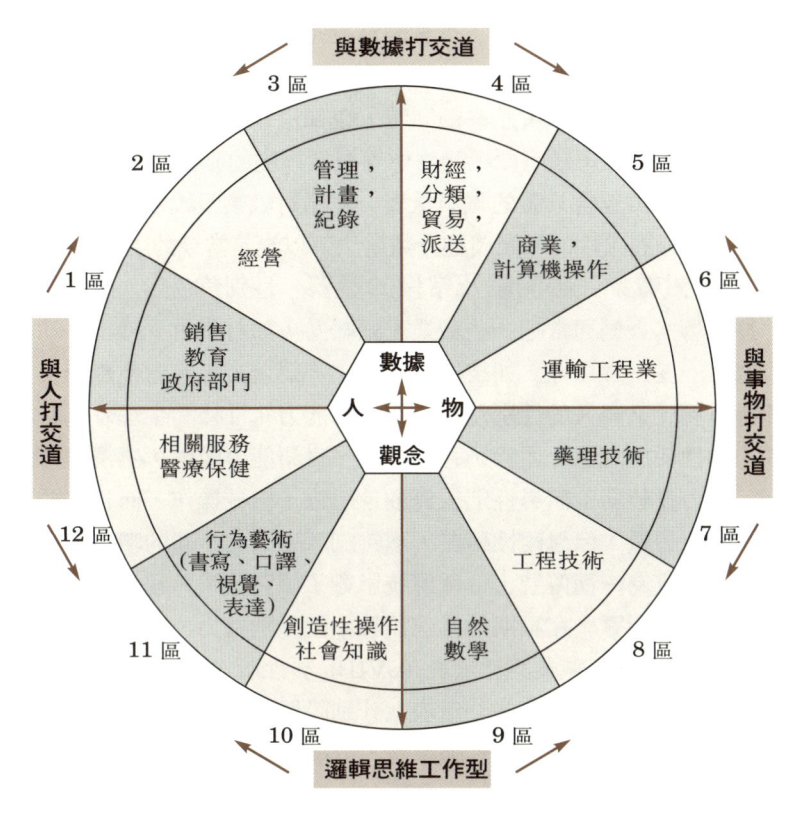

圖 13-5　美國大學考試中心開發的工作世界圖
(採自 Aiken，2003)

(五) 影響職業興趣測驗常模的因素

1. 職業的共同性與差異性對常模的影響　職業的共同性與差異性的大小，實際上涉及職業興趣測驗中的職業分類問題，它會對量表和常模的複雜程度產生影響。如果共同性很高，職業可以按興趣領域分成幾個大類，在編製測驗時只要按興趣領域編題與建立常模即可；如果差異性很大，甚至於職業與職業之間完全沒有共同性，那麼有多少職業就得建多少個常模。關於這個問題，歷史上曾有過兩種極端化的觀點：一是以斯特朗早期為代表，強調差異性，因此設立許多的職業量表，且分男女常模；注重共同性的庫德職業興趣調查表則與之相反，其量表只按十個同質性領域編製。

至於這種對立應如何取捨。折衷的意見是：職業與職業之間並非完全沒有共同性，但也不是相同到能夠相互預測。因此，斯特朗的思路中又加進同質性的量表，讓人們在瞭解差異的同時，也知道宏觀上的共同性，他把所有的職業分成六大類，每類下面再設立中等概括程度的分類 (有 23 個)，且每一中等程度分類再包含具體的職業量表；庫德對職業領域建立更概括或更具體的量表。這種層次性的職業興趣分類辦法可以說是當今的主流。

2. 性別對職業興趣測驗及常模的影響　性別角色對人的職業興趣會產生一些影響。人們通常把一些職業劃歸婦女，如打字員、護士、幼稚園教師等；把另一些劃歸男性，如技工、建築工、鍋爐工等。這種劃分與文化傳統的影響有關，又與人的性別差異所導致的能力、性格和生理差異有關。一般來說，女性長於記憶、運算，直覺思維，言語能力較強，感情豐富細膩、耐性好，但力量較弱；而男性則長於抽象思維、機械操作，而且敢於冒險、比較理智，有力量，但忍耐性稍差，不夠細膩。因此不同的職業適合不同的性別，久之便成為一種傳統，這種傳統影響了個體職業興趣的形成。性別角色對職業興趣的影響，在早期的興趣測驗中就分別為男、女性編製量表，如 1927 年編製的斯特朗職業興趣量表 (SVIB) 男性版本，1933 年編製的女性版本等。也有興趣測驗在一些分量表上分別設置男性常模和女性常模。隨著時代的發展，西方許多職業心理學家致力於編製興趣問卷時，儘量減少性別差異，1977 年美國大學入學考試中心 (或美國大學入學測驗計畫) (American College Testing Program，簡稱 ACT) 編製了 ACT 興趣問卷性別合一版，1981 年在斯特朗-坎貝爾興趣問卷中也把男女常模合一。由於減少性別差異，便可能增加職業興趣的廣度，促進人們進行廣泛的職業探索的可能性，因此，不失為一種有益的嘗試。但是，我國由於目前受文化傳統觀念的影響較深，有研究者認為男性和女性的職業興趣結構並不十分一致，尚值得進一步研究。有學者建議在建常模時要考慮文化傳統及職業文化水平要求等因素，在要求高文化水平的職業上建立統一的常模，而在低文化水平要求的職業上仍分性別建立常模。

三、幾種主要的職業興趣量表

組織如何找到合適的人才並為其安排適當工作；一個人如何評估自己的

能力與興趣，進而作正確的職業選擇，職業興趣量表是主要的工具。以下介紹幾種常用的職業興趣量表。

(一) 斯特朗-坎貝爾職業興趣測驗

最初始的職業興趣測驗是美國心理學家斯特朗 (Edward Kellogg Jr. Strong, 1884～1963) 於 1928 年研製的**斯特朗職業興趣量表** (Strong Vocational Interest Blank，簡稱 SVIB)。斯特朗假設人們對某種職業的喜愛程度與他們對其他事物的興趣類型有關聯。因此，通過測量受試者對各種活動、事務或人物的喜愛程度來推論受試者的職業興趣。

至 1974 年，美國學者坎貝爾將斯特朗職業興趣量表修訂為**斯特朗-坎貝爾職業興趣測驗** (Strong-Campbell Interest Inventory，簡稱 SCII)。這個測驗的 1985 年新版共包括 325 個項目，不同項目的組合，構成 264 個量表，其中包括六個一般職業主題量表、基本興趣量表、職業量表、特殊量表和管理指標量表。其主要的題目形式有七種：對職業喜好的判斷、對學校課程喜好的判斷、對活動喜好的判斷、對娛樂喜好的判斷、對喜歡的人群類型的判斷、對兩種活動的喜好比較判斷以及對性格的自我描述。在施測過程中，要求受試者對每個項目給出"喜歡"、"無所謂"、或"不喜歡"的反應。斯特朗-坎貝爾職業興趣測驗經過長時間的修訂與研究。因此，其信度與效度都很穩定，是目前較為流行的職業興趣測驗之一，它廣泛地應用於各種職業諮詢機構。

斯特朗-坎貝爾職業興趣測驗 (SCII) 的施測過程中，首先要讓受試者對它的功能有個大概的瞭解，然後再具體明確地告知答題應注意事項。資料處理與解釋過程的順序為：首先，統計測驗管理指標，檢查答題及資料錄入過程中有無異常情況發生；然後，依次統計特殊量表、一般職業主題量表、基本興趣量表和具體職業量表上的得分；再根據受試者在這些量表上的得分，逐步將其興趣範圍縮小，最後集中在某幾種基本職業興趣和具體職業上。

斯特朗-坎貝爾職業興趣測驗被廣泛地應用於教育、職業諮詢和升學、就業指導。它可以幫助人們對自己有一個更加清晰的瞭解，這不僅是對自身的特點的瞭解，還能夠得到關於自己在群體中的相對位置的資訊。除了這種針對個體的應用意義，還可以利用它進行群體性研究，如某種特殊職業群體的興趣特點，社會潮流的發展規律，以及某些跨文化的研究。另外，斯特朗-

坎貝爾職業興趣測驗在某些領域還具有潛在的應用價值，如根據人們的職業興趣特點進行工作設計，從興趣的角度進行人際交往指導等等。

（二）庫德職業興趣調查表

美國心理學家庫德（G. Frederic Kuder, 1903～2000）依據心理特性分析歸類編製**庫德職業興趣調查表**（Kuder Occupational Interest Survey，簡稱 KOIS）。這個調查表包含 504 種不同的活動，每三種活動組成一組，共 168 組，為迫選式的測驗，讓受試者對每一組種的三種活動加以選擇，必須選出最喜歡與最不喜歡的選項。分析受試者的作答結果，可將受試者的職業興趣歸為以下十類：戶外活動、機械、計算、科學、說服、宣傳藝術、文學、音樂、社會服務和文書。根據測驗結果對受試者進行就業輔導與職業選拔的諮詢工作。表 13-1 列出庫德職業興趣調查表的樣題。

表 13-1　庫德職業興趣調查表的題目示例

說明：下列每組包含三個關於活動的描述，請挑選一個你最喜歡的活動，在相應的"M"記號上畫圈；挑選一個你最不喜歡的活動，在相應的"L"記號上畫圈；剩下的選項請保持空白，以表明它界於"最喜歡"和"最不喜歡"之間。		
1. 參觀藝術畫廊	M	L
流連圖書館	M	L
參觀博物館	M	L
2. 收集簽名	M	L
收集硬幣	M	L
收集石頭	M	L

（採自：Kuder, 1985）

庫德職業興趣調查表（1985）共包括檢查量表、職業興趣評估、職業量表、大學專業量表和實驗量表五個部分。它以設計的精巧為世人所稱道，現有的研究表明它是預測實際職業選擇和職業滿意感的有效工具。儘管它與斯特朗-坎貝爾職業興趣測驗有相似之處，但在三種情況下，可以考慮選擇庫德職業興趣調查表。即：(1) 你對選擇大學專業感興趣；(2) 你需要更為寬泛的職業選擇；(3) 你希望瞭解不同興趣的相對權重。

(三) 霍蘭德的自我指導探索量表

自我指導探索量表 (Self-Directed Search，簡稱 SDS) 是霍蘭德根據其職業興趣理論編製的量表。有人會問：既然斯特朗-坎貝爾職業興趣測驗和庫德職業興趣調查表都可與霍蘭德模型結合，為什麼還要選擇其他量表？這是因為儘管斯特朗-坎貝爾職業興趣測驗和庫德職業興趣調查表可以進行自我施測，但對結果的記分和解釋需要受過專門訓練的人員進行。而自我指導探索量表則是一種自我施測、自我記分、自我解釋的量表。這種其他量表無法比擬的優點，使它的使用更為方便，因此它很快地在職業諮詢領域廣泛流行。

自我指導探索量表主要包括兩部分：即自我評估的題本，以及結果解釋和職業搜尋的手冊。自我評估題本共有 228 道題目，包含"職業夢想"、"活動"、"勝任力"、"職業"、以及"自我評判"等。除"職業夢想"要求受試者進行自我陳述外，其餘四個都對霍蘭德定義的六個職業興趣類型進行測查。其中"活動"與"勝任力"，各由六個包含十一個項目的分量表組成，"職業"由六個包含十四個項目的分量表組成，這三部分要求受試者對所有的描述進行喜好判斷。"自我評判"則包含兩組由六個項目組成的評判表，要求受試者對自己在六個興趣類型上表現出的能力進行自評。在自測結束後，將每個環節在六個組型上的得分加以統計，並將同一類型的得分相加得到該類型的總分。每位受試者在量表上所得的結果是六個職業組型（現實型、研究型、藝術型、社會型、企業型、常規型）的得分，比較六個組型總分的高低後，將得到最高分的三個組型的代碼依次排列，形成受試者最後的興趣代碼。例如，一個人在這份量表上得到的六個分數由高至低為：現實型 (R)、企業型 (E)、社會型 (S)、常規型 (C)、藝術型 (A)、研究型 (I)，其興趣代碼為 RES。根據這個代碼，受試者可以在使用手冊查到相應的職業和相關資訊，也可根據代碼在《霍蘭德職業興趣代碼字典》中找到與某種職業興趣相對應的職業及所需的教育程度。自我指導探索量表於 1971 年開發出第一版，由於它容易理解且使用方便，因此受到廣泛的歡迎。目前它被譯成二十五種語言，同時受到五百多個研究結果的支持，成為職業指導領域一支不可忽視的力量。

(四) 其他的職業指導系統

斯特朗-坎貝爾職業興趣測驗 (SCII)、庫德職業興趣調查表 (KOIS)、和霍蘭德的自我指導探索量表 (SDS) 是學術界研究較多，也是受到普遍肯定的用於職業指導的興趣測驗。隨著社會對職業指導的需求不斷擴大，以人工施測這些測驗，並對複雜的結果進行解釋，同時還要提供相應的大量職業資訊，這對職業指導從業人員無疑是一個巨大的挑戰。即便以使用簡便而著稱的自我指導探索量表，也面臨如何得到對結果的全面且細緻分析的問題。隨著研究的進一步深入，人們開始認識到雖然興趣是進行職業決策和預測職業滿意度的重要因素，但僅以興趣一方面的資訊來指導職業決策是不夠的。人們的能力、個性特徵、價值觀等因素均對職業決策產生或多或少的影響，因而對於成功的職業指導而言，興趣測驗只是工作的一個部分，還需要多方面的資訊以最終形成一個完整系統。隨著電腦在人類社會生活中起著日益重要的作用，如何將一個完整的職業指導系統在電腦上實現，以降低人力工作的負荷，成為職業指導領域發展的新方向。下面介紹一些國內外比較成熟的職業指導系統。

1. DISCOVER 系統 美國大學考試中心 (ACT) 開發的 DISCOVER 系統是幫助人們進行職業選擇和規劃，接受進一步教育的軟體系統。它的研發始自 1967 年，1974 年 DISCOVER 首次出版，1982 年開始應用於電腦，同年美國大學考試中心正式將 DISCOVER 納入服務項目。到 1997 年，DISCOVER 的 WINDOWS95 版本誕生，成為容易理解、容易操作的職業指導軟體。

DISCOVER 系統為不同人群開發了不同版本，包括初中版、高中版、企業人員版、退休計畫版等，1997 年後高中版、大學及成人版、特殊版本結合。整個 DISCOVER 系統共包括九個部分："職業生涯量表"、"辨識工作世界"、"瞭解自己"、"搜尋職業"、"學習職業要求"、"教育輔助"、"計畫未來"、"規劃你的職業生涯"和"應付轉變"。

除了以上的主體部分，它還提供一個大型的職業和教育資料庫，可支援諸如查詢工作代碼、職業內容詳述、學校查詢、學校狀況介紹、獎學金和助學金、軍隊職業查詢等多項功能。這些均為受試者和職業指導人員提供極大的方便。

2. SIGI PLUS 職業指導系統　是美國教育考試服務處（或美國教育測驗服務處）（簡稱 ETS）為學生及其他謀職者建立的指導系統，用於幫助人們進行教育發展計畫或職業發展規劃。早在 60 年代，美國教育考試服務處就開始籌畫工作。1981 年 SIGI PLUS 職業指導系統正式出版，1996 年成功地與 WINDOWS 結合，成為具有影響力的職業指導系統。

SIGI PLUS 職業指導系統包括一個總體介紹以及下列八個組成部分："自我評估部分"、"搜尋部分"、"資訊部分"、"技能部分"、"準備部分"、"幫助部分"、"決策部分"、"後續步驟部分"。八部分的順序按一個準備步入工作世界的人的探索過程而設立，各部分間既有聯繫，又可自成系統，供不同需求的人單獨選用。

SIGI PLUS 系統並不追求對個人的準確測量，與目前常用的一些指導系統，如美國教育考試服務處的 DISCOVER 系統，臺灣大學入學考試中心出版的《興趣量表》、教育部考試中心研製的《升學與就業指導測驗》，在系統建構的思路上是不同的。SIGI PLUS 的研究人員認為只要提供給個人以充分的資料，激發他們思考從前他們可能沒有想過的事情，並將整個尋求職業過程的所有資訊提供給使用者，他們就會自己做出適合自己的決定，因此整個系統以提供職業和相關資訊為主。此外，SIGI PLUS 認為十六至六十五歲的人群均可使用該系統，一方面擴大系統的服務面，同時也解決很難避免的矛盾，即對不同年齡段的人，無法提供有針對性的資訊的難題，這可以使不同人群根據自己的需要選用不同的指導系統。

四、職業興趣量表的發展趨勢

經過多年的發展，職業興趣測驗已經在教育、培訓、人事組織管理等領域有越來越多的應用。在這個過程中，興趣測驗本身逐步地完善。同時，隨著在應用中產生的問題，使職業興趣測驗的發展也呈現出如下趨勢：

（一）　霍蘭德職業興趣理論產生的深遠影響

霍蘭德關於職業興趣的理論，是在其多年的職業指導實踐中逐漸趨於完善。可以說，霍蘭德職業興趣類型理論的提出，使得對不同個體職業興趣的測量與對職業及其環境的研究產生密切的聯繫。經過數十年的發展與許多研究的驗證，霍蘭德職業興趣理論體系，在此基礎上所發展的**職業偏好量表**和**自我指導探索量表**已經被廣泛的使用。此外，霍蘭德於 1982 年編撰完成**霍蘭德職業興趣代碼字典** (Dictionary of Holland Occupational Codes，簡稱 DHOC)，對**職業分類典** (或**美國職業大詞典**) (Dictionary of Occupational Title，簡稱 DOT) 中的每一個職業都訂出職業興趣代碼，這對職業興趣量表直接應用於職業輔導和諮詢產生很好的推動作用，是霍蘭德又一重大的貢獻。

(二) 各種量表的相互融合

自 1965 年後，各個職業興趣測驗展現一種相互吸收、相互融合的總體發展趨勢。首先是庫德 (1966) 在其職業興趣調查表中引進斯特朗以經驗性方法編製量表的思想；其次是坎貝爾 (1968) 把庫德職業興趣調查表中的同質性量表引入斯特朗職業興趣量表中；第三是在編製興趣測驗中體現一種經驗模式和理論模式的融合，亦即將霍蘭德的理論作為斯特朗、庫德等職業興趣量表的理論基礎。與此相應地，在同一量表中將三種編製方法綜合，形成三層次的量表結構，成為當今的主流。第一層次通常是霍蘭德的六個維度；第二層次是概括的職業類別，不過在分類上有一些分歧，斯特朗-坎貝爾職業興趣測驗中有三十三個職業類別、DISCOVER 系統有二十三個類別、庫德分為十類、羅依分為八類；第三層次是具體的職業量表，其數目也不盡相同，如斯特朗-坎貝爾職業興趣測驗 (1985 年版) 有 106 個類別、自我指導探索系統有 115 個類別等等。

(三) 編製無性別差異的職業興趣量表

性別角色對人的職業興趣的確會產生一些影響。因此，心理學家在進行職業輔導時大多更注重真正的職業興趣而不是傳統文化的社會化作用。編製無性別差異的職業興趣量表成為新的發展趨勢，如 1977 年美國大學考試中心編製的 UNIACT 就是消除性別差異的一次實踐；1981 年，斯特朗-坎貝爾職業興趣測驗 (SCII) 也將其原有的男女常模合一；因此，性別差異的減少在客觀上促使人們進行更為廣泛的職業探索。

(四) 對職業興趣測驗的新要求

在職業或專業選擇的決策中，不僅與職業興趣有關，還涉及價值觀、個人能力、自我效能感，認知風格等人格特徵，以及個人的職業成熟度等等。在利用職業興趣測驗進行職業輔導時，人們越來越注重將職業興趣的結果與其他有關測驗的結果綜合，並形成一個從測驗到資訊提供的系列服務。隨著電腦在人們生活中的作用日益明顯，紙筆形式的測驗已逐漸被電腦測驗所取代。大型的綜合性的職業指導系統軟體應運而生。如 DISCOVER 系統和 SIGI PLUS 職業指導系統等。這使得職業指導形成新的局面，並為興趣測驗的編製提出新的要求。

第二節　態度測驗

對態度的普遍觀感有二：一是指一個人的一般舉止和神情，例如談笑自如、落落大方、彬彬有禮、搖首弄姿、全神貫注等等不勝枚舉；二是指在一定條件下，人對某個人或某件事物的看法和採取的行動，例如聽其自然、一意孤行、口是心非、公正無私、獨善其身等。由上述形容態度的成語可以看出態度是通過外在行為表現，對內心狀態推測所做出的判斷。本節將從心理學的角度，討論態度的內涵以及如何使用客觀的方法測量態度。

一、態度研究概述

人在社會中生活，不僅會對他人及各種社會事物產生認知活動，也會在認知的基礎上對他人和各種事物產生一定的態度。態度會影響人如何對待事物，也會左右人如何行動和取得社會效果。態度的表現不僅是人際交往的媒體，也是社會行為的先導。態度只要表現於外，就體現出其內心狀態，例如拂袖而去體現其不滿或生氣的內心狀態。它是行為預測中一種有效的標誌。

態度並不是一成不變的，而是會隨著社會環境、周圍情境的變化而改變，它的變化或維持都遵循一定的規律。為了更好的測量態度，我們首先要瞭解態度的主要特徵。

(一) 態度的定義與特徵

態度(attitude) 是個人對特定對象以一定方式做出反應時所持的評價性的、較穩定的內部心理傾向。對於這個定義需要作幾點說明：

1. 態度是一種內在的心理傾向 態度是指人依自己的經驗或觀點，對特定事物在內心進行意義評估，或憑直覺做出如何對待的一種心理傾向。它是一種尚未表現於外的內心歷程或潛在的心理狀態。

2. 態度總有一定的對象 任何一種態度的產生都指向一定的對象，對象可以是具體的人、事、物，也可以是抽象的概念或思想。它反映了主體與客體間的關係。

3. 態度具有價值判斷的成分和感情色彩 無論是只憑直覺，或是通過分步的思維過程而產生的態度，都是關於事物對自己有多大利害關係的一種價值判斷，或情緒性評定的結果。

4. 態度具有一定的穩定性與持續性 態度一旦形成，就會持續一段時間，不會輕易改變，這就是態度的抗變性。這個是由於態度的形成具有深層的原因，亦即它是客體的特性和主體已有的種種需要、習慣、經驗、理念交互作用，並建立較穩固聯繫的結果。

(二) 態度的成分

在測量態度之前，應先探討態度的組成成分，然後方能針對測量的部分設計量表或測量工具。從心理學研究行為與心理過程的角度看，態度包括認知、情感、行為三種成分，略述於下：

1. 認知成分 認知成分(cognitive component) 是個體對於態度對象的認知、瞭解、贊成、反對的心理取向，是一種評價性的認知。

2. 情感成分 情感成分(affective component) 是個體對於態度對象喜歡、厭惡、尊敬、輕視等情感與情緒的反應，是一種內心的體驗。

3. 行為成分 行為成分 (behavioral component) 是個體對態度對象的反應趨向，即行為的準備狀態。準備對態度對象做出一定的反應，是行為前的心理活動，故其為一種行為傾向，或稱**意向** (intention)。行為成分受到認知成分和情感成分的影響。

這三種成分並不是各自獨立的，而是連續發生的，任何一種態度的形成都是從這三方面逐漸學習合成的。

(三) 態度的形成與改變

態度的形成是通過學習，並融合個體的生活經驗。這些經驗可以是真實的，也可以是替代的。例如，看見別人拔牙的痛苦表情，而畏懼拔牙。一個人對某些事物的好感或惡感 (即態度中的情感成分)，通常多是條件作用的結果。態度中認知成分的發展，基本上屬於一種類化作用。譬如對義大利的認識、或是不曾親身體歷過的經驗如攀登聖母峰，人們會從報章上或從與朋友的談話中得到若干片斷知識，而後再加以類化，並進一步形成自己的想法或看法。態度的形成是先由認知融合情感，而後發展到行為。由認知到行為，其產生的時間長短不一，有時甚至是同時產生的。由於態度的形成是經歷了長期的經驗累積，是一種有組織、有一致性和持續性的心理趨向，它因此具有一定的穩定性。當然，有時由於生活經驗的改變，對於某些事物或情境的態度也會隨之改變，新的態度逐漸取代舊有的態度，例如戒煙。態度改變的影響因素頗多，諸如刺激主題的性質，及當事者的人格因素等等。有些研究者認為，態度在本質上有一種自動延續和強化的特性，造成改變上的不易。一般而言，成人的態度比兒童與青少年的更為牢固，人們在早年所形成的態度又比成年後所形成的態度更不容易改變。

二、態度的測量方法

一個人的態度在現實生活中產生重要作用，因此有必要瞭解人們的各種態度。應該採用什麼方法才能較好地把握人們態度的指向與強度？態度是一種潛在性變項，只能用間接方法，從個人的反應來推測。測量方法中，最客觀的是測驗。測量態度的測驗稱為**態度測驗** (attitude test)，其方法有很多種，包括直接觀察、訪談、自我陳述量表或問卷，甚至投射式測驗法等。其中最有效且常用的是自陳式量表法，這類態度量表通常注重對態度的評價方面的測量。換言之，其目的在於決定受試者對刺激主題所持有的態度，如好惡、贊成/反對、或同意/不同意態度的情感成分。每一量表通常包括一系列關於某種事物的陳述，由受試者作贊成與否或類似形式的反應，以此瞭解其態度的方向和程度。在心理學上最早出現的態度量表為美國心理學家波哥達斯（Emory Bogardus, 1882～1973）在 1925 年所編製的**波哥達斯社會距離量表**（或波加杜斯社會距離量表）（Bogardus Social Distance Scale），用以測量人們對不同種族和宗教團體的接受程度。對量表法的發展貢獻最大者當推美國心理學家瑟斯頓和美國社會學家利克特二人，他們在 20 世紀 30 年代左右分別創設"等距量表法"和"綜合評定法"，這兩種量表編製方法被研究者沿用至今。後來美國心理學家奧斯古德將"語義分析法"應用到態度的測量上，又為態度量表的編製方法增添了新血。

（一）　等距量表法

美國心理學家瑟斯頓在 1929 年創立**等距量表法**（method of equal-appearing intervals），並與他的同事使用此法編製約有二十個量表，用以測量受試者對於戰爭、死刑、教會、愛國心、新聞檢查制度及其他機構、團體、問題等的態度，又稱**瑟斯頓量表法**（Thurstone scaling）。該方法的基本思路為，對態度測量達到客觀量化的目的。其編製步驟如下：首先確定某一個態度主題；其次收集意見，選取能夠代表該主題的若干個態度敘述語作為題目；再將意見分類，由專家對這些題目依各自的好惡觀點進行等級排序。這些題目應該能夠充分涵蓋該主題的範圍，等級數不能太少，約在七至十三個等級之間（最常用的為十一級；第一級：最不贊成或最不同意，到⋯⋯第十一級：最贊成或最同意）。然後依分類結果計算各題目在十一個等級中的次數分配，並以累積次數分布法繪製百分點陣圖；最後定量表值，決定各項目的**量表值**（scale value）和**模糊指數**（index of ambiguity）。每一個題目的量表值為其等級類別的中數，模糊指數則是表示該類別差異性的四分位差（Q 值）。Q 值越大表示該題目的反應越不一致；反之，Q 值越小，顯示反應越一致。

最後，根據這些資料選出約 20 個一致性最高、且量表值能大約作等距分布的、充分涵蓋所有 11 個等級類別的題目，編成正式的態度量表。表 13-2 列出此類量表的範例。施測時，由受試者在量表上逐題作"同意"或是"不同意"的反應，然後計算其在"同意"題目上所有量表分數的中數，即為其態度分數。態度分數愈高，代表受試者對該主題愈持有正面的態度。

表 13-2　用等距量表法編製態度量表的題目示例

原題號	題 目	選 項	分數
1.	在某些情況下，為了維持正義，戰爭是必要的。	同意□ 不同意□	(7.5)
4.	戰爭是沒有道理的。	同意□ 不同意□	(0.2)
6.	戰爭通常是維護國家榮譽的唯一手段。	同意□ 不同意□	(8.7)
9.	戰爭徒勞無功，甚至導致自我毀滅。	同意□ 不同意□	(1.4)
14.	無戰爭即無進步。	同意□ 不同意□	(3.7)
18.	國際糾紛不應以戰爭方式解決。	同意□ 不同意□	(10.1)

(採自 Peterson, 1931)

瑟斯頓態度量表的不足之處主要表現在：編製的過程較複雜，較難掌握題目的選擇及等級評定的客觀性，且各等級間是否等距亦值得懷疑。最後，這類量表上的態度分數是由中位數決定，同樣的態度分數並不一定代表相同的態度型態（包括範圍和程度），這些在使用時都要注意。總的來說，當測量的主題較清晰，調查範圍不十分廣泛時測量態度問題，等距量表法仍是一種比較有效的工具。

(二)　綜合評定法

美國社會學家利克特 (Likert, Rensis, 1903～1981) 於 1932 年首倡的**綜合評定法**(或**總加評定法**) (method of summated ratings) 也稱**利克特量表法** (Likert scaling)，以此法編製的態度量表，即稱為**利克特式量表** (Likert scale) 或**總加量表** (sum scale)。在編製上比較簡單，它假設每一態度題目皆具有同等的量值，但不同受試者對同一題目的反應有程度上的強弱差異。利克特式量表的結構共包括兩部分：一系列表明對所測量主題正向或反向態度的敘述語句和一個用來表示好惡程度的評分表。此評分表通常含有"非常同意"、"同意"、"無所謂"、"不同意"和"非常不同意"五個等級，由受試者用來對每一語句或題目加以反應。當使用量表的對象為兒童時，也僅使用三個等級 (如"同意"、"未定"、"不同意")。編製時，通常先編寫四、五十條或更多的備選題目，然後用備選題目進行一次預試，通過對題目進行分析可找出辨別力 (power of discrimination) 最強的題目，將這些篩選出的題目組成正式量表 (通常正、反向語句各半)。在量表記分時需要注意區分兩種題目，受試者在正向語句上的反應，選"非常同意"得 5 分、"同意"得 4 分、"無所謂"得 3 分、"不同意"得 2 分、"非常不同意"得 1 分；受試者在反向語句上的反應則要倒過來計分，選"非常同意"得 1 分、"同意"得 2 分、"無所謂"得 3 分、"不同意"得 4 分、"非常不同意"得 5 分。受試者在各題目上得分的總和，即為其態度分數，此分數愈高表示態度上越趨向贊同，總分越低則趨向不贊同。受試者所得的態度分數還可利用各種常模加以解釋，以期得到更詳細的資訊。表 13-3 列出利克特式量表的範例。

利克特式量表是測量態度時最常用的工具，遠比其他方法更普遍。它在編製上比瑟斯頓的等距法簡單，且在信度與效度上並不遜色。此類量表中的題目可以涵蓋更為廣泛而全面的主題範圍，不必受評判者好惡的限制。它的另一個優點是在測量上兼顧程度差異，精確性較高。但它的潛在缺點，就是有些受試者在這類量表上的反應有時會出現向中間集中的趨勢。此外，如同瑟斯頓等距量表，利克特量表以單一總分代表一個人的態度，無法分辨同一態度值下，不同個體之間在態度型態上的差異。

表 13-3　利克特式量表的範例

原題號	題目	非常不同意	不同意	無所謂	同意	非常同意
3.	我對任職的機構很忠心。	□	□	□	□	□
6.	我以所任職的機構為榮。	□	□	□	□	□
16.	我常想到要辭職。	□	□	□	□	□
17.	我很可能於明年另尋新的工作。	□	□	□	□	□
25.	目前我的工作表現極為卓越。	□	□	□	□	□

(三) 語義分析法

語義分析法 (或**語義差別法**) (semantic differential technique) 是態度

測量的另一種方法,它源自美國心理學家奧斯古德 (Charles Egerton Osgood, 1919~1991) 等人於 1957 年首先採用的一種對詞義進行數量分析的方法。此法是讓受試者對詞彙作出語義判斷,由語義判斷引出態度反應。使用語義分析法測量態度時,並不像其他量表中所用表明贊成與否的敘述語句,而是以**兩極形容詞量表** (bipolar adjective scale) 表示。奧斯古德等利用因素分析法研究人們對詞義的情緒反應,發現詞義的特徵可分為三種,受試者大致是從這三方面來評定詞義的,它們分別為評價、強度和活動。評價 (appraise) 因素如"好-壞"、"喜-惡"、"有價值-無價值"等兩極形容詞量表上具有高度的因素負荷;強度 (potency) 因素與"強-弱"、"大-小"、"輕-重"等類似辭彙有關;活動 (activity) 因素則與"主動-被動"、"快-慢"等形容詞有關。三者中以評價因素最具重要性,故語義分析法在態度測量上頗具優勢。使用此法時,編製者必須首先確定要測量的態度主題,並選擇一系列約十五對或更多成對的兩極形容片語製成一個量表,每一對中兩個形容詞在意義上完全相反;如好-惡,冷-熱等,在這兩個形容詞之間設立一個分為七個等級的評量表,受試者根據自己對這兩個極端形容詞的反應傾向進行選擇,量表上的數值可以是 1,2,3,4,5,6,7 或 −3,−2,−1,0,+1,+2,+3。表 13-4 列出一個兩極形容詞量表的示例。

表 13-4 語義分析法測量項目表

		主題詞:婚姻	
評價量表	好 美 聰明	7 6 5 4 3 2 1 7 6 5 4 3 2 1 7 6 5 4 3 2 1	壞 醜 愚蠢
強度量表	大 強 重	7 6 5 4 3 2 1 7 6 5 4 3 2 1 7 6 5 4 3 2 1	小 弱 輕
活動量表	快 主動 敏銳	7 6 5 4 3 2 1 7 6 5 4 3 2 1 7 6 5 4 3 2 1	慢 被動 遲鈍

(採自 Osgood, Suci, & Tannenbaum, 1957)

編製兩極形容詞量表的關鍵是如何選擇合適的形容詞。奧斯古德等(1957)做了大量的研究,並提供很多已經配對的兩極辭彙給後來的研究者參考。編製者若能根據自己研究的主題設計出適當的形容詞則更為理想,因為每個量表都有自己的特用性。在對整個量表計分時,將受試者在各個量表上所選擇的數值相加,並求其平均數即得態度分數。在此程式中應注意的是,以正向和反向排列的兩極形容詞所使用的加權數值應以相反的方向排列。最終的結果在 3.5 分以上者即表示受試者對該主題具有正面的態度,數值越高代表越贊同;反之,數值越低則越不贊同。

三、態度量表的發展和應用

態度的研究向來以出現在社會心理學及相關的社會科學領域為主,近年在民意調查、消費者研究、勞工關係和教育等方面的應用也與日俱增。態度量表無疑是心理學上使用極頻繁的一種工具,但這類量表的編製和使用大多以個別研究為主,較少有經過標準化程式而公開發行的。早期較著名的態度量表是**加利福尼亞 F 量表**(或**加州 F 量表**)(California F Scale),此量表用於測量與權威主義有關的態度(例如保守的政治觀、遵從、極度道德化、權力取向、定型化等),它曾被用來研究權威性態度與社會偏見的關係,也經常用於其他的人格及社會心理學研究。用瑟斯頓量表法編製的一系列**主要態度量表**(Master Attitude Scales)包括分別測量對學校課程、職業、機構、團體、社會、家事、個人與團體士氣等態度的九種量表;以利克特量表法編製的**明尼蘇達教師態度調查表**(Minnesota Teacher Attitude Inventory),可測量受試者對教師角色以及對學生的態度。此外,布朗與霍茲曼合編的**學習習慣與態度調查表**(Survey of Study Habits and Attitudes,簡稱SSHA),其中共包含"延遲逃避"、"工作方法"、"教師贊許"、"教育接受"和"讀書取向"等五個分量表,用以測量受試者的學習態度和動機。總之,公開發行的態度量表數量很少,但是從各種文獻中可以發現,在大量研究中,如對老人、對愛滋病、對超常兒童、對殘疾人、對吸烟等等的研究中,都曾經有態度量表的應用。在人與環境的交互作用中,態度指向的內容廣泛,只要編製方法正確,在很多研究中態度測量都可以發揮作用。

第三節　價值觀測驗

價值觀與興趣、態度是相似又不等同的心理特質。**價值觀** (value) 是指個人用以辨是非，別善惡，從而決定取捨時所持的一種綜合性的價值架構。一個人的價值觀，主要表現在他對道德、社會、宗教、金錢等各方面的批評與判斷上（張春興，1989）。例如，錢財如糞土、仁義值千金。

我們所保持的價值觀，多是幼年時期在父母耳濡目染下逐漸形成。成長過程中，經過學習，在師長和同學朋友的交互影響下，發展出一套屬於自己的價值觀，用以衡量人、事物對於自己的意義性與重要程度，作為協助自己選擇方向和安排人生的指導原則。因此，認知能力的發展和環境、教育的影響，是決定價值觀形成與發展的主要因素。

由於環境與教育條件的不同，使得每個人都擁有不同的價值觀。價值的有無不是絕對的，而是受個人需要、興趣等心理傾向的制約。相同事物，由於個人的價值觀不同會產生不同的態度；例如，一枚古老錢幣對一般人並不稀奇，但對古玩愛好者則視為至寶。因此，價值觀會影響人對事物進行加值判斷，進而影響人的態度和行為。

價值觀具有內容和強度兩種屬性。內容屬性告訴人們哪種方式的行為或存在狀態是重要的；強度屬性表明其重要程度。當依據強度來排列一個人對各方面的價值觀時，就可以獲得一個人的價值系統。由此系統可以進一步得知自由、快樂、權力、責任、服從等價值觀在每個人心目中的相對重要性。

一、價值系統的形成與改變

每個人的價值系統有很大一部分是在早年形成的，是從父母、教師、朋友和周圍其他人那裡獲得的。**價值系統** (value system) 的形成是逐漸累積的，所以價值觀是相對穩定和持久的，這是由它自身的遺傳成分和學習獲得相互作用決定的。當一個人是孩童時他就被告知，某種行為或結果是好的或不好的，例如要誠實、孝順、友愛，等等。這種絕對的、黑白分明地掌握價值觀的方式，或多或少地保證了價值觀的穩定性和持久性。當然，我們對價值觀提出疑問時，可能會導致它的變化。我們可能做出決定不再接受這些基本的價值觀。更經常的情況是，對價值觀的疑問反而強化已經擁有的價值觀。

二、價值觀的測量方法

每個人都有自己獨特的價值觀，根據價值觀系統主觀地判斷事物是否與己有關，並評價其重要性與意義性。心理學家發展出許多價值觀測驗，目的是用以瞭解個人對人、事、物的主觀評價。其特點是對問題的選答，具價值判斷，數種答案並列，且無對錯之分，受試者只需按個人的價值標準給以主觀的評價。下面我們將介紹三種價值類型的劃分方法及其量表。

表 13-5　羅克奇價值觀調查表中的兩種價值觀類型

終極性價值觀	舒適的生活 (富足的生活) 振奮的生活 (刺激的、積極的生活) 成就感 (持續的貢獻) 和平的世界 (沒有衝突和戰爭) 美麗的世界 (藝術與自然的美) 平等 (兄弟情誼、機會均等) 家庭安全 (照顧自己所愛的人) 自由 (獨立、自主選擇) 幸福 (滿足)	內在和諧 (沒有內心衝突) 成熟的愛 (性和精神上的親密) 國家的安全 (免遭攻擊) 快樂 (快樂的、閒暇的生活) 救世 (救世的、永恆的生活) 自尊 (自重) 社會承認 (尊重、讚賞) 真摯的友誼 (親密關係) 睿智 (對生活有成熟的理解)
工具性價值觀	雄心勃勃 (辛勤工作、奮發向上) 心胸開闊 (開放) 能幹 (有能力、有效率) 歡樂 (輕鬆愉快) 清潔 (衛生、整潔) 勇敢 (堅持自己的信仰) 寬容 (諒解他人) 助人為樂 (為他人的福利工作) 正直 (真摯、誠實)	富於想像 (大膽、有創造性) 獨立 (自力更生、自給自足) 智慧 (有知識的、善思考的) 符合邏輯 (理性的) 博愛 (溫情的、溫柔的) 順從 (有責任感、尊重的) 禮貌 (有禮的、性情好) 負責 (可靠的) 自我控制 (自律的、約束的)

(採自 Rokeach, 1973)

(一) 羅克奇價值觀調查表

人本主義心理學家羅克奇 (Rokeach, 1973) 編製的**羅克奇價值觀調查表** (Rokeach's Values Survey，簡稱 RVS) 是運用最廣的價值觀測驗。羅克奇認為價值觀可以分為兩種類型：第一種類型稱為**終極性價值觀** (terminal values)，是指期望存在的終極狀態。它是一個人希望通過一生而實現的目標。另一種類型稱為**工具性價值觀** (instrumental values)，這種價值觀指的是偏愛的行為方式或實現終極性價值的手段。表 13-5 列出每一種價值觀的範例。工具性價值觀又分為兩種：道德價值觀與能力價值觀。前者和人與人之間的行為活動相聯繫，如果違背會產生罪惡感；後者與個人內在的、行為的自我實現方式相聯繫，如果違背則引起不適宜的感覺。終極性價值觀也可以分為兩種：個人價值觀和社會價值觀，前者以自我為中心，後者以社會為中心。包含屬於每一種類型的十八項具體內容，讓受試者評估它們對自己的相對重要價值。由於沒有任何量表同時測量如此多的內容，且施測和計分快又省錢，因此比較流行。經過二十多年的研究證實，在區分不同人群方面該調查表是可信的。不同國家和不同生活經歷的人，對羅克奇價值觀調查表上各個項目的排序是不同的。例如，以色列學生將世界和平和國家安全排在最高等級，美國學生則將舒適的生活和雄心壯志為最高價值。相同職業或類別的人 (如公司管理者、工會成員、父母、學生) 傾向擁有相同的價值觀。也存在著顯著的差異，如表 13-6 所示。

(二) 奧爾波特等人的價值觀研究量表

美國心理學家奧爾波特 (Gordon Willard Allport, 1897～1967) 等人在 1931 年編製價值觀研究的量表以後，社會和職業心理學家就編製了很多測量價值觀的量表。

奧爾波特等人對價值觀的分類是依據斯普朗格 (Eduard Spranger, 1882～1963) 於 1928 年所提出將人分為六種類型的學說，劃分六種理想的價值觀，這六種價值觀如下：

1. 理論價值觀 即渴望在已有的知識體系中再發現新的事物，試以批判和理性的方法尋求真理。

表 13-6　經營者、工會成員和社區工作者的價值觀排序（最高的五種）

價值觀 \ 職業	經營者	工會成員	社區工作者
終極性價值觀	1. 自尊 2. 家庭安全 3. 自由 4. 成就感 5. 快樂	1. 家庭安全 2. 自由 3. 快樂 4. 自尊 5. 成熟的愛	1. 平等 2. 世界和平 3. 家庭安全 4. 自尊 5. 自由
工具性價值觀	1. 誠實 2. 負責 3. 能幹 4. 野心勃勃 5. 獨立	1. 負責 2. 誠實 3. 勇敢 4. 獨立 5. 能幹	1. 誠實 2. 助人為樂 3. 勇敢 4. 負責 5. 能幹

　　2. 經濟價值觀　即認為生活追求的主要目標是財富的得失，強調效率和實用性。

　　3. 審美價值觀　把追求現實美視為人生最重要的意義，重視外形與和諧勻稱的價值。

　　4. 社會價值觀　認為人生最有意義的事是增進社會福利，強調對人積極主動、熱烈懇切的感情。

　　5. 權力價值觀　認為人生主要目標在支配他人，重視擁有使人信服的權力和影響力。

　　6. 宗教價值觀　關心對宇宙整體的理解和體驗的融合，往往致力於追求新奇神秘的事物。

　　該量表也發現相同職業者對六種價值觀忠實的情況是大同小異。

（三）　工作價值觀調查表

　　工作價值觀調查表（Work Values Inventory）是美國學者蘇培（Donald Edwin, Super 1910～1994）於 1968 年編製的，其目的在測量與工作有關的各種價值觀。此量表假設一個人若能從事其認為有價值的職業，則容易獲得滿足而充分發揮其能力。其適用對象為初中一年級以上的學生或成人。

整個量表包括三部分共五十個分量表，內含十五種工作價值觀。

  1. 第一部分為**內在工作價值** (intrinsic work values)，意指價值的性質與工作本身並無關係，這種價值追求是受人內在固有動力的支配。這些價值包括：(1) 利他主義、(2) 獨立性、(3) 創意的尋求、(4) 智力激發、(5) 美的追求、(6) 成就感和 (7) 管理的權力。

  2. 第二部分為**外在工作價值** (extrinsic work values)，意指價值的性質與工作有關，會影響個人工作價值觀的形成。這些價值包括：(8) 工作環境、(9) 與上司的關係、(10) 與同事的關係和 (11) 變化性。

  3. 第三部分為**外在報酬** (或外在獎勵) (extrinsic rewards)，意指因工作而獲得的報酬。例如：(12) 聲望、(13) 經濟報酬、(14) 安全感、(15) 工作所帶來的生活方式。

  分量表中每道題目有三個項目或價值語句，要求受試者對每個項目的重要性進行五點評分，評分總和即為該分量表的價值觀分數。從這些分數可以決定受試者的價值趨向，測驗出受試者在選擇職業時最重視哪些因素。該測驗提供初一到高三年級的百分等級常模，這一常模來自包括約九千人的美國全國性樣本，但該測驗沒有提供有關成人的常模。在以高中學生為樣本的研究中得出量表的再測信度 (相隔二週) 是介於 0.74 到 0.88 之間，中數為 0.83。

  另外，由北美，亞洲和歐洲的職業心理學家構成的"工作重要性研究協作組"開發一個**價值觀量表** (value scale)，作為工具，它兼有上述工作價值觀調查表和羅克奇價值觀調查表二者的特性。該價值觀量表的目的在於瞭解一個人在各種生活條件下所尋求和希望的價值，以及對作為實現價值的手段的各項工作，在其他環境條件下的相對重要性做出評價。該價值量表由 106 個項目組成，用 30～40 分鐘可得出二十一個價值分數 (每個價值包括五個項目)。它們是：能力發揮、成就、先進性、藝術性、利他性、權威性、自主性、創造性、經濟回饋、生活方式、個人發展、體力活動、特權、冒險、社會交往、社會關係、多樣性、工作條件、文化認同、傑出本領、經濟保障。

  該量表用於個人評價，在高中生以上至成人中都取得可靠的結果。在職業諮詢和人員選拔中，尤其是在跨文化的比較性研究中有良好的應用前景。

本 章 摘 要

1. **興趣**的含義有二：一是指個體對某個對象、目標、技能、知識或其他活動表現出強烈的喜好；二是力求認識，探究某種事物的心理傾向。
2. **職業興趣**是興趣在職業選擇活動方面的一種表現形式，是職業本身的多樣性、複雜性與就業人員自身個性的多樣性相互作用下所反映出的特殊心理傾向。
3. 不同學者對職業興趣有不同的分類方法。最通用的是霍蘭德將人的職業興趣分六類：**現實型、研究型、藝術型、社會型、企業型和常規型**，簡稱 RIASEC。
4. 美國心理學家霍蘭德認為，除了人的興趣和人格可統一劃分為六類外，環境也可相應地劃分為六種模式。環境提供相應人格類型的人發揮其興趣與才能的機會，並強化相應的人格特質和職業興趣。在此基礎上又提出了著名的霍蘭德職業興趣**六角形模型**。
5. 霍蘭德職業興趣六角型模型提出之後，一些心理學家也紛紛提出自己的職業興趣模型。裴提格在該六角型模型上又增加了兩個維度：人和物維度、數據和觀念維度，並將二十三個職業家族標定在這個座標上，形成維度模型。目前，維度模型為職業興趣理論中的一支新秀。
6. 對興趣的測量可追溯到 1912 年桑代克對興趣和能力關係的研究。1919 年在卡耐基科技學院開展一場關於興趣測量的著名的研討會。此後，斯特朗、庫德、霍蘭德先後編製自己的職業興趣量表，在興趣測量及職業諮詢領域形成鼎足之勢。
7. 斯特朗-坎貝爾職業興趣測驗 (SCII)、庫德職業興趣調查表 (KOIS)、和霍蘭德的**自我指導探索量表** (SDS) 都是被普遍肯定的用於職業指導的興趣測驗。然而，前兩者施測結果的記分和解釋需要受過專門訓練的人員進行，自我指導探索量表則是除了自我施測和記分外，還可以自我解釋，使用更為方便，在職業諮詢領域被廣泛應用。
8. 職業興趣測驗在教育、職業選擇、培訓、人事組織管理等領域有了越來越多的應用。近些年來職業興趣測驗的發展呈現以下的趨勢：(1) 霍蘭德職業興趣理論對職業興趣測量產生深遠的影響，(2) 各種量表之間的相互融合，(3) 編製無性別差異的職業興趣量表，(4) 注重與相關測驗綜合成電腦測驗。

9. **態度**是個人對特定對象以一定方式做出反應時，所持有的評價性的、較穩定的內部心理傾向。態度包括**感情**、**行為**和**認知**三種因素。

10. 態度的形成是通過學習過程，與個體的生活經驗有密切的關係。一般而言，成人的態度比兒童與青少年更具牢固性，人們在早年所形成的態度又比成年後所習得的態度更不易改變。

11. 態度測量的方法包括直接觀察、面談、自我陳述量表或問卷、甚至投射式測驗法等。其中最有效、且常用的為自陳式量表法。每一量表通常包括一系列關於某種事件或觀念的項目或敘述語句，由受試者作贊成與否或類似形式的反應，以此瞭解其態度的方向和程度。

12. 在心理學上對態度量表的發展最具貢獻的當推瑟斯頓，利克特，和奧斯古德。他們創設**等距量表法**、**綜合評定法**和**語義分析法**，這三種量表編製法被研究者沿用至今。

13. **價值觀**代表一個人對人生的基本觀點和信念。價值觀包括內容和強度兩種屬性。當我們根據強度來排列一個人的價值觀時，就可以獲得一個人的**價值系統**。價值觀中很大一部分在早年形成，是從父母、教師、朋友們和其他人那裡獲得的。我們對價值觀提出疑問的過程，可能會導致價值觀的變化。

14. 阿爾波特等對價值觀的分類是該領域中最早的嘗試之一，1931年他們編製一份相應的問卷，證明不同職業的人有不同的價值觀。羅克奇將價值觀分為**終極性價值觀**與**工具性價值觀**兩類。他所設計的**羅克奇價值觀調查表**可以將不同類型的人群加以區分，是企業管理中常用的量表。

15. 蘇培假設：人若從事他認為有價值的職業，較易獲得滿足而充分發揮其能力。於 1970 年編製**工作價值觀調查表**，測量與工作有關的各種價值觀。它具有美國常模，適用對象為初中一年級以上的學生或成人。

16. 由各國職業心理學家協作編製的**價值觀量表**，得出人們在職業選擇中的二十一種價值考慮，對於跨文化比較性研究和進行職業諮詢可能有一定的實用價值。

建議參考資料

1. 章志光（主編）(1996)：社會心理學。北京市：人民教育出版社。
2. 黃光揚 (1996)：心理測量的理論與應用。福州市：福建教育出版社。
3. 楊　杰（主編）(2008)：組織行為學。北京市：北京大學出版社。
4. 葛樹人 (2006)：心理測驗學。台北市：桂冠圖書股份有限公司。
5. 路君約 (1992)：心理測驗（上下冊）。台北市：中國行為科學社。
6. Holland, J. L. (1997). *Making vocational choices: A theory of vocational personalities and work environments* (3rd ed.). Florida: Psychological Assessment Resources, Inc.
7. Kuder, G. F. (1985). *Kuder Occupational Interest Survey Form DD*. (rev.). Chicago: Science Research Associates.
8. Lowman, R. L., & Carson, A. D. (2003). Assessment of Interests. In Weiner, I. B. (Ed.). *Handbook of Psychology. Vol. 10. Assessment Psychology*. 467~485. NY: John Wiley & Sons.
9. Osgood, C. E., Suci, G. J., & Tannenbaum, P. H. (1957). *The measurement of meaning*. Urbana: University of Illinois Press.
10. Rokeach, M. (2000). *Understanding human values*. New York: Free Press.

第十四章

神經心理測驗

本章內容細目

第一節 神經心理測驗概述
一、神經心理測驗的分類 469
　(一) 按測驗功能的廣狹劃分
　(二) 按測驗結果的解釋類型劃分
二、神經心理測驗的用途 470

第二節 單一神經心理測驗
一、視知覺障礙的測驗 471
二、運動障礙的測驗 472
三、記憶障礙的測驗 474
　(一) 數字廣度測驗
　(二) 圖案記憶測驗
　(三) 視覺記憶測驗
四、言語障礙的測驗 478
五、思想障礙的測驗 479

第三節 成套神經心理測驗
一、成套神經心理測驗概述 483
二、霍-里成套神經心理測驗 483
　(一) 霍-里成套神經心理測驗的形成與發展
　(二) 霍-里成人成套神經心理測驗
　(三) 霍-里少年成套神經心理測驗

　(四) 霍-里幼兒成套神經心理測驗
　(五) 霍-里成套神經心理測驗的結果解釋和分析
　(六) 對霍-里成套神經心理測驗的評價
三、魯利亞成套神經心理測驗 492

第四節 霍-里成套神經心理測驗的聯用測驗
一、韋氏記憶量表原版 495
二、韋氏記憶量表的中國修訂版 496
三、韋氏記憶量表的修訂版 497
四、韋氏記憶量表的第三版 497
五、韋氏記憶量表系列在神經心理評估中的應用 499
　(一) 記憶商數無法獨自說明腦損傷的特異性
　(二) 記憶商數與智商相分離不是腦損傷的證明

本章摘要

建議參考資料

神經心理學 (neuropsychology) 是研究神精系統與行為變化的關係，為心理學的一個分支學科，其工作與生理學和醫學緊密聯繫。神經心理學的研究可分成實驗室和臨床兩種取向：實驗室取向研究的對象包括動物和人；臨床取向的研究則主要是針對人，特別是心理障礙患者，而心理測驗是對患者進行診斷的重要手段之一。為研究神經心理而使用的測驗，稱為神經心理測驗，在對心理障礙患者進行臨床診斷時，神經心理測驗是重要的輔助手段。

神經心理測驗種類繁多，廣義地講，前面幾章所介紹常用的心理測驗，如比奈量表，韋氏智力量表系列等均可稱為神經心理測驗，在臨床診斷上被普遍地應用。近年又出現一些專門為研究神經心理學問題而設計的神經心理測驗。有經驗的臨床心理學家將各種心理測驗與觀察和訪談訊息相結合，可以全面系統地瞭解不同心理障礙患者的腦神經機制，有效地提高心理診斷的效能。解釋神經心理測驗的結果，需要豐富的知識經驗，否則，即使是效度很高、經過標準化確定的測驗也不能保證得出準確可靠的評定結果。

神經心理測驗可以從不同角度進行分類。如單一的神經心理測驗和成套的神經心理測驗。凡是形式單一，主要測量一種神經心理功能的，如視覺、聽覺、運動或語言功能障礙的，稱單一神經心理測驗，其不足之處在獲得的資訊有限，不能對複雜的腦功能進行剖析圖分析；那些將幾個內容、性質一致的測驗，經過特別選擇後組合使用，求得一個總分用以表示個人心理特質的總測驗，稱為神經心理成套測驗。那是可以根據多個分數作出剖析圖，並以它為據對腦功能作出較全面的分析，從而製定康復計畫。

腦功能錯綜複雜，往往需要根據使用目的，將固定的成套測驗與其他測驗，如智力、記憶、成就、人格等測驗結合聯用，以收到更大效益，達到全面系統地評估個體神經心理功能的目的。最常用的聯用測驗是韋氏智力量表和韋氏記憶量表。

本章內容主要討論神經心理測量與幾種常用的神經心理測驗：

1. 什麼是神經心理測驗。它的用途有哪些。
2. 單一神經心理測驗有哪些。它們的功能在應用上有什麼不足。
3. 成套神經心理測驗有哪些。它比單一神經心理測驗有哪些優勢。
4. 什麼是聯用測驗。常用的聯用測驗有哪些。

第一節　神經心理測驗概述

神經心理測驗 (neuropsychological test) 主要指測量神經心理功能的測驗。是研究腦和行為的關係，或研究腦在病理情況下的行為特點，為心理測驗的一個分支。但腦與行為的關係非常複雜，如果要對神經心理功能進行全面而系統的評估，除使用多種神經心理測驗外，還應包括使用認知能力、人格和成就等測驗，廣泛地收集病史資料，以及進行各種實驗室檢查等。這裡只對主要的神經心理測驗進行概述。

一、神經心理測驗的分類

許多通用心理測驗如智力測驗、記憶測驗和投射測驗等均可用作神經心理測驗。近年來，出現一些專門為研究神經心理學問題而設計的神經心理測驗。現在常用的神經心理測驗，大致可分成以下幾類：

（一）　按測驗功能的廣狹劃分

按測驗功能的廣度劃分，神經心理測驗可分為單一神經心理測驗和成套神經心理測驗。**單一神經心理測驗** (single function neuropsychological test) 是指測驗形式單一，主要測量一種神經心理功能，如詞語功能測驗、視覺功能測驗、聽覺功能測驗、運動功能測驗等。**成套神經心理測驗** (neuropsychological test battery) 則是由多個不同形式的分測驗所組成，測量腦的多個功能，以便對受試者的腦功能作全面評估。成套測驗又可以分為內部成套測驗和外部成套測驗，前者是指由同一功能的幾個分測驗構成的測驗，如成套智力測驗、成套記憶測驗、成套失語測驗等；後者則是指將不同功能的測驗聯合使用。

（二）　按測驗結果的解釋類型劃分

按測驗結果的解釋進行類型劃分，神經心理測驗可分成篩檢用的定性神經心理測驗和既可作定性的 (qualitative) 也可作定量的 (quantitative) 測驗。神經學臨床檢查多屬定性的；例如，引出病理特徵時，結果為具有病理徵兆的"陽性"或未發現病理徵兆的"陰性"，偶有記錄為"可疑"，這便是定量的開始。後來又發展成評定量表，對結果可作等級解釋，即簡單的量化解釋。

神經心理測驗在分成單一神經心理測驗和成套神經心理測驗時，從功能上考慮，通常，單一神經心理測驗的功能比較單一，主要是針對某一心理功能作深入測查，但不能對個人的神經心理狀況進行全面測查；而成套神經心理測驗是由測量各種功能的單一測驗綜合組成，所以可對個人的神經心理功能作較全面的測查，但對某一特殊功能則不夠深入。因此從某種意義上說，最好先用成套神經心理測驗對個人的神經心理功能作一次掃描，發現問題後再針對某問題做進一步的測查。總之，以上的分類不是絕對的，各類神經心理測驗都有其特殊性。要取得對神經心理全面且深入的評估結果，必須綜合使用各類測驗及多種方法。

二、神經心理測驗的用途

神經心理技術開始流行的初期，在於協助臨床診斷，其優點是不增加病人的痛苦，且相對安全。現在神經學的檢查方法可以相當準確地作出腦損傷的定位診斷，因此神經心理評估技術的診斷作用退居次要地位。但神經心理測驗和評估技術仍繼續發展，除有上述作用外，在其他領域仍具有重要的作用。現今心理學家將神經心理評估的作用分成三個方面：(1) 診斷：鑒別精神和神經學症狀，協助鑒別各種不同的神經科疾病；(2) 保健：協助確定已知的神經科病人的行為受損範圍，發現其神經心理方面的強項和弱項，作出神經心理學描述；(3) 研究：神經心理評估可用於研究特殊的腦功能障礙與行為上無能的關係 (Lezak, 1995)。

神經心理評估技術的現代作用，已從腦損傷的定側和定位，轉移到為訴訟和 (或) 康復提供精確的缺損說明；同時在對輔導學習困難兒童的特殊教育上，也起著日益明顯的作用。

第二節　單一神經心理測驗

單一神經心理測驗的數量很多，多為某一特殊目的而設計，也有一些原來並非為神經心理的目的而設計，後來才用作神經心理測驗者。單一測驗的歷史比成套神經心理測驗的歷史長，而且其中有一些已經成為成套的智力、記憶和神經心理測驗的一部分。本章只選幾個主要測驗加以說明。

一、視知覺障礙的測驗

視知覺障礙的表現形式非常多，可分為視知覺、視空間和視結構障礙三種。**視知覺障礙** (visual perception disorder) 有視物失認、視分析綜合能力缺損、面孔失認及認識顏色能力障礙等；**視空間障礙** (visual spacial disorder) 有空間定點能力損害、判斷方向和距離的能力損害、地理定向能力損害和一側忽視等；**視結構障礙** (visual structural disorder) 有拼湊能力障礙和書寫運動能力障礙等。臨床上為了能精確地作出定量評定，可採用一些神經心理測驗，可供採用的工具很多，下面只舉比較有名的本頓視覺保持測驗為例。

美國學者本頓 (Arthur Lester Benton, 1909～2006) 於 1946 年編製**本頓視覺保持測驗** (Benton Visual Retention Test，簡稱 BVRT)，幾經修訂，這裡所介紹的是第四次修訂本 (1974)。中國有根據這個修訂本製訂的全國性常模 (唐秋萍、龔耀先，1993)。本頓視覺保持測驗是為評估視知覺、視記憶和視結構能力而設計，分三種形式 C、D 和 E，各包含十個項目，每一項目有一個或多個圖形。適用於 8 歲以上的人。完成一個形式的測驗只需要幾分鐘。

1. 實施方法與記分　實施有四種方法：A 法為每一項呈現 10 秒後讓受試者立即再生；B 法為每一項呈現 5 秒後受試者立即再生；C 法為由

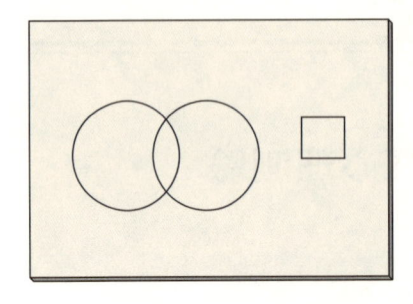

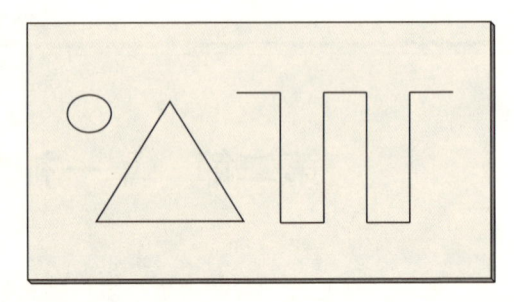

图 14-1　本顿视觉保持测验例示
(采自龚耀先、唐秋萍，1993)

受试者临摹每一图案；D 法为每一项呈现 10 秒，延缓 15 秒后由受试者再生。

记分方法分为正确分和错误分两种。正确分表示正确再生数。每一项均按全或无来作判断。全对记 1 分，有错记 0 分。凡不符合全部正确标准的均算错误，包括遗漏、变形、持续、旋转、错位和体积错误等几类。按错误数记分时，有些错误虽有多个形式，但只记一错误分。

2. 常模与应用　建立常模除考虑年龄因素外，还要考虑智力因素。根据智商 (IQ) 水平计算各年龄的成绩。这个数值称为**估计值** (estimate)。在测查病人时，需要估计他病前的智商 (IQ) 水平，以查出预期正确分和错误分，再与实际得分相比较作出解释。本顿视觉保持测验有成人和儿童两种常模，同时又按两种记分方法分别建立 C、D 和 E 三式的 A 至 D 四种实施方法的年龄期待分常模，作为临床和教育解释之用。

视记忆和视结构任务成绩不佳，往往是受脑损伤的影响，本顿视觉保持测验是检测大脑损伤所产生影响最敏感的工具之一。本顿视觉保持测验提供的错误分数可以作为知觉和再生（记忆）的指数，也是表明大脑有无疾患的一个指数。许多有关本顿视觉保持测验的效度研究都提供了这方面的证明。

二、运动障碍的测验

运动障碍 (dyscinesia) 是指自主运动的能力发生障碍，导致动作不能连贯、不能完成，或完全不能随意运动，它分粗大运动和精细运动，用神经学臨床觀察和檢查獲得定性資訊，用神經心理測驗可獲得定量資訊。

釘板測驗 (pegboard test)（見圖 14-2）是測量手的精細運動最常用的一種測驗。這一類測驗在材料形式和實施方式上各有不同，原來是為職業選擇而設計的，後來才被用作神經心理測驗。相關文獻報告，該測驗用於研究腦損傷患者手的精細運動和確定腦病損的定側性很有意義。

釘板測驗是要求受試者將一些小釘插入一個有洞的板子，主要在記錄速度。在這一基礎上可以衍化出一些變式。例如可以用鑷子將小釘挾住插入金屬板上的洞內，所用的釘和洞可以是一種或幾種不同大小的直徑。以**浦度釘板測驗** (Purdue pegboard test) 為例，它是以手將直徑不同的小釘插入洞內，先用**利手**(或**偏手性**) (handedness)（即工作、活動時習慣用左手或右手的偏好性），其次用非利手，最後再用雙手。每次約 30 秒鐘，總共約 90 秒鐘，成績為計算在規定時間內正確的插入數。一組一般產業工人右手插入正確數平均為 15 至 19 個釘，左手為 14.5 至 18，雙手為 12 至 15.5，第一次三個分的總數為 43 至 50。另有腦損傷的病人組與正常對照組的比較研究發現 (Costa et al., 1961)，對照組右手和左手插入正確數分別為 14 和 13；左半球腦損傷組分別為 9 和 10；右半球腦損傷組分別為 10 和 0。可知右腦損傷對左手的運動功能明顯受損。釘板測驗雖然簡單，完成測驗所需的時間不過幾分鐘，但在篩查腦損傷及定側方面卻非常有用。因此該測驗是一個簡便又有用的神經心理測驗。

圖 14-2　釘板測驗
(採自 Aiken, 2005)

三、記憶障礙的測驗

記憶障礙 (memory disorder) 泛指記憶機能的失調或失控。表現為識記和回憶發生困難，對輸入的訊息不能儲存或難以檢索。記憶障礙與一般遺忘不同：遺忘是正常現象，且所遺忘的多半不會影響生活功能；記憶障礙的情形比較嚴重。

記憶障礙測驗非常多，其中有不少是單一形式的。按記憶材料的性質來分，有詞語記憶測驗和非詞語記憶測驗；按資訊渠道來分，有視、聽和觸覺記憶測驗；按記憶保持時間來分，臨床上有暫態記憶測驗、短時記憶測驗和長時記憶測驗。

記憶測驗除了單獨用來測查記憶功能，亦被用於成套智力測驗和神經心理測驗。例如，斯-比量表，韋氏智力量表，以及 H-R 成套神經心理測驗，都包括記憶測驗。臨床神經精神科醫生，在診斷病人的精神狀況時，皆包括記憶檢查，因為記憶障礙的一些特殊形式是某些疾病的重要症狀。下面就介紹幾個測查不同方面的單一記憶測驗。

(一) 數字廣度測驗

數字廣度測驗 (digit span test) 屬智力測驗中的一類。其目的是單從復述數字的考驗中，測量受試者的記憶力，是最常用的詞語暫態記憶測驗。對聽力和言語正常的受試者，用口頭報數（一秒鐘一數位），受試者隨即背誦，有順背及倒背兩種形式。對言語有困難的受試者，不採用口頭背誦的形式，可以讓受試者按聽到的數目依序在數卡上指出。

該測驗每次呈現的數目均不相同，且後一次的數字會比前一次多一位，如第一次呈現 749，第二次呈現 5749……。另一種是每次增加一數，但只在數尾增加，如第一次為 526，第二次為 5264，第三次為 52649，……

正常人的數字記憶廣度量會受年齡和環境的影響。中國城市的受試者資料表明，六歲兒童的平均數位元為 9，以後按年增加一位，到十四至十七歲穩定在 13 位；成人十八、十九歲至三十五歲前為 12 位；三十五歲起至五十四歲為 11 位；五十五歲以後為 10 位。基本上，農村的資料表明數位記憶廣度因年齡增減趨勢與城市相似，但六至八歲的平均比城市兒童少 2

位，到成人後平均少一位，從四十五歲起則少 2 位。這一結果表明農村受試者在六至八歲和四十五歲以後比城市受試者都少 2 位，即使是在最高水準期的農村受試者也比城市少一位 (龔耀先等，1984)。在腦損傷時的數字記憶廣度量的減損情況，則與疾病的性質、病損部位和病情有關。

（二） 圖案記憶測驗

圖案記憶測驗 (Memory-for-Designs，簡稱 MFD) 是非言語的短時記憶測驗。測驗材料：十五張卡片，上面印有一個無意義的、儘量與智力無關的圖案 (見圖 14-3)。

實施方法是將圖案一張一張地擺放在受試者面前，每張圖呈現 5 秒後移去，要求受試者默畫所看過的圖，一般 5～10 分鐘可完成此測驗。

圖 14-3　圖案記憶測驗之圖例
(採自 Graham et al., 1960)

記分方法是每個圖可按再生質量記為：0、1、2、3 分。0 分為再生滿意 (或者與樣圖完全一樣，或稍有改變)；1 分為有兩個以上的容易辨認的錯誤，但保留了原圖的一般形狀；2 分為再生不滿意；3 分為圖形倒轉或旋轉 (見圖 14-4)。在手冊上均有標準圖樣可作參考。

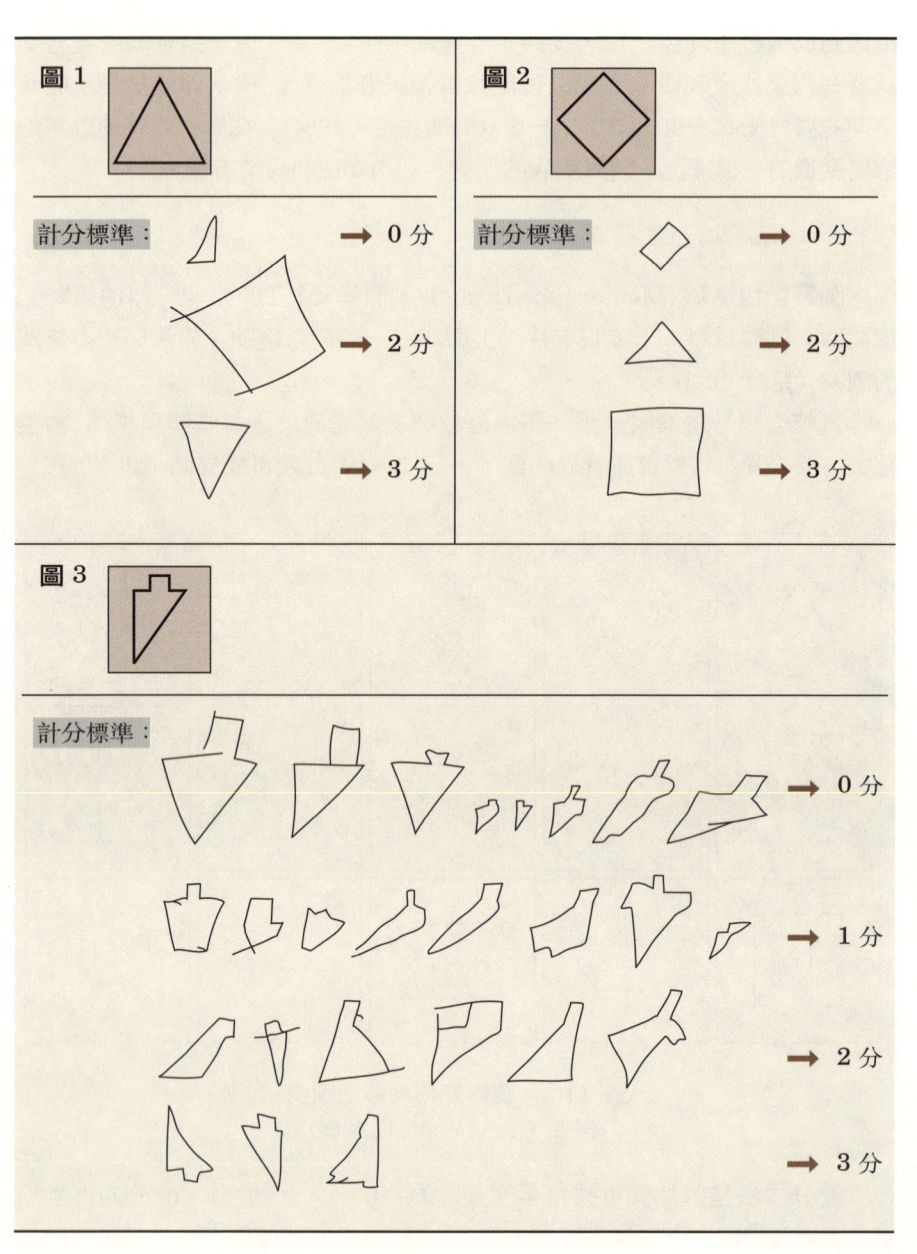

圖 14-4　圖案記憶測驗記分標準舉例

各圖得分相加成為本測驗成績的原始分。分數越低，成績越好。還可以得出**分化分** (difference score)，這是根據受試者的原始分和受試者的另一些差別，如年齡等，採用回歸的方法計算出來 (製成換算表)。

用原始分來鑒別正常和腦損傷者時 (用匹配效度組和交叉效度組兩種方法)，結果如表 14-1。

表 14-1　圖案記憶測驗的效度研究結果

範圍	分數	匹配效度組				交叉效度組			
		正常者		腦損傷者		正常者		腦損傷者	
		人數	%	人數	%	人數	%	人數	%
臨界	12 以上	3	4	35	50	5	3	14	42
邊界	5～11	12	17	20	29	32	19	12	36
正常	0～4	55	79	15	21	131	78	7	21
總計		70	100	70	100	168	100	33	99

(採自 Grahan et al., 1960)

研究者提出一些看法：(1) 根據圖案記憶的成績能夠區別有無腦損傷，但二者有部分重疊；(2) 不同腦障礙組雖然有重疊，但彼此間有不同的圖案記憶表現，特發性癲癇同對照組只有輕度的差異，而症狀性癲癇則有非常大的差異；(3) 對有局部腦損傷的病人，雖不能用此來區分左右半球的損傷，但損傷在後部者的得分往往都高於損傷在前部者。

(三) 視覺記憶測驗

視覺記憶測驗 (Visual Memory Test，簡稱 VMT) 是韋普曼 (Wepman et al., 1975) 等編製，為評估五至八歲兒童，特別是為學習困難兒童的視覺短時記憶而設計，可以供教師及治療專家使用。

此測驗有一本測驗題册，共有十六個項目，每一項目由一個靶圖 (幾何圖形) 及四個供選擇回答的圖形組成 (見圖 14-5)。測驗時靶圖先呈現 5 秒後，要讓兒童在四個回答圖中指出剛才看過的，回答無時限。完成一個項目後，繼續進行下一項，直到作完十六項。計算正確回答數，最高 16 分。使用此測驗時，應結合聽記憶測驗及智力測驗的結果進行全面的分析。

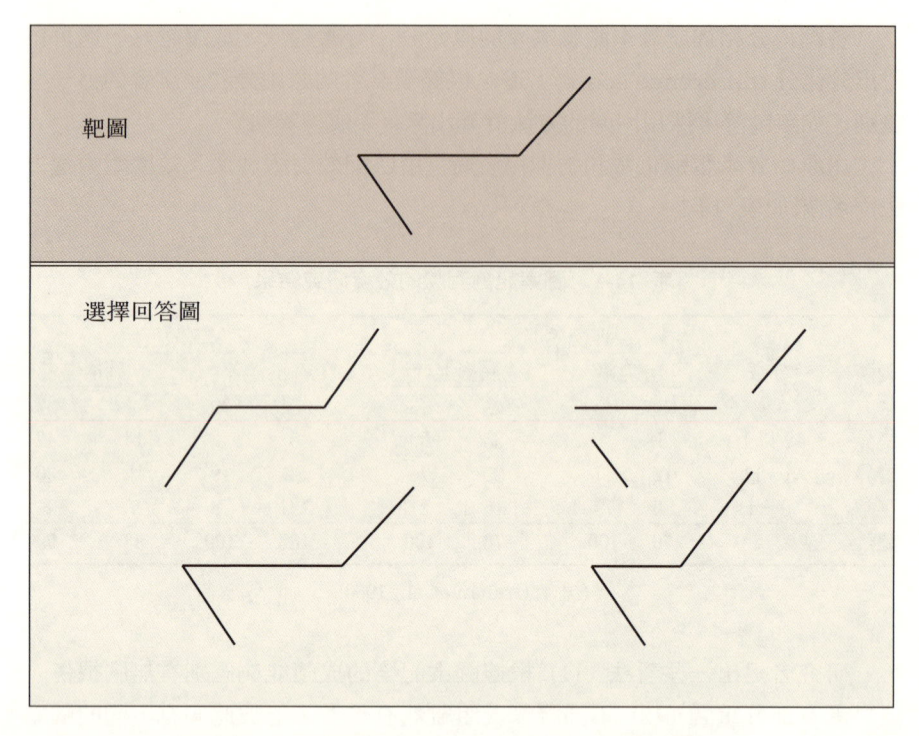

圖 14-5　視覺記憶測驗的靶圖與選擇回答圖

四、言語障礙的測驗

　　言語障礙 (speech handicap) 是指大腦職司語言的中樞部位受傷或病變導致語言的感受和言語運動 (即語言理解和表達) 方面出現損害，而失去原來運用語言的能力，無法順暢地說話；或是因抑鬱而引起言語障礙如口吃、緘默症、失語症等。

　　最常用的言語障礙測驗是皮博迪圖詞測驗。**皮博迪圖詞測驗** (Peabody Picture Vocabulary Test，簡稱 PPVT) 是 1959 年美國為了測查受試者英語能力而編製的，1981 年出版修訂本 (PPVT-R)。該測驗每一項目有四個圖，主試讀一詞，要求受試者按詞語意義在四圖中選擇一個能表明此詞語意義的圖。測試沒有時間限制，每個項目一般控制在 10 秒左右，整個測驗需要 10～20 分鐘。修訂本同樣分 L 和 M 兩式，每式 175 個項目，採用個別實施的方式進行。修訂本常模樣本包括 4,200 名二歲半起的兒童和 828 名四十歲以內的成人，常模有年齡標準分。修訂本的標準分與韋氏兒童智力量表修訂版 (WISC-R) 的智商 (IQ)，斯-比量表等能力測驗標準分的相關值不高，蓋因其只測量言語理解能力而不是一般智力之故。該測驗對測查學習困難兒童及其他語言患者的言語理解障礙較具作用；其優點是：實施簡便，費時不多，每個測驗項目可在 10 秒或更短時間內完成，且施測者不需要經嚴格的專業訓練即可擔任主試。

表 14-2　視覺記憶測驗標準化和解釋

評定等級*	百分率	各年齡組的成績			
		5歲組(得分)	6歲組(得分)	7歲組(得分)	8歲組(得分)
+2	15%	16	16	16	16
		14	15	15	
		11	12	14	15
+1	20%	10			
		9	11	13	14
0	30%	8	10	12	13
		7	9	11	11
−1	20%	7	9	10	10
		6	8	9	
−2	15%	5	6	8	8
		4			
		3	4	6	6
		2			
		0	0	0	0

*注：+2，表示發展良好；+1，表示高於平常記憶；0，表示平常記憶；−1，表示低於平常記憶；−2，表示在界限下的水平

(採自 Wepman et al., 1975)

五、思想障礙的測驗

思想障礙 (blocking of thought) 是指思想或說話過程中思路忽然中斷的心理現象。對一般正常人而言，思想障礙與情緒變化有關；在突如其來的恐懼或憤怒之下容易產生思想障礙。通常思想障礙會在腦器質性疾病和腦功能性疾病時出現，故其研究很受重視。**分類測驗** (sorting test) 是屬於測驗

概念的一種測驗。測驗的內容列出多種不同類別的物體，受試者可按照自己的想法將之分類，以推知其概念的發展。分類測驗的形式很多，最常用的有實物、圖片、顏色分類等。下面以 20 世紀 40 年代編製至今仍在使用的**實物分類測驗** (Object Sorting Test，簡稱 OST)。

1. 使用的材料　實物分類測驗使用的材料包括三十三件日常常見的實物：真正餐具刀、叉和勺各一件；玩具餐具刀、叉和勺各一件；一把真正的螺絲刀，一把真正鉗子；一把玩具螺絲刀，一把玩具鉗子；一把錘子，一柄斧頭；兩支釘子；一塊木頭中釘有一釘；兩個軟木瓶塞；兩塊方糖；一個烟斗；一支真的雪茄烟和一支紙烟；一支玩具雪茄烟和一支紙烟；一空的火柴盒；一橡皮球；一塊橡皮擦；一個橡皮塞；一白的檔案卡；一綠紙板方塊；一紅紙團；一把鎖；一個單車鈴。

2. 測驗步驟　分兩部分進行：

第一部分測查關於主動的概念形成 (進行分類)，包括七個項目：每一項是拿一實物放在受試者前面，並要他找出其餘的同類物件。按要求作完後，再詢問受試者"為何將這些都放在一起？"其餘六項均仿此進行。目的是形成"概念"。

第二部分測查被動的概念形成 (理解)，有十二個項目：每個項目都由主試選出這一組的實物並放在受試者前面，問受試者"為什麼這些是屬於一類的？"，這是要求受試者對這些實物下一個抽象的概念性定義，如餐具、玩具、文具等。

在分類的第一部分中，受試者表現出他是如何來看待實物中的概念性相互關係；在第二部分中，必須決定一組物體的共同概念性內容，此時傳統的"理解"因素產生主要作用，因而可以將第一部分稱"分類"，第二部分稱"詞語化"。

3. 記分方法　因目的不同，可以設計不同的記分方法。用作診斷工具時，記分系統的主要內容是：

(1) **分類和詞語化的恰當性**：即分類和詞語化與項目的常模符合或偏離的程度。

分類恰當記作"＋"，標準為：①與樣本實物確實是有關的；②約定俗成的，一般都如此分類；③雖然不是常見的分類，但有創意性。

分類不恰當記"－"，標準為分類時有遺漏，或者過多。如果略有遺漏或多包括某個其他物體，雖稍有偏離但不影響總的概念，記作"±"。

(2) **概念化水平**：即一個組的定義是抽象的？功能的？或具體水平的？分類的概念水平主要取決於受試者的詞語化水平。正常範圍內的水平也有高低之分：① 對一個組下定義，如果對一組實物是根據實物具體 (concrete) 屬性來界定便記為"C"； ② 根據實物的作用來界定 (functional difinition) 記為"FD"；③ 根據抽象-概念 (abstract-conceptual) 水平來界定便記為"CD"。

此外，有四種不是常態的而是病理的歸納法：

① 同時性的 (synchronistic, S) 定義，例如受試者把許多雜亂物件概括成一組，表示"我們都要用這些"或"這些都使我高興"；再如把許多不同類屬的實物放到一組，表示"這全都可在這房子裡找到"或"它們都來自於植物"，或"它們都是我的"。

② 寓言式的 (fabulated, Fab) 定義，是從一個物體的一種屬性出發，而編成一個故事。例如，在將真正螺絲刀作為樣本時，受試者說，"這是工人用的，還要加一些其他與工作有關的工具；同時木工要用餐，所以還要增加食具刀和叉。餐後抽烟，當他幹重活時，便抽雪茄，幹輕活時抽紙烟"。寓言故事式的分類，如同功能性分類，卻又不同於功能的，因為不是物體的同一功能。看上去像是具體的，但卻又有功能性質。所有分在這一個組內的物件，沒有任何概念性聯繫，只不過是用外在的故事把它們串在一起。

③ 象徵性的 (symbolic, S) 定義，係對物體意義進行異乎尋常的重新解釋，根據模糊的象徵性意義來分類。例如把大小餐具稱為"媽媽和孩子"。

④ 鏈條式的 (chain, Ch) 定義，是指例如樣本物體為紅色，受試者便搭配一紅色物體，若這紅色物體是長方形，受試者繼續配以一塊長方木塊，以後再配的其他木質物品，依此類推。這種一串物體的概念形成，本來是具體屬性的，加以隨意"流動"，結果形成鏈條式的分類。

(3) **概念範圍的廣狹**：是指受試者在分類時，省略了一些實物或者包含得太多？或他所下的定義並未考慮該組中的所有物體，或是包括這一組以外的東西？

作出適當分類和適當的詞語化，是指在分類時，必須將測驗材料中所有與樣本的主要屬性相同的物件都分成一組，不能有例外的，也不能有遺漏。

這樣能使分類不過於鬆散，也不過於狹窄。

鬆散 (loose, L) 分類是指：假設樣本物件為球，受試者便將所有具有一點圓形的物件都分成一類，甚至因小刀的一端有一點圓形，釘子的尾端有圓等等也都歸為一類。

狹窄 (narrow, N) 分類是指：分類較好，但遺漏一或二個物件，這可能是由於不小心或未關注到，也可能是由於過份拘泥所導致。

(4) **結果解釋與臨床意義**：分類和詞語化結果（成績高低和特點），通常與文化教育背景有一定關係。但在病理情況下，病理特點對測驗結果的影響是超過文化教育影響的。一般來說，在測驗第一部分和第二部分的不恰當記分（一，或＋，或±）達二個或三個以上時，多見於一些精神分裂症、抑鬱性精神病、神經衰弱或腦損傷病例。特別不恰當（達四個以上）是嚴重不能適應的徵象，則常見於慢性精神分裂症或腦器質性損傷病例。異常情況在正常人中很少見。在神經質成人中，出現一個以上的 L 分時，提示有精神分裂或妄想傾向；有三個以上 L 分的，大多有精神分裂症。二個或二個以上的 N 分，提示受試者可能有抑鬱傾向，四個 N 分以上是抑鬱或腦器質性損傷的強烈指針。概念水平方面，在第一、二兩部分，至少有一半正常成人獲較高的 CD 分（抽象-概念化定義），對高智力和高教育水平的受試者，這種比率會更高。只有二個或更少的 CD 分，則多見於精神分裂症，或抑鬱病人。S 分和 Fab 分皆為強烈的精神分裂症指標。

第三節　成套神經心理測驗

本節主要介紹成套神經心理測驗。所謂**成套測驗**（或測驗組合）(test battery) 是將幾個內容、性質一致的測驗經過特別選擇後，將之合併使用，得一總分以表示個人在各方面的心理特質。像此種由多個測驗組合起來的總測驗就稱為成套測驗。構成成套測驗的小測驗稱為**分測驗** (subtest)。接著將概述成套神經心理測驗並介紹常用的測驗。

一、成套神經心理測驗概述

　　單一神經心理測驗有其優點，但也有其侷限性。由於獲得的資訊有限，根據其結果不能對十分複雜的腦功能進行剖析圖分析，也無法瞭解受試者腦功能的強弱為何，提供的資訊不足製定康復計畫。因此後來便發展由單一測驗組成的成套測驗。成套神經心理測驗根據從不同分測驗獲得的資訊來研判局部的腦損傷是較可靠的，一方面可對受試者在測驗中的作業進行量和質方面的功能分析，另方面也可以根據由這些分數所作出的剖析圖對腦功能作出的變異情形分析。這不僅可以瞭解病區的功能，也可瞭解非病區的功能。由於有這些優點，成套神經心理測驗得以發展，並廣泛用於臨床和研究工作。

　　正式的成套神經心理測驗源於蘇聯神經心理學創始人魯利亞 (Alexander Romanovitch Luria, 1902～1977) 的研究，完成於美國的霍爾斯特德和里坦。現在的成套神經心理測驗類型依據成套方法分為模式間和模式內兩種，模式間成套測驗是將測量多個神精心理模式 (如知覺、運動、記憶、思維和智力) 的測驗組成一套整套測驗估計不同模式或心理過程，如對視、觸和聽覺、記憶、語言、空間以及精神運動能力的綜合研究；模式內成套測驗是測查某一模式的各種部分，如記憶中的暫態記憶、短時記憶、長期記憶、視、聽、觸等記憶的測驗組成一套。這裡主要討論模式間的成套神經心理測驗，這類成套測驗並不多，常用的有霍-里成套神經心理測驗和魯利亞成套神經心理測驗。模式內的成套神經心理測驗較多，在單一測驗中已有介紹。

　　使用成套測驗，有主張採取固定方式，對所有受試者皆用固定不變的成套測驗；也有主張根據目的選擇測驗，稱為靈活成套，如魯利亞等人就採用這種方式。在此僅按固定成套測驗來介紹霍-里成套神經心理測驗和魯利亞成套神經心理測驗。

二、霍-里成套神經心理測驗

(一) 霍-里成套神經心理測驗的形成與發展

　　美國學者霍爾斯特德 (Ward C. Halstead, 1908～1969) 從 1935 年開

始進行腦與行為關係的研究。試圖在額葉損傷的病人中尋找"生物智力"，並相信生物智力反映中樞神經系統的功能，且與反映教育機會的智力不同。他於 1947 年對 50 名已"康復"的顱腦外傷者及 50 名神經科病人，實施一套有 27 個分測驗的神經心理測驗。對所謂康復的"正常組"的 13 個測驗結果進行因素分析，得出如下四個生物智力因素：

1. 中心整合領域的因素（C 因素） 代表個人有組織的經驗，是學習和適應智力的聯合區域。它的某些參數可能反映在智力測驗的測查中，對智力商數作出貢獻。

2. 抽象因素（A 因素） 與形成範疇有關，包括理解主要的相似和相異，是作出分類標準的基本能力，是自我的基礎生長原則。

3. 力量因素（P 因素） 反映腦的力量因素，操縱、對抗和調節情感力量，並釋放出自我進一步分化的生長原則。

4. 指向性因素（D 因素） 係在各因素外向化過程產生作用的媒介因素。在運動方面，它指定"最後共同路徑"；在感覺方面，則指定體驗的管道或模式。

美國心理學家里坦（Ralph M. Reitan, 1922～）是霍爾斯特德的學生，畢業後在醫學院建立實驗室，1955 年出版論文證實霍爾斯特德原來的發現。他用研究證明使用劃界分可以完全將腦損傷病人與正常人區分開。

里坦將原來的成套測驗精簡內容製成成人、少年和幼兒用的三套測驗，合稱為**霍-里成套神經心理測驗**（Halstead-Reitan Neuropsychological Test Battery，簡稱 HRB 或 HRNB）。

霍爾斯特德首先設計的成人神經心理成套測驗是適用於十五歲以上的成人，稱為成人本。在此基礎上發展出兩個兒童的成套測驗，分別適用於九至十四歲，以及適用於五至八歲的兒童。霍-里成套神經心理測驗的分測驗至今，經過幾次大的修訂，逐漸建立比較統一的內容。現在霍-里成套神經心理測驗有主體測驗和聯用技術，但這兩部分的內容在不同實驗室內並不完全一致。中國在引進和修訂時是根據里坦所編製的版本，也是美國常用的版本作為藍本的。下面所介紹的霍-里成套神經心理測驗是以中國修訂本為主，其中包含原有的部份分測驗內容。

(二) 霍-里成人成套神經心理測驗

霍爾斯特德最初設計的成套神經心理測驗只用於十五歲以上的成人，在發展兩套兒童測驗後，稱原來的版本為霍爾斯特德成人成套神經心理測驗 (Halstead Neuropsychological Test Battery for Adults)，經里坦修訂，稱為**霍-里成人成套神經心理測驗** (Halstead-Reitan Neuropsychological Batteay for Adults Revised，簡稱 HRNB-A)。

霍-里成人成套神經心理測驗包括十個分測驗和檢查，以及兩個聯用測驗 (請見本章第四節)，十個分測驗按實施順序如下：

1. 側性優勢檢查 明確受試者的大腦優勢半球。檢查利手 (模擬投球姿勢、寫出自己的姓名、握力測驗)；利足 (模擬踢球的姿勢、模擬踩地上小蟲的姿勢等)；利眼 (看萬花筒、ABC 測驗：透過一錐形紙筒觀察物體、作射擊瞄準姿勢)；利肩 (射擊瞄準)。

2. 失語甄別測驗 檢查有無失語及其性質。

3. 握力測驗 用握力計，測量雙上肢的運動力量。

4. 連線測驗 分 A 式和 B 式，A 式為 1～25 個數，散亂分布，要求受試者按順序將數位用筆連接起來。出現錯誤時，立即提醒糾正，成績按完成的時間計算。B 式為 1～13 個數位和 A～L 12 個英文字母，混合散布，要求受試者按兩個系列的順序交替連接，如 1—A—2—B…，記分方法同 A 式。A 式的目的是測量順序化能力和空間能力；B 式除上述目的外，還將兩種數序模式相互轉換測量神經靈活性及記憶能力。

5. 觸摸操作測驗 用修改的沉干形式板測驗 (Seguin Golddard)，測量觸覺空間知覺和觸覺形象回憶能力。

6. 音樂節律測驗 播放西紹爾音樂潛能測驗中的節律分測驗，要求辨別兩組節律之間的異同，測量區別節律型式的能力。

7. 手指敲擊測驗 以手指運動計數器，測量手指的精細運動能力。

8. 語音知覺測驗 在一張詞單中，每四個發音接近的詞為一組。測驗時，先讓受試者聽一個詞的發音，然後在一組四個詞中選擇一個與聽到的詞發音相同的詞，用以測量語音辨認能力。

9. 範疇測驗 使用一系列圖案卡，每次呈現一張，上面有四個成分，要求受試者找出其中一個與其他三個不同者，或四個成分的分布規律（見圖14-6）。

圖 14-6　範疇測驗

測驗時使用儀器呈現圖卡，要求受試者在 1～4 個按鍵中選擇並按下與例外者相應的按鍵。如果按壓正確，便會聽到悅耳的鈴聲，為陽性強化；如果分類錯誤，按錯鍵時，便會聽到提示錯誤的"吱吱"聲，這是陰性強化。用以測量思維中的抽象和概括過程。

10. 感知覺檢查　觸覺（檢查有無感覺缺失），聽覺（檢查左-右聽覺能力），視覺（檢查有無偏盲），手指識別檢查（檢查有無手指失認），指尖識數測驗（檢查有無指尖書寫數字失認），觸覺辨認測驗（檢查觸知覺能力）。

該成套測驗每一個分測驗均有不同的常模，為劃界分常模。一個分測驗凡劃入病理範圍內者記 1 分，根據這些分數計算損傷指數，其公式如下：

$$損傷指數＝屬於病理的測驗數÷總測驗數$$

在解釋結果時，損傷指數越高，表示損傷越嚴重。但由於測驗結果除受腦損傷影響外，還受年齡和性別和教育程度等的影響，所以在作解釋時應參考這些因素。中國在修訂三套霍-里成套神經心理測驗 (HRB) 時，擴大常模樣本，取樣自全國十四個省和一個市取十六至六十五歲以下正常人 878 名，腦損傷病人 369 名，有年齡和性別的常模，但無各種教育水平的常模。雖然提高了解釋能力，卻未達到完善的地步，利用這些常模來解釋某位受試者的測驗結果時，仍需參考許多相關資訊。

(三) 霍-里少年成套神經心理測驗

霍-里少年成套神經心理測驗 (Halstead-Reitan Neuropsychological Battery for Childrean，簡稱 HRNB-C)，原名里坦印第安那兒童成套神經心理測驗 (Reitan-Indiane Neuropsychological Test Battery for Children)，里坦在為這項測驗命名時，只用他老師的姓氏，稱霍爾斯特德兒童神經心理測驗 (Halstead Neuropsychological Test Battery for Children，簡稱 HNTBC)。該測驗適用於九至十四歲兒童，介於成人本和幼兒本之間，故又稱為中間本。中國修訂的少年版稱為霍-里少年成套神經心理測驗，或簡稱霍-里少年神經心理測驗，以與成人本和幼兒本相區別。此少年本與成人本相似，但其不同之處在根據兒童的年齡特徵對一些分測驗作了修改。不同的分測驗主要有範疇測驗、觸摸操作測驗、連線測驗和語音知覺測驗。

1. **範疇測驗**　將成人修訂本中範疇測驗的項目數由 155 項減至 107 項。
2. **觸摸操作測驗**　將成人用範本中的十個測驗減少至六個測驗。
3. **語音知覺測驗**　將成人用的反應選擇回答每項由四個減至三個。
4. **連線測驗**　甲式字數由二十五個減至十五個，乙式也減至十五個。

少年神經心理測驗通常不使用損傷指數，正常少年與腦損傷少年的測驗結果或用原始分均數和標準差，或用 T 分來作常模。HR 少年常模樣本取自十六個省和二個市的正常少年 914 名，腦損傷少年 369 名。製定各個測驗的各年齡組 (一歲一組) 的均數標準差常模，以及 T 分常模。

(四) 霍-里幼兒成套神經心理測驗

里坦所編 (1955) **霍-里幼兒成套神經心理測驗** (Halstead Reitan Neuropsychological Test Battery of Younger Children，簡稱 HRNB-Y)，或簡稱霍-里幼兒神經心理測驗，適用於五至八歲兒童。由於年齡關係，其測驗形式，與少年本很不相同，許多分測驗為全新形式，方便適應此一年齡階段兒童的身體和神經心理的特點。

該成套測驗包括下列十個分測驗和檢查：

1. 範疇測驗 原本是將成人和少年本中的數字改成顏色。全套刺激卡計六十張，分成一至四組。

2. 觸摸操作測驗 六個形板，大小如少年本。

3. 色形和漸進圖形測驗 前者材料為有顏色的幾何圖形，要求兒童第一次按相同顏色匹配，第二次按形狀配對，交替進行。後者的材料為大圖內有小圖，從一定圖形開始，按此圖形中的小圖尋找形狀相同的大圖配對，後再繼續找小圖匹配的方式交替進行。此測驗以色形測驗代替成人和少年本的連線測驗 A，以漸進圖形測驗代替連線測驗 B（見圖 14-7）。

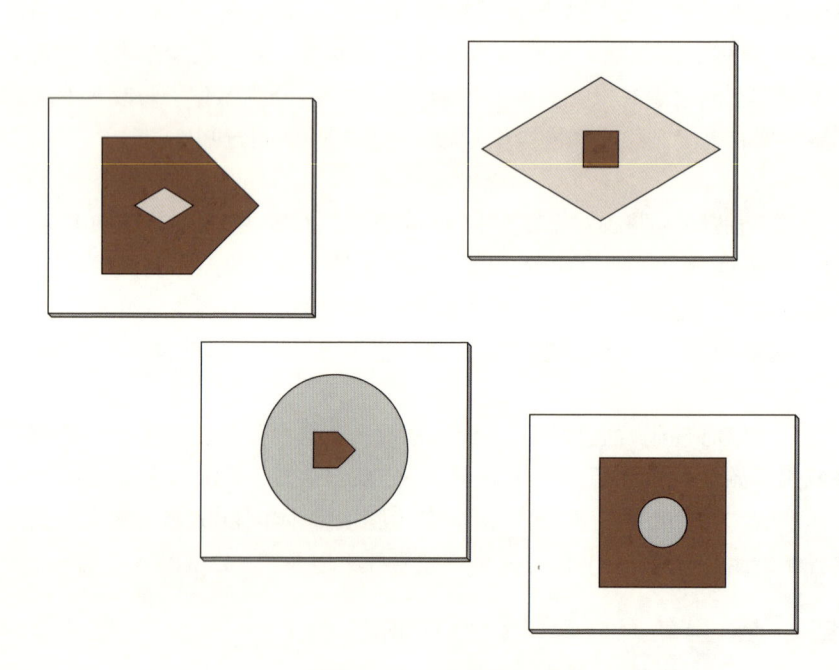

圖 14-7　漸進圖形測驗

如從右上圖開始，應找右下圖匹配，再找左下圖，再左上圖，然後回到右上圖。

4. 圖畫配對 為幼兒本特有的測驗。要求將卡片上下兩行圖畫按相似性（外形，意義）一一配對，測量分析綜合能力（見圖 14-8）。

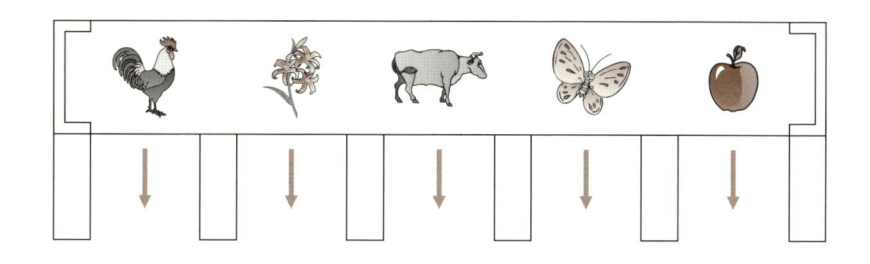

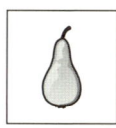

圖 14-8 圖畫配對測驗
(採自中國修訂的 RNBC 測驗)

5. V 形配對 和圖形配對：測量視覺-空間關係能力。

6. 靶測驗 要求兒童在一張靶圖上按主試指示的部位，再生出來。測驗視-空間再生能力是新的測驗（見圖 14-9）。

7. 前進測驗 要求兒童用雙手食指跟隨主試者指示沿一定路線前進，以測量粗大骨骼肌肉運動的調節能力。

8. 手指敲擊測驗。
9. 握力測驗。
10. 側性優勢檢查。
11. 感知覺檢查及答話檢查。

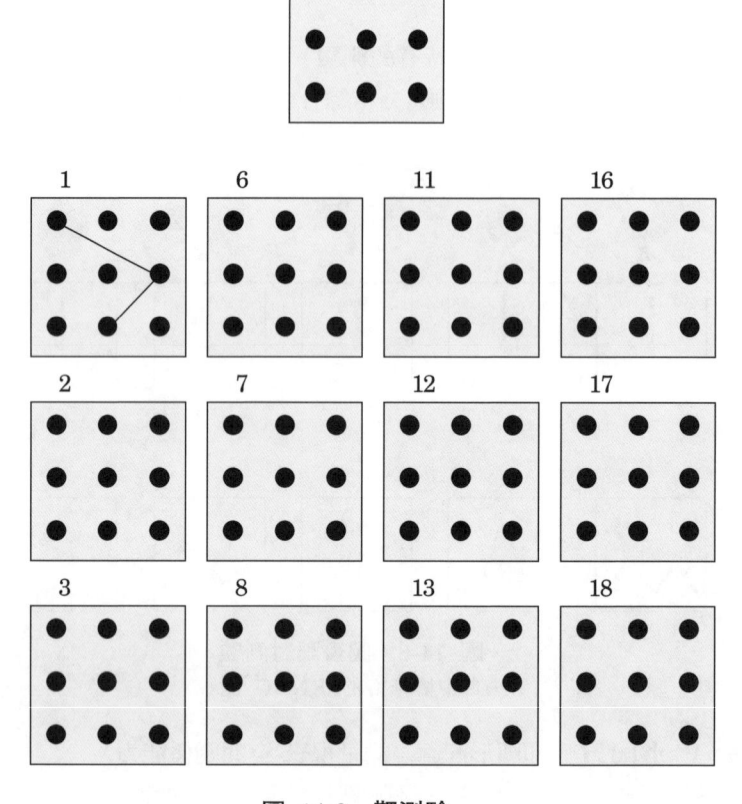

圖 14-9 靶測驗

　　以上分測驗中第 8、9、10 和 11 項是從成人版本中的內容加以修改而得到的。

　　霍-里幼兒成套神經心理測驗的原常模樣本很小，只有 43 名五至九歲的正常兒童 (IQ 在 73～141 之間，平均 106) 和 195 名臨床兒童 (各種腦功能疾病的患兒，IQ 在 43～137 之間，平均值低於正常兒童)。霍-里幼兒成套神經心理測驗分別建立兩組兒童的各別測驗原始分均數和標準差常模。中國修訂本也建立正常兒童各年齡組的分測驗均數和標準差常模。常模樣本抽樣有全國十四個省和二個市 1,002 名五至八歲的兒童，男女比率接近，父母教育和職業的分配也有代表性。

（五） 霍-里成套神經心理測驗的結果解釋和分析

對霍-里成套神經心理測驗的結果分析，除其所有測驗和檢查結果外，還應包括所有的聯用測驗和檢查，如臨床神經系統檢查、失語測驗、記憶測驗、智力測驗、成就測驗和人格測驗等。所分析的資料涵蓋範圍大小會導致觀點上的差異。資料分析方法的差異，也與評估的目的或應用背景的不同有關。在同一背景中使用方式大體相同，而各實驗室的傳統或個人的經驗等細節上的不同會有區別。

就一般分析方法而言，神經心理測驗需要解決的是瞭解受試者的腦功能有無障礙問題。如果有障礙，要確定病變的側性和部位，對障礙作出定性和定量的描述，以及對腦功能障礙形式及其強弱作分析。霍-里成套神經心理測驗的損傷指數，是鑒別總的腦功能有無障礙和障礙程度的量數，但不能依此作出強弱的分析。

表 14-3　霍-里成套神經心理測驗結果作定側分析的步驟簡介

定側變數	左半球	彌漫	右半球
損傷指數	升高	升高	升高
智　力	言語智商低於操作智商(可能均低，但言語智商更低，與操作智商相差 10 分便有意義，相差 15 分或以上更有意義)。	普遍下降	言語智商高於操作智商(可能普下降，與言語智商相差 10 分便有意義，相差 15 分以上更有意義)。
記　憶	語言記憶成績特別低。	普遍低	釘板測驗、韋氏記憶量表中的記位成績特別低。
思　維	心算，詞語的相似性成績特別低。	範疇、領悟、相似性測驗成績低。	木塊圖，圖片排列成績特別低。
運　動	敲擊，觸摸時間，握力成績，右手明顯低於左手。	連線測驗 B 成績明顯下降。	敲擊、觸摸時間、握力測驗成績左手明顯低於右手。
感　覺	右側有陽性發現。		左側有陽性發現。
失　語	言語困難，語言測驗成績下降。		有結構性失用。

注：首行指腦功能可能存在障礙部位；首列為各項檢查結果。

(採自龔耀先，1994)

有一些分測驗係針對定位，另有一些分測驗的項目可以作為鑑別病變的側性化的指標。不論使用何種具體方式及具體的分析步驟，都必須掌握上述兩種知識。前頁的表 14-3 就是簡單介紹霍-里成套神經心理測驗確定側性化的步驟。

(六) 對霍-里成套神經心理測驗的評價

霍-里成套神經心理測驗是以經驗和理論為基礎發展起來的，後來又發展了適用於不同年齡的版本，很多研究證實了它的效用，已成為一套廣泛使用的成套神經心理測驗，作為美國第一套正式的綜合性神經心理測驗，其存在的價值是肯定的。但原版的霍-里成套神經心理測驗手冊中存在著一些缺點，諸如沒有標準化和常模資料；沒有正式的信度和效度研究資料；沒有標準分，無法進行測驗間的比較；年齡和一些人口統計學變數與許多神經心理學功能有關，手冊中卻沒有這些資料，這給解釋帶來了一定的困難。另外，完成測驗所需要的時間太長，在某些情況下一天時間都不能完成測驗，因此不便於臨床應用。

三、魯利亞成套神經心理測驗

魯利亞-內布拉斯卡成套神經心理測驗 (Luria-Nebraska Neuropsychological Battery，簡稱 LNNB) 係蘇聯神經心理學家魯利亞以其"機能系統"神經心理理論為依據，並融合自己豐富的臨床經驗後編製一套用於臨床的檢查測驗。原版測驗沒有標準化 (魯利亞反對這樣做)，應用的方式並不固定，也不需要對每個受試者作完所有測驗，應用哪個測驗視不同情況而異，沒有標準的解釋資料，是一套對神經心理功能作定性評估的手段。魯利亞認為該測驗對成人腦功能失調的確定和定位非常有效。後來美國心理學家高登 (Charles J. Golden, 1949～) 及其同事對之進行了標準化，於 1986 年出版了魯利亞測驗的美國修訂本，稱為**魯利亞成套神經心理測驗** (Luria Neuropsychological Battery)。

魯利亞成套神經心理測驗的標準化版本有十一個分測驗，269 個項目。十一個分測驗及其功能如下：

1. 運動測驗 含 51 個項目，要求受試者模仿或按言語指示來完成一系列手、口、舌的簡單動作。可評估簡單協調能力，視覺-空間組織能力，執行命令的能力和指向運動能力。

2. 節律測驗 含 12 個項目，大部分材料用磁帶放出。由於許多測驗要求受試者能夠精確分辨磁帶所放的材料，因而應將周圍噪音水平和其他額外的分心聲響限制在最低限度內。磁帶音量也應調整到讓受試者感到舒適的程度。主要測量對近似聲音、節律和音調的聽辨能力。

3. 觸覺測驗 含 22 個項目，這一分測驗都是在受試者蒙住眼睛情況下進行。檢查複雜的皮膚、肌肉和關節感覺以及實物感覺。皮膚觸覺通過定位，刺點及兩點辨別來估計；運動是通過受試者肢體運動方向和擺成一定姿勢來評估；實物感覺是通過置實物於手上進行分辨來評估。

4. 視覺測驗 含 14 個項目，經辨認物品和圖畫、複雜的幾何圖形、木塊構圖、推算無數位鐘面時間、確定空間定向等估計視空間能力，也檢查了空間轉換和移位能力。

5. 感知言語測驗 含 33 個項目，要求受試者區分英語基本音素，用口頭或書面表達理解言語的能力，理解含有所有格、介詞、比較級等複雜語法結構的短文以及對提問的回答。測查區別音素的能力和理解言語的能力。

6. 表達性言語 含 42 個項目，簡單發音，對不同長度和不同複雜程度的短語和句子發音，物體命名，用語言描述圖畫情節。測查發音、講出有聲語句以及對物體命名等能力。

7. 書寫 含 13 個項目，在口授下寫出不同複雜程度的詞、短語和句子。

8. 閱讀 含 13 個項目，以每秒鐘單獨呈現一個字母的速度讀出拼音(如 G-R-O)；說出字來 (如 S-T-O-N-E；K-N-I-G-H-T)；將詞分解成單獨的字母；誦讀字、句和一段短文。測查將詞分解成字母，將字母組成詞以及誦讀字母、詞、句子和短文的能力。

9. 算術 含 22 項目，包括數概念如聽寫數位；將阿拉伯數字改寫成羅馬數字；比較數量；四則運算；文字題計算；寫出從 100－7 的連續減法運算中每個結果 (93，86，79…) 和 100－13 的連續減法運算中每個結果等。測查計數和計算能力。

10. 記憶 含 13 項目，聽記憶如聽後背誦字，背誦句子，故事；視記憶如呈現圖卡 5 秒後移開圖卡，要求受試者從 1 到 100 大聲計數，到 30 時再呈現另一圖卡，詢問受試者兩圖的異同。看圖卡內容後自由回憶。測查記憶功能。

11. **智力** 含 34 個項目，評估智力功能的綜合情況。此分測驗中的任務需要複雜的推理和解決問題的技能，包括理解圖卡和短文的主題、辭彙解釋、概念形成、分類、類比、算術的邏輯推理等。

  魯利亞成套神經心理測驗的每一項目均為等級記分，分為 0～2 三個等級，"0" 表示正常，"1" 表示邊緣狀態，"2" 表示異常。每一分測驗的項目得分之和為該分測驗的原始分。其常模可以用每個測驗的原始分均數和標準差來表示，也可以根據原始分均數和標準差來計算 T 分，畫出全測驗的剖析圖，根據臨界水平和剖析圖判別有無腦病損和定側。

  魯利亞成套神經心理測驗的常模樣本為 338 例不同診斷範疇的受試者，74 個正常人，83 例精神病人，181 例混合神經科病人。其各分測驗的分半相關係數，分別在 0.89～0.95 之間；重測相關在 0.77～0.96 之間。

  魯利亞成套神經心理測驗的效度研究結果為：按總分類的最大百分數來選擇各分測驗原始分的劃界分，對腦損傷和精神分裂症各 50 例進行劃分的正確率為：腦損傷組各分測驗分別在 52～78% 之間，精神分裂症組在 38～74% 之間。用 T 分 60 和 70 來分類，正常組 (103 名，住院病人無腦損傷者) 各分測驗的正確率前者為 77～89%，後者為 92～100%；神經科病人 (146 例) 前者為 69～83%，後者為 28～50%；精神病人 (83 例，慢性占 80%，急性 20%) 前者為 37～73%，後者為 56～89%。

  高登認為，對魯利亞成套神經心理測驗的解釋是根據受試者對測驗項目作出的反應，而解釋的基礎是受試者所作出的反應反映了其腦功能的狀況這一假說。因此一般說來，測驗項目的設立是盡可能地去揭示一種特殊的認識能力或與腦的機能系統有特別聯繫的領域。本測驗已經標準化，可以與傳統測驗一樣，各種常模和附加指數以及許多相關研究結果的解釋材料，都可用以作解釋參考。

  魯利亞成套神經心理測驗的優點是：測驗進行了標準化，初學者用起來感到方便；內容比較簡短，測量時間一般在一小時，最長 2.5 小時；儀器簡便，便於臨床使用；發展了年齡和教育的校正方法等。但也有批評意見，如選擇效度研究樣本的手續不夠科學，在理論基礎和臨床應用上不夠成熟等。但總的來說，從其使用的情況及效果來看，魯利亞成套神經心理測驗仍不失為一套非常有用的成套神經心理測驗。

第四節　霍-里成套神經心理測驗的聯用測驗

　　霍-里成套神經心理測驗 (HRB) 是屬固定成套測驗，針對錯綜複雜的腦功能，往往需要根據使用目的採用此套測驗以外的其他測驗；例如，智力 (常採用韋氏智力量表)、記憶 (韋氏記憶量表)、成就 (廣泛成就測驗)、人格 (明尼蘇達多相人格調查表) 和失語等測驗，期能廣收效益，全面且系統地評估個體的神經心理功能。這些測驗被稱為霍-里成套神經心理測驗的聯用測驗。在這些聯用測驗中，韋氏智力量表系列和韋氏記憶量表幾乎成為常規測驗。由於韋氏智力量表系列已在第九章智力測驗講述過了，這裡僅介紹韋氏記憶量表。

　　韋氏記憶量表包括原版 (1945) 和以後的兩個修訂版，即 1987 年 (WMS-R) 和 1997 年 (WMS-III)，以及中國的修訂版 (WMS-RC) (龔耀先，1981)。對於其他一些與霍-里成套神經心理測驗聯用經驗較少的成套記憶測驗，這裡不作討論。下面按出版的時間先後順序分別介紹這四個版本的韋氏記憶量表。

一、韋氏記憶量表原版

　　最初的**韋氏記憶量表** (Wechsler Memory Scale，簡稱 WMS) 是由美國心理學家韋克斯勒於 1945 年編製出版。韋氏記憶量表的編製目的是為了用來發現腦損傷的情況，適用於二十歲以上成人。其常模樣本是二十五至五十歲的正常人 200 名。韋氏記憶量表原版 (WMS-I) 的主要內容及記憶商數的計點方法如下：

1. 韋氏記憶量表原版的內容如下：

(1) 個人的日常知識和定向 (時間和空間定向)。

(2) 心智：① 從 20 倒數到 1；② 背誦字母 A 至 Z；③ 從 1 起累加計數到 40。

(3) 邏輯記憶：A B 兩個短故事，聽完後復述，按記憶情節數計分。

(4) 順背和倒背數。

(5) 視覺再生：A B C 三個幾何圖卡，取自陸軍測驗和比奈測驗，每一卡呈現 10 秒，然後默畫出來，按規定的標準記分，三卡總分為 14 分。

(6) 聯想學習：三套詞表 (內容相同，詞的先後順序不同)，每一詞表由十對片語組成，這十對詞中有的詞對有聯繫，有的無聯繫。主試每次讀一對詞，讀完十對詞後停五秒鐘，然後主試再讀每對詞的第一詞，要求受試者背誦出與之相配對的另一詞。連續進行三次。

2. 記憶商數計算方法 由於考慮到記憶功能與年齡水平有關，韋氏記憶量表原版於是製定了一個年齡校正分表。即將受試者從二十歲起，每五歲為一年齡組，每上升一個年齡組加 2 分，這稱為加權分。根據受試者的年齡加權分與他的測驗得分之和，在"加權分等值 MQ"表上查出**記憶商數** (memory quotient，簡稱 MQ)。

二、韋氏記憶量表的中國修訂版

韋氏記憶量表的中國修訂版 (WMS-RC) (龔耀先，1981) 是以原版為藍本，對原版進行了很多的修改和補充。

1. 韋氏記憶量表 (中國修訂版) 的主要內容如下：

(1) 長時 (往事) 記憶測驗：包括 ① 個人經歷；② 時間、空間定向；③ 數位順序關係。

(2) 短時 (近事) 記憶測驗：包括 ④ 視覺再認；⑤ 圖片自由回憶；⑥ 視覺再生；⑦ 詞的聯想學習；⑧ 觸模測驗；⑨ 理解記憶 (兩個故事)。

(3) 暫態 (保持力) 記憶測驗：包括 ⑩ 數位的順背和倒背。

2. 韋氏記憶量表 (中國修訂版) 的主要特點如下：

(1) 增加了三個非文字的分測驗，分別為圖像再認、圖片自由回憶和形板觸覺記憶（包括形狀和位置記憶），擴大聽測量的記憶範圍。

(2) 擴充分測驗的內容，提高成績的量化程度。

(3) 擴大樣本容量（十六至六十歲以上正常成人 1002 名，腦損害病人 50 例，七至十五歲兒童 1326 名），制訂年齡常模。

(4) 各分測驗用標準分（1～19 分）代替原版的等級分。

(5) 使用離差記憶商數（均數 100，標準差 15）替代原版的加權分記憶商數。

(6) 分甲、乙兩平行本。

三、韋氏記憶量表的修訂版

韋氏記憶量表（修訂版）(Wechsler Memory Scale-Revised，簡稱 WMS-R) (Wechsler, 1987)，為韋克斯勒晚年開始修訂，在他去世後由後繼者完成，所以有人說這是一個"等候已久的修訂版"。它與韋氏記憶量表相比，有如下一些改進：

1. 建立年齡常模（十六至七十四歲共 9 個年齡組）。

2. 給出五個複合分，即一般記憶、注意/專注、言語記憶、視覺記憶和延時記憶。在非言語記憶中有圖形、空間和視覺聯想記憶。

3. 分測驗包括：心智、圖像記憶、邏輯記憶、視覺匹配記憶、言語聯想記憶、視覺再生、背數、視覺記憶廣度和延時記憶等。

4. 採用均數為 100，標準差為 15 的離差記憶商數 (MQ)。

5. 常模樣本：316 名，多數的年齡組每組為 50 人。

四、韋氏記憶量表的第三版

韋氏記憶量表的美國第二次修訂版稱為**韋氏記憶量表（第三版）**(Wechsler Memory Scale III，簡稱 WMS-III) (1997)，與修訂版同樣，是在韋氏去世後，由美國心理公司組織專家集體完成的修訂。韋氏記憶量表第三版本包括 11 個分測驗，該版本除繼承以前的原版和修訂版的部分內容外，也加入了一些新的內容如新增加了陌生人面孔和全家像的再認，在內容上突出了暫態記憶、延遲記憶和工作記憶。上述每個領域的測驗均取回憶和再認兩種形式，通過聽覺和視覺兩個通道呈現。為了提高所有分測驗的敏感度，上下限都進行了延伸，記分系統有量表分、指數分和百分位元分數。更值得提出的是修訂本與第三版本共同發展且分享了一部分共同的常模樣本和研究方法。

韋氏記憶量表第三版本全量表的分測驗如下：

1. 個人資訊和定向：結果不作計算記憶商數用，但可以供解釋結果用。

2. 邏輯記憶 I：兩個不同的故事，聽後復述。

3. 人面像 I：24 個人面像，逐個呈現 2 秒。再次呈現時，要求再認。

4. 聯想學習 I：8 對兩個詞對，一一讀遍後，讀出詞對中的第一詞，要求回答第二詞。

5. 家庭成員圖 I：4 張不同家庭成員圖，呈現後，要求復述成員稱謂和在圖中位置。

6. 詞表 I：讀完詞表的內容後，要求進行回憶。

7. 視覺再生 I (選作)：5 張卡，每卡有一個幾何圖形，一次呈現一卡，然後要求再生。

8. 字母-數位：一個數位後有一個字母。聽完後，要求復述。

9. 空間廣度：圖板上有 10 個編有 1 至 10 號的立方體。主試按一定的秩序敲擊這些立方體後，要求重復。分兩次進行。先一次按正的順序進行，後一次按反的順序進行。

10. 心智測驗 (選作)：方法沿用以前版本。

11. 數字廣度 (選作)：沿用以前版本。

12~17. 分別是第 2~7 這 6 個分測驗的重復，時間上相隔 25~35 分鐘，用於測查延遲記憶。

第三版本的常模樣本為十六至八十九歲的成人 1250 名，分為 13 個年齡組，其中有一半是隨機從韋氏成人智力量表第三版本 (WAIS-III) 常模樣本中抽取的。該樣本能夠代表美國的一般人口統計學特徵。

第三版本的信度研究結果如下：採用內部一致性信度係數，各分測驗為 0.70~0.90，主要指數的信度係數為 0.80~0.90，聽覺再認延遲指數的信度係數為 0.74。一般說來，第三版本的信度高於修訂本的信度。

第三版本的效度研究：將樣本的年齡分成三段（十六至二十九歲，三十至六十四歲，六十五至八十九歲），因素分析結果顯示，十六至二十九歲組為了便於解釋,採用記憶的三因素模型，即工作記憶、視覺記憶（包括即時和延時二者）和聽覺記憶（包括即時和延時二者）；其餘年齡段，均用記憶的五因素模型，即工作記憶、聽覺即時記憶、視覺即時記憶、聽覺延時記憶和視覺延時記憶來解釋。

五、韋氏記憶量表系列在神經心理評估中的應用

（一）　記憶商數無法獨自說明腦損傷的特異性

國內外進行了許多關於正常人與神經科和精神科病人的記憶比較研究，絕大多數結果均發現病人組的記憶商數（MQ）低於正常對照組。而且相關研究也已指出，在解釋記憶商數的意義時，必須結合受試者的年齡、受教育程度和職業等變數，因為除了腦的器質性和功能性損傷外，上述這些變數也會影響記憶商數。然而即便是這樣，如只根據記憶商數來進行分析，也不能完全說明腦器質性病變時記憶功能障礙的特異性。腦損傷可以導致記憶功能障礙，但由於腦損傷的複雜性（如不同腦區的損傷）導致了相應記憶功能障礙的複雜性，因而僅從記憶商數這樣一個總的量數來看，仍無法說明不同腦損傷的特異性。

（二）　記憶商數與智商相分離不是腦損傷的證明

韋氏編製記憶量表（WMS）的目的是為了結合韋氏智力量表來估計腦器質性損害，其假說是記憶同智力一樣，隨年齡而變化。與智商（IQ）一樣，記憶商數（MQ）反映的是記憶功能的水平，是通過個人的記憶能力與年齡大致相同的其他人的記憶能力相比較得出來的。如果某人的智商與記憶商數出現分離（如智商明顯高於記憶商數），則說明此人有記憶缺損，表示此人存在腦損傷。然而相關研究的結果並沒有完全證實這一假設。因為在正常人中二者也有分離現象，如在正常人中智商達到 130 或以上時，記憶商數與智商分離也很明顯。對這一現象的解釋為，智商水平高的人解決問題主要是運用理解能力、分析綜合和推理能力等抽象思維，而不是單憑記憶。另外，現

在的研究發現流體智力與晶體智力與年齡和腦的側性化有關，記憶中的言語記憶和形狀記憶或空間記憶也與側性化有關。因此，如果只是根據記憶商數或智商這樣的記憶或智力的總量數來區分有無腦損傷，就過於草率。不過，相關研究的結果也發現記憶商數與智商有較高的相關，所以在解釋記憶商數時，也應當考慮受試者的智商水平。

原版的韋氏記憶量表存在兩個比較大的缺陷：一是在其分測驗中，除了視覺再生為形象記憶外，其餘全是言語記憶，因而從韋氏記憶量表計算出來的記憶商數主要代表了言語記憶、並不能代表受試者的總記憶水平，對大腦左半球的功能敏感，對右半球並不敏感；二是在許多腦損傷情況下，病人主要表現為延遲記憶的受損，短時記憶並不一定明顯受損，而韋氏記憶量表則主要測量的是短時記憶，這使得其在評估這類病人時作用有限。後來發展的韋氏記憶量表修訂本和第三版本都對這兩方面的缺陷進行了改進，增加了形象記憶和延遲記憶的內容，克服了測量短時記憶的侷限。

本 章 摘 要

1. **神經心理學**是研究神精系統與行為變化的科學。神經心理測驗是測量神經心理功能的測驗，是研究這些關係的一種重要手段。
2. 檢查神經心理功能時所用的測驗通常分單一神經心理測驗和成套神經心理測驗。**單一神經心理測驗**是指測驗的形式簡單，測量的功能也單一。而**成套神經心理測驗**與此相反，是採用多形式的測驗測量各種功能。
3. 成套神經心理測驗可依據成套方法分模式間和模式內兩種類型。模式間成套測驗是將測量多個神經心理模式（如知覺、運動、記憶、思維和智力）的測驗組成一套；後者是將測查某一模式內的各種部分（如記憶中的暫態記憶、短時記憶、長期記憶、視、聽、觸等記憶）的測驗組成一套。
4. 單一神經心理測驗非常多，本章只按不同功能介紹一些常用單一神經心理測驗：如**視知覺障礙**的測驗中的**本頓視覺保持測驗**；**運動障礙**測驗中的釘板測驗；記憶障礙測驗中的**數字廣度測驗、圖案記憶測驗**，和**視覺記憶測驗**；**語言障礙**測驗中的**皮博迪圖詞測驗**；以及**思想障礙**測驗中的**實物分類測驗**。

5. 成套神經心理測驗一方面可從不同分測驗獲得資訊，去捕捉一個局部的損傷，對測驗結果進行功能分析，另方面也可以根據這些分數作出剖析圖，對腦功能變異作出全面的分析。由於有這些優點，成套神經心理測驗在臨床和研究工作中得到廣泛應用。

6. 正式的成套神經心理測驗要比單一測驗起步晚，起源於蘇聯神經心理學創始人魯利亞的研究，完成於美國心理學家霍爾斯特德和里坦。本章主要介紹了**魯利亞成套神經心理測驗 (LNNB)** 和**霍-里成套神經心理測驗 (HRNB)**。

7. 蘇聯神經心理家魯利亞以其"機能系統"神經心理理論為依據，並根據自己豐富的臨床經驗編製的一套檢查測驗。原版測驗沒有標準化，應用的方式不固定，適用於對神經心理功能作定性評估。後經美國心理學家高登對之進行標準化，於 1986 年出版了魯利亞測驗的美國修訂本，稱為**魯利亞成套神經心理測驗**。

8. 成套神經心理測驗可分固定成套和不固定成套兩類。前者系對每一受試者都實施此成套測驗的每個分測驗，霍-里成套神經心理測驗及魯利亞成套神經心理測驗是此類的代表；後者是根據測驗的目的和病人的情況選用不同的分測驗，魯利亞的原版成套測驗是這一類的代表。

9. 固定成套測驗的標準化程度較高，有一定的劃界分或指數可作為解釋的參考，使用方便，比較容易掌握。不固定的成套測驗，在解釋時需要根據自身的經驗，技術要求較高，但它作出的解釋是個別化的，有利於臨床使用。

10. 在採用固定的成套測驗時，根據需要往往要補充某些測驗，如智力、記憶、成就、人格和失語測驗，這些測驗稱神經心理測驗的聯用測驗。霍-里成套神經心理測驗的聯用測驗通常為**韋氏智力量表，韋氏記憶量表**和人格研究中的**明尼蘇達多相人格調查表**等。

11. **韋氏記憶量表** (Wechsler Memory Scale，簡稱 WMS) 最早出版於 1945 年，以後又出版了兩個韋氏記憶量表的修訂版本，即修訂版 (WMS-R) (1987) 和第三版本 (WMS-III) (1997)。1981 年經龔耀先修訂出版了中國的修訂本 (WMS-RC)。測驗結果由**記憶商數 (MQ)** 表示。
12. 多研究結果發現病人組的記憶商數低於正常對照組。而且因為除了腦的器質性和功能性損傷外受試者的年齡、受教育程度和職業等變數也會影響記憶商數，因此，單純用記憶商數不足以說明腦損傷的特異性。
13. **記憶商數**與**智商**有較高的相關，在解釋記憶商數時應當考慮受試者的智商水平。然而，在正常人中二者也有分離現象，尤其在智商達到 130 或以上時，記憶商數與智商分離較明顯，因此，記憶商數與智商相分離不能作為腦損傷的證明。

建議參考資料

1. 王以仁、林淑玲、駱芳美 (譯，2006)：心理衛生與適應 (第二版)。台北市：心理出版社。
2. 汪青等 (譯，1983)：神經心理學原理。北京市：科學出版社。
3. 季建林 (2006)：醫學心理學與精神醫學。上海市：復旦大學出版社。
4. 龔耀先 (1998) 醫學心理學。北京市：人民衛生出版社。
5. 龔耀先 (2003)：心理評估。北京市：高等教育出版社。
6. D'Amato, R. C., & Hartlage, L. C. (2008). *Essentials of Neuropsychological assessment: Treatment planning for rehabilitation* (2nd ed.). New York: Springer.
7. Delis, D. C., & Jacobson, M. (2000). Neuropsychology Testing. In A. E. Kazdin (Ed.). *Encyclopedia of psychology* (Vol. 5). New York: Oxford University Press.
8. Heilman, K. M., & Valenstein, E. (2003). *Clinical neuropsychology* (4th ed.). New York: Oxford University Press.
9. Kaplan, R. M., & Saccuzzo, D. P. (2008). *Psychological testing: Principles, applications, and issues* (7th ed.). Belmont, CA: Wadsworth.
10. Lezak, M. D. (1995). *Neuropsychological assessment* (3rd ed.). New York: Oxford University.

參 考 文 獻

丁秀峰 (2001)：心理測量學。開封市：河南大學出版社。

中國測驗學會 (1982)：我國測驗的發展。台北市：中國行為科學社。

中國測驗學會 (1997) 心理測驗的發展與應用。台北市：中國行為科學社。

孔丘：論語 (雍也、先進、為政篇)。

孔祥斌、王學蘭 (1992)：教育測量。天津市：天津社會科學院出版社。

王文中、陳承德 (譯，2008)：心理測驗。台北市：雙葉書廊。

王以仁、林淑玲、駱芳美 (譯，2006)：心理衛生與適應 (第二版)。台北市：心理出版社。

王昌海 (譯，2002)：教育和心理的測量與評價原理。南京市：江蘇教育出版社。

王重鳴 (1990)：心理學研究方法。北京市：人民教育出版社。

王振世、何秀珠、曾文志、彭文松 (譯，2008)：教育測驗與評量。台北市：雙葉書廊。

王棟、錢明、高岩 (1999)：聯合型瑞文測驗中國兒童常模 (CRT-C) 的再標準化。新世紀測驗學術發展趨勢──中國測驗學會。台北市：心理出版社。

白利剛、淩文輊、方俐洛 (1996)：霍氏中國職業興趣量表構想效度的驗證性因素分析 (Ⅰ)：量表會聚效度和區分效度的驗證性因素分析。心理學報，1 期，23～35 頁。

余民寧 (1977)：測驗理論的發展趨勢。見中國測驗學會主編，心理測驗的發展與應用。台北市：心理出版社，23～62 頁。

余嘉元 (1992)：項目反應理論及其應用。南京市：江蘇教育出版社。

宋維真 (1982)：MMPI 在中國的修訂與評價。心理學報，4 期，68～72 頁。

宋維真，張妙青 (1987)：北京和香港大學生性格特點的比較研究。心理學報，3 期，21～28 頁。

李丹、王棟 (1989)：瑞文測驗聯合型 (CRT) 中國修訂手冊。上海市：華東師範大學出版社。

李銀河 (編譯，1987)：社會統計學方法。成都市：四川人民出版社。

李劍鋒 (譯，2000)：個人成就測評。北京市：華夏出版社。

汪　青等 (譯，1983)：神經心理學原理。北京市：科學出版社。

林幸台 (譯，1983)：心理測量導論。台北市：五南圖書公司。

林幸台、金樹人、陳清平、張小鳳 (1992)：生涯與興趣量表之初步編製研究。教育心理學報，25 期，111～124。

林傳鼎 (1985)：智力開發的心理學問題。北京市：知識出版社。

林傳鼎、張厚粲 (1986)：韋氏兒童智力量表—中國修訂本。北京市：北京師範大學。

芝祐順 (1991)：項目反應理論：基礎與應用。東京市：東京大學出版社。

季建林 (2006)：醫學心理學與精神醫學。上海市：復旦大學出版社。

金　瑜 (2005)：心理測量。上海市：華東師範大學出版社。

姚　萍 (譯，2001)：瞭解心理測驗過程。北京市：北京大學出版社。

孫建敏、李原等 (譯，1997)：組織行為學 (第 7 版)。北京市：中國人民大學出版社。

荊其誠 (1990)：簡明心理學百科全書。長沙市：湖南教育出版社。

馬啟偉、張力為 (1996)：體育運動心理學。台北市：東華書局 (繁體字版)。杭州市：浙江教育出版社 (簡體字版)。

高覺敷 (譯，1992)：實驗心理學史。北京市：商務出版社。

國家教育委員會學生管理司 (主編) (1985)：標準化考試簡介。北京市：高等教育出版社。

張厚粲 (1985)：改革高考，更加準確有效的選拔人才。教育研究，6 期，54～61 頁。

張厚粲 (1988)：心理與教育統計學。北京市：北京師範大學出版社。

張厚粲、王曉平 (1989)：瑞文標準推理測驗在我國的修訂。心理學報，2 期，113～120 頁。

張厚粲 (2000)：中國的心理測量學——發展、問題與展望。見陳烜之、梁覺 (主編)：邁進中的華人心理學。香港：中文大學出版社。

張厚粲 (主編，2002)：國際心理學手冊 (上下冊)。上海市：華東師範大學出版社。

張厚粲，徐建平 (2004)：現代心理與教育統計學。北京市：：北京師範大學出版社。

張春興 (2004)：心理學原理。台北市：東華書局 (繁體字版)。杭州市：浙江教育出版社 (簡體字版)。

張春興 (2006)：張氏心理學辭典 (重訂版)。台北市：東華書局 (繁體字版)。杭州市：浙江教育出版社 (簡體字版)。

許　燕 (2000)：人格－絢麗人生的畫卷。北京市：北京師範大學出版社。

許建鉞 (編譯，1992)：教育測量與評價 (簡明國際教育百科全書)。北京市：教育科學出版社。

陳鶴琴、王敏、陳智賢 (譯，1984)：經營管理統計學。北京市：中國商業出版社。

章志光 (主編) (1996)：社會心理學 (第一版)。北京市：人民教育出版社。

彭凱平 (1989)：心理測驗——原理與實踐。北京市：華夏出版社。

曾桂興 (1993)：命題雙向細目表的編製及應用。見中國考試，第 3 期，21～23 頁。

曾桂興、張敏強 (1991)：現代教育測量方法。廣州市：廣東教育出版社。

湯慈美等 (譯，1984)：神經心理學。北京市：科學出版社。

覃旭華 (2000)：升學與就業指導系統。見中國考試，12 期，35～42 頁。

馮師顏 (1964)：誤差理論與實驗資料處理。北京市：科學出版社。

黃光揚 (1996)：心理測量的理論與應用。福州市：福建教育出版社。

楊志明、張雷 (2002)：測評的概化理論及其應用。北京市：教育科學出版社。

楊　杰 (主編) (2008)：組織行為學。北京市：北京大學出版社。

葉佩華等 (1982)：教育統計學。北京市：人民教育出版社。

葛樹人 (2006)：心理測驗學。台北市：桂冠圖書股份有限公司。

路君約 (1992)：心理測驗 (上下冊)。台北市：中國行為科學社。

漆書青、戴海琦 (1992)：項目反應理論及其應用研究。南昌市：江西高校出版社。

漆書青、戴海琦、丁樹良 (1998)：現代教育與心理測量學原理。南昌市：江西教育出版社。

潘　菽、高覺敷 (主編) (1983)：中國古代心理學思想研究。南昌市：江西人民出版社。

鄭日昌、蔡永紅、周益群 (1999)：心理測量學。北京市：人民教育出版。

鄭惟厚 (2007)：你不能不懂的統計常識。台北市：天下文化。

鄭德如 (1984)：迴歸分析和相關分析。上海市：上海人民出版社。

燕娓琴、謝小慶 (譯，2003)：教育與心理測試標準。瀋陽市：瀋陽出版社。

燕國材 (1996)：中國心理學史。台北市：東華書局 (繁體字版)。杭州市：浙江教育出版社 (簡體字版)。

戴忠恆 (1985)：心理與教育測量。上海市：華東師範大學出版社。

戴海琦、張鋒、陳雪楓 (2002)：心理與教育測量。廣州市：暨南大學出版社。

戴曉陽、桃樹橋、蔡太生、楊堅 (2004)：大五人格 (NEO) 個性問卷修訂本在中國的應用研究。中國心理衛生雜誌。第 18 卷，第 3 期，171～174 頁。

謝小慶 (1988)：心理測量學講義。武漢市：華中師範大學出版社。

謝小慶 (1995)：關於 HSK 信度的進一步研究。見漢語水平考試研究論文集，92～111 頁。北京市：現代出版社。

簡茂發 (2002)：心理測驗與統計方法 (第三版)。台北市：五南圖書公司。

龔耀先 (1982)：中國修訂韋氏成人智力量表 (WAIS-RC) 第一版。長沙市：湖南醫學院。

龔耀先 (1998)：醫學心理學。北京市：人民衛生出版社。

龔耀先 (2003)：心理評估。北京市：高等教育出版社。

龔耀先、蔡太生 (1993)：中國修訂韋氏兒童智力量表 (C-WISC-R)。長沙市：湖南地圖出版社。

龔耀先、戴曉陽 (1986)：中國修訂韋氏幼兒智力量表 (C-WYCSI)。長沙市：湖南醫學院。

Acklin, M. W. (1999). Behavioral science: Foundations of the Rorschach test: Research and clinical applications. *Assessment*, 6, 319～324.

Aiken, L. R. (2005). *Psychological testing and assessment* (12th ed.). Boston: Allyn & Bacon.

Aiken, L.R. (1996). *Personality assessment: Methods and practices* (2nd ed.). Seattle: Hogrefe & Huber publishers.

Aiken, L. R. (1996). *Rating scales & checklists*. New York: John Wiley & Sons.

Aiken, L. R. (1997). *Psychological testing and assessment* (9th ed.). Boston: Allyn and Bacon.

Aiken, L. R. (1998). *Tests and examinations: Measuring abilities and performance*. New York. John Wiley & Sons.

Allport, G. W., Vernon, P. E., & Lindzey, G. (1960). *Study of values* (3rd ed.). Chicago: Riverside.

Anastasi, A., & Susana, U. (1997). *Psychological testing* (7th ed.). NJ: Prentice Hall.

Anastasi, A. (1997). *Psychological testing* (7th ed.). New York: Macmillan.

Angoff, W. H. (1988) Promising areas for psychometric research. *Applied Measurement in Education*. 1(3). 203～206.

Ayala, R. J. (2008). *The theory and practice of Item response theory*. New

York: Guilford.

Baker, F. B., & Seock-Ho, Him (2004). *Item response theory: Parameter estimation techniques* (2nd ed.). New York: Marcel Dekker.

Bartholomew, D. J. (2004). *Measuring intelligence: Facts and fallacies.* Cambridge, UK: Cambridge University.

Beech, J. R., & Harding, L. (1992). *Testing people: A practical guide to psychometrics.* Worcester: Biling & Sons.

Bennett, G. K., Seashore, H. G., & Wesman, A. G. (1984). *Differential aptitude tests: Technical Supplement.* San Antonio, TX: Psychological Corporation.

Betz, N. E., & Borgen, F. H. (2000). The future of career assessment: Integrating vocational interests with self-efficacy and personal styles. *Journal of Carrier Assessment, 8,* 329~338.

Bloom, B. S., & Krathwohl, D. R. (1956). *Taxonomy of educational objectives: Handbook 1.* Cognitive domain. New York: David Mckay.

Brennan, R. L. (2001). *Generalizability theory.* New York: Springer-Verlag.

Buros, O. K. (1977). Fifty years in testing: Some reminiscences, criticism, and suggestions. *Educational Researcher, 6*(7), 9~15.

Campbell, D. T., & Fiske, D. W. (1959). Convergent and discriminant validation by the multitrait-multimethod matrix. *Psychological Bulletin. 56,* 81~105.

Carter, P. (2007). *IQ and Personality tests: Assess your creativity, aptitude and intelligence.* London: Kogan Page.

Cattell, J. M. (1980). Mental tests and measurements. *Mind, 15,* 373~380.

Cohen, R. J., Montague, P., Nathanson, L. S., & Swerdlik, M. E. (1988). *Psychological Testing.* California: Mayfield Publishing.

Cohen, R. J., & Swerdlik, M. E. (2005). *Psychological testing and assessment* (6th ed.). New York: McGraw Hill.

Cole, N. S., & Hanson, G. R. (1971). An analysis of the structure of vocational interests. *Journal of Counseling Psychology.* V.18.

Corsini, R. J., & Auerbach, A. J. (Ed.). (1998). *Concise encyclopedia of psychology.* New York: John Wiley & Sons.

Crocker, L., & Algina, J. (1986). *Introduction to classical and modern test theory.* CA: Wadworth group.

Cronbach, L. J. (1990). *Essentials of psychological testing* (5th ed.). New York: Harper Collins Publisher.

D'Amato, R. C., & Hartlage, L. C. (2008). *Essentials of Neuropsychological assessment: Treatment planning for rehabilitation* (2nd ed.). New York: Springer.

Davis, C., & Cowles, M., (1989). Automated psychological rsearch and practice. *Psychological Bulletin*, 69, 161~182.

Dehn, M. J. (2006). *Essentials of processing assessment.* New York: Wiley.

Delis, D. C., & Jacobson, M. (2000) Neuro-psychology Testing. In Kazdin, A. E. (Ed.). *Encyclopedia of Psychology* (Vol. 5). New York: Oxford University Press.

Domino, G., & Domino, M. L. (2006). *Psychological testing: An introduction* (2nd ed.). England: Cambridge University.

Donna R. S. (2002). *Wechsler individual achievement test* (examiner manual). San Antonio, TX: Psychological Corporation.

Dubois, P. H. (1970). *A history of psychological testing.* Boston: Allyn and Bacon.

Ebel, R. L. (1979). *Essentials of educational measurement* (3rd ed.). New Jersey: Prentice-Hall.

Feldt, L. S., & Brennan, R. L. (1989). Reliability. In R. L. Linn (Ed.), *Educational measurement* (3rd ed.). pp.105~146. New York: Macmillan.

Filskov S. B., & Boll T. J. (1981). *Handbook of clinical neuropsychology.* New York: John Wiley and Sons.

Fleishman, E. A. (1854). Dimensional analysis of psychomotor abilities. *Journal of Experimental Psychology*, 48, 437~454

Fleishman, E. A. (1972). On the relation between abilities, learning and human performance. *American Psychologist*, 27, 1018~1032.

Flynn, J. R. (1999). Searching for justice: The discovery of IQ gains over time. *American Psychologist.* 54(1): 5~20

Franzen, M. D., Robbins, D. E., & Sawicki, R. F. (1989). *Reliability and vaidity in neuropsychological assessment.* New York: Plenum Press.

Gardner, H. (1986). The Waning of intelligence tests. In R. J. Sternberg and D. K. Detterman (Eds.). *What is intelligence? Contemporary viewpoints on its nature and definition.* Norwood, NJ: Ablex.

Gati, I. (1991). The structure of vocational interests. *Psychological Bulletin*, 109, 309~324.

George, K. C. (1986). *Educational and psychological measurement.* New York: Macmillan.

Gesell, A. (1925). Monthly increments of development in infancy. *Journal of Genetic Psychology*, 32, 203~308.

Golden, C. J., Osmon, D. C., & Moses, J. A. (1981). *Interpretation of the Halstead-Reitan neuropsychological test battery*. New York: Grune & Stration.

Goodwin, L. D., & Leech, N. L. (2003). The meaning of validity in the new standards for educational and psychological testing: Implications for measurement courses. *Measurement and evaluation in counseling and development*, 35, 181~183.

Graham, F. K., & Kendall, B. S. (1960). Memory-for-designs test: Revised general manual. *Perceptual Motor Skills*. Vol. 11. 147~190.

Graham, J. R., & Lilly, R. S. (1984). *Psychological testing*. Englewood Cliffs, NJ: Prentice-Hall.

Green, B. F. (1988). Construct validity of computer-based tests. In Wainer, H., & Brown, H. (Eds.). *Test Validity*. Hillsadle, NJ: Erlbaum.

Gregory, R. J. (2008). *Psychological testing: History, principles and applications* (5th ed.). Boston: Allyn and Bacon.

Guion, R. M. (1998). *Assessment, measurement, and prediction for personnel decisions*. Mahwah, NJ: Lawrence Erlbaum, Associations.

Hambleton, R.K., & Swaminathan, H. S. (1985). *Item response theory: Principles and application*. Boston: Kluwer Nijhoff.

Hartman, D. E. (1986). Artificial intelligence or artificial psychologist? Conceptual issues in clinical microcomputer use. *Professional Psychology Research and Practice*, 17, 526~534.

Hattrup, K., & Schmidt, F. L. (1995). *Review of the differential aptitude tests* (5th ed.). MMY-9, 302~4, 304~305.

Haymaker, J. D., & Grant, D. L. (1982). Development of a model for content validation. *Journal of Assessment Center Technology*, 5(2), 1~8.

Heilman, K. M., & Valenstein, E. (2003). *Clinical neuropsychology* (4th ed.). New York: Oxford University Press.

Hogan, T. P. (2006). *Psychological testing: A practical introduction*. New York: Wiley.

Holland, J. L. (1997). *Making vocational choices: A theory of vocational personalities and work environments* (3rd ed.). Florida: Psychological Assessment Resources, Inc.

Homack, S. R., & Reynolds, C. R. (2007). *Essentials of Assessment with brief intelligence tests*. New York: Wiley.

Hopkins, K. D. (1998). *Educational and psychological measurement and evaluation.* Boston: Allyn & Bacon.

Hunter, J. E. (1980). *Validity generalization for 12,000 jobs, An application of synthetic validity and validity generalization to the General Aptitude Test Battery (GATB).* Washington, DC: U. S. Employment Service, U. S. Department of labor. International University Press.

Janda, L. M. (1998). *Psychological testing: Theory and applications.* Boston: Allyn and Bacon.

Jensen, A. R. (1985). *Review of Minnesota Spatial Test. MMY-9*, Vol. II, Nebraska: The University of Nebraska Press.

John, O. P., & Srivastava, S. (1999). The big five trait taxonomy: History, measurement, and theoretical perspectives. In Pervin, L.A., & John, O.P. (Eds.). *Handbook of personality: Theory and research*, pp.102～138. New York: Guilford Press.

Johnson, D. F., & Michael, W. L. (1973). The performance of blacks and whites in manual vs. computerized testing environments. *American Psychologist*, 28, 694～696.

Kaplan, R. M., & Saccuzzo, D. P. (2008). *Psychological testing: Principles , applications, and issues* (7th ed.). Belmont, CA: Wadsworth.

Karon, B. P. (2000). The clinical interpretation of the thematic apperception test. Rorschach, and other clinical data: A reexamination statistical versus clinical prediction. *Professional psychology: Research and practice.* 31. 230～233.

Kaufman, A. S., & Kaufman, N. L., (1983). *Kaufman Assessment Battery for Children: Administration and scoring manual.* Circle Pines. MN: American Guidance Service.

Kazdin, A. E. (Ed.). (2000). *Encyclopedia of Psychology.* Vol.1. APA: Oxford University Press.

Katz, D., & Stotland, E.(1959).A preliminary statement to a theory of attitude structure and change. In Koch, S. (Ed.). *Psychology: A study of a science.* Vol. 3. New York: McGraw-Hill.

Kenneth P., DeFina, P. A., Barrett, P., McCullen, A., & Goldberg, E. (2003). Assessment of neuropsychological functioning. In Weiner, I. B. (Ed.) *Handbook of psychology*, Vol. 10, Assessment Psychology. New York : John Wiley and Sons.

Koocher, G. P., & Keith-Spiegel, P. (2008). *Ethics in psychology and the mental health professions: Standards and cases.* (3rd ed.). New York: Oxford University.

Kuder, G. F. (1985). *Kuder occupational interest survey form DD.* (rev.). Chicago: Science Research Associates.

Lezak, M. D. (1995). *Neuropsychological assessment* (3rd ed.). New York: Oxford University.

Lind, D. A., Mason, R. D., & Marchal, W. G. (2002). *Statistical techniques in business and economics* (4th ed.). New York: McGraw-Hill.

Linn, R. L. (1989). *Educational measurement* (3rd ed.). New York: Macmillan.

Lindquist, E. F. (1951). *Educational measurement*. Washington, DC: American Council on Education.

Lord, F. M. (1980). *Applications of item response theory to practical testing problems*. Hillsdale, NJ: Erlbaum.

Lowman, R. L., & Carson, A. D. (2003). Assessment of interests. In Weiner, I. B. (Ed.). *Handbook of Psychology. Vol. 10, Assessment psychology*. New York: John Wiley and Sons.

Mazzeo, J., & Harvey, M. (1988). The equivalence of scores from automated and conventional educational tests: A review of the literature. *College Board Report,* No.88-8.New York: College Entrance Examination Board.

McCrae, R. R., & John, O. P. (1992). An introduction to the five-factor model and its applications. *Journal of Personality*, 60, 175~215.

McDonald, R. P. (1999). *Test theory*. NJ: Lawrence Erlbaum Associates.

McHenry, J. J., Hough, L. M., & Toquam, J. L. (1990). Project a validity results: The relationship between predictor and criterion domains. *Personnel Psychology*, 43, 335~354.

Mcintire, S. A., & Miller, L. A. (1999). *Foundations of psychological testing*. New York: McGraw-Hill.

Mcintire, S. A., & Miller, L. A. (2006). *Foundations of psychological testing: A practical approach* (2nd ed.). Newbury Park, CA: Sage.

McLaughlin, J. A. (2002). *Understanding statistics in the behavioral sciences*. Belmont: Wadsworth.

Mead, A. D. & Drasgow, F. (1993). Equivalence of computerized and paper-and-pencil cognitive ability tests: A meta-analysis. *Psychological Bulletin*, 114, 449~458.

Messick, S. (1989). Validity. In R. L. Linn (Ed.). *Educational measurement*. (3rd ed) pp.13~103. New York: American Council on Education/Mac-millan.

Mislevy, R. J., & Stocking, M. L. (1989). A consumer's guide to LOGIST and BILOG. *Applied Psychological Measurement*, 13, 57~75.

Mislevy, R. J., & Bock, R. D. (1989). PC-BILOG: *Item analysis and test scoring with binary logistic models*. Mooresville, IN: Scientific Software Inc.

Murphy, K. R., & Davidshofer, C. O. (1998). *Psychological testing: Principles & applications* (4th ed.). New Jersey: Prentice-Hall.

Murray, H. A. (1943). *Thematic apperception test: Manual*. Cambridge, MA: Harvard University Press.

Needham, M. A., Bacon, D. P., & Fiske, D. W. (1959). Convergent and discriminate validation by the multitrait-multimethod matrix. *Psychological Bulletin*, 56, 81~105.

Norman, F., Robert, J. M., & Isaac, I. B. (1993). *Test theory for a new generation of tests*. Hillsdale, NJ: Erlbaum.

Osgood, C. E., Suci, G. J., & Tannenbaum, P. H. (1957). *The measurement of meaning*. Urbana: University of Illnois Press.

Otis, A. S. (1918). An absolute point scale for the group measure of intelligence. *Journal of Educational Psychology*, 9, 238~261, 333~348.

Pashley, P. J. (1992). *Graphical IRT-based DIF analyses (Research Report No. 92-66)*. Princeton, N J: Educational Testing Service.

Peterson, R. C., & Thurstone, L. L. (1933). *Motion pictures and the social attitudes of children*. New York: Macmillan.

Prediger, D. J. (1989). Extending Holland's hexagon: Procedure, counseling applications, and research. *Journal of Counseling & Development*, 71, 259~287.

Prifitera, A., Saklofske, D., & Weiss, L. (Ed) (2005). *WISC-IV: Clinical use and interpretation: Scientist-practitioner perspectives*. San Diego, CA: Academic Press.

Rapaport, D. (1968). *Diagnostic psychological testing*. New York: International University Press.

Raven, J. C. (1983). The Progressive matrices and Mill Hill Vocabulary Scale in Western Societies. In S. H., Irvine & J. W., Berry (Eds.), *Human assessment and cultural factors pp*. 107~114. New York: Plenum.

Reitan, R. M., & Wolfson, D. (1993). *The Halstead-Reitan Neuropsychological Test Battery: Theory and Clinical interpretation* (2nd ed.). Tucson, AZ: Neuropsychology Press.

Robert, L. L. (1989). *Educational measurement* (3rd ed.). New York: Macmillan.

Roe, A. (1957). Early determinants of vocational choice. *Journal of Coun-*

seling Psychology, 4, 212-217.

Roid, G. H., & Miller, L. J. (1997). *Examiner's manual for the Leiter International Performance Scale-Revised*. Wood Dale, IL: Stoelting.

Roid, G. H. & Barram, R. A. (2004). *Essentials of Standford-Binet Intelligence Scales* (SB5) *assessment*. New York: Wiley.

Rokeach, M. (2000). *Understanding human values*. New York: Free.

Round, J., Terence J., & Hubert, L. (1992). Methods for evaluating vocational interest structural hypothesis. *Journal of Vocational Behavior*. Vol. 40, 239~259.

Rowley, G.L. (1976). The reliability of observational measures. *American Educational Research Journal*, 13, 51~59.

Sax, G. (1980). *Principles of educational and psychological measurement and evaluation* (2nd ed.). Belmont, CA: Wadsworth.

Seashore, H. G. (1955). Methods of expressing test scores. *The Psychological Corporation Test Service Bulletin*, No. 48.

Shavelson, R. J. & Webb, N. M. (1991). *Generalizability theory: A primer*. Newbury Park, CA: Sage.

Shulty, K. S., & Whitney, D. J. (2005). *Measurement theory in action*. Newbury Park: CA: Sage.

Shum, D., & O'Gorman, J. (2006). *Psychological testing and assessment*. New York: Oxford University.

Spearman, C. (1904). General intelligence: Objectively determined and measured. *American Journal of Psychology*, 15, 201~293.

Sternberg R. J. (Ed.). (1985). *Handbook of human intelligence*. London: Cambridge University Press.

Super, D. E. (1983). Assessment in career guidance: Toward truly developmental counseling. *Personnel and Guidance Journal*, 61, 5~562.

Taylor, H. C., & Russell, J. T. (1939). The relationship of validity coefficients to the practical effectiveness of tests in selection. Discussion and tables. *Journal of Applied Psychology*, 23, 565~578.

Thorndike, R. L., Hagen, E. P., & Sattler, J. M. (1986). *The Stanford-Binet Intelligence Scale* (4th ed.). Itasca, IL: Riverside.

Thorndike, R. M., & Lohman, D. F. (1990). *A century of ability testing*. Itasca, IL: Riverside.

Thorndike, R. M. (2004). *Measurement and evaluation in psychology and education* (7th ed.). New Jersey: Prentice Hall.

Wainer, H. (1990). *Computerized adaptive testing: A primer*. Hillsdale, NJ: Erlbaum.

Wechsler, D. (2003). *Manual for the Wechsler intelligence scale for children* (4th ed.). San Antonio, TX: The Psychological Corporation.

Wechsler, D. (1981). *Wechsler Adult Intelligence Scale-Revised—manual*. San Antonio, TX: Psychological Corporation.

Wechsler, D. (1991). *Wechsler Intelligence Scale for Children* (3rd ed.)—Manual. San Antonio, TX: Psychological Corporation.

Wechsler, D. (2003). *Wechsler Intelligence Scale for Children* (4th ed.). *Technical and interpretive manual*. San Antonio, TX: Psychological Corporation.

Welsh, J. R. JR., Watson, T. W., & Ree, M. J. (1990). *Armed Services Vocational Aptitude Battery* (ASVAB): *Predicting military criteria from general and specific abilities (AFHRL-TR-90-63)*. Brooks AFB, TX: U.S. Air Force Human Resources Laboratory.

Wilfong, H. D. (1980). *ASVAB technical supplement to the high school counselor's guide*. Fort Sheridan, IL. Directorate Testing. U. S. Military Inlistment Processing Command.

Williams, J. M., Voelker, S., & Ricciardi, P. W. (1995). Predictive validity of the K-ABC for exceptional preschoolers. *Psychology in the Schools, 32,* 178～185.

Woodcock, R. W., McGrew, K. S., & Mather N. (2001). *Woodcock-Johnson III Battery*. Itasca, IL: Riverside.

Woodcock. R. W. & Johnson, M. B. (1989). *Woodcock-Johnson Psycho-Educational Battery-Revised*. Itasca, IL: Riverside.

Zeidner, M., & Most, R. (Ed.). (1992). *Psychological testing: An inside view*. Palo Alto, CA: Consulting Psychologists Press.

索 引

說明：1.每一名詞後所列之數字為該名詞在本書內出現之頁碼。
2.以外文字母起頭的中文名詞一律排在漢英對照之最後。
3.同一英文名詞而海峽兩岸譯文不同者，除在正文內附加括號予以註明外，索引中均予同時編列。

一、漢英對照

一 畫

一致性 consistency 171
一致性係數 coefficient of agreement 203
一般文秘測驗 General Clerical Test 356
一般因素 general factor 291
一般性向成套測驗 General Aptitude Test Battery 344

二 畫

二列相關 biserial correlation 91
人才選拔 personnel selection 24
人差方程式 personal equation 35
人格量表 personality inventory 398
人格 personality 286,395
人格理論法 personality-theory 400
人格測驗 personality inventory 16
人格測驗 personality test 45,394,397
人格調查表 personality inventory 16,398
入選率 selective ratio 228
十六項人格因素問卷 Sixteen Personality Factors Questionnaire 413
十六種人格因素問卷 Sixteen Personality Factor Questionnaire 16

三 畫

三參數模型 three-parameter model 123
叉圈測驗 x-o test 46
口語表達 oral expression 383
口頭測驗 oral test 372
大五人格特質 big five personality traits 415
大五人格問卷 NEO Personality Inventory 415
大五人格問卷修訂版 NEO Personality Inventory Revised 415
大五人格簡式問卷 NEO-Five-Factor Inventory 415
大五模型 big five model 415
工作分析 task analysis 131
工作價值觀調查表 Work Values Inventory 462
工具性價值觀 instrumental values 461

四 畫

中位數 median 73
中數 median 73

五大人格特質　big five personality traits　415
五因素模型　five-factor model　415
內在工作價值　intrinsic work values　463
內容效度　content validity　213
內容效度法　content-validation　400
內容參照分數　content-referenced score　270
內部一致性　internal consistency　146,235
內部一致性信度　internal consistency reliability　181
內部一致性係數　internal consistency coefficient　183
六角形模型　hexagonal model　438
分化分　difference score　477
分半法　split-half method　179
分半信度　split-half reliability　179
分布圖　scattergram　84
分測驗　subtest　482
分類　categorization　25
分類測驗　sorting test　479
切割分數　cutting score　145
切割分數　cut-off score　228
及格分　cutting score　145
及格分數　cut-off score　228
反應時　reaction time　36
天才　genius　20
天生能力　innate capacity　48
心理年齡　mental age　257,296
心理物理學　psychophysics　36
心理計量學　psychometrics　5
心理特質　mental trait　12
心理動作能力　psychomotor ability　358
心理測量　mental measurement　5, 14,38,614
心理測量學　psychometrics　1,5
心理測量學會　Psychometrika Society　47

心理測驗　psychological test　14
心理評估　psychological assessment　11
心理運動能力　psychomotor ability　358
心理輔導　psychological guidance　25
心理諮詢　psychological counseling　25
心理聲學　psychoacoustics　43
文化公平智力測驗　culture fair intelligence test　322
文化公平測驗　culture-fair test　319
文字測驗　verbal test　17
文秘性向測驗　SRA Clerical Aptitude　356
方差　variance　78,148
方差分析　analysis of variance　116
比西量表　Binet-Simon Scale　299
比奈-西蒙量表　Binet-Simon Scale　299
比率智商　ratio IQ　265,296
比率量表　ratio scale　11

五　畫

主要態度量表　Master Attitude Scales　458
主軸法　principal axis method　99
主試者　experimenter　16
主試者效應　experimenter effect　112
主題統覺測驗　Thematic Apperception Test　426
主觀性測驗　subjective test　19,370
代表性樣本　representative sample　213
加州 F 量表　California F Scale　458
加州心理測驗　California Psychological Inventory　405
加利福尼亞 F 量表　California F Scale　458

索引 **517**

加利福尼亞心理調查表 California Psychological Inventory 405
加權平均數 weighted mean 71
可信賴度 dependability 117
可信賴度指數 indexes of dependability 120
可接受的觀測域 universe of admissible observation 117
古氏畫人測驗 Goodenough Draw-a-Man Test 44
四分位數 quartile 80
四分差 quartile deviation 80
外向性 extraversion 415
外在工作價值 extrinsic work values 463
外在報酬 extrinsic rewards 463
外在獎勵 extrinsic rewards 463
外觀特質 surface traits 413
平均差 average deviation 81
平均數 mean 69
弗林效應 Flynn effect 255
必選式評定量表 forced-choice rating scale 400
本頓視覺保持測驗 Benton Visual Retention Test 471
正交旋轉 orthogonal rotation 100
正交轉軸法 orthogonal rotation 100
正相關 positive correlation 83
正偏態 positive skewed 68
正態分布 normal distribution 37
正態曲線 normal curve 67
正誤差 positive error 110
正確拒絕 valid exclusion 229
正確接納 valid inclusion 229
皮格馬利翁效應 Pygmalion effect 162
皮博迪圖詞測驗 Peabody Picture Vocabulary Test 478
皮爾遜積差相關 Pearson product-moment correlation 86

六 畫

伍德考克・詹森心理教育測驗集（修訂版）Woodcock-Johnson Psycho-educational Battery-Revised 386
伍德考克・詹森個人成就測驗（修訂版）Woodcock-Johnson III Tests of Achievement 386
企業型 enterprising 440
全美教育測量學會 National Council on Measurement in Education 29
全國常模 national norm 253
全智商 full scale IQ 304
全距 range 66, 77
全量表 full scale 304
全量表智商 full scale IQ 304
共同度 communality 97
再測信度 test-retest reliability 174
同時效度 concurrent validity 220
同質性 homogeneity 182
同質性信度 homogeneity reliability 181
同質性測驗 homogeneous test 146
名義量表 nominal scale 10
名稱量表 nominal scale 10
合成分 composite score 202
合成分信度 composite reliability 202
因素分析 factor analysis 97, 234
因素分析法 factor-analysis 400
因素效度 factorial validity 234
因素軸的旋轉 rotation of factor axes 100
因變量 dependent variable 93
地區常模 local norm 253
多元性向測驗 multiple aptitude batteries 343
多元智力說 theory of multiple intelligences 295
多因素分析 multiple-factor analy-

sis 48
多重性向測驗 multiple aptitude batteries 343
多重智力說 theory of multiple intelligence 295
多特質-多方法矩陣 multitrait-multimethod matrix 235
多層面 multi-facet 118
存在保持效應 effect of retention 176
安高夫方法 Angoff method 270
安置 placement 24
安置性測驗 placement test 371
年級常模 grade norm 254
年級當量 grade equivalent 258
年齡常模 age norm 254
年齡當量量表 age equivalent scale 299
成分智力 componential intelligence 294
成見效應 halo effect 401
成套成就測驗 achievement test battery 371
成套神經心理測驗 neuropsychological test battery 469
成套測驗 test battery 482
成就 achievement 367
成就商數 achievement quotient 267
成就測驗 achievement test 15,367
成績差異分 difference score 194
曲線相關 curvilinear correlation 84
次序量表 ordinal scale 10
次數分布 frequency distribution 65
次數分布多邊形圖 frequency polygon 67
次數分布表 frequency table 66
次數分布圖 frequency graph 67
次數分配 frequency distribution 65

百分位區間 percentile bounds 261
百分位數 percentile 261
百分等級 percentile rank 259
考夫曼兒童成套評估測驗 Kaufman Assessment Battery for Children 310
考夫曼兒童智力測驗 Kaufman Assessment Battery for Children 310
自由應答題 free response question 19
自由聯想階段 free association period 423
自我指導探索量表 Self-Directed Search 447
自我評定 self-rating 399
自知智力 intrapersonal intelligence 295
自陳量表 self-report inventory 398
自然智力 naturalist intelligence 295
自變量 independent variable 93
自變項 independent variable 93
艾森克人格問卷 Eysenck Personality Questionnaire 410
艾森克人格調查表 Eysenck Personality Inventory 409
艾森克個性問卷 Eysenck Personality Questionnaire 410
行政職業性向測驗 Administrative Aptitude Test 357
行為成分 behavioral component 452
行為樣本 behavior sample 7

七 畫

亨奈二氏心理能力測驗 Henmon-Nelson Tests of Mental Ability 317
估計值 estimate 472
估計標準誤 standard error of esti-

mate　225
作假　faking　401
作業智商　performance IQ　305
作業測驗　performance test　18,373
作業量表　performance scale　304
伯金斯-比奈盲人智力測驗　Perkins-Binet Tests of Intelligence　326
克倫巴赫α係數　Cronbach coefficient alpha　183
免文化影響測驗　culture-free test　319
利手　handedness　473
利克特式量表　Likert scale　455
利克特量表法　Likert scaling　455
均方　variance　78
均數　mean　69
局部獨立性　local independability　125
序級量表　ordinal scale　10,259
形心法　centroid method　98
形成性考試　formative evaluation　372
形成性測驗　formative test　16,372
形成性評量　formative evaluation　372
技能領域　psychomotor domain　133
折半法　split-half method　179
折半信度　split-half reliability　179
投射　projection　419
投射測驗　projective test　419
決策研究　decision study　119
系統誤差　systematic error　111
言語量表　verbal scale　304
言語智商　verbal IQ　304
言語障礙　speech handicap　478
貝莉量表　Bayley Scales　324
貝莉嬰兒發展量表　Bayley Scales of Infant Development　324

八　畫

依變項　dependent variable　93
兩極式評定量表　bipolar rating scale　399
兩極形容詞量表　bipolar adjective scale　457
具體智力　concrete intelligence　291
典型行為　typical performance　14
典型表現　typical performance　14
受測者　testee　16
受評者　ratee　398
受試者　testee　16
命中　hit　229
固定智力　crystallized intelligence　293
定性分析　qualitative analysis　143
定量分析　quantitative analysis　143
定量研究　quantitative study　36
性向　aptitude　285,335
性向測驗　aptitude test　15,335
性格　personality　395
拉什模型　Rasch model　123
抽象智力　abstract intelligence　291
明尼蘇達手動操作速度測驗　Minnesota Rate of Manipulation Test　359
明尼蘇達文秘測驗　Minnesota Clerical Test, MCT　356
明尼蘇達多相人格測驗　Minnesota Multiphasic Personality Inventory　403
明尼蘇達多相人格調查表　Minnesota Multiphasic Personality Inventory　16,403
明尼蘇達空間關係測驗　Minnesota Spatial Relations Test　360
明尼蘇達紙範本測驗修訂版　Minnesota Paper Form Board Test Revised　361
明尼蘇達教師態度調查表　Minnesota Teacher Attitude Inventory　458

波加杜斯社會距離量表　Bogardus Social Distance Scale　454
波哥達斯社會距離量表　Bogardus Social Distance Scale　454
法律院校入學測驗　Law School Admission Test　351
物理測量　physical measurement　6
物體拼湊　object assembly　305
盲人學習能力測驗　Blind Learning Aptitude Test　326
直方圖　histogram　67
直線相關　linear correlation　84
社交型　social　440
社交智力　interpersonal intelligence　295
社會型　social　440
社會智力　social intelligence　291
社會稱許性　social-desirability　401
社會願望　social-desirability　401
空間智力　spatial intelligence　295
肯德爾和諧係數　Kendall coefficient of concordance　88,187
表面效度　surface validity　216
表面特質　surface traits　413
表達能力　exposition ability　19
近似性誤差　proximity error　402
青少年心理測驗　California Psychological Inventory　405
非文字測驗　nonverbal test　18,43

九　畫

信度　reliability　98,171
信度係數　coefficient of reliability　172
信度指數　index of reliability　173
信賴區間　confidence interval　192
前測　before test　194
前測　pretest　141
客觀性測驗　objective test　18,370
後測　after test　194
思想障礙　blocking of thought　479

拼寫　spelling　382
施測　testing　7
是非題　yes-no type item　18
柯荷積木設計測驗　Kohs Block Design Test　44
流動智力　fluid intelligence　292
流體智力　fluid intelligence　292
相關　correlation　83
相關分布圖　correlation diagram　84
相關分析　correlation analysis　83
相關法　correlational method　220
相關係數　correlation coefficient　83
相關圖　correlation diagram　84
研究生入學考試　Graduate Record Examination　350
研究生資格考試　Graduate Record Examination　350
研究型　investigative　439
約定零點　relative zero　9
美國大學入學測驗　American College Testing Program　350
美國心理學會　American Psychological Association　29
美國教育考試服務中心　Educational Testing Service　45
美國教育研究會　American Educational Research Association　29
美國教育測驗服務社　Educational Testing Service　45
美國職業大詞典　Dictionary of Occupational Title　450
計算機化適應性測驗　computerized adaptive test　274
負相關　negative correlation　83
負偏態　negative skewed　68
負誤差　negative error　110
軍用分類測驗　Armed Forces Qualification Test　352
軍事職業性向成套測驗　Armed Ser-

vices Vocational Aptitude Battery 352
迫選式評定量表 forced-choice rating scale 400
重測信度 test-retest reliability 174
韋氏成人智力量表 Wechsler Adult Intelligence Scale 308
韋氏成人智力量表（中國修訂版）Wechsler Adult Intelligence Scale-Chineses Revised Edition 308
韋氏成人智力量表（修訂版）Wechsler Adult Intelligence Scale-Revised 308
韋氏兒童智力量表 Wechsler Intelligence Scale for Children 306
韋氏兒童智力量表（修訂版）Wechsler-Intelligence Scale for Children-Revised 307
韋氏兒童智力量表（第四版）Wechsler Intelligence Scale for Children-IV 307
韋氏-貝魯弗量表 Wechsler-Bellevue Intelligence Scale 303
韋氏記憶量表 Wechsler Memory Scale 495
韋氏記憶量表（第三版）Wechsler Memory Scale III 497
韋氏記憶量表（修訂版）Wechsler Memory Scale Revised 497
韋氏學前和幼兒智力量表 Wechsler Primary and Preschool Scale of Intelligence 309
韋克斯勒-拜洛沃智力量表 Wechsler-Bellevue Intelligence Scale 303
韋克斯勒個人成就測驗（第二版）Wechsler Individual Achievement Test-Second Edition 379
韋克斯勒學前智力量表 Wechsler Primary and Preschool Scale of Intelligence 309
音樂智力 musical intelligence 295

索引 521

十 畫

個別差異 individual difference 35
個別智力測驗 individual intelligence test 298
個別測驗 individual test 17
個性 personality 286,395
個性測驗 personality inventory 16
個性測驗 personality test 397
個體差異 individual difference 35
個體智力測驗 individual intelligence test 298
剖析圖 profile 342
原始分數 raw score 20,250
哥倫比亞心理成熟量表 Columbia Mental Maturity Scale 328
差異心理學 differential psychology 35
差異量數 measures of variation 76
庫李-20 公式 Kuder-Richardson formula 20 182
庫李-21 公式 Kuder-Richardson formula 21 182
庫李信度 Kuder-Richardson reliability 181
庫-安智力測驗 Kuhlmann-Anderson Intelligence Test 317
庫德職業興趣調查表 Kuder Occupational Interest Survey 446
弱假設 weak assumption 114
弱智 mental retardation 20
弱勢假設 weak assumption 114
弱勢團體 minority group 318
效度 validity 209
效度係數 validity coefficient 211, 218,226
效度量表 validating scale 401
效度標準 validity criterion 218
效標 criteria 218,340
效標污染 criterion contamination 219

效標關聯效度　criterion-related validity　218
書法量表　handwriting scale　45
書面表達　written expression　382
根源特質　source traits　413
格塞爾發展量表　Gesell Developmental Schedules　259,323
泰勒-羅賽爾預期表　Taylor-Russell Table　229
浦度釘板測驗　Purdue Pegboard Test　359,473
海斯-比奈量表　Hayes-Binet Scale　326
特殊因素　specific factor　291
特殊性向測驗　special aptitute test　356
特殊群體　minority group　318
特異度　specificity　98
班奈特機械理解測驗　Bennett Mechanical Comprehension Test　362
真分數　true score　110,211
真分數理論　true score theory　109
真實分數　true score　110
真變異　true variance　97
真變異數　true variance　118
矩心法　centroid method　98
矩陣表　matrix　98
神經心理測驗　neuropsychological test　469
神經心理學　neuropsychology　468
神經質　neuroticism　415
紙筆測驗　paper-pencil test　373
能力測驗　ability test　15,285
能力傾向　aptitude　285,335
能力傾向測驗　aptitude test　15,335
記憶商數　memory quotient　496
記憶障礙　memory disorder　474
迴歸方程　regression equation　94,222
迴歸分析　regression analysis　93
迴歸係數　regression coefficient　94

釘板測驗　pegboard test　473
高爾頓尺　Galton ruler　38
高爾頓笛　Galton whistle　38

十一　畫

假詞解碼　pseudo-word decoding　382
側面圖　profile　342
偏手性　handedness　473
偏向　bias　243
偏斜度　skewness　68
偏態　skewness　68
區分性向測驗　Differential Aptitude Test　347
區分度　discriminating power　146
區分度指數　discrimination index　148
區分效度　discriminant validity　236
區別效度　discriminant validity　236
參照點　reference point　9
符號替代　digit symbol　305
商數　quotient　265
基本心理能力　primary mental abilities　292
基本心理能力測驗　Primary Mental Abilities Test　48
基礎率　base rate　227
常定性誤差　constant error　401
常規型　conventional　440
常態分配　normal distribution　37
常態曲線　normal carve　67
常誤　constant error　111,401
常模　norm　20,252
常模參照測驗　norm-referenced test　256
常識　information　304
情感成分　affective component　452
情感領域　affective domain　133
情境智力　contextual intelligence

294
推論 inference 108
教育目標分類 taxonomy of educational objectives 133
教育商數 educational quotient 267
教育測驗 educational test 15,44
教師自編測驗 teacher-made test 376
敏感性 sensibility 151
斜交旋轉 oblique rotation 100
斜交轉軸法 oblique rotation 100
理解 comprehension 304
現代測驗理論 modern testing theory 108
現實型 realistic 439
畢馬龍效應 Pygmalion effect 161
異質性 heterogeneity 182
異質性測驗 heterogeneous test 146
眾數 mode 74
統計推論 statistical inference 68
組合分數 composite score 202
組合智力 componential intelligence 294
組距 interval 66
組織能力 organizational ability 19
終結性測驗 summative test 371
終極性價值觀 terminal values 461
被評定者 ratee 398
責任感 conscientiousness 415
速度測驗 speed test 21, 201
陸軍一般分類測驗 Army General Classification Test 352
陸軍乙種測驗 Army Beta Test 44, 352
陸軍甲種測驗 Army Alpha Test 44, 351

十二畫

備用測驗 alternate test 305

最佳表現 maximum performance 14
最高行為 maximum performance 14
單一神經心理測驗 single function neuropsychological test 469
單位 unit 10
單參數模型 porameter model 123
單維性 uni-dimensionality 124
單層面 uni-facet 118
單學科成就測驗 specific subject test 371
寓言測驗 fables test 420
掌握分數 mastery score 270
描述統計 descriptive statistics 65
換算分數 derived score 250
散點圖 scattergram 84
斯比量表 S-B scale 300
斯皮爾曼-布朗公式 Spearman-Brown formula 180
斯皮爾曼等級相關 Spearman rank correlation 87
斯坦福-比奈量表 Stanford-Binet Scale 300
斯特姆伯格靈巧測驗 Stromberg Dexterity Test 359
斯特朗-坎貝爾職業興趣測驗 Strong-Campbell Interest Inventory 445
斯特朗職業興趣量表 Strong Vocational Interest Blank 445
斯騰貴斯特機械能力測驗 Stenquist test of mechanical ability 43
普通分類測驗 Army General Classification Test 352
普通因素 general factor 291
普通性向成套測驗 General Aptitude Test Battery 344
晶體智力 crystallized intelligence 293
智力 intelligence 290
智力二因素論 two-factor theory of

intelligence 291
智力三維論 triarchic theory of intelligence 294
智力年齡 mental age 257
智力商數 intelligence quotient 265,296
智力理論 theories of intelligence 291
智力測驗 intelligence test 15,295
智力量表 intelligence scale 295
智能不足 mental retardation 20
智商 intelligence quotient 265
智齡 mental age 257
替換測驗 alternate test 305
期望表 expectancy table 222
期望圖 expectancy chart 273
測量 measurement 6
測量面 measurement facet 118
測量誤差 error of measurement 110
測量標準誤 standard error of measurement 192
測驗 test 7
測驗 testing 7,38
測驗合成 test battery 157
測驗長度 length of test 198
測驗偏向 test bias 152
測驗偏差 test bias 152
測驗組合 test battery 157,482
測驗資訊函數 test information function 125
測驗標準化 test standardization 160
測驗難度 difficulty of test 199
畫人測驗 Draw-a-Person Test 420
發展年齡 developmental age 324
發展商數 developmental quotient 324
發展常模 developmental norm 257
發展量表 developmental scale 323
發展順序量表 ordinal scale 259

發散思維 divergent thinking 19
等比量表 ratio scale 11
等值 equating 125
等值性係數 coefficient of equivalence 178
等級相關 rank correlation 87
等距量表 interval scale 10
等距量表法 method of equal-appearing intervals 454
結果參照分數 consequence-referenced score 272
絕對零點 absolute zero 9
萊特國際操作量表 Leiter International Performance Scale 322
視知覺障礙 visual perception disorder 471
視空間障礙 visual spacial disorder 471
視結構障礙 visual structural disorder 471
視覺記憶測驗 Visual Memory Test 477
評分者信度 scorer reliability 186
評估 assessment 11,295
評定者 rater 398
評定量表 rating scale 398
評價 evaluation 12
評鑑 evaluation 12
詞句完成測驗 sentence-completion test 420
診斷性測驗 diagnostic test 25,371
費蘭南根工業測驗 Flanagan Industrial Tests 356
費蘭南根性向分類測驗 Flanagan Aptitude Classification Tests 356
超常 gifted 20
量的研究 quantitative study 36
量表 scale 9
量表分數 scale score 250
量表值 scale value 454

開放性　openness　415
集中量數　measures of central tendency　69
集中趨勢　central tendency　69
項目　item　7, 135
項目分析　item analysis　142
項目反應理論　item response theory　121
項目反應模型　item response model　124
項目功能差異　differential item functioning　153
項目效度分析　item validity analysis　146
項目特徵曲線　item characteristic curve　122
項目偏差　item bias　152
項目資訊函數　item information function　125
項目難度　item difficulty　144
項目難度指數　item difficulty index　144
順同性　agreeableness　415

十三　畫

傳統型　conventional, C　440
填充題　completion item　18
奧蒂斯-林儂學校能力測驗　Otis-Lennon School Ability Test　315
意向　intention　453
暈環效應　halo effect　401
會聚效度　convergent validity　236
極差　polar difference　77
概化性　generalizability　117
概化係數　generalizability coefficient　120
概化研究　generalizability study　119
概化效度　validity generalization　343
概化理論　generalizability theory　117
概括性　generalizability　117
概括度係數　generalizability coefficient　120
概括度研究　generalizability study　119
概括效度　validity generalization　343
瑟斯頓量表法　Thurstone scaling　454
瑞文氏非文字推理測驗　Raven's Standard Progressive Matrices　321
瑞文氏高級圖形補充測驗　Raven's Advanced Progressive Matrices　321
瑞文高級漸進推理測驗　Raven's Advanced Progressive Matrices　321
瑞文彩色漸進推理測驗　Raven's Colored Progressive Matrices　320
瑞文推理測驗　Raven's Progressive Matrices　320
瑞文漸進推理測驗　Raven's Progressive Matrices　320
瑞文標準漸進推理測驗　Raven's Standard Progressive Matrices　321
節奏測驗　Rhythm test　43
節奏感　rhythm sensation　43
經典信度理論　classical reliability theory　111
經典測驗理論　classical test theory　109
經驗性預期表　empirical expectancy table　222
經驗效標記分法　empirical-criterion-keying　400
經驗效標解答　empirical-criterion-keying　400
經驗智力　experiential intelligence　294
置信區間　confidence interval　192

群因素論 group-factor theory 297
群因論 group-factor theory 291
肆應智力 contextual intelligence 294
試測 pretest 141
試題 item 135
試題分析 item analysis 142
詢問階段 inquiry period 424
資訊函數 information function 125
資賦優異 gifted 20
跨文化測驗 cross-cultural test 325
運動障礙 dyscinesia 472
達斯-納格利里認知評估系統 Das-Naglieri Cognitive Assessment System 313
電腦化適性測驗 computerized adaptive test 274
電腦輔助測驗 computer aided test 273
零相關 zero correlation 83
預期表 expectancy table 222
預測 pretest 141
預測效度 predictive validity 220

十四畫

團體內常模 within-group norm 259
團體智力測驗 group intelligence test 314
團體測驗 group test 17,44
圖片排列 picture arrangement 305
圖表式評定量表 graphic rating scale 399
圖案記憶測驗 Memory-for-Designs 475
圖畫補缺 picture completion 305
實足年齡 chronological age 297
實物分類測驗 Object Sorting Test 480
實得分數 observed score 109

實際型 realistic 439
實驗者效應 experimenter effect 112
實驗操作 experimental studies 235
對比誤差 contrast error 401
態度 attitude 452
態度測驗 attitude test 453
構念 construct 232
構念效度 construct validity 232
構想 construct 232
構想效度 construct validity 232
管理性向測驗 Graduate Management Aptitude Test 351
算術平均數 arithmetic mean 69
算術推理 arithmetical reasoning 304,382
精熟分數 mastery score 270
綜合成就測驗 achievement test battery 371
綜合評定法 method of summated ratings 455
語文量表 verbal scale 304
語文智力 linguistic intelligence 295
語文智商 verbal IQ 304
語句完成測驗 sentence-completion test 420
語詞閱讀 word reading 380
語義分析法 semantic differential technique 456
語義差別法 semantic differential technique 456
認知成分 cognitive component 452
認知領域 cognitive domain 133
誤差變異 error variance 171
誤差變異數 error variance 118
賓特納-派特森操作測查量表 Pintner-Paterson scale of performance test 43

赫斯克-內伯拉斯卡學習能力測驗 Hiskey-Nebraska Test of Learning-Aptitude 327
領域參照分數 domain-referenced score 270

十五畫

價值系統 value system 459
價值觀 value 459
價值觀量表 value scale 463
增值效度 incremental validity 231
審慎性 conscientiousness 415
層面 facet 118
數字記憶廣度 memory span for digits 304
數字評定量表 numerical rating scale 399
數字廣度測驗 digit span test 474
數位運算 numerical operation 381
數理智力 logical mathematical intelligence 295
樣本 sample 8, 108
標準 criterion 250
標準九 stanine 264
標準九分 stanine 264
標準分數 standard score 81, 262
標準化成就測驗 standard achievement test 373
標準化測驗 standardized test 286
標準化樣本 standardization sample 252
標準差 standard deviation 77
標準參照記分法 criterion-referenced grading 269
標準參照測驗 criterion-referenced test 267
標準誤 standard error 261
模糊指數 index of ambiguity 454
歐亢納手指靈巧測驗 O'Connor Finger Dexterity Test 359

歐亢納用鑷靈巧測驗 O'Connor Tweezers Dexterity Test 359
潛在特質理論 latent trait theory 122
潛能 potentiality 23
範圍參照分數 domain-referenced score 270
練習效應 practice effect 176
複本 alternate form 158, 177
複本信度 alternate-form reliability 177
課程效度 curricular validity 217
論文式測驗 essay-type test 370
論述性題目 essay type question 19
閱讀理解 reading comprehension 381
魯利亞-內布拉斯卡成套神經心理測驗 Luria-Nebraska Neuropsychological Battery 492
魯利亞成套神經心理測驗 Luria Neuropsychological Battery 492

十六畫

學科成就測驗 academic achievement test 369
學科性向測驗 academic aptitude test 349
學習商數 learning quotient 327
學習習慣與態度調查表 Survey of Study Habits and Attitudes 458
學術性向測驗 Scholastic Aptitude Test 349
學業成就測驗 academic achievement test 369
學績測驗 achievement test 367
導出分數 derived score 250
操作量表 performance scale 304
操作性測驗 performance test 18
操作智商 performance IQ 305
操作測驗 performance test 373
機械性向測驗 mechanical aptitude

test 360
機械能力　mechanical ability　360
機械能力測驗　mechanical aptitude test　360
積木設計　block design　305
積差相關　product-moment correlation　85
積差相關係數　product-moment correlation coefficient　86
興趣　interest　435
興趣測驗　interest test　436
親和力　agreeableness　415
輻合效度　convergent validity　236
選答題　multiple choice item　18
選擇題　multiple choice item　18
遺留效應　effect of retention　176
錯誤拒絕　false exclusion　229
錯誤接納　false inclusion　229
錄取率　selective ratio　228
隨機抽樣理論　random sampling theory　108
隨機誤差　random error　110
霍-里幼兒成套神經心理測驗　Halstead-Reitan Neuropsychological Battery for Younger Children　487
霍-里少年成套神經心理測驗　Halstead-Reitan Neuropsychological Battery for Children　487
霍-里成人成套神經心理測驗　Halstead-Reitan Neuropsychological Battery for Adults Revised　485
霍-里成套神經心理測驗　Halstead-Reitan Neuropsychological Test Battery　484
霍桑效應　Hawthorne effect　161
霍蘭德職業興趣代碼字典　Dictionary of Holland Occupational Codes　450
默從　acquiescence　401
默認　acquiescence　401

十七畫

應用效度　applied validity　243
檢核表　checking list　139, 398
總分常模　composite norm　254
總加評定法　method of summated ratings　455
總加量表　sum scale　455
總結性測驗　summative test　16, 371
總體　population　108
聲音心理學　psychoacoustics　43
聯想測驗　association test　420
臨床心理學　clinical psychology　25
臨床評估　clinical assessment　12
臨界分數　cut-off score　228
韓-奈心理能力測驗　Henomon-Nelson Tests of Mental Ability　317
點二列相關　point-biserial correlation　90
點二系列相關　point-biserial correlation　90
點量表　point scale　308
擴散性思維　divergent thinking　19

十八畫

簡單一元線性廻歸　simple linear regression　93
職務分析　task analysis　131
職業分類典　Dictionary of Holland Occupational Codes　450
職業成就測驗　vocational achievement test　369
職業偏好量表　Vocational Preference Inventory　438
職業常模　occupational norm　254
職業甄選測驗　Occupational Selection Test　222
職業興趣　vocational interest　437
轉軸　rotation　100
離差智商　deviation IQ　266, 297

索引

離散趨勢 variation tendency 76
雙向細目表 two-way specification table 134
雙參數模型 two-parameter model 123
題目 item 7,135
題目反應理論 item response theory 121
題目特徵曲線 item characteristic curve 122
題庫 item bank 125,143
題庫 item pool 275

十九畫

穩定性 stability 171
穩定性係數 coefficient of stability 174
穩定性與等值性係數 coefficient of stability and equivalence 179
穩定誤差 constant error 111
羅克奇價值觀調查表 Rokeach's Values Survey 461
羅夏測驗 Rorschach Test 421
羅夏墨漬測驗 Rorschach Inkblot Test 422
藝術型 artistic 439
辭彙測驗 vocabulary test 305
關係網 network of relations 233
難度測驗 power test 22,201
類同 similarities 304

二十畫～二十五畫

嚴謹性 conscientiousness 415
鐘形曲線 bell-shaped curve 67
聽力理解 listening comprehension 383

鑑別力 discriminating power 146
鑑別指數 discrimination index 148
變異量數 measures of variation 76
變異數 variance 78,148
變異數分析 analysis of variance 116
變項 variable 64
變數 variable 64
邏輯性誤差 logical error 401
邏輯斯蒂模型 Logistic model 123
顯著水平 significance level 224
顯著性考驗 test of significance 96
顯著性檢驗 test of significance 96
體能智力 bodily-kinesthetic intelligence 295
靈敏度 sensibility 151
觀測分數 observed score 109

外文字母起頭名詞

A 型性格 Type A personality 395
B 型性格 Type B personality 395
D 研究 D study 119
G 因素 G factor 291
G 研究 G study 119
Kappa 一致性係數 Kappa coefficient of agreement 187
S 因素 S factor 291
T 分數 T-score 264
t 檢驗 t-test 221
PASS 智力理論 PASS theory of intelligence 313
z 分數 z score 81,262
φ 係數 phi coefficient 148
φ 相關 phi correlation 148

二、英漢對照

A

AAT＝Administrative Aptitude Test
ability test　能力測驗　15,285
absolute zero　絕對零點　9
abstract intelligence　抽象智力　291
academic achievement test　學業成就測驗,學科成就測驗　369
academic aptitude test　學科性向測驗　349
achievement　成就　367
achievement quotient　成就商數　267
achievement test　成就測驗,學績測驗　15,367
achievement test battery　成套成就測驗　371
achievement test battery　綜合成就測驗　371
acquiescence　默從,默認　401
ACT＝American College Testing Program
AD＝average deviation
Administrative Aptitude Test　行政職業性向測驗　357
AERA＝American Educational Research Association
affective component　情感成分　452
affective domain　情感領域　133
AFQT＝Armed Forces Qualification Test
after test　後測　194
AGCT＝Army General Classification Test
age equivalent scale　年齡當量量表　299
age norm　年齡常模　254
agreeableness　親和力,順同性　415
alternate form　複本　158,177
alternate test　替換測驗,備用測驗　305
alternate-form reliability　複本信度　177
American College Testing Program　美國大學入學測驗　350
American Educational Research Association　美國教育研究會　29
American Psychological Association　美國心理學會　29
analysis of variance　變異數分析,方差分析　116
Angoff method　安高夫方法　270
ANOVA＝analysis of variance
APA＝American Psychological Association
APM＝Raven's Advanced Progressive Matrices
applied validity　應用效度　243
aptitude　性向,能力傾向　285,335
aptitude test　性向測驗,能力傾向測驗　15,335
AQ＝achievement quotient
arithmetic mean　算術平均數　69
arithmetical reasoning　算術推理　304,382
Armed Forces Qualification Test　軍用分類測驗　352
Armed Services Vocational Aptitude Battery　軍事職業性向成套測驗　352
Army Alpha Test　陸軍甲種測驗

索引 **531**

44,351
Army Beta Test　陸軍乙種測驗　44,352
Army General Classification Test　陸軍普通分類測驗,陸軍一般分類測驗　352
artistic　藝術型　439
assessment　評估　11,295
association test　聯想測驗　420
ASVAB＝Armed Services Vocational Aptitude Battery
attitude　態度　452
attitude test　態度測驗　453
average deviation　平均差　81

B

base rate　基礎率　227
Bayley Scales　貝莉量表　324
Bayley Scales of Infant Development　貝莉嬰兒發展量表　324
before test　前測　194
behavior sample　行為樣本　7
behavioral component　行為成分　452
bell-shaped curve　鐘形曲線　67
Bennett Mechanical Comprehension Test　班奈特機械理解測驗　362
Benton Visual Retention Test　本頓視覺保持測驗　471
bias　偏向　243
big five model　大五模型　415
big five personality traits　五大人格特質,大五人格特質　415
Binet-Simon Scale　比奈-西蒙量表,比西量表　299
bipolar adjective scale　兩極形容詞量表　457
bipolar rating scale　兩極式評定量表　399
biserial correlation　二列相關　91

BLAT＝Blind Learning Aptitude Test
Blind Learning Aptitude Test　盲人學習能力測驗　326
block design　積木設計　305
blocking of thought　思想障礙　479
BMCT＝Bennett Mechanical Comprehension Test
bodily-kinesthetic intelligence　體能智力　295
Bogardus Social Distance Scale　波加杜斯社會距離量表,波哥達斯社會距離量表　454
BSID＝Bayley Scales of Infant Development
BVRT＝Benton Visual Retention Test

C

CA＝chronological age
California F Scale　加州 F 量表,加利福尼亞 F 量表　458
California Psychological Inventory　加州心理測驗,加利福尼亞心理調查表,青少年心理測驗　405
CAS＝Das-Naglieri Cognitive Assessment System
CAT＝computerized adaptive test
categorization　分類　25
central tendency　集中趨勢　69
centroid method　形心法,矩心法　98
CFIT＝culture fair intelligence test
checking list　檢核表　139,398
chronological age　實足年齡　297
classical reliability theory　經典信度理論　111
classical test theory　經典測驗理論　109

clinical assessment 臨床評估 12
clinical psychology 臨床心理學 25
CMMS＝Columbia Mental Maturity Scale
coefficient of agreement 一致性係數 203
coefficient of equivalence 等值性係數 178
coefficient of reliability 信度係數 172
coefficient of stability 穩定性係數 174
coefficient of stability and equivalence 穩定性與等值性係數 179
cognitive component 認知成分 452
cognitive domain 認知領域 133
Columbia Mental Maturity Scale 哥倫比亞心理成熟量表 328
communality 共同度 97
completion item 填充題 18
componential intelligence 組合智力,成分智力 294
composite norm 總分常模 254
composite reliability 合成分信度 202
composite score 組合分數,合成分 202
comprehension 理解 304
computer aided test 電腦輔助測驗 273
computerized adaptive test 電腦化適性測驗,計算機化適應性測驗 274
concrete intelligence 具體智力 291
concurrent validity 同時效度 220
confidence interval 置信區間,信賴區間 192
conscientiousness 審慎性,責任感,嚴謹性 415
consequence-referenced score 結果參照分數 272
consistency 一致性 171
constant error 常誤,常定性誤差,穩定誤差 111,401
construct 構念,構想 232
construct validity 構念效度,構想效度 232
content validity 內容效度 213
content-referenced score 內容參照分數 270
content-validation 內容效度法 400
contextual intelligence 肆應智力,情境智力 294
contrast error 對比誤差 401
conventional 常規型,傳統型 440
convergent validity 輻合效度,會聚效度 236
correlation 相關 83
correlation analysis 相關分析 83
correlation coefficient 相關係數 83
correlation diagram 相關圖,相關分布圖 84
correlational method 相關法 220
CPI＝California Psychological Inventory
CPM＝Raven's Colored Progressive Matrices
criteria 效標 218,340
criterion 標準 250
criterion contamination 效標污染 219
criterion-referenced grading 標準參照記分法 269
criterion-referenced test 標準參照測驗 267
criterion-related validity 效標關聯效度 218

Cronbach coefficient alpha　克倫巴赫 α 係數　183
cross-cultural test　跨文化測驗　319
CRT＝criterion-referenced test
crystallized intelligence　固定智力，晶體智力　293
CTT＝classical test theory
culture fair intelligence test　文化公平智力測驗　322
culture-fair test　文化公平測驗　319
culture-free test　免文化影響測驗　319
curricular validity　課程效度　217
curvilinear correlation　曲線相關　84
cut-off score　切割分數，及格分數，臨界分數　228
cutting score　切割分數，及格分　145

D

D＝discrimination index
D study　D 研究　119
DA＝developmental age
DAP Test＝Draw-a-Person Test
Das-Naglieri Cognitive Assessment System　達斯-納格利里認知評估系統　313
DAT＝Differential Aptitude Test
decision study　決策研究　119
dependability　可信賴度　117
dependent variable　依變項，因變量　93
derived score　換算分數，導出分數　250
descriptive statistics　描述統計　65
developmental age　發展年齡　324
developmental norm　發展常模　257
developmental quotient　發展商數　324
developmental scale　發展量表　323
deviation IQ　離差智商　266,297
DHOC＝Dictionary of Holland Occupational Codes
diagnostic test　診斷性測驗　25,371
Dictionary of Holland Occupational Codes　霍蘭德職業興趣代碼字典　450
Dictionary of Occupational Title　職業分類典，美國職業大詞典　450
DIF＝differential item functioning
difference score　成績差異分，分化分　194,477
Differential Aptitude Test　區分性向測驗　347
differential item functioning　項目功能差異　153
differential psychology　差異心理學　35
difficulty of test　測驗難度　199
digit span test　數字廣度測驗　474
digit symbol　符號替代　305
DIQ＝deviation IQ
discriminant validity　區分效度，區別效度　236
discriminating power　鑑別力，區分度　146
discrimination index　鑑別指數，區分度指數　148
divergent thinking　發散思維，擴散性思維　19
domain-referenced score　範圍參照分數，領域參照分數　270
DOT＝Dictionary of Occupational Title
DQ＝developmental quotient
Draw-a-Person Test　畫人測驗　420

dyscinesia 運動障礙 472

E

educational quotient 教育商數 267
educational test 教育測驗 15,44
Educational Testing Service 美國教育考試服務中心,美國教育測驗服務社 45
effect of retention 遺留效應,存在保持效應 176
empirical expectancy table 經驗性預期表 222
empirical-criterion-keying 經驗效標解答,經驗效標記分法 400
enterprising 企業型 440
EPI＝Eysenck Personality Inventory
EPQ＝Eysenck Personality Questionaire
EQ＝educational quotient
equating 等值 125
error of measurement 測量誤差 110
error variance 誤差變異,誤差變異數 117,118
essay type question 論述性題目 19
essay-type test 論文式測驗 370
estimate 估計值 472
ETS＝Educational Testing Service
evaluation 評價,評鑒 12
expectancy chart 期望圖 273
expectancy table 預期表,期望表 222
experiential intelligence 經驗智力 294
experimental studies 實驗操作 235
experimenter 主試者 16
experimenter effect 實驗者效應,主試者效應 112

exposition ability 表達能力 19
extraversion 外向性 415
extrinsic rewards 外在獎勵,外在報酬 463
extrinsic work values 外在工作價值 463
Eysenck Personality Inventory 艾森克人格調查表 409
Eysenck Personality Questionnaire 艾森克人格問卷,艾森克個性問卷 410

F

fables test 寓言測驗 420
facet 層面 118
FACT＝Flanagan Aptitude Classification Tests
factor analysis 因素分析,因素分析法 97,234,400
factorial validity 因素效度 234
faking 作假 401
false exclusion 錯誤拒絕 229
false inclusion 錯誤接納 229
FIT＝Flanagan Industrial Tests
five-factor model 五因素模型 415
Flanagan Aptitude Classification Tests 費蘭南根性向分類測驗 356
Flanagan Industrial Tests 費蘭南根工業測驗 356
fluid intelligence 流動智力,流體智力 292
Flynn effect 弗林效應 255
forced-choice rating scale 迫選式評定量表,必選式評定量表 400
formative evaluation 形成性評量,形成性考試 372
formative test 形成性測驗 16,372
free association period 自由聯想階段 423
free response question 自由應答題

19
frequency distribution　次數分布，次數分配　65
frequency graph　次數分布圖　67
frequency polygon　次數分布多邊形圖　67
frequency table　次數分布表　66
full scale　全量表　304
full scale IQ　全量表智商,全智商　304

G

G factor　G 因素　291
G study　G 研究　119
Galton ruler　高爾頓尺　38
Galton whistle　高爾頓笛　38
GATB＝General Aptitude Test Battery
gc＝crystallized intelligence
GCT＝General Clerical Test
GDS＝Gesell Developmental Scale
General Aptitude Test Battery　一般性向成套測驗,普通性向成套測驗　344
General Clerical Test　一般文秘測驗　356
general factor　普通因素,一般因素　291
generalizability　概括性,概化性　117
generalizability coefficient　概化係數,概括度係數　120
generalizability study　概化研究,概括度研究　119
generalizability theory　概化理論　117
genius　天才　20
Gesell Developmental Schedules　格塞爾發展量表　259,323
gf＝fluid intelligence
gifted　資賦優異,超常　20

GMAT＝Graduate Management Aptitude Test
Goodenough Draw-a-Man Test　古氏畫人測驗　44
grade equivalent　年級當量　258
grade norm　年級常模　254
Graduate Management Aptitude Test　管理性向測驗　351
Graduate Record Examination　研究生入學考試,研究生資格考試　350
graphic rating scale　圖表式評定量表　399
GRE＝Graduate Record Examination
group intelligence test　團體智力測驗　314
group test　團體測驗　17,44
group-factor theory　群因論,群因素論　291
GT＝generalizability theory

H

halo effect　成見效應,暈環效應　401
Halstead-Reitan Neuropsychological Battery for Adults Revised　霍-里成人成套神經心理測驗　485
Halstead-Reitan Neuropsychological Battery for Children　霍-里少年成套神經心理測驗　487
Halstead-Reitan Neuropsychological Battery for Younger Children　霍-里幼兒成套神經心理測驗　487
Halstead-Reitan Neuropsychological Test Battery　霍-里成套神經心理測驗　484
handedness　偏手性,利手　473
handwriting scale　書法量表　45

Hawthorne effect　霍桑效應　161
Hayes-Binet Scale　海斯-比奈量表　326
Henmon-Nelson Tests of Mental Ability　亨奈二氏心理能力測驗,韓-奈心理能力測驗　317
heterogeneity　異質性　182
heterogeneous test　異質性測驗　146
hexagonal model　六角形模型　438
Hiskey-Nebraska Test of Learning-Aptitude　赫斯克-內伯拉斯卡學習能力測驗　327
histogram　直方圖　67
hit　命中　229
H-NT＝Henmon-Nelson Tests of Mental Ability
H-NTLA＝Hiskey-Nebraska Test of Learning-Aptitude
homogeneity　同質性　182
homogeneity reliability　同質性信度　181
homogeneous test　同質性測驗　146
HRB＝Halstead-Reitan Neuropsychological Test Battery
HRNB＝Halstead-Reitan Neuropsychological Test Battery
HRNB-A＝Halstead-Reitan Neuropsychological Battery for Adults Revised
HRNB-C＝Halstead-Reitan Neuropsychological Battery for Children
HRNB-Y＝Halstead-Reitan Neuropsychological Battery for Younger-Children

I

ICC＝item characteristic curve
IIF＝item information function
incremental validity　增值效度　231
independent variable　自變項,自變量　93
index of ambiguity　模糊指數　454
index of reliability　信度指數　173
indexes of dependability　可信賴度指數　120
individual difference　個別差異,個體差異　35
individual intelligence test　個別智力測驗,個體智力測驗　298
individual test　個別測驗　17
inference　推論　108
information　常識　304
information function　資訊函數　125
innate capacity　天生能力　48
inquiry period　詢問階段　424
instrumental values　工具性價值觀　461
intelligence　智力　290
intelligence quotient　智力商數,智商　265,296
intelligence scale　智力量表　295
intelligence test　智力測驗　15,295
intention　意向　453
interest　興趣　435
interest test　興趣測驗　436
internal consistency　內部一致性　146,235
internal consistency coefficient　內部一致性係數　183
internal consistency reliability　內部一致性信度　181
interpersonal intelligence　社交智力　295
interval　組距　66
interval scale　等距量表　10
intrapersonal intelligence　自知智力　295
intrinsic work values　內在工作價

值 463
investigative 研究型 439
IQ＝intelligence quotient
IRT＝item response theory
item 項目,試題,題目 7,135
item analysis 項目分析,試題分析 142
item bank 題庫 125,143
item bias 項目偏差 152
item characteristic curve 項目特徵曲線,題目特徵曲線 122
item difficulty 項目難度 144
item difficulty index 項目難度指數 144
item information function 項目資訊函數 125
item pool 題庫 275
item response model 項目反應模型 124
item response theory 項目反應理論,題目反應理論 121
item validity analysis 項目效度分析 146

K

K-ABC＝Kaufman Assessment Battery for Children
K-AT＝Kuhlmann-Anderson Intelligence Test
Kappa coefficient of agreement Kappa 一致性係數 187
Kaufman Assessment Battery for Children 考夫曼兒童智力測驗,考夫曼兒童成套評估測驗 310
Kendall coefficient of concordance 肯德爾和諧係數 88,187
Kohs Block Design Test 柯荷積木設計測驗 44
KOIS＝Kuder Occupational Interest Survey
KR-20＝Kuder-Richardson formula 20
KR-21＝Kuder-Richardson formula 21
Kuder Occupational Interest Survey 庫德職業興趣調查表 446
Kuder-Richardson formula 20 庫李-20 公式 182
Kuder-Richardson formula 21 庫李-21 公式 182
Kuder-Richardson reliability 庫李信度 181
Kuhlmann-Anderson Intelligence Test 庫-安智力測驗 317

L

latent trait theory 潛在特質理論 122
Law School Admission Test 法律院校入學測驗 351
learning quotient 學習商數 327
Leiter International Performance Scale 萊特國際操作量表 322
length of test 測驗長度 198
Likert scale 利克特式量表 455
Likert scaling 利克特量表法 455
linear correlation 直線相關 84
linguistic intelligence 語文智力 295
listening comprehension 聽力理解 383
LNNB＝Luria-Nebraska Neuropsychological Battery
local independability 局部獨立性 125
local norm 地區常模 253
logical error 邏輯性誤差 401
logical mathematical intelligence 數理智力 295
Logistic model 邏輯斯蒂模型 123
LQ＝learning quotient
LSAT＝Law School Admission Test

Luria Neuropsychological Battery 魯利亞成套神經心理測驗 492
Luria-Nebraska Neuropsychological Battery 魯利亞-內布拉斯卡成套神經心理測驗 492

M

MA＝mental age
Master Attitude Scales 主要態度量表 458
mastery score 精熟分數,掌握分數 270
matrix 矩陣表 98
maximum performance 最佳表現,最高行為 14
MCT＝Minnesota Clerical Test
Md＝median
mean 平均數,均數 69
measurement 測量 6
measurement facet 測量面 118
measures of central tendency 集中量數 69
measures of variation 變異量數,差異量數 76
mechanical ability 機械能力 360
mechanical aptitude test 機械性向測驗,機械能力測驗 360
median 中數,中位數 73
memory disorder 記憶障礙 474
memory quotient 記憶商數 496
memory span for digits 數字記憶廣度 304
Memory-for-Designs 圖案記憶測驗 475
mental age 心理年齡,智力年齡,智齡 257,296
mental measurement 心理測量 5,14,38,614
mental retardation 弱智,智能不足 20
mental trait 心理特質 12

method of equal-appearing intervals 等距量表法 454
method of summated ratings 綜合評定法,總加評量法 455
MFD＝Memory-for-Designs
Minnesota Clerical Test 明尼蘇達文秘測驗 356
Minnesota Multiphasic Personality Inventory 明尼蘇達多相人格測驗,明尼蘇達多相人格調查表 16,403
Minnesota Rate of Manipulation Test 明尼蘇達手動操作速度測驗 359
Minnesota Spatial Relations Test 明尼蘇達空間關係測驗 360
Minnesota Teacher Attitude Inventory 明尼蘇達教師態度調查表 458
minority group 弱勢團體,特殊群體 318
MMPI＝Minnesota Multiphasic Personality Inventory
Mo＝mode
mode 衆數 74
modern testing theory 現代測驗理論 108
MQ＝memory quotient
MRMT＝Minnesota Rate of Manipulation Test
MSRT＝Minnesota Spatial Relations Test
multi-facet 多層面 118
multiple aptitude batteries 多元性向測驗,多重性向測驗 343
multiple choice item 選擇題,選答題 18
multiple-factor analysis 多因素分析 48
multitrait-multimethod matrix 多特質-多方法矩陣 235

N

musical intelligence 音樂智力 295

National Council on Measurement in Education 全美教育測量學會 29
national norm 全國常模 253
naturalist intelligence 自然智力 295
NCME＝National Council on Measurement in Education
negative correlation 負相關 83
negative error 負誤差 110
negative skewed 負偏態 68
NEO Personality Inventory 大五人格問卷 415
NEO Personality Inventory Revised 大五人格問卷修訂版 415
NEO-Five-Factor Inventory 大五人格簡式問卷 415
network of relations 關係網 233
neuropsychological test 神經心理測驗 469
neuropsychological test battery 成套神經心理測驗 469
neuropsychology 神經心理學 468
neuroticism 神經質 415
nominal scale 名稱量表, 名義量表 10
nonverbal test 非文字測驗 18,43
norm 常模 20,252
norm-referenced test 常模參照測驗 256
normal curve 常態曲線, 正態曲線 67
normal distribution 正態分布, 常態分配 37
NRT＝norm-referenced test
numerical operation 數位運算 381
numerical rating scale 數字評定量表 399

O

object assembly 物體拼湊 305
Object Sorting Test 實物分類測驗 480
objective test 客觀性測驗 18,370
oblique rotation 斜交旋轉, 斜交轉軸法 100
observed score 實得分數, 觀測分數 109
occupational norm 職業常模 254
Occupational Selection Test 職業甄選測驗 222
O'Connor Finger Dexterity Test 歐亢納手指靈巧測驗 359
O'Connor Tweezers Dexterity Test 歐亢納用鑷靈巧測驗 359
OFDT＝O'Connor Finger Dexterity Test
OLSAT＝Otis-Lennon School Ability Test
openness 開放性 415
oral expression 口語表達 383
oral test 口頭測驗 372
ordinal scale 序級量表, 次序量表, 發展順序量表 10,259
organizational ability 組織能力 19
orthogonal rotation 正交旋轉, 正交轉軸法 100
OST＝Object Sorting Test
OST＝Occupational Selection Test
OTDT＝O'Connor Tweezers Dexterity Test
Otis-Lennon School Ability Test 奧蒂斯-林儂學校能力測驗 315

P

paper-pencil test 紙筆測驗 373
PASS theory of intelligence

PASS 智力理論　313
Peabody Picture Vocabulary Test　皮博迪圖詞測驗　478
Pearson product-moment correlation　皮爾遜積差相關　86
pegboard test　釘板測驗　473
percentile　百分位數　261
percentile bounds　百分位區間　261
percentile rank　百分等級　259
performance IQ　作業智商,操作智商　305
performance scale　操作量表,作業量表　304
performance test　作業測驗,操作測驗　18,373
Perkins-Binet Tests of Intelligence　伯金斯-比奈盲人智力測驗　326
personal equation　人差方程式　35
personality　人格,性格,個性　286,395
personality inventory　人格測驗,人格量表,人格調查表,個性測驗　16,398
personality test　人格測驗,個性測驗　397
personality-theory　人格理論法　400
personnel selection　人才選拔　24
phi coefficient　φ係數　148
phi correlation　φ相關　148
physical measurement　物理測量　6
picture arrangement　圖片排列　305
picture completion　圖畫補缺　305
Pintner-Paterson scale of performance test　賓特納-派特森操作測查量表　43
placement　安置　24
placement test　安置性測驗　371

PMA＝primary mental abilities
PMAT＝Primary Mental Abilities Test
point scale　點量表　308
point-biserial correlation　點二列相關,點二系列相關　90
polar difference　極差　77
population　總體　108
porameter model　單參數模型　123
positive correlation　正相關　83
positive error　正誤差　110
positive skewed　正偏態　68
potentiality　潛能　23
power test　難度測驗　22,201
PPT＝Purdue Pegboard Test
PPVT＝Peabody Picture Vocabulary Test
PR＝percentile rank
practice effect　練習效應　176
predictive validity　預測效度　220
pretest　前測,試測,預測　141
primary mental abilities　基本心理能力　292
Primary Mental Abilities Test　基本心理能力測驗　48
principal axis method　主軸法　99
product-moment correlation　積差相關　85
product-moment correlation coefficient　積差相關係數　86
profile　側面圖,剖析圖　342
projection　投射　419
projective test　投射測驗　419
proximity error　近似性誤差　402
pseudo-word decoding　假詞解碼　382
psychoacoustics　心理聲學,聲音心理學　43
psychological assessment　心理評估　11
psychological counseling　心理諮

詢　25
psychological guidance　心理輔導　25
psychological test　心理測驗　14
psychometrics　心理測量學，心理計量學　1,5
Psychometrika Society　心理測量學會　47
psychomotor ability　心理動作能力，心理運動能力　358
psychomotor domain　技能領域　133
psychophysics　心理物理學　36
Purdue Pegboard Test　浦度釘板測驗　359,473
Pygmalion effect　畢馬龍效應，皮格馬利翁效應　161

Q

qualitative analysis　定性分析　143
quantitative analysis　定量分析　143
quantitative study　定量研究，量的研究　36
quartile　四分位數　80
quartile deviation　四分差　80
quotient　商數　265

R

r＝correlation coefficient
random error　隨機誤差　110
random sampling theory　隨機抽樣理論　108
range　全距　66,77
rank correlation　等級相關　87
Rasch model　拉什模型　123
ratee　受評者，被評定者　398
rater　評定者　398
rating scale　評定量表　398
ratio IQ　比率智商　265,296
ratio scale　比率量表，等比量表　11

Raven's Advanced Progressive Matrices　瑞文高級漸進推理測驗，瑞文氏高級圖形補充測驗　321
Raven's Colored Progressive Matrices　瑞文彩色漸進推理測驗　320
Raven's Progressive Matrices　瑞文漸進推理測驗，瑞文推理測驗　320
Raven's Standard Progressive Matrices　瑞文標準漸進推理測驗，瑞文氏非文字推理測驗　321
raw score　原始分數　20,250
reaction time　反應時　36
reading comprehension　閱讀理解　381
realistic　現實型，實際型　439
reference point　參照點　9
regression analysis　迴歸分析　93
regression coefficient　迴歸係數　94
regression equation　迴歸方程　94,222
relative zero　約定零點　9
reliability　信度　98,171
representative sample　代表性樣本　213
Revised Minnesota Paper Form Board Test　明尼蘇達紙範本測驗　361
rhythm sensation　節奏感　43
Rhythm test　節奏測驗　43
RMPFBT＝Revised Minnesota Paper Form Board Test
RNBC＝Halstrad-Reitan Neuropsychological Battery for Children
Rokeach's Values Survey　羅克奇價值觀調查表　461
Rorschach Inkblot Test　羅夏墨漬測驗　422
Rorschach Test　羅夏測驗　421

rotation　轉軸　100
rotation of factor axes　因素軸的旋轉　100
RPM＝Raven's Progressive Matrices
RT＝reaction time

S

S＝standard deviation
S factor　S 因素　291
sample　樣本　8,108
SAT＝Scholastic Aptitude Test
S-B scale　斯比量表　300
scale　量表　9
scale score　量表分數　250
scale value　量表值　454
scattergram　分布圖,散點圖　84
Scholastic Aptitude Test　學術性向測驗　349
SCII＝Strong-Campbell Interest Inventory
scorer reliability　評分者信度　186
SCT＝sentence-completion test
SD＝standard deviation
SDS＝Self-Directed Search
SE＝standard error
selective ratio　錄取率,入選率　228
Self-Directed Search　自我指導探索量表　447
self-rating　自我評定　399
self-report inventory　自陳量表　398
SEM＝standard error of measurement
semantic differential technique　語義差別法,語義分析法　456
sensibility　敏感性,靈敏度　151
sentence-completion test　語句完ъ測驗,詞句完成測驗　420
significance level　顯著水平　224
similarities　類同　304

simple linear regression　簡單一元線性廻歸　93
single function neuropsychological test　單一神經心理測驗　469
Sixteen Personality Factor Questionnaire　十六種人格因素問卷,十六項人格因素問卷　16,413
skewness　偏態,偏斜度　68
social　社交型,社會型　440
social intelligence　社會智力　291
social-desirability　社會願望,社會稱許性　401
sorting test　分類測驗　479
source traits　根源特質　413
spatial intelligence　空間智力　295
Spearman rank correlation　斯皮爾曼等級相關　87
Spearman-Brown formula　斯皮爾曼-布朗公式　180
special aptitude test　特殊性向測驗　356
specific factor　特殊因素　291
specific subject test　單學科成就測驗　371
specificity　特異度　98
speech handicap　言語障礙　478
speed test　速度測驗　21,201
spelling　拼寫　382
split-half method　折半法,分半法　179
split-half reliability　折半信度,分半信度　179
SPM＝Raven's Standard Progressive Matrices
SRA Clerical Aptitude　文秘性向測驗　356
SSHA＝Survey of Study Habits and Attitudes
stability　穩定性　171
standard achievement test　標準化成就測驗　373

standard deviation　標準差　77
standard error　標準誤　261
standard error of estimate　估計標準誤　225
standard error of measurement　測量標準誤　192
standard score　標準分數　81,262
standardization sample　標準化樣本　252
standardized test　標準化測驗　286
Stanford-Binet Scale　斯坦福-比奈量表　300
stanine　標準九,標準九分　264
statistical inference　統計推論　68
Stenquist test of mechanical ability　斯騰貴斯特機械能力測驗　43
Stromberg Dexterity Test　斯特姆伯格靈巧測驗　359
Strong Vocational Interest Blank　斯特朗職業興趣量表　445
Strong-Campbell Interest Inventory　斯特朗-坎貝爾職業興趣測驗　445
subjective test　主觀性測驗　19,370
subtest　分測驗　482
sum scale　總加量表　455
summative test　總結性測驗,終結性測驗　16,371
surface traits　表面特質,外觀特質　413
surface validity　表面效度　216
Survey of Study Habits and Attitudes　學習習慣與態度調查表　458
SVIB＝Strong Vocational Interest Blank
systematic error　系統誤差　111

T

T-score　T分數　264
t-test　t檢驗　221
task analysis　工作分析,職務分析　131
TAT＝Thematic Apperception Test
taxonomy of educational objectives　教育目標分類　133
Taylor-Russell Table　泰勒-羅賽爾預期表　229
teacher-made test　教師自編測驗　376
terminal values　終極性價值觀　461
test　測驗　7
test battery　測驗組合,測驗合成,成套測驗　157,482
test bias　測驗偏向,測驗偏差　152
test information function　測驗資訊函數　125
test of significance　顯著性檢驗,顯著性考驗　96
test standardization　測驗標準化　160
test-retest reliability　重測信度,再測信度　174
testee　受試者,受測者　16
testing　測驗,施測　7,38
Thematic Apperception Test　主題統覺測驗　426
theories of intelligence　智力理論　291
theory of multiple intelligences　多元智力說,多重智力說　295
three-parameter model　三參數模型　123
Thurstone scaling　瑟斯頓量表法　454
TIF＝test information function
triarchic theory of intelligence　智力三維論　294
true score　真分數,真實分數　110,211
true score theory　真分數理論　109
true variance　真變異數,真變異

118
two-factor theory of intelligence 智力二因素論 291
two-parameter model 雙參數模型 123
two-way specification table 雙向細目表 134
Type A personality A型性格 395
Type B personality B型性格 395
typical performance 典型表現,典型行為 14

U

uni-dimensionality 單維性 124
uni-facet 單層面 118
unit 單位 10
universe of admissible observation 可接受的觀測域 117

V

V＝variable
valid exclusion 正確拒絕 229
valid inclusion 正確接納 229
validating scale 效度量表 401
validity 效度 209
validity coefficient 效度係數 211, 218, 226
validity criterion 效度標準 218
validity generalization 概括效度,概化效度 343
value 價值觀 459
value scale 價值觀量表 463
value system 價值系統 459
variable 變項,變數 64
variance 變異數,均方,方差 78, 148
variation tendency 離散趨勢 76
verbal IQ 語文智商,言語智商 304
verbal scale 語文量表,言語量表 304
verbal test 文字測驗 17

VG＝validity generalization
Visual Memory Test 視覺記憶測驗 477
visual perception disorder 視知覺障礙 471
visual spacial disorder 視空間障礙 471
visual structural disorder 視結構障礙 471
VMT＝Visual Memory Test
vocabulary test 辭彙測驗 305
vocational achievement test 職業成就測驗 369
vocational interest 職業興趣 437
Vocational Preference Inventory 職業偏好量表 438
VPI＝Vocational Preference Inventory

W

WAIS＝Wechsler Adult Intelligence Scale
WAIS-R＝Wechsler Adult Intelligence Scale Revised
WAIS-RC＝Wechsler Adult Intelligence Scale Chineses Revised Edition
weak assumption 弱假設,弱勢假設 114
Wechsler Adult Intelligence Scale 韋氏成人智力量表 308
Wechsler Adult Intelligence Scale Chineses Revised Edition 韋氏成人智力量表(中國修訂版) 308
Wechsler Adult Intelligence Scale-Revised 韋氏成人智力量表(修訂版) 308
Wechsler Individual Achievement Test-Second Edition 韋克斯勒個人成就測驗(第二版) 379
Wechsler Intelligence Scale for

Children　韋氏兒童智力量表　306
Wechsler Intelligence Scale for Children-IV　韋氏兒童智力量表(第四版)　307
Wechsler Intelligence Scale for Children-Revised　韋氏兒童智力量表(修訂版)　307
Wechsler Memory Scale　韋氏記憶量表　495
Wechsler Memory Scale III　韋氏記憶量表(第三版)　497
Wechsler Memory Scale Revised　韋氏記憶量表(修訂版)　497
Wechsler Primary and Preschool Scale of Intelligence　韋克斯勒學前智力量表, 韋氏學前和幼兒智力量表　309
Wechsler-Bellevue Intelligence Scale　韋克斯勒-拜洛沃智力量表, 韋氏-貝魯弗量表　303
weighted mean　加權平均數　71
WISC＝Wechsler Intelligence Scale for Children
WISC-IV＝Wechsler Intelligence Scale for Children IV
WISC-R＝Wechsler Intelligence Scale for Children Revised

within-group norm　團體內常模　259
WMS＝Wechsler Memory Scale
WMS-III＝Wechsler Memory Scale-III
WMS-R＝Wechsler Memory Scale-Revised
Woodcock-Johnson III Tests of Achievement　伍德考克・詹森個人成就測驗(修訂版)　386
Woodcock-Johnson Psycho-educational Battery-Revised　伍德考克・詹森心理教育測驗集(修訂版)　386
word reading　語詞閱讀　380
Work Values Inventory　工作價值觀調查表　462
WPPSI＝Wechsler Primary and Preschool Scale of Intelligence
written expression　書面表達　382

X～Z

x-o test　叉圈測驗　46
yes-no type item　是非題　18
z score　z 分數　81, 262
zero correlation　零相關　83

國家圖書館出版品預行編目資料

心理測量學 / 張厚粲, 龔耀先著. -- 初版. -- 臺北市 : 臺灣東華, 2009.03

568 面 ; 17x23 公分 . -- (世紀心理學叢書 ; 21)

參考書目及索引

ISBN 978-957-483-525-6（精裝）

1. 心理評量　2. 心理測驗

179　　　　　　　　　　　　　98003605

張春興主編
世紀心理學叢書 21

心理測量學

著　　者	張厚粲, 龔耀先
發 行 人	陳錦煌
責任編輯	徐憶　沈瓊英　張娟如
法律顧問	蕭雄淋律師
出 版 者	臺灣東華書局股份有限公司
地　　址	臺北市重慶南路一段一四七號三樓
電　　話	(02) 2311-4027
傳　　眞	(02) 2311-6615
劃撥帳號	00064813
網　　址	http://www.tunghua.com.tw
讀者服務	service@tunghua.com.tw
直營門市	臺北市重慶南路一段一四七號一樓
電　　話	(02) 2371-9320

2025 24 23 22 21 HJ 7 6 5 4 3 2

ISBN　978-957-483-525-6

版權所有　・　翻印必究